澳大利亚华人史（1800—1888）

Sojourners:
The Epic Story of
China's Centuries-old
Relationship with Australia

著◎（澳）艾瑞克·罗斯（Eric Rolls）
译◎张 威

中山大学出版社
·广州·

版权所有　翻印必究

图书在版编目（CIP）数据

澳大利亚华人史：1800—1888/（澳）艾瑞克·罗斯（Eric Rolls）著；张威译．—广州：中山大学出版社，2017.6

ISBN 978-7-306-06050-1

Ⅰ.①澳…　Ⅱ.①艾…②张…　Ⅲ.①华人—历史—澳大利亚—1800—1888　Ⅳ.①D634.361.1

中国版本图书馆 CIP 数据核字（2017）第 110555 号

出 版 人：	徐　劲
策划编辑：	徐诗荣
责任编辑：	徐诗荣
封面设计：	林绵华
责任校对：	廖丽玲
责任技编：	何雅涛
出版发行：	中山大学出版社
电　　话：	编辑部 020-84110283，84113349，84111997，84110779
	发行部 020-84111998，84111981，84111160
地　　址：	广州市新港西路 135 号
邮　　编：	510275　　传　真：020-84036565
网　　址：	http://www.zsup.com.cn　　E-mail:zdcbs@mail.sysu.edu.cn
印　刷　者：	佛山市浩文彩色印刷有限公司
规　　格：	787mm×1092mm　1/16　28.75 印张　579 千字
版次印次：	2017 年 6 月 1 版　2017 年 6 月第 1 次印刷
定　　价：	79.00 元

如发现本书因印装质量影响阅读，请与出版社发行部联系调换

本译著荣获澳大利亚文学艺术委员会资助

This project has been assisted by the Australian
Government through the Australia Council,
its arts funding and advisory body.

本书荣获澳大利亚中国理事会出版资助

作者简介

艾瑞克·罗斯（Eric Rolls，1923—2007）是当代澳大利亚最著名的作家之一。他是澳大利亚勋章（MOA）获得者，澳大利亚人类社会科学院（FAAH）院士，堪培拉大学名誉博士。曾荣获大卫·麦尔诗歌奖（David Myer Trust Award for Poetry）、库克船长200周年非小说奖（The Captain Cook Bicentenary Award）、丹尼斯奖（C. J. Dennis Prize）、约翰·富兰克林奖（John Franklin Award）、澳大利亚环境新闻奖（Greening Australia Journalism Award）等奖项。其主要作品包括：

- *Running Wild*（Sydney：Angus & Robertson），1973
- *A Million Wild Acres*（Ringwood, Vic.：Penguin），1981
- *A Million Wild Acres: 200 Years of Man and an Australian Forest*（Melbourne：Nelson），1981
- *The Erratic Communication between Australia and China*（Darwin：Northern Territory Library Service），1990
- *Sojourners: The Epic Story of China's Centuries-old Relationship with Australia*（St. Lucia, Qld.：University of Queensland Press），1992
- *From Forest to Sea: Australia's Changing Environment*（St. Lucia, Qld.：University of Queensland Press），1993

译者简介

张威，澳大利亚新闻学博士，曾任南京大学、山东大学新闻学教授，现任汕头大学澳大利亚研究中心主任、教授，其著作《澳大利亚传媒》《端纳档案》和译作《澳大利亚华人史：1888—1995》分别荣获澳大利亚中国理事会（Australian China Council）2004、2010、2014年度最佳图书奖。其主要著作、译作包括：

著作

- *Politics and Freedom of the Press: A Comparison of Australia and China*（Sydney：Australian Centre for Independent Journalism, University of Technology），1997
- 《跨国婚恋：悲剧、喜剧、正剧》，北京：世界知识出版社，2000年
- 《澳大利亚传媒》，北京：北京大学出版社，2002年
- 《走过澳洲》，厦门：鹭江出版社，2002年
- 《比较新闻学：方法与考证》，广州：南方日报出版社，2003年
- 《光荣与梦想：一代新闻人的历史终结》，北京：清华大学出版社，2012年
- 《端纳档案：一个澳大利亚人在中国的政治冒险》，北京：清华大学出版社，2013年
- 《端纳画传》，北京：清华大学出版社，2014年

译作

- 《悉尼华人史》，悉尼：澳大利亚悉尼市政府出版，1998年
- 《获取信息：新闻、真相与权力》（主译），北京：新华出版社，2004年
- 《调查记者手册：文件、数据及技巧指南》（主译），广州：南方日报出版社，2005年
- 《澳大利亚华人史：1888—1995》，广州：中山大学出版社，2009年

主编

- 《澳大利亚中国留学生情爱小说选》，南昌：百花洲文艺出版社，1998年

1. 位于北领地克罗克岛的刺参锅炉。（由珍·奥斯汀提供图片）

2. 赶赴维多利亚金矿区的华人。（选自杰克·卡托的《澳大利亚照相机里的故事》）

3. 长年繁忙的广州珠江。（由Sinan Leong摄影于1983年）

1. 在中国，长木勺和扁担依然被使用。这个中山地区的女孩在给水稻施肥。（由Sinan Leong摄影）

2. 在帕玛河边用石头筑成的"中国沟渠"，状况依然良好。（由John Hay摄影于1985年）

3. 用石头筑成的高墙。（由John Hay摄影）

4. 被称为"中国堡垒"的帕玛河遗迹。（由Gordon Grimwade摄影于1985年）

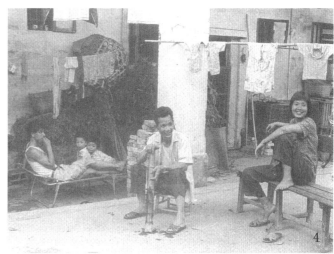

1. "石洞"——成功的矿脉。（由维多利亚州图书馆提供图片）

2. 19世纪在帕玛斯通（达尔文）凯文纳街上的华人房屋。注意：过道被看作是房子的延伸。（由北领地州参考图书馆提供图片）

3、4. 现代中国家庭的生活区经常超越街边的人行道。（1983年，由Joan Rolls摄影于广东省台山）

1. 华人在帕玛斯通（达尔文）郊外的临时营地。（由北领地州参考图书馆提供图片）

2. 在中山地区乡村里的一个快速制成的、实用的鹅棚。来到澳大利亚的华人矿工在任何地方都会打造出类似的鹅棚。（由Joan Rolls摄影于1983年）

3. 韦克斯福德街的华人房屋附加物。当处于"天花恐慌"之时，当局想要清除它们。（由新南威尔士议会图书馆提供图片）

4. 欧洲人同样粗心大意：一间开放的屠夫店挨着坑厕。（由新南威尔士议会图书馆提供图片）

1. 在广东省台山，一名屠夫正在"筷子天堂"餐馆外的人行道上杀狗，狗肉由这家餐馆烹饪。（由Sinan Leong摄影）

2. 一个女孩正从台山的潭江里取水。在她一侧，屠夫正取出死狗的内脏清洗，小孩在那里洗手洗脸。所有的水在饮用前必须烧沸，食物要在高温中烹煮。（由Joan Rolls摄影）

3. 在颐和园的湖里种植高贵的莲花。（1983年，由Joan Rolls摄影于北京）

4. 在云南省昆明市的一条人行道上，一个男人正用风动火把烧焦猪头。（1983年，由Sinan Leong摄影于昆明）

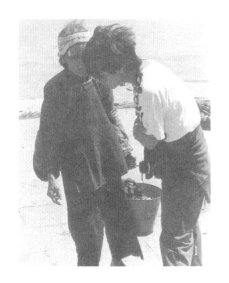

1. 1983年，Sinan Leong和我们一起来到中国，在潭江岸边和一位村妇讨论如何烹饪狗肉。（由Joan Rolls摄影）

2. 公共厕所建在一个鱼塘之上。（1983年，由Joan Rolls摄影于台山）

3. 极好的广州餐馆厨房。（1983年，由Sinan Leong摄影于广州）

4. 在北京街边的摊位上买活鱼。（由Sinan Leong摄影）

1. 风中筛选蚕豆。在女主人公同意Sinan Leong给她拍照前，我向她解释说我也是一个农民，我在干活时也常常弄得很脏。（1983年，由Sinan Leong摄影于云南省）

2. 在北京的一个街边小摊买活鸭。（由Sinan Leong摄影）

3. 小贩在北京街头叫卖白薯。（由Sinan Leong摄影）

4. 一名中国人在后院饲养满脸皱纹的猪。（由Sinan Leong摄影于陕西省西安市）

1. 一个位于山中窑洞的厨房。（由Sinan Leong摄影于陕西省西安市）

2. 华人不浪费任何东西。这个女孩正在把小麦茬风干，绑成捆，然后砍成一段段用来做燃料。（由Sinan Leong摄影于云南省）

3. 将砍断的蚕豆杆和谷粒混合起来做猪的饲料。（由Sinan Leong摄影于云南省）

4. 拉面。（由Chris Harrison-Church摄影于悉尼的一家饺子馆）

AMBASSDOR

AUSTRALIAN EMBASSY
BEIJING

24th May 2017

Foreword to the Chinese Translation of *Sojourners* by Eric Rolls

I am pleased to introduce Professor Zhang Wei's thoughtful translation of *Sojourners*: *The Epic Story of China's Centuries-old Relationship with Australia*, by the great Australia history writer, Eric Rolls (1923—2007).

This edition is the result of the coming together of two storytellers—an outstanding historian of Chinese – Australians, and an outstanding scholar of Australian Studies in China.

With *Sojourners*, Professor Zhang completes his Chinese translation of Rolls' seminal two-volume history *Flowers and the Wide Sea*. Professor Zhang's earlier translation of Rolls' *Citizens* introduced the varied experiences of twentieth century Chinese-Australians. *Sojourners* traces these histories back even further, telling stories of the first wave of Chinese migrants who journeyed to Australia in the nineteenth century.

This year marks the 45th anniversary of diplomatic relations between Australia and the People's Republic of China. Yet, as *Sojourners* reminds us, the relationship between our two countries is centuries old. Moving between the past and present, *Sojourners* describes and illuminates how elements of Chinese culture have been woven into the fabric of contemporary Australia.

Professor Zhang is the author and translator of a number of books on Australia-China relations and three-time recipient of the Australia-China Council's Book Prize. His commitment to the Chinese-language mapping of cultural, social and economic relations between China and Australia has built a strong foundation for this important field of academic inquiry in China.

I am sure this latest edition will deepen understanding of our shared past, and remind readers that the story *Sojourners* begins is one that continues to unfold.

Jan Adams AO
安思捷　大使

推　　荐

我高兴地向大家推荐张威教授这部缜密的译作《澳大利亚华人史：1800—1888》，该书的原作者是澳大利亚著名历史作家艾瑞克·罗斯（1923—2007）。

本书是两位作家共同的结晶——一位是澳大利亚著名的华人历史研究专家，一位是中国著名的澳大利亚研究学者。

张威教授翻译的这本《澳大利亚华人史：1800—1888》是罗斯的两卷史书"华洋"中之一部。张教授早期翻译的《澳大利亚华人史：1888—1995》一书讲述了20世纪澳大利亚华人的种种经历，而本书追溯的历史则更为久远，它诉说了19世纪第一批华人移民澳洲的故事。

今年是澳大利亚与中华人民共和国建立外交关系45周年。《澳大利亚华人史：1800—1888》则让我们铭记中澳两国间几个世纪以来的交往历史。该书的笔触纵横数百年，描绘并诠释了中国文化元素融入澳大利亚社会的历程。

张威教授撰写和翻译了多部有关澳大利亚与中国关系的著作，并三度荣获"澳大利亚中国理事会最佳图书奖"。他倾力研究的中澳关系领域涵盖了两国之间的文化、社会和经济层面，在这些重要领域，张教授为中国相关的研究创建了坚实的学术探索基础。

我相信，本书将增进我们对中澳两国共享历史的理解，它将使读者意识到，《澳大利亚华人史：1800—1888》一书所讲述的故事仍在持续发展。

澳大利亚驻中国大使安思捷（Jan Adams AO）
2017年5月24日，北京

致　　谢

在过去的岁月中，有很多人向我提供了各种信息，要把这些人的名字全部列出来是不可能的。我非常感谢他们的帮助，感谢他们告诉我割树皮的华人是怎样乱扔非法的鸦片烟头的，以及华人工程师是如何利用顶端带有高大金字脚架的摆锤来测量引水渠的。

澳大利亚联邦基金和澳大利亚艺术委员会向我提供了学术基金，这使我能在图书馆、北领地以及其他州的田野寻找资讯。澳大利亚中国理事会（ACC）也给了我巨大的帮助。1983 年，在梅卓琳（Jocelyn Chey）[①]博士的安排下，我访问了中国，看到了那些在 19 世纪使用的农具。澳大利亚中国理事会支付了摄影师梁思男（他拍的照片有些出现在本书中）、我妻子琼和我的旅费；中国作家协会和中国政府负担了我们在华一个月的生活费用，还给我们三人配备了 2 名翻译、随行车辆和司机，款待我们以各种美食，并向我们骄傲地展示了在各行各业工作的男男女女，让我们有机会与他们长谈。

1986 年 10 月，澳大利亚中国理事会出乎意料地再伸援手。那时，伊莱恩（她来帮助我将浩瀚的中文报纸整理成章）和我正准备去北昆士兰州的帕玛河、北领地的图书馆和金矿地访问 4 个月，我们正为此行所需费用而发愁，想着怎么才能弄到这笔钱。这时我接到了一个奇妙的电话，是当时的澳大利亚中国理事会成员哈瑞·高顿先生（Harry Gordon）打来的，他询问了这本书的进度，还问 1 万澳元的资助是否能帮助完成这本书。

凯恩斯的约翰·海（John Hay）令那次旅行更值得回忆。我们在旅行前两天通知了他，他带我们来到了帕玛河，参观了采矿遗址，这是我们自己不可能发现的。

在中国的访问结束之前，我和琼住在香港大学的罗伯特·布莱克学院，在孔安道纪念图书馆富有成效地研究了 2 个月。我感谢 Peter Yeung 馆长和他的馆员。当时还是该校学生的陈雪燕为我们做了很多研究工作。

[①] 梅卓琳（Jocelyn Chey）教授是澳大利亚前外交官，曾任澳大利亚驻华大使馆文化参赞。2016 年获任西悉尼大学新建立的澳大利亚 - 中国艺术与文化研究院院长。——译者

我自己要完成研究中的大部分工作，要记录那些派生问题和事件背景；我请研究人员来寻找事件的结果，或者持续阅读我已追踪了若干年的报纸。我非常幸运地碰到了那些为我工作的研究人员：伊莲娜、苏珊娜·瑞德莱、堪培拉的辛西娅·詹姆斯、墨尔本的艾达·阿克莱、霍巴特的珀琳·毕道夫以及阿德莱德的伊安·穆迪。伊安在南澳大利亚的报纸研究上投入了几个月的时间，但他在找到那些冗长的报告和数百张照片前就过世了。悉尼的吴维绮（Vicki Wu）为我翻译了一些很难翻译的汉语。

我感谢澳大利亚的图书馆，在多年的工作中，我在复印和图片方面得到了他们的帮助。感谢塔斯马尼亚档案馆（特别感谢米歇尔·塞克里尔）、北领地档案馆、澳大利亚档案馆、新南威尔士档案馆、南澳大利亚档案馆、堪培拉的商务与劳工档案馆、米歇尔档案馆（它是任何研究的起点）、昆士兰州立图书馆、新南威尔士图书馆、维多利亚州立图书馆、南澳大利亚图书馆、塔斯马尼亚图书馆、北领地图书馆（特别要感谢迈克·路斯和希拉·弗瑞斯特）、西澳大利亚文献索引中心、澳大利亚国家图书馆、布里斯班的奥柯勒图书馆、达尔文技术学院、北澳大利亚研究所、纽卡索公共图书馆、阿德莱德大学巴尔·史密斯图书馆、悉尼大学费沙图书馆、麦格理大学图书馆，以及我研究报纸微型胶片的其他图书馆，我在那里度过了几周美妙时光。

许多城镇的历史协会和社区博物馆都对我们有所帮助，一些市县的图书馆也同样如此。国家托管协会、新南威尔士历史展馆托管会和布里斯班博物馆为我的研究提供了照片。

在因癌症去世的2周前，腾特菲尔德的杰克·海尔向我展示了令人赞叹的中国沟渠。我和哈瑞·侯之曾就采矿方法有过长时间的精彩谈话，他是《山尽头故事》和有关该地区其他书籍的作者。

我感谢王赓武教授有关中国早期政治的论文，以及我在澳大利亚人文科学院同事的慷慨帮助。我感谢巴拉迪澳大利亚国家银行安全保存的一大箱研究资料——南希·凯西的采金记录在我使用之前曾被放在地下室长达12年之久。

我刚闪出撰写此书的念头就受到了C. P. 费兹杰尔德教授的鼓励，为此我感谢他，也感谢21年之后我将本书手稿寄给他时，他能认真地阅读。我感谢澳华协会安吉利·梁阅读和评论本书。

我感谢贾奎琳·肯特对本书愉快而专业的审读。

艾瑞克·罗斯

序　言

1968年4月3日，我为这本书与安格斯·罗伯逊公司的道格拉斯·斯特沃特签订了协议。我的书稿《它们都变野了：澳大利亚的害虫》已经出版，于是，我开始寻觅其他写作题材。

一年前左右，琼和我在漯城（Hay）①翻看当地报纸《河边牧人》，寻找着野兔瘟疫的故事。我们翻阅到1888年，当时，野兔糟蹋了整个澳洲②乡野，然而，我们发现有关描写澳洲华人的故事要比描写野兔的还要血腥。我觉得那里应有精彩和引人入胜的历史。道格拉斯·斯特沃特在当时也有同感。在我们的通信中，撰写澳大利亚华人历史故事的想法突然闪现出来。

我为此申请了澳大利亚联邦政府的文学基金，但被拒绝了，因为已有人写过几部有关华人在澳大利亚的著作。我飞到堪培拉去见费兹杰尔德教授③，告诉他我的想法，并试图梳理在这个领域已有哪些建树。他说，正在进行的书稿都是有关泛泛的历史事件，而华人在澳洲历经的苦难并未引起人们的注意。第二年，我获得了双倍基金，我想，在这个题材上，我可能是唯一获得澳大利亚联邦政府文学基金资助的。

我为写作此书所花费的时间没什么可遗憾的，无论如何，人的成长是需要时间的。华人大批地迁徙而来，几乎从一开始他们就深深卷入澳大利亚的各种事务中。一般来说，人们在做研究时，会很快发现主题旋转不停，信息彼此缠绕。在写书的前两年，几乎我了解的每一个有关华人的事情都会把我引向不同的方向。

虽然我获得了澳大利亚政府的财政资助，但研究经费还是捉襟见肘，所以我用家乡近邻的信息撰写长篇和短篇文章来赚取稿费，用我们农场赚来的钱来应对下一阶段在远处图书馆的研究工作。这就使我在一年中有几百个小时在牧

---

① 漯城（Hay）是澳大利亚新南威尔士西南的一座小城镇。——译者
② 澳洲即指澳大利亚。
③ 费兹杰尔德（C. P. Fitzgerald，1902—1992），曾任澳大利亚国立大学历史学教授，为著名中国历史专家。——译者

场上开着卡车带着工具忙活儿，我们的3个孩子吉米、凯瑞和米歇尔在中学和大学的假期里都要工作。

尽管如此，在那些岁月中我没有一天不在为这本书工作。在阿德莱德、霍巴特、香港、悉尼和达尔文，有几个月，我每周7天、每天9小时在图书馆工作。先是琼，然后是伊莲娜经常和我一起工作。我也雇佣研究人员来进行数百小时的工作。那是一项非常令人着迷的工作。我经常对找到的信息发出感叹，对它们我总是惊奇不已：这些信息应当早就得到应用。

多年来，研究工作的条件发生了巨大的变化。在开始这项工作时，我是米歇尔图书馆唯一的读者，那时，任何地方都没有报纸的缩微胶卷，各期报纸也堆放得很零乱。"我告诉你哪里会有那些藏品，"图书管理员会说，"你可以自助服务。时不时去填写申请表格，让头儿高兴一下。"易安·莫迪和我在南澳大利亚州州立图书馆的报库寻找了几个星期的资料。我们常常是那里唯一的读者。阮·特米和他的图书管理员同事经常为我们寻找其他报纸，还不断给我们提供新的信息。

几年前，我在新南威尔士大学经历了同样的情况，地库里禁闭着厚厚的报纸资料，馆方给我一张桌子和一把椅子。那些卷册的封面是棕色的，已经被腐蚀了，其中一册上还有水迹，取下来的时候扬起很多灰尘。不过，阅读这些原始印刷品会让人激动，尽管它们没有被制成缩微胶卷，但人们会更专注、更准确、更富有创造力。在1858年4月出版的《帝国报》的两页纸中夹着一只大飞蛾。我觉得可能自从125年前有人在煤油或煤气灯下阅读过后，还没有谁打开过这份报纸。这只蛾子使当时发生的事件更加可触可摸：我听见了图荣河畔淘金支架摇动的声音。

尽管本书卷帙浩繁，而且自成一体，但它只不过讲述了故事的一半——作为旅居者的华人。冗长一些是有必要的，因为许多事件对于结构来说是至关重要的，而且细节让卷入者看起来栩栩如生。我还要描述故事的多个侧面，以保证华人所经历的一切都呈现得比较客观。假如我只描写华人移民令澳大利亚畏惧的片段，而无视欧洲移民发生了什么，那么本书就不够平衡和全面。1983年我们在中国时，有的政府官员告诉我，他们期待这本书能促进两国之间的了解。他们还说，你一定要使华人融入世界历史，也同时融入澳大利亚历史，这样，该书就是平衡的。我非常赞同这些意见，因为这就是我最初的想法。

本书的第二卷，讲述了从1888年开始到当前发生的故事，它描写华人是怎样成为公民的，他们作为活生生的人出现，甚至比本书更生动。该卷讲述了当时大多数澳大利亚人对华人态度的健康转变，也论及中国语言、艺术和文学，华人的信仰、医药，华人在澳大利亚的职业和他们工作的方式。华人在令人吃惊的多种行业里工作，他们有特色鲜明的工作方式。例如，从童年起就接受训练的木匠；在西澳大利亚海岛攫取海鸟粪的华人不用铲子翻动鸟粪，而是用腿像跳舞一样划来划去，光着脚翻动鸟粪；那些剥树皮者使用巨大的7.5磅①（3.4千克）的斧子，将其几乎垂直地举起，然后让它自然落下，而不像欧洲人那样手里旋转着3.5磅（1.6千克）的斧子。

我在书中使用了一些中国字体，这不仅因为它们会使本书更美更真实，而且也因为我使用它们来表述会让中国读者一目了然。比如书名"花与海洋"（Flowers and the wide sea），若无中国字体的话，对大多数华人来说就有些莫名其妙，尽管其中一个词是花的意思，另一个词是海洋的意思；把他们放在一起的话就有了华人和外国人的意思，因为几个世纪以来，中国人认为自己的家乡是"花地"，因大海而与野蛮人隔离开来。

本书中大部分源于中文的文字采用拼音系统，而不是威氏系统，②尽管学者们喜欢使用威氏系统，但我发现这个系统颇为复杂难懂，缺乏逻辑性。在有些情况下，使用威氏系统是重要的，特别是姓名。假如卫聚贤教授③重返人世，他可能认不得他的名字 Wei Zhu Xian。有时，我会使用粤语的发音，因为那时候的澳大利亚华人大部分说粤语。

尽管有些姓名显然是颇滑稽的，我却无法把他们翻译得好一些，因为倘无笔画字体的话，就毫无意义。有时，普通话和粤语中的 a 或 ah 开头意味着一个名字即将出现，但在英语中被印成头一个字母，其后加一个实心句点。有些华人就按照这种方式以英文签名，大多数人省去了姓氏。当华人与欧洲人打交道时，很多人会在他们的名字前加上一个英文名字，就像 John A Hong 做的那样。这不仅使那些欧洲人感到更容易——大多数人对外国人名很无奈——而且也让归化证明书购买者的身份更加隐匿。

当我将现代的货币换算成等值的英镑时，我使用了劳工工资的模式。在19世纪50年代，60英镑等于现在的25000澳元；在19世纪80年代，100英镑等于现在的25000澳元。我在使用现代的货币（元）时没有改变英镑的任何含量。使用钱币符号——比如港元——就意味着那是当地货币。

有些历史学家反对我使用第二舰队、第三舰队的名字，然而之所以用这些名称，是因为那些舰船是在不同时间离开英国、在几周内陆续到达杰克逊港的。

---

① 1磅=0.4535924千克。——译者

② 中国方块文字拼音的历程，大致经过了威妥玛拼音法、注音字母法和汉语拼音法。威妥玛（Sir Thomas Wade）是英国人，曾于19世纪末任英国驻华公使，参与八国联军镇压义和团运动。此人以罗马字母为汉字注音，创立威氏拼音法。后来 H. A. Giles 稍加修订，合称 WG 威氏拼音法（Wade–Giles System）。此法曾被广泛应用于汉语人名地名的英译，影响较大。——译者

③ 卫聚贤（1899—1989），历史和考古学家。1950年，他转赴台湾又寓居香港，其后相继在香港大学东方文化研究院、香港联大（联合书院）中文系、珠海书院、光夏书院、远东书院等研究和执教。有"中国人发现美洲"之说。——译者

我不同意改变已经使用过的名字，因为这样会造成混乱而非准确。

我没有给本书增加注释，因为这要花费一年多的时间来完成（我更想用这些时间来写作别的书），也因为这样会使本书太厚。我工作的大量文献来自堪培拉的国防学院图书馆。

艾瑞克·罗斯

译 者 序

自 1770 年库克船长（James Cook，1728—1779）登陆澳大利亚东海岸迄今为止，这个南半球的大陆已有近 250 年的历史。澳洲华人，这个特殊群体在澳大利亚的历史上扮演着举足轻重的角色。据史料记载，早在澳洲淘金热兴起之前，就已有华工零星分散地由香港、新加坡等处到达澳洲，从事农牧业与垦殖。1848 年前，在澳华侨至少有 18 人，① 随着淘金热的兴起，大批华工进入澳大利亚，成了澳大利亚社会中一个密不可分的部分。200 年的澳洲华人史，既是一部为澳大利亚做贡献的历史，同时也是澳大利亚历史变迁的重要见证。

中国与澳大利亚的关系源远流长，据传在郑和下西洋时期，中国船队曾从帝汶岛南下，抵驶今澳洲西北部。1936 年的上海《新中华》杂志载文称：明末大将黄德兹兵败之后，曾到今澳洲北岸土维港（Townsville）驻扎。② 据清廷驻澳领事刘元亨（任期为 1909—1911）介绍，17 世纪 30 年代，一艘名为"箕帚"号的中国船只因风暴被迫停靠在澳洲北海岸，③ 船员悉数被当地土著杀食。这些传言虽尚缺乏佐证，但从一个侧面反映出中澳之间的久远联系。也许 1847 年从厦门港起航的"宁罗"（Nimrod）号所载 120 名华工是有据可查的第一批入澳华人。此后，在 150 多年的漫长岁月里，几代炎黄子孙在澳大利亚生息繁衍，并终于从白人的打压下脱颖而出，跻身于澳洲主流社会。

---

① 王省吾：《十九世纪下半期华工在澳洲淘金谋生事略》，载《蒋慰堂先生九秩荣庆论文集》，台湾商务印书馆 1987 年版，第 198 页。
② 上海《新中华》杂志，1936 年 9 月号，第 4 卷第 17 期，第 35 页。
③ 17 世纪后，法国人、葡萄牙人、西班牙人都曾抵达过澳大利亚。1768 年，英国库克船长抵达塔希提，1770 年抵达澳洲东海岸并宣布英国对澳洲大陆享有主权。1788 年，英国航海家亚瑟·菲利普率领首批移民驶达悉尼，并升起米字旗，澳大利亚正式成为英国殖民地。英国于 1829 年将澳大利亚作为囚犯流放地。在 19 世纪末，英国在澳洲大陆上建立了 6 个殖民区。1901 年，澳大利亚各殖民区召开大会宣布组成澳大利亚联邦，归类为君主立宪制国家。

澳大利亚华人史（1800—1888）

一、淘金热与华工赴澳

18世纪末，英国殖民者将今澳洲大陆相继划分成6个殖民区域，即新南威尔士、维多利亚、西澳大利亚、南澳大利亚、北领地及塔斯马尼亚。在1788—1850年间，从英国本土赴澳的自由移民约有18.7万人，流放犯人约有14.6万人，这两类早期移民人口加起来不足60万人。[1]殖民地地广人稀，且具备良好的畜牧业和种植业发展条件，亟须补充劳动力。殖民者对土著居民的驱逐与屠杀，导致原住民人口锐减，本土居民无法满足畜牧业的发展需要，于是，一些官吏、商人及农场主提议引进与澳大利亚邻近的亚洲各国移民以填补劳动力的巨大缺口。1829年，长期研究新南威尔士殖民地问题的英国政治学家威克菲尔德（Edward Gibbon Wakefield，1796—1862）提议雇佣中国人、俄国人及太平洋岛屿上的土著人；1838年，悉尼商人托马斯·沃尔特（Thomas Wolter）倡导增加亚洲移民；1843年，英国殖民政府同意引进移民，准许华工到北领地爱星顿港（Port Essington）工作。由于此前中国清王朝设有海禁政策，引进的华工主要来自东南亚地区。

第一次鸦片战争之后，英国影响力逐渐扩散到中国本土，清王朝的海禁政策成为一纸空文。1847年，由英国驻中国的德记洋行安排，一艘名为"宁罗"号的商船从厦门搭载120名中国人前往新南威尔士，于1848年10月抵达悉尼港，这是第一批在澳洲发现金矿之前来自中国的工人。紧接着，1848年12月9日，来自新加坡的123名华侨乘坐"菲利普·良"号抵达澳大利亚。在厦门英国领事馆的报告中，1849年由厦门赴澳华人有270人，1851年增至1438人，1852年登记在册的达到1228人。[2]

同一时期，英国殖民当局公布了在新南威尔士、维多利亚地区发现金矿的消息，来自欧洲、美国及中国的淘金者们蜂拥进入金矿区。1852年，厦门爆发大规模反抗掳掠华工的运动。此后，淘金潮波及广东，在澳洲大陆发现金矿的消息传入中国，数以千计的粤人打点行囊，前往矿区寻求发财致富之路。据澳大利亚学者估计，1854—1856年间到达新南威尔士的华人有2000多人，在1855—1856年间到达澳大利亚各殖民地的华人多达27272人。[3]

大多数华人淘金者来自广东，以"四邑"（即新会、台山、恩平、开平）、南海、番禺、顺德为主。这些华工赴澳主要有两种形式：第一种为契约制华工，

---

[1] Douglas Pike. *Australia: The Quiet Continent*. Cambridge University Press, 1962, p. 11.
[2] 刘达人、田心源：《澳洲华侨经济》，台北海外出版社1958年版，第30页。转引自黄昆章：《澳大利亚华侨华人史》，广东高等教育出版社1998年版，第14页。
[3] Charles A. Price. *The Great White Walls Are Built*. Australian National University Press, 1974, p. 277.

即一些经纪人、船长或商人与华工签订合同后将其输送到殖民地去当苦力,许多经纪人以掳掠的方式强迫华人上船签订契约成为苦力"猪仔";第二种形式为赊单制,一些无钱购买船票的华工,由招工代理人垫付船票,到澳洲后以工资或者在船上做苦工的形式偿还,在债务未还清之前,他们要听从债权人的控制。华工的地位比黑奴贸易时期的奴隶还要低下。

在前往澳洲的船上,生活条件异常艰苦,基本医疗条件和安全均无保障。一些殖民船长对华工百般凌辱与虐待。船只经常超载。有一艘英国船的载重量为4835吨,除开货物外,竟搭载了2666人,超出规定的载重量497吨。当时,从中国到澳洲的航程长达四五个月。华工在旅途中的死亡率极高,通常在13%~25.2%之间。有一艘名为"蒙塔古夫人"号的商船,其死亡率竟高达66.66%,[①]在船上有不少人患上了痢疾、霍乱、伤寒、黄热病及水肿,一些人因不堪折磨而投海自杀。

历经海上漂泊磨难之后,华工还要通过陆路,历经艰难险阻方能抵达矿区和农牧场。途中要跨过高山险峻,还要穿越人迹罕至的荒郊野岭,经常遭到食人部落的野人袭击。祖籍广东南海的谭仕沛先生(1855—?)曾在澳洲谋生,他晚年返回中国后写下了《阅历遗训》。他在这部回忆录中说:

> 深山穷谷,何处延医,父与弟皆往采金。渴极思饮,不得已蛇形而往,汲水煮茶。及至高处,用双手举足,强欲移过,殊用力过猛,触石矻然。骨节砭合,步履如恒。悲喜交集。至乜住大河,一望汪洋……突闻野人声嚣,同人群起,鸣炮示警,终夜戒严,如临大敌。[②]

他在一首诗中吟唱道:

> 沦身绝域古澳洲,到处荒凉满目秋。
> 峰恩未开罗网设,槌胸惟恨足轻投。
> 流落蛮邦不自由,囊空如洗向谁求。
> 故乡有路难回首,异地无亲莫妄投。

在淘金矿区,华人常以4~6人为一组,在白人废弃的废坑里面淘金,由于采矿技术落后,矿坑常常发生倒塌事故。矿区生活条件恶劣,有时候一个帐篷竟要容纳几十个华人,一些流行病在矿区内蔓延开来。欧洲矿工平均月工资为1英镑,而华人仅为0.5英镑。除淘金外,早期华人还从事过多种职业,如

[①] 黄昆章:《澳大利亚华侨华人史》,广东高等教育出版社1998年版,第24页。
[②] 刘渭平:《澳洲华侨史》,台北星岛出版社1989年版,第48页。

种菜、制造家具及贩运水果等。种植是早期华人除淘金之外最重要的职业。近代中国外交家、洋务运动领导人薛福成在《出使英法义比四国日记》中描述了当时华人务农的情况。他说:

> 华商工人七百余名,散处挖金,种植者亦数百人……大金山华商十余家,挖金、种植者千余人。①

当时华人水果商几乎垄断了悉尼与墨尔本的香蕉生意,他们被誉为现代香蕉种植业的领导者。② 在澳洲华人历史上占有重要地位的梅光达(Quong Tart, 1850—1903)、郭彪(George Kwok Bew, 1868—1932)等人早年均以种植业起家(梅从事茶叶出口与种植,郭做香蕉生意)。来自广东的华人在家乡时大多务农,有着丰富的种植经验。澳洲沿海一带土质优良,地广人稀,华人得以培育出优质蔬菜,满足了悉尼、墨尔本等都市以及维多利亚、西澳大利亚和北领地地区的需求。历史学家艾瑞克·罗斯(Eric Rolls, 1923—2007)认为:如果"没有华人,澳大利亚的土地面积会比目前的规模要小。……华裔菜农使淘金地免遭败血病之灾。在19世纪的后20年中,华人生产出占全澳3/4产量的蔬菜,他们拯救了整个澳大利亚。多少年来,华人厨师和菜农改善了遍及澳洲各地甚至包括最荒僻的地区畜牧场的生活"。③

1888年,悉尼一共有家具商500家,其中华人家具商有350家,他们是殖民地家具制造业中最重要的力量。除了淘金、种植和家具制造外,早期华人还涉足制糖、洗衣、屠宰、理发、养殖、建筑、杂货买卖等行业。④

二、"白澳政策"与排华

在淘金热兴起前后几年,殖民当局对于华人移民的态度总体上是默许的,澳大利亚白人社区大多也能够与华工和平相处。一些澳大利亚历史文献称,早期华人"勤劳简朴,奉公守法",是"整个社会的典范"。⑤ 然而好景不长,随着澳大利亚新金矿产量日益减少、华人大量涌入和亚欧文化差异凸显,当地白人社区对华人的态度步入了歧视、排斥甚至仇视的阶段。

---

① 薛福成:《出使英法义比四国日记》,载《晚清海外笔记选》,海洋出版社1983年版,第80~90页。转引自张秋生:《澳大利亚华侨华人史》,外语教学与研究出版社1998年版,第79页。
② 艾瑞克·罗斯:《澳大利亚华人史:1888—1995》,张威译,中山大学出版社2009年版,第81页。
③ 艾瑞克·罗斯:《澳大利亚华人史:1888—1995》,张威译,中山大学出版社2009年版,第129页。
④ 艾瑞克·罗斯:《澳大利亚华人史:1888—1995》,张威译,中山大学出版社2009年版,第101页。
⑤ 欧阳昱:《表现他者,澳大利亚小说中的中国人:1888—1988》,新华出版社2000年版,第1页。

译 者 序

澳大利亚对华人的歧视首先来自文化冲突以及对庞大中国人口涌入的恐惧，他们将华人视为"黄祸"。1879年，澳大利亚作家詹姆斯·欣斯顿（James Hingston）访华后写下了《海外澳大利亚人》一文，其中就有关于对"黄祸"的描述。他说：

> 自从中华帝国在英国的炮火中分崩离析，又有什么能够阻止华人在世界的散布呢？哥特人和匈奴人曾主宰着旧世界，然而现行世界很有可能变成上亿华人的天地，这一天将为时不远矣。①

华人的独特衣着、饮食与文化传统让西方人产生陌生感和隔离感，这种文化差异加深了亚欧双方之间的互不理解的鸿沟。另一方面，由于金矿产量下降以及华人艰苦勤劳的致富使一些澳洲白人纷纷不满，他们认为华人抢夺了本属于他们的工作机会和财富，而一些赴澳华人将鸦片、赌博等恶习带入矿区，也加强了排华情绪和种族仇视。《公报》（*The Bulletin*）曾发表大量的排华诗歌和小说，其中充斥丑化华人的文字，很多作家在撰写小说时给华人取名"肥罪"（Sin Fat，音近"新发"）、"适罪"（Fit Sin，音近"辉新"）、"阿旦"（Ah Damn）。一些著名诗人和作家如亨利·劳森（Henry Lawson，1867—1922）、爱德华·戴森（Edward Dyson，1865—1931）都撰写了排华文章。

1854年6月，维多利亚州爆发了历史上第一次排华运动，虽然本迪戈（Bendigo）警察的及时干预使事态得以控制，但维多利亚州政府最终通过了澳洲历史上第一个移民限制法令，开"白澳政策"之先河。

维多利亚州集会事件之后，一系列的排华运动迅速在其他殖民地展开，比较大的几次排华事件包括：

（1）阿拉拉特（Ararat）事件。1857年5月，一批流氓冲进华工居所，殴打店主，烧毁商店，数名华人被杀，一些华人遭重创。

（2）蓝彬滩（Lambing Flat）事件。1860年3月，新南威尔士暴徒袭击了华工。在1860年12月—1861年8月间，此地共发生7起暴力事件。一些华人的耳朵被割掉，住所被焚烧。

（3）墨尔本反对华侨木工事件。1880年6月，墨尔本白人家具店店主组成反华工联盟。

（4）昆士兰、墨尔本、南里士满（South Richmond）地区发起抵制华人菜农运动。昆士兰成立了菜农排华联盟。

（5）"阿富汗"号船事件。1888年4月，60名华人乘"阿富汗"号抵达墨尔本，被拒绝入境；随后他们驶往悉尼，仍被拒绝登岸。新南威尔士政府以

---

① 大卫·沃克：《澳大利亚与亚洲》，张勇先等译，中国人民大学出版社2009年版，第48页。

1842年中英条约中的五口通商条款为由对华人加以排斥。

在1860—1900年期间,此类排华事件层出不穷。在种族优越论的氛围下,一些白人认为黄种人是劣等民族,他们称呼华人常用"chow"(中国狗)、"John Chinaman"(中国佬)等侮辱字眼,如著名华侨梅光达在一次聚会上,被外国人蔑称为"John"。华工除了在矿区受到严重的骚扰之外,一些华人涉足的种植、养殖、商贩等职业均受到了严重的冲击,殖民地政府要求华人家具商出品的家私上必须打上"华工制造"的标记。

在白人群体的压力下,各殖民政府出台了一系列带有强烈种族歧视的法规。新南威尔士规定每百吨船位只可运载一名华人入境,否则罚款100英镑,入境税为每人10英镑;维多利亚在1888年将吨位限制提高到每500吨限载一名华人;昆士兰将限制吨位定在50吨一人,入境税增至30英镑;西澳大利亚则规定华人不能越过南纬27度。[①]

排华的过程加深了殖民地统一为一个澳大利亚联邦的政治认同感,各地的排华政策逐渐演变为统一制定的排华法案。1888年6月,第二次殖民地洲际大会召开,六大殖民地在对华移民政策上采取了一致态度,做出了更严厉的限制华人入境的决议。在1901年澳大利亚联邦成立后,政府推出了由自由党议员迪金提出的以"纳塔尔法案"为蓝本的《移民限制条例》(Immigration Restriction Act),这部法案集澳洲历史上排华法案之大成,它的通过表明了"白澳政策"已经进入鼎盛阶段。《移民限制条例》中的"语言测验法"最为严厉,它规定:申请者必须能听能写任何一种欧洲文字50字以上,并能填写申请书及表格,方算合格;否则,即被视为非法移民,不准入境。若偷渡入境一经查获,当局有权随时加以驱逐,申请者在官员查问时若不能拿出入境准许证或未经内政部长允许者也不许入境。[②]

澳大利亚联邦首任总理巴顿爵士(Sir Edmund Barton,1849—1920)声称:

> 人人平等的原则永远不会适用于英国人和华人的平等,他们之间有着根深蒂固的差异,并且我们看不到消除这种差异的希望,也不想做出承诺。在这个世界上,无论如何,这两个种族都不能处于平等地位。[③]

一位澳洲议员宣称:"我们要建立的新国家要立足于高贵的白澳思想:一个雪白的澳大利亚,纯粹的澳大利亚,纯洁的澳大利亚。"[④]

---

① 张秋生:《澳大利亚华侨华人史》,外语教学与研究出版社1998年版,第93页。
② 陈直夫:《澳洲及旅澳华侨》,商务印书馆1946年版,第57页。
③ 艾瑞克·罗斯:《澳大利亚华人史:1888—1995》,张威译,中山大学出版社2009年版,第344页。
④ Ernest Scott. *A Short History of Australia*. Melbourne, 1947, pp. 331～332.

译 者 序

除了语言测验法之外，1901年通过的《移民限制条例》对华人进入澳大利亚提出了更为苛刻的要求，有些在澳大利亚定居的华人由于信任政府，到中国探亲，在返回澳洲时却被政府拒绝入境。1901年后，澳大利亚联邦政府相继出台了多项政策以打压在澳华人，如规定在澳华商年营业额必须达到5000英镑才能从中国雇佣助理人员1名；经营餐馆的华商必须能提供75%以上的东方菜肴，年营业额达到2500英镑者才可能雇佣助理人员，且最多雇佣5人；凡从事种植蔬菜业的华侨年收入达750英镑，可雇佣助理1人；来自中国的留学生在学成之后必须回国，不允许滞留在澳洲。澳大利亚联邦政府的一系列举措令在澳华人人口急剧下降，如表1所示。

表1　1901—1947年纯血统华侨统计①

年　份	总人口（人）	占全澳总人口的百分比（%）
1901	29627	0.78
1911	22753	0.51
1921	17157	0.31
1933	10846	0.16
1947	9144	0.12

由此可见，"白澳政策"对华人及其他有色人种产生了巨大影响。对于"白澳政策"的性质，正如1902年1月24日的《北领地时报》（*Northern Territory Times*）总结的那样：这个法律，是不是理想的聪明化身，应留待以后评说，这也许是历史上联邦国家法典中最狭隘、自私、偏激的法律条文。

面对困境，在澳华人团结起来应对澳大利亚联邦政府的种族歧视政策。20世纪前20年，华人掀起了抵制"白澳政策"的运动。这场运动在第二次世界大战之后走向高潮。从1901年"语言检测法令"的颁布到调整"白澳政策"的半个世纪中，华人团体的重大抗争包括：

（1）1905年8月，澳洲第一次华侨会议在墨尔本召开，除昆士兰州之外，其他各州共派出了16名代表参加。这次会议除了讨论禁烟、抵制美货之外，还对澳大利亚政府施加了压力，要求取得中国留学生、商人、牧师及教师的入境资格，华人代表麦锡祥等起草备忘录提交给澳大利亚联邦政府。在华人团体不懈的努力下，澳大利亚联邦政府被迫开放了对中国商人、学生、牧师的入境许可。

（2）1911—1913年的"潘如夫人事件"加强了华人团体的凝聚力。潘如是一名维多利亚州水果蔬菜店店主。1910年，潘如夫人怀孕，潘如向澳大利亚联

---

① C. Y. Choi. *Chinese Migration and Settlement in Australia*. Sydney University Press, 1975, p.42.

邦政府要求延长妻子的居留期限,但是工党政府与当时的一些种族主义者坚持让潘如夫人离境,这引起了华人团体的不满,中华民国驻澳大利亚总领事馆领事黄荣良向澳大利亚联邦政府表达了强烈抗议,但潘如夫人最终仍被驱逐出境。

(3) 1917年,中澳轮船总公司成立。在"一战"期间,澳大利亚的海运主要由日本轮船公司垄断,日本公司常常抬高价格引起了华人的不满。1917年,在澳洲著名华人代表郭彪、余荣和刘光福(William Liu,1893—1983)的领导下,众多华人集资成立了中澳轮船总公司,打破了日、澳对澳中航线的垄断控制。虽然中澳轮船总公司在1924年倒闭,但它的出现有力地助长了华人的气势。

华人团体的抗争迫使澳大利亚联邦政府在20世纪50年代后反思自身的"白澳政策",在其他有色人种的共同努力下,澳大利亚联邦政府于1965年对"白澳政策"做出了重大改变。

从19世纪末到20世纪的头30年,在澳华人内部发生了巨大的变化,这些变化不论在人口构成、地理分布上还是在职业统计上均体现出来。由于澳大利亚联邦政府推行"白澳政策",华人人口比例在这个阶段总体上以下降为主,但是混血华侨的比例则在逐年上升:1901年为3090人,1911年为3019人,1921年为3669人,分别占华侨总人口的9.3%、11.7%、17.6%。[①]这种现象与在澳华人逐渐融入澳洲社会、与白人妇女结婚密不可分。从地理分布上来看,全澳大利亚人口正在迈向城镇化阶段,但是这种速度低于华人人口城镇化的速度。早期华人主要分布在维多利亚、新南威尔士及昆士兰的矿区与旷野;进入20世纪后,华人逐渐向大城市迁移,在1911年,平均有32%的华侨住在各州首府,1921年为37.2%,1933年为41.4%,在1947年高达58.9%。[②]住在城市与首府中的华人超过了华人总人口的一半。从职业分布来看,金矿开采业迅速消减,一些早期的副业如水果商、家具、洗衣(见表2)、杂货商等职业上升到了主要地位。随着华人人口城市化与财富的逐步积累,餐馆经营和进出口行业稳定发展,在20世纪初,著名的中餐馆包括悉尼的联新楼、墨尔本的燕宾楼和中华楼等。

一些资本雄厚的华商瞩目于进出口生意。梅光达主要从事茶叶进出口买卖,他于1900年成立了光达茶叶有限公司,他在澳大利亚政坛也声名远扬,曾被清政府赐五品官。梅光达被视为在两种文化间搭建桥梁的关键人物。

中国的刺绣、茶叶、工艺品经华商之手出口到澳洲,澳洲的羊毛、皮革、面粉与奶酪进口到中国,两国之间的贸易逐年增长。

---

① C. F. Yong. *The New Gold Mountain, the Chinese in Australia*: 1901—1921. Raphael Arts Pty. Ltd., 1977, p. 40.

② C. F. Yong. *The New Gold Mountain, the Chinese in Australia*: 1901—1921. Raphael Arts Pty. Ltd., 1977, p. 44.

表2　1901—1921年维多利亚州白人与华侨洗衣业比较①

年　份	白人（人）	已注册厂数（家）	华侨（人）	已注册厂数（家）
1901	521	67	242	140
1909	778	82	315	190
1914	876	86	328	185
1921	525	59	47	168

这一时期，华人对澳大利亚的认同感大幅度提高。早期华人来澳主要以挣钱为主，在挣到一定数额后大都返回中国，但也有一部分华人选择留在澳大利亚。虽然排华运动与"白澳政策"对华人极为不利，但是华人依然努力地融入澳大利亚社会。在两次世界大战中，华侨参军体现了华人融入澳洲主流社会的过程。在"一战"时，澳洲45军团的士兵尚迦勒（Cuyler Sang）获得杰出作战奖和军功勋章；在葛利巴利战役中，来自北昆士兰州的华侨宋比利（Billy Sing，1886—1943）作为一名狙击手，捕获了200多名土耳其士兵，赢得了杰出作战奖。"二战"时，广大华侨踊跃参军，较突出的战士包括王裕（Jack Wong Sue）、刘光福之子刘国保、阮来（Roy Goon）等共计50余人，他们分别在澳大利亚陆、海、空三军中做出了突出贡献。一些华人还跻身澳洲政坛，如著名华人代表朱俊英（1866—1923）。朱祖籍广东四邑，出生于澳洲，青年时代曾返回中国接受教育，回澳后加入自由党，在1913年被选举为联邦政府上议院议员，1917—1922年两度连任，后被选为副议长。朱俊英在20世纪20年代曾回到中国考察商务，促进了中澳经济贸易，被澳大利亚政府授予荣誉称号。

华人还积极地组建一些社团来维护自身利益，秘密社团有义兴会、华侨共济会，政治性团体有墨尔本保皇会，综合性团体有墨尔本中华公会与澳洲侨青会等。几份著名的华人报纸也在这个时期相继出现，如1894年9月1日发行的第一张澳洲中文报纸《广益华报》（*The Chinese Australian Herald*），以及后起的《东华报》《公报》（中文）《警东新报》与《澳华时报》，均为华人社区的喉舌。

三、多元文化政策下的华人

"二战"过后，国际国内形势发生了巨大变化。在外交上，澳大利亚的地理位置决定了其必须与周边的亚洲国家密切合作，才能维护国家安全；在经济

---

① C. F. Yong. *The New Gold Mountain, the Chinese in Australia*：1901—1921. Raphael Arts Pty. Ltd.，1977，p.239. 转引自黄昆章：《澳大利亚华侨华人史》，广东高等教育出版社1998年版，第131页。

上,澳大利亚与美国、日本及亚洲各国的进出口贸易额日益增长,大幅度超过了其与宗主国英国的贸易额。澳大利亚通过"二战"认识到了本国人口稀少的弊端,这种弊端导致兵源与劳动力严重不足。

在国际上,随着美国、加拿大、新西兰相继废除排华政策,"白澳政策"下的澳大利亚处在了国际舆论的一片声讨中,亚非集团甚至将澳大利亚隔离在外;在国内,成立于1959年的移民改革团、宗教人士与有色人种团体纷纷指责"白澳政策"与历史潮流和国际形势相悖。

在各方强大的压力下,澳大利亚政府开始反思,并对自1901年全面建立起来的"白澳政策"进行改革。1958年,澳大利亚废除"语言检测法",实行新的移民政策;1966年执政的自由党—乡村党政府调整了移民政策。1974年工党执政后,颁布了《澳大利亚公民法》,这个法案以全球一致,无人种、肤色或国籍歧视为宗旨。1974年新移民法的颁布标志着"白澳政策"寿终正寝,澳大利亚正式转向多元政策。

1979年,澳大利亚政府颁布"积分制"移民政策,积分分为经济因素和个人因素两种,每表最高积分为50分,总分达60分者为合格。公民直系亲属只要身体健康、品格良好则无须批准,获准后即可入境。"积分制"在1979年实施后经历过几次重大调整并一直沿用至今。在1994年新南威尔士州颁布的反歧视法修正案里,规定了以种族和信仰背景为由诋毁他人将直接判罪,这项法案也被视为世界上最严厉的反歧视法。历史表明,种族政策和种族主义思想最终会被扫进尘灰中。

华人作为澳大利亚不可分离的部分获得了澳大利亚政府的尊重与重视。1992年,澳大利亚总理基廷(Paul John Keating,1944—)访问悉尼唐人街时指出:

> 移民是澳大利亚动力的来源、历史的核心和主要构成要素。移民,包括华人移民在内,在各行各业都有杰出成就,移民使澳大利亚更加强大,在各方面都更加丰富、更加面向世界。

"白澳政策"废除后,随着中国大陆在1978年实行改革开放打开国门,澳大利亚华人迎来又一次深刻的变化。

首先,华人人口增加并发展平衡。历经"白澳政策"时期人口的逐渐下降后,由于新时期中国大陆与东南亚海外华人的纷纷迁入,澳大利亚华人人口比例逐渐回升。1986年,澳大利亚政府人口调查数据显示,当年的华人人口(包括混血与纯种)增长至201105人。1990年达35万人,1994年增长到40余万人,[①]

[①] Poo-Kong Kee. *Chinese Immigrants in Australia Construction of A Social – Economic profile*. Melbourne University, Sept. 1988, p. 13.

汉语超过了意大利语成为澳洲第二大语言。其次，在职业分布上，一些华人传统职业如家具、种植等持续发展，但逐渐让位于其他上升的职业。华人职业构成在过去的"三把刀"（菜刀、剪刀、剃刀）基础上增加了六个"师"（律师、工程师、医师、会计师、高级技师和大学老师），一些华人以专业人士身份跻身于白人一统天下的"澳洲人职业圈"，这种现象与华人自身素质的提高密切相关。

和第一代来澳大利亚淘金、务农的华人不同，当今的华人移民总体教育水平较高，其主体为改革开放后赴澳的留学生。他们具有专业技能和才能，更易于在澳大利亚生存和开拓事业。

21世纪初，西悉尼大学冯兆基教授主持了一项研究，即"在澳中国留学生实况总体分析"。该项研究表明，大陆新移民中有本科学历的占42.5%，其中28.6%为硕士研究生，具有高级职称者占4.2%，有中级职称者占49.8%。如今，华人留学生的学历与素质已有了更大的提高（见表3）。

表3 25—64岁澳洲华人受教育情况①

（单位:%）

受教育程度	华人比例	澳洲平均水平
硕士	14.7	3.9
学士	24.6	16.7
职业技能培训	6.2	21.3
无学历	37.0	45.2

华人教育水平的提高，除了在总体学历上的表现以外，在文、教、卫领域也涌现了不少杰出人物，如任澳大利亚人文科学院院长、香港大学校长的王赓武教授，著名华人历史学家颜清湟先生，著名心脏外科专家张任谦医师等均是新时期的华人代表。

华人更广泛地参与政治也是"白澳政策"废除之后的新特征。1990年，年仅25岁的华裔青年刘威廉（William George o'Chee，1966—　）在昆士兰州国家党的中央委员会上击败20多名竞争对手成为联邦参议院议员，成为有史以来澳大利亚联邦议会的第二位华裔议员。余瑞莲女士（1938—　）在1990年被推举为自由党候选人参加角逐，一举战胜了11位男性对手，成为南澳大利亚州历史上第一位华裔女议员。邝鸿铨（Alec Fong Lim，1931—1990）在1984年当选为达尔文市市长（Lord Mayor），1988年再任市长，且因为工作杰出和人格高尚，获得澳大利亚荣誉勋章（OA.1986）。曾筱龙（Henry Tsang，1943—　）在

---

① ABS 2006 Census of Population and Housing, 4102.0— Australian Social Trends.

1991年被提名参选悉尼市市长和市议员,成为悉尼开埠150年以来首位担任副市长要职的华人。华裔苏震西(John So,1946—)成为墨尔本市第102位市长。这些事例表明了华人参政的广度和深度。

与此同时,华人的经济实力也在稳步提高。在1988年《澳洲商业周刊》评选出的300名澳洲富豪中,华人占9位,其中有6人以投资房地产为主。在1990—1995年间,华人投资的金融企业从38家公司猛涨到210家公司。在传统的餐饮业中,1983—1984年间各地华人餐馆的数量是:堪培拉有60~80家,新南威尔士州有7000家,阿德莱德有1000家,墨尔本有200家,悉尼有300家。①华人群体逐渐成为稳定的澳洲中产阶级。数据显示,1966年,北领地地区华人月薪在1300~2900澳元之间者占41.5%,2500澳元以上者占29.3%。②

在澳大利亚多元政策的新时期,华人在社会上扮演着各种各样的角色,发挥着越来越关键的作用。澳大利亚250多年的历史少不了华人的创造,正如艾瑞克·罗斯总结的那样:

> 如果没有华人在塔斯马尼亚、维多利亚、新南威尔士、新英格兰地区开采黄金和锡矿,如果没有他们在澳洲各地种植蔬菜、捕鱼、制作家具及经营洗衣、零售业和参观业,如果没有他们在北昆士兰州种植香蕉、玉米、甘蔗,如果没有那些牧场上的厨师和园丁,如果没有当今的商人和专业人士,澳洲将是一个二流国家。华人一直参与澳洲发展的每宗事务,他们在做这些时,并未受到什么鼓励,而且从未得到过感谢。③

随着多元文化的呼唤和华人社团的崛起,从20世纪90年代开始,澳大利亚的历史学家们开始重新诠释历史。罗斯和费兹杰尔德就是其中的杰出代表,他们的历史著作最突出的贡献就是将华人作为澳大利亚主流社会的有机部分来描写。华人首次以主人公的姿态出现在澳大利亚著作中。费兹杰尔德博士在她的《悉尼华人史》中明确地指出:"多少年来,华人就是悉尼生活的一部分,现在是主流社会的历史学家学会把华人写进史册的时候了。我们不是代表这一批人说话,而是至少确认这些人的历史地位所发出的一种声音。不仅是理解华人,而且要对悉尼的历史理解得更深刻些……"④

---

① J. Jupp. *The Australian people: An Encyclopedia of the Nation, It's People and Their Origins.* Angus & Robertson, 1988, p. 319.
② C. Inglis. *The Darwin Chinese: A Study of Assimilation.* MA Thesis, 1967, p. 92.
③ 艾瑞克·罗斯:《澳大利亚华人史:1888—1995》,张威译,中山大学出版社2009年版,第475页。
④ 雪莉·费兹杰尔德:《红带子,金剪子:悉尼华人史》,张威译,悉尼市政府出版社1998年版,第8页。

译者序

四、澳洲华人与中国

澳洲华人始终与中国大陆的命运保持着密切关系。在中国大陆遭受严重灾害时，澳洲华人纷纷挺身而出。1906—1921年，江苏与广东北部发生水灾，在澳华人筹集善款，俱由香港东华医院转往灾区。1911年，安徽遭受有史以来最大洪峰冲击，湖南、湖北两地均受到不同程度的牵连，悉尼帝国宪政会召集募捐，在澳各地华人发动三次捐款，共筹措300多英镑，全部电邮到上海华洋会以捐助灾区。1914—1915年，粤东地区暴雨成灾，东、西、北三江同时泛滥，损失之大百年未见，1915年7月，悉尼东莞义公堂率先登报劝捐款，澳洲华人纷纷解囊相助，善款由澳大利亚各州汇聚到悉尼，再汇回中国。① 1920年，直隶（今河北省）、山东、河南、山西因长期失雨，旱情异常严重，南面的湖南、浙江与福建等省又水患不止，饥民众多，饿殍遍地。悉尼中华总商会再度发起了募捐，致公堂等机构纷纷响应，在短短三个月之内筹集到2000多英镑。②

除自然灾害之外，华侨对家乡的教育事业更是倾心助力。1906年，澳洲华人为广东中山隆都青姜忠堡义学筹款，1907年为中山沙涌马氏学堂筹款，1920年为东莞乡间义学动捐，同年为广州培正学校劝捐，1923年广州岭南农科大学教授亲赴澳洲募捐等。③ 在改革开放后，澳洲郭氏家族曾募捐人民币5万元为中山华侨中学复校，1980年郭棣活又以永安郭氏家族名义再捐人民币10万元，另捐给竹秀园学校15万元。

在中国近代史的历次大事件中，都有着澳洲华人独特的身影。戊戌变法失败后，康有为以及温哥华保皇会团体致函梅光达希望促成澳洲保皇会的成立。在1900年10月25日至1910年5月2日期间，梁启超到澳大利亚游历半年之久，一些有影响力的华商或社会领导人逐渐接受保皇思想。随着共和派的兴起与日本共和保皇大论战，1908年来自中国的共和派刘月池与黄右公到达澳大利亚开始宣传共和思想，在澳洲与保皇派展开了一系列的斗争，一时墨尔本成了共和派阵地，悉尼成了保皇派的中心。《警东报》作为共和派的舆论阵地与保皇派控制的《东华报》就是否需要革命、推翻清朝统治与民主制等问题展开了旷日持久的论战，这场论战持续了一年之久，最终使澳大利亚华人转向孙中山的"三民主义"思想，为孙中山先生领导的革命募捐经费。在辛亥革命胜利

---

① "利生号广告"条，载于《东华报》1906年6月11日，增附刊。
② 《北京外交部致雪梨中华总商会函》，载于《东华报》1920年12月18日，第6页。
③ 赵令扬、杨永安：《救灾与救国：二十世纪三十年代澳洲华人的中国情怀》，载于《近代中国与世界：第二届近代中国与世界学术讨论会论文集（第二卷）》，社会科学文献出版社2005年版，第381～400页。

后，澳洲华人特别是悉尼、墨尔本等地的华人群众纷纷聚集在广场，高呼"中华民国万岁"，城乡各地升起了象征中华民国的共和旗帜。

民国肇始，根基不稳，袁世凯篡权企图恢复帝制、破坏共和，澳大利亚华人报纸《警东报》以犀利的文章鞭挞袁世凯，认为应该再一次发动革命去推翻袁世凯政权。在《广益华报》上，一位澳洲华侨赋诗反袁，期盼中国南方对袁进行北伐：

> 送客悠悠赴故州，江士一望黯然愁。
> 相交友善同人爱，保此共和壮士谋。
> 延蔓草除清已没，自由花开水无忧。
> 中原现象今多事，年少英雄望运筹。①

在蔡锷护国战争开始后，华人慷慨解囊资助北伐联军军费，希望以粤、黔、桂、赣为主的西南联军能够消灭袁世凯。

在1931—1945年抗战期间，在澳华侨虽只有七八千人，却为中国的抗战事业贡献甚多。澳洲侨青社屡次公演话剧、粤剧宣传抗战，并在《新生》《时报》上发表抗日救国的文章。1938年3月28日，在墨尔本、悉尼等城市，中华公会联合澳大利亚工党发起抗日援华大会。华侨领袖刘光福出版《中国和满洲的麻烦》一书讲解满洲自古属于中国以及中国的抗日形势。

1938年1月18日，悉尼的码头工人拒绝为"墨尔本"号装载锡包运往日本；同年11月15日，肯不拉港的码头工人拒绝为隶属日本的"达弗拉姆"号装载铁锭，港口的华人将货送交码头工人联盟。②更多的华工在面对日本货船时纷纷罢工，迫使澳大利亚政府在1939年7月1日开始对日本船只实施禁运。

许多中下层华侨生活并不富裕，但仍节衣缩食、慷慨解囊。在澳大利亚美军华人服务营内，为了抗战救国，一位华侨将其毕生储蓄的养老金300多英镑悉数捐出，友人担心他未来的生活保障纷纷劝阻，他说："我老了，行将入土，能以区区微金贡献祖国，实是无上光荣，死可瞑目。"③一些澳洲华侨纷纷投身部队，或回到中国参战，反击日本侵略者。日本投降后，澳大利亚华侨纷纷欢庆，悉尼群众狂欢三天以响应重庆的狂欢，侨青社还组织了醒狮队助兴。

在1949年之前，澳洲华侨在中国创有著名的四大百货公司，分别是由马应

---

① 《鸟卡时分部视词》之二，载于《广益华报》1921年8月27日，第12页。转引自赵令扬、杨永安：《救灾与救国：二十世纪三十年代澳洲华人的中国情怀》，载于《近代中国与世界：第二届近代中国与世界学术讨论会论文集（第二卷）》，社会科学文献出版社2005年版，第381～400页。

② 艾瑞克·罗斯：《澳大利亚华人史：1888—1995》，张威译，中山大学出版社2009年版，第386页。

③ 庄雅名：《澳洲华侨的牺牲与贡献》，载于《华侨先锋》（南京）1945年第11—12期合刊本，第7卷。

译 者 序

彪创办的先施公司，郭乐、郭葵、郭良、郭顺兄弟经营的永安公司，蔡昌、蔡兴、黄仲林发起的大新公司以及刘锡基建立的新新公司，这四家百货公司有力地支持了中国的经济建设，开创了中国百货公司现代化经营的先河。在新中国成立后，上述四家公司在1956年实行了公私合营。

1978年中国大陆改革开放后，一些华商回国投资，极大促进了改革桥头堡广东、福建等地的经济建设。澳洲华侨成为在两种文化之间沟通的桥梁。他们在为澳洲做贡献的同时，也在支持中国大陆的经济腾飞。改革开放30多年来，中国取得的一系列经济成就离不开海外华人尤其是澳洲华人的扶持与投资。

五、关于本书

作为艾瑞克·罗斯《公民们》[①] 的姊妹篇，《旅居者们》[②] 描绘了华人踏上澳洲土地最初的苦难历程——从1800年至1888年。这上下两卷巨作，代表了华人两个历史时期——漂泊和定居，是目前最翔实的澳大利亚华人史。《公民们》讲述的是澳大利亚华人1888年以后的命运，截止时间是1995年，彼时，华人已经在英国最大的南太平洋殖民地落地生根，茁壮成长，融入了当地社会。

罗斯将他的著作交给我翻译是在1998年，《公民们》于2009年出版，历经12年；《旅居者们》今年出版，已是20年之后了。在这段时间里，罗斯仙逝，我从一头黑发到两鬓染霜，在历史的长河里，我们的这点变化也许算不了什么，重要的是，这件事完成了，罗斯一定会感到欣慰（他的太太依莱恩告诉我，罗斯一直期待中文版的问世），我也如释重负。如果不是罗斯，谁会知道澳大利亚华人的历史呢？从这个意义上来说，罗斯是第一个全面为华人作传的澳大利亚历史学家，而我，不过是偶然间把罗斯的成果转换语言传到了中国。

罗斯的声望很高。他的写作风格之一是注重历史细节和技术细节，这无疑给翻译带来了重重困难。我翻译他的著作时，很多地方都像在闯关。关于19世纪的淘金术、淘金机械、政治、风俗、传染病、贸易、货币、鸦片等的细致描写令人望而生畏。尽管我做了很大的努力，但百密一疏，肯定会有失误之处，我期待方家指正。

由于历史的原因，本书中很多华人的原始名称无法考证，因此只能按照字音翻译。由于本书中的许多重要人名、地名与《澳大利亚华人史：1888—1995》一书中的相似，读者可参阅该书尾部的中英文对照。为节省篇幅，本书不再放

---

① 即 *Citizens: Flowers and the Wide Sea* 一书，于2009年以中文书名《澳大利亚华人史：1888—1995》由中山大学出版社出版。

② 即本书，原书英文名为 *Sojourners: The Epic Story of China's Centuries - old Relationship with Australia*，现以中文书名《澳大利亚华人史：1800—1888》由中山大学出版社出版。

置此部分内容。对于书中某些有关中国文化或历史知识方面的错误,译文原则上不做改动。另外,有时作者在叙述事情时是从西方人的视角来进行描述,与中国人的视角有异,请读者在阅读时加以甄别。本书在定稿时有一些技术性的删节,事先征得了作者的授权与同意。读者可通过阅读原著来领略全书的风貌。

我要感谢罗斯的妻子 Elaine van Kempen 女士的一贯支持,感谢她给予本书出版的慷慨授权;感谢澳大利亚中国理事会(ACC)为本书提供的出版资助;感谢汕头大学国家基金培育项目的资助(编号:NFC14006);感谢澳大利亚社会科学院院士、迪肯大学教授 David Walker 的强力推荐;感谢澳大利亚社会科学院院士、昆士兰大学"澳大利亚研究"教授 David Carter 对本书给予的厚爱;感谢中山大学出版社编辑徐诗荣先生的一贯支持和悉心编辑。

最后,我希望本书能丰富读者的历史知识,增加读者对华人移民史、对澳大利亚历史的认知和理解。一个重要的观点是:华人在备受"劣等民族"指斥的屈辱之后,几经挣扎站立起来,方能与欧洲人坐拥江山、平分秋色,这段不堪的历史是需要展示出来并铭记在心的。

张　威
于汕头大学澳大利亚研究中心
2016 年岁末

目　录

第一章　冒险家与牧羊人 ········· 1

叹为观止的早期海上贸易 3 ／ 华人向世界探奇 6 ／ 捕海参的望加锡人 11 ／ 英中贸易 14 ／ 东印度公司 15 ／ 澳中贸易 17 ／ 英国人移民澳洲：困难与灾难 24 ／ 首批澳大利亚华人 27 ／ 印度苦力 33 ／ 各种华人苦力贸易 34 ／ 牧羊人 54 ／ 发现黄金 60

第二章　金　山　客 ········· 61

100 斤黄金 63 ／ 维多利亚的首座金矿 64 ／ 澳大利亚人口倍增 66 ／ 南澳大利亚新路线的黄金护卫队 69 ／ 政论家爱德华·哈格里夫斯 72 ／ 开矿机械 74 ／ 金矿区现身 76 ／ 矿工 77 ／ 金矿区生活 78 ／ 许可证费用与折扣 80 ／ 来自广东的矿工 84 ／ 离家之苦 86 ／ 太平天国 90 ／ 华工的行为 92 ／ 尤里卡栅栏事件 99 ／ 华人移民的人头税 102 ／ 穿越南澳大利亚 104 ／ 攻击华人的矿工和政府 112 ／ 昆士兰发现金矿 123 ／ 欧洲移民 124 ／ 古怪习俗 126 ／ 奇安德拉的雪中金矿 127 ／ 颐和园的毁坏 129

第三章　金与锡：海底捞月 ········· 131

蓝彬滩 133 ／ 暴乱 133 ／ 新南威尔士人头税 139 ／ 丛林匪 140 ／ 伤寒、脚气和坏血病 140 ／ 维多利亚金脉矿 142 ／ 黄金拯救昆士兰 143 ／ 海角河、金皮、吉尔伯特河、察特塔 144 ／ 华人被逐出科伦卡里金矿 146 ／ 克伦斯暴乱 147 ／ 塔斯马尼亚黄金和华人围场 148 ／ 帕玛河黄金 152 ／ 威廉·汉纳和詹姆斯·姆林甘的冒险 152 ／ 麦克米伦用斯纳德子弹迎接土著 154 ／ 土著攻击后放弃吉尔伯特 155 ／ 土著的手工艺术 157 ／ 帕玛金

1

矿的首个雨季 159 / 几千名华人前往帕玛河 159 / 库克城的华人妇女及女仆 162 / 脚气病、热病、黄热病以及土著袭击再度袭来 165 / 霍德金森的石英脉金 166 / 大批华人涌入昆士兰 166 / 昆士兰通过两项排华法案 167 / 虐待华人 168 / 残忍对待海上失事的华人 169 / 帕玛河有17000名华人 170 / 华人在帕玛河下游发现好金 170 / 澳门人和广东人的争斗 171 / 帕玛河的奇石 171 / 克里斯蒂·帕玛斯通的阴谋 172 / 新南威尔士、塔斯马尼亚、昆士兰发现更多黄金以及西澳大利亚金伯利矿地的困难 175 / 抢水和水井 177 / 康沃尔矿工 178 / 华人采矿法 178 / 开采矿脉 179 / 持续的苦力贸易 181 / 中国的生活：1860—1870年 184 / 杀害魔鬼教士 184 / 加利福尼亚的残暴 186 / 锡矿年代 187 / 移民 193 / 中国罪犯从香港流放到澳大利亚 195 / 400名僧伽罗人到达昆士兰 195 / 堪那卡交易的终止 195 / 更多排华法案出台 196

第四章　淘金传说：开发北领地 ·················· 199

北领地乱象之源 201 / 帕玛斯通城雏形 205 / 首批到达者及警察总长保罗·福斯彻上校 207 / 道格拉斯船长担任政府驻地长官 207 / 查尔斯·图德和横穿大陆电报线的奇迹 208 / 开采金矿和投资者 210 / 华人、印度苦力和佣人 214 / 道格拉斯船长远航新加坡招募华工 215 / 梅毒和常见病 217 / 按磅计价的金子 219 / "哥德堡"号失事 219 / 枪杀阿金 220 / 欧洲人开矿失败 221 / 庞奎来到北方 222 / 更多华人到来，但时机不对 223 / 松溪诞生中国城 224 / 热病 225 / 牛场站 227 / 胸膜肺炎和红尿病 227 / 华人在北领地发挥作用 229 / 玛格丽特河争端 230 / 庞奎的成功与英年早逝 231 / 锡矿、铜矿和银矿给人虚假的希望 232 / 土著人 233 / 华人开矿遗迹 234 / 米勒兄弟赢得帕玛斯通—松溪铁路投标 237 / 119名僧伽罗人修建铁路并试图建立印度城 238 / 南澳大利亚政府排挤金矿区华人和征收人头税 238 / 北领地华人人数为欧洲人的3倍 240

第五章　疫症猖狂：天花和麻风病 ·················· 241

悉尼有数百名土著死于天花 243 / 种痘 243 / 早期殖民地的健康 246 / 百日咳导致分裂 247 / 天花再次摧残土著人 247 / 船上的霍乱 248 / 北部隔离区 248 / 伤寒、斑疹、天花和麻疹充斥隔离区 249 / 野花中的墓碑 249 / 天花流传与澳大利亚白人 249 / 天花流传与澳大利亚华人 250 ／ 官方和受害者的滑稽行为 251 ／ 苦难的华人 252 ／ "大洋"号旅客的遭遇 255 ／ 从隔离区出来的悲伤之人 256 ／ 新型病菌 258 ／ 来自伦敦的天花 259 ／ 海峡群岛的隔离区 259 ／ 焚烧华人小屋 261 ／ 帕玛斯通的天花 261 ／ 逮捕华裔患者 261 ／ 离奇的喜剧 263 ／ 1913 年新南威尔士爆发天花 264 ／ 将天花从世界上清除 264 ／ 恐怖的瘟疫 265 ／ 熟悉的流感之灾 266 ／ 可怕的麻风病 267 ／ 麻风病在中国 267 ／ 疾病的影响 268 ／ 澳大利亚第一批麻风病人 269 ／ 北部地区的麻风病人 271 ／ 帕玛斯通医院的流言 274 ／ 海峡岛上的孤独生活 277 ／ 麻风病蔓延到北部土著居民区 277 ／ 搜寻麻风病人 278 ／ 判处监禁 279 ／ 麻风病院 280 ／ 19 世纪的回声 281 ／ 中国预期在 2000 年根除麻风病 281

第六章　金碧辉煌，赌场林立 ·················· 283

麻将的喧嚣 285 ／ 澳门：无尽的赌博 285 ／ 番摊和金碧娱乐场的喧嚣 287 ／ 澳大利亚人的赌博 288 ／ 双面钱币 289 ／ 中国考试赌博 290 ／ 有利可图的赌博业 290 ／《千字文》291 ／ 好票 292 ／ 抽奖仪式 293 ／ 赌场案 294 ／ 悉尼的帮会争斗 297 ／ 赌马 299 ／ 赌狗 301 ／ 斗鸡 301 ／ 斗蛐蛐 302 ／ 赌博在现代中国 307 ／ 鸦片：绝望赌徒的最后解脱 308

第七章　大烟：贵人烟或鸦片 ·················· 309

威尼斯糖丸和伦敦鸦片酊 311 ／ 鸦片早期贸易 312 ／ 鸦片奇观 312 ／ 鸦片的难题 315 ／ 罂粟花的种植和收获 316 ／ 东印度公司鼓励种植罂粟花 317 ／ 专家提炼鸦片 317 ／ 年出口中国 200 箱 318 ／ 罗伯特·克莱夫掌控印度鸦片 318 ／ 年出口中国 4000 箱 319 ／ 英国贸易委员会质疑鸦片纯度 319 ／ 中国进行控制，但鸦片贸易仍然增长 320 ／ 1836 年：26000 箱鸦片 321 ／ "快蟹""争龙"：年出口中国 40000 箱 321 ／ 中国绞死烟片贩卖者 321 ／ 林则徐广州禁烟 323 ／ 收缴 20283 箱鸦片 324 ／ 销烟 325 ／ 可耻的鸦片战争 327 ／ 中国被迫开埠 328 ／ 中国计划种植鸦片 329 ／ 在澳大利亚的鸦片吸食者 330 ／ 鸦片种植在澳大利亚 332 ／ 澳大利亚反对鸦片运动 334 ／ 土著人与鸦片 335 ／ 世界反鸦片运动 336 ／ 走私 336 ／ 吗啡 339 ／ 海洛因 341 ／ 无效的反鸦片战 346

第八章　中餐特色：色、香、味俱全 ……………… 349

中餐五特点 351 ／ 双关语 351 ／ 热闹的餐桌 352 ／ 餐桌礼仪 352 ／ 南北方的早餐 353 ／ 澳大利亚华人矿工的餐食 355 ／ 午饭和点心 356 ／ 好茶 357 ／ 晚餐 359 ／ 为什么青岛啤酒好 362 ／ 中国的果酒与烧酒 362 ／ 酒桌上的游戏 363 ／ 港澳和中国内地市场 364 ／ 鱼摊和鱼餐厅 365 ／ 蛙、龟、鳝鱼 367 ／ 美食狗肉 368 ／ 蛇和老鼠 371 ／ 豆腐和蘑菇 371 ／ 鹧鸪、禾雀、鸽子 372 ／ 香港美食 374 ／ 抻面 374 ／ 味精 375

第九章　1888年：旅居者和公民的分界线 …………… 377

"白澳"的起源 379 ／ 赫尔河峡谷成吨的红宝石 379 ／ 红宝石被错当成石榴石 381 ／《公报》和《飞镖》煽动反华情绪 382 ／ 维多利亚拒绝入籍证明 384 ／ 华人乘客转往新西兰 386 ／ "布户比特"号受到刁难 387 ／ 墨尔本的反华会议 388 ／ 悉尼的反华集会 388 ／ 帕克斯爵士保证不让华人在悉尼登陆 389 ／ 更多的反华集会 390 ／ "阿富汗"号抵达悉尼 391 ／ "黔南"号抵达悉尼 391 ／ "门木尔"号抵达阿德莱德 393 ／ "格思里"号抵达悉尼 394 ／ 最高法院判决释放50名华人乘客 394 ／ 被拒乘客返航 395 ／ "长沙"号的到来 396 ／ 报纸上的故事 397 ／ 基督教长老会批评维多利亚政府 398 ／ "奥尔巴尼"号的隔离闹剧 399 ／ 试图建立统一防线 400 ／ 帕克斯：你的豁免许可证可以抛到风里 400 ／ 悉尼召开有关华人移民议题的会议 403 ／ 北领地采取行动反对华人 407 ／ 阿蔡检验维多利亚政府的权力 408 ／ 新南威尔士立法院的吵闹 409 ／ "阿尔蒙达"号拒绝解雇华工 412 ／ 清政府对海外子民的关注 413 ／ 从旅居者向公民转变 414

中英文译名对照简表 ……………………… 416

第一章　冒险家与牧羊人

叹为观止的早期海上贸易／华人向世界探奇／捕海参的望加锡人／英中贸易／东印度公司／澳中贸易／英国人移民澳洲：困难与灾难／首批澳大利亚华人／印度苦力／各种华人苦力贸易／牧羊人／发现黄金

叹为观止的早期海上贸易

澳洲大陆和中国大陆在地球版图上曾彼此相邻近3亿年之久。后来，两块大陆逐渐漂移，使彼此相距百万里之遥。而今，正如地理学家所说的，它们之间正以每年几厘米的速度重新向彼此靠近。在那段可想象到的时期内，一些人类学家认为，那纤弱而瘦骨嶙峋的北京人曾乘着结实的木筏漂至澳洲，和那些早已定居此地的强壮的印第安人通婚，由此造就了澳洲大陆上的土著居民。

在有文字记录的时代，自从人们接受了"地球是圆的"这一论断，便开始认为比海水更坚实的澳洲大陆平衡了那根穿越地球内部未知的转轴。此前，四面八方的来客可能已多次在澳洲大陆上往返。他们往往带着既是宠物又可作为食物的狗来到此地，这是亚洲人的惯例。那些狗捎上了澳大利亚袋鼠身上的虱子，回到亚洲后又传给了当地的同类。数百年来，南方大陆上的人一直被谣传为以跳跃代替行走，在那儿有灵魂会在树上嚎叫。据说，那是巨鸟的领土。

世界因贸易而被世人了解，人们对买卖交易具有浓厚兴趣。维京人远航是为了狂热的殖民扩张，南海的岛民和玛雅人成群结队地乘筏远航至荒无人烟的岛屿，但无一返回者做出了报告。他们的远行不过是完成一项使命。直到后来的商队环游，才将他们远行的所获利益和相关信息带回家园。

自公元前3000年始，阿拉伯人和埃及人就跨越地中海开展贸易，交换的商品有乳香、树脂、香水、铜器、木材、香料以及来自各地的物品与调味品。两千年之后，腓尼基人离开地中海东部那个狭长分布的小国走向世界。他们从埃及带回谷物和亚麻布，也带回了住在康沃尔郡和西西里岛上的凯尔特人收藏的锡皮。他们是如何与沉默寡言的凯尔特人交流的呢？那些造船大师为自己建造船只，也将他们的作品卖给外国。凭借着当时有限的航海和天文知识，在公元前6世纪时，他们环游了好望角，和印第安人展开了贸易。交易的商品是俏货，如金银珠宝、香料、象牙、猿猴、孔雀等。腓尼基人的桅杆船很可能被西来的暴风雨卷走，并被远远地卷向澳洲西海岸。

阿拉伯人一直在扩展着他们的贸易。公元前1世纪，波斯湾周围的繁忙的港口为那些在印第安、埃及、东非、中东及地中海等地来回贸易的商队和货船提供了巨大的便利。除了珍珠、意大利葡萄酒、黄金、丁香、肉豆蔻及其干皮外，他们还从东非带回了新的且更能获益的"商品"——奴隶。这种肮脏的贸易在以后的两百年内不断增加。运载奴隶的货船剩下的空间用来放置其他货物，比如象牙、兽皮以及肉桂。

中国人也开始了商业贸易。在汉武帝的命令下，那些从今广东、广西两省遴选出来的海员们开始了对南海奇珍异宝的探索。在耶稣诞生前后，一条新的陆路在北方开辟。汉朝派遣张骞至西域视察，来自波斯急于传教的佛徒跟随张骞穿越中亚返回，商旅们与他们随行，创造了通往现今被称为西安的中国古代首都长安的丝绸之路。他们从波斯带来了亚洲粗羊毛、高大机灵而又强健的波斯骏马以及罗马帝国的黄金，还有肉桂树皮，用作泻药的大黄的植物根种，以及一些并非上等的瓷器。中国工匠做了一两个世纪的银器，有着1500年蚕养、编织印染工艺的历史，创造出了精美的丝绸。在中国，丝绸常常被用作贡品、奖品、贿赂品或交换物，有时还被用作雇佣兵的薪俸。

宗教变成了大陆上的双行线。来自东土的僧人前往西方朝拜印度圣殿并购置圣物。三国时期，出现了和南方更多的交易。公元230年至公元240年之间，位于东海岸今江苏省的吴王派遣公使出海。三次旅行之后，他仍然保持闭塞，维持着与其他两国交战的摇摇欲坠的吴国。那些想见吴王的人，会带着贡品来朝圣。公元414年，佛教徒法显从印度返回中国，他已在印度研究了多年的佛陀经原典。他返回时乘船通过爪哇岛和中国南海。其后，许多佛教徒都尾随了相同的航线。

然而，是丝绸让中国吸引了世界，它是贸易中最有价值的商品。几个世纪以来，中国人并不想输出丝绸。他们有先进的文明，聪慧、务实、科学、自给自足、自我满足并多疑。他们把中国视为一个家族，虽然会有争吵却绝不分裂。他们是内敛的民族，不同于那些未开化的野蛮人。人人都讲德行，然而，道，即真理，却无人问津或使其强化。中国人不想与外界有过多的正规贸易来往，亦不愿挑起战争。那些来访中国的异族人一方面受到欢迎，一方面也受到监视，直到他们离去，那些带着珍贵物品前来朝圣的东南亚小国首领也受到如此待遇。这是一种多年来形成的奇特的联系方式。正如"贡品"的部分含义所指，礼物意味着对位高权重的统治者的承认，也模糊意味着寻求其庇护。在15世纪之前，中国一直闭关自守，无力保护那些遥远的国家。那些被中国密切监管的前来上贡的君主和他们的随从无疑一直审视着这个泱泱大国。但那些并非使哲学家感到困惑的内忧外患令历史学家们重新做出解释：务实的政策就是"择机而行，因时而动"。

大量的阿拉伯商团被允许在广州逗留，他们带来了伊斯兰教；宗教总是和货物贸易交织在一起。当时的广州热闹繁华，在公元700年，阿拉伯船只在印度洋来往航行。他们将椰子皮做的粗绳将船体系在一起，缆绳极为粗大，水手们无法用单手攥住。他们一边拉着绳子一边吟唱，按时完成任务。船长在北极星的指引下带领船队航行。他们举起手，将拇指至小指五指并拢，以其作为单位宽度丈量北极星距海平面的高度，以此来判断南北方向。更精确的做法是，他们将一种称作"kamal"的木质直角方块排放在水平视线内的海平面与北极星之间，每一个结点代表一个已知的维度。

大约在同一时期，来自福建贫苦地区的拓荒者们由于濒临饥荒、厌倦起义和乡间的无休止的争斗，也向东出海，在澎湖列岛周边安顿下来。另一些人航至台湾。他们把当地居民赶到了山区，自己发展成兴旺的移民。客家商人开始与他们进行贸易。客家人是一个特别的中华族群，他们从北方迁至福建或广东一带，其中的幸运者在沿海一带的湾区定居下来。

中国古都长安贸易的繁荣要胜于广州。来自波斯、罗马及中亚的5000名外国商人居住于此地并开展贸易。时至公元9世纪，长安人口达到200万人之多。由于长安是个充满生机的多元化城市，众多的诗人、音乐家、舞者、画家及各类艺术家纷纷来此定居。他们将这个商业城市提升为当时世界上最繁华的城市之一。

自13世纪中叶起，中国南部地区大量生产糖、铁、丝绸，导致对内对外皆呈现供大于求之势。甚至是江西景德镇制造的最精美的瓷器，也随着窑的不断建造而日渐贬值。广东、福建的商人们从船坞订购了大量的船只出航，向东海、南海开拓新市场。一些人卖出了上百只帆船于是成为大富翁。从1271年起便住在中国的马可·波罗曾评价说，那些帆船至少需要200名水手，有些甚至要300名。一艘船可以承载5000~6000筐胡椒，它们多产于苏门答腊岛和爪哇岛。他们也带回一些其他香料、制船木材、用于焚香的檀香木、海参、稀有珍贵的燕窝、贝壳、犀牛角、象牙等。

1979年，韩国海军潜水员从一艘14世纪时沉于该国附近海域的商船里，打捞起20万枚中国钱币及1.2万件人工制品，其中多为陶瓷器皿。陶器工艺精巧，造型优美。其中的青瓷不仅美观如玉，且价值很高，因为这种瓷盘即便是盛放了毒物，也不会开裂或变色。

从广州、厦门出发沿旧路行至日本的商船，途径福州、宁波、上海、烟台等港口时，进行了一系列的港口贸易。而后，他们随着货船向东航行直至朝鲜西海岸，沿岸向下航行而后向东到达日本的福冈。有时他们会缩短路程，从宁波出发向东北航行直到他们看到韩国的西南角陆地。

那些南方海岸的海盗们建造了更大的船只，他们抢掠远航的商队后将战利品变卖。所以，从13世纪中期开始，中国人便相当了解位于他们西面的大陆，对其东面与海相邻的岛屿也有深刻的认识，他们对南海的认识也在不断加深。中国人开始开拓他们南方的富裕国土。一方面，许多出海者带着传奇归来，另一方面，许多人移居他方。

一向自满的中国人被颠覆了。凶残的蒙古人在成吉思汗统治世界的野心下，在150年间侵犯了俄国、波斯、西伯利亚、印度、中国北部以及其他一些小国。1279年，野心勃勃的骑兵进犯中原。由于缺少作战经验，以及不熟悉蒙古人发明的用于战争的火枪，中国人被轻易击败。而后，忽必烈在北京建立起新的王朝，他希望北京成为世界首都。

成千上万的中国人从蒙古人统治区内向南迁移。令人担惊受怕的起义和反抗在各地陆续发生，蒙古族历代统治者都严禁人民外迁，禁止私人贸易。南方人民因距帝都遥远而不受严厉的束缚。移民和商贸仍在繁荣发展。

蒙古人极力拓展了他们的领土却不能成功守护。"你可以通过铁蹄统治一个民族，但你却要下马来治理天下。"中国农民朱元璋，长着大头和小下巴，他的脸呈半月形，显得异常丑陋。他组织了几个队伍，编制成起义军向统治者发起反抗，最终将蒙古人赶出了中原。他成了明王朝的第一任皇帝。1368年，他将都城迁至南京，远离前蒙古人的污染。明朝第三代帝王永乐皇帝在1403年继承皇位并开始新政。永乐皇帝勇猛、聪慧、有能力、有野心，他诏令2000名学士共同编纂总计11000册的百科全书，还派遣太监总管郑和七下西洋。航队途径中国南部国家，进入印度洋至印度、非洲东海岸。郑和被亲切地称为"三宝"，即佛宝、法宝、僧宝。他17岁时，被云南士兵掠去当宦官为朝廷服务。对于郑和行至澳大利亚一事，没有记载，无法证明，但也并没有不合理的解释。

19世纪，清廷据法律雇用了3600名太监，其中一些是起义者的后代们。在17岁之前，他们都被关在监狱，因他们的父辈而承受痛苦。之后，他们经手术被送至宫廷，为帝王后妃服务。手术不仅摘掉了他们的睾丸，其阴茎也被切除。体肤不全地入宫无疑是巨大的耻辱，他们遂将被切除的器官装在罐里佩戴在腰带上。太监们都体态高大。郑和的形象令人记忆深刻。"他有9英尺[1]高，佩90英寸[2]的腰带，"同代人这么写道，"他脸宽，额头高，鼻子小。他很聪明。目光炯炯，耳朵的肤色比脸上的浅。牙齿整齐，步态沉稳，好似威猛的老虎。他的声音高而清晰，带有威慑力，令人臣服。但他对随从却很亲近。"每个朝代都有不同的衡量标准，所以，老式的衡量方法并不具有太多的参考价值。

华人向世界探奇

1405年7月，郑和带领着中国最大的62艘帆船于长江最大河口起航。这些船皆为114～134米长，54米宽，3000多吨重，巨帆悬挂于船的首尾。船身外壳由云杉、纵木支撑的板材叠加而成，板材有12厘米厚，大量的麻纤维、石灰及从树叶中提取的油填塞着木板之间的缝隙，使其格外坚固。13个隔离壁完美地将船体分成多个彼此相连的防渗隔间。尽管大帆船无法完全避免沉没的风险，但它们至少能比"泰坦尼克"号经受更严峻的考验。

郑和在永乐帝（朱棣）称帝前内战的一次政变中，因忠心耿耿得以脱颖而出。在那次政变中，朱棣推翻了其侄儿的政权，最终登上了皇位。郑和首次出海之际，正值34岁，他统领着27000～37000名士兵和海员。期间，骑兵队带着他们的战马上船。队伍中的一些人还带着妻妾和子女同行。他们在木桶里种

---

[1] 1英尺 = 12英寸 = 30.48厘米。——译者
[2] 1英寸 = 2.54厘米。——译者

草药和生姜，在土罐里培植大豆。他们知道必须在港口等到夏季风力的转向，他们准备了一次为时两年的航行。南岛上商人们中最有经验的船长掌管着这些大船。

他们有着深湛的星象航海知识。中国人常常根据星象学安排出行，他们深信星象的无穷力量。他们拥有被称为"旱针"或"水针"的指南针，且已使用了几百年。指针指向南方，圆盘被分为72等份，这意味着他们必须将航线范围控制在5°之内。通过不断反复的水声，他们能确认南中国海，也能通过感觉和嗅觉获知自己的位置。

郑和舰队航行之目的在于威慑那些挑起战争的小国，以及那些迟迟不进贡的国家，炫耀国力，寻找永乐帝下落不明的侄子朱允炆（有人说他死了，也有人说在逃亡中）。此外，航行还进行了商贸往来，收集了知识和奇闻逸事，满足了帝王炫耀国威之心。

为了挫败另一个声称做了同样航行的权势宦官，关于郑和的大部分记录在其死后被销毁了。郑和的航海故事来自于他之前访问的国家，以及一位曾和他共历3次旅程的翻译的记录。6次航海历时19年，平均每18个月用作航行前的准备。他们访问了南海的大部分国家，包括印度、东非，南至马达加斯加海岸。他们带回了植物、稀有木材、胡椒粉、一到两个待惩处的君王、鸵鸟、斑马、羚羊，还有一只长颈鹿，它被展示在南京的街道上，吸引了中国的行人。他们是如何在长达9个月的航行途中，为这头长颈鹿提供特殊的食物，将它成功带回中国的呢？

每次参与航海的人们都会带着丰富多彩的故事归来。民间故事和流行民谣很受欢迎。外迁的移民涌向爪哇、苏门答腊岛、婆罗洲、马来西亚及其附属岛屿、苏卢群岛、菲律宾、东印度、马六甲海峡等地。大量移民到了那些中国人很容易把他们抓回来的国家。但他们从没想过这个问题，他们只是安静地栖息在那里，进行贸易。

即使到今天，郑和作为"三宝"依然备受东亚小国尊敬。人们为他修建庙宇以资纪念，圣地圣坛被视作遗产。为了缓和印度尼西亚的种族纷争，教士们仍在向中国人建议，将他们的祖先还给伊斯兰，找回郑和的宗教信仰。

1960年，卫聚贤教授[①]在香港出版了一部名为《中国发现澳大利亚》的著作，书中有许多精彩的描述。作为古代贸易中心的帝汶岛，距离澳大利亚的达尔文仅650公里[②]之遥，所以几个世纪以来，总会有人有意无意地在航行时绕到

[①] 卫聚贤（1899—1989），字怀彬，号介山，又号卫大法师，山西万泉人。1927年毕业于清华国学研究院，历史学家、考古学家、古钱币学家、博物学家、文化人类学家。20世纪50年代发起乘木舟横渡太平洋的试验，以图证明"中国人发现美洲"之说（其著有《中国人发现美洲》《中国人发现澳洲》以及《中国古代与美洲交通考》）。——译者

[②] 1公里=1千米。——译者

澳大利亚,然后返回。

然而卫教授提出的郑和到访过澳洲的事实是不足信的。1879年,澳大利亚北领地公共事务局官员斯特劳·布里奇曾监督一帮华人劳工参与造路工程。这条公路从帕玛斯通居住地起,穿过密林至澳大利亚海岸。他们曾从地下挖出一株大榕树,并发现一个中国雕刻图案,清晰地印在距地表120厘米的树根上。多年来,竟无人能识别它。人们一开始认为这是印第安人的作品。然而,那是一位长寿的老神仙,即老寿星,他坐在一只梅花鹿上,手里拿着一颗寿桃。

1970年,悉尼大学的刘渭平教授发表了一篇论文,名为《关于早期中澳关系的研究》,其中介绍了那个曾存放于悉尼科学艺术博物馆里的作品。"这不是一块玉,"他写道,"而是一块普通的皂石。它是一种在中国市场上能很容易找到的小塑像,上面的图案粗糙,线条简单,不像是郑和带至澳大利亚的物品,它很有可能是其250年后才被制作出来的。"但正如费兹杰尔德指出的,那只是一块普通海员平时随身携带的石头。这株榕树位于医生谷(Doctors Gully)之上端,是个沉船之地,很可能是1670年当榕树还是小树苗时,一位中国海员将石头丢弃在这里。

在《澳大利亚的中国发现》这本书中,卫教授提到了另一个中澳之间非同寻常的联系:《狮子狗》是一本中国人写于公元前338年的书,其中提到了中国的袋鼠。类似的报告在之后不同朝代都有所记载,袋鼠出自河北的西北部、山西的东北部、察哈尔、热河以及东北各省地区。68年前,人们还能在黑龙江省看见袋鼠,原因是清朝时,朝廷已派人前往澳大利亚带回那儿的袋鼠。还有人在11世纪的书中提到"蹦跳的野兔"。袋鼠并非是唯一能跳跃的动物。中国有两类跳鼠,一种是可爱的会跳跃的啮齿目动物,也被称为"跳跃的老鼠";还有一种是西伯利亚跳鼠,它们存活在东北寒冷区,被称为"跳兔"。

1986年,著名的历史学家王赓武教授担任了英国统治时期香港大学最后一任校长。他告诉我,卫教授依靠的某些中国证据就是类似英国人约翰·德·曼德维尔(John de Mandeville)游记一类的东西。尽管有种种解释,我却不能断然否定作为世界奇观之一的袋鼠很早就被带往中国。因为这是有可能的,在公元1000年,世界上的水手可以完成这种旅行。

的确有许多中国人超越卫聚贤,认为是他们发现了澳大利亚。在1931年6月出版的《东方杂志》(Eastern Miscellany)中,曾担任中国驻澳大利亚领事的罗渊庭(Lau Yuan Ting)写道:"澳大利亚最早是被中国人发现的……随后是英国人。"有证据显示中国人曾到过澳大利亚附近。1606年,西班牙人路易斯·贝兹·托雷斯(Luis Baez de Torres)来到澳大利亚北部寻求知识,而非货物,他发现了中国的陶器、鱼钩、鱼叉、竹制风箱等新几内亚巴布亚岛西部村庄居民所使用的器具。或许一千年前中国人已先于哥伦布到过美洲。1985年,洛杉矶附近的加利福尼亚海岸边发现的石锚证明了这一点。至1650年年中甚至更早些，中国人已跨越太平洋同北美的特里吉特印第安人展开了定期的海狸皮毛贸易活动。在纽约自然历史博物馆里，17世纪的印第安的皮夹克面对着中国铜钱，这些夹克曾用来充当保证金。

1431年，郑和的最后一次短期航行是中国作为海上霸主的最终展示。1421年，蒙古人不断地入侵中国边境，永乐帝从南京迁都到离战事较近的北京。他必须维持强大的军力镇守北方，而远航却要耗费大量的人力财力。胡椒价格的暴跌也可能导致了远航的放弃。胡椒是被历代君王控制的最有价值的物品之一，在远航之初，胡椒的价格堪比黄金，如同人参。但返航后带回了如此多的胡椒，它被贬值为一般日用品。1425年即位的第5任统治者宣德（宣宗朱瞻基），下令禁造长于30米的帆船，他禁止私人对外贸易，然而南方的商人和海盗一如既往地忽视其指令；宣德皇帝还下令禁止国人向外移民，却也效用不大。然而，大体来看，至少在两个世纪间，中国对世界关闭了大门，尽管还留有一些出口，比如当时葡萄牙统治下的澳门。

自16世纪起，葡萄牙人开始取代阿拉伯人在贸易中的主导地位。他们强烈地反对伊斯兰教，袭击了阿拉伯船舰，谋杀了船员，用可耻的宗教权势掠夺了货物。他们的大型武装商船构建完善、装备齐全，他们个个是航海能手。穿过古老的马来西亚半岛曾一度被称作"为贸易而生的城市"的马六甲，他们和中国建立起了贸易关系，进行丝绸、瓷器、香料、用于制香水的麝香等物品的买卖。尽管中国早有法律禁令，但国人的私下贸易已成为世界贸易的重要组成部分。作为世界贸易网络中心的马六甲，因为居于核心地位而逐渐变得肆无忌惮起来。葡萄牙人在1511年占领该地。其他一些坐落在泰国沿岸鲜花绿树间古老的崇尚犹太教的城市，以及马来西亚、印度尼西亚等，逐渐发展成人口规模为5~10万的繁荣商贸中心，中国人在上述城市多占其1/4的人口。勃固、望加锡头、大城府、万丹用透气的棕榈屋和精美的木刻将以前的石砌城市中心加以拓展。人们尚未找到确凿的证据来证明那是它们最繁华的时期。现代建筑和古老的石器遗留建筑伫立在那儿，但木雕和棕榈早已不见踪迹。

葡萄牙人在中国以南有大量贸易活动，他们使用了海盗和翻译，其中有些人是被雇佣的、心甘情愿的，有的人则是被迫的。看来，葡萄牙人也曾到访过澳大利亚，无论是计划的还是偶然的。在迪耶普工作的法国航海家和制图者，要么听说过他们绘制的有关爪哇之南的"南方大岛"海图，要么亲身参与了发现大岛的活动。大英博物馆严谨而博学的地图专家海伦·卫理斯博士指出："迪耶普的企业家和葡萄牙的先锋很相似，通过他们的努力（我斗胆放言），澳大利亚被发现了，记录传给了后人。"

葡萄牙人可能留下了他们访问澳大利亚南部的遗迹。1836年，一艘古老的帆船曾出现在维多利亚瓦南布尔高高的山丘上，其后至19世纪80年代的多年间，据说曾有20多人看见过这条船。据报道，人们管它叫红木船，因为那木材和葡萄牙橡树一般又硬又红。

葡萄牙人在澳门居住下来，1557年，他们称该地为"以澳门神之名义在中国的定居地"。海岬上建立了一座叫"天后"的圣庙，那是用来保佑渔夫和海员的。中国人对神明有种亲切的崇敬之情，他们将其称作"妈祖"（nurse），他们过去和现在都知道这个港口叫澳门，即"深水入口"。无人知晓葡萄牙政府和中国做了何种交易。有人认为前者贿赂了后者，但对华人来说应有更长期的利益。葡萄牙政府铲除了一伙强大的海盗或许与此有着重要的关系。1848年之前，葡萄牙政府一直向中国政府交纳租金，此后他们将中国政府赶出澳门，并拒绝再支付任何租金。

懂科学的耶稣教士们跟随葡萄牙商人和海员们一同来到中国。他们学习粤语，在宗教和科学方面教化民众。为了科学，中国政府容忍了其宗教宣传，教士很快就得到了国人的尊敬。其中的一位叫利玛窦，他在1603年绘制了4张关于已探索的世界的版图。在澳大利亚所处位置的空白区域，他标注道：至今尚无人到达这片南半球的土地，我们对其一无所知。他用小字体在这个空白底端写下了"火地"两个字（1520—1521年，麦哲伦为西班牙国王航行太平洋时曾提到这种在珊瑚海浅滩上的奇异的磷酸火，它不是陆地上的火），而且富于启发地写下了"鹦鹉地"。

在17世纪前，许多帝汶岛的妇女在澳门从事佣人、雇工的工作。葡萄牙人从帝汶岛带来了檀香木，并将俘获的妇女贩卖为奴隶。

在葡萄牙人掌握权势之际，西班牙人正在马尼拉和墨西哥的阿卡普尔科之间进行着长期且获益丰厚的航行。他们的大型帆船近2000吨。他们雇佣西班牙和菲律宾水手，运载着丝绸，驶出马尼拉向北行进，"如同一座载有丰富果蔬的移动花园"。船上有猪，还有解闷的斗鸡。在北纬40度处，他们受到了西风和日本激流"Kurosiwo"的影响，被迫向东航行。在数月长的航海旅行中，每况愈下。残忍的船长无视海员们的生命，后者没有保暖的衣服，一旦肉类和蔬菜被吃完，由于缺乏维生素，无法抵御坏血病，30%～40%的船员会死亡。如果碰到了固执的船长，航行迟缓，又遭遇恶劣天气，那么死亡人数会达到百分之六七十。1656年，"圣荷塞"号经过阿卡普尔科时失控打漂，船上满载着珍贵的丝绸，全船人无一生还。

贸易霸权在各国之间轮番交替，对各国的影响也在不断改变，友谊破灭、政府崩溃、权力瓦解。荷兰人取代了葡萄牙人的经济霸权。1641年，他们占领了马六甲，但他们减弱了对许多国家的影响，而是主要将贸易活动集中于富裕的马六甲群岛，其后则是巴达维亚。在17世纪时，巴达维亚变成了中国贸易最重要的中心。除了与中国贸易，还有140艘荷兰轮船、25000人在印度群岛工作，并以加勒比海上的长期物品供应科拉卡总督。荷兰人不像西班牙人那样关照他们的水手。逐渐地，那些应招被编制为海员的营养不良的城市居民大量死于痢疾、坏血病、疟疾。返航回家的印度人招募中国船员代替他们。荷兰的商船往返于阿尔汉格尔斯克、波罗的海的俄罗斯港口以及开普敦进行商贸活动。很多船只持续航行，围着开普敦打转，再到达阿姆斯特丹和圣保罗，然后穿过圣代航道再向西北到达南中国海。船长唯一能掌握的是方向，无法确定海上距离，因为没有计时器，他们也无法确定经度。有些船向东航行过远，到达了澳大利亚的西海岸，或者突然触礁沉没。从1606年起，一些荷兰探险家到达澳大利亚，并绘制了澳大利亚北海岸的部分地图。他们的作为使后来的白人定居者处于困难之中。当时的政策规定，抓获当地人既作为样品也作为导游。但由于他们滥用枪支，将俘获的土著人抓到船上捆起来，使其受伤，这就使白人留下了恶劣的印象。

有4个人的名字与澳大利亚有着紧密联系，尽管他们都没有见过澳大利亚。许多年来，法国和许多欧洲国家都认为，来自诺曼底的一位叫高纳维尔的商人在1503年发现了南方大陆。他在好望角附近被暴风卷走，而后又在大西洋遭遇了咆哮的西风带。他抵达了一个据他声称不知名却丰饶的大陆。他被海风大大吹偏了位置。他经过了澳大利亚南部，在合恩角一带转悠，然后向北行驶，最后在巴西登陆。另一位是法国人布罗塞（Charles de Brosses），他在1756年出版了一本《南方大陆航海史》。因为他是第戎议会的发言人，人们亲切地叫他"德布罗塞总统"。他对澳大利亚非常感兴趣，以至于伏尔泰将其称为"澳大利亚总统先生"（"le President d'Australie"）。费南迪（Pedro Fernandes de Quiros）是个同时在葡萄牙和西班牙旗下航海的自负而古怪的葡萄牙人，他于1606年到达埃斯皮里图桑托，此地位于新赫布里底群岛，在布里斯班东北1700公里开外。他以草率的航海技术到达了南方大陆，在那里他发现了一个理想国，该地盛产"金银、珍珠、肉蔻、生姜、奇大无比的甘蔗"。第四个人是维托利奥·李科罗（Vittorio Riccio）神父，一个意大利教士，1676年，他在菲律宾遇见了肯定是澳大利亚北边的土著。"他们的肤色被阳光晒得棕黄，有些人是黑色的，"他在寄往罗马的信中写道，"人在这片大陆上步行两年可能仍看不见大海。"他认为："非常糟糕的是，这片广袤大地上的居民未曾听说过上帝。"几年后他的信函才到达罗马。1681年7月，在罗马福音传道者的集会上，红衣主教确立了澳大利亚辖区，并任命李科罗神父为第一任监管牧师，但在上任之前他便去世了。

捕海参的望加锡人

李科罗神父遇到的土著很可能是自愿登上了有着水手的采参船，然后抵达马尼拉的。海参是第一个贸易的对象，也是第一个明确的中国和澳大利亚的联系枢纽。海参被称为"beche-de-mer"，也被称为海中鼻涕虫、海黄瓜、海蠕虫、黑屎。在澳大利亚的海水里存活着的海参大约有200个物种，但在热带海域，只能发现9～10种香肠状的可食品种。它们大小不一，10～50厘米长，有些甚至超过1米。中国人将其称作"沙参"，意为"口中喷出沙子的人参"，或"海参"，即海人参。因为它们不仅是食品，更是药材，其中富含大量的蛋白质和钙质。

  捕捞海参的活动很可能古已有之。东阿纳姆的土著的口述故事称，有着金色皮肤的巴尼人每年都来捕获海参。他们甚至指出了巴尼人从事捕参活动的地点。考古学家迈克尼特在其著作《马基航行》中谈到了捕捞海参，他揭示了这个生物的神秘。他从水煮和烧烤地收集来的木炭是很好的样本，放射性碳定年法检测表明那些炭是1200年和1450年的遗迹，而其他地方木炭遗迹的时间则是100～300年。如果巴尼人是指华人，上述时间就很可能是华人来到的时间。迈克尼特认为，在木炭的时间上有无法解释的错误。他认为，现代捕参业是从1667年1月开始的，当时荷兰人从西里伯斯岛西南方向攻击了一只望加锡船队。幸存者向南逃去，隐蔽在卡奔塔利亚湾。在那里他们待了几个月或几年（传说不同）以捕获和晾干海参，直到他们认为安全了才返回。

  从16世纪70年代早期开始，一只大概有60艘船、每船由20～30人组成的船队，每年都在潮湿的西北季风来临的11月、12月或1月出发，在干燥的东南季风来到时的3月至5月返航。当船队抵达澳大利亚北部的玛瑞治时就彼此分开，船员们在从科博尼半岛到卡奔塔利亚海湾及其西部海岸沿海和附近的一些小岛上工作。马卡萨人负责船上的工作，包括华人在内的不同种族的商人拥有并装备了这些船。海参只对中国出售。船队回到马卡萨（现在叫苏拉威西岛渔郡帕郎）时与中国商人会见。另一些渔船大概来自爪哇岛的马都拉，它们在金伯利一带的珊瑚礁附近捕捞。可怜的渔夫们仍旧按照他们在岛上原来的路线行进，冒着罚款甚至被扣船的风险，因为澳大利亚扩展了其对珊瑚礁一带渔业的所有权。

  就像中国的帆船（现在制造的快速帆船和数百年前制造的一样），他们的船舯很高，船头很低。这种帆船能在平静的海水中沉浮，在波涛汹涌时亦可保持稳定。在沙滩上或者珊瑚堆上由滑动的圆木制成的这个帆船，看似没什么章法，但仔细观察，就觉得建造超棒。龙骨、船舯、船头都是用粗为30平方厘米的上等木材制成的。船壳的板材有13厘米厚，以斧头和锛塑打造成型。木钉将木板钉紧，每个钉子有30厘米长。船体内部用千层木的油密封，外部涂有厚厚的鲨鱼油、石灰和油漆来保护船体不被蠕虫蛀蚀。一艘30米长的帆船需要15个男人用7个月的时间来建造成型。

  船长们驾驶这些精良的船只无需海图，通常也不怎么使用罗盘。望加锡人对海洋的了解很大程度上与大卫·路易斯在《航行之星》中描述的波利尼西亚及密克罗尼西亚水手一样，有着澳洲土著追寻大地一般的超凡准确。他们知晓候鸟的迁徙路径，能识别出陆地上所有本土物种；他们能通过海浪的图案来判断水流，更改航线；他们能够通过"海光"——一种从常见地表火焰下一英寻①的土地里发出的荧光——在150千米开外识别出陆地；他们熟悉不同海域的温度及味道；他们了解陆地和海洋上空形成的各种云彩，并且知道云彩呈现的不同形状；他们以最敏锐的欧洲人的眼光从水波中辨识出那些长流不息的涌浪；他们观察那些紧随大浪的细小浪花的尺寸与角度；他们知悉浪潮交汇时的情景；最为重要的是，他们能辨识四季夜空中每时每刻闪烁的繁星，无论在任何航线上航行，他们都知道那低垂的夜星应该与桅杆形成怎样的角度。

从望加锡到阿纳姆地（Arnhem Land，澳大利亚北部地区。——译者）需要10～15天的时间，途中在位于帝汶岛北端附近海域的小岛基萨岛停留一次，以便补给预防坏血病的罗望子，以及大米、椰子、干鱼、用长竹筒装的水、甜米团、装在短竹筒中的罗望子果酱和用来建造烟熏室的掺有棕榈树叶的竹格墙。他们采集海参，也采集可制作梳子的龟壳，从一种小型黑唇贝壳中取出在东方医药中广为使用的珍珠，采集可用来蜡染布料的海滨诺丽树上的树皮，以及水牛角。

1803年2月，麦修·芬林达在他的勘测之行中在阿纳姆地的东北角发现了6艘快速帆船。2个月后，法国《地理学家》杂志的一位智者，研究人类学的弗朗索瓦·佩隆也报告了其他情况。芬林达一开始以为那些人是海盗，便小心谨慎地接近他们，他说："幸运的是，我的厨师是一个马来人，通过他我得以和对方进行交流……他们潜入3～8英寻的水下捕捞海参，在海参聚集的地方，一个人一次能带上来8个或10个。保存海参的方式是这样的：把海参的一侧撕开，用石块压住，放在水里煮，然后用竹木条将海参扯开，在太阳下晒干，之后用烟熏，弄好后装进袋子里。"

通常，望加锡人会潜到浅水区，然后信步于珊瑚礁之中，用手中的短矛捕杀海参。他们把直径1.5米的蝶形铁碗架在石砌的灶炉上烹煮。燃料是一种红树木，温度高而燃烧缓慢，他们在某个季节砍下树枝，待其干燥后等到下个季节再用。有一种特殊的红树可用来给灰色的海参上色，因为中国人喜欢红海参。红树的皮会被捣碎后再混入饭锅里，而红树木则为熏烤房提供了燃料。

1907年，望加锡人捕参的事业终止了。他们的遗迹沿着澳洲北海岸延伸，从可伯格半岛西端到卡奔塔利亚湾底部的爱德华·皮勒群岛。罗望子树依旧郁郁葱葱地生长，旁边是成排的灶台、烧锅、破碎的瓷器、失事帆船的碎片和木炭（它们出自至少有200年、也许是700年历史的煤层），还有一些在新生红树间的树桩。当地土著记录了马卡萨人的到访：他们的外形显示出一种马来血统，他们在语言上采用改变了的马来语，在他们的洞穴画上画有熏房和船只，以及

---

① 英寻是海洋测量中的深度单位。1英寻=1.8288米。——译者

他们与船员返回马卡萨时见到的猴子,如今他们已用木制帆船取代了古代树皮帆船,他们吸烟的大烟斗,他们的姓名,他们用日光晒成的陶器,还有古老的礼仪。居住在卡奔塔利亚湾西部蓝泥湾一带的卡玛及土著若失去家人,就会在死者的房上升起旗帜,那只是一块布。这象征着诀别,是马卡萨人长年累月在外航行中形成的传统。

澳大利亚的土著依然铭记海参聚餐的欢乐时光。届时,男男女女都美滋滋地从木舟上跳进海里,从水中冒出来时他们高举手中的猎物开心大笑,随后会在岸上尽享盛宴、做爱、吃喝、打斗。然而,传教士宣传的禁欲苦行取代了一切,其时,外面的世界早已改变了多次。

英中贸易

至17世纪末,英国在贸易方面虽非霸主,但已占据重要地位,在生机勃勃的伊丽莎白一世时期,伦敦是一个重要的中心,但使英国走向海洋的还是像弗朗西斯·德瑞克这样的海盗船长。在16世纪70年代,弗朗西斯·德瑞克一直在智利和秘鲁的海域徘徊,并劫掠西班牙大帆船。1599年,英国商人组成了东印度公司。伊丽莎白女王在1600年授予该公司特许状,这个公司派遣武装完备的船只进入印度洋。他们打击了竞争对手西班牙,由此声名大振。1619年,该公司的实力已强大到可以和荷兰人签约,宣称两国将和睦地进行工作和贸易。然而4年之后,荷兰人却屠杀了摩鹿加群岛安波那一家英国工厂的所有主要成员。此后的60年,东印度公司一直在印度集中发展。

为了与中国开展直接贸易,1636年,船商威廉·卡庭先生组织的卡庭联盟派遣约翰·温德尔船长带着两艘轮船抵达广东,以便与中国展开直接贸易。后来被斩首的查尔斯一世是这次行动的股东之一,他急不可耐地想要获取钱财,填充自己虚空多时的金库。温德尔这次奇特的行为可能对日后英国对华贸易困难造成了一定影响。他挑战性地驾驶着葡萄牙和荷兰的两艘船,差点葬身大海。温德尔没有找引航员,也没做任何事先准备,他鲁莽地径直向北驶向了珠江口的虎门,岸上的华人开炮轰击后,他大叫着要毁灭一切,然后上岸屠城,随后,他声明自己是来开展贸易的。受了惊的中国总督将糖、香料、瓷器和丝绸装满了一箱运给温德尔,条件是温德尔不得再来。

到了1689年,不断扩张的东印度公司已经缓和了与中国人的关系,得以直接从中国进口茶叶。茶叶是一种迅速风靡全球的商品,在海外的需求量很大。不久,东印度公司在中国得到了一个有利可图的立足点。为了赚取巨额的租金,中国人允许东印度公司在广东码头建立一个货栈,通常被称作代理商行。但这并不是自由贸易,英国人只能和"行"里(中国人的说法,类似于贸易公司或代理商行)指定的商人做生意。这些"行"里的商人与欧洲人接触使自己受到玷污，遭到政府高官的冷眼。当这些商人觐见总督或其他高官时，会遭到后者在屏风后的诘问或轻慢，他们得在前厅候着，有时候会站上一整天。英国人和其后到来的外商只能在最佳信风季中繁忙的 6 个月里待在广州。之后就得退回澳门，那时，他们就会因从对手中获利而喜不自胜。

1743 年，英国和中国之间建立起的一切友好关系都被乔治·安森①（George Anson，后来的安森爵士）在"百夫长"号航船上破坏殆尽。安森将英国人的臭脾气发挥得淋漓尽致。他是那次充满暴风雨、掠夺和探索的航行的幸存者，在那次航行中，因为传染病，他损失了 5 艘船和 1300 名船员。他北上澳门修整，拒绝交纳港口税，理由是他指挥的是皇家舰船。后来，他向南航行，想看看能否在去往马尼拉的航行中遇到一艘西班牙帆船。就在为期两年的航行快要结束时，他占领了西班牙的科瓦东加（Covadonga），并从那儿掠夺了价值 313000 英镑的墨西哥银币。大部分银币都被封在了奶酪里，那些兴奋的船员用剑将银币劈开。然后他回到了中国，航船停泊在珠江口。安森雇用了一个向导，将船驶向虎门。他威胁那个向导，如果不把他们安全地带出河口，越过关口，抵达上游，就将他吊在桅杆上。安森命令船员拿上枪，他们向着海岸挥舞着 60 杆闪亮的枪，似乎在炫耀他们可以随时攻陷港口。

当安森的航船在广州黄埔港抛锚时，他再次拒绝支付泊港费。未拿到费用的当地官员坚持向其索要，他们这些人就是凭借榨取的每一分钱来生存的。安森的驳船沿河招摇行进，与他同行的还有那些身着皇家海军制服、全副武装的船员。安森要求面见总督，这个举动是前所未有的。总督询问了北京官府之后，会面正式开始。双方会谈的记录没有保存下来，但是安森最终也没有支付泊港费。

东印度公司

1788 年，澳大利亚在遭受英国殖民统治时，东印度公司控制的茶叶贸易已成为庞大的贸易活动。第一舰队的 3 艘舰船"斯卡伯勒"号、"夏洛特"号和"佩琳女士"号在卸下囚犯后得到了在广州装载茶叶的许可。1785 年 1 月，皇家海军司令、威尔士亲王的朋友乔治·扬（George Young）就此事向司法部长阿登男爵（Baron Arden）递交了一封信，其中说："东印度公司附属的中国船队在离开好望角后，比以往更加靠南航行，也许会让那些重罪犯在海岸上登陆，接着向北前进环绕新爱尔兰岛，穿过圣乔治海峡，从台湾岛驶往广州——稍微

---

① 乔治·安森（1697—1762），英国近代海军改革者，海军上将。英国皇家海军继弗朗西斯·德瑞克后第二个环球航行的舰长。1740 年，他率领的"百夫长"号是第一艘越过太平洋到达中国水域的英国船只。1751—1756 年和 1757—1762 年两度任海军大臣。他改革了英国舰队组织，修正了作战方案，建立了海军陆战队，提高了英国舰队的作战能力。——译者

做一点儿地理勘察，就会发现与从马德拉斯穿过马六甲海峡的中国船队的普通航线相较，这条航线航程更短、更方便，航行也更安全。"

下行到马卡尔群岛，这是一次漫长而危险的旅行。

并非所有的船长都同意乔治·扬提出的新航线。这条航线在5000公里以外，航行期为一个月。但是，如果一艘船在恶劣的天气中找不到阿姆斯特丹和圣保罗的岛屿，那么向北转去澳大利亚是一个很好的选择，尽管航线中有错综复杂的暗礁和北方的岛屿。3艘从植物湾出发去广东的船一路安然无恙。亚瑟·波威·史密斯医生在"佩琳女士"号船上留下了一本两年旅行的日记。他对珠江口处聚集的大量船只感到惊讶，他说："我敢说，在澳门和黄埔之间至少有一万艘不同种类的船。在这些船的停泊地，周围会出现舢板，上面载着橙子、蜜柚、茶叶、糖、馒头、鸡蛋、香蕉等。舢板上的女孩子们争先恐后地吆喝着洗衣服，但洗好归还的衣物却毫无秩序。"波威·史密斯数了数，在港口内有45艘英国船、1艘法国船、1艘西班牙船、1艘瑞典船、3艘丹麦船、4艘美国船、4艘荷兰船。如此看来，这里是英国人在支配着贸易。1795年，他们夺取了马六甲这座不幸之城的领土，而这正显示了谁是真正的统治者。

历史学家一直对英国在新南威尔士建立殖民地的动机争论不休——到底是将其作为一个交易港口还是一个监狱？英国政府鲁莽而又匆忙地行动，之后又对此行动进行了调整，这也许是因为他们并无重要的动机。澳大利亚幅员广阔，詹姆斯·库克将它划入了英国的版图，约瑟夫·班克斯先生也认为澳大利亚资源异常丰饶。每一个参与决定的人都有不成熟的理由——有很多的囚犯在过度拥挤的监狱和废船里逐渐死亡；对法国扩张领土的担忧；一个新国家可以弥补各种短缺；开辟一条或许能够加强东印度公司通向中国的新航线；建立更多的服务于涌向澳洲海域的捕鲸船的新港口，据传闻所说，在植物湾蕴藏着丰富的石油，而且似乎到处都可以免费开采；因为当地土著并不耕种作物，也没有固定居所，所以，根据英国法律，他们没有领土权。

除了囚犯和军人，这块新领地上还能有谁呢？1783年，一个曾经在"探索"号上当过海员的小外交家詹姆斯·玛丽马特，计划在犯人着陆之后，把船开到新喀利多尼亚、澳大西柯（Otahite）和其他相邻的岛上，去尽可能多地诱拐能为他们服务的妇女……约瑟夫·班克斯先生认为，他们可以从中国获得任何一个有利用价值的居民。乔治·杨先生也表示，这个新领土的其余居民要从对其友好的岛屿或者中国获取。于是，南方华人获得了殖民的声誉。

但是殖民者在到达那里（澳大利亚——译者）的第一年，需要的不是人，而是食物。囚犯和军人变成了可怜的农民和园丁。工具很少，铁匠很少，铁也少得可怜。这个规划简直糟透了。在两年中，英国方面没有任何消息，而大多数居民都在饱受饥饿，于是总督阿瑟·菲利普考虑输入物资。但是到哪儿去获取呢？"已下令'天狼星'号准备起航，人们断定，殖民地的现状表明，寻找供给来缓解饥饿的出航是必要的,"中尉威廉·布德拉力在他的航行日记中写道,"中国被认为是合适的去处。"

然而,计划突然间改变了。菲利普最初决定分割殖民地,派遣"色如斯"号和"给养"号船运载一些罪犯和士兵特遣队到诺福克岛。此后,第二支舰队接踵而至,船上载着给养和几百名罪犯,他们病得很严重,惨遭虐待,许多人无法康复。在那支可怕的舰队中,"朱莉娅女士"号、"贾斯廷妮安"号和"惊异"号驶向广东装货。当时,全世界都视中国为物产丰硕的宝库,一些逃犯还试图跨越悉尼的蓝山向中国进发。

1793年,英国觉得中国出口了自己的茶、丝和陶器,但却没有从英国购进任何商品,于是派遣麦卡尼(Lord Macartney)爵士去调查中国的市场需求。麦卡尼的任务是与中国进行礼貌的联系,但没有成功。中国什么都不需要。所以,东印度公司开始了它残忍的鸦片销售(参见本书第七章)。这使普通贸易的紧张局势加剧。

澳中贸易

然而,澳大利亚提供了两件中国人想要的商品——海豹皮和檀香木。杰克逊港发展成一个繁忙的口岸,看来如此遥远的悉尼,也已成为了一个世界性的城市。马来厨师和海员们在大街上行走,毛利人的水手和观光客也是如此,前非洲黑人囚犯(约有500人随英国囚犯去了新南威尔士,数百人后来去了塔斯马尼亚)和来自法国、西班牙、俄罗斯、葡萄牙等一些国家的船员们也紧随其后。建造精良的美国快速帆船带来了非法的货物(在1834年前一直为东印度公司垄断),为了获取海豹,他们向南航行,继而返航,休整恢复,装载食物,再出发去广州。悉尼商人——包括生机勃勃的前囚犯西蒙爵士——捕捉海豹以谋取暴利,尽管他们不得不通过和代理商以及外国船长做交易来隐瞒海豹皮的来源。1806年年底,楠塔基特的"最爱"号船在悉尼港卸下了87080张海豹皮,这是来自近海的最大的也是最后的交易之一。此后,捕猎海豹者不得不转战麦格理岛,那是一段漫长而危险的旅程。截至1830年,那儿的捕猎者一直供应着市场,此后,海豹的数量每况愈下。

除了茶,捕猎者和其他贸易者还从印度和中国带回形形色色的商品到悉尼,就像今天一样。下面是1824年4月29日发表于《悉尼公报》上的广告,其中列举了一些在现代词典里都找不到的商品:

> 从刚刚到岸的布朗船长的"布尔格凤凰"号上来的货物,由A.B.斯巴克先生在乔治街11号的"维克斯雅各"商店销售:维斯(即巴夫塔棉布)、印度粗布、珊娜(sannahs)、印花大手帕、米、麻布袋、黄蓝白扣

布、黑丝手帕、羽纱、绉纱、缎子、绉纱围巾和裙子、象牙扇、蜜饯、烟花、樟树干、油画、金叶子（尺寸不等）、空白纸张、丝质围巾、雨伞、茶叶罐、鲸脑蜡烛、龟壳梳子、女式鞋、土布裤、绒裤……

包艾斯（G. W. T. B. Boyes）当上范迪门斯地①的审计官后又成为殖民地秘书，他留下了浩繁精彩的日记和一些精美的画作。1824年5月12日，他在悉尼写了一封信给他英国的妻子玛丽。他说："前几天来了一艘中国船，我受到诱惑，买了6个每个容量为3夸脱②的中国罐子，里面是由各种水果组成的混合物美味——2罐腌佛手和2罐腌生姜。我希望儿子们与妈妈、爷爷、奶奶还有叔叔阿姨们分享这些食品。我花了50英镑，这些罐子就值一半的钱，它们通常被放在餐桌上，用来保存昂贵的水果。"

截至1837年，从澳洲回英格兰的乘客可以乘船经中国这条路线抵达：

优良的船舶
"兄弟"号
船长汤斯先生将在7月的第一个星期启航，并向渴望上述航班的旅行者提供称心如意的机会。
请向布莱大街的代理戴维斯先生申请。

那时，澳大利亚所有的报纸都频繁地登载有关中国的报道，报道常常摘录自广东和新加坡的英文报纸。其中有大量关于海盗的报道，也有关于"台风和船只失踪"的报道，还有关于中国习俗、农业和语言的文章。

从19世纪30年代发端、持续多年的檀香贸易始于南海群岛，③那里有各国的黑奴贩子在收集奴隶。④这些人总是显得鬼鬼祟祟、残忍凶暴。檀香的供应在任何地方都不充足，因此船长总是行为诡秘。当离开悉尼后，他们明确地驶向目的地——关岛。他们中的大多数人都像奴隶贩子一样野蛮。岛屿传教士特纳先生写道："一个檀香木贩，会在他那武装到牙齿的大船上花费大量的时间。只要他看到当地人在采集檀香木料，他就会靠岸，在礁石上一手拿枪、一手拿着项链或鱼钩向他们'购买'。"

各国与中国的贸易在异乎寻常的困难下增长着。繁文缛节的贸易协议让人

---

① 今塔斯马尼亚。——译者
② 1夸脱=1/4加仑=1.136升。——译者
③ 南海诸岛位于中国海南岛东面和南面海域，包括数百个由珊瑚礁构成的岛、礁、滩、沙和暗沙。——译者
④ 黑奴船广泛用于开始于15世纪的黑奴贸易，欧洲殖民者经过非洲，用小商品向当地酋长换取黑人运往美洲以换取黄金、原料等。——译者

厌烦。在1845年的《中法条约》里，文件的开头有一项特别条款，即"中国皇帝和大法国皇帝，双方国家的臣民，今后将永享和平与友好"。

第35条：
在两国官员和公众的交际中，根据等级，遵循平等和规范的原则。大法国的官员，不论他们与首都或首都之外的官员联系均要使用"照会"一词。法国二等官员，在和首都之外中国各省交流的官方文件中要使用"伸陈"一词。大中国官员在致函给他们时会用措辞"劄知"。两国同级的官员会使用同等的措辞。商人或平民在陈述或抱怨时要使用"禀"一词。法国人向中国地方官员提出任何议案时，他的申请书和信件必须通过领事来传送，由领事来查验其请求是否合理合适，否则将会被修改或被退回。如果任何中国人有申请书想传送到领事那去，他们将通过地方官员以相同的方式来完成。

最初，所有东印度公司的代表的通信都不得不承受那个贬低身份的词"秉"。双方互贬是想使自己的尊严最大化：易怒暴躁的、不负责任的并以正人君子自居的英国人反对欺诈的、不负责任、自以为是的中国人。一系列的麻烦始于1806年。"洪"业①商人发现经商贸易日益艰难，经常赔本。1810年，有几个公司破产了。贪婪的总督以及手下的官大人榨取了他们所有的利润。有位大官对八音盒感兴趣，那东西在交易的洋泾浜语中被称为"唱歌器"，极为昂贵。那位大官要了很多。1814年，一群商人去北京解决困难，当他们回到广州后，中国人逮捕了他们的翻译，因为此人有叛国行为。他被流放到尼泊尔以北的"伊路"。但在数月监禁和严刑拷打之后，他被释放了。2年后，某广州工厂的一位中国代理突然因一个荒唐的指控而被捕，那指控的具体内容是该人告诉欧洲人怎样到达城里。他回到工作单位时"狼狈不堪，显然是受尽了折磨"。

在英国国会记录中有一段对"东印度公司事务"非常奇特的描述。其中说，货运押运员选拔委员会主席奥菲勒斯·麦特卡夫先生曾向中国的代理总督申请，并提交了一封来自公司管理部门的信，他特别请求得到"在会见中入座的特权"，但该请求被拒绝了。"因为这封信是在皇宫这样重要的场合中收到的，清朝的官员们需要站立出席。辅员要求对方提供更多的理由，他说，他会在私人会客室会见麦特卡夫先生并允其入座。"

1816年11月，"休伊特将军"号船到岸装货，有人在申请泊位时写错了字。该申请写在城市围墙边停泊，而不是在港口。中国的国际贸易最初就有规

---

① 洪业商人即洪门控制的商人。洪门，明末清初秘密组织和现代洪门神秘组织，据说由抗清义士殷洪盛创立，旨在反抗满清迫害统治，留存汉族文化。——译者

矩，即大型船只必须在码头停泊。只有小型的露天船可以进入内河，并需要携带从海关开出的船上无鸦片证明。中国人用几条武装的小船围住"休伊特将军"号，断绝了该船的供应和交流。

此事尚未解决，装货就开始了，麦克斯韦尔船长带着"艾尔切西特"号抵达。他在珠江口伶仃岛抛锚。1816年11月16日，麦特卡夫先生致信名誉法庭理事会主席托马斯·瑞德殿下，其中解释了发生的一切：

> 一个佩戴蓝扣（级别证章）的官员登上船，声称他是总督副手；他受到了礼貌的接待。麦克斯韦尔船长要他转告总督将船驶入虎门的请求，并且做出了相应的承诺。一两天之后，另一名官员参观了"艾尔切西特"号，他也声称自己是总督副手。麦克斯韦尔说，他已和另一位高官进行了交流，那位高官说他会将请求告知总督。但麦克斯韦尔被告知，第一个官员的言行并没有被授权。麦克斯韦尔船长立即请求，对方应出示他被授权和参观这艘船的证据。那人给了非常确定的答复，他将立刻去见总督，带回一些证明。麦克斯韦尔船长希望他在一天内解决问题，但来人说需要五天，船长认为时间太长未同意，但最后还是同意了。

然后6天过去了，却没有任何回话。麦克斯韦尔解锚起航，向河口处进发。中途，他遭遇了一支装备破旧的船队。该船船长命他停船抛锚，并向空中开火作为震慑。"海风渐息，晚潮渐退，'艾尔切西特'号就这样被迫停靠岸边了。"这封信余下的部分，读起来简直就像一场邪恶的音乐剧：

> 夜晚时分，海风非常利于航行。当看到中国人充满敌意后，麦克斯韦尔船长决意再次起锚；因为他明白，在这种情形下，他们极有必要在虎门继续航行，从而捍卫国旗的尊严、维护"雄狮"的御赐特权。然而，就在"艾尔切西特"号正要出发的时候，一个信号突然在对方的船队出现，紧接着，岸上炮台处的火把全部亮起，之后便是从四个方位而来的猛烈的、连续的炮轰，当时大概有百八十个枪口齐发。"艾尔切西特"号中了数枪，有两枪击中船首。情况已是忍无可忍。麦克斯韦尔船长在快到炮台之时，一阵排枪袭来，击中了船舷；灯光突然消失……"艾尔切西特"号停泊在二号港口，没有受到任何骚扰。麦克斯韦尔船长今天早上到达了广州……根据那些低贱的华人计算，有30～40人毙命；但从一些富商昨日的举止来看，他们对什么交火事件毫无概念。我想他们会否认火拼事件，他们宁愿掩饰这场遭遇……我也坚信在这件事上，麦克斯韦尔船长所做出的谨慎的、深思熟虑的、坚定的指挥，会为"将公司贸易定位于稳定的立场上"打下良好基础，同时也会得到部长与法庭理事会的支持，并使中国人知道

第一章 冒险家与牧羊人

在英国人的血脉中仍然流淌着安森爵士①的血。

1817年,一伙中国人登上了美国的"沃巴什"号船,杀死了几名水手并且缴获了鸦片。1818年,洪门商人对外贸采取了税收控制的办法,用这笔"捐款"作为皇帝60岁大寿的献礼。皇帝昭告天下,他预期的收入将明显超出他50岁大寿时的收入。

1820年11月27日,来自东印度公司的"伦敦"号船为了获取淡水驶入了一条支流河道。五等官皮戈特手下有6个人。中国人站在河岸上向他们扔石头并破口大骂。皮戈特愤怒了,他把干豆装入火枪,击伤了3名男孩,接着他拉上了以为是空的枪膛,向另一些中国人开枪,打死了1个人。中国人要求皮戈特接受审判,那就意味着他必死无疑。但是皮戈特逃跑了,估计是通过那种被获准离境的船只。

这倒并不会使中国政府担忧,但另一些人会。在中国人的强烈要求下,英国人停航佯作搜寻皮戈特,然而这个"约克公爵"号上的屠夫用剃须刀割喉而死。在中国当局的默许下,他的尸体作为船上的水手在中国人面前展示,而他是由于自责而死的。命有所偿,正义得到了伸张。"因此荣誉公司的贸易从严重的窘迫中得到改善。"

有些中国人默许任何能够保全他们利益的事情。Cohongs 公司是供应洪门商人的公司,其中的部分经纪人因与英美之间的贸易活动而变得极其富有。他们比洪门商人更为自由,而且只与中国人打交道,因此没有什么耻辱感。香港和广东一直传唱着一首民歌,是关于19世纪初一个绰号叫"老九"的妓女的歌,歌中充满了对4个富商的赞美,他们的名字被奇怪地译为:Phuun、Lrow、Ngrr 和 Jrip。

仅仅一年过后,在1822年的圣诞夜,一些喝醉了酒的皇家海军水兵在鸦片流动站伶仃岛和中国人发生了争执。其中一些水兵受伤了,他们杀死了2个中国人。或许是中国人攻击在先,但是"中国法律从来不承认正当防卫"。英国海军带着他们的人和船离开了,而公司饱受谴责。他们又一次"陷入了尴尬的境遇"。

贸易仍在继续,接下来的6年没发生什么不快的事。1828年10月,中国总督下令欧洲人停止在河上泛舟。英国人写了一封措辞完美的申诉书以示抗议。信中说:"我们工厂的闷热、空气不流通已对欧洲人的健康造成了极大伤害。他们生活在人口密集的郊区,虽然他们所在工厂的土地尚算宽广,但走出工厂便毫无空间可言。除了在河上泛舟取乐,我们别无他法。既然娱乐活动处于一个合理的范围内,似乎不应加以限制。"

---

① 安森爵士(Admiral Lord Anson,1697—1762)是英国海军之父,详见前注。——译者

澳大利亚华人史（1800—1888）

　　1830年9月的最后一天，荷兰"无忧海伦"号的麦肯齐船长在荷兰大楼遇害，那是一个外国工厂区。3名帕西仆人用铁条猛击他的头。事情是这样的，一个叫博伟的瑞士钟表匠，为人怪诞，喜好口角，他不明不白地一直住在工厂里，那天，他竟用自己的铁锁锁住了通向大街的那扇门。几位仆人向他索要钥匙，他却置之不理。一气之下，仆人首领在众人的围观中砸碎了那把锁。博伟闻声赶来，不分青红皂白地拔出刀来就向他砍去。那些帕西仆人也不甘示弱，一把夺过博伟手中的刀，博伟吓得撒腿就跑，一边嚷嚷着："杀人啦！"麦肯齐船长在附近的屋子里听到了呼救声，他对情况一无所知，抄起雨伞就去攻击那些所谓的"杀人凶手"。那些仆人在惊恐之下，发动了猛烈的反击。

　　中国总督发表了一段冗长的悼词，其中也公布了其他杀害外国人的凶手。罪犯终于得到了公正的判决："为了维护法律在全国的尊严，我们根据法律中众民平等的原则，决定判处他以绞刑。"3个绞刑架完成了对罪犯的惩罚。荷兰当局把他们的公民带上了去往孟买的最早的一班航船。

　　总督对洪门商人的指令渐渐成为耳旁风，比方说，在1830年10月11日传达给东印度公司官员的两条指令。

　　广州府两广总督李鸿宾此间命令：
　　载有外国妇女的来广州交易的外国商船，在进港之前须把船上的妇女送到澳门的旅馆之后才能进入；外国妇女不许进港。这是一条非常严格的禁令，不容许任何违反、轻视或反对。
　　若有人胆敢纵容外国女人进港或延误船期，洪门商人和翻译就会被降级、审讯和严惩，绝不手软。
　　　　　　　　　　　　　　　　　　　　　　　　　　道光十年八月二十五日

　　广州府两广总督李鸿宾此间命令，要求查明原因，并给出答案……据警局办公室人员口头称，本月二十一日，他们看见某公司一个叫阿沙的外国作家从澳门来到广州，公然进了工厂，坐在椅子上。这是在挑战条例的尊严……无论从工厂到船上的外国人或从船上到工厂的外国人，均须像过去那样步行，一定不能越级犯规。如果明知故犯，洪门商人和翻译会立即遭到降级和审讯，绝不偏袒，不讲情面。切切此令！

因为夫人们每年都公开进出工厂，没有人去严格遵守规定。于是，更多的妇女进入。到1月时，中国总督威胁要开除外国人，"把猪赶出猪圈"。

　　外国妇女今天须搬到澳门，报告会呈送到总督府。如果拖延抵抗，毫无疑问，将根据命令实行严格的驱逐处罚。洪门商人会受到制裁，他们会发现违规是不明智的。不准违抗,这是命令。

道光十年十一月二十九日

中国东印度公司每年开张时,其工厂的墙上都会钉着一则告示。在持久的谈判过程中,公司抓住机会对其进行抗议:"该告示声称反对香港的洪门商人,纵容外国人的不道德行为",那些语言"相当可耻地"针对某个当局,但是,"该告示年年出现,至今已有30多年了……为什么以前的'野蛮'商人容忍了他们的愤怒"?

这个告示没有副本,也没有遗存。"红毛"或是"大毛子",是经常暗指欧洲人的术语。Hair(毛)的中国字体笔画意味着"动物的毛发"或者是"身体的毛发",而不是"头上的头发"。因头韵法的发音而被选择的 European(欧洲人)的中国字体,可以有"呕吐人"之意。他们还可以选择发音完全相近的"讴人"即"一个讴歌之人"。"鬼子"是一个很流行的辱骂说法,"长鼻野蛮"的说法也同样如此。

英国青年人反复说的"I say"让中国人感觉很有趣,他们把所有的英文都看作"I say"。他们把这个表述发音为 ai sui,意思是"爱撒尿"。当然,那些字体都有注释。一个过去被常常使用的字是"夷",意思是粗鲁的、粗俗的,比如那些东部和北部的野蛮部落。对使用这个词汇的抗议一直持续到19世纪50年代。现在这个字仍然常被用于对外国人表面上的尊称,尤其是当他们受到批判的时候。但是,所有老一辈中国人都知道那是一个组合词,有着"深深鞠躬"的含义,有些令人望而生畏。

1834年,英国政府撤销了东印度公司对中国贸易的特权。中国政府要求英国"委派一名谙熟商务的负责人到广州来安排商务活动,这种方式能防止混乱并且保证商业利益"。

纳皮尔公爵7月到达中国,11月就去世了,"伤痛和侮辱肆意地伤害着他"。持续增长的鸦片贸易削弱了他的忍耐力,最后他发火了。中国人不停地用敲鼓声驱逐像他这样的邪恶的人。他越虚弱,敲击声就越响。下一任首席代表约翰·戴维斯爵士很快就被他的秘书查尔斯·义律①取代。在愤怒的中国人试图阻止鸦片通商时,查尔斯是负责英国商务的首领。博瑞莫船长负责北领地爱星顿港口日渐衰落的英国殖民事务,当时他正在撤出,和他的船舰水手一起开往广州。这是鸦片战争的第一步。我们在本书第七章会涉及。

---

① 查尔斯·义律(Charles Elliot, 1801—1875),英国海军上校,1815年入海军,1834年7月他以上校军衔随英国政府派驻广州第一任商务监督律劳卑来华,任秘书。第二年任第三商务监督,同年升第二商务监督,1836年升商务总监督。他长期在英国殖民地压迫和奴役当地人民,来中国后积极从事于侵略活动,以主张对中国采取强硬政策为巴麦尊所信任。后因鸦片贸易问题,英国对清廷宣战,引发了第一次鸦片战争,他率先在1841年1月26日派兵占领香港。——译者

在与中国进行贸易的这段时间里,澳大利亚的船长们像其他国家的船长一样——在广州用中国人代替他们那些死去的船员。这已经成为一种惯例。中国人在船上煮食自己的饭菜。他们弄来的大米和其他粮食可防止坏血病和脚气。

英国人移民澳洲:困难与灾难

在囚犯运输和早期移民阶段,前往澳大利亚是灾难性的航程。承包商雇佣船只运送囚犯,1790年的第二舰队和1791年的第三舰队的情形皆为如此。他们减少了食物承载量以便为货运腾出更多的空间。冷血而忧心忡忡的船长害怕受到饥渴囚犯的报复,就用链条把他们锁在船舱中,甚至让他们泡在水里。有些囚犯颇为凶残,水手们要格外小心。但在约2900名被运送者中(这个数据不确定),大约有950人死于途中,或在到岸几个月后死去。其中450人在1792年的2月被"皮特"号船带入,有400多人在抵岸的头一年死去,而悉尼本身是个很健康的城镇。

在这些男男女女中,有些人死于斑疹伤寒——当时常被称为"航热病""监禁热""脑热"或"爱尔兰疟疾"。多数人死于坏血病,那是19世纪航海者们以及澳大利亚内地牧场主们始终面临的威胁,直到20世纪70年代,情况才有所好转。

在从中国乘坐"佩瑞"号回家的途中,阿瑟·鲍斯·史密斯写了下面的信:

> 我们获悉了"植物湾"船队一些船只的可悲命运。我们从杰克逊港出发——"阿莱克斯"号的辛克莱船长与"友谊"号的沃顿船长已经一起前往海上。"阿莱克斯"号的全体船员因坏血病惨遭不幸,3周内就有18人死亡。"友谊"号伤亡略轻,但情况也很糟糕,以至于他们有必要撤离并将船沉没。沃顿船长接管了剩下的水手,以加强"阿莱克斯"号的力量。"威尔士王子"号驶离杰克逊港不久,马森船长便死于海上。在历经环行合恩角的巨大的困难之后,"博罗戴尔"号的瑞德船长(补给船之一)与"阿莱克斯"号、"友谊"号会合,最终安全抵达里约热内卢,当时只有4个人能够站立在甲板上。

1802年6月,法国勘探船"地理"号在遭遇麦卡萨海参捕捞者之前,曾停靠在悉尼港,因为在全体船员中,仅有4人能正常工作。船上的第二位医师泰尔弗博士留下了一份记录,其中描述了坏血病给人们带来的恶果。

> 除腐肉、虫蛀的饼干和发臭的水外,没有其他食物,更没有药物。病人的身上长着结了黑痂的肿瘤,头发根部出现了酒红色的小圆斑点。他们

的关节难以弯曲，肌肉收缩，患病者的四肢呈现出半弯曲状态。但他们乌青的脸部更加可怕。他们的牙龈肿胀甚至鼓出了嘴唇，满是溃疡。他们呼出来的气味恶臭，我因经常为他们提供帮助，总是几乎晕倒。然而，他们的体能衰退并没有影响他们的智力，他们完全理解，他们正处于可怕的困境中。

尽管有种种自然灾祸，但有一部分灾难是由掠夺成性的船长导致的，他为了私人贸易延长了航行。到了1832年，情况有了很大的改善，伦敦的托马斯·麦克莱恩发表了一幅手工上色的石版画，该画描绘了作为一场"航行游戏"而被运载的女人们登上"皇家王子"号，前往目的地范迪门地①，蝴蝶从格雷夫森德起飞落入霍巴特②等待着它们的网中。

约翰·丹默尔·朗是一个易怒的长老派教会牧师，他卷入了移民和宗教等相关事务。他发现以约翰·马绍尔为代理人（他是个轮船主）的"单身女性移民促进委员会"已运作了数月。朗晚间在悉尼街头散步时，经常碰到来自伦敦的妓女和他搭讪。这些自认为体面的女人本来不敢出去冒险。朗通过自己的报纸《殖民者》控诉了马歇尔的行为——后者只考虑每人需付他16英镑的船费，却不考虑船客是些什么人。

不过，并非是朗的社论，而是1837年2月26日"南顿"号轮船的到来使马歇尔的生意减少。船从爱尔兰起航，有32名船员，超负荷地运载了412名移民。在航程中，54人死于斑疹伤寒，其中有44名儿童。另有13人在免疫隔离时死亡，其中包括一名船医。越来越多的人染病。据1837年5月13日的《悉尼公报》报道，"南顿"号解除了免疫隔离。"她终于抛锚下海，驶向海湾，她的终点尚未确定，但是不管走到哪里，她的名字对于移民来说都是个稻草人，尤其对那些可能再次遭遇马歇尔的受害者。"

"移民委员会"在船上放了很多私人货物，仅有极小的空间来放置行李。升降扶梯中的储物堵塞了空气。移民都是爱尔兰人，他们的饭菜就是当时廉价的土豆。船上储存的土豆有25吨之多，根本就消耗不了，于是都腐烂变质了。但肉食缺乏，药品缺乏。一些移民穷得没有换洗的衣服。

1837年8月14日，《悉尼先驱报》发表了一篇关于"南顿"号的长篇报道。科克市市长在船起航前就动身去了国外。"他从未目睹过此种场景，"报道这样引用他的话，"他认为在到达终点之前会有一半人死去。"赫斯特威克船长似乎是一个好人。他被迫带着被给予的东西远航。在情况危急之时，他拿出了自己所有的药，并且出借自己的金钱和火种。

---

① 范迪门地，今澳大利亚塔斯马尼亚。——译者
② 霍巴特，澳大利亚塔斯马尼亚首都。——译者

乘客自己也要对困境负责，赫斯特威克说：

> 他们似乎更喜欢躺在底舱的铺位上，但那样就无法获得新鲜空气。我不断下去告诫他们，但却不断地受到辱骂。很多人会洗涮，晚上将他们的湿衣服挂在舱口处，阻塞空气流通，尽管我们不断劝说……我受雇在海上航行多年，运载了许多陛下的臣民，包括公民和军人，人数达到五六千。我向你保证，哪一次都不如这次令我操心。

然而，移民仍在不断涌入。1843年的经济萧条，使这些移民生活极度艰辛。作为立法委员会成员，约翰·丹默尔·朗主持了选举委员会，并听取了关于所谓的"绝望的技工和劳工"们发起的呼吁。本杰明·萨瑟兰是一位家具装饰商，他说，他曾在殖民地待了11年，他初到那里时，工钱还是很高的，但现在他失业了。他曾经拜访过一个人，那个人的妻子和5个孩子整天食不果腹。他们曾两天没有面包——这种最基本的食物。他发现一位母亲烹煮从街上捡来的土豆皮。人们纷纷卖掉了自己的家具。在偏远地区，有给单身汉的收入微薄的工作职位，但没有哪个地主会雇佣已婚男人。

那些有能力的人都到了国外。大约有5000人离开了新南威尔士。有6艘船开往智利的瓦尔帕莱索，然而这些地方的情况比澳大利亚更糟糕。当英国政府派遣搭载了400名移民的"卡塔拉基"号船前往墨尔本时，情况也未好转多少。1845年8月4日凌晨，该船在国王岛附近触礁。9个水性好的人利用牵拉船桅的绳索，在数小时后到达岸边，被一位海豹捕猎者救起，其余的人则在被毁船只的不同部位淹死。到目前为止，该事件仍是澳大利亚历史上最严重的海难。

1847年，澳大利亚殖民地再次兴盛，移民大批涌入，他们期待能在这片神奇土地上挣到工钱。但是，这里的供应品仍然无法满足那些被援助的船民。乔治·布尔是"中国"号三桅帆船的外科医生，在1847年12月随240名移民进入阿德莱德，他曾向英属殖民大臣报告，有12个人有可能因为伤寒在登陆不久后死去，他说："在刚到达的移民中，大量流行的致死的热病是以下原因导致的：人们在仲夏高温中登陆；从新工作中获得高工资的诱惑使他们在高温中承担超负荷的工作；最重要的是，他们挤在又脏又矮的房子里一起生活；一些暂住屋，对于移民来说是值得为之感激不尽的应急措施，而这样的房子，给这种致死的热病病菌的细胞核提供了良好的繁殖温床。"

在海外，当"伦敦德里"号船卷入爱尔兰港和利物浦之间的大风和危险水域时，庄斯顿船长担心前往美国的乘客会被掀进大海，便强迫他们中的150人进入一个5.5米长、3.5米宽、2米高且只有一个敞开通风口的轮船隔间里。当海浪开始拍击船的右舷时，他命令关上全部舱门，并把防水油布固定在上面，这阻挡了空气进入隔间。一个男人终于奋力挤了出去，这使他的同伴警觉起来。

人们被78个疯狂的求生者踩踏，最终因窒息、撕扯而死。一些死者因为贫困，在死时是半裸的。他们踏上的是一趟绝望的旅程。最后，船长和大副们被裁决为过失杀人。

有好几百名14岁至19岁的爱尔兰女孩来到澳大利亚，她们出自孤儿院或贫困人家。陆军中校戈弗雷·曼达1852年曾在伦敦出版过《澳大利亚殖民地居住与漫游》一书，他说："这些商品价值4万英镑。"1849年12月15日的《人民倡议报》中引用了一个不知名的英国报纸文章来解释这些女孩子是如何遴选出来的：

> 星期四，守卫委员会挑选了300名贫民女性作为移民澳大利亚的合适人选，她们都在16岁至19岁之间。她们被安排坐在饭厅中，有些忙着写东西，有些在阅读。所有人都渴望成为勤奋刻苦工作的移民而不是懒惰的贫民，她们有一种满足感。她们都整齐干净地打扮了一番，显得十分活泼聪明，尽管住在囚犯的破旧房子里，她们却脸颊红润，面带微笑，体态健康。她们中的许多人确实具有非凡之美，因为爱尔兰的女儿是如此的独特。除了这300人，移民代理亨利中校说，准备再选出150人——这是政府从一个团体中挑选出的数字，她们将被立刻送出，每人都配备一套全新的服装。

曼达描述了这些女孩在船上的遭遇：

> 在一艘船上，一个外科主治医生惩罚了她们那些难以驾驭的行为……他让违规者在船上甲板区或船尾甲板上穿着烂衣服走来走去。在审判中，首席法官问该医生，这些行为是否会伤害他照料的那些脆弱的女性。医生说，没什么东西会让她们受伤……发生在另一艘轮船上的情况更为糟糕。一些漂亮的年轻女性理所当然地被选为男人和官员的服务生。其中有些人被这些本该保护她们的暴徒们诱奸。一名怀孕者上岸后就死了，为了惩罚她的不端行为，她的肚子被绳索紧紧绑起。

但曼达的确说："大部分轮船的表现都可圈可点。"

首批澳大利亚华人

约翰·丹默尔·朗对爱尔兰罗马天主教徒的不断到来大为震怒。1848年，他去英国征募新教徒移民。当年以及第二年，他获取了6艘船的运送权和一些无法兑现的澳大利亚土地的承诺，因为他与英国政府和澳大利亚政府都未做出相关安排。他在这两个国家有很多欠债,再也没能归还。到达澳大利亚的移民不仅感到一种来到新大陆的迷失,也感到了一种工作匮乏的迷失。

1849年2月17日,《人民倡议报》发表了一篇关于移民的社论,标题中出现了"新南威尔士的维护者"等词语,还有座右铭"诚实!——真理!——公正!"社论说:"从星期一早上开始,725个人加入了我们的人口,他们通过3艘移民船到达了我们的港口。一周就有725个人,每天2~3艘船!调查令人深思,我们应如何对待这些人?在悉尼的劳动力已经过剩,他们如何找到工作?……"

3周后,这份报纸愤怒地报道了一船华人到来的情况:

> 我们明白,这艘上周到来的载有150人的船不仅仅是个实验,它还标志着一场有规律、有系统的贸易的开始。如果我们被正确地告知,我们就会获悉,这艘船之后还有另外两三艘船接踵而来,大量熟练的小偷、骗子、专业的诈骗犯有可能会进入我们国家。这些人没有受到任何道德观念的约束,对基督教全然不知,他们唯一的上帝就是魔鬼,他们会混入我们中间,掠夺我们的社会。

1820年前,悉尼的华人水手就已经开始减少。有些人计划结清工资后离开,有些人直接就弃职离船。1821年,位于帕拉玛沓伊丽莎白农场的麦克阿瑟家族雇用了其中的3个人,麦清平的工作是木匠,另一个是无名仆人,还有一人担任厨师。

马克·欧·鹏是1798年于广东出生的华人。1817年,他以自由移民身份来到悉尼。1821年,麦格理总督分给他一块位于布鲁士农场的土地,面积为30英亩[①]。根据家庭记录,1823年2月3日,在帕拉玛沓的圣约翰教堂,他和一位叫萨拉·简·汤普森的英国女孩结婚了。那时,他开始用一个欧式名字——约翰·世英(John Sheying),或者是他的后代所写的Shying。在1832年,他独自回到广东,留下了萨拉和4个孩子,由欧洲受托管理人照顾。1837年,他返回澳大利亚,却发现萨拉已经去世一年了,奸诈的土地测量员使他的土地流失。他只剩下了5匹马和4头牛,不过他带回了很多钱。1842年,同样是在帕拉玛沓的圣约翰教堂,他又和一名叫布丽姬特·基洛蕾的爱尔兰女子结婚了。3个月后,这名爱尔兰女子去世了,时年55岁。我没有发现比马克·欧·鹏更早的来自中国的土地拥有者,也没有发现比他更早的在澳华人婚姻。在他之后,有几百个中国人与爱尔兰女孩缔结姻缘。

1827年,两个华人木匠在悉尼开设了自己的账户。约翰·朗牧师雇佣他们

---

① 1英亩=4046.86平方米。——译者

"两到三周写一些关于家具的文章",他称他们为"坤"和"周",显然那是他们名字的音译。"他们的工作尽管很少,但做工不错。"朗写道。1836 年,约翰·艾克以木工的身份来到墨尔本,一直住在那里,20 年后以盎格鲁化的名字版本归化。1838 年,约翰·奥夫加入艾克的生意,并在 1857 年被归化。在 1830 年 7 月 15 日,9 个华人工匠来到劳赛斯通,登上了"尼莫德"号船,他们是由佛莱特带来的,此人想建立一个劳工代理机构。1839 年 9 月 21 日,《康沃尔记事报》报道了在塔斯马尼亚劳赛斯通的另一批华人的到来:"从菲利浦港驶来的'巴西'号上的乘客有 J. G. 麦克、G. 格里夫斯、D. 普锐斯奈尔、Chop Chop(一名华人,这名华人的同龄人和后代都无法通过这个名字辨识他)。"1840 年,约翰·瓦特从英国来到悉尼,当时他 16 岁。他是华人,出生于厦门,在孩提时代被传教士带到英国。他来到纽英顿的布莱克斯兰特盐场工作,后来在约翰·布莱克斯兰特的纽英顿庄园做了马车夫,当时是在帕拉玛沓地区,现在一部分属于斯丹莫郊区。他的子孙依然保存着一件精致的刺绣背心,那是他制服的一部分,他于 1858 年结婚。1866 年,他在贵福德——悉尼西南部郊区买了土地,当时那个地方还是乡村不是郊区。他和家人一直住在那里,于 1911 年离世。

悉尼皮特大街"克日科特"酒店的老板叫格林,他在 1842 年带来了 2 个华裔仆人。另一些华人去了墨尔本和阿德莱德。1842 年,汤姆提交了为南澳大利亚海关制造办公家具的最低报价,但遭到了海关工作人员的反对,他们声称"中国木匠制造的家具乏善可陈",也许"经济"一词是比较公道的评价术语。华人充分使用短木所以接头太多,他们会很聪明地将那些短木粘接起来。

1844 年,3 名华裔囚犯被从毛里求斯送到塔斯马尼亚。阿洪的名字并未被完整地记载下来,1844 年 10 月,他 36 岁。他因抢劫被发配到路易斯港服 10 年刑役。有人推测他懂英语,能读会写,他自己民族的语言能力是否被考量过颇令人怀疑。如果不懂英语,他的处境将是可怕的,他可能都不知自己身在何处。他在塔斯马尼亚没有其他定罪,他被获准在 1849 年 10 月离开,并于 1855 年 10 月得到有条件的赦免。在他争取重获自由的时候,他还申请与女囚汉娜·霍华德结婚。汉娜有很多麻烦,其定罪有 19 项之多,她获得自由的机会本被取消了。两人结婚以后,汉娜由丈夫照顾,几个月后就获得了"自由证书"。另外 2 名华裔囚犯 Dvel 和 Dreil——他们的名字更不完整——乘坐"大洋女王"号抵达。

以前人们对于毛里求斯的囚犯一无所知,直到出生于该岛的艾德杜克博士决定为他在澳大利亚的同胞们写一本书,事情才被披露出来。从 1817 年到 1846 年,有 60 艘船带着从毛里求斯来的大约 200 名各国囚犯到达新南威尔士和塔斯马尼亚,同时带来的还有糖。

1845 年 1 月 16 日,格雷总督在一封信中提到了在阿德莱德的街道上"穿着白色裤子"的华人。1846年1月26日，在《我们的两极》一书中，曼达中校在悉尼写到"偶尔一个梳着辫子、长着黑眼睛、耸着肩的华人，会横穿视野，突然掉下来，不是从天而降——虽然天国的神仙有权期待如此——而是从一个有垂柳图案的汤盘里"。"Celestials"是个常用术语，它来自中国的古代名称"tian chao"——天朝，因为人们相信天只覆盖皇帝所掌控的土地。

1847年，南澳大利亚的牧民们从新加坡引进了一些（没人记得确切数字）华人前来牧羊。西澳大利亚同样缺牧羊人和农场工人，同年，"冠军"号从新加坡带来了20名华人和10吨大米，但其中大多数华人都是仆人，他们无望地站在花园的篱笆之外。奥尔巴尼的沃拉斯顿牧师雇佣Achuim当仆人。"事实证明，华人是最好的，"牧师在日记中写道："……之前我们从未有过这样的帮助……他有时会说点儿英语，例如面包、水、灯……他自我重复着这些词汇，在他掌握之后就再也未出现过失误。他可以在花园中翻土……他是一个极好的理发师……他还学会了布置餐桌。"

约翰·恩·红·康尼是首批登上"冠军"号轮船的人之一，在后期的文件中他被认定为工头，他可能是那些人的头儿。他在珀斯没待多久，当年就搬到了阿德莱德，然后又搬到墨尔本。他是金矿上最早开设店铺的华人之一。他于1859年入籍，并"想要成为地主定居下来"。

总督欧文要将这些乘坐"冠军"号轮船到来的人送回新加坡，但有人愿意雇佣这63名劳工，其中包括26名牧羊人和农场工，18名家佣、木工、园丁、编篮工、铁匠和鞋匠。"冠军"号船长弗兰克·赫尔普曼仅雇用了31人。大多数华人认为，在这样一个遥远的国家待上两年实在漫长。毫无疑问，已在此地的华人向家乡传回了"生活寂寞"的信息。

1848年3月16日，另外7名华人乘坐"林肯"号轮船到达了悉尼。他们是来自香港①的自由人。香港是不断发展的英国殖民地，也是鸦片战争战利品的一部分。

在鸦片战争期间，从其他对外开放的港口倾泻到中国的鸦片并没有平息中英事件。1846—1847年，广东的每个村庄都张贴了如下一类反对外来侵略的告示。

---

① 香港（普通话拼音 xiāng gǎng；英文 Hong Kong，缩写 HK），简称"港"，全称为"中华人民共和国香港特别行政区"。香港地处中国华南地区，珠江口以东，南海沿岸，北接广东省深圳市，西接珠江，与澳门特别行政区、珠海市以及中山市隔着珠江口相望，其余两面与南海邻接。全境由香港岛、九龙半岛、新界三大区域组成，管辖陆地总面积1104.32平方公里。香港自古以来就是中国的领土。1841年1月，第一次鸦片战争后，英国强占香港岛；1842—1997年间，香港曾为英国殖民地。1997年7月1日，中华人民共和国正式恢复对香港行使主权，香港特别行政区成立。——译者

第一章　冒险家与牧羊人

村民公告

众所周知，若想天下太平，国人须与洋人保持距离。现时的洋人非常野蛮，他们四处闯祸，他们带着鸟枪，声称打野鸡，但却会射杀家禽、狗、猪、牛借以炫技。有时他们侮辱妇女、恐吓儿童，如果在路上碰到了鲜花和水果，他们或偷或毁，其无法无天，罄竹难书。更有甚者，当他们作恶之时，若遭邻居干涉，便会突然报复。如果这些无人性的蛮夷再来村庄伤害我们，我们必将挺身反抗，将其歼灭，烧毁他们的尸体。只有这样才能阻止他们再来骚扰。这是我们十七个村子的决定，特此公布。

1847年12月，6名英国人雇了一条中国大船逆流而上。他们在有着围墙的"黄旗"村停下来。大约一个小时后，船夫听到一阵敲锣声，"好像有什么怪事发生，很不正常"。附近舢板上的一个小伙子挑着一担菜刚从村里返回，他告诉船夫，村民袭击了英国人，他叫他们赶紧离开，否则就会因带来英国人而遭受袭击。船夫把船划到河的另一岸，等着看看是否有被追逐者逃出来。傍晚时分，一艘路过的小船突然转向他们，对方向船上抛掷多爪钩，随后将他们击倒，把他们丢到河滩上，他们的尸体被卷入湍急的落潮中，然后这些人跑了。6名英国人全部被杀。其中一人逃离了第一个村庄，拼命地穿过田野，跑到了另一个村庄，随后被抓，他遭到严刑拷打，最后被乱斧砍死。至于那些英国人在村里干了什么，有多种说法。也许他们只是戏谑地参加了一个婚礼聚会，也许他们撞倒了用石子扔他们的孩子，也许他们仅仅走了走看了看。其中一个叫贝拉米的人，能说一口地道粤语，人们都认为他能安全地行走于中国任何一地。

一场博弈在英国贸易首席官约翰·戴维斯爵士和清廷钦差大臣柯之间展开。1834年，戴维斯在纳皮尔爵士死后曾短期任职，他要求处死领头的杀人犯并将涉事的两个村子夷为平地。柯说，一名中国人在打斗中丧生，另一名受到重伤，他要根据重伤者是否死亡的情况，在刑场上处决4个或5个主犯。戴维斯没有质疑这个数字，但他要求，那些肇事者应该当着英国观众的面，在他们自己的村子里被斩首，还须戴上认罪的标语牌，并一把火烧掉这个村子及其邻村。柯默许了在肇事地执行死刑。同年12月21日晨7点，"柏拉图"号的军官目睹4个人在村前广场被斩首。戴维斯感到满意，该死的人都死了："他们粗壮结实的健康体魄证明他们是刚干完活的乡下人，而不是监狱里的罪犯。"

但是，柯不同意烧毁村庄。他说，死刑已经使人蒙羞，更严重的是，他已逾越了中国法律。砍头之极刑只适用于预谋杀人。"适用于斗殴杀人的刑罚仅为绞刑……进一步说，冤有头债有主，所有的错误必有罪魁祸首。现在，村子里遭到惩罚的人已经很多了，如果不分青红皂白地摧毁整个村子，老天有眼，又怎能容忍如此伤及无辜？天下没有这样的道理，想必阁下的祖国也不会有这样的惩罚。"

涌现出来的海报和传单不断激起农民和劳工们的怒火。一份大报上的文章在全广州传播开来：

> 回顾历史，从蛮夷商人第一次来本城经商，直至今天，似乎未有他国人不遵从本政府法规习俗，也无人寻衅捣乱。目前，来自诸如美国、葡萄牙、荷兰或法国等国家的商人都声称和平或按规矩行事，无人以借口制造不快。只有你们英国人，狼子野心，永不满足，毫无节制，胆大妄为，肆意挑战本朝廷底线，实乃可憎。
>
> 皇帝本已赐予你们整个香港为贸易之用，你们这些可恶的英国人却无视皇上的恩典以及对远客的仁慈……你们，英国野蛮人，此后须遵从我们的习俗……我们不会再迁就你们沿河而建的据点，若你们胆敢固守，一旦你们邪恶的商会在那里建立，我们的长老堂将下令严惩，或亲自领军将其烧光，将你们全部歼灭……
>
> 以上为九地区长老堂之联合宣言

1849年5月23日的《伦敦电讯快报》这样煽动读者：

> 在中国仍有许多事要做。大英雄狮躺着不动，任人拉扯它至尊的毛发，践踏它高贵的尾巴，不好战的帝国，一片凄惨！大不列颠向中国佬认错：对着"天子"一通磕头。"英勇的旗帜，历经千年，打仗好比微风拂面"，竟然被广州的乌合之众鄙视、吐口水。当真！这世界将不知道要惊异于哪一方的表现——是中国的蛮勇，还是英国的怯懦。

在那些咒骂、投石子、装腔作势、胡闹和谋杀中，广东的一群年轻英国人购买了一艘百年老船"克英"号，该船被送到美国和英国展览。当时，把一条船弄到外国去就像把一个女人弄出去一样困难。这既不符合传统，也让人难以置信。在官方同意之前，需要许多请示和丰厚的贿赂。该船由30个中国水手和12个英国水手操纵，五品官何兴戴着耀眼的徽章上了船，他的帽子上有一颗水晶纽扣。他出生在广东，此前从未离开过其所在城市。此次航行达几千公里，自从郑和下西洋以来，这次航行比任何一次中国船只的航程都要长。这条船以柚木制成，48米长，10米宽，可承载800吨货物。船头高9米，船尾高13.5米，整个船向中心弯曲，样子呈半圆状。船头两侧都被画上了大眼睛，似可四处观望。主船帆重9吨，船员们要花2个小时才能树起1米粗细的桅杆。两个绞盘控制重7吨的舵升降，当舵完全打开时达7米长。中国水手提供指南针、茶叶、点心、猪肉，以此来"鼓励它的忠诚"。又长又宽的酒吧顶部是由打磨精细的贝壳做成的,这些贝壳很薄,看起来是半透明的。

"克英"号在大西洋中遭遇了一系列飓风。一则航海日志写道:"5点,巨大的飓风伴随着猛烈的冰雹……海上能见度小于10码①,到处被大雾笼罩。她从来没有试过水,海浪冲击着甲板,船在海浪中飘摇。"

在纽约和波士顿,一天之内有7000人参观了"克英"号 。该船用了21天的时间在波士顿和格林森德之间航行,"这个时间,对于美国商船来说也是非常短的"。有着18只手的神像在酒吧尽头端坐,他腾云驾雾,能不断地生长出更多的手和头。

印度苦力

新南威尔士殖民地成立前后,除了乔治·扬和约瑟夫·班克斯之外,一些人已建议引进印度人或中国人当劳工,比起那些罪犯,他们被认为勤劳听话,少让人操心。1800年,印度政府提出把一些罪犯送给亨特总督,在内务部大臣波特兰爵士的同意下,亨特接受了他们。亨特认为,"这批罪犯要比我们现在拥有的罪犯好管理"。接下来的几年中,一些罪犯被不断引进。澳大利亚的罪犯极具多样性。

1816年4月,印度通威廉·布朗退休回到澳大利亚。他从加尔各答旅行归来后,带回了9名印度劳工,以补充他在北悉尼爱坪1200英亩封地中的囚犯数量。几年后,他又带回30名印度劳工,而这些人并不高兴,1819年6月,他们通过某种方式向麦格理总督传了话,说"待遇残忍,蒙受不公"。麦格理总督本来就对这些印度人不快,因为澳大利亚的服务行业会因此降低工资,他反对布朗的改造囚犯计划。于是,他下令让那些印度人返回家乡,并让布朗为他们购买船票。但布朗拒绝了,他争辩说,如果他照做,就等于承认自己有罪。政府在最高法院起诉了布朗,但最后布朗赢了。

在此后的几年里,有关引进印度人或是华人当劳工的事情曾被讨论,但没有切实的行动。1829年12月21日,作为南澳大利亚建立者之一的罗伯特·高戈在他那猎人谷奢华农场致信托马斯·波特·麦昆,提出了"没有耕种就没有赏地"的原则。换句话说,就是"一定的封地配给一定的移民"。"我最近曾关注有关华人移民的事情……相当多的华人移民目前正奔向法国的艾斯勒岛,一个引进华人前往佛得角的移民计划也在进行中。他们旅行的开销很少,因为他们只靠一点儿米和水生活。每一个新殖民地的地主都应想到人民繁衍。在一个新的国家,'繁殖能力'不受欢迎,但它却是比资本更有价值的引进。不久,华人就可能找出让他们的妻子儿女接踵而来的方法……"

---

① 1码等于3英尺,即0.9144米。——译者

高戈曾经编辑过爱德华·吉本·韦克菲尔德写的《悉尼来信》一书，该书的内容以来自悉尼11封信的形式在伦敦《纪事晨报》上发表。事实上，韦克菲尔德从来没有去过那里。他因第二次私奔结婚而入狱，在纽盖特监狱服刑期间，他发展了他的殖民理论。他在首次成功后的20年里又写了几本书。通过他的计划——以一个优厚的约定价格出卖国家土地获得资金——他影响了澳大利亚的移民。截至1842年，有50000名英国人移民澳大利亚。韦克菲尔德也主张吸引那些"最勤劳和有技术的亚洲人"——中国人、南海岛民和印度人，不过，这个主张的影响较小。

印度人通常是一人或两人一起来到澳大利亚，有的是给那些为躲避印度的气候前往澳洲度假的英国人当仆人，有的是作为少数从印度退休定居此地的地主的签约劳工。在19世纪30年代初，有40名拉斯卡尔①——一个失事船的全体船员——在珀斯当仆人，他们的到来提高了最高法院对盗窃和暴力案件的审理频率。1833年，加尔各答市成立了一个公司，该公司负责把英国家庭送到西澳大利亚当时被称为"天鹅河"的居住地。此公司派送了3名成员、10名监工，并为上述人员每人配备5名劳工。然而，他们的"水星"号船却消失了。

1836年，约翰·麦凯从生活了28年的孟加拉来到悉尼，他在孟加拉一个槐蓝种植园雇用了500名印度人。他在1837年3月致信理查德·伯克（Richard Bourke），提出了由政府支付引进印度人的一半成本的计划，随后说，他可以在印度招募工人。伯克对此犹豫不决。麦凯和几个地主带头招募了大约300名印度人，用2艘船运来。麦凯出租了那些引进的劳工。其中有17人从阿伯克龙比靠近卡姆登的格伦莫尔酿酒厂潜逃，2个在附近工作的人加入了逃亡队伍，他们准备前往印度。来自帕拉玛沓的警官在大约90公里外的蓝山温沃斯瀑布处抓到了他们。1838年的2月28日，《悉尼监管者报》这样报道："这是一批肮脏的货色，其中有些人将衣服系在他们的腰上。他们发出又冷又饿的抱怨，还说工钱未付。然而，他们的协议上标明——如果他们读得懂的话——必须还清船费和6个月贷款后才能开始领取月工资。"

各种华人苦力贸易

1837年6月12日的《悉尼晨锋报》在其头版刊登了一则广告：

华人工匠和劳工

从新加坡引进中国工匠和劳工进入新南威尔士的提案目前放在悉尼的四家银行，供有意者选择，那些希望付诸行动者可以签字，敬请垂注。一

---

① Lascars，旧时欧洲轮船上的印度水手。——译者

些颇有影响的商人和居民已把自己的名字加入到了订购者名单中。

在接下来一周，在已经签字的冗长的广告中，策划者提供了一些细节。

……我计划在8月上旬致信新加坡，从中国不同港口通过船运，每年雇佣四五百名中国人……

根据我的计算，我确信我能以每人10英镑的价钱把这些人送到悉尼，11英镑吧，多加1英镑，作为给新加坡代理的佣金，因为这些人将会在他们到达殖民地后先服务12个月，当然要保证他们的食宿。第二年他们将每月得到1英镑和所需配给，在第二年后，他们会得到和自由欧洲移民一样的工资……

我与各种各样的中国人打过交道……木匠、橱柜制造商、车轮制造商、磨坊主、铁匠、瓦工、烧砖者、园丁、厨师，玉米、糖、烟草种植者以及一般劳工，我很愿意推荐他们。但我怀疑他们能否胜任牧羊人的工作……

中国移民从不把他们的妻子和家庭从老家带过来，但这并未阻止他们停留在那些有钱可赚的国家……关于虐待问题，我要警告那些新南威尔士的新定居者，华人不会容忍的，他们会将情况传播出去，这样就会阻止将来的华人到达此地。

G.F. 戴维森

戴维森发表的名单上有57位地主，他们预订了335名劳工。大多数地主是与他们的后代同住的名人，例如，布莱克斯兰德、坎贝尔、怀特、邓伽、麦克阿瑟、布朗、宝黛尔。一周后广告再度刊出，但没有更进一步的反响。

1837年10月16日，舍费尔先生刊登广告说，他可以提供市场急需的牧羊人。

致新南威尔士的地主和羊群主

先生们——在即将返回老家之际，我希望根据你们的需要推广一些移民……我的主要目标是牧羊人，我准备选用苏格兰高地的牧羊人，那里有许多适用者，他们顽强而节俭，守信用讲美德。

最想到澳大利亚来的苏格兰人是北方海滨那些毫无经验的渔人，一心想从切维厄特绵羊身上获利的地主冷酷无情，他们将那些渔人从租住的农场中清理出去。但也有一些苏格兰人和德国人——已婚或单身——前往澳大利亚定居，他们已从事牧羊工作一两年。一般来说，英国移民不愿做这种工作。不仅因为孤独，也因为该工作艰难、收入少、地位低，还遭到释放囚犯的诋毁，一些人勉为其难，干了很多年。奇怪的是，对牧羊人的奇特看法竟然在澳大利亚不断发展。谨慎的苏格兰农民在石头圈或篱笆里培育一百或二百头绵羊会受到尊敬，但拥有千头羊群的澳大利亚牧羊人却遭到轻视，他们的羊群在毫无障碍的牧场徜徉，其数量在整个苏格兰的羊群中也很显赫。羊群在晚上会栖息在牧羊人打造的羊圈里。

1837年，英国下议院的辩论导致11月份成立了一个专门委员会来调查囚犯的输送问题。调查发现，稳定的囚犯输送很快就会停止，廉价劳动力的主要来源，特别是牧羊人也会随之消失。1837年6月15日的《殖民者报》称："目前梦魇一样压在我们头上的巨大压力是劳动力稀缺。"1838年5月，吉普斯总督就"封闭的大多数公众思维"的状态致信英国移民大臣格纳尔格："目前的问题是分配、运送移民或曰获取劳工的方式。"

在澳大利亚各殖民地，更多人建议去招募印度或中国的"苦力"。"Coolie"一词可能来源于"koli"，即印度古吉拉特邦州的某部落的名字，或源于坦米尔词"kuli"，意思是"雇佣"或者"工资"。中国人聪明地用形象的声音译过来，变成了"苦力"，意思是"受苦吃力"或者"竭尽全力"。那些即将成为新劳力者被要求拥有丰富的经验和专业知识。乔治·吉普斯爵士收到了含有686个签名的请愿书，要求获取印度劳工。他们提到了"向毛里求斯进口劳动力带来的好处"。吉普斯认为，这样的行动会是"危险的……邪恶的"。他担心这样一来，自由移民作为廉价劳动力的工钱会降低，而印度劳工也会贬值。他也十分害怕种族混合程度会过高。

但是，有4个事件影响了对劳动力的需求和供应。尽管委员会反对运输，英国政府却没有立即停止囚犯的供应。1840年停止了向新南威尔士输送罪犯，但罪犯仍被持续送往塔斯马尼亚，直到1846年才终止，同时，殖民地开始消化自己的罪犯。印度劳工在澳大利亚发生数次事故，在此后的1839年，印度政府禁止本国劳动力输出，他们对自己的同胞开始实行家长式管制。政府也开始对毛里求斯和英属圭亚那的蔗糖种植园主产生怀疑。这些种植园主试图用印度劳工来代替最近被强迫获得自由的黑奴。中国和英国之间的交恶导致了鸦片战争，同时也把中国劳工排除在外。19世纪30年代末的激动岁月，那些掌控着澳大利亚东南部的人看到地平线上闪烁的财富之光在19世纪40年代初全部破碎，取而代之的是大萧条。80英镑买来的牛突然间连1英镑都不值了。羊也无法出售，于是人们就把牲畜加工成油脂使国家重新复苏。英格兰需要大量的甘油来做炸药。

伴随着殖民地的复苏，越来越多的小批量印度苦力被引进。那些雇佣他们的人在印度法律中钻了空子。卑贱的仆人没有被印度招募规定所保护，并且谁又会比牧羊人更卑微？摩顿湾的土地大亨乔治·桑德曼曾前往印度寻找劳工。1844年10月，他乘"密涅瓦"号从加尔各答返回澳洲，带回了24名男人、5

名女人，还有 11 名男孩和 1 名女孩。1 名医生和 1 名翻译兼工头跟着他们。从 1845 年到 1848 年，安娜贝拉·伯斯威尔和她叔叔阿奇博尔德·英尼斯少校一起住在麦格理港英尼斯湖的豪华宅邸，她在苏格兰撰写一篇杂志文章时，引用了她当时写的一篇日记：

> 我们一同前往麦格理港去观察那些苦力……他们住在商店后面的一排房子里，相关协议达成后，他们才能在达令顿的站点安家。这些苦力分属不同种族，一些人皮肤为铜色，另一些人肤色则相当黑，有些人的猩红色帽子上饰有金色带子，少部分人则只围着穆斯林包头巾，只有一个人穿着整齐：一件白色夹克，胸部绕着一条穆斯林长袍，长袍盖住了脚面。他们穿着上色皮鞋，样子怪异，露着脚趾，扣眼敞开。后来，他们向我们展示乐器，有两种鼓。一位女性一手拿鼓，边唱边敲，她的丈夫则在一旁应和着，另一位男士坐在旁边，尽情地拉着一把三弦小提琴。

在外人看来，他们在澳大利亚的生活似乎很快乐，但事实上，一部分被派遣到莫顿海湾区为菲利普·福瑞尔做工的苦力还是开了小差，他们抱怨缺吃少穿，没有工资。

1846 年，50 多名印度男子和 13 名女子乘"奥威尔"号登陆澳洲，他们受雇于罗伯特·坎贝尔（一位著名批发商之孙）、W. C. 温特沃斯（探险家与政治家）和罗伯特·汤斯船长（他与温特沃斯同父异母的妹妹结婚）。汤斯是船主、地主、贸易家和商人，同时又担任新南威尔士立法委员会成员。现在的汤斯维尔地区就是以他的名字命名的。一些苦力拒绝工作，而在悉尼街道以乞讨为生，直到人们将 5 年合同条款向他们做了适当解释，他们才重返工作。1849 年 3 月，在温特沃斯"沃特鲁"居所做工的 6 名苦力潜逃到 10 公里外的悉尼。温特沃斯把他们告上法庭，苦力们则抱怨道，温特沃斯没有按规定给他们配给米和豆类，却发放了肉类和面粉，而身为婆罗门信徒，他们禁食肉类。温特沃斯说，米价高昂，他并未打算严格按协议执行。法官称，既然苦力们已离开了自己的族群远渡重洋，吃什么并不重要，所以拒绝解除契约，并因 6 名苦力违约判处他们一周监禁，依据的是《野蛮人管理和仆人法》。该法律根据签字的工作时间合同，以违规即被监禁为威胁，让苦力们受制于雇主。在当时的报纸和海报中涌现出大量关于潜逃者的描述，他们被当作罪犯来缉捕。

1846 年 4 月 25 日，《澳大利亚人报》的评论指出，雇用一名苦力的花费远高于雇用爱尔兰人。因为苦力"身体瘦弱，以稻米和豆类为生"。

1847 年，集银行家、圈地者、捕鲸手、冒险家、船主于一身的本杰明·布德从新赫布里底斯群岛和忠诚群岛带来 185 名黑人男子和 7 名女子。柯索普船长自诩为大慈善家，他带来了最初的 65 名苦力。他说："把这些贫穷愚昧的生物从饥饿且信仰缺失的地方转移到一个基督教国家,这对一个民族来说无疑是最慷慨有益的给予。在这里,他们不仅将从教义讲授中获益,而且将受到先进文明的教化。"他们在"双湾"登陆,当地赶牲畜的人告诫苦力们,柯索普只是在享用他们之前尽量育肥他们——对于人肉相食者来说这绝不是玩笑——然后假惺惺地用朗姆酒来抚慰他们。布德抱怨道,不仅所有原定要送往他那温暖岛屿的苦力都跑了,就是准备安排在山区的人也在途中跑了,还有几个死了,他们都不高兴。澳大利亚工人们告诉他们,苦力的低工资只有他们的1/20。几个月之后,大多数人返回了故乡。

如此看来,华人苦力似乎是廉价劳工的唯一希望。他们可以随时补充。1847年3月17日,阿德莱德宝拉矿业公司的秘书收到了一封来自新加坡的信。

先生:

从几个有幸访问过您的朋友那里得知,阿德莱德殖民地需要劳动力和工人。我可以向您或其他相关公司提供中国的劳动力,其中包括铁匠、木匠、泥水匠、园丁等。如果确有需要,还可以提供鞋匠、裁缝和面包师。

在五年工期内的合同下,我可以将他们运送到阿德莱德港,当然报酬应事先公平谈妥。我保证他们是健康、健全的男子,你们会感到满意。

希望您能尽快回答我以下问题:第一,有关此事,我们是否需要向政府申请?第二,你们是否需要这些人?第三,根据劳工、铁匠、木匠等工种,在到达时他们每人能得到多少报酬?

此外,我希望您能预付一部分费用,比如三分之一,这部分费用只需在这些人上船以及船费账单签付之后支付。除此之外,能令人满意的安全保证就是支付报酬,即合同上说明的三分之二报酬可在这些人到达阿德莱德三天内付清,因为从他们到达的那天起,他们就需要支付托运他们的费用了。

也请您告之我应付给他们多少工资,以及我需要雇佣他们多长时间。

希望您将我的建议视为明智的,并希望您能谅解我给您带来的麻烦。

您的忠实的仆人
T. H. 德·赫尔马敬上

在发往英国政府的电报中,南澳大利亚总督乔治·格里怀疑这些劳工对南澳大利亚的价值:"他们的工资将会被带出澳大利亚殖民地而在中国花费……万一战争爆发,人们不相信中国人会维护英国的利益。"

德·赫尔马是一个输送劳工的小掮客,没有发现有人给他回复的记录。然而,我们却能发现厦门的输送大户、赛姆公司的英国人弗朗西斯·达比·赛姆给悉尼的亚当·伯格的回信记录,时间是 1847 年 12 月 27 日。此前伯格告诉赛姆,澳大利亚殖民地每年可接收 10000 名苦力,伯格说:"在这里获得的数据很难确定,但此地人口稀少,食物匮乏,我想你得到的会比期望的更多……派一个体面、可靠的人过来,您信赖他,他必须照顾那些苦力,而不要虐待他们,否则你再也不会得到第二批苦力……本季节我已海运过来数千人了,他们都是自愿的协议工人,这里的人力市场空间很大。"

这两封信刊登在悉尼的报纸和《香港纪事报》上。驻厦门的英国领事 T. H 莱顿读到了《香港纪事报》。他写信给赛姆公司说:"此类出口的合法性有很大问题……10000 名劳工——或如伯格先生可能要求那样多的劳工(让 8 到 10 人睡在船上的一张床上)决不能像对待 10000 匹硬布一样对待他们。"赛姆反问莱顿,为什么"数月前,'阿格里公爵'号获准携 400 名苦力离港开往哈瓦那奴隶殖民地?"莱顿没有回答。

1848 年 10 月 2 日,"尼姆罗德"号从厦门出发,运载着 100 名中国人和 20 名中国男孩抵达悉尼港。该船卸下了 64 人,然后带着其他人向摩顿湾继续航行,这些人中至少有一部分是为乔治·山迪文服务的。另一位厦门大捐客詹姆斯·泰特筹划了这次交易。2 个月后,"菲利浦·莱恩"号到达墨尔本菲利普港,船上载有亚历山大·约翰斯顿从新加坡签订的协议劳工:123 名华人,8 名马来人,以及 86 名克林人(Klings)。其中包括 1 名妇女,她立即得到了一份护理工作。克林人是讲泰米尔语的印度人,他们来自历史悠久的海峡殖民地。那些华人曾经从事过糖料和肉豆蔻的种植。《人民倡导报》曾这样报道:"看来,至少在航行季节(1847 年 11 月),约 10000 名处于极度贫困状态下的华人背井离乡地乘船来到新加坡找工作。"这些人是由吉隆(Geelong)的马来移民社团从新加坡带来的,该组织不显山不露水地卓有成效地工作了多年,关于它,只有零散、粗略的记录。

罗伯特·汤斯船长也加入了这样的交易。在接下来的几年中,他用 8 艘货船运来大约 2500 名中国劳工。他说,只要可以获利,他就可以驶向地狱再转回来。他 11 岁时,就开始在英国纽卡索的一艘运煤船上当学徒,17 岁时当上船长。他的对手们也开始行动了,因为运送中国人利润丰厚。没有人会计算到底来了多少名中国人,每一位历史学家都给出了不同的估算。1852 年,英国驻厦门领事馆的查尔斯·温彻斯特先生向英国驻华贸易局报告说,已有 2666 名华人从该口岸前往澳大利亚。加上那些自愿者和在新加坡、香港、上海、广州的应招者,到 1852 年,至少有 3000 名华人来到澳洲。乔治·森德门一人就雇用了 600 名,其中一些人做几个月,一些人做几年。

他们是怎样适应澳大利亚的呢?据记录,1849 年年末,在整个澳大利亚仅有 300 名华人劳工,他们是在静悄悄地溶入。"在悉尼,超过一半的家具是由华人制造的,"《人民倡导者报》在 1849 年 11 月 17 日报道说,"与此同时,大量的移民木工在街上转悠找不到工作。"

该报在11月3日刊登了这样一篇广告：

> 写给毛皮商、羊毛工和所有不支持华人移民的党派
>
> 注意：在哈勃酒店即将举行一个会议，地点位于高本和乔治大街街角，时间为下周一晚上8点，目的在于探讨最近出现的一些问题，特别是贸易和社区问题。

巴克是滑铁卢工厂厂主，他曾雇用过20名华人来清洗从欧洲毛皮商和羊毛商处购买的羊毛。后来，他把那些华人安排到整理毛皮车间，以便让他们学会扯羊皮。但那些欧洲人拒绝教他们，且还拒绝和华人一起工作，于是巴克解雇了那些欧洲人。

在哈勃酒店举行的会议决议中，第一个条款是这样陈述的："会议对殖民地引进与英国劳工竞争的中国劳工表示惊恐和懊悔，这些中国劳工逐日大量地上岸；这种不公平和不平等的竞争最后会使（本地）工人及其家庭深陷饥饿，使我们的国家陷入贫困和犯罪，为了避免出现这种情况，我们需要建立一个工人阶级联盟来保障自己的权利。"

其他行业的代表也参加了这次会议，很多人热衷于加入这个联盟。但当他们发现那些毛皮商和羊毛工人不想扩大争议，只想讨论和寻找避免麻烦的措施之后，便失去了兴趣。

滑铁卢工厂的工人们如此自私看似令人奇怪，但实际上是因为当时的劳工普遍对华人怀有敌意。劳工老手和新来者更令人忧心。格雷伯爵已开始安排新一轮假释犯的航运。作为英国殖民部部长，他向新的地主们提供他们想要的大多数劳动力——廉价、会说英语、未婚（在很长一段时间内，一个工人有妻子被认为是一种浪费，是不值得的），但城镇中的人都不欢迎这些新来的外来者。于是，一个反运送委员会建立起来，在澳大利亚东海岸组织召开了泄愤的会议。当第一艘载着200名囚犯的船"哈希姆"号在1849年7月到达悉尼港环形码头时，700名或者更多的人（可能就是700名，这个数字因政治原因而有所不同）在码头附近举行了集会。罗伯特·洛这位成为舍布鲁克子爵的聪明古怪的自私政客是群众集会的组织者之一。一项决议在充满欢呼声的会议中提出：针对"永远正确的可敬的"格雷伯爵在移民问题上的专横虚伪，会议呼吁女王陛下将那位贵族从议会中除名。根据1849年7月23日《人民倡导者》的报道，主席R.坎贝尔指出："此刻，在海港有至少有5艘移民船，船上载有1200多名乘客。而对于这些远离故国前来本土者来说，难道他们应该面对的是一艘囚犯船吗？（欢呼）立法委员会委员和大股东们的确曾到船上来，但当移民们问及工资的公平比率时，这些移民被告知他们要求的太多，如果他们不满意这些低工

资,那些人就会转而登上囚犯的船("听听,听听"),难道那就是公平待遇,就是这些移民们应当得到的吗?"("不,不"的呼喊声)

然而,英国政府一直在输出人口。在接下来的两年中,英国又向悉尼和墨尔本输送了2000名囚犯。后来,反运输同盟——一个新的不断扩充会员的组织发誓不再雇佣囚犯,并组织会议威胁英国人说,如果不停止运输,殖民地就脱离英国。于是,英国在1851年勉强同意了。重新恢复的对塔斯马尼亚岛的囚犯运输一直延续到1868年;而运往西澳大利亚的囚犯每年大约有300人,而不是当地需要的1000人。在英国,由于《谷物法》和其他沉重义务的废除,以及与俄国、印度和中国的战争,犯罪惊人地减少,食物更加廉价且比从前更加充足,军队需要更多的男人。很多囚犯逃到南澳大利亚和维多利亚,在上述两地发现金子后情况加剧,于是,西澳大利亚的劳动力短缺进一步恶化。这触动了那些曾远离囚犯劳工的维多利亚人和南澳大利亚人。

所以,在殖民地澳洲的不同社会阶层和不同地域中,关于劳动力的观点是有差异的。雇主对他们在"猎人"号首次运输中雇佣的华人表示满意。1849年3月15日,克莱门特·劳力士从布里斯班写信给他在爱尔兰的妹妹佩恩夫人:

> 我亲爱的艾莉西亚:
>
> 　　由于去年持续低廉的羊毛价格,今年殖民地的生活将饱受煎熬。我们可以按每人10英镑的价格、每年6英镑的工资进口"天朝人",他们需工作5年,所以我们可用极低的成本来生产羊毛。这些进入我们国家的华人是出色的牧羊人。唯一的不足是和他们在一起时,我们一点都不懂他们那糟糕的语言,但是他们凭手势就能立即行动。我们将尽快多弄些华人来……

他随后提到了欧洲移民:"我认为现在是该找寻'肋骨'(这是那时常见的一个关于妻子的可笑说法,来源于夏娃乃亚当之'肋骨'的故事)的好时机,但是时代不允许。我的这个想法源自最近大量的案例。自从那些移民女孩来到这里后,牧师的工作就乱套了。她们当中有31人从悉尼来到此处,都找到了丈夫,但现在又发疯一样地想挣脱……"

1849年,英国自由移民的数量和质量使人们尝试引入其他种类劳工(如罪犯、南海岛民、马来人、印度人、中国人)。1840年,澳大利亚农业公司从瓦尔帕莱引入2/3的土著以及他们的牲畜。有300~400个智利劳工在同一时间来到这个国家为不同的农场主工作。这些人是在一位澳大利亚开赴智利的活羊专家的带领下,搭乘返航船来到澳洲的。

在引进何种劳工的问题上,"新英国人"是唯一能与"老澳大利亚人"开展讨论的人,尽管他们多年来都不受待见。几年之后,反移民社团形成。为保护自己的工作，澳大利亚的工匠和劳工反对一切外来者。

在移民和苦力贸易中有很多优秀的船长，但也有一些人酗酒。在19世纪50年代，"艾尔芬斯通"号的英国船长试图逃避一项新的西班牙法律，这项法律规定去古巴的每100名中国契约苦力要带10名中国女人，并购买44名宁波女婴。船长把这些人都关在一个船舱里。那些有病而濒死的婴儿的热病在船员中传染和爆发，当船靠岸时，船长被英国政府逮捕了。

穷苦的中国人外出找工始于18世纪早期的福建厦门。待在家里就只能挨饿，于是他们交钱购买了军船或商船的海运票。1712年，也就是康熙皇帝掌权的第50年，康熙强烈反对中国人背井离乡，他要求外国的掌权者必须把当地的中国人遣返回国，以便让政府斩首。但无人遵从这项法令。接下来的皇帝雍正允许在规定的年限内让人们外出贸易，但那些未经允许的返回者通常不受欢迎。1750年，从爪哇岛回国的商人陈易想在中国终了一生，在乾隆皇帝执掌皇位60年中的第14年，他被驱逐出境。4年后乾隆发了慈悲，他规定，不管中国人在野蛮之地待了多长时间，都可以回到他的中国家庭。

然而，这项恩赐只适用于商人。虽然触犯了有关于劳工移民的法律，但是中介机构仍组织那些日益增长的饥饿的出逃者外出务工。中国人迅速为这些交易者起了一个名字——客头、领袖或领头人。根据带走人数的多少，政府对这些中介进行不同的惩罚。通常的判决是在船上戴6个月的枷锁，或者被发配到偏远地域。

惩罚和反对起不到任何效果。在接下来的一百年时间里，南方相邻的两个省份福建和广东的人口迅速增长。越来越多饥饿的人漂泊海外去寻找工作，中介也越来越多。订单从世界各地飘来，包括西印度群岛、荷属圭亚那、古巴、新加坡、巴拿马、马提尼克岛、英国、美国的加利福尼亚[①]、苏门答腊、塔西提，当然还有澳大利亚。在鸦片战争和被强制地放松贸易后，英国、荷兰、西班牙、法国、德国、葡萄牙和美国都在中国的沿海如广州、黄埔、汕头、厦门、澳门以及周边地区如新加坡建立了相关的劳工中介。

由这些客头经手的苦力被称为"新客"，就是"新到的客人"，华人对那些掮客用一种利己保守的说法来形容，称他们为"经纪馆"，也就是"饭馆经营者"，或者称他们为"猪仔倌"，也就是"饲养小猪的人"。英国人视他们为社会的祸害。这项交易很快就变得邪恶起来。

当时的中国社会特别腐败。人们想到船上工作，就要通过中介和买办才能

---

① 加利福尼亚现在是美国西部太平洋沿岸的一个州。1542年，葡萄牙航海家罗德里格斯发现加利福尼亚。在1846年7月7日，美国海军准将约翰·斯洛特占领蒙特雷，并声称加利福尼亚为美国领土；根据1848年《瓜达卢佩伊达尔戈条约》，墨西哥正式将加利福尼亚的领土割让给美国；1848年，马歇尔在加利福尼亚一处地名叫萨特的锯木场旁的河边发现黄金；1849年，淘金者纷纷涌入加利福尼亚，开始了淘金时代；1850年，加利福尼亚成为美国第31州。——译者

办到，而且必须通过贿赂。由于贿赂的钱是借来的，利息又高，因此这些"预备海员"需要抵押他们将在航海中赚取的大多数钱财，尽管如此，他们至少在几个月内能获得温饱生活。

那些受贿者也需要贿赂别人才能存活。这条细流源于劳力，后又流至小店主、士兵、农民、学者和官员，最终流至王宫。1840年，一位内阁大臣琦善失宠，被罢免了官职，他被查明私藏了500公斤金子和价值600万英镑的纯银，他在90个生意中有巨大利润并占有20万公顷①田地。当时1/5公顷的地能养活一口人，但在南方省份中可用土地只能使每人分到1/10公顷。这就使成千上万的人背井离乡或被活活饿死。

很多华人去了新加坡。1848年10月31日，《香港纪事报》报道："最苦的劳力或强烈的劳动意愿并不能确保新加坡红茶种植园里那些不幸的劳工免遭饥寒。事实上可能有人会说，中国目前在新加坡的劳工过剩，新增的劳工只会引起人们的贫穷和痛苦。我们的街上挤满了病人和穷人。"

一些无良奸商在生意冷清时就贩卖儿童，这宗生意即使对亚洲地区国家的华人而言也很普遍。一位广东南海的官员发布了一条禁令，被《德臣报》驻广州记者翻译出来：

> 绑架贩卖儿童是法律严令禁止的。当执法严厉时，罪犯应被斩首；当执法放松时，罪犯会被发配边疆服兵役。这些是国家法律证实自身效力使犯法者受到惩罚的方式。
>
> 几天前我发现，在这座城市、其周边郊区以及东部边界地区有许多不法分子在小孩出去玩时抓住他们，并把他们卖到偏远的国家，这些使我非常痛心。

被称为阿鹏和阿辉的两位青年是第一批被诱拐到维多利亚的中国劳工。1861年，在法国接受教育的瑞士人休伯特·卡斯泰拉在他巴黎版本的《澳大利亚人的寮屋》一书中讲述了他们的故事。墨尔本大学的克林·史密斯博士将这本书翻译成英文，做了相关注解，于1987年出版。保罗·卡斯泰拉是休伯特的兄弟，他是一个富裕而善良的地主，他拥有墨尔本东北部地区亚拉河谷的部分土地。在船长的推荐下，他在墨尔本雇用了船上的男孩，他写道：

> 这两个小孩的故事令人触目惊心。他们的父亲是一个遥远城镇的富商。阿鹏常帮他父亲做生意；他受过教育，会写会读……有一天，一位外国商

---

① 1公顷=10000平方米。一块面积1公顷的土地为10000平方米，比一个标准足球场面积稍大。——译者

人来到这里，从他们那买了大量茶叶。当孩子们为他打包时，他请求这两个小孩带他去镇里逛逛，于是他们一起来到拥挤的集市。那商人又从那把小孩带到郊外一所房屋，款待他们直到黄昏时刻。这时城门已关闭，他们就不能回家找父母了。

外国商人哄他们冷静下来，并向他们保证第二天一定带他们回家，但当他们醒来时却发现自己躺在一条在海上航行的船舱底部。当他们号啕大哭并且吵闹着要回家找父母时，船长大发雷霆，让他们保持安静，还说他们是坏孩子，因他们的父亲不知要如何管教，于是请他把这两个孩子带到厦门，乘船远走。颠簸中的恐惧让孩子们安静了下来。经历了16天悲伤的旅途后，他们被送到了驶向墨尔本的英国船上。

两兄弟以每年10英镑的工资签署了6年的合同，他们的工钱连白人工资的一半都不到。但是，卡斯泰拉对待他们像家人一样而不是仆人。他很快给他们涨了工资，还给他们马匹作为奖赏。合同期满后，他们留了下来，后来在叶营地区开辟了一个菜园。

加利福尼亚金矿的发现，使穷人的梦想实现了。这样一座闪闪发光的金山，任何人爬上去都会有一个足够令人羡慕的未来。成千上万的人离开中国作为自由人前去寻找金矿。绝望人群的资源耗尽，劳动力开始短缺，《香港纪事报》中的一则广告说：

> 香港的洗衣工乞告欧洲居民，由于有太多的工人离港前往加利福尼亚，填充这些人的位置面临巨大困难，且要付高薪，所以洗衣的价格不得不提升——从今天起，每100件需要2.5英镑。
>
> 维多利亚，1852年3月1日

所以，为了更有把握地找到工人去古巴的甘蔗地，或者去更糟的位于秘鲁的鸟粪岛，苦力经纪人必须十分狡猾。那些不幸的苦力在漫长、邪恶、疯狂的"古夫人"号航行结束时才发现经纪人的阴谋。

1848年4月22日，英国船"古夫人"号离开南安普顿水域前往亚丁。该船运载着"半岛东方汽轮公司"的煤。轮船主的5个年轻学徒在船上实习，他们的父亲在南安普顿都是名人。全体船员在航行中被雇用18个月。6周过去了，当船在特立尼达拉州抛锚时，船长威尔死了。醉醺醺的大副塞缪尔·罗宾逊·史密斯接管了这艘船。他驶向亚丁湾，卸下货物后，驶向孟买，载上棉花，然后驶向黄浦江。那时，中国从海外购进棉花，而不出口棉花。史密斯在这里卸了货又装载了一船大米。以后的几个月，他继续在印度、毛里求斯和中国所有开放口岸之间进行着米、糖和棉花的贸易。然后，他去了金星门——一个在淇澳岛和大陆之间小海峡上的鸦片贸易站，一个叫摩尔的西班牙人和他签订了协议，让他负责运载450名中国苦力去卡亚俄和鸟粪岛。而那些苦力还以为他们是要去加利福尼亚呢！其中的很多人从未离开过闽北的山村，多数人从未见过大海。

这些年轻学徒的父母询问这艘船的新主人约翰·沃克斯有关航行的情况，后者回答说，他也不知道船在何方，自船离开英国后就再无消息。1850年2月17日，史密斯离开金星门。在49名船员中，除了水手和学徒工外，还有马尼拉人和印度拉斯卡尔人，其中4位船员的妻子也在船上。船上食物不足，水质也很差，老鼠出没，货物脏兮兮的，冒着气泡还散发着恶臭。因为船长的薪水是按天计算的，他就故意延长路程。他从澳大利亚南部驶向霍巴特，将该地作为一个航运中转站。

在第一周，华人获悉了他们将要驶向的目的地。他们绝望地痛哭，痛不欲生。他们没有遗忘秘鲁岛的经历。2个人跳出船外被救了，10天中就死了7人。史密斯则整天饮酒作乐。

截至1850年3月21日，98名华人和2名东印度水手死了。史密斯在甲板上发着酒疯，蹿来蹿去地骂人。1名中国医生、1名见习船员、1名学徒和二副也死了。大副神志不清。学徒想去做水手的工作，史密斯把他们踢出甲板。一天晚上，他对2名东拉斯卡尔女人实施鞭笞，她们不知在什么地方冒犯了他。一个学徒用蜡烛照亮了她们被灼伤的后背，她们的丈夫只能懦弱地蜷缩在一边。

1850年4月13日，这艘糟糕的船抵达德文特，此时已有194人死去。一些人跳海身亡，一些人割喉自杀，大多数人死于斑疹、伤寒和痢疾。唯一能与大米相配的咸鱼也变质了。当船停泊时，死亡仍在继续。一艘警卫船日夜巡航将尸体沉入海底，尸体上被绑上了石头。

之后，一个女人突然在金宝街死了。在验尸时，验尸官推翻了之前的裁定："死亡是由不卫生的鱼造成的。"两个女人由于这种原因突然病倒。"死去的华人毒死了海里的鱼"这一谣言在霍巴特传扬开来。蟹和鱼曾经很受岸上居民青睐，然而几周以来已无人问津了。当地的渔夫不停地打出广告说，他们的鱼是健康的。

一名霍巴特的医生帮着救助船上的幸存者。同年4月30日，这艘船载着看似健康的乘客继续前行。1名学徒在一次事故中伤残，被留在了后面。大约一周后，乘客和船员又开始死亡。在卡亚俄，蒙泰古女士被隔离了。最后，503个人中只有201人活下来了。当他们到达洛伦佐岸边时，欢乐的远离战争的英国水手修剪了华人的辫子。

在香港，史密斯被另一名船长取代了，后者也整天醉醺醺的。船主最终获悉了该船的所在地点。4年后，船回到了南安普顿。学徒威廉姆·曼斯布德讲述了他的遭遇，《伦敦日报》通过其他来源证实了其真实性。一个学徒和曼斯布德一起回来了，另外一个则在卡亚俄跳下了船。

史密斯在香港时离开了船。《印度地图集》一书对他的情况做了一番描述："他离开南安普顿时大约30岁左右，肤色皙白，留有很多胡子。事实上，政府是不允许他逃跑的。"也许他是刮了胡子后逃跑的，居然也没有人起诉他。

船上的华人被骗签了合同，他们读不懂合同上那些地名——那是他们不想去的地方。这些苦力都是劳动者。他们来自中国南方不同地区而且说不同的方言。他们一无所有，身上围着像尿片一样的破布，随身之物只有一双竹筷子，看起来就像乞丐一样。在香港、澳门和中国部分地区，人们仍然能看到这些人，虽然他们消失得很快。他们的皮肤是不同的颜色，是被太阳晒出来的黝黑。他们惯于被中国人和外国人指使。香港的粮食部门经常会在需求招标公告中发布苦力的信息。

在阿拉伯联合酋长共和国，巴基斯坦人每次花百万元雇人做一些类似修路之类的苦力活。这些公司——有些是英国人的——不直接雇佣他们，他们像19世纪一样通过中介被雇佣。来的男人只签3年合约，不允许他们的女人来。在很多华人中，在澳大利亚囚犯中，在所有时代的所有国家的监狱中，都存在同性恋。巴基斯坦人组织得很好，付的工资也不错。在现代香港，菲律宾女仆像19世纪的苦力一样因饥饿而离家出走，她们有的被雇主盘剥，有的被马尼拉的雇佣中介掠夺。在澳大利亚有一种肮脏的交易，即将这些女人嫁给贫寒的男人做妻子。

华人签署的假合同通常使用外语，当他们迷惑地检查合同时，其中一个骗子会说他懂一点外语，并试着读出来。然后，此人会有些犹豫地说同意了什么，而不是说合同上说了什么。这些苦力并不知道印在他们胸上的字体有什么含义：C代表加利福尼亚，P代表秘鲁，S代表三文治岛。有时，甚至一些英语合同的背面附有中文翻译，上面注明的时间比他们签订的英文合同要短，工钱要高。没人去解释目的地国家有多远，航行需要多长时间，当劳工到达时根本不知身在何处，就像坐着火箭飞向另一个星球一样，结果突然发现自己被出卖了。所有的合同都可以协商。

但这些经纪人多有令人尊敬的光鲜表面。梅沙公司（Messer, Trait Co.）的詹姆斯·泰安排了"尼姆罗德"号船的托运，此人是西班牙、荷兰、葡萄牙政府所熟知的英国公民。梅沙公司的三个主人在西班牙、葡萄牙和荷兰都是很出名的人物，他们是这三个国家驻厦门的领事，他们的代理人几乎遍布中国南方所有的港口。他们的奴隶收容所"猪圈"是一条船，具有讽刺意味的是，该船竟被命名为"移民"号。武装的水手在甲板上巡逻，那些苦力就被锁在下面，直到大约一个月后船货卸下。苦力的伙食费在总费用中扣除，还要加上利息。"饭店""茶馆"也是这些地方具有讽刺意味的称呼。

大多数中间商给苦力住的营地是用木头或竹子搭建的小屋，有几个进出口，以便于看守。弗兰西斯·塞米的营地建在离他家不远的河边。1852年10月24日，一群愤怒的民众袭击了营地，其中原因很复杂。在鸦片战争之后签订的不平等条约中，只有一项对中国有利，那就是外国人不可以随意在农村地区走动。但欧洲中间商通过他们属下的华人代理开展活动，华人代理又通过外勤落实（在赌场外放贷是最常用的手段），使用诱惑或压服手段，所有被拐者都按人头来计费。塞米或梅沙公司则雇佣警察作为代理。

一些大人和儿童被拐的消息传到了村民的耳朵里，村民感到非常愤怒，也变得非常警惕。当招募劳力变得极为困难时，那些为塞米或梅沙公司工作的警察便提高了价格，但遭到中间商的拒绝。那些警察发现既能威胁欧洲人又能安抚村民的良机，便抓住华人中间商，并把他交给酷吏。塞米前来要求释放华人中间商，那人已经鼻青脸肿，面目全非。他被吓坏了，否认他认识塞米以及为塞米工作，但他竟能说出塞米的名字。塞米毫无办法，离开了，几个小时后他带着一个朋友及船上的几个苦力转回来，但警察局已经关门了。那名华人中间商在街上遭到村民暴打，他们还攻击塞米及其手下，把他们击倒在地，但最后还是放了他们一条生路。

骚乱一直持续了几天，最后警察把那个奄奄一息的中间商交给了塞米，民众跟着塞米在他家门口和营地示威。塞米叫来了"萨拉梅德"号的水兵，于是激起了新的怒火。那些中国人掀翻了塞米的营地、栅栏及竹棚。村民们手持木杆和拆自炉灶上的砖头迎击水兵，在塞米的家门口制服了那些水兵并朝他们扔砖块。水兵无法向前开进，那些村民们边叫边向前冲。水兵们向他们的头上射击，但仍无法阻止他们前进。几个一线的水兵退下来，二线水兵断然开枪，击中4人，击伤数人，然后冲向了那些村民并把他们驱散。

事情逐渐平息了下来。当此事传到香港后，贸易全权代表和总管秘书便到厦门去做调研。塞米被领事馆传唤，并因未经领事馆同意而直接与华人做交易被罚款200美金。

下面是1853年1月13号《德臣报》发布的公告，该公告传遍了厦门及其毗邻城镇，是对苦力贸易的警告：

> 得到十次晋升的潮州府吴长官发布此令：对诱骗皇帝子民到外国当奴隶者进行镇压。
>
> 根据官方说法，有很多外国船舰徘徊在汕头等海域，当地不守法的流民向那些外国船只贩卖人口，让他们到外国当奴隶。也就是说他们进行欺骗，当地很多不知情的老百姓为了一点儿钱就被骗上了外国船，他们会被送到外国当奴隶。他们未想过父母是怎样历尽艰辛把他们抚养成人的。
>
> 珍贵的身体岂能卖给粗鲁的外国人做奴隶，离开自己崇敬的祖先？那些学者、牧场主、工人、农民都有自己合法的追求，甚至是那些没有本事

做贸易的人，没有艺术天赋的人，或许会依赖政府，但他们也会为了镇压反叛军而志愿入伍。如果他们干得成功，朝廷就会奖励他们，他们的父母就会扬名天下，他们的子女也会获得荣华富贵。这比生做外国奴、死后外国鬼好很多啊！我们以父母般的心情对此表示遗憾。此后，要让父亲们教导儿子，长兄们教导弟弟，摈弃出国的想法。要注意你的行为举止，要对国家和父母尽忠。

如果你们发现那些诱拐你们浪费生命的无赖，把他们交给警察并让他们承担法律后果。我们现在警告那些无耻的外国中间商，别说我们没有给你们预先警告。

让我们遵守法律。

咸丰二年十一月二日

虽然苦力贸易在厦门减少了，但总的苦力贸易还是呈增长趋势。福建人学得更精明了。不久，苦力贸易又在澳门然后在广州发展起来。

最初到澳大利亚的华人取道汕头，他们是潮汕人，隶属吴的潮州辖区，使用自己的方言和食物，他们的习俗有些很美好，有些则不道德。其中一些人到澳大利亚发了财，其后人仍然健在。说客家话的福建人大批前往澳洲，那些受过教育的、行动积极的人在淘金热中也发了财。比如1844年到来的约翰·阿莱和1848年到来的吉姆·阿波成了墨尔本富有的商人，但他们的影响局限于华人社区。1851年来到这里的罗阿毛变得极其富有，作为维多利亚的著名商人，他得到所有社区的尊重。一些苦力也小有发展。1849年来到这里的谭戈和1851年来到这里的谭四可能来自同一村庄，最初都是无知地签下合同的劳工，但他们慢慢发展，最后归化，与欧洲女人结婚。许多后人仍然沿用他们的家姓。

最初到达澳大利亚的旅费是多少？下面我要讲述船主和船长虐待华人的故事。

那些由"帕玛将军"号运来的乘客旅途异常艰辛。1851年，该船载着333名华人契约工从厦门出发前往澳大利亚。天气非常炎热，船上水源不足。最初，人们还能分到一点水。许多船只每人每天只有一品脱（约600毫升）水，有时还会更少。水手按一元一杯的价格出卖余水。当船到达巴厘岛填充水源时，已有四五名乘客死亡。当时正值雨季，该船装载了从山上引来的受污染的水，于是强烈的痢疾很快爆发，几天之内死了七八人。船里没有冲水厕所，厕所由一圈链子连接着船尾，奄奄一息的人攀不住链子便会掉下大海。船上没有任何药物和任何营养食品。T. B. 斯普森船长拿出了他的个人储备，但未能维持太久。等船抵达悉尼时，船上死了69人，还有很多人上岸后死在医院里。

许多苦力饱受腹泻的折磨。有些人腹泻是由严重的肠道感染引起的，有些人是因为患了结核病，还有些人是由于吸食鸦片。因为抵达港口后鸦片可高价卖出，那些贪婪的船员们便不给他们鸦片，于是情况就更加糟糕。在上岸前，苦力都要先经过体检——病人不能买卖，但只有那些明显不健康的人才会被拒。被拒就近乎判了死刑。无论是在新加坡、香港、厦门、汕头还是在澳门，那些被淘汰的人都会亏欠他们无法支付的船费。城里没有他们可做的工作，也无法回家。他们只能在大街上游荡直到死去。

即使在今天的亚洲地区，那些地下水也会杀死健康的乘客。在中国，在亚洲其他国家里，未煮过的根茎类蔬菜和未煮沸的水对于当地人和外国人来说都是致命的。

汤斯船长麾下的"斯巴达"号上的乘客待遇恶劣，以至于他们起而反叛。1852年1月24日，这艘船在马歇尔船长的指挥下从厦门出发，载着一船糖、228名男人和26名男孩驶向悉尼。人们似乎都对他们的合同感到满意，他们似乎得到了满意的解释。在出发后第9天，船长和二副在下面检查，为晕船者准备特殊食物，大副在船头，几名华人冲到船尾甲板上，试图把舵手扔入海中。但舵手逃脱了，并爬上后帆的桅杆。另一些华人跑到了船上的隔间里，把刺刀从他们不会用的上膛步枪上卸下来。一个人夺走了屠夫儿子刚刚磨快的刀，与跑去拿枪的二副狭路相逢，于是就把他砍死了。当班船长和大副被连刺带打，陷入了昏迷状态。其余的船员们拿起所有能格斗的物件，闯出一条路，取回了武器。他们拿手枪和火枪射击。6名华人倒在甲板上死去了，2人在激战中跳入大海，另外2名伤者为了躲避子弹也纵身跳海。剩下的人撤退到了货舱内。水手们便砰的一声把舱门关死了。

船长和大副得救了。船驶入了新加坡。19名华人在槟城被逮捕，因海上抢劫和谋杀受审。其中11人被定罪，判处死刑。《槟城公报》发起运动反对判决，关于乘客们遭受虐待的证据浮出水面。判决最终变为减刑，9人被判了5周徒刑，2人被判终生流放。1852年4月29日，船最终抵达了墨尔本。

那些中国人曾偷过几根甘蔗吃。船长把甘蔗扔向船外，然后命令木匠剪掉他们的辫子以作为惩罚。当这位木匠在法庭上被询问是否曾用凿子或小斧头剪掉那些中国人的辫子时，他没有注意到其中的讽刺语气，而是以天性中的诚实来回答——我是用的锯子。

这种相同的遭遇导致了"罗伯特·布朗"号以及"斯巴达克人"号上的叛乱。"斯巴达克人"号由布赖森船长负责，载着来自厦门的410名苦力，官方说法是开往圣·弗朗西斯科（美国旧金山），非官方说法是开往古巴或秘鲁。在出海的第10天，乘客们杀了布赖森、2名大副和3名海员，掌控了船舰。他们命令剩下的水手把船开回厦门，否则就把他们扔出船外。但船搁浅在了礁石上，所有华人都登陆上岛。英国的方帆双轨船"莉莉"号去接应了他们。正如1852年1月1日《香港纪事报》报道的那样，故事接下来的某些部分听起来被夸大了。华人反抗了。船员们开枪射杀了40～50人，还有40～50人为避免俘虏上吊自杀。22 人被捕，然后他们被交给美国单轨帆船"萨拉托加"号。该船返回捎带上了剩余的人。经过长时间的询问，判定被捕者中的 17 人有罪，无辜者被送回厦门，被判有罪的人被送往广州过堂。主审官判决 1 人有罪，释放了其他人。布赖森对他们做了些什么呢？

乘务员约瑟夫·瓦伦丁和海员史密斯对船上发生的事件非常关注，他们在叛乱发生前偷了舰上的一艘小船，并在水上航行了几天。"女神"号载着他们到达上海，他们向美国领事呈交了证据：当时船上的食物和水都很充足，供应良好。但是，布赖森有洁癖。他把华人分组带到甲板上，脱光他们的衣服，让他们赤身裸体，并剪掉他们的辫子，然后用藤条扫帚和冷水来洗涮他们的身体。布赖森侵犯了他们的身体、他们的灵魂、他们的祖先、他们的后裔。王星武（Sing－wu Wang）做过一份详尽的研究，题目是"组织中国移民：1848—1888年"，其中写道："中国移民用两种方法试图叛乱……首先杀死船长和官员，如果失败就放火烧船。"

对一些华人来说，航行就是虐待的开始。"恒河"号是汤斯的另一艘船，1852 年 1 月 26 日，它载着 430 名华人（在"斯巴达克人"号出海 2 天后）到达悉尼。有关这些乘客的法庭审理和问询持续了几个月。

乘务员约翰·奎格利带着镣铐到达了悉尼。1851 年 11 月 11 日，"恒河"号刚出海不久，康奈尔船长命令他看管一组擦洗船头的华人。其中一名华人想逃跑。奎格利抓住他并把他扔出船外。这艘船在水面打转救起了华人，华人没有受到伤害。船长把奎格利关在船上一间被改为仓库的厕所里。1852 年 1 月 20 日晚，他在那里清楚地看到了甲板楼上吵闹的一幕。6 月份，他在悉尼中央刑事法院作为证人出庭，在该审判中，船上的主要负责人威廉·马丁、二副罗伯特·纽曼因谋杀华人苦力戴龙受到了审判。

奎格利行窃时，马丁抓住了他，马丁扭住奎格利并夺回猎物，然后绑住他的手，用绳子抽他。马丁总是将绳子放在口袋里，让鞭笞"从华人开始"。当他想要靠近其中某人时，他就挥舞着鞭子。纽曼听到了哭叫声，他带着一根木棒冲了出去，打碎了戴龙的肩胛骨，又连连打击他的头部。戴龙摔到地上发出呻吟，马丁抽打满地翻滚的戴龙。大概在早上 2 点，当船要借风航行时，马丁发现戴龙坐在一堆绳子上，于是猛地将绳子拽出来，戴龙站起来，蹒跚爬上了梯子，结果跌了下去，头撞到水桶上。他们平衡住船，然后把戴龙弄回来，扔在了桅杆旁。一名水手告诉纽曼，戴龙血流得很厉害，并说："上帝啊，我们不能伤害他们。"结果到了早上戴龙就死了，双手还被紧紧捆绑着。

医生出示证据说，让戴龙致死的头盖骨上的凹痕是由于坠落引起的，而不是绳子或棍子。最终，纽曼被判了 3 个月监禁，马丁被判了 1 个星期监禁。

苦力中的 26 名登陆后，有一个奇怪的温莎旅行。太平绅士、地主罗伯特·费兹杰尔德的执行代理潘通走上"恒河"号对劳工进行了选择，第二天他把他们从船舱上直接装上在一边等待的帕拉玛沓轮船。大家看起来都很高兴。但当他们从帕拉玛沓码头走向马凯旅馆时，情况发生了变化。有些人受不了酷热，于是潘通雇了一辆马车把他们送往旅馆，在那里菲利普·布拉姆带着他的羊毛车等待，并将这些人送到温莎。潘通告诉法官，马车上有足够的空间，并有足够的面包。登上"恒河"号的医生说不要给他们肉吃，但没有解释这是为什么。布拉姆说，他停下来给他们一些水喝，并且在路上给他们买了桃子。当马车在农场前停下时，只有23人下了车，说还有3位同伴在车中，其中两人已死，另一人昏迷不醒，无法说话。杜威医生立即赶到，他把那名病人送到医院，然后进行了验尸。他发现他们肺部都已发炎，他认为这些人都已患病很久了。

然后医生做了一份奇特的声明，该声明没有引起主审法官的批评和质疑。医生说，在"恒河"号中被称作黄庆的大汉，在船上的名单中排名第33位，他发现此人跟着马车跑出很远，一边跑一边大量喝水，在路上他突然生病，不能继续走了，所以他被装上马车，而超负荷的运动和突然停止的流汗将会让一个不习惯运动的人产生肺气肿。

为什么一生劳作的人不习惯运动？为什么马车里还有空间时让他跟着马车跑？在那次灾难性的短暂旅途中还发生了什么？

1852年4月6日，"恒河"号的3位移民罗四、郑克、叶平被指控违反主仆法，他们来到高本警察局接受法官的询问。他们都是威廉·麦克利的合同工。麦克利在悉尼和他们签订了协议。他告诉工人，到达工作地点需要乘马车走一天。悉尼律师汉密尔顿·沃什曾无偿帮助了许多华人，他代表3名华人上诉，并让周星担任翻译。

罗四发誓说他在旅行时脚受了伤，马夫扇了他一耳光。然后把他双手捆住，可能把他拖到了马车后面，也可能把他扔到了车里，快到高本时，罗四逃跑了，警察在当地一个农场抓住了他。罗四还有更多的抱怨，在合同上的中方一项中，规定他每周除面粉、大米、牛肉、茶和盐外，还可享受一磅糖。在英文的一项中，注明了他的名字，却没有享受糖的条款。法官说他要么为麦克利工作，要么去坐监，他选择了坐监。

郑克有些担心，因为他发现一天过去了，两天过去了，紧接着三天四天都过去了，还是没有抵达目的地。他越来越饥饿。那个车夫连吃的都没给足，更不必说糖了。所以他到了高本也跑了，他说："我不会跟他走的。"

威廉·豪尔船长说："若你不去，你会进监狱的。"豪尔是探险家、地主兼法官。

"你把我劈成两半儿我都不去。"

叶平说："经过一段监狱生活后，我仍然得为麦克利工作，这样还不如割断我的脖子。"

1852年4月12日，《帝国报》报道了这个案件。麦克利在法庭承认："那个男人受到过虐待。"

沃什认为麦克利的承认是明智的,这将省去那些仆人控诉麦克利残酷对待那些不幸者的细节。

麦克利当时 30 岁出头,他后来以收集昆虫和具有澳大利亚鱼类知识而闻名。他向悉尼大学捐赠了一个巨大的动物收藏品馆以及一笔管理者捐款,他因对科学和对政府的贡献被授予爵位。他有着 33 年的国会议员经历,其中 18 年是在新南威尔士立法院,剩下的岁月他在地方议会中度过。但他在高本警察局的作为使他声名狼藉。他并未对其车夫的行为感到羞愧,他还下令收取保证金以防华人潜逃。他不情愿地向华人提供糖,说他对此并无责任。

在 19 世纪 40 年代末和 19 世纪 50 年代初,城乡报纸在"主仆法"的标题下报道了许多聆讯。这是一个在雇主和雇工之间的约定,该法律将移民者与为他支付旅费的人联系起来。在 12 个月内,雇工有权得到配给品、饭菜和微薄的工资,有时没有工资。通常是主人控告雇工,但偶然情况下,雇工也会控告刁蛮的主人并要求解除合同。雇工们有不少胜诉,但判决取决于当地的法官。

1851 年 12 月,澳大利亚俱乐部秘书阿莱尼博士起诉了一个叫阿金的雇员,罪名是私逃。在两三年间,阿金未经同意而转换了三个不同的俱乐部。他的主人是尼克尔斯。一位免费为华人出庭的律师问道:"谁是这个俱乐部的主人?那可能是所有俱乐部中我认识的杰克。"他指出,阿金没有和任何一个人签订合同,俱乐部是虚构的,"非常奇怪,这些华人像一捆衣服似的来回调换"。最后,阿金赢了官司。

无论是不是华人,那些不幸的人与雇主之间的持续纠纷通过许多报纸的简讯曝光出来。1852 年 9 月 18 日,《梅特兰报》(*Maitland Mercury*)报道了 4 个案例。第一个案子是约翰·爱德伍德对伊丽莎白·克劳顿,后者被指控擅离工作岗位。爱德伍德先生作证说:"我夫人口头协议雇用她 3 个月。"但那个女孩否认了这个说法,说她只被雇用了一周。当爱德伍德同意取消合约,并不希望女孩再回来时,该案准备推迟审理,以便让爱德伍德先生寻找证据,但后者放弃了保释金。那个女孩从拘留所获释。

威廉·查尔斯·温特沃斯在华人雇工问题上有着比印度雇工更多的麻烦。1852 年 4 月,他将"帕玛将军"号的幸存者赖其英"和一车厢华人送往莫如姆桥农场,路途中由一名监工管理"。到达卡门度后,赖其英觉得末日将近,就跑了,但他很快就被抓获并带去悉尼审讯。赖告诉法官,他愿意在靠近城市的地方工作。极不寻常的是,法官们批评了温特沃斯。一名法官说,温特沃斯应当将他的监工带到法庭作证,以表明那些工人没有遭受虐待。温特沃斯说,他的牛场在 450 英里①开外,他要花费 100 英镑才能将监工带来,他可不想花费这么

---

① 1 英里 = 1.609344 千米。——译者

多的钱。另一名法官说,说不定监工同意那名工人请假。所有的法官都认为,工人一定要获得自我满足。1852年4月23日的《帝国报》报道说:"温特沃斯先生非常愤怒,说警察局执法有问题,法庭应当提供合格的翻译——他们应当向政府申请。"他们释放了赖其英,并给他一些告诫——他仍然是温特沃斯手下的雇工。法庭建议赖其英到温特沃斯的"沃特卢"住宅工作。

第二天,亨利·帕克斯在《帝国报》发表社论,攻击了温特沃斯,说他既是这家报刊的所有者,也是该报的编辑。"这只澳大利亚雄狮至少现身了,夹带着最近在我们当中流传的异端思想。当看到温特沃斯这样一个人——天生有着超人的才能,接受过昂贵良好的教育,拥有着极多的世俗财富——经历了漫漫人生路的种种磨难,拥有非凡的能力和特权,却每天出入警察局,只为管理他的那些廉价的仆人,我非常痛心……"

但是,两年后,在许许多多竞争者之后,帕克斯自己从印度马德拉斯带来了25个欧亚混血仆人,而且只付给他们欧洲人1/4的工资,与他们签订了2~4年的合同。帕克斯支付了他们的旅费,这些仆从与另外161名欧亚混血人一起到达,其中有男有女,旅费由殖民地基金会支付。木匠和车轮工很快找到了工作,而教师和音乐家们则无法就业。资助移民的情况消失了。在那段时间里,并且在之后的多年时间里,看起来比较体面的亚欧混血人被视为社会的第二等级。

在1852年的最后几个月,越来越多的人逃离工作。许多欧洲人和华人在去采金场的路上搭了便车就逃走了。梅特兰的一个愤怒的农场主对2名雇工进行了指控,罪名是他们仅仅捆压了30吨干草,丢下另外的70吨扬长而去。被指控者则反驳说,他们从来没有同意要完成全部工作。1858年6月29日,《帝国报》发表了一篇署名"G. R. M. L"的来信,其中讲述了致信者如何帮助父亲抓获逃跑的华人。

在那些黑暗的日子里,骑马全速追逐父亲的那些蒙古流亡者,我觉得这是值得称赞的。如果不是重温这些回忆,我不会去读有关美国黑鬼为了自由而逃跑,又被他们无情的主人追赶的描述。我抓到他们后,从不虐待他们,他们得按我说的做,追捕他们是首要的……我想起有个人惹恼了我。我最后一次抓住他是在距家20英里的地方。我用绳子的一端捆住他,另一端捆在马脖子上。我只是为了吓唬他而已。我继承了母亲的太多温柔,下不了手。对我来说,如果此事再发生,我也只能再次绑住他们。

牧羊人

截至1852年年底，大约有2000多名华人在澳洲工作。虽然其中大多数人都不懂英文，但他们却知晓大量的信息，他们对低工资越来越不安，他们知道自己被少付了多少钱。衣服的价格让他们震惊。他们很快意识到，在中国看来的高工资在澳大利亚非常不值钱。下面是他们签订的协议：

> 1800年某月某日，中国国籍的某某（甲方），与新南威尔士某某（乙方），见证如下，上述双方同意甲方将承担牧羊、农工、仆人或在上述地区从事劳工的工作，期限5年，时间从甲方到达开始。甲方需遵守法律规定，并听从管理人员的指挥。双方同意，乙方付给甲方月薪3块，以现金支付，或以英国货币每1块钱兑换4先令的比率支付，乙方每周供给甲方的配给主要是：
>
> 面粉8磅或大米10磅，或可选择
> 肉8磅
> 茶2盎司①
>
> 甲方从厦门中介某处已经预先领到（　　）块预付金，乙方同意在到达新南威尔士之后，由乙方在支付给甲方的月薪中扣除1块钱。

尽管合同里没有注明，但工人每年可以得到一双靴子、一条裤子和一件衬衣。佩伯顿在《纯种美利奴羊及其他》一书中发表了一个表格，时间是1850年12月22日，签字人为澳大利亚农业公司副经理阿其波尔德·威廉·布兰尼和雇工魏基，魏基同意偿还6元钱。在头6个月，魏基每月挣了8先令②。欧洲牧羊人每月挣50先令，但如果他在一年中丢失了10头羊，他就得以每头羊5先令的价格偿还。这个惩罚对华人不适用。从厦门到澳洲的旅费为13英镑，华人羊倌的价格极为便宜。新英格兰区索尔兹伯里牧场的拥有者麦修·玛士是立法院委员，他声称支付高工资是令人沮丧的。1852年，他试用了中国羊倌。此前他去过塔斯马尼亚，在那里找到26名前囚犯，他设想放牧的生活可能会改变这些人。

许多华人故意制造麻烦以便解除合同，一些人甚至通过省钱来将自己赎出。

---

① 1盎司=28.3495克。——译者
② 先令为英国的旧辅币单位（旧时英国的多数殖民地也用相同的货币单位）。1英镑=20先令，1先令=12便士。1971年英国货币改革时被废除。——译者

法庭里出现了越来越多的案件。1852年11月20日,《梅特兰报》的记者报道说:"我们无法对当地的警察局表示同情……一些仆人擅离他们的工作岗位,主人把他们带上法庭。审判就像一出闹剧——这里居然没有翻译……每周二(当地法庭日)都会有周方、福伯、谭泰或罗地被带到当地法官面前。"当被告人出庭时,他们都会辩称"是主人不好;我什么都不知道"。当治安法官宣判他们必须重回雇主处工作时,被告们就会哀求道:"求求长官不要这样,求求您。"最终的结果就是他们重被关押,直到主人对他们厌烦了为止。这些人按一定的折扣卖给了出价最高的人。这些劳工在他们的新主人那待了一周后,又被带到了当地的法官面前,经过漫长的谈判后,他们的新主人同意"每月多支付两块"。

尽管经常会有问题出现,但是仍有成百名华人作为富有成效的牧羊人和农民遍布于南澳大利亚,其中有30~40人在南澳大利亚北部的偏僻牛场工作。1853年1月1日,帕特里克·莱斯利首先选择了壮丽的达灵顿,他给苏格兰的弟弟威廉姆写信,称赞了他的华人雇工:"如果使用得当,他们是很棒的仆人——我的仆人(我有6个中国仆人)都很不错。我有一个厨师,对凯特来说他是一件完美的宝物,他非常干净并且乐于工作;我有两名主要的花匠,他们比英国人强,特别是在浇水方面。我目前没有雇佣白人花匠,早先的那个伙计总是喝醉,是个废物……我有一个浑身是劲、什么都愿干的农场工人;我现在正调教一个小伙子成为马夫,他将很出色。第6个中国人是我的牛奶工人,他还要在公牛水车里打水,那老牛已对中文有所反应,就像白人用英文指挥它一样。"1852年5月,在昆士兰议会的一次演讲中,达灵顿的议员代表说,在他的地区,大约有300名华人放养着450000只绵羊,大约占总羊群的2/3。他说:"他们诚实,能很好地照料财产。"

随着19世纪60年代铁丝网的建造,澳大利亚的放牧看管结束了。但是,人们现在在中国北部和西北部未设网栏的地方仍能看见牧羊人,尤其是在青海。通过步行、骑马或者骑骆驼,蒙古人和西藏人白天大约要放牧300头牲畜,晚上要把它们圈禁起来,就像澳大利亚牧羊人曾经做的那样。他们用牦牛运输物资。绵羊主要是小型的棕白相间的西藏品种,这和从印度带往殖民早期悉尼的品种是相同的。中国现在主要是用美利奴山羊来改良它们,就像麦克阿瑟、考克斯、马森德和福沃——近200年前我们所有最早的繁殖者一样。他们现在也保存着少量有着荒诞肥尾巴的蒙古羊。这种羊与从南非最早引进到悉尼的海角肥尾羊和稍后引进的美利奴羊主体是相似的。那些奇特的杂交,并非是故意选择的,而是由可用性决定的,这赋予澳大利亚美利奴羊特别的活力。

在北京城外的运河岸旁,人们仍然能看到15只或20只一群的肥尾羊在一个老人或小伙儿的照料下吃草,但是在中国南部、西南部及东部省份,现在根本看不到羊。很多南方人从未见过真正的羊,尽管其中的大多数人可能见过山羊。在19世纪可不是这样的，那时羊儿遍布全国，羊肉也到处出售。在19世纪50年代，数个羊贩子被列入香港商店与中国大陆贸易往来的登记册之中。然而，在19世纪40年代至50年代，对于那些身居澳大利亚内陆迷茫的福建人来说，他们从未见过这么多的羊和这么少的人。

在澳大利亚，通常两个牧羊人会和一个守屋人住在一起，有时那个守屋人是个做饭、扫院子的欧洲牧羊人的老婆（特别是在南澳大利亚）。每个牧羊人都经营着各自的羊群，有的是山地里的500只，有的是浅滩上的1500只。在日出时分，牧羊人将不同圈里的羊群放出来，反向驱赶它们。一些华人明显丧失了他们祖辈们与生俱来的方向感，失却了自我，失去了羊群。他们从没见过如此质朴自然的乡村。在中国，几百年农业的特征引领着他们。在澳大利亚，他们可能离驻扎的小屋8公里远，也可能离宅地、小路、篱笆或屋子院落20～60公里远，他们甚至也可能是在人烟稀少的一片广漠中。历经千年岁月，土著也没有在这片土地上留下直接的印记。假如华人曾和欧洲牧羊人一起工作过，也许对他们来说会简单一点，但终究他们会觉得腌羊肉和烤火盘配红茶的搭配非常奇特，而欧洲人也同样感到华人是奇怪的伙伴。他们不会和对方一起工作，他们嘲笑对方的着装，甚至说对方的性别都无从辨别。事实上，那些戴着直径近一米的圆锥形编织草帽的华人，在穿着宽松的黑色棉夹克的纤瘦体型下，看上去真的像个敞开的雨伞，宽宽的黑色半长裤就像伞柄，足蹬底厚3厘米的木屐鞋子……此等装束，加上在墨尔本下车又没钱买暖衣，情景是相当凄凉的。

大卫·阿切尔戴维是9个在澳大利亚靠自己成名的兄弟之一，在19世纪50年代，他在昆士兰伯尔特和菲茨罗伊湖畔旁建立了美丽的牧场，其中雇用了大概10名华人作为牧羊倌人。大卫每年向他们每人支付大约17英镑，而不是合同中规定的7英镑4先令，但华人要自己购买食物并聘请厨师。他们待遇不错，所以工作得也开心。

1853年，澳大利亚农业公司主管马库斯·布朗里格对该公司雇佣的87名中国雇工做出了报告。1824年6月21日，这家公司在英国国会的一项法案下成立，至今仍然存在。到19世纪中叶为止，股东们在纽卡索拥有煤矿，在斯特劳德、利物浦平原、皮河流域有成片开阔绵延的土地。1853年2月18日，布朗里格在这份带有个人印象的报告中说："他们中的许多人无法无天、难以控制，以至于在公司管理层和服务人员中造成强烈的厌恶感，大家都不愿和他们接触……在这里，我必须承认我无法消除这样一种观念：充分的考虑和宽容没有体现在这些人身上……他们聪明，不乏慷慨，对待别人通常充满着感激和友好，但是当他们及其同胞感到遭受不公平待遇和压迫时，他们便表露出强烈的愤怒。"

在堪培拉"商业及劳工档案馆"保存的答复冗长而详尽，与总督菲利普同名的菲利普·帕克·金的儿子菲利普·基德来是澳大利亚农业公司总经理助理，他在1849年前一直担任该公司的驻地总管。基德在1853年2月25日写道：

他们适合做洗羊工……从他们的嫌恶态度来看，华人不喜欢牧羊人这个职业；他们中的很多人敏感又生命力顽强，不喜欢丛林带来的孤独感……如果委托他们照看一匹马或被允许骑马时，他们会在驰骋时表现出愉悦，但缺少对牲畜的关心。我恐怕不能让他们去饲养牲口……作为筑路工，他们工作得很好，这点在开发史蒂芬斯港至新英格兰的公路时已经证实。作为驱牛人、货车押运者，其中的三四个人逐渐成熟；作为花匠，他们工作得也不错。毫无疑问，事实上，他们的工资很低，是整个社区中最低的，这是不公平的，因为他们必须要服役5年。我无疑对这个想法感到悲哀：他们必须为了一双靴子付19英镑（不是来自公司仓库的，因为那里没有），这是从附近的鞋店买的。他们经常抱怨这种不公平的待遇……应当看到，因为公司里已经雇用了华人，按照《佣工法》需要公平地对待他们……看来存在着一些疑问，这个协议是否能执行，他们显然有些担心，因为似乎没有很好地依法执行。在很多场合我强迫自己履行职责，把行为乖戾的华人锁在牢房中。但后来我终止了这种做法，以免导致不良后果。

公司经理托马斯·兰曼遭遇了更多的麻烦，他在3月3日的备忘录中写道：

这里的华人（一些是18岁或20岁）拒绝在早饭前工作，这一抵制持续了好几天。公司要求警察施加影响，但发现不起作用，其中的一个最低级别的警察被何纳打中，然后何纳受到指控，但不久后他就被其他用斧头、棍子和石头武装的华人营救。随后有10名或12名华人在现场出现，在他们的帮助下，警察才把何带走关起来。这个案件理所当然受到当局的关注，何被关押候审两周。虽然当局特意从悉尼请来了一位翻译，但在处理此人时依然出现了许多困难，除非由高级法院审理。根据何改正的承诺（其他华人也加入了这个承诺），对他再次审判被认为是明智之举。最后这个案件被法官取消了。

谭平被送到一个剪羊毛棚里去协助那里的雇工，但一两天后，他未经许可就回到了史特劳德。班克斯先生跟着他，要求警察逮捕他并起诉他。警察确实这么做了，但谭平召集起了华人，他们用工地的斧头和印第安战斧杀进监狱，把警察驱赶出来，引起了一场巨大的骚动。我又一次被要求进行干涉，那些人并没有武装起来，武器也处于安全状态，在诸多劝说之后，他们回到了茅屋。此案未提交法庭，没有人提起这个案件，因为显然，警察逮捕谭平超出了其职权范围。

上述事件发生几周后，又发生了一件事：阿坡多次向我索要一根皮带，最后马具商给了他一根，但他并不满意，他四处挥舞皮带并用鞭子打了斯楚特一下，斯楚特把他推到门外，关上了店门，但阿坡立刻朝门上扔石头。当我出现时，他正朝窗户上扔石头，我要求他离开这里，但他不从，因此我从就近的牲畜管理员那里拿来一根鞭子，像他打斯楚特那样抽打他，他立即离开了。

从一开始，造成这些人抱怨的原因就不是他们得到的微薄工资，而是他们赚到的只能买少得可怜的东西。他们始终维持着最初的协议，领取的月薪是 15 英镑而不是 12 英镑……他们宣称，在厦门时他们被告知每月会收到 15 英镑……据我所知，他们抱怨的原因是未得到应得的工资以及遭到奴役。

华人的工作时间并不像因犯那样必须日出而作日落而息。他们从早上 7 点工作到下午 4 点，中间有半个小时用来休息和吃午饭。有些人的休息时间更长，"从这个牛场转到下一个牛场"。

1854 年 1 月 27 日，在伦敦比绍普门大街酒馆的公司年度报告上，布朗里格宣布："我愿借此机会谈谈这些人的行为改进问题。他们现在不争吵，秩序良好，并且在很多方面起着重要作用，他们真的是很有价值的雇工。法庭有理由在管制方面自我庆祝一下，是他们把这些人变得有序。"

1854 年 11 月 28 日，汤姆斯·朗门勉强调整了他的观点："现在所有人都知道，在过去的 3 年里，殖民地的劳动力供给非常有限，以至于任何价格都无法获得甚至一点儿都得不到。所以，在这种特殊环境下，我们必须承认中国劳工的价值，我们必须公平地承认，他们现在是最有价值的了。"

在此 10 年之前，在 1844 年的 8 月，菲利普·帕克·金曾分析过他雇用过的全部牧羊人："老牌殖民地牧羊人或刑满释放者来牧羊，1/3 的人不在乎羊。"19 世纪 50 年代，澳大利亚土著男女在殖民地当牧羊人，但他们天性不喜欢在一地定居。

该公司与很多早期雇佣的员工有矛盾。在我曾引用过的著作《纯种美利奴羊及其他》一书中，苯尼·佩伯顿详细列出了他们与英国工人的矛盾。1841 年，煤矿区经理概括了他的那些威尔士矿工的特点："懒散，酗酒，从不满足，多疑，好辩。"在 1840 年到 1841 年之间，许多年轻的爱尔兰人带着不满、恐惧和梦想接踵而至，他们是在爱尔兰中介约翰·马歇尔的组织下到来的。马歇尔试图在神话中复兴他的惨淡生意。

"克拉克夫人"号的抵达事先没有通知，那些公司的移民只好在悉尼的街上闲逛了 5 天。其中几人称他们是奖励移民，不受公司的约束。他们可在任何一地工作，年薪 40～50 英镑。当公司的"仆人"最终被聚集在一起并被金约谈时，他们抱怨说受到了误导：原本承诺的 1 英亩地，4 个人可以分享 1 头牛的奶，保证衣服和 3 年的一切供应……"玛丽·安妮"

号的到来制造了更多的麻烦。移民们拒绝去斯蒂芬港。当亨特先生要求移民们确认他们在"西部勋爵"号上的名字时，无人响应。"伊莎贝拉"号船的少数移民虽然确认了名字，但也拒绝去斯蒂芬港。当时菲利普·帕克·金正好在悉尼，他目睹了"麦格纳顿夫人"号（该船比公布的时间晚到）抵港。移民们再次抱怨爱尔兰中介的误导。他们被告之每年有20~30英镑的收入而不是现在的15英镑。金向他们保证如果他们去卡林顿定居工作的话，每年会有额外的5英镑酬金。金无法让这些人承担牧羊人工作，因为他们从未做过；他们怕在灌木丛里迷失，也怕把羊丢了，还惧怕被蛇咬；他们"在圣诞节到达卡林顿时看到了当地土著疯狂的舞蹈"，对此也抱有恐惧。

在第一批到达澳大利亚的华人中，有的人是直接从监狱被带到船上的，那些中介称他们是"安全的货物"，没人会在意他们的去向。也许是脾气不好或遭受虐待导致了暴行或谋杀，当时发生了一些可怕的冲突，其中一次事件发生在1852年11月的巴萨斯特以西的弗瑞尔小溪，卷入者威廉·劳森是著名探险家的儿子。人们正在剪羊毛时，一名华人剪毛工和另一名当地工人发生了冲突，后者把华人打倒在地。华人跑到牧场站，那有一群正在等待的牧羊者，他们的羊正被剪去羊毛。屠夫兼任组织者的陶涛拿起一把快刀，叫其同胞准备好，然后带着其余的牧羊人围着牧场站转。他们丢弃了羊。距离此地200~300米以外的小山上大约有20名华人，他们跑到小屋和院子里，手里拿着刀和自制的可怕的矛。一位剪毛工骑马飞奔至卡客尔叫警察，其余20多名剪毛者和欧洲劳工捡起任何可以做武器的物件在棚外等候。经理和工头夹在两部分人中前后劝阻，试图解除困境。警察到后，通过威胁、利诱和哄骗终于使华人安定下来。

1858年7月12日，一封署名R.L.的人致信《帝国报》，信中讲述了他的华人雇工谋杀了卡斯尔雷的格兰杰。那些华人几乎把格兰杰的头从身体上切下来，把他埋在羊圈里，头枕一只死狗，以让他死后还记得遭受的轻视。在中文中，"狗"这个词也意味着咒骂或该死的。华人把羊群驱赶到埋葬地点，以掩盖痕迹。此事发生在库南布尔西南方向的屠龙河，现在，当地人仍然可以指出羊圈的坐落地点。

1851年10月17日，在卡斯尔雷采安——安东·布朗的郊区领地发生了另一起谋杀案。英正带着他的羊去剪羊毛，他在一座小棚子前等待，身后是做饭的火灶。2名欧洲工人和他在一起。另一名姓聂的华人手里拿着羊毛剪冲了进来，一下刺在英的腿上。英大叫倒地，血呼呼地流出来。聂跑回他的棚屋，又挥舞着两把刀返回，可能是要确认一下英是否死了。2名欧洲工人中的一位叫麦克法兰，他抓住了聂的胳膊，把刀子抢走了。经理库克班试图为英止血，但后者很快就气绝身亡了。

此案耗时 10 个月才让聂得到审判。聂被判处绞刑。在监狱里，他绝食。他把自己的衬衣撕成碎片，编成一个绳套，但没来得及上吊就被发现了。狱警给他戴上了镣铐，等着正式的绞刑。

在聂氏谋杀案发生前一个月，麦瑞伯若西面盖达地区的监工詹姆斯·侯伯特正在新南威尔士，清点着阿其赶进羊圈过夜的羊群数目，他抱怨说，一群羊和另一群羊混淆了，然后又重新清点。在他身后的阿其给了他一下，侯伯特倒在地上，随后又站起来，用手捂着伤口，回到他的棚屋。一名华人给了他一杯水，然而另外一名叫福生的华人却非常恐惧地自杀了。第二天一早，侯伯特死在了自己的床上。人们把福生和侯伯特一起放在地上，等待着医生、警察和盖达主人瑞德的到来。

当瑞德在法庭作证时，法官问阿其是否明白瑞德说的什么。阿其说："我懂，他说我要吃了你。"1851 年 12 月 6 日，阿其在布里斯班被处以绞刑。一小群人观看了行刑过程，其中大部分人是妇女和小孩。同一天，5 名华人因开枪"射死"1 名监工，而在昆士兰罗克汉普顿以西的道森河被逮捕，但是监工后来被救活了。

在各个地区，各种类型的犯罪时有发生，比如盗窃、谋杀、袭击、暴乱。但是，除了舞动惊人的长矛与闪闪发光的刀柄外，华人犯罪和法庭宣判后报道的那些欧洲人的盗窃、谋杀、袭击、暴乱没什么区别。

1852 年 12 月，威廉·查尔斯·温特沃斯告诉议会："在殖民地有大量地区需要雇佣山地苦力以及各种层次的印度人，如牧人、牲畜看守、各种手工艺者，对这些人需要给予有吸引力的工资，除了足够的衣物外，还要供给他们大量的面粉、肉、茶、糖和盐……中国移民证明了华人没有为殖民地提供满意的劳工阶层，他们不够顺从也不易管理。"温特沃斯忘记了 3 年前他给印度劳工分配面粉和肉时出现的麻烦。

发现黄金

在那个时代，全世界都认为澳大利亚并非是个安稳赚钱的乐园，而不过是一个穷人撞运之地。当时，报刊上以金山为标题的专栏文章，比那些报道议会的文章要长得多。切实的黄金进入了英国。全世界的报纸都在报道这一热点。在尚未出现中文报纸的香港、新加坡、广东和厦门，粘贴的公告讲述了新金山的故事。加利福尼亚变成了旧金山，美国对越来越多的华人前来淘金感到不安。总督建议用法律来约束他们，这样一来，广东的华人便开始放眼澳大利亚。于是，数以千计的人们——他们甚至从未见过一粒金子，只知道珠江泛滥的河滩——看到了天空上金灿灿的辉煌。

第二章 金 山 客

100斤黄金／维多利亚的首座金矿／澳大利亚人口倍增／南澳大利亚新路线的黄金护卫队／政论家爱德华·哈格里夫斯／开矿机械／金矿区现身／矿工／金矿区生活／许可证费用与折扣／来自广东的矿工／离家之苦／太平天国／华工的行为／尤里卡栅栏事件／华人移民的人头税／穿越南澳大利亚／攻击华人的矿工和政府／昆士兰发现金矿／欧洲移民／古怪习俗／奇安德拉的雪中金矿／颐和园的毁坏

第二章 金 山 客

100 斤黄金

在澳大利亚最早发现的金矿与其说是山的结晶，倒不如说是神话的产物。人们拔掉一丛草，草根上的泥土闪烁着光芒。有个人用叉棍挖起一块土，花半天以煎锅筛洗，五周的工钱便收入囊中。这里的金矿成色空前。标准金的纯度是92%，而巴萨斯特开采的处女金在伦敦测量时达到了97%的含金量。

因此，成群前往加利福尼亚采矿的澳洲人也改变了他们的方向。1849年间，仅在杰克森港一地，便有1006名怀揣希望的淘金者起航。他们一般二三成群，或六七十人结伴。但是在9月12日，520名淘金者登上了"因持南"号轮船，激动地站在甲板上与亲友挥手告别。另一些队伍也相继从墨尔本港和阿德莱德港出发。在霍巴特，海报上"谁去加州？"的字样指引着前往码头的方向。到了1849年年中，已有约30艘轮船驶往加州，尽管该州当时还没有加入美国各州联合体。同年2月2日，这一地区被墨西哥政府割让，此时已是在发现金矿一年多之后。但在割让期间，美国和墨西哥都不知道金矿的真实价值。1823年以来的谣言、唏嘘、报道以及澳大利亚发现金矿的偶尔公示并未引起人们的重视。杰弗里·布莱尼的经典著作《无尽的淘金热》精彩地再现了当时的场景。人们不仅对采金方法知之甚少，而且担心所采金矿会被政府没收。因为根据传统的英国法律规定，政府拥有金银矿地的所有权（在澳大利亚南部已开采的铜矿以及在米塔贡和悉尼南部已开采的铁矿除外）。

1849年1月31日，墨尔本《阿格斯报》发表了极具煽动力的内容，但未能产生很大的影响：

> 我们急切地告诉各位，在本地区发现的广阔的金矿区蕴藏着丰富的未经开采的矿产，数量之大，足使加州相形见绌……几周前，一个牧羊人带着在散步时捡到的某种金属，疑惑地访问了科林街的布莱达尼先生……迪谢纳先生（一名试金者）与牧羊人一同前往比利牛斯（巴拉瑞特西北部）附近的现场，发现了一些该金属可能大量存在的迹象……他说这里大片的土地，至少方圆5英里内都可能存在大量金矿。他拾起一块矿石，重量为2磅①3盎司，含金度高达90%。曾经在悉尼呼喊的"到加州去"的口号可能在墨尔本被替换成"向多金的比利牛斯问声好吧！"

1849年11月6日，《南澳②公报》以及《矿物杂志》发布了更谨慎的报道：

---

① 1磅 = 16盎司 = 0.4536千克。——译者
② 本书中"南澳"一词是指南澳大利亚州。——译者

"南澳公司试图淘金,根据其调查,昂克巴林加与托伦斯确实存在金矿……这些金矿似乎已在河中积聚了几百年。"

新南威尔士对加州的热情仍然不减。1984年11月10日,《人民之声》报登了下面这样的广告。

黄金之国

掘金者指南

加州揭秘

本手册将于下周四出版。建筑工、五金商、布商以及其他商人,若想在上述手册中刊登广告,请于下周二(13日)中午前致信出版商。地址为:

乔治南街337号,F. M. 斯多克收。

此页底部刊登着去加州的方式:

悉尼与加州贸易与开采公司

各行各业的商人

好机会:若公司能组织起250～300名员工一起乘船前往加州,包下500～600吨的头等船舱,船票便可低至半价,包括旅客和货物……

维多利亚的首座金矿

1851年5月8日,从加州返回的爱德华·哈格雷夫斯在新南威尔士巴萨斯特的一次公共讲话中宣布澳大利亚存在金矿。约翰·李斯特和威廉·汤姆与詹姆斯·汤姆兄弟发现金矿之后,不假思索地向哈格雷夫斯展示了金矿。哈格雷夫斯显然比任何地质学家及勘探家更为自信,他肯定了这一发现并做了演讲,试图激起澳大利亚乃至全球人的热情,并认为没有政府胆敢对此进行干涉。

几个月之内,热切的勘探者们在布雷德伍德、山端、特伦河沿岸发现了金矿。新崛起的维多利亚十分眼红,于1851年6月也宣布本地又发现了金矿。詹姆斯·埃斯蒙德——就是人们熟知的塞维尔·吉姆,是一位邮车司机,在加州淘金归来时,与哈格雷夫斯乘坐同一艘轮船,赶往比利牛斯。1849年后,人们在比利牛斯发现了更多的金矿,并建立了一个名为克兰斯的付费矿。这个矿区属于唐纳多·卡梅隆,他的房屋及花园占据了主要矿位。兴奋的淘金者们威胁要拆掉花园,将房子夷为平地。唐纳多·卡梅隆的一个邻居麦克拉克伦船长起而帮助。于是一系列禁令应运而生,限制采矿者向接近房子的地区开采。

第二章 金山客

1851年7月，在马奇地区的西南部（今哈格里夫地区附近）的马瑞尔河流域的新南威尔士牧场，一个外号叫汤米的年轻黑人为科尔博士牧羊时，发现了在一堆碎石中闪烁的一块大石英矿石。他用短柄小斧敲开了石块表面，藏在下面的东西让他欣喜若狂，他飞奔着去找科尔博士。他们返回原地，捡到了一大块金子。这块金子重1272盎司。同年7月19日的《巴萨斯特自由报与矿物杂志》这样报道："人们聚在一起面面相觑地嘟囔着，无法预料接下来会发生什么。人们见过几百斤面粉、几百斤糖或是土豆，这对大家来说是司空见惯的，但上百斤黄金这种说法在英语中却是闻所未闻的，因为这超出了普通思维。"

在1851年年底前，维多利亚淘金者在墨尔本东西部的安德森河、福瑞斯特河以及亚历山大峰（今卡斯尔梅恩）、巴拉瑞特、本迪戈、戴尔斯福特、克利斯维克和奥米欧发现了更多黄金。政府给予第一批开拓者奖励，6个独立选举委员会也在1853和1890年间践行了奖励承诺。在1970年首次出版的《维多利亚金矿发掘史》中，人们看到詹姆斯·弗莱特搜集了证据并在金矿地做了报道，很多人以书信或用言语直接回答议会成员和奖励部门，披露了他们的境况以及所有的奇观。

威廉·布雷思韦特谈到早期的本迪戈矿地时说道："我们将帐篷搭在牧场，然后南下一直到三达赫斯特再返回。第二天，我说：'在我们出发之前，我们要例行勘察一下。'然后我们就向南一直走到白山然后返回，北上至袋鼠平原，再折返。当我们到达营地时，我说：'可以抽烟了。'大家就坐下来抽一口烟。我侧身躺着，拿手翻着地上的土，竟然就翻出了一块指甲盖大小的金块。伙计们就跟我开玩笑说，那是我从福瑞斯特河带来的。我说：'不可能，我经常翻弄我的口袋。'接着，我们又在地上翻找，找到了一个1.25盎司的金块。"

路易斯·约翰·米歇尔是一个富裕的酒馆老板，他跟另外5个人一起投资1000英镑开拓了安德森河金矿。他说："我率先挖了大约4英尺的地表土，到了第二层时，叫哈柏林拿来一个盘子。我给了他一些土让他淘洗，此前我们都没见过金子从土里滤出。我给他下了严格的命令，要他仔细过滤，直到盘子里只剩最后一点土——我在悉尼学的这门课，根据教程来操作。'比尔，找到金子了吗？'我问了一两次他都说没有，突然间他大叫道：'天呐，金子来了！'"

在本迪戈金矿的早期，帕特里克·法雷尔也在众人之中。当时，在本迪戈许多矿地同时发现了金子，一时间没人能决定由谁来负责奖励。他说："肯尼迪夫人的丈夫过去常常骑马在这一带来来回回，一天他悄悄告诉我，据说几个女人找到了金子，他对我说：'小心哪个晚上被谋杀了。'我说，我口袋里有支小铆钉枪还有一些铆钉（铜匠做的）。记得有天晚上，我听到丛林里有嗦唆声，就像是有人在干草和树叶上打哆嗦一样。我对那些女人说'听听'，她们说有预感会发生什么事情。我就拿出手枪装了几颗铆钉，又取了一把生锈的旧刺刀给肯尼迪夫人。她快吓晕了，我把短柄小斧给了另一位妇女，说：'让我们一起抗争。'她们十分惊恐。我想如果开火，就能吓到对方，于是我就开火了，我想那救了我们的命。"

约翰·亨特·克尔拥有在今韦德伯恩附近的弗尼赫斯特牧场。他说："了解到附近的金矿可以提升我的地产价值，我仔细勘察了偏远的乡下，确信库龙山一带储有黄金。为此，我买了一个篮子和其他必要工具，来到冲积矿床淘金，并让我的雇工用这些工具帮我淘金……幸运的是，他们干了几天后，又有两个来自加利福尼亚的淘金者加入，所以很快他们就找到了黄金。当我去实地勘察时，我发现他们对前景很有信心。他们在一个小坑里工作，那个小坑叫作'黄金温床'，那里的土壤十分富饶，他们足足挖了5英尺深。其中人问我：'主人，要来杯茶吗？'然后，他指着满满一小杯深褐色不加奶的茶。我蹲下来端，但差点洒了。这杯茶比我预料的要重得多，里面装了半杯金子。看到我惊讶的表情，他们都笑了。他们把自己的宝贝藏在茶水里以免那些投机取巧的过路人眼红。"那1/4品脱①的约150毫升的杯子重达2.7公斤。

在发现金矿的19年后，托马斯·杜恩把自己在巴拉瑞特找到黄金点的情景书写下来。他从未索要过什么报酬。他说："1851年8月5日，是个星期二，我们从镇上出发，在贝茨福特山遭遇了事故，满载的马车横轧过司机的腹部。司机被送往皮瑞姆罗斯夫人的华人医生处。我们继续行进，在布宁俑逗留了将近两个星期。大家都不太满意，威尔逊和我一致同意去寻找更好的淘金地点。于是，1851年8月24日早上10点多，那是个周日，我们带着锡盆和铁铲，从布宁俑出发，寻找一个叫黑山的地方，我们大约下午2点抵达了目的地。我们看到了丛林党②们携着星星点点的金子闪闪发光，然后我们在3点半左右离开了。在横穿温特平原时，我对乔治说：'那边好像有个小石英山，我们回去前碰碰运气吧。'当时下着大雨，于是我掘起一块地表土，在盆里装了一些就去小溪边淘洗。天呐，太棒了！竟然淘出了十几粒纯金。我们遮盖好那片矿地，冒着风雨尽快返回，像两只落汤鸡一样赶回了住处。隔天一大早，我们就又去碰运气了。下午到达那里，第二天早上用筐开始了淘金。我坚信，我、托马斯·杜恩和乔治·威尔逊是最先在这座现在被称作黄金点的小石英山上发现金子的。如果谁想跟我们争夺这个头衔，请他们大胆地站出来吧。"

澳大利亚人口倍增

维多利亚不再惧怕人气不足了。那儿的金子比新南威尔士吸引了更多来自

---

① 品脱是容量单位，1品脱在英国和美国代表的是不同的容量，此处为英制品脱，即1英制品脱 = 568.26125毫升。——译者

② 丛林党即出没于山村荒野中的土匪。——译者

世界各地的淘金者，甚至加利福尼亚人也来了，他们带着武器，经常随便开枪，但他们采金经验丰富。黑人也来了，他们发现在澳洲，法律和人们对黑人的态度比在美国宽松和善。法国人、比利时人、波兰犹太人、希腊人、德国人、意大利人、西班牙人、俄国人、普鲁士人、澳洲人、英格兰人、爱尔兰人、苏格兰人、威尔士人、东印度人、毛利人、瑞典人、丹麦人以及毛里求斯人都组成团队前来淘金。来者中还有一些挪威人和以色列人，他们从不剃须剃发，直到一条法律出台，明令禁止这种做法。还有来自塔斯马尼亚岛的前囚犯。不同国家的人带着同样的希望到这里来，却有着不同的成见。爱尔兰人和威尔士人无法合作，英格兰人和苏格兰人鄙视那些喧闹争吵的爱尔兰人。他们当中无人能容忍来自康沃尔郡的慢吞吞、严肃仔细、脖颈粗大的金发英国康沃尔矿工。加利福尼亚人聚集在一起，讲着共同语言的欧洲人也聚集在一起，甚至那些经常开小差使当地工作瘫痪的南澳大利亚人也抱成一团。①在奇沃思，在溪边与河流里的淘金者看不起在干燥河岸与沟壑中的淘金者。他们着装明显不同。前者身着黑色羊毛裤，扎着闪亮的真丝腰带，后者则身着斜纹棉布裤。他们会经常吵架斗殴。

金矿被隔离出来，许多淘金区的名字体现了当时此地的淘金者彼此孤立的状态。在哈德山、凸山、红山、褐山、黑山、白山、死亡谷、死马谷、长角山、贫瘠平原、屠杀沟中，分布着加利福尼亚谷、西班牙谷、加拿大谷、法国谷、德国谷、阿德莱德山、苏格兰人谷、老意大利人淘金坑。

英格兰的一些商人小群体以组合资源的方式来购买帐篷和采矿用具，他们给每名淘金者发了一枝左轮手枪或双筒短枪，给他们购买旅行中的船票和食物，并为他们的家属提供一两年的生活救济。1852年出版的《穆雷淘金指导报》建议，有淘金意向的人们可申请加入卡洛琳·奇泽姆资助的"殖民社会家庭贷款组织"。该组织于1847年末成立。卡洛琳嫁给了东印度公司的一名助理，并在1838年携家眷移民澳大利亚，她在悉尼和麦特兰德开设旅社，收留穷苦的单身妇女移民和移民家庭。她深信澳大利亚具有良好的生活质量，她前往英格兰组织缓付费移民，以缓付费的方式来支付船票，鼓励那些在英国无机会发展的人移民澳洲。许多英国淘金者每周向她偿还购买船票的费用。

1857年，安托万·福舍里在法国出版了《澳大利亚矿工来信》，其中向人们描述了他的海上之旅。他选乘了一艘英国船，因为英国船装备齐全，航行速度快。他说，德国船长在法国港口装载货物，他们可以"把整村的人装进一小块树皮"，但当然不装运稻草，因为"稻草会占用太大的空间"。1852年7月23日，他乘坐"艾米丽"号航船出发，条件十分艰苦。乘客都尽可能地多带新鲜食物并赶在变质之前将其吃光。之后，他们享受每周发放的大量丰富的脱水定

---

① 维多利亚发现金矿后，许多南澳大利亚人跑来淘金，南澳大利亚一片荒芜。——译者

量口粮：1.5 千克饼干、1 千克咸牛肉、700 克咸猪肉、250 克熏鱼，以及面粉、大米、干土豆、罐装黄油、茶叶、红糖、胡椒和食盐。"食盐！"他惊呼，"真是天大的笑话！——除此之外，每人住在一间像游泳池更衣室般的船舱里，我还得自己花钱买一张床垫和水壶。"

有些家庭带着很多子女登船。那些孩子整天待在狭长、闷热、空气不流通的船舱里，并在那里吃饭。"他们的身影在浓浓的蒸汽中不停地来回攒动、上下跳跃。随着客船的颠簸，孩子们的身影不时地升起跌下。一切突然停止，旋即又重新开始……孩子们喋喋不休地喊叫吵闹，其中夹杂着生病乘客的呻吟和醉汉们的低嚎。在喧嚣中传来一阵恶心的气味，混杂着骄奢撩人的英国妇女身上的浓重麝香香水味。"

福舍里不喜欢这些女人。他提到："将近一个月，她们从来没换过妆……对于这些我能说些什么呢，带着三四条荷叶边的薄布裙子，一身被晕船折磨了三个多星期的盛装！用蚕丝做的假发——对，用蚕丝做的！——它们本是黑色的，现在却被热带的阳光晒得发红！粉色的丝带被油脂沾污，珠宝首饰上覆着一层铜锈，除了这些，还有那衣服上被她们用白棉布、废弃丝绵手套和黑色破袜子缝补上的裂缝！"

在菲利浦湾港口的入口处，他们等了 3 天，一位领航员带他们渡过了一个危险的狭窄海峡。有些船等了更长的时间。以前每月经停 7 艘小船的墨尔本现在变成了每周 7 艘。这里没有码头，叉状的停泊处像是插进霍布森湾亚拉河的嘴巴。如果一艘船吃水不到 2.7 米，涨潮时就会被拖上岸。船挤着船，歪歪斜斜的，潮落的时候它们靠在一起，有时还互相碰撞。那些用蒸汽和帆驱动的大型的 2000 吨位的新船根本无法进入。这些大船的船长和船主的第一次航行失算了，根据协议，他们需将旅客运上墨尔本码头，但最终他们不得不把船停在深水处，然后付钱给吃水浅的小船，以便把旅客和行李运送上岸。那些背运者和世故的船长都发现自己付了更多的费用。

船员们要么游向岸边，要么和旅客一起被非法私运上岸。船靠着船，毫无生机地停在岸边，除了郁闷的船长外，船上没人愿意等待送信者和媒体团伙从拥挤的旅社和酒吧带来新旅客。在海上，想喝点酒或吞口酒精饮料意味着要等上数周。在悉尼岩石区的一个叫"滑铁卢英雄"的旅馆保留着一条隧道，那些海员们通过这条隧道被运送到等候他们的小船上。

上岸后的移民很难找到住处。当时的墨尔本仍是个小镇，几个月以来，它接纳了比前几年多得多的外来者。福舍里找到了一间出租屋，房主是个酗酒的爱尔兰妇女。他一周付 3 英镑，相当于今天的 1250 澳元，和另外 5 个人共享一个阁楼，他只有地板上的一块草垫子。房主提到价格时双手合十。一些家庭和穷人向政府支付了一小笔费用，得以在指定的地点搭起帐篷。

淘金矿工步行、骑马、乘坐带篷的或敞篷的运货马车和四轮马车出发了。

还有人推着独轮车。在横穿悉尼蓝山时,他们的车辆和马匹陷入了冰冷的泥土中动弹不得,他们得卸下货物,将马车拉出来,再重新装车,但走两步又陷进了泥泞之中。1851年至1852年的炎夏,有一伙人从阿德莱德向维多利亚出发。他们毫不知晓路途中的艰苦,也不知如何应对干旱期。马匹和公牛渴死了。人们丢弃了马车、生活必需品,踏上了归程。有的人死去了。维多利亚道路很宽,那些寻找捷径的人们留下的逶迤轨迹,就像1980年澳大利亚内陆的道路一样。那里的桥很少,人们必须淌过溪流,不会游泳的人和马匹经常被淹死。乘马车比步行还艰难,因为大部分征途需要用双手和肩膀把车轮从泥土和石块中拉出。卡斯尔梅恩附近有一条5公里的路,其中布满石块,坑坑洼洼,被称为比斯开湾,大部分欧洲移民都历经了"法兰西"海岸这段崎岖的路程。

淘金热的第一年,澳大利亚的人口增长了一倍。虽然劳动力不足,但是1851年夏天,农民们播种的小麦却获得前所未有的丰收。为了丰收,他们付出了很高的代价,一份汗水一份收获。淘金区域的肉类非常昂贵,从千里之外赶着牛羊上市也很值得。在巴拉瑞特的矿工吃着新南威尔士北部纳莫伊河出产的羊肉。

南澳大利亚新路线的黄金护卫队

截至1852年1月底,17吨纯金被运到英格兰。纯金已经成为一种商品,一种装在封有铁条的木箱里的货物,它们被汽船载到停在海上深水区以防抛锚的运金船上。各银行代表亲自押运货物,待货物装上船,签订了运载条约,船运公司和银行代表们便以香槟酒举杯庆祝:"澳大利亚,咱们来一杯?""乐于奉陪,吉尔克里斯特①的兄弟们。"

新南威尔士总督查尔斯·菲茨罗伊送给维多利亚女王两箱特殊的金质样本,那木箱出自安东·兰翰——"一位本土体面的悉尼木匠之手……一位忠诚的国民同时也是悉尼公司的一员"。珠宝商、金匠和工匠手艺人已开始用多余的纯金为矿工制作精美的胸针。在后来的奢华年代里,这些胸针显得粗糙和简单,这就是为什么只有很少的样品保留下来。悉尼"动力博物馆"保存了最好的样品。但在今天看来,这些胸针都精湛无比,是无价之宝。比如,链子上的小金铲与穿过裸金的掘镐;一片金叶子衬托着一个金制小人,他用金绞车吊起金链子上的小金桶;一块卵形金把小人、绞车、废金石、镐、铲子、平底锅、桶、筛子、左轮手枪、装金口袋连在一起。在不知何时打造的胸针上,一个缀满金子的石英上长着金叶、金花和当地出产的豆荚。

1852年年末,巴萨斯特的金矿和铜矿一样丰富。

---

① 吉尔克里斯特来源于盖尔语,意为基督的仆人。——译者

澳大利亚华人史（1800—1888）

  巴萨斯特铜矿公司斥巨资开发的"夏山矿地"开始"有精彩发现"。独行的采矿者及小规模的采矿队已遍布澳大利亚东南大部分地区。从维多利亚的欧文斯到旺加拉塔，从新南威尔士南部高原的布莱伍德、马纳罗（现蒙埃罗）、吉尔本，再到北部高原上的比伽纳、盘石河（现乌瑞拉以北）和悬岩山，采金区无处不在。南森·巴罗斯的领地包括悬岩山，他仅凭自己的小酒瓶便淘得了真金。自1852年3月起，塔斯马尼亚岛上的人希望淘到足够的黄金以维持生计，所以四五十个人跑到芬戈东北部淘金。与此同时，南澳大利亚的人们一度涌向位于阿德莱德东南部丘陵地带的艾春伽小镇。

  当黄金的价值被人们认识后，南澳大利亚警察小队队长亚历山大·托尔梅给阿德莱德带来了人们最需要的黄金。此前，8000人离开南澳大利亚殖民地踏上了维多利亚土地，他们带着充足的金镑以图缓和银行危机。银行没有黄金储备，因而无法发行纸钞；也没有硬币，因而不能向满载而归兴奋的淘金者们购买黄金。商业开始停滞。公务员连续3个月领不到工资。商店里的货物充足却无人有钱购买，要么就索性写上"外出淘金，暂停营业"关门大吉。曾经支撑着南澳大利亚的大布拉铜矿被闲置。那些来自德国和康沃尔①的矿工曾在这座山里打凿了2.5公里的矿道，却也相继离开，用自身的经验为自己淘金。一台从英格兰进口的崭新蒸汽机被废弃在路旁。

  南澳大利亚立法委员会在银行和企业的诉求下通过了《金块条约》。该协议允许银行用纸币购买黄金，然后在新设立的试金所中将其提纯精炼成锭，并作为硬通货保存。而托尔梅主动负责提供黄金。

  当时从阿德莱德去维多利亚只有先沿着莫累河往上走，或从著名的排水渠库荣沿岸的水乡小城惠灵顿出发向南，再向东到孳蚊平原，即现在的纳拉库特，然后再向南到达甘比亚山，由此进入维多利亚，到达波特兰后再往上走才能到达矿区。大多数南澳大利亚居民住在亚历山大山附近，距离那条路线有900公里远。托尔梅认为，只要沿着一处荒村的西界向东，向南，再向东前进，然后在与亚历山大山同纬度的地方穿越边界，就可以将路程缩短150公里。那处乡村人烟稀少、人迹罕至，被称作"长沙大漠"、"百里灌木原"或"百里荒原"。一个勘察小组虽已前往那里考察建造公路的可行性，却被托尔梅抢占了先机。

  他派手下一名警员驾着一辆三驾马车沿库荣路线行进，到孳蚊平原接上负责的兰姆警官，再继续前行接上警局的另外一两个警官。1852年12月10日，托尔梅从阿德莱德出发，带着2名警员、4匹鞍马、1匹驮马。在惠灵顿，他用一条新毯子、一件衬衣和半磅烟草雇了一个土著向导。惠灵顿是位于莫累河口附近的一个忙碌小镇，这里的人或物资都需要通过一艘平底船摆渡过河，直到在上游架桥后这个小镇才迅速繁华起来，该桥不久又被莫累大桥替代。

---

① 英国康沃尔郡的少数民族。——译者

第二章 金山客

此前，勘察小组已在那打出了几口浅水井，还修复了一口一度供远处牧场站取水的水井。这片荒原沙尘满地，灌木丛生（大多数灌木现已被清除），周边生长着一圈整齐的橡树，附近野草茂盛。托尔梅希望从灌木丛中开辟出一条路来，但无奈灌木丛过于茂密难以穿行。他只能绕过这里，沿一条昔日牧场主走的小路边缘前行。一离开那片荒原，便进入了盛产石灰石的泰夏拉河。随后，他们从斯科特羊毛场（即后来的边城）进入了维多利亚州，再穿越过一片荒凉的沙地——"小沙漠"，渡过了威美乐河——它流经了澳大利亚最肥沃的一部分土地，又翻越了比利牛斯的北坡。托尔梅称赞这些地方"无比的美丽浪漫，缓坡和山谷点缀其间，各种灌木相映成趣，我还发现了银色的合欢树"。

在亚历山大山，托尔梅欣喜地发现南澳大利亚淘金者们最为成功，约翰·斯塔基是他们中最富有的人之一，他已金盆洗手，现在从事面包烘烤。托尔梅在树上钉上通知，宣告他的到来。成百上千的淘金者把金子装在麂皮或帆布制的小袋子里，在托尔梅的帐篷前排起长队。托尔梅给每个小包称重，写下收条，并在包裹上贴上标签用来对照收条。这个过程耗费了好几小时，他从前面的318人手中得到了152公斤的黄金，这是他能携带的极限。其余数百人只好被打发走。

此时距托尔梅出发已经过去了8天，在这8天中他日行70公里。他带着来时的4匹马，花了14天回到了阿德莱德，迎接他的是欢呼的人群。黑瘦骄傲的托尔梅喜欢这种感觉。1853年3月30日，他带着另一队人马再次出发。维多利亚总督约瑟夫·拉卓比想请托尔梅担任警察局局长并组建一支队伍，还答应支付他高达1200英镑的年薪。但是，一些矿区开始变得失控，托尔梅更为关注南澳大利亚的情况，他希望确保护金队伍成功返回，因此拒绝了这份工作。第二支护卫队带回了812公斤的金子和1380封信。这次警员和银行职工们无须再把沉重的袋子拖到地窖，因为银行已经修建了滑槽和临街的活动门板。

托尔梅亲自往返了3次。第3次结束时，他带回来1吨多黄金。兰德大街上彩旗飘扬，横幅上赫然用金色大字写着"欢迎回家，托尔梅"。之后，作为南澳大利亚警察局长，他必须遵从指示，对位于北部和西部的警局进行督察。于是，另外一些有为的官员又往掘金地往返了5次。到1853年12月，这些护卫队已带回累计9.5吨多的黄金。这使南澳大利亚发生了巨大变化。

实际上，1853年就没那么顺利了，先后十几个护卫队仅带回4吨黄金。当第18队人马于12月21日返回时，政府取消了押运计划。黄金减少的原因很多。维多利亚的一些矿区已经被挖空。黄金管理委员会主席助手阿尔弗雷德·瑞雷组织了几次淘金之旅，他是维多利亚的警察法官，他的大部分时间都用在了该项工作中，所以有时护金队抵达时他并不负责。与此同时，矿场的买家已将押运价格提得很高，想用低酬金请到上好的护卫来干这种危险的工作是很困难的。小偷也闻风而至。最初做护卫的人现在只想淘金。因而护金队伍便由一批二流子、失败者、"井底之蛙"、寻金的医生、律师、职员以及需要时间治愈淘金伤口和水泡的矿工组成。

然而，南澳大利亚这个托尔梅为之放弃维多利亚州仕途的地方却待他甚薄。他偶尔的自负变成了虚荣，重建警队的努力付之东流，这都使他备受争议。在和几个下属激烈争论以及对上司出言不逊后，他被撤销了警察局长职务，担任了警司，薪水只有当初拉筹巴出价的1/3。1856年2月，政府撤销了警司的职位，托尔梅丢掉了工作。3月7日的《南澳记事报》报道："在经济的借口下，个人对于公共服务的敌意大增。"

黄金的神奇之处还在于它对淘金者的好处。如果手上本没有茧，日复一日的挖掘会使手上长出层层水泡，后背也会疼痛。几周的疼痛之后，双手慢慢变得坚硬，脊椎也变得灵活。如果有人能自己绘制打磨凿子、自己制作铲柄，那就能给他带来优势。他还必须有能力砍倒树木并将其切开作木料，造出一台既不会跳闸也不会因故障而砸倒他的卷扬机。他还必须能够挖出一条深约80米的笔直井道，判断墙面没有木料支撑是否依然可以承受得住（人们那时的动手能力远远超越现在，许多人从掘井中获取经验），同时他还要深谙爆破技术。至此，如果他能一切顺利，坚持不懈直到挖到正确的位置，那么早晨下矿时还一贫如洗的他，出矿时可能已富足到可以享受下午茶了。

政论家爱德华·哈格里夫斯

作为先行者的爱德华·哈格里夫斯善于自我宣传。他去世的前一年，新南威尔士下议院对他的贡献进行了重新评估，然后将发现首个获利金矿的殊荣授予了约翰·李斯特和汤姆兄弟。但在那段时间里，哈格里夫斯广受赞誉。①

1852年5月，一场在巴萨斯特举行的发现金矿的周年庆晚会上，真正的金矿发现者们却并未被提及。主持晚会的W. H. 苏特尔是乔治·苏特尔的儿子，他是地质学家，也是位于温布达勒溪旁布鲁瑟达勒的土地拥有者。直到现在，他的子孙后代仍住在那片土地上美丽如昔的大宅里。从岩层石英中开采出惊人金块的克尔医生是他的妹夫。当晚大约有40位男士出席了宴会。宴会上美酒佳肴、诱人的烧烤取之不尽，还有几名歌手组成的乐队现场助兴。1852年5月12日出版的《巴萨斯特自由报》报道说，宴会上"各式菜肴可供品尝，盛况空前，赞颂之辞不绝于耳"。

如同其他类似场合，首次举杯大都为彰显忠诚，宴会主持人致祝酒词说

---

① 约翰·李斯特曾抗议政府把爱德华·哈格里夫斯视为发现金矿的第一人。1853年，新南威尔士政府进行了调查，肯定后者的发现者地位。但是，1877年新南威尔士政府在进行第二次调查后，将发现金矿的荣誉授予了约翰·李斯特和汤姆兄弟。——译者

"为了女王",于是《天佑吾王》的乐声随之响起,人们高声欢呼,喝彩不断。

接下来的祝酒词和配乐次序井然,反响格外热烈。

"为阿尔伯特亲王和皇室"——配乐是《统治吧,不列颠尼亚》。

"为尊贵的总督阁下"——配乐是《一个和善的英国绅士》。

"为陆军和海军"——配乐是《不列颠投弹手进行曲》。

主持人接下来发表祝酒词:"为澳大利亚金矿发现者,爱德华·哈蒙德·哈格里夫斯先生。"——这时《口袋里的钱》的乐曲奏响起来……这片土地将迅速从一个殖民地崛起为一个国家……数以百计曾深陷贫穷的人们,如今正沉浸在相当富足的享受中。

经过几小时的欢乐、放纵和男士的高谈阔论后,最后主持人建议"为女士们"干一杯,这祝词简短而又不失英勇,反响当然也极为热烈,乐队也适时奏起了最具代表性而又耳熟能详的调子《为什么男人没来求婚》。

哈格里夫斯起初没有在澳大利亚掘到一块金子,也没在采矿上投资一分钱。但他却凭着宣扬别人的发现赚得了一大笔钱,相当于现在的两三百万美元之多,远胜于最幸运的采金工人。他把他的第一座金矿命名为"俄斐",俄斐在《旧约全书》中是个黄金区名,其中珍贵的玉石和木材已经成了财富的象征。这个名字取得绝妙无比,意指这个地方的城市会像所罗门统治下的以色列那样繁荣昌盛。可惜,这块在刘易斯·彭德和夏山河交界处的土地,如澳大利亚绝大多数矿区一样被搜刮一空,然后便惨遭废弃。巴拉瑞特和本迪戈是大矿区中唯一幸存的两座城镇。

新南威尔士政府立刻给了哈格里夫斯一笔500英镑的款项,并且以每年350英镑外加2匹马的补贴聘用他作为一名巡回官员去寻金。因哈格里夫斯体重达114公斤,所以需要好几匹健壮肥硕的乘用马。每个地区都在勘探金子,但勘探金子不等于牺牲人力和商机,而需综合考量。洛基河需要地理学家来帮忙探索。哈格里夫斯骑马前往,对出金地进行了观察,声称此地并无金矿。数月后,一位接受过地理训练的神父 W. B. 克拉克骑马来到同样的地方,他指着上游说:"兄弟们,那就是淌金之地,越往河上游走,回报就越多。"但是,去那里寻金并没有走过去那么简单。

1852 年,维多利亚政府邀请哈格里夫斯前去考察比奇沃斯,那里曾掘到一些零碎金子。同年 10 月,哈格里夫斯声称那里没有黄金,于是该矿区中的 1500 人随即走了大半,而那些充满信念的留下者则发了一笔大财。12 月,在勘察完奇妙的巴拉瑞特和亚历山大山之后,哈格里夫斯受到墨尔本市民的宴请。哈格里夫斯说"亚历山大山和巴拉瑞特是世界上的金床",这像是预言性的评估。维多利亚政府拿出 5000 英镑奖励他的发现,但在交钱时发现金库里面只剩下 2381 英镑。然而,第二年新南威尔士政府奖给哈格里夫斯一块价值 10000 英镑的巨大金块,数量为奖给克尔博士的 2.5 倍。1854 年,哈格里夫斯到英格兰游历，并被引荐给维多利亚女王，但他却一直未得到他所希望的男爵爵位，更别说骑士爵位了。1862年，西澳大利亚政府雇他去寻金，他在那里滞留了6个月，见识了当地的境况，坦言那里并无黄金。在返程时，南澳大利亚政府又雇用了他，他马上告诉他们当地几乎没有金子，同时觉得让他骑马去勘察巴里尔山脉颇为费力。因此毫无疑问，他没有注意到那里储藏的大量的银矿和铅矿。

哈格里夫斯在被授予的荒凉孤崖边的土地上建了栋房子，地点在今布格沃附近的特格勒湖北面。妻子死后，他和2个女儿住在那里。1877年，新南威尔士政府仍旧很好地照顾着他，授予他每年250英镑的终身津贴。

开矿机械

哈格里夫斯的确知道怎样制造摇篮，怎样去晃动它筛选出黄金，怎样倾斜摇动淘砂盘。他向那些能找到金子的人展示出了开采的技术。

最初的淘砂盘是用那时仅能获得的材料——锡制牛奶罐做成的。工匠后来制作了一种特殊的盘子，在盘底加上格条以留住金粒。现代的聚乙烯盘在盘底有三层格条。掘金人放几把可能含金的土壤在盘里，再在盘里加水，用手搅拌泥水以分散开土块，接着倾斜盘子，较低的一端放进流水中，轻轻摇晃翻动。就这样，土壤会流走，金子则沉在盘底。好的淘金术需要反复练习，在任何环节速度太快都会抛走细小的金块。古代最好的淘金人也会丢掉很多粉状或薄片状的金子，直到现代才可能在最后满是水的砂盘中加入清洁剂，以使漂浮的金子沉淀。使用砂盘是慢工细活，只适合于淘洗肥沃的土壤，如一些特殊的未开垦过的土壤和陷在篮子格条中的泥土。这些盘子发源于加利福尼亚，以婴儿的摇篮为模型，有着成弧状的摇杆。最初的模型有木质的托盘，大约1.2米长、0.45米宽，与摇盘者斜隔着一段距离。土壤从顶盘被倒入下面的一个60厘米长的托盘时，托盘会朝摇盘者倾斜。底部的格条和一块小小的尾板会拦住金子掉下。红雪松是最受青睐的制作摇盘的木料，因为它易于加工，运输轻便，而且防裂。

一个摇盘的高效运作需要4个人：一个人用铲或者橇运送待洗泥土上车；一个人负责用长柄勺维持泥浆的浓厚平坦；一个人负责摇盘，不是如慈母般的缓和安稳，而是一手抓住盘子的把手，一手拿着棍棒捣碎土块，急拉硬拽使金子沉淀，再把它扔进托盘中央；最后一个也是使用淘金盘最灵活的人，时不时地刮走盘底格条里金光闪闪的半锥形金砂。

华人曾带着一些小型摇盘去了加利福尼亚，那摇盘尺寸小到正好一人携带。它们仅能盛约10升的土。我发现无人提及华人曾带着此类摇盘来到澳大利亚，因为它们的用处很小，随第一批淘金潮来的华工淘的大部分都是低质土。

当有足够的水量时，长长的淘金槽或曰蓄水盒代替了摇盘。它是一个切割成方形的倾斜槽，底部安有多个格条和一个护排，一两个人用铲子或耙子在稳定的水流中搅拌泥浆。该槽长 4 米、宽 0.45 米，需要 1 英寸深的水来运作，这需要一股 2.5 厘米深的持续水流，大约每分钟 10 加仑①的流量。像很多古老的表达方式如"矿井涌水率"并不直接译作公制度量。一个长 4 米、宽 0.45 米的盒子需要每分钟 45 升的水量，所以必须由一道蓄拦溪水的激流或一台加利福尼亚水泵来供应。

这些原始却有效的水泵本是古代中国人的发明，后被加利福尼亚人进行了改造利用。一块块相隔不远的木块被固定在一条非常灵活的传送带上，带子通常是帆布的。传送带在水下运行，木块将水挤压升入正好匹配的水槽。现代的谷物升降机仍是利用这一原理制成的。在条件允许的情况下，中国人用水轮驱动这些水泵，或用可容纳一到六人的水车驱动，人数根据水泵的大小而定。欧洲人也用水轮或者马力绞盘，它通过互相啮合在一起的齿轮将直杆与横杆相连。一匹拴在长臂杆上的马围着直杆持续转圈。马往往会被蒙上眼睛，因为有人奇怪地认为这能防止马匹眩晕。

在空间允许的情况下，搅拌机就代替了长长的淘金槽。由马拉着并且固定在臂杆上的木耙或铁耙在一个大约 0.6 米深、1 米宽的圆形水槽里搅拌泥土。水从高的一端流下，泥水从低的一端排出。大约一周清洗一次水槽。

丰富的石英脉将金子分解入河流和冲击滩，那些在石英脉上采矿的先锋用手推车来碾压，而有些人只用金属包头的木杵，在直径约 15 厘米的铁臼里鼓捣。随着后来的改进，出现了体积更大的压模，其带有把手，悬浮在一个直径约 25 厘米的铁罐上方，由一个长长的、有弹力的、末端紧压在地上的分叉标杆支撑。在 19 世纪 50 年代初，朗兰港的菲利浦港口铸造厂开始制作简陋的发动机，它带有方铁头和木柄的压模。早在 1851 年 12 月，大金石英脊铸压厂就在巴萨斯特北部的石英脊安放了机器设备。1854 年，维多利亚州启用了由马驱动的淘金盘，乔治·厄尔将其推向市场，此人曾参与英国在北领地的殖民活动。一些大铁球在直径约 1.5 米的淘金盘里的石头上摇晃旋转，大约每分钟旋转 35 圈。在接下来的 50 年里，矿工们使用过数百个此类淘金盘来做压碾磨碎动作——尤其是在昆士兰州和西澳大利亚——但显然，这个工具在压榨方面速度还是太慢。

在提炼金子的各种方法中，羊皮纸和毯子经常被用作收集工具，与金子有很好亲和力的水银也很受青睐。金子与它一起滚动，直至混合成一个坚固的球。在巴萨斯特寻金活动中，新南威尔士的所有水银在一两个月内就被用完。此后，所有的镜子无论新旧都被用高价买来，然后被压碎成水银和锡的混合物。当所有的镜子被卖完，矿工们带回了有腐蚀性的升华物（氯化汞），这是一种令人

---

① 1 加仑 = 3.7854118 升。——译者

讨厌的物质，曾被大量用于处理生痂疮的羊群。用亚锡盐或者亚砷酸盐可以减少痂疮。

在曲颈瓶中加热后，水银和金的混合物球释放出汞的蒸汽，蒸汽被压缩和再使用，液化的金子被留下来，倒入模具。但从早期矿场取出来的金子大部分是一种疏松的尘土、薄片、颗粒，它们被倒入做工精良的木质圆盒里，其中放置着蜡火柴。

金矿区现身

那么，金矿区是什么样子呢？1852年，英国作家阿尔弗雷德·威廉·何韦特来到澳大利亚，他与2个儿子加入了淘金者的行列，他的一个儿子，也叫阿尔弗雷德·威廉，成为一个能干的探索者，但书中很少介绍他。他只是去了他想去的地方，又回来了。老威廉的著作包括《土地、劳动和黄金》《在维多利亚的两年》《一个男孩在澳大利亚的探险》。在最后这本书中，他介绍了一处离班迪戈不远的金矿区：

> 突然，你发现了一处空地，一棵树也没有，方圆数里地上出现混乱的土堆，在这片光秃秃的灌木丛中的空地两边，白色的帐篷分散排列。在那里，黄金蚂蚁已经开始工作了！精确地说，就像巨大的蚂蚁在那里建造它们巨大的山丘。这光秃秃的土地与山谷平行，左右前后都是浅坑，那大堆的黄色粘土、黄色沙砾，与更大堆的白色沙土混合，白色的馆陶土也迎面而来。当你进入这片土地时，你会发现土堆中间有不少孔洞，它们像井、深坑、墓穴，有圆的、方的或是椭圆的，还有一些是1.5米、3米、15米甚至30米深……矿工们的工作地星星点点地摆放着巨大的树干，那是矿工们为地下安全或者为提供燃料而砍伐的……爬到山上，你还会发现在工作的矿工。地上那些孔洞很像真实的矿地。这些孔洞有50～100英尺深。人们用绞盘升降，牵引物品。人们挖掘山地，开发隧道，清出所有能获得金子的含金土地层。这里的一些山峦就这样被挖空，直到某一天，山峦一个接一个地爆裂，发出雷鸣般的爆炸声，裂缝从顶部延伸到底部，矿工们从矿井中爬出，像被雪貂围追的兔子一样逃出矿井。

时光流逝，这些地方尚未完全被羊群踩实，大部分的金矿村还保持着原始美态。作为背景，繁茂的草地随着不同季节长出绿色或者棕黄色的叶子。灌木和野花儿色彩缤纷。各类刺槐在一年四季均能展现出黄色。高耸的大树俯瞰着这片土地。清澈的小溪静静地流淌，这使任何淘金活动都不能秘密进行。浑水会流淌数里，而瞭望台上的勘探者会一直监视着河流动向。

含金地并没有延续性。在马奇南部的路易莎和摩落小河流域,金子没有蕴藏在石英床或者河床里,而是出现在黄色、油腻的黏土上的10～15厘米厚的冲击矿床里。在巴拉瑞特部分地区,砾岩需要用锤子粉碎,以便将被水冲刷过的金子弄出来,这些金子大小不等,从针头到豌豆那么大。在金点,金子藏于坚固的紫色黏土里,其上覆盖了一层波动的白色馆陶土,粒状、块状的金子看起来像融入水中似的。位于布莱德伍德的金子存于巨砾之下,由于体积庞大,其周边需要挖掘,用杠杆撬出空间。在亚历山大山峰的红山由第一批阿德莱德矿工开采得很成功,该山拥有《阿尔格斯报》记者描述的"像埃及金字塔般坚硬的外壳"。在附近的小白山,金子藏在2～5米深处,其周围的土层都很坚硬。矿工用锤子、凿子或镐来敲击。他们还用餐勺从裂缝中挖出硬而圆的金子。亚历山大山的金子大部分储藏在山脊。认为金子会成长的人们解释说,温暖的早晨会加速金子的生长。在"小溪森林"附近的一处采金场,工作情况很简单,用铁铲就可以挖出矿层,然后直抵4.5米深的黑色冲积滩里的金子。不过,矿层中的水流经常会冲击矿工们,他们淘水数小时水位仍然不退。铁匠制作的带手柄的面粉桶和翻毛牛皮桶与一截木头绑在一起,有时还用粪桶,这些桶顺着辘轳绳上上下下。康沃尔矿工在小班迪戈遭遇了水难。他们将山砍成一个斜坡,将水排出,这样他们就能从底部深入到含金地层。他们在该山上秘密开垦多处,用经济型的特制短脚独轮手推车运送沙土。后续来到的矿工,虽然勤勤恳恳地从山顶挖起,却没得到金子。位于巴拉瑞特的加拿大溪谷因采金失败而遭废弃。其岩石底部一无所有。有些人转回来看岩石到底有多厚。他们劈开岩石并将其炸毁。一些人还点燃大火,然后向岩石上泼水让其炸裂。在岩石底部下方60厘米处,人们发现了大量的金子。"把它弄出来!这可是块宝地!"操纵辘轳的人大为吃惊,因为拽上来的桶里都装着数磅黄金。

矿工

一个矿工要连续几小时跪在金矿层上挑拣金沙。毛蚊追赶着他并吸吮着他的血,丛林苍蝇舔食着他的汗液,他在昂贵的鲸油蜡烛的灯光下淘金。鲸油蜡烛是用成罐的鲸油混着碎布缠绕的灯芯做成的,通常用于帐篷里的照明,但对于密闭环境来说,它气味太重而且燃烧时耗氧量大。除非通风良好,否则每个金矿上面搭建的帆布风伞几乎毫无用处。

矿工们佩戴草帽、巨朱蕉叶或毛毡,有时帽子滑到背上,那姿态就像后来军队里流行的将步枪挎在背上的模样。他们脚蹬厚底靴,裤腿满是泥,裤腰就拿红色或绿色的布条系着,上身则用宽大的红色或蓝色T恤松散地套在裤子外面,双袖高卷。矿工们大多用烟斗吸烟。买得起厚毛斜纹布衣的就在周末时穿上。在周末,大多数矿工都会停止工作,许多人去教堂做礼拜。细心的康沃尔矿工小心翼翼地清理着他唯一的一条裤子,穿着它去卫理公会小教堂。一旦人们的第一件衣服被磨破,所有人的装束看上去都差不多了。在维多利亚,美国加利福尼亚人用他们高贵的鲍伊猎刀维持着自己的个性。威廉·温特沃斯告诉新南威尔士议会:"他们轻视此地人。他们既不会改善我们的种族也不会提升我们的道德。"

一人独自淘金是件难事,或者说几乎是不可能的。于是,多数矿工会自发地组成小团体。"和我们一起淘金好吗?""好。"他们之间没有任何字据。矿工如果自己有马或马车通常就能分得可观的利润。也许一两天,也许一两个月,也许一两年,新来者就可能选择离开。算好了工钱,那人就走了。一旦某个确权的金矿地被定下来,就要立即开工,并加以保护,以防有人图谋不轨。所以,通常淘金组的某些成员轮流照看守着金矿,而另一些成员则支起帐篷,安排设备,砍伐木材来遮盖矿地,这是费时的工作。看守者可能在远处掘地,但却是假装工作,实际上是在窥探周围的淘金者们是否淘出了金子。

金矿区生活

一辆辆大马车——两轮的、四轮的、封闭式的、敞篷的、弹簧轮的、运货的——向淘金地运送着乘客、货物和邮件。沿途每隔20~25公里就能看到或好或坏的小旅馆和小酒馆,其中有的卖上乘进口葡萄酒、杜松子酒和威士忌,有的则卖劣质酒。在一家酿酒厂,5升廉价朗姆酒被装进一个15升的酒桶里,再往里放200~300克口嚼烟草以及硫酸油和一两小瓶鸦片酊,然后向桶中注满水并搅拌,直至烟草褪色变成朗姆酒的颜色,最后摇匀、密闭、装瓶。有时鞋油也会用来提升色泽。1854年5月,西部地区黄金监理查尔斯·格林在巴萨斯特指出:"本区金矿内及周边现有100座房子,我估计,男女老少约有7000人口,也就是说,一间房子住了70人……鉴于淘金矿区酗酒人数的增加,我向政府提议关注精神病人是很合适的。在监狱里关押精神病人可以保障他们自身和他人的安全。我可以想象,饮用含大烟的酒会对人的精神产生多么频繁而可怕的摧残。"

喝酒既是风俗也是难以抗拒的。一个人走进旅馆,订个房间,多半儿会来上一杯。"要么喝酒要么打架。"没有人独自喝酒,每人都轮流为大家买酒。为了限制金矿上醉酒引发的骚乱,维多利亚政府禁止酒精饮料的买卖。然而这项禁令没有限制人们的饮酒量,却让酒成了俏货。巴拉瑞特的警察局长大卫·阿姆斯特朗在任期的前两年,无情地将违禁卖酒的帐篷和生活区烧得一干二净。他吹嘘说他一晚烧毁了9处。然而这也没有影响到卖酒量,因为阿姆斯特朗同时又包庇了向他贿赂的酒商。

人们用无度的饮酒和挥霍来庆祝罢工成功。比奇沃思羊毛厂的老板们是羊毛屋河矿区的成功人士，他们用整瓶的香槟玩撞柱游戏。1855 年，富有的庄斯顿为议员唐纳德·卡梅伦做了一双金鞋，让他穿着这双鞋骑马参加比奇沃思的游行。一些人陪同唐纳德·卡梅伦行走，手持镶金条幅。牧场主供给他们一杯杯或一桶桶啤酒。淘金者前往墨尔本，为老婆孩子购买金手表和金链子，而不是急需的食物和衣服。他们吃着夹了钱的三明治——两片抹了黄油的面包里夹着一张 5 英镑的纸币。他们走进墨尔本酒吧，给人们买酒，用香槟酒清洗柜台；他们用牧鞭把空酒杯扫到地上摔个粉碎，这样才显得他们花的钱不冤枉。他们连喝数日来庆祝矿工的婚礼，和花枝招展的妓女乘大篷车兜风。其中有些人在一两个月内就将一家人能用一辈子的黄金挥霍一空。

在早期的一些金矿地，不仅凶杀频繁，抢劫也很普遍。塔斯马尼亚的前罪犯大多是成功的掘金者——他们能适应恶劣条件，但其他人却组成了四处抢劫的团伙。他们曾经在伦敦有几年盗窃经验，可以将帐篷切开一条口，用手从睡着的人的头下偷走藏金荷包和装满子弹的左轮手枪，并避开看守犬溜走。如果吵醒了人和狗，这些盗窃犯通常会暴力地冲进来，抢劫后离开。没有人会理会求救声，因为通常那是个诡计，为了将他们从帐篷中骗出来。一名作家提到，"白天工作，夜晚守夜是非常痛苦的"。崭新的左轮手枪在悉尼和墨尔本的价格为 3～4 英镑，而在掘金地，能卖到 40 英镑。

尽管金矿不是永久的，但它们看起来却是永久的。有着巨大的、闪亮的旗帜作标记的帆布商店也种植一些树木。树皮和枝条被编织起来保护帐篷，特别是那些住着妇女和儿童的帐篷，有着石灶的木制厨房就在他们周围。政府为黄金警监建造了温度宜人的镀锌顶的房子，帐篷学校在上午的 9 点到 12 点、下午的 2 点到 5 点期间给孩子们提供指导，晚间则向成人提供 1 小时课程。蓝色的棉布帐篷排成一排，冬天黑暗，夏天闷热，地板上不是落满灰尘就是泥泞不堪。教会学校使用自己的小教堂。1852 年 11 月，下列通知被钉在亚历山大山的树上：

> 下周一，12 月 6 日，狄更斯先生将在毗邻牧羊人小棚的威尔士小教堂开办全天的日间学校，男女生同堂，届时将教授阅读、写作、艺术和其他教育科目。
>
> 每周学习收费——
> 阅读和写作，3 先令 6 便士；
> 阅读、写作和艺术，4 先令。

过高的学费使得很少有家庭能长期送子女到学校接受教育。在 20 世纪 80 年代，一周的全部学费不过为 80 澳元。直到 1873 年，义务教育才开始实施。

当时的报纸也相当昂贵，在各金矿售卖的《阿尔格斯报》每份 1 先令，大概值 1 盎司黄金的 1/70。传递信件的价格和购买一份报纸的价格相同，即收取一封矿工的信，把它送到黄金总监办公室内的邮局，或者从邮局传送一封信给矿工。当然，邮递员要费力找到收件人的地址。

水源在矿地要么稀少，要么泛滥。当时的卫生状况是极其糟糕的。如果有人愿意费力去挖茅坑的话，那茅坑就是公厕。但大部分情况下连茅坑都没有。屠夫们会把他们的垃圾扔进茅坑里面，或者丢在地面上，附近就是未遮掩的放在行李架子上的牲畜尸骸。这可能导致金矿地传染伤寒和痢疾。1853年1月，新任命的森林河黄金监理德沃顿降下了半旗，以纪念他那被疟疾夺取生命的年轻妻子。

醉汉、小偷在人少的地方极为常见。在这片新崛起的矿地和城镇上，几千名男女同胞为自己的未来而勤奋工作。清晨，人们像公鸡鸣叫那样，一个叫一个地起身，直到那声音传遍整个山谷小溪。傍晚，一声枪响，表明这片土地已进入戒备状态，人们才倒身睡觉。在黑夜，枪声会引起几只狗的咆哮。到了白天，数百个辛勤劳作的摇盘一同运作，那嘈杂声有如雷鸣一般。独轮车在如板材般狭窄的小道上行进着，屋顶状的V形帆布、树皮或树干遮盖着每个矿的通风井，蜿蜒的通道建于通风井之上，就像张开翅膀的大飞蛾一样，风一吹，就不停地晃动。铁匠和车匠起早贪黑地打磨锄头、收缩钢胎，他们的煅炉一直闪着红光。铁蹄匠既打制铁蹄也要亲自钉马掌。洋铁匠要制作雨水池、平底盘、水桶、水杯和盘子。所有的商人——马具商、马具制造商、靴匠、木匠、帐篷制造商、裁缝、女帽商、车身制造商、写招牌者和烧砖匠，尽管他们的工作没有掘金那样令人兴奋，但其收益远远高于掘金。因此，矿工们变卖了沉重的掘金工具，离开了采矿地。他们在广告上注明售卖的时间，在用杆子挂着的水壶上标记着地盘。人、马、车转向各地的各行各业。在每个营地都会有一些土著闲逛，他们知道金子是什么，却毫无兴趣。他们帮忙砍树皮和建造小屋。但更多的时候，他们是被驱逐和被侮辱的对象。他们会安静地坐在帐篷外等待一杯茶、一片面包或一杯白兰地。

许可证费用与折扣

政府通过蛮横的许可证管理方式控制了大量的金矿资源。从英国派来的地质学家塞缪尔来到新南威尔士，探索那里是否存在大量有价值的铁和铜，并验证是否存在谣言里描写的金矿。他在哈格里夫斯之后，偶然来到了巴萨斯特。1851年5月9日，他在致总督菲茨罗伊的报告中写道："除非尽快采取措施，否则我担心误解和迷惑会在人民组建采矿队的呼声中快速增长。"在信尾签名后，他添加了一句："请原谅我用铅笔写这篇报告，因为目前俄斐这座城市还没有墨水可提供。"

第二章 金 山 客

帕拉马沓的行政长官约翰·哈迪被任命为第一任金矿监理,他的任务是限制每个人的狂热,并且征收每人每月 30 先令的费用,这些费用价值不到半盎司黄金,相当于当时矿工一到两周的工资。哈迪是公正和温和的。他在 1851 年 6 月 5 日报告说:"我发现,想要给每个领有许可证的人建立一个关于占领土地的规则是不可能的。我发现溪流的广度、干涸的河床中部、平地的宽度、河岸和它们所形成的范围的自然形态使任何一般性规则都无法建立。因此,我在给人们许可证时就标注了每人的土地,分配给任何一个团体的临河空地限于 12 平方米以下……3~6 人的普通团体一般是分给 6 平方米……因为此地不甚方便,既没有帐篷和桌子,也没有时间,因而我不能写下所有我该说的话。"

在最初几周,人们都愉快地缴纳了许可证费。淘金者交出用脏兮兮的手绢扎着或用报纸包起来的锡罐里的金砂。哈迪为金子称了重量,估算出金刚砂的数量——非内行的淘金者不能将沉重的砂粒分开——然后带走价值 30 先令的金刚砂。早先的淘金者都能找到金子,他们在地上看到了就会捡起来,当淘金者每天能挖到几盎司时,交出半盎司金子根本不是问题。"他们觉得每天 1 盎司也就是一小撮烟末而已。"一个旁观者评论说。但当很容易找到的金子被采光,需要人们去挖掘时,或者是当洪流冲散了金矿的时候,半盎司金子就变得值钱了。当黄金监理的警察下来检查许可证时,警告的喊声响彻了金矿,"唷喝!唷喝!"这时淘金者就藏起他们的工具,逃之夭夭了。

在维多利亚,最先要求固定地给 4 人的团体每人 3.6 米×3.6 米的土地。为了阻止公司垄断金矿地,规定相对较大的团体不能占有更多的土地。当认领的矿地减少到 2.4 米×2.4 米时,许可证费从原来的固定每月 2 英镑减少到每月 30 先令,而这些通常是含金量不足的地区。

拉筹巴总督认为许可证费必须足够高才表明黄金是大英帝国的财富。他拒绝将这种费用看作是税收,他说:"没有任何适用于它的条款。这是个人为获取寻找和应用的自由应付的费用,根据法律,这些所缴纳的费用是公众的财富。"他派出了更多的警力,包括来自高奔河的土著警察分遣队,进行频繁而粗暴的突击搜捕。他们抓捕不能出示许可证的矿工,连将许可证落在帐篷里的人都不放过,丝毫不听他们的解释。由于此地没有看守所,警察就把他们绑在树上,直到他们被带到黄金监理面前并被罚款。一声"唷喝!"变成了三声"约瑟!"在维多利亚,人们通常将令人痛恨的警察与查尔斯·约瑟夫·拉筹伯联系在一起,此人很少用他的第一个名字。

矿工们认为,地上的金子是属于大家的,他们争辩说,它属于那些冒着生命危险去得到它的人,"而不属于一个愚蠢的政府"。1852 年的 11 月,矿工们在奥文斯河畔大闹了一场。许多新来者已经到了金矿地,其中有些人从新南威尔士长途跋涉而来,已疲惫不堪。5 名警察前来索要 11 月的最后一周和 12 月的许可证费,一群人喊着:"起来!起来!"矿工们朝空中开火,向警察扔树枝和石子，然后把他们赶出了田野。黄金监理克洛骑马跑来，许诺免除 11 月的许可证费，但他也遭到了同样的待遇。当他骑马离去时，气愤的暴民追赶着他。

不久，在新南威尔士，警察开始押送一些被长锁链铐着的无照淘金者，以儆效尤。矿工们同意在黄金生产上缴税而不是征收许可证费，或者将许可证费减少到每月 10 先令。但政府顽固不化，它还收取其他淘金者的许可证费，这些淘金者建造隧道，将特伦引来的水经行"幸运点"。于是，河道工程停顿了，另一个计划中的河道也被放弃了。立法委员会就新的《金矿管理议案》展开了讨论，这个新议案主张矿区每个人都应具备许可证，并规定英国国民按以前的许可证税率缴纳，但外国人的许可证费用翻倍。此外，威廉·温特沃斯提出了一个附加条件，通过它的实施来确保"所有疑似外国人在证明自己的身份后才能享受英国国民的许可证费率"。温特沃斯提出了另一项未实施的条款，就是"阻止任何华人——无论他们入籍与否——取得采矿许可和许可证，除非他根据契约解除了自己对主人的义务"。温特沃斯已经向一些未完成合同的华人支付了离遣散旅费。

几百名矿工离开了特伦矿区，他们的愤懑与日俱增。这些离去者召开了一次抗议大会，他们做了个威廉·温特沃斯的模型，将其挂起来当作靶子射击，再用火药炸碎。然后他们又做了一个模型以便长期展示，他们将法令的复印件钉在温特沃斯的胸上，将标语系在他带有锁链的腿上，那标语上写着："一个靠奴役和皮鞭的发家者。"

他们充满仇恨的反抗情况通过一个个黄金监理之手呈报到菲茨罗总督那里。以下段落出自一篇冗长的、写得很好而态度强硬的文件，由托马斯·斯伯荣撰写，他是一名矿工也是一名律师。该文件对《金矿管理法案》进行了逐条分析。

……我们反对法令中的第 4 条，因为根据该条款，没有任何人能够要求免除 30 先令的税款，甚至是医院里的残疾人和病人、医生、居民、牧师、金矿区里的游客、带着给养进入矿区的运输工……

我们反对现行法令第 8 条，此条款为使英国人获利更多而迫使外国人付 2 倍的许可证费；我们代表最贫苦的外国人反对这项条款，我们也反对针对外国人的任何压迫……

我们反对现行法令……反对这种令人自私、走上邪恶的法令。我们这些人冒着生命和肢体上的危险，使得英国王室的税收得以增加，使殖民地的所有阶层变得富有……

1853 年 2 月 5 号，《悉尼晨锋报》强调了法案第 8 条的不公平："以葡萄浆为例，一些资本家对此感兴趣并投资，政府给引进新事物的外国人提供奖金……当一个德国人使用修枝刀时他很受欢迎,而他在收获劳动成果时却不被接受。"

愤怒的矿工拿着步枪在特伦游行,焦灼不安的黄金管理委员召来很多警察,并在板墙上打出很多枪眼。800名矿工决定在委员面前示威游行,宣称他们没有许可证,请求把他们统统逮捕。4名矿工发言人走在最前面。当委员们勉强和工人对话时,现场大哗。如果不是受尊敬的卫斯理公会牧师帕丁顿站出来说话,可能就会发生谋杀事件。在接下来的几周里,激愤并未消散,但矿工返回去工作了。他们中有700多人在抗议中失去了许可证。

矿主为获取廉价劳动力设计的新南威尔士法案被悉尼的店主们抛弃了,因为那些淘金者离去时也带走了很多生意,为此,6000名悉尼居民签了一份废除这项法案的诉状。1853年10月,政府废除了该法案,这时离居民递交诉状已过去了足够长的时间,让人觉得政府的决定并非出于胁迫。于是,外国人的税收减免了,许可证费降低到一季度30先令,并只在矿工进行淘金的情况下支付。

有关新南威尔士政府的法令被修改的传言煽动了维多利亚的矿工,他们颇为克制地向总督拉筹巴请愿。他们说,就现在金矿上贫困的情况来看,每月30先令的税收超出了矿工的支付能力,他们的劳动所得无法负担基本生活所需。那些有武器的人(其中很多都臭名昭著)被雇去征收每月30先令的税款,让淘金者感到厌恶。在本迪戈后河区,被派去征税的警员枪杀了科尼利厄斯·欧戈曼。矿区所有的人都被激怒了。

拉筹巴总督比新南威尔士政府更顽固。他在1853年8月1日给查尔思·菲茨罗伊先生写信:"行政委员会与我意见一致,反对废除现行许可证费提案……估计收取的许可证费总额今年将达到80万英镑,几乎为本殖民地全部税收的1/3。我无须指出其重要性,或者强调寻找另一种资源的困难。"

金矿总监W. H. 怀特不同意拉筹巴的看法。1853年8月28号,他从"三得郝斯特"来函称:"我们得到报告说,如果许可证费不完全废除,降低费用也是必然的……设想一下,如果每天50个无许可证矿工被带到警察局,每个案件花15分钟,那么首席法官得坐12个小时。按照这种进度,到月底,在花费了巨大的金钱和劳力之后,许可证费只能从总数约为25000人中的1200人身上榨取……"

"我要求迅速加强武力,"拉筹巴给范迪门岛副总督威廉·丹尼森先生和掌控维多利亚部队的罗伯特·尼克少将写信。从丹尼森的回复来看,他们仿佛在准备一场战争。

澳大利亚华人史（1800—1888）

致范迪门政府

1853 年 9 月 10 日

尊敬的先生：

我很荣幸地告知您我已收到阁下 1853 年 9 月 2 日的信函。您在信中请求我增援您，以便在维多利亚女王的殖民地上执行法律和保持公共秩序。

这封信是由克拉克中尉在星期二晚上交给我的。我收到信后第一时间做出了安排，调遣大批军队到殖民地以保证安全。

在用来运送骑兵去墨尔本的轮船到达之后，我希望德斯帕上校、第 99 团的指挥部和 200 个佩戴刺刀的随从，在 20 小时之内带着所需的武器包括各种枪支和露营装备上船。

另外一支 45 人的军队将在将军们登陆后的几天内在墨尔本上船。我希望在两周内，尽可能让更多的应招士兵上船（比如 200～300 人），这些人将为维多利亚女王服务一段时间，听命于负责这项任务的长官罗素上尉。

我相信这些增援能确保阁下立刻平定那些对您的声望和殖民地利益造成极大危害的骚动。

来自广东的矿工

在这一时期，当亚历山大山和本迪戈的冲积土开采净尽，当图兰低地和其他地区的矿藏也正濒临枯竭时，当来自四面八方的矿工已习惯了彼此的陌生并联手反对政府时，成千上万的华人踏上了维多利亚的土地，成为不可思议的、古怪的来客。最初，各民族的矿工都参与安置了在金矿做工的福建人，他们大约有几百人。据某人说，在图兰，那些"脚步迟缓的家伙"转移到欧文斯地区。他们在"汉宁石"以及附近的"暴陵阿来角"掘地。1852 年 7 月 4 日，其中的 15 人跑到了一组加利福尼亚人占领的矿地上，后者正在"汉宁石"聚会庆祝独立日。加利福尼亚人返回用出鞘的刀收复了失地，华人也拔刀迎战。一个强壮的黑人抓住了两名华人，揪住他们的头互撞，其他华人落荒而逃。在亚历山大山一带，华人有极好的收获。1853 年 2 月 2 日，据《悉尼晨锋报》的特约记者报道："这里也有不少天朝国的浪子，我们不能剔除华人区……许多潜逃的华人在此地发财致富，其中有些暴富者已返回故乡。"

然而，这些新居民大多来自广东，如果仔细观察，你会发现他们更为瘦小，说着不同的方言，走着不同的步伐。他们有组织，消息灵通，但毫无采矿经验。为了学习采矿技术，他们在被别人遗弃的矿场做工，反复地淘洗废石堆，寻找别人不小心遗漏的黄金。

华人来到淘金地很迟，这是由于他们痛恨和害怕英国人，也不相信英国法律。他们早已听闻英国人在香港实施种族偏见的种种轶事。看起来,澳大利亚与敌国(英国)的距离遥不可及,而加利福尼亚淘金的情况则越来越不妙。1853年,这些华人乘坐"布莱特"号、"莱特宁"号、"北卡罗来纳"号来到澳洲,一下船就直奔金矿区。他们乘坐"无敌号"返回,"而且毫无疑问,他们会有很多故事……他们的贫困将证实他们真实的遭遇——真不如当时去了加利福尼亚"。

实际上,加利福尼亚人和澳大利亚人一样完全无法理解华人。1854年3月28日的《加利福尼亚时事报》报道:"中国来了……我们昨天目击了中国移民从荷兰轮船'伊西斯'号和英国船'罗宾那'号登陆的情景。这2艘轮船带来了967名天朝人,其中还有大量的妇女。这些奇怪的人到来时显得非常独特,和美国人迥然不同。他们把值钱的东西都装在样子怪异的篮子里,非常土气,每个行李上都标着他们的名字。他们身边只有垫子、篮子和几根竹竿。当运载物一批批在码头卸载时,天朝的人不断增多,陌生的口音七嘴八舌,那声音赛过合唱队。就像月球上的一伙人突然从天而降,他们和地球上的生物很不一样。听说还有9艘船正从中国起航,会把乘客送到本口岸。"

《旧金山日报》对一份在加利福尼亚流通的新华人报纸做出这样的评论——《金山新闻报》"出现了中文印刷字体,也就是说,那东西看起来像一只爬出瓶颈的蜘蛛爬行在一张白纸上"。

本地的矿工组成两队人马分别抓着长绳的两头,扫荡了华人新来者的营地。矿工们还强占了华人的采矿地——而这些采矿地正是一些矿工高价卖给华人的——然后又把地拍卖给欧洲的商人。他们跑出来说是"猎熊",在山里用枪杀死了华人。在1853年至1854年期间,有82位华人矿工被谋杀,但只有2名受到指控的杀人犯。加利福尼亚最高法院决定,不接受华人提供的证据。

不过,从返回的福建人口中传出了口信:澳大利亚的野蛮人还可以忍受,而且那里真的有不少黄金。1852年年初,许多来自广东的年轻人自己买了船票从香港前往澳洲。他们发现了很好的黄金,然后便回乡去组织劳力,又回到维多利亚,摇身一变,成了矿主。他们是谁?有多少人?我们不得而知。我花了两周时间,和优秀的口译学家以及来自珠江三角洲的联系人一起奋斗,却未能找到有关澳大利亚黄金的回忆。珠江三角洲是澳洲华人矿工最大的来源地,也是中国的动荡之地。

1844年,约翰·阿来到达澳大利亚,他对华人开赴澳洲起到了重大影响,这也是他的兴趣所在。他姓陈,生在广东,而不是福建。巴拉瑞特小城繁盛之后,他就在当地开了一家规模很大的餐馆。他在欧洲人和华人中都很出名。S. T. 吉尔描绘了餐馆的情况。广告文字清楚地显示在独立的面板上:

澳大利亚华人史（1800—1888）

> 约翰·阿来　　　　　　墨尔本和吉隆客车售票处
> 中国餐馆
> 供应汤水

然而，吉尔不懂另一部分墙面上的中国字。他画上了一些毫无意义的符号。

罗安莫和雷亚梅是两个矿工头。罗安莫来自新加坡，是在吉隆亚历山大·费夫协议下抵达澳洲的。费夫到新加坡去购买便携式木屋，买了上百个，至少要装3艘船，于是他雇用了木匠同船而行。雷亚梅在墨尔本西部和威廉斯镇建了6座木屋，协议终止后，他便经营起自己的生意。他名字的中文字体为"雷亚梅"，这名字的普通话发音没什么意义，因为他不用普通话。他来自台山，但无人知道他说的是何种方言。显然，他的父母给他取名是为了愚弄鬼神，消灾避难。他的名字可以理解为"丑陋的李子"。他在南墨尔本建造了一个磨坊，用来处理澳大利亚生长的大米，然后又在斯旺森街开设了一家商店。他穿着黑色的欧式西装——这是向周围人表态——但经营中国货。在中国的欧洲人不可能如此地适应环境和圆滑处世。他在马来西亚投资锡矿——从1840年开始，他的同胞就一直在那里工作。成百上千的人沿着马六甲海峡到达霹雳州和雪兰莪州。在交通不便的时期，特殊的组织能力对长距离的商业冒险投资显得尤其重要。他带了一些人到澳大利亚，这些人在巴拉瑞特为他工作，又跟着他去了其他金矿地。他的成功是持续的。

离家之苦

父母富有的雷亚梅无所畏惧，他被称为"荣誉和智慧的象征"。他出生在槟城，父母是有英国背景的华商。他们送他去槟城的学校，然后送他到毛里求斯，在私人教师指导下学习英语和法语。他掌握了这两种语言，在船上做押运员，这些船只来往于毛里求斯、印度的加尔各答、新加坡，穿越印度洋和中国的西海岸。1853年，在他22岁时，他拥有了自己的船，航行至澳大利亚，成了小伯克街的进口商。他加入了采矿的行列，尤其是参与了克伦斯北部的马利卡岛的深层矿的开发。很快，他拥有了一支含有6艘船的舰队，其中一些是捕参船，一些是在墨尔本和香港之间进行贸易的船。他在香港还做其他生意。

这些人引发了成千上万人加入的热潮。那些加入者主要来自广东的13个地区，包括"四邑"——指新会、台山、开平和恩平四个地区。"三邑"是指南海、番禺、顺德。此外，还有6个分散的城市，它们是中山、东莞、增城、鹤山、高要、高明。

这些地区环绕着广州。"三邑"紧邻广州南部，与广州只相距20～30公里。"三邑"人讲和城里人一样的广州话，并且享受着文化中心的优势。"四邑"距广州以北 100 多公里，相对来说，"三邑"有更好的教育环境，生活更加丰富多彩。按照澳大利亚的标准来说，"四邑"与广州的距离并不算太远，但在中国来说却是颇远的距离。这里有 5 公里宽的河，有渡轮过河，如果交通堵塞，会让不耐烦的司机们等上几小时。道路上各类行人和交通工具熙熙攘攘，正反方向同时流动。一些人背着巨大的行囊行进，数以千计的人骑着自行车，载着箱装鸡蛋、木材、猪、蔬菜和孩子。那些载人或载货卡车、被驱赶的成群的鸭子、鹅、水牛、三轮脚踏拖车、两轮拖车、四轮拖车、履带车、马拉车、黄包车交织在一起，其中还有挎着篮子、手持铲子的拾粪者。

所有的行路者都维护着自己的权益。司机狂按喇叭，将身体倾到窗外喊叫，行人咒骂着，鹅伸着脖子鸣叫，水牛摇着脑袋，移动物体之间的距离不超过 1 米。自 19 世纪以来，交通方面除了不断提高的机械化，其他并未改变。

村民以部落形式居住，很多村庄只有一个姓氏。在任何一个村庄中，超过 3 个姓氏的情况都很少。他们彼此帮助，还发展裙带关系。1852 年，在悉尼有 3 名贫困的华人，他们得到了贝内沃鲁特收容院的庇护，他们在澳大利亚一定没有同乡。他们如果遭到同乡的抛弃，这是难以想象的。他们说不同的方言，1983 年，我们在广东发现，两个距离 5 英里的村庄在语言上除非都使用广州话，否则便无法沟通。粤语很难懂，与汉语四声不同，它的音调和音阶有九个之多，富于音乐性。

"四邑"人是最习惯旅行的。他们开发马来西亚的锡矿，掌控去加利福尼亚淘金的 4 万人，几百年来他们在婆罗洲挖金矿，一些矿工还娶了迪亚克[①]迷人的姑娘，在当地定居——这是很不寻常的，因为叶落归根的格言几乎是个承诺。回家是为了保留家里拥有的土地，在加利福尼亚和澳大利亚的目标就是带着一百磅金币回家，这些钱足够用来买更多的土地，践行"回国有富贵"的古训，所谓衣锦还乡是也。如果一个富人从东南亚回来了，那么他就是"南洋伯"；如果一个富人从加利福尼亚或澳大利亚回来了，那么他就是"金山人"，同时他也是一个称心如意的丈夫人选，是媒人寻觅的靶子。

那些去澳大利亚的人有 1/3 是自费，他们去做工匠、小商贩、商人，一小部分开赌场。其余一部分人只有赊账，不签合同。他们从放债者、银行家、村中长辈、家人或者企业家手里借钱，留下自己的土地作保，在有些情况下他们还以家人做抵押。人是可以买卖的，他们支付的利率是不一样的。1983 年，我在北京采访了陈翰笙，他当年 86 岁，是关于中国移民的权威学者，他研究过很多历史记录，不过那些记录后来都被毁掉了。

我们会见时，陈已几乎失明，但记忆力良好。他说，当时的利息并不是很高，每厘钱在 8%～15% 之间。但他的说法没有旁证。那些利息是按月而不是

[①] 迪亚克是婆罗洲土著。——译者

按年给付。亨利·罗是悉尼乔治街上的店主,他是在1858年8月9日政府推出《华人移民筛选法》之前来到澳洲的。当时他在澳大利亚已待了近4年。讯问官员问他:"你离开中国前签订了什么合同?"他回答说:"有些合同规定应提前支付多少钱,比如预先支付20英镑,也许他们承诺挖到金矿回来后支付30英镑,有的要高一些,还有一些其他交易。有天一位华人告诉我,他的债主为他支付了旅费及其他费用,当他得到金子时,他需要把所有的借款都还给他的债主,他们要根据比例分享金子。他自己保留2/3,债主留下1/3。"

亨利·罗有一位朋友,在澳洲待了3年后带回差不多6000英镑,这让他成为精英人物——"一位天堂来客"。亨利·罗说:"他跟我一起下船,他带过来66个人,并为他们支付了旅费。一年以后,他的兄弟又给他送来了更多的人,他又从这些人身上获取利润……通常要索取多少利息呢?我知道我的朋友从一个人身上得到6两黄金。他支付了那些人的旅费——每人40~50澳元——以及其他费用,当他们抵达墨尔本时,他给他们买了靴子、鞋子、蜡烛以及所有的一切。然后他得到了6两黄金,约合27英镑。"

"你的合同是写在纸上的吗?""是的,是书面合同并有签字。"

陈阿泰是坎伯兰街上的商人和轮船代理商,他证实了一些情况。

问:"在跟你一起来的1000多人中,每个人都是由自己来支付旅费吗?"

答:"有五六百人是自费的。"

问:"那么剩下的呢?"

答:"从朋友那里借钱。当他挖到金子后,就把钱带回来并支付利息。朋友说:'我借给了你100英镑,你弄到金子时要还我200英镑。'"

问:"他们都会还钱吗?"

答:"是的。"

亨利透露了一个令人惊异的消息,很多掘金者不得不花钱离开中国,有些人花40元,有些人花20元。1851年爆发了太平天国运动,政府需要士兵去镇压。这场坚决的革命最初很成功,中国大部分地区一片动乱,运动的目的是推翻清政府。

尽管离开中国很困难,但令人惊异的是,很多人成功地克服了困难。他们不得不自带粮食,但把粮食带出国是违法的。1853年在各港口贴出的公告明令禁止出口粮食。公告出现在北河及"三邑"地区的支流一带。

1853年3月28日,南海县、番禺县颁布了以下禁令:

> 大米是人们赖以生存的主食,从不允许出口。然而一些贪婪愚民,竟通过亲族私下出口粮食,须知,一旦出口粮食超过百斤,违者就要被流放充军,派往前线;数量不足百斤,违者会被发配到外省充军,或承受戴枷酷刑……

第二章 金山客

经查，一些贪婪小人出口粮食，将其卖到海外淘金区。这些人表面守法，把粮食运到其他省份，却暗中把粮食卖给叛军或出口到其他国家，他们公然违抗法令，对社会危害极大。

现下令严查全部设有海关的港口和泊船口岸，逮捕所有违法者，同时我们还据此发出更明确的条令，向米商、士兵和老百姓详细解释，严禁将粮食运往他地、供应叛军或者出口国外。违令者受罚，举报者有奖。

"三邑"人至少租了一艘轮船。中国商人买了船，还向那些船长们支付了很大一笔钱，那些开着破旧轮船的船长认为中国商人在开玩笑。当时轮船短缺，1854年爆发的克里米亚战争将英法轮船公司紧紧绑在一起，海上的任何船只都很容易销售。那些退休船长只有微薄的养老金，只好重操旧业；一些拥有破朽船只一半股份的船长以最少的费用起航。正如《香港纪事报》报道的一样："像旧时装满奴隶的船只一样拥挤。"

在轮船运载乘客的问题上，香港颁发了新法令，这表明第一批载着淘金客开往澳洲的船是多么拥挤。甲板上的空间有所加大，但加大的空间小于1平方米。1854年1月，"三叶草"号轮船离开香港赴墨尔本，怀特船长发现船上竟有33名乘客，违反了法规，于是，他在新加坡停靠，把那些人赶下船，既没有付给他们返回的船费，也没有做出任何安排。其中的10个人回到香港后把怀特船长告上了法庭，他们要求返还55元的船费和从新加坡返回香港的12元船费。法庭裁定这两项费用须归还原告，但后者是否拿到钱则是另一回事。有些船长按符合规定的人数接客，然后安排一条小船，从其他海域接上几百人上船。

那些未来的淘金者需要注意上了什么样的船。苦力贸易比原来更频繁了。1853年3月上旬，一艘叫"罗斯·伊利亚斯"号的美国轮船带着201名外国苦力从淇澳岛①开往卡亚俄②。船长维斯特伯允许每人每天使用半公升水，用以做饭、饮用和洗衣服。船第一次停靠时，劳工们乞求更多的水，但维斯特伯说他没钱来负担额外的水。于是，苦力们杀死了他和大副以及6名欧洲水手。

1853年5月14日，《新加坡大陆自由报》引用了乘客王周阳的证词：

我15岁，是土生土长的中国南海人……有天，一个陌生男子问我是否愿意去外国，他说旅途大约一个月，如果我愿意，就去找一个住在沙山的名叫金盛的男人，他给我每月10美元，干1年就可以回来……我不知要被带往何地，不知船将驶向何方，也不知自己身在何处……我的父母在南海，但他们不知道我会离开故乡。我离家去找金盛，没走多远又碰到了那个

---

① 淇澳岛在珠江口内西侧，东距伶仃岛13公里，全岛面积23.8平方公里。——译者
② 卡亚俄是秘鲁西部港口城市。——译者

劝我出门远行的男子，我原想先打听一下情况，再回家告诉父母，但是当我到了金盛那里，就发现已经回不去了。

航海无论到哪里都意味着要遭遇海盗侵袭。他们的数量惊人。成千上万人以海盗为业，至今他们的后代仍然活跃着，因为大量的越南船民正在涌现。[①]与中国渔民、各类商贾的经历一样，英国炮舰也不断遭遇海盗。攻击事件几乎每天都会出现在报纸上，许多涉及三四十人殒命、几艘船舰沉没之类的悲剧。恶臭弹是海盗们最钟爱的武器，这不是远古的那种粗制滥造的炸弹——那种炸弹仰赖散发令人恶心气味的硫化氢抑或其他什么闻起来糟糕透顶的东西——而是一种巧妙制作的陶罐，内部填充上火药，外面附着一条由投掷手点燃的导火索。投掷手选择好时机，这样那些船舰上的对手们就无暇把炸弹扔到船外或把它掷回。

不过，即使待在家里也有遭遇强盗的风险，规模同样惊人的强盗们活跃在湖南、广西和广东一带。"他们烧杀抢掠，无恶不作，"据1853年5月12日的《德臣报》报道："所到之处，他们烧毁村庄，抢劫村民财产，强暴妇女，残杀良民。从始至终，已有上万家庭被抢掠。当时，成百上千块亟待耕种的土地被弃之不理。"甚至在夜间出门都很危险。

太平天国

主要的危险来自那个正在摧毁华南、华中的太平天国运动，它因一些枝节问题而无法自拔。司空见惯的村舍争斗持续发生，其中一些相当血腥。1854年，潘姓氏族一名成员企图在一所寺院里强暴一名钟姓妇女，激起了与之邻近的粤北钟姓人的震怒。他们袭击了潘姓氏族的村庄。其他氏族纷纷加入并组成了职业军队。有两三百人被杀死，占两个村庄人口总数的1/5。两个氏族烧毁了当地的大部分寺庙。他们断言，如果神灵显圣，这是前所未有的可耻行为。

秘密社团总是在留心各种机会，他们利用民众的迷茫来扩大自身影响。夺取了厦门的小刀会有3000人，他们的头儿是一个鸦片掮客。三合会占据了澳门，但只是暂时的掌控，随后就被政府军队驱逐出去。他们试图乘坐超载的小船逃离，有上百人命丧黄泉。官军们划船划累了，就把锚形挂钩扔到甲板上，他们把三合会的俘虏拖回去，上岸后再把他们杀死。三合会横扫香港岛，占领九龙后，宣布他们是帝国的主管，并张贴出告示说，活捉每名英国士兵赏一百大洋——因为英国士兵从事鸦片交易，还要占领香港。但是，中国的官府军队悄无声息地消灭了他们。对于组织严密的三合会来说，这些行动有些反常。

[①] 20世纪70年代，大批越南人以难民的身份乘船逃往澳大利亚。——译者

起初，太平军组织极其严整。它那有些疯狂的头目洪秀全从未接受过军事训练，却是一位杰出的将军。他是客家人，客家人经常流动，也许称他们为"被追杀的家族"更为准确。最初，他们是蒙古入侵下的难民，他们在华中的山里建立了避难所，和当地的瑶族通婚。瑶族现在是一个少数民族，有着黑皮肤，有着自己的北方语言与一直保留到现代的民族风俗和服饰，妇女戴的稻草帽尤其与众不同——宽边的，垂下黑丝带，开口的顶部显现出女性的秀发。几百年来，他们都会被从家里驱逐出去，寻找合适的居住地。20世纪50年代，他们大多居住在粤、桂贫困山区，那些在南部沿海的成功商人只是客家人中的少数。

太平军首领叫洪秀全。他的农民父母对他寄予了很大期望，他的名字意为"完美的麦穗"。他曾尽力融入学者的世界，参加了几次科举考试，但均以失败告终。科举制不利于任何南方人，也把客家人排斥在外。他从失望中看到了幻象。基督教传教士的小册子和一个可疑的美国人的两个月的教导鼓舞了他。他宣称自己是基督耶稣的兄弟，可以把中国从满族政府的腐朽统治中解救出来。他试图摧毁佛教和儒家哲学，代之以他自己的基督教幻象。他把农民从奴役中解救出来，承认妇女平等、土地及农产品是公共财产；他也禁止烟草、鸦片和酒，并要把所有外国人置于中国人的控制之下。他的许多目标与后来中国共产党的一些目标一致。成千的客家农民和许多受轻视的苗族人、瑶族人归附到他的麾下。矿工和烧炭人也加入了他的队伍，同样入伍的还有上百名被外国炮舰驱逐的海盗。他们把长辫剪下，任由头发长到前额，以显示他们对满族割发要求的反抗；他们把"GOD"的汉字"上帝"画在纸上，在祖先神龛前焚烧；他们在前额和手臂上扎上红带子，奔赴战场。他们向北进军到中部的大河——长江，在途中招募士兵，胜利到达南京，进而建立了太平天国。

在南京，据说上帝几次眷顾了洪秀全和他委派管理太平天国的臣子，或者洪秀全把他们召来见上帝。他们把与上帝的对话印刷在布告上，有千字之多。

现代人也可能会轻信。1987年，欧洛·罗伯茨牧师诱使美国电视观众相信，如果他不能筹集到900万美元善款，上帝就会召他而去。为了让罗伯茨待在人间，他的教众们付了钱。另一个现代诡计，L. 罗恩·哈伯德，山达基教堂的创始人，宣称自己两次拜访了天堂，他甚至描述了天国之门，令几百万傻瓜相信了他。

洪秀全忽略了对于温和政策的非难。他与东王发生了争执，并将东王和他的两万士兵斩首。英法刚开始支持革命者反抗满族统治者，然而在战争中期他们改变了立场，英国的英雄查尔斯·乔治·戈登带领"常胜军"同洪秀全作战。"常胜军"中包括中国和欧洲士兵以及一个人数众多的美国雇佣兵分遣队。以"中国的戈登"，随后又以"喀土穆·戈登"出名的戈登是一个有着卓越成就的杰出谋士，但是太平天国运动的崩溃，主要归结于洪秀全管理无能——他

澳大利亚华人史（1800—1888）

只知道一味毁灭。在 1851—1864 年之间，他劫掠了中国中部和南部共 17 省、600 多个市，大约有 130 万人战死或死于饥荒和疾病。这个以毛贼著称的反叛者减少了 1/3 的中国人口。

这个动荡的年代覆盖了维多利亚的大部分金矿岁月。动荡使华人出国更加困难，但也增加了出走的必要性。1856 年，三合会再次行动，他们从满族统治下攫取了广州。他们断了水路，封闭了港湾，因此英国和澳大利亚运茶船的船长无货可载。他们只是草率整修，贴出澳大利亚金矿消息的通知，把人而不是茶载回澳洲。但是很快，满清官员和他们的追随者又占了上风。在一次反鸦片的愤怒游行中，他们烧毁了所有的外国工厂和上千所外籍人的住房。1857 年 1 月初，中国士兵登陆英国帆船"箭头"号，把船上 12 名中国员工作为海盗及海盗亲属带走，并且拉下了船上的旗帜。英国认为这种行为不合常理，是一种冒犯，是反应过度，于是开始炮击广州。一位广东官员命令所有在港澳的中华百姓返回，他说："英国人公然袭击了广州，我们要召集强大的军队彻底摧毁他们、禁止交往、终止贸易是恰当的。所有的人都必须返回原住村庄。不服从者，会被视为叛徒并被严肃处理，他们的住宅和财产将被没收归公。"他还要求各地区交钱支持军队。"临近的香山和新会以富裕闻名，热心而有公益心的爱国人士众多。因此，要求新会地区向军队提供 12 万两白银是合乎情理的。"

商人、职员、教师和水手整理行李，匆匆回家，但大部分人在接下来动荡不安的月份里又回来了。

1857 年 6 月，英国军舰在珠江支流里驱逐中国战船。当军舰在浅水处搁浅时，英国水手们在救生船里架炮追赶，击沉中国船，并抓获了 89 人，其中大多数属于中国南方舰队。英国水手死伤 84 名，中国人死伤的数字没有披露，上千名中国人逃离广州。炮火再度肆虐起来。

英国仍然不满足。1857 年 12 月 29 日，"英法海陆联军进攻并攻陷了"广州。塔楼频多的广州城环绕着 3 米高的城墙，这本应是该城的保护屏障，结果却让广州成为"对英国开放的城市"。在法国守备部队的协助下，英国掌控广州直到 1861 年。当时，中国实在是一道美食，每个国家都想插手碰碰运气。

所以，从澳大利亚返回的中国淘金者——不论成功与否——并不清楚他们会回到一个什么样的国家。这就像一个回家的士兵来到一个遭轰炸的城市。他的家人还在那吗？至少还有一个美好的念头——他们在澳大利亚的旅居生活是开心的。

华工的行为

在 1854 年的前 3 个月里，2000 多名华人离开香港去墨尔本，其中约有 500 人曾在 1852 年和 1853 年间在当地淘金。数字增长得很快。华人很快就从金星门、黄浦、香港出航远洋。金星门是鸦片倾销地点,汉语的意思是"金色星星的通道"。这个金色星星指的就是金星。黄浦是珠江的港口,汉语的意思是"黄色的平原"。珠江由北江和西江组成,东江在接近珠江口处汇入。珠江以淡水蚌贝壳里制造的小佛珠命名,珠江及其水道的淤泥堆积成50公里宽、100多公里长的河口。远道而来的航海者会觉得突然从浅蓝色的海驶入棕黄色的海。该河口西面、北面和东北面的疆域与各种河流、航道、海峡交错。虽然到处是水,但是19世纪的人力水泵无法掌控这样的地区,甚至富裕地区的人们有时也会挨饿。

我像阿瑟·鲍斯·史密斯一样诧异于此地的交通量,他是乘"彭琳夫人"号来过中国的"第一舰队"的外科医生。眼前的交通方式当然远比200年前多样化,不过,河流上的一些船在他的时代就已经使用了。我花了几个小时,从我们广州的旅馆窗户里通过望远镜注视这里的交通状况。建在水面桩台上的房子一个连一个,慢慢伸展到水深处。这些房子都由手边现有的材料建成,眺望这些屋顶就像面对一个垃圾场。一个一个接连停泊在岸边的平地帆船被用作船屋。穿过这些船屋和桩台上的房子,再通过直立的梯子,即可登上河岸。清晨时分,总会有两三人在梯子上攀登,底下则有人排队等候。

8条渡船从码头出发渡河,码头上停泊着帆船,排列着房子以及绑在一起的游船。渡船几乎昼夜不停地装卸货物。自行车和行人组成5人宽、300米长的洪流。每次过河,人们都要穿梭经过往返于河流两岸的船只。

河上游弋着盖着防水布的舢板,那舢板上的船舱也是各式各样的:长方形的、椭圆形的、带有简单喷画的,也有似乎是破烂材料建成的。那里有装有像鱼鳍似的条纹后帆、向上弯曲的船尾和油漆剥落的木制平底帆船,还有似乎在海面上漂浮了几千年的三桅帆船。一个顶着短粗烟囱的船上浓烟滚滚,拉着9条装载着沙子的舢板,每个舢板的后面都绑着一个救生艇。还有狭长光滑的商船和速度很快的现代化水翼船,这些水翼船被喷上红、白、蓝三色,好像在铆足劲飞上云天。一些大型海船在河流中间抛锚,小驳船会开过去卸货。还一些驳船成对行驶,两者共用一个发动机。各种驳船、舢板、救生艇看起来就像一群群混杂的鸭子。站在船上的男人面朝目的地方向划桨。有2个男人站在一条更长的船上,以相同的动作划船。一有机会,他们就会钩住一条驳船,让它拉着走。大舢板用扫过船尾的长桨来划。一个体态庞大的女人划着一只大舢板,那船上堆积着卷心菜。她正朝侧前方逆流快速前进。在变换方向时,她的肌肉像桨一样地转动。她是我们见过唯一的丰满的中国人,我们想知道她吃了什么让她如此有力,又使臀部那么宽大。男男女女都把水桶放在被钩住的驳船后面,用来装水供他们洗澡和洗衣服。到处都可以看见浑身湿透、光膀子的男人。旗子在桅杆顶端飘扬,晾干的裤子和衬衫漫天飞舞。船舱的顶部储存着木材,罐子里生长着蔬菜。河上有由现代三角帆驱使的船,有由柴油发动机驱使的船,还有烧木头的蒸汽船。无论是在雾中还是在晴天,船都会发出不同的鸣笛声。想在中国安静地移动是不可思议的!

在海外航行的旅途上,华人矿工的表现也很正常,他们中有赌博的,有玩多米诺骨牌的,有玩纸牌的,也有玩国际象棋。有的年轻人第一次学会了抽鸦片。跟他们在一起的乐师们有的拉小提琴,有的吹长笛,有的打鼓或是敲铜钹。他们开心地笑着,唱着《木鱼》书里的歌。当我向中国历史学家问起这本书时,他们显得很尴尬。他们告诉我,任何图书馆都不会有这种藏书,这些农民歌曲毫无价值。但陈雪燕却发现了两本有关这些歌的学术作品。书的作者用了笔名以免给自己带来耻辱。她还发现,我们当时工作的香港大学图书馆就是唯一有这些藏书的地方。这类书我已有了几本,每本书有15～60页不等,用棕褐色的草纸印刷,封面是手工缝制的,纸质稍厚。印刷者把纸放在雕刻着涂有墨水字的木板上,然后猛力用刷子刷。他们把纸从滚筒里拖出来并且按照印刷的格式裁剪。如果一张纸够厚,他们就会在其背面也印刷;如果一张纸实在太薄,容易渗透墨水,他们就会把下一张纸折叠起来覆盖在这张纸上,然后在其背面印刷,所以这本书里到处可见双页纸。这些书的名字起源于"木鱼"——一个头骨形的空心木块,佛教僧侣诵读经文时会有节奏地敲打它。这些歌是以同样的方式吟唱的,所以很受那些清洁、洗涤或碾米女工的欢迎。淘金者们去上班时也是边走边唱。这些歌不仅押韵,还带着有规律的节拍,通常是一行7个汉字,但有时也会出现一行3个、5个或者9个汉字的情况。它们引人发笑但又是传统的和中肯的。雪燕为我翻译了一些歌曲,下面是其中的一首:

> 汝女勿嫁大学者
> 独守空房难出头
> 汝女勿嫁面包师
> 三载六月与妻休
> 汝女勿嫁贱地农
> 粪肥味臭使人愁
> 汝女应嫁金山客
> 船到家门财亦有

但是,当这些华人来客到了墨尔本码头,竟然不自然地屈服了。愤怒的民众大喊着朝他们扔东西。在领头人的保护下——有时是在维多利亚警方的保护下,他们每10～30人排成一列纵队,沿着街道安静地走着。他们在墨尔本市郊一个小围场里暂住,使用共同方言的人住在一起。两三天后,他们从特定的中国商店里买到采矿的设备和澳大利亚靴子,他们会再次排队,跟着运输重设备的马车去大约100公里或150公里以外的本迪戈和巴拉瑞特。不带任何东西的队长是他们的组织者和债权人，他和他们一起旅行。

他们的步伐并不像是在慢跑，那是一种华人似乎正逐渐遗忘的移动方式。即使肩上背着沉重的货物，他们中的大多数人还是像欧洲人似的走着。矿工的移动步伐介于散步和慢跑之间，平滑却迅速。欧洲人把货物系在杆子上，货物上下晃动会挫伤肩膀；华人用一个随身携带的约1.8米长的竹竿挑运甚至重达78公斤的货物。他们挑运货物时，以特定的角度行走，速度较快。从侧面看，竹竿保持着水平状态，挑运人好像在车轮上一样。

这些华人都身材矮小，但那些说他们矮小的同龄欧洲人忘了自己的父母、祖父母有多矮。库克船长父母睡的双人床，摆在他们在菲茨罗伊庄园的房子里，看起来就像玩偶的床，长度只有125厘米。看看现存的潜逃的欧洲罪犯的名单，其中一份名单上有480个清晰的名字，这份名单出现在1851年9月发行的一份张贴在霍巴特射击塔楼的海报上。有274人，超过名单总数的一半，都矮于168厘米。其中，有25人低于150厘米，2人低于120厘米。

1848年7月至12月的《新南威尔士政府公报》上公布的一份名单显示了71个潜逃者的详细信息，包括他们的外貌和他们乘坐的船的船名。以下这个普通人的信息也在其中：

> 沙利文·托马斯，34，伦敦人，马夫，训练师。97.8厘米，浅褐色头发，灰色眼睛，红色络腮胡须，右边眉毛上边有一道垂直的疤痕。右胳膊下有犹太之王和十字架的刺青，左胳膊下有个小痣和锥形文身，还有以德文书写的ESTSPS，背上还有锚状文身，中指和无名指带有戒指。来自海德公园军营，他从1843年10月6日起就被关在那里。这个沙利文臭名昭著，他因抢劫伦敦海关被流放到悉尼。

华人平均身高大约为158厘米，比他们的孙辈矮几厘米。他们用公用隔墙的方式建造了成排的矮小黑暗的屋子，屋子间由狭窄的走道隔开。在修建这些屋子前，他们没有钱去享受舒适的生活，为建造这些屋子他们倾尽了所有。

于是，不同方言的人在一起生活和工作。华人氏族和种族之间的对抗与欧洲人和华人在发展过程中的对抗一样多。满族人或讲官话的鞑靼人组成的小组要比其他的人看起来更高更白，其中一些人在太平天国运动前就已逃离了中国。这些人被当成小偷或者是凶手——公平或者不公平，没有人知道。讲客家话的福建人加入了淘金地的"老手"群，潮州人则自成一体。广东人根据人数情况来组成工作组。"三邑"人和"四邑"人通常是分开的。当人数足够时，中山人也是自我独立的；如果老乡不够，他们就会和家乡附近的人搭伙工作。

华人到来后不久，就成立了帮会来保护自己的成员。1854年年初，来自新会的"四邑"人在墨尔本成立"冈州会",冈州是新会的旧称。在1854年年中,四邑会成立,该会与冈州会共享一个会址,直到获得资金后才在墨尔本和巴拉瑞特建立了自己的会址。拿薪水的工作人员代表所有金矿地的"四邑"成员。成员都是有义务的。该社团组织提供会议场地、银行、法庭以及交流平台。在行为、责任和采矿方法上,他们有一套详细的规则:

1. 那些"四邑"人,无论新老,每人应交1英镑5先令以建立一个基金会,来支付会员俱乐部的开支。交款人都有发票。未交费者如被发现,将罚款两倍。

2. ……当一个新来者报道时,须表明来自中国的何区,报上姓名的信息,在社团的会员簿上注册。

4. 如住同一帐篷的工友突然生病,同住者须找英国医生看病买药,这叫作关注病患……

他们有很多规定,盗窃和赃物交易将被处以高达5英镑的罚金和30藤条鞭笞处罚。还有惩治违反采矿法、营地脏乱的规定以及解决争端的规定,这些规定涵盖了矿区生活的各个方面:

11. ……如果有人初到墨尔本,无钱支付去金矿区的费用,基金会将借给他们每人2~3英镑的旅行开支。借款人抵达金矿区一个月、两个月或三个月后,须连本带息全额归还借款。除了新来者,商人和其他人不允许从基金会里借钱。

12. 欧洲人很讲究衣着。无论是工作日还是周末,所有会员都不能光头赤脚。光头赤脚者不仅会被欧洲人嘲笑,脚也易于被碎玻璃划破,也就不能挖矿了。这是一个严重的错误。

违反这项规则者,会立即被报告到社团的管理人那里,他会被罚款2英镑,这些钱会被用于奖励举报者。社团管理人会亲自鞭笞违规者20下藤条……

15. 水塘对金子的清洗极其有用,不准填土,不允许破坏。

16. 收取欠条、借钱以及偿还中国资本家借出的资本,我们所有人都必须遵守诚信,不能逃脱任何义务。违规者的名字会被张贴在社团里,他会被要求支付所有欠款,然后拿着行李坐船回国。通过这种方法,欺骗行为就会被抑制,公平交易就会实现……

21. 本社团的会议须文雅,所做决定须公平。人们可以坐着讨论,会议中不能紧握拳头或者用手指着别人,这将被视为无礼。说话者不能提高嗓门或大声喊叫,在公共协商过程中不能让别人感到疑惑:第一,欧洲人可能会猜想这是争吵；第二，有违中国人良好的礼节。罪犯和证人在发言时是不能坐的。

德高望重的威廉·杨先生来自厦门，他是位真诚的苏格兰—马来西亚混血的欧亚人，他在巴拉瑞特翻译了四邑会的规则，但没有翻译其中的第22条。

第22条规则可能禁止同性恋行为，但更可能的是禁止在公共场合随地大小便以及手淫。杨对这样的行为并不感到震惊。杨做了有关记录："这个规则我不需要翻译，它只不过是禁止社会底层那令人厌恶的行为，对其处以1英镑之下的罚款和12下鞭笞。"

第23条规则呈现了一种被扭曲了的有中国特色的规定。

> 根据社团的这个条款，主管有进行体罚之权力；触犯者须自行提供实行处罚的藤条。如拒绝，根据现有条款，触犯者在严惩后须另加10下鞭笞的处罚，以示惩戒。

第27条规则给了更多如何与欧洲人相处的指导：

> 欧洲人不喜欢华人的着装，我们的亲戚朋友在街上散步或工作时不允许穿中国式长裤。若目睹违反本规者，须将违规者名字呈报给本会，违规者将受到12下鞭笞的处罚，并处以2英镑罚金，罚金奖励给举报者。
>
> 如果卷入与欧洲人的争吵，被欧洲人辱骂，那就需要找翻译来调解。肇事华人首先要受到指责……

该套规则以训诫和祈祷结束：

> 希望我们的族人会得到很多金子。谚语说"有志者事竟成"，你会得到大量的金子来回报你的真诚。
>
> 让我们收获南方大地的产物吧，我们聚敛它是为了我们的中国。
>
> 慷慨的上帝给我们以幸福和保护。这是多么美好和高尚啊！
>
> 让幸福快乐都聚集在这里！
>
> 咸丰四年十一月六日

在1854年，"四邑"人一致通过了这些规则。

在19世纪80年代，冈州会和四邑会依然存在。而另一个强大的社团义兴会，在其他社会组织形成之后很快形成，并且扩展到其他殖民地。义兴会更加机密和暴力，它的目标在于消除满族皇帝。该会对澳大利亚几乎没有影响。这个强大的组织在改名之前一直持续发展到20世纪。

1854年6月,华人秘密组织或氏族成员秘密帮助了荷兰船"马维纳"号的13个乘客上岸。该船为塔斯马尼亚带来了很多茶叶,不再前往墨尔本。那些乘客给这些华人提供了拮据的船费,让这些华人乘坐海上商船"克拉伦斯"号从劳塞斯通出发到墨尔本。为这些人准备票款的阿龙是威灵顿大街的钟表匠。1854年,塔斯马尼亚的华人很少,显然,阿龙能说一口流利的英语。

懂英语、能用中文写作对一个人能产生巨大影响,如果他有经商天赋,这些知识便能给他带来财富。约翰·阿陆成为巴拉瑞特的首领之一。何泉也是如此,他在英格兰待了9年,于1854年2月来到矿区,是名华人基督徒。起初,这两人和其他少数人是仅有的几个有能力说服金矿区监理来抵抗欧洲人的野蛮行为的人。

当华人来到本迪戈或巴拉瑞特时,孩子们都向他们扔石头。男人们将他们掀翻,拽着他们的辫子走,其他人也向他们投掷石块。1854年6月7日,欧洲矿工赶走了上本迪戈的一群华人。威廉·多诺文是一个暴躁的苏格兰人,他建议召开一个有1200个矿工参加的会议,呼吁赶走矿区所有华人。他决定在7月4日召开此次会议。这件事激怒了美国人,也激怒了居民委员会官员约瑟·潘。他亲自去见多诺文,并对其加以狠狠训斥,这迫使多诺文在整个矿区贴出公告声称"在广告专栏上出现的关于他的错误报道严重伤害了他的公民权利,他要求所有矿工在7月4日当天保持安静"。

骚扰继续在有华人居住的地方横行,这种骚扰具有孤立性与间歇性。一部分矿工没有感到暴力的存在,而另一些矿工却置身于偶尔的谋杀中。大部分纠纷是关于矿地占有、盗窃以及用水权问题的。澳大利亚时有水荒,当雨水不多时,水资源就会短缺。在水源地附近经常会有打架事件的发生以及刀枪交锋的暴力行为,这时华人就会搬到别处,他们想避免暴力,除非这些暴力发生在他们自己中间。

1854年的最后几个月里,在巴拉瑞特的掘金者们将其愤怒投放在反政府上。人们期望6月份到达的新总督查尔斯·霍瑟姆爵士解决这群矿工的问题。然而,在发现殖民地财政赤字达100万英镑(其中28万英镑开支不明)后,他反而开始制定每周两次的许可证搜查制度,以增加税收。带着专制而可笑的狂妄自大,霍瑟姆爵士在9月巡视了整个矿区,把掘金者们对他的期许理解成对现状的满足。他写了一封饱含热情的汇报给英国殖民部部长乔治·格雷先生:

> 我首先去了巴拉瑞特,包括安息日在内,共在那里待了3天。我见到了一群有秩序且服从指挥的人,尤其是在星期天的勘察中。他们基本上住在帐篷里,妇女和儿童占了很大比例。各种教派、各个国家的人都在掘金;这里呈现出平和的景象,还有一种各社团都引以为豪的自信……我走访了

著名的亚历山大山附近的卡斯特缅因，身处热情的淘金者之中，被那忠诚的呐喊所震撼。在距离该城 3 公里以外，游行队伍和我的马车相遇，他们展示着各种图案的旗帜，发表着演说。我穿过周边的掘金者，在"森林溪"的旷野上，享受了掘金者们的招待，他们为我准备了可口的点心。我应邀参加了一个 300 人的公众早宴，那里的人似乎对女王代表忠心不二。这就是卡斯特缅因。当然也有不寻常的事，在本迪戈的示威运动，由不少于 25000 人组成的队伍从城镇开过来见我，他们以强力把我的马从马车上拉下来，将马套在他们的车上，再把车拖到城里。城里到处是象征胜利的拱门、旗帜、乐队的音乐和装饰华丽的车，还有持续不断的欢呼声……正是在此地发起了反对实行许可证费的运动。就是在附近的地表发现了黄金；那些小资产者——如果他们幸运的话，就不反对税收，但如果他们背运，就不愿支付这些小钱……

尤里卡栅栏事件

在上述报告到达伦敦的前两天，尤里卡发生了一场暴动。这使霍瑟姆崩溃。

事情发生在一个清晨，在巴拉瑞特一座装潢精致的新旅馆前。前囚犯詹姆斯·本特利在墨尔本靠做糖果发迹，还交了些有影响力的朋友。他卖掉了工厂，搬迁到巴拉瑞特，花了 2 万英镑（相当于今天的几百万美金）建了这座占地面积达到 1/5 公顷的旅馆。

旅馆有一个独立餐厅、一个保龄球道，后院还有一个马厩。这是一座精致的楼房，屋顶是用木板钉成的，墙壁上装有很宽的挡雨板，但也没有人们料想中那样奢华。它的名声与外表不符。它有"屠宰场"的名声：掘金者们在这里被下药、抢劫，然后被扔到大街上。

1854 年 10 月 7 日凌晨 1 点，2 个苏格兰人——詹姆斯·斯考比和他的伙计马丁酗酒后正往他们的帐篷里走。本特利旅馆已打烊，但他们注意到酒吧里有光亮。于是他们敲了酒吧的门，想喝上最后一杯，但无人回应。斯考比猛地敲打窗户，把它打碎。本特利夫人尖叫起来。本特利与詹姆斯·法雷尔——一个曾为他工作的退休警察冲了出来。本特利把马丁击晕，所以马丁后来人事不省。某人——可能是法雷尔——用铁锹击打斯考比头部。第二天早晨，斯考比被发现死在了大街上。

法雷尔、本特利和他的夫人被带到当地法庭，然而，当地警察局法官约翰·德尤斯（本特利先生的朋友，据说他享有旅馆分红），还有那专横的政府居委会代表罗伯特·雷德将他们赦免了。这个极为明显的不公正判决加重了由搜寻许可证引起的民愤。成百名掘金者在旅馆附近汇合，愤怒愈演愈烈，直至爆发。人们打算以私刑处死本特利，但他逃走了。

越来越多的士兵赶了过来，警察也接踵而至。雷德没有打算安抚这些掘金者，反倒是像教训他们"谁是老板"一样，这激起了更激烈的反抗。那些在尤里卡和砂石坑地区的矿井底部工作的矿工，要不断地从30～40米的地下跑到地上来出示他们的采矿许可证。这些人大多憎恨征收许可证费。由于地表不稳，矿井内必须不断地铺路，将路铺至矿井底部需要4个人花费8～10个月的时间。在这期间，他们不仅要自己支付供给费用，而且在他们不确定井下是否有金矿前还要花费60英镑（至少等于现在的25000澳元）来办40个许可证。《巴拉瑞特时报》编辑亨瑞·悉坎普于1854年10月28日写道："这不是罚款、关押、赋税和刺刀……这是关注人们的需求和公平权利。"掌权者们觉得这样的言辞很有煽动性。

1854年11月11日，倦怠了的掘金者们组建了巴拉瑞特改革协会。一些小组开始抵制许可证搜寻者并公然焚烧许可证。该协会希望能引起大规模的焚烧，但因为许可证太昂贵，很少有人愿意将其焚烧。墨尔本派了更多军队来维持秩序。掘金者们埋伏起来，掀翻了装有设备的推车，杀死了一个军队的鼓手。此事使得他们失去了士兵对他们的同情。雷德又安排了一次许可证检查。在小规模打斗中，有几人受了伤。

当地的监理官营地显示当权者似乎正准备一场战争。爱尔兰人彼得·莱勒是尤里卡掘金队的一员，他要求更多实际行动而非开会或以"改革协会"的名义请愿，这也是受了协会秘书长约翰·汉弗莱的影响。莱勒升起一面缀着星形图案和十字架的蓝色旗帜，宣告"自由"，并向站在他面前的光着头、举着手的同伴们起誓。他们收集了步枪和火药，放肆地谈论着独立和接管殖民地。他们在尤里卡矿区的帐篷和矿井周围搭建起一道天然的防护墙，这就是著名的"尤里卡栅栏"。几乎没人知道他们要用这堵墙做什么：或许是用来掩护无证人员的撤退，或许是用来防御袭击的屏障。这道防护墙旁有装备精良的士兵日夜看守。通过的口令是"醋山"，这个让人联想到爱尔兰人在澳大利亚和爱尔兰的辛酸故事。1798年，爱尔兰起义者在韦克斯福德郡的醋山被打败，当时他们在法国军队的援助下，正努力与法国大革命呼应。1804年，持续增多的爱尔兰犯人的叛乱被镇压，靠近悉尼的罗斯岭被讽刺性地称为"醋山"。尤里卡的爱尔兰人将来自其他国家漂流到这里的淘金者聚集起来。通过一名德国铁匠，一支在金矿地穿行的进行招兵买马的德国乐队在炮台附近组织起来。他们在防护墙内一心一意地工作，加热、捶打、削尖还有销售那些被他称作"修理红色蟾蜍"的粗糙长矛。然而，太多的抵御者跑去庆祝胜利了。在1854年12月3日早晨，墙内只有150名掘金者，而且大部分都在沉睡中，一支由步兵、装甲兵、骑兵还有警察组成的队伍，一共276人，向"尤里卡栅栏"发起了攻击。

莱勒唤醒了他的部下。他们交火了。怀斯长官和5名士兵阵亡，12名士兵受重伤。然后，士兵们炸开了栅栏，在枪林弹雨中匍匐前进。战火在20分钟后停息。最终，22名掘金者死亡，12名受伤，其中彼得·莱勒被遗弃在浅矿中。发了疯的士兵打算杀掉所有被困的掘金者。据说他们的长官要求他们严守纪律，但谣言却说，掘金者在他们的帐篷里遭受杀害，至少有40人死亡。

史密斯教父找到了莱勒，发现他还活着，但有一只手臂严重溃烂。他把莱勒藏了起来。另2个领导者——来自汉诺威的弗莱德里克·温尔和英国人乔治·布莱克也在逃亡中。很多掘金者被逮捕，但很快又被释放。有13人被拘禁。而置于3个失踪领导者头像上的悬赏金额也贴了出来——威尔500英镑，莱勒和布莱克各400英镑。掘金者们对他们的去向保持沉默。然而，莱勒实际上一直待在巴拉瑞特的帐篷里，直到那只重伤的手臂痊愈。

霍瑟姆组织了一个金矿调查委员会，但他反对所有建议，也未发布赦免令，判处13名俘虏叛国罪。在1855年2月到3月间，俘虏们被传到了维多利亚最高法院前。杰出而年轻的巴特勒·柯尔·阿斯皮奈尔律师为他们辩护。他让被控告的奈戈洛和乔斯弗斯模拟法庭审判。"他看起来就像个阴谋家，不是吗？就是那种，你可以想象到的，通过制造阴谋来推翻英国宪法的类型。"接着，13名俘虏一个个地获释了。惊喜是巨大的。

几天后，金矿调查委员会的调查落地了："……金矿营地当局的主管……迎合了警方的判断，未能妥当地保护人民，而倾向于武力镇压……法律不能孤立地建立在抽象原则或权利上，而是要与人性相适应。委员会一致要求即刻废除许可证收费……严重的大规模暴动通常是一个信号，表明政府和老百姓都有错……"这篇报告顾及了金矿区的方方面面。6名委员在1855年3月27日签署了协议，他们中包括3名立法会成员——主席威廉·维斯特加瑟，他是墨尔本商会创始人并曾任其第一任主席；约翰·奥山纳西，他是后来的维多利亚总理；约翰·帕斯柯·福克纳①，他是墨尔本的创始人。

这三个人实行了最大限度的宽恕。委员会建议，用金矿出口税取代许可证费，矿工探索金矿的年费为1英镑。所以，掘金者变成了矿工。霍瑟姆对这个决议大为震惊，他彻底崩溃了，于1855年12月31日逝世。

金矿调查委员会的委员们还记录了他们的惊异：在旅行中发现了很多华人。"华人的数字，尽管已经大得惊人，但仍在快速增长，且可能因废除许可证费而增长得更快。在本次考察中，整个殖民地矿区的华人已达10000名，这简直不可思议……华人矿工满足于微薄的工资，容忍着最粗暴的矿区管制。在重新清洗老矿区的地表时——这似乎是他们的主要任务——他们对水的浪费漫不经心，

---

① 约翰·帕斯柯·福克纳（John Pascoe Fawkner, 1792—1869），早期英国流放澳大利亚的囚犯后代，是澳大利亚最早的商人和墨尔本政治家。1835年，他乘船至菲利普港，在雅拉河畔创立了第一个移民区，它是墨尔本市的前身。——译者

常常使用水库里的饮用水。"委员中的一个人指出,这即将到来的"一切"可能"在未来成为一个令人不悦的事实——数量相对稀少的殖民者可能会淹没在数不清的华人里"。

在澳洲这片隐秘地之外,有一条世界大河穿过的冲积平原,那里的降雨量是维多利亚的两三倍,这些人如何知晓要花多长时间才能补充澳洲的流水?珠江三角洲的水资源使用是杂乱无章的。妇女在水渠上洗衣服,而居民则把水渠中的水带回去以作家用——尽管这些水在饮用前会被煮沸。妇女们在池塘里洗衣服,鸭子在那里游泳,水牛在那里打滚。

华人移民的人头税

维多利亚政府通过了委员们的另一项提议。1855 年 6 月,政府颁布了一部限定一定移民的法案。该条款把一艘船可运载入港的华人人数限定为每 10 吨货物可附载 1 名华人,并向每个进港华人征收 10 英镑人头税。船长负责收集税款。这部法案还允许在必要时征收居住税。在这部法案被通过时,维多利亚有 17000 名华人,他们以为这笔税是医疗费用,因为在加利福尼亚曾有一条类似的法规,它以为华人建医院提供医疗保障为借口敛钱。

霍斯恩还向乔治·格雷爵士提出了另一项关于限制措施的建议。"我希望您能够同意向中国、新加坡或其他英国的口岸送达一份公告,正式通知他们,运送华人到这个殖民地的船长必须使进港的男女数量相等(他们一定做不到),违者罚款,罚款金额为舱内的单身男性乘客每人 10 英镑,其余单身男性每人 2 英镑。倘若您不对这件事加以干涉,我们这片采金地上的青年将会被培养成道德沦丧的挥霍之徒。"

这条法规本来会直接导致所有华人都无法前来。虽然中国的官吏们并不反对船上载着女人,但是,女人的职责就是留守家乡、供养家庭、保养田地、敬拜祖宗,直到男人回到家中,否则,全村乃至全族的名誉都可能会丧失。大批女人的离开将会瓦解中国的社会结构。

对华人之间同性恋的担忧是荒谬的。尽管从未有过半点证据,但这种担忧还是一再变成一个被规定的事实。中国那些贪图享乐的富豪们把男孩子作为一种消遣。那些被奴役的苦力被卖到秘鲁的由海鸟粪沉积而成的岛屿上,或者是古巴的甘蔗地里,被黑人鞭打着起早工作,又被鞭打着回到自己的帐篷,他们自然会彼此寻求慰藉。但在澳大利亚的华人大多是自由的年轻男人,他们指望着在一两年内挣到钱然后回家结婚。尽管报纸上经常有关于同性恋这一反常犯罪的报道,但其中很少有涉及华人的。华人中的同性恋可能少于那些做过囚犯的澳大利亚矿工中的同性恋,因为后者已习惯了在艰苦劳作的年月里远离女人。

在对这非同寻常的首部限制法案的辩论中，一些议员强烈建议应把所有华人遣送回国。这使华人警觉，因为有人一度以为这些建议已铸成法律。他们的忧虑则成就了一个非同凡响的文件，那就是周泉请愿书。有些历史学家质疑它的真实性，因为既没有文件被提交至立法委员会的记录，也没名叫周泉的墨尔本商人的记载。但我相信是真的。文件读上去很真实。当时在维多利亚的一个叫安托万·福舍里的人把它翻译出来，并将其作为真实的请愿书载入了他的书中。这部请愿书中列出了来澳洲华人中的杰出人才，这份名单使请愿书变得十分宝贵。在名单之列的是杰出的工匠们。这是一个很长的文件，以下只是它的节选。

周泉请愿书

我于近日抵达墨尔本。我是个明辨是非的人，也是清朝官员秦大全的五表弟，秦在邻近澳门的地方拥有几座庭园……根据我们的翻译阿仔的叙述，我得知所有那些大清帝国来此的侨民目前深受威胁，我的震惊难以言表，手中的竹子也被我刻得疤痕累累，斑驳丑陋……

我们华人卑微地踏上你们这片秀丽宜人的海岸，为何只招来你们的怒火？我们想要知道答案。人总是需要指导的，尤其是当他身处陌生之地时。

我们的翻译阿仔是不会欺骗我们的。阿仔是一位值得尊敬的年轻人，他是怡和行和广利行的前任代理商，也是一位茶商；但也有可能是他失实地翻译了你们的辩论，又转述给了我们。这是我的看法，也是广东最有影响力的裁缝之一费爱勇的看法，而他的观点对我们相当重要。我会进一步探求答案的。我们中的每一位可敬的智者与我都有着同样想法，而费爱勇则坚信一定是阿仔的眼睛出了问题……

我敢保证，在我们之中有着许多能人巧匠。我们当中有懂得如何去栽植各种花卉水果的园丁们，有致力于珍贵木材和象牙的木匠和工匠们，还有2位美化和装饰桥梁的内行。此外，我们还拥有优秀的农学家，他们懂得该如何在肥沃或贫瘠的土地上耕种，其中尤为杰出的是李律和他的5个侄子。我们尤其想介绍一位姓姚的人才，他是风筝大师，他的风筝有长长的双翼和巧夺天工的玻璃眼珠。我们也想举荐小林，他会完美地驯养鱼、鸟、狗和猫。其实我们还有很多这样的人才，比如，绝不允许任何食材被拙劣地调和或有一丁点浪费的美厨；锁匠、玩具家、制作阳伞的工匠——我们生活中不可或缺的人；纸牌游戏的发明者，技艺精湛的巧匠，雕刻扇子和棋子的工匠，甚至还有会做乐器的技师，会演奏那些乐器的乐手！为何你们要让所有这些能工巧匠都蒙受耻辱呢？……

结束之前我还有几句话想说。我知道，领导着这个国家的总督们都是从最杰出、最明智的人中脱颖而出的。我还知道，这座城市以外还有广袤的土地等待开垦……拥有如此广阔的土地，是令人喜悦的，它让人能够自豪地说：这是我的土地，我的果园，我的农场……

假如我所说的合情合理，我知道会有人认真地聆听并认同我的想法……我们怀着满心的谦卑与恭敬，静候一个如唇红色般（红色象征喜悦）令人欢愉的答复。

穿越南澳大利亚

坦白说，华人走了一步好棋。他们经由无须缴纳人头税的南澳大利亚，步行至维多利亚金矿。那部新法案的漏洞在于并未许可在殖民地交界处征收人头税。

起初，华人经由阿德莱德上岸。1856年1月23日，"劳塞斯通"号载着240名华人进港，一位声誉卓著的城里商人回国雇用了其中的150人为他开垦金矿。上岸仅仅半个小时，他们就在空地上搭好了帐篷（帐篷是白棉布做的，并不稳固），生好了火准备煮茶。许多看到这一幕的人都惊叹于华人搭建帐篷之迅速。紧接着，阿德莱德港及市区内就会出现这些华人上街贩卖商品的身影，商品是他们自己带来的，有缀着珠子的钱包，有草帽、扇子、黑墨水，还有鸡毛掸子。他们还用自己的铜钱和那里的小孩交换便士或者半便士的硬币。这可是一笔绝好的交易。他们用于流通的是那种中心有个圆洞或方洞的圆形或八角形硬币，其价值仅为1便士的1/20。"他们衣着干净，举止得体。"《南澳纪事报》评论道。

那位商人（可惜没有关于他的名字的记载）还雇了一名在码头工作的搬运工，叫莱昂内尔·爱德华兹，他领着那些华人到金矿去，报酬是每人2英镑。他提供了5辆双马板车和驾车人来运送那些沉甸甸的器械。就这样，他们跟在板车后头，沿着托美尔护送路——即那时为人所知的大东方之路——鱼贯出发了。每辆板车的顶部都坐着一些人，他们紧紧抓住那些在高处摇摇欲坠的货物。由于签订了合同，爱德华兹一路上表现得还不错。他在矿区卖掉了自己的马匹和板车，得到了一笔不菲的收益，然后坐船回了家。

其余的那些华人仍然待在港口附近的帐篷里，一边在码头做装卸工，一边合计着钱以及最佳路线。

1856年2月29日，从新加坡来的"莉娜"号帆船上的另外96名华人也加入了他们的行列。同年3月3日，"芭拉芭拉"号载着120人南下到了桂珍湾，一小部分人在洛泊港栖息下来。从那里步行到维多利亚金矿，路程缩短了300公里。4月3日，"芭拉芭拉"号返航休憩。这艘载重337吨的小型汽船每月不

第二章 金山客

定期地驶向墨尔本。

一艘艘搭载华人的轮船接踵而至,"芭拉芭拉"号开始了一段意义非凡的旅程。1856年4月中的第3周,80名乘客乘坐它度过了艰难之旅。由于强劲南风的袭击,船长哈勃发现无法到达未设保护的桂珍湾。他在汪洋大海中大战了三天三夜。储存在船舷上的25吨煤冲到大海里。华人中有的打扫自己的客舱,有的拥到船尾的甲板上洗菜洗衣服。因为缺乏油料,哈勃又重返港口。一两个月后,"吉姆"号也发现桂珍湾太险恶了。涨潮时,海浪更加猛烈,于是该船开往波特兰岛寻求庇护。两周过后,浪潮略有平息,船长再次尝试停靠桂珍湾,但未能如愿,所以,他们向南驶向了里沃利海湾,发现那里有个居民区,于是就让船上的110名乘客在那里下船。

"布莫兰"号也参与了运送华人的轮渡贸易,善良机敏的船长蒙罗赢得了好名声。帆船"达芙尼"号、"菲姆"号和小艇"麦基"号、"福尔莱"号载运着货物,有时也载客。这些船只的生意一度萧条,但当华人涌入时,它们就进入了忙碌期。华人旅居者使阿德莱德的商业复苏了,商业店主从早到晚和买靴子、衣服的华人讨价还价。

住船舱的矿业企业家们和住统舱的雇工们接踵而至。1856年4月16日,经过一个月的长途跋涉,来自澳门的13名乘客乘"艾玛"号抵达目的地,该船还带来了所谓的"对华人珍贵的货物"。船舱中的任何国家的乘客都有名字,并有名衔和职位,但在统舱的乘客则只有编号。

跟随父亲上船的都是9~10岁的男孩,在7月份夏威夷"布兰科将军"号船上的590人中就有90名儿童。其中一名男孩在卡斯特缅因①的大街上游荡,衣衫褴褛,赤足流血,他的父亲死于长途跋涉,因为没有同乡,所以无人照顾他,后来有人把孩子带到了"慈善家庭"。

1856年6月1日,莫累河航路开始启用,有319名乘客预定了船长麦克维的螺旋桨汽轮"莱卡哈特"号,该船开往维多利亚的一座小城易初卡,该城当时被叫作莫玛。从那里出发后航行100公里,涉过堪巴斯皮河,即可到达本迪戈。华人知道这条航线,1853年,有1名华人作为船员首次参与运营"奥古斯夫人"号船,该船是莫累河的第二条船。船长弗朗西斯·卡代尔雇用了1名华人、3名土著、2名印度人和2名东南亚岛上的岛民。

有一次,"莱卡哈特"号的航行持续了几周,航程超过了1200公里。尽管"莱卡哈特"号是当时最快的河船,但它在宽阔海域上的最大航速是每小时9海里②。当船驶入亚历山大湖域时,莫累河出现了漩涡,这对它来说是个艰巨的

---

① 卡斯特缅因(Castlemaine)是澳大利亚维多利亚州的一个城镇,位于金矿区,在墨尔本西北120公里处。——译者

② 1海里=1.852千米。——译者

挑战。船陷进漩涡达75厘米深，只好在艾洛特海港驻停，乘客下船，又卸下了120吨货物，包括面粉、大米、白糖、茶、酒等。船开往浅水区，但不断移动的莫累河漩涡口拖拽着它，在古尔瓦附近打转。摆脱漩涡后，乘客和货物重新上船。几名华人站在甲板上，检查是否有人被丢下，华人总害怕被丢下。有次，许多华人都挤到了惠灵顿的一艘平底船上，无论船员如何劝说也不听，这艘船后来在中游沉没了。

　　澳大利亚的第一条铁路线是从艾略特海港到古尔瓦，约有12公里。因为前3公里是走下坡路，火车是免费的，之后要用马拉着火车走完剩下的路。这条路线于1854年开始运行，先延伸到墨尔本，后延伸到悉尼，之后蒸汽铁路迅速蔓延开来。华人众多，车厢太小，所以他们通常是步行，而火车主要运输的是他们分量最重的货物。

　　到1856年7月2日，《南澳纪事报》报道了一大批华人到达莫累河，遗憾的是，该报并未公布其他准确数据。但显然，那条路线让维多利亚政府感到担忧。他们正想方设法地让他们的航海条例适用于航河条例，他们向南澳大利亚政府发了一份条例副本并表示抗议。1856年7月28日，英国殖民部部长福尼斯冷淡地做了回复："国王陛下让我代表她表达她的意见：你们发来的航海条例不适于莫累河上航行的船只。"

　　19名华人花42英镑买了马匹和马车，在当时这是个很高的价格，至少相当于今天的17500美元，但他们欣喜若狂，跑到《南澳纪事报》办公室，向总编出示了收据。他们的旅行没有向导，只是沿着库荣路线走。150公里的旅程并不孤单，因为每隔20公里就有旅馆或酒吧。而在横跨大路的途中，在无人水域和废墟的拐弯处有漫漫长路，常常会使人迷失，误入亚莫雷沙漠。

　　另外的120名华人买了板车和牛马，雇用了白人司机，还雇用了卡瑞街的木匠帕特作为发言人和财务。他们来到穆特巴克街的"大山棚屋"，在那里过夜。第二天一早，和其他5人睡在一起的帕特说，装着大伙所有资金的钱包被偷了。在众人惊恐之后，他们开始指责帕特是小偷，有些人为他辩护，另一些人则认为他要为损失付出代价。他们拔出了刀子，帕特仓皇而逃，追杀的人们在奥斯穆德峡谷抓住了他，准备在大街上将他处死，结果路人报了警。两位骑警飞奔而来，挥舞着刀剑。愤怒的人们抓住马镫想把他们拽下来，于是骑警挥舞着刀剑杀开一条路，成功解救了帕特，之后又喊来了医生为其包扎伤口。

　　华人把平板车和牛马卖给了一个酒店老板，一行人徒步返回阿德莱德，然后买了辆轻便马车和一匹马，因为此类交通工具必不可少。1856年的冬天，南澳大利亚迎来史上最潮湿季节，长达几百米的路被60～90厘米的积水淹没。

　　华人在阿德莱德港的营地似乎更加稳定。那些码头工人已铺好了帐篷里的地面，并使用了睡垫。但是，他们缺乏新鲜的水和柴火。于是，公园里的树和警察局驯马场里的树木消失了。家庭主妇们得时时小心守护家居水池和接雨的水桶。如果司机把车停在华人营地旁边，第二天一早他们的锅炉就空空如也。之后，白人码头工人开始为自己的饭碗担忧，做了很多对华人工人不好的事情，迫使华工最后打包走人了。

1856年，有6200多名华人经过阿德莱德港，其中约有4300人下行到洛泊港，几百人上行到莫累河，有一两百人向库荣行进，其余的则横穿大陆。

贸易之风在1856年9月渐渐平息了，当12月中旬再度兴起时，各种船只直奔桂珍湾。华人利用休整期做了种种改善和准备。考虑到华人的人数、肩负的重量、跋涉的路程（大约500公里）和本土的自然气候，1856—1857年华人的南澳大利亚之行是史上最令人惊叹的旅行。

1857年1月17日，搭载264名华人乘客的"克科岛"号轮船抵达，紧跟着的是1月29日载着307名乘客的"康沃尔"号轮船。这两条船都是英国轮船，随后来的另一条英国船"辉腾"号于2月2日在海上沉没。该船由美国制造，是第二次出海。船长威廉·莫尔森的航海日志记录了航海时发生的悲剧：

> 上午7点，我看见在董贝角东8英里处有一块方尖碑。7点半到达海岸，8点半停靠海湾，海风不止，水深五寻①。放舵时，船未停稳……轮船随西南风飘移。风越来越大，绳索绷紧了，我立即通知所有的船员，并把锚连到缆绳上去，10分钟内就有大量的水从漏洞中流入船舱，不久后船就渐渐下沉。船上的工作人员立即放下救生筏，大浪把船冲向一边倾斜，船舱里的水已经有了3英尺高。当所有的乘客登陆时，太阳已经下山了。

虽然在这次事故中无人丧生，但由于船下沉很快，货物和乘客的包裹皆葬身大海。莫理循和妻子及家人一起旅行。离开香港没几天，大海就葬送了他们的一个孩子。桂珍湾没有引航员，大海喜怒无常，英尔森船长惊慌失措，一筹莫展。墨尔本代理商格雷·马歇尔公司派出"白天鹅"号船，给一无所有的250名乘客送去了衣物和救济金。

那一年，还有3艘搭载华人的轮船翻沉，但这几艘船最终安全到达了海岸。1857年4月，"葡萄"号大副（那时船长已在海上去世了）抄近路时走错道撞到了方尖碑上，造成船体破损，轮船很快开始下沉，于是大副全速将船开到岸边，400名乘客和18名船员因此获救。

1857年6月30日，一艘荷兰船"克宁威廉"号驶出香港，船上载有397名乘客。他们度过了一次恐怖之旅，说这艘船是"彻底的烂木头"。华人不分昼夜地轮流观察着发动机。在乘客们陆续登陆后，船长盖珍像其他船长一样把船驶进深水锚定，但没有求助于当地政府的船舶用具。一场恐怖的风暴袭来，

---

① 寻是古代长度单位，一寻等于八尺。也有说七尺、六尺为一寻的。——译者

颠簸的船拖动着锚，铰链崩溃了，之后"船就搁浅了"。船上的水手放下一只救生艇，装了 25 人，随后缆绳断了，而最后的下船者——船长还在悬梯上。救生艇快速驶出，一路摇摇晃晃，最后颠覆了。洛泊港的居民组成人体长桥，救出在浪中翻滚的 9 个人，其余全淹死了。当船受损时，船长在船尾甲板上焦虑地上下走动，无人给他提供救生艇。大约晚上 10 点，大风和潮汐稍稍有所改变，他把自己系在一只木桶上飘向海岸。那些岸上观察者接过绳索，把他从浪中安全地拖到了岸上。

1875 年 8 月失事的"曼霍"号船引起了巨大的恐慌，因为船上有位乘客死时患有麻风病。这艘在葡萄牙制造的船，由马来西亚人驾驶，载有 388 名华人。由于船上的淡水将要用完，船需绕过桂珍湾，到圣文森海港补充供应。当晚，船停泊在威朗加海港深水区，不料夜里刮起了飓风，铁锚被拔起，船被迫靠岸，乘客们在黑暗中安全登陆。一艘名为"青年澳大利亚"号轮船和港口的船工一起赶来营救，他们卸掉储藏物品，拆掉帆桅，倒掉压舱物，抽出货仓进水（水大概有 1.2 米深），以便船能够再次航行。

1857 年，32 艘船在南澳大利亚洛泊港登陆，其中有 14615 名华人男子和 1 名华人妇女，他们行进在神奇的南澳大利亚东南方古老的海域边缘。一些当地流浪汉从他们身上榨取了钱财，这些人担任一两天向导，收取每名华人 1 英镑的高额费用，给他们指出大致的方向，便扬长而去。一个叫伯松的人诚实地为不少华人带路，潘娜拉和其他镇的牧羊人也曾为几百名的华人领过路。

南部和西部的海岸有一层由贝壳形成的 30 米高的天然屏障，使陆地不受海洋的侵害。这些屏障一直延伸到内陆 20 公里远，越接近内陆，坡度就越低，屏障也就更加坚固。当那些华人们看到这些屏障时，它们一层层被根深蒂固的野草覆盖，大部分是袋鼠草，还散布着一些木麻黄属的植物。而现在，这里生长着海岸金合欢和茂盛的灌木，它们取代了被野兔破坏的植被。早期的牧羊场主在这片长势似乎很好的草地上放养牛羊等牲畜，但不知为什么，这些牛羊都莫名其妙地死亡了。直到 20 世纪，科学家们才找出这种"海岸病"的病因——当地牧草缺乏铜和钴元素，而这两种元素都是欧洲牲畜不可或缺的。

东南部海拔高处的地区，土壤下面覆盖着蜂巢状的石灰岩。这里没有河流，也少有溪水，然而水资源却很丰沛，水从石灰岩的小孔中流动，经过一系列地形复杂的蓄水层，流到海里或者是维多利亚的格雷尔戈河中。这些蓄水层都是相同的，一般水要穿过两三层蓄水层才能最终流出岩石。有一些地下水承载着压力，所以在工人钻孔的时候，这些地下水可能会喷出来。

沙丘地区也聚集了很多水，好长时间后水才被排干。雨水由沙子中渗出，并汇入湖泊和沼泽地，然后沿着一些数量不多的小溪汇入库荣，一条新鲜的咸水河沿着海岸蜿蜒 100 公里，流入亚历山大湖。这片温暖的、浅浅的、受保护的水域为许多鱼类提供了产卵地。整片东南区域是青蛙和水鸟繁殖的理想地带，

第二章 金山客

这里有成千上万种生物，比如鸭子，成千上万的灰鸭一群一群地聚在一起，还有黑天鹅、鹈鹕、朱鹭、白鹭、篦鹭，以及曾经是洛泊象征的棕夜鹭。现在这些水鸟成天悠闲地在茂密的树荫下乘凉，闭目养神，胸部的羽毛蓬起，看起来倒像是一排脏兮兮的等着晾干的白拖把。黄昏时刻，它们呱呱叫两声，整整羽毛，然后展翅去寻觅夜宵。

澳大利亚东南部的整个生态系统发生了改变。库荣似乎成了洪水的必经之路。每年冬天，东南部超过一半的陆地都会被水淹没。1863年，人们开始开辟一条水道来排掉库荣湖里多余的水，并持续不停，最终开辟了2000公里的水渠并修建了400多座桥，增加了400000公顷的沃土。虽然修建和维护人工渠的花费不是很大，但谁能知道那片土地每年产出的庄稼和库荣湖里损失的鱼是否等价呢？再有，由于开凿人工渠而失去了鸟类，其价值又是多少呢？

洛泊曾是一个出口羊毛的港口。供应商们从各地牧场的小路过来，在羊棚里装上货，然后赶着牛群向洛泊港进发。他们会弄些平底船，装上货包，驶向停泊在深水处的汽船。

从那些汽船卸载下来的有华人，其他各种船也装载着华人。为了上岸，华人讨价还价，但没有太大余地，他们得支付相当于被勒索的高价来换取登陆。水手把他们的东西扔到旁边的船上，东西有时会被弄丢或者被扔进大海。犹豫的乘客可能会连人带包一起被扔到海里。1857年3月的某个晚上，洛泊的警察赶到"威廉·迈尔斯"号船上，逮捕了4个曾经卸下649名华人的水手。第二天，洛泊法庭宣判他们每人被罚款5英镑，以此来惩罚"他们对那些可怜无助者的残暴罪行"。

洛泊的医生们在小镇外围临时搭起营地，为一批批新的到来者提供帮助。在1856年间，100名贫困的苏格兰人背井离乡来到澳大利亚，他们一直住在城镇外的空地上，直至找到牧羊人的工作，当地区居民对此很反感。那些牧羊人修建的石墙却依然屹立在许多领域。

那时多达3000名华人居住在洛泊的营地里。200名当地人开始隐隐感觉不安，编辑和议员们也是如此，他们问道："英国是否和中国开战了呢？"由于查尔斯·布鲁尔上尉——政府驻地代表和法官申请军队过来坐镇，于是"布拉布拉"号船就从12团派遣了25名士兵和1名军官来维护秩序。布鲁尔的妻子并不害怕那些华人，当痢疾或是伤寒症在华人中大规模爆发时，她亲自照顾那些病人，最终染上病去世了，年仅49岁。

对潘诺拉镇的牧羊人们来说，华人的营地及其采矿设备十分有价值。派特·布莱克、约翰·霍格和艾萨克·梅斯戴德是潘诺拉镇的领袖。1970年，我在潘诺拉镇遇到诗人萧伯纳·尼尔森的兄弟杰克·尼尔森，这些名字是他告诉我的。杰克·尼尔森当时年届90，却赶来听我谈论澳大利亚的诗歌。当年他开始工作时，担任羊毛捆装场的羊毛采集工，那时只能睡在不到9英尺高的三层床上，铺上的稻草也有很多尘土。如果睡在上铺的人总是乱动，下面的人就会无法入睡。杰克还告诉了我他母亲年轻时与华人打交道的经历。

那些牧羊人带领着100～300名华人，收取每人10先令到1英镑的费用。他们沿着自己熟悉的路线从一个牧场站转到另一个牧场站，走在最前面的是四轮马车，紧跟其后的是一排长辫子的华人。因为有肩上的扁担，所以他们之间保持一定的距离，队伍拉得很长，总共有3000米。他们边走边唱边聊天，扁担在肩上轮换。"嗯"表示知道了，"吗"或"呢"表示疑问，"好"表示OK……

最受牧人欢迎的一家店叫作"袋鼠客栈"，从洛泊出发到这家客栈要走两天，经甘比尔山（那时候还叫甘比尔镇）的一条岔路来到这里。在"袋鼠客栈"，他们喝得酩酊大醉，能醉上两三天，而那些华人则赌钱。狂欢之后，他们要用一两天找回失散的牛群。他们也在潘诺拉镇停留几天，都想好好休息一下。尼尔森夫人记得梅斯戴德夫人上街时钱包里装着100英镑，兴奋不已。由于当地人对华人的敌意，牧人就让那些华人在距自己营地几公里以外的地方休息。

在冬季，地势较低的村庄总是很潮湿，华人得找到高地宿营。不少各地的运输者担任了向导，曾有一些华人和向导在南澳大利亚和维多利亚边界被海关抓了起来，罪名是逃避海关检查，但警方发现他们并无扣押权。许多华人踽踽独行，沿西部边缘的伊莱扎湖、圣克莱尔乔治湖至瑞欧丽湾，朝南挺进，从东海岸穿越大陆，或下行穿越冈比亚山，朝着更长的海岸线前行。那些曾穿过潘诺拉或穿越现今维多利亚的卡朗度和塔皮那的华人，继续朝着去汉密尔顿的万纳河行进，经两天步行后，他们或者转向东北，到达威廉山（阿勒山）、卡斯特缅因、本迪戈，或者径直朝着巴拉瑞特前进。为了给后继者引路，无论前往南澳大利亚何地，他们都会划破树干，刻上矩形标志。华人向当地的地主购买或交换蔬菜，有时会在夜晚突袭菜园，或从未上锁的储藏室弄点儿土豆。他们还会买羊，屠宰后把毛从皮上弄掉，就好像我们剔除猪毛一样。当地牧民嘲笑他们是"无知的野蛮人，竟然不知怎样剥去羊皮"。华人则认为，只有长着大鼻子的残酷野蛮人才会去掉羊皮，须知羊皮是羊肉的重要部分。

一些华人承担了食物供给工作，也有人投身建筑，或者成为契约工。在维多利亚伊登霍普南部有个羊毛场，据说是从南澳大利亚来的华人建立的。

1970年，我们来到洛泊时发现，当地居民仍然保存着当年大量涌入的华人的遗物，他们出卖这些东西，然而一些物品因为体积过大或太沉而被扔掉。在每条路的每个井旁都会发现显眼的铜钱和陶罐碎片。凯特·伯明翰有一个画框，它由几百个2厘米长的彼此勾连的小木条构成。她还有一把藤椅，样式漂亮，其背面画着一条扬尾金鱼，金鱼的两只大眼睛以不平衡和不规则的主旋律在整张椅子上不停地重复。中国式设计遵循不平衡原则。阿莱克·布鲁曼是一名早期移民者的后代，他有着一个用大理石制造的盐钵和一个木制的碾槌，是用来去掉谷粒外壳的，但因为太沉，移动起来颇为困难。

洛泊有很多用当地石块建造的宏伟建筑，上面镶嵌着许多不同种类的小贝壳，然而这些东西在20世纪50—60年代的狂热的现代化运动中，被那些不称职的、高傲的腐败议员毁坏了。

为了安抚维多利亚人，议员们抨击说，法律应有益于南澳大利亚的商业发展，于是在1857年6月，南澳大利亚议会出台了一部与维多利亚相同的限制华人法案。1857年11月1日，该法案正式成为法律，这就是说当1858年季节贸易上扬时，载着华人的船却只能一只只地驶向悉尼或双湾。仅在1858年的六七月份，就有4000名华人在悉尼登陆。华人成了逃避麻烦法律的能手。

从中国开往澳洲，船长们使用了4条路线，线路据风向和船长的突发奇想做出改变。厦门和上海的线路：他们行经新大不列颠东、穿过珊瑚海抵达悉尼和墨尔本。黄埔与香港线路：他们经行新加坡，向东通过托雷斯海峡，到达东海岸，或经马尼拉，穿过安汶海峡到托雷斯海峡。另两条线路——下行至西海岸和环绕澳大利亚西南角的勒文海角也可到达澳大利亚，即穿过望加锡海峡以及爪哇东部的龙目岛海峡，或是穿过苏门答腊岛和爪哇之间相隔的巽他海峡。完成整个航程需70～120天。

有些作家宣称，那些无赖的船长为了躲避维多利亚对载客过多的惩罚，在桂珍湾就丢下华人。很有可能在阿德莱德港下船的首批华人乘客不知道要走多远才能到达金矿区，也未考虑到旅行费用。当限制华人法通过时，华人已经在开来的船上了。当最新消息传到中国内地和香港时，警告就会贴出来。尽管这些消息很快由于货运利益被人掩盖，但消息还是不胫而走。紧接着，从澳大利亚寄来的信函陆续到来。回香港和中国大陆的轮船都携带着大量澳洲华人矿工的信，中国的通信系统不错。华人矿工——而不是船长——决定他们在澳洲的上岸点。事实上，华人乘客为两名船长逃避责任而打了一场成功的官司。"艾玛"号是艘速度很快的轮船，它被同意支付人头税的香港商人艾恩包租。1856年1月，"艾玛"号航海去了墨尔本，然而船主的代理人圣哲命令船长把船停靠在阿德莱德港，他在那里雇了一艘小船，要带乘客去桂珍湾。在维多利亚最高法院上，艾恩起诉了圣哲，并赢得了4500英镑的判决赔偿。1856年12月，"路易斯安娜"号的加德纳船长和119名未签约付人头税的华人到达劳赛斯通，这些人本来是要去墨尔本的。加德纳告诉乘客们，他们订的票是前往澳大利亚，而非墨尔本：劳赛斯通在澳大利亚，口粮已经发光了，他们要在当地下船。当然，华人乘客们也将他告上了法庭。他们的船票证实，大多数人约定在菲利浦港下船，一部分人是约定在澳大利亚下船。法院决定，尽管塔斯马尼亚属于澳大利亚，但并非在澳大利亚本土，且劳赛斯通并不是澳大利亚港口。

在等候开庭的间隙，"路易斯安娜"号的华人乘客贩卖丝巾、披肩、扇子、羽毛掸子以及其他什物来打发时间。"一个家庭的父亲"出于焦虑，给《康沃尔编年报》的主编写了一封信，这封信于 1856 年 12 月 13 日发表，信中表达了对中国春宫图中的色情图片的强烈不满："难道我们的法律宽恕、容许这些糟糕愚昧的异教徒和白痴散播这些下流的东西吗？这些道德败坏的下流事物无疑在降低我们的身份，那些恶心的人沉溺、放纵于淫秽的语言和行为，这让他们的父母蒙羞，也侵犯了女性的敏感神经。"

要是没有日本枕边书的煽情，要是未发现图中女子是缠足，中国的色情图画与素描看起来柔美而可爱。公众的态度现在却截然相反，悉尼街头很少有人注意到卖色情卡片的华人，但如果一个澳大利亚人在北京清教徒街上卖这些卡片又会怎样呢？

华人会被狡诈的船长诱骗。1856 年，一个华人男子带着 200 英镑的巨款在墨尔本登上英式巨轮"朋友"号回家。船长威廉 J. 李用高利诱惑该男子借出那些钱财。他在香港进关并交纳了费用，然后航行到上海，然后是汕头，在那里装载了价值几千英镑的糖和其他货物。他让华人乘客在汕头下船，而非香港。船长在那里的财务室给了债主一张账单，上有明确的本息细目，但他未付任何欠款就离开了港湾，那个账单毫无用处。汕头无人知晓船长去了何处，恰如泥牛入海无消息。

攻击华人的矿工和政府

截至 1857 年 6 月，在载满华人的轮船到达新南威尔士之前，维多利亚可能已有 40000 名华人了，占当地成年男性的 17%。闹事者试图让南澳大利亚采取措施，就声称有 60000 名华人，这相当于金矿地人口的一半。其实即便发表的数字是 40000 人，也很有可能是夸张，这个数字很有可能未减去离境者，而是华人到达人数的总量。然而无论有多少华人，政府和白人矿工都对华人野蛮起来。这种恐惧是可以理解的，然而，很少有人质疑英国人在中国的行为。人们都认为自己的国家是正确的。所以，华人看起来令人厌烦，也不友善，的确，他们在这里就像是待在自己家一样。即使情有可原，也无助于人们对华人的看法。英国人已经认定华人是真正的野蛮人，所以维多利亚政府对这些不友好的人有真实的恐惧。大多数白人矿工都嫉妒华人手中的黄金。真的，太多的黄金消失在这些奇怪的外国人手中，他们无法用语言去解决困难。许多华人能够说有关贸易的洋泾浜英语，但这种语言不像新几内亚语言一样字正腔圆、新颖巧妙，而是一种粗鄙简陋、并不正统的英语，这样的英语让说话人变得荒唐可笑。即使白人愿意，他们也几乎没有机会去学习中文。中文属于中国，把他们教给"洋人"是违法的。伦敦传教会的罗伯特·马礼逊的中文老师是一个鞋匠。他每天都带着一双未修补的鞋来给马礼逊上课，如果他被朝廷发现，就会被拷打，所以他总是随身带着毒药，以逃避可能的酷刑。显然，人们不能原谅这样国家

第二章 金山客

的政府，也不能原谅这个国家的矿工。

反对华人的暴力行为一浪高过一浪，每隔几天，就会有人在某些地方攻击华人，谋杀华人的谣言已成为事实，但没有人知道到底有多少华人被杀害，比较确切地说，应该是几十个，而不是上百个或者更多。太多的谋杀会引起抗议，毕竟，在澳大利亚这片土地上的大多数居民还是不错的。

在华人中，也存在着一些野蛮冲突。在欧文斯的欧巴罗溪谷，"四邑"人和客家人发生了数天争斗。他们在各自的营地都派出了全副武装的兵士，队伍日夜不停地训练。在卡守门西部的付叶河地区，敌对的华人居民互相攻击，然后联合起来，反击"四邑"人。刀、镐、石头以及削尖了的竹竿是他们常用的武器，他们有时候也用步枪或左轮手枪。冲突导致多人死伤。1856年4月，爱尔兰人在一次地方选举中落败，他们在巴拉瑞特发动了一场非同寻常的暴动。同年5月7日，《康沃尔编年报》的记者报道了此事件。该记者显然有些夸张地说："下午2点，暴动开始，直到日落才结束。上百人受伤，有几个被送往医院，剩下的人岌岌可危。除了火药炮弹，什么武器都用上了，比如印第安战斧、铁镐、大头棒甚至街道上的铁障。"

火通常会殃及华人。当华人从金矿地被逐出后，白人矿工会烧掉华人的帐篷与物品。在本迪戈的华人聚居地，西方人点燃了干草，华人则惊慌失措地爬到矿井轴杆上，狼狈逃窜。西方人占领了华人的矿地，如发现矿地贫瘠，就会放弃。1857年的6月和7月是令人惊恐的两个月。

在戴尔斯福德的"水手溪"，华人陷入了困境之中。他们在小溪的几处筑坝，切断了其他矿工的水源。如果有人抗议，他们就动用刀子和竹竿。西方人聚集起来，拿起锹镐进攻。混战中几名华人受伤，有30人被押到西方人营地，有关他们在里面的情况没有任何报道。几天后，在"森林小溪"，两个拉斯卡人（东印度水手）攻击了一些华人，这时，西方人也加入进来。其他华人赶来援救自己的同胞，但随后增援的上百名西方人包围了华人营地。一位不知名但却勇敢的警官起而阻挡，他大声叫道："如果有人想攻击华人，请先把我杀了。"他拯救了华人营地。那两个拉斯卡人因煽动罪被捕入狱，且每人被罚款5英镑。

当时的欧文斯地区，冲突在不断加剧。1857年7月4日，臭名昭著的维多利亚骚乱暴发。约有120名暴徒将华人赶出了巴克兰河流域。巴克兰河是欧文斯的主干河流，绵延几千里，位于巴瑞山的西部。华人最早控制了巴克兰。许多西方人放弃了这片土地，跑到东南部的欧玫山，那里山势高耸，积雪覆盖。警察达菲独自在巴克兰履行着自己的使命。他说："一群暴徒朝河流上游'伦敦平原'的华人营地冲过去，迅速展开了残酷进攻。暴徒们用木棒击打华人，撕坏并烧毁他们的帐篷和商店……有几个华人受到了严重袭击。暴徒洗劫了大量钱财和黄金，巴克兰没有什么值得留恋了，作恶者也无法受到法律制裁。我遏止了许多暴力事件,因为暴徒往往不敢当着警察的面犯罪……这场袭击毁坏了500顶帐篷和众多的商店……据估计,有2400名华人被驱逐出巴克兰……"

华人纷纷涌向巴克兰的独木桥,如果没有武装的英国矿工保护着他们免于暴民袭击,帮助他们过桥,许多人可能就会死去。也许有两三人从桥上落下被河水淹没,两三人死在灌木丛。有些人向东南行进,去了欧文斯的哈瑞特微尔,另一些人去了西北的五月山和比奇沃斯。除了设法藏起来的微乎其微的金屑,他们没有任何食物和御寒的毯子。后来死于库伯溪的警长罗伯特,曾带领一支警察分队从比奇沃斯走来。他们用24个小时走了90公里路程,所能看到的一切仅是华人营地的废墟。罗伯特说:"我看到的都是遗留下来的工具、衣物、食物和空荡荡的房屋。"《欧文斯—莫累河广告报》的记者也到那里进行了实地考察,他说:"到处都是锈迹斑斑的铁铲、淘金摇篮、凌乱的锄头、烧毁的衣服、床单、碎罐子、无支撑的黑乎乎的帐篷、在泥里被践踏的整块牛羊肉,地上洒满了米粒。随处可见空空的糖袋和破碎的茶盒。饿狗四处觅食,这就是那些天朝人家园中的已故景象……烧焦的寺庙门框,门上插的旗帜……这些遗迹显示出这里在某些特殊时日举行过盛典。"他还在55公里以外的石英山找到了300名搬到此处的华人,他说:"许多人没有保暖的毯子,晚上睡在没有任何防御功能的廊台里;有些人蜷曲着挤在马车和火车上过夜,生活苦难而艰辛。"

煽动暴乱的约翰·贝尔及其克拉克、吉姆同伙已逃之夭夭,但最终警察还是逮捕了12人,其中的4人被判9个月拘禁,1人被指控为骚乱罪,其余则被指控犯非法聚众罪,但没有人因盗窃而获罪。辩护律师成功地证明了华人本性不诚实,他们的证词没有一个是可信的。林汉的白人妻子同样也不被信任,尽管她也遭受到了暴民的殴打。"一个嫁给华人的白种女人所表现出来的道德堕落,都可以是证词不可靠的理由。"

甚至连激进的反华者亨利·帕克斯都不赞同这种针对华人的暴行。他在1857年7月20日的《帝国报》中写道:"有充分的迹象表明,反对者对华人的财产和物品进行的毁坏,并非出于对华人不道德行为的正义性报复,而仅是对这些交好运的留长辫子外来者的嫉妒。"

居住在霍金斯河上游的阿拉拉特的华人有着绝好的运气。曾有一两年失败采金经历的英国小说家亨利·金斯莱这样描写道:"霍金斯河的存在真是令我吃惊,没想到在大英帝国还有这样一条河流,它小到我几乎能把它端到我的读者眼前来。"尽管如此,自从1854年阿拉拉特金矿被开发以来,这条小河一直是4000多名掘金者的生活水源。自1856年3月华人发现了柯蒂斯港口山后,已有上百华人在此地工作了。然后,在1857年4月,一伙长途跋涉过来的华人超越了他们,在布莱克岭进行了勘探,该岭很快就成为著名的广东岭。在此之前,他们已在其他地方有过采矿经验了。他们以智慧为武器,花了八九个月建造矿井。当碰触到财富时,他们想隐藏秘密,但消息很快被传出。一磅磅的黄金被采掘出来，当然，也有人说是一桶一桶的，于是成千上万的采矿者涌了进来。与此同时，《阿拉拉特广告报》的编辑指出：华人也许没有获得居住许可，他们能合法宣布拥有那些矿井吗？1858年2月4日那天，8名白人矿工来到该地的一个矿井，要求华人矿工出示许可证，华人拿不出来，于是白人矿工接管了这个矿井。此后的几个小时内，蜂拥而来的矿工占领了此地的60~70个矿井，并声称每个矿井都价值在1000~1500英镑之间。

华人聘请了波易耳律师代替他们出庭，但申诉无济于事。法律明确指出，未持许可证者不能采矿。当地的法官同意华人清理挖井时带到地表的污泥，也允许他们出售矿石板和工具，而白人矿工自然地压低价钱。这片维多利亚最富有的金矿，这片由华人发现的金矿，已经不再属于它的开发者。与为掘金而付出的辛勤劳作相比，这些华人得到的实在太少了。

华人被一次次警告，要求必须持有居住证，张贴的告示也这样提醒着。但是雇用矿工的资本家却千方百计逃避费用。华人认为领取居住证不仅仅是费用问题，而是一种遏制，所以没人交钱。

然而，华人矿工不得不像其他矿工一样支付1英镑的年费来保障他们的权利，还要支付每年1英镑的保护费。1855年，税务条款被写进法案。矿工须支付各矿区保护人的高额工资（1年750英镑），服从当地法务官的管理，该法务官会被派到独立的华人营地，处理纠纷，保护华人不受攻击，公平分配用水并保持环境清洁。每个法务官还需要配一名白人翻译，翻译的年薪为500英镑；一名办事员，年薪为300英镑；一名中文书记员，年薪为60英镑（发布公告）；一名中文翻译，年薪为325英镑；一名工头，年薪为120英镑；一名警察，每天10先令6便士。早期的法务官是很真诚的。比如分派在巴拉瑞特的威廉·亨利·福斯特，他在给父亲的信中写道，他的工作并非预期的那样简单有趣，但在与华人的不断接触中，他越来越有兴趣。尽管薪资待遇不公平，约翰·阿鲁与何华这样正直又有才能的华人却接受了翻译这一职位。然而，政府就不那么真诚了。在连续4个月未发薪水的情况下，约翰辞职了，不久何华也选择了辞职。在比奇沃斯的白人翻译詹姆斯·汉雷毕业于苏格兰圣安德鲁斯大学，也在香港的中英学院就读过，因给华人做私人翻译而得到了额外的工资。他每翻译一块"禁止进入"的牌子要加收4英镑。说到警察，他们赚取外快的途径是向赌场加收每周1英镑的特殊保护费。

扮演卑鄙小人的不全是白人，一些无良华人看到翻译和工头这些职务有利可图，便贿赂有权势的华人，表示可以奉献将来工资的一半来获得职位。詹姆斯·阿蔡是来自厦门的合同工，早年在维多利亚金矿区工作，他在卡斯尔曼当了工头。他规定，对维多利亚所有赌博和吸食鸦片者可处以死刑，当然，他也收取每个赌场每周1英镑的保护费。后来，一些被激怒的暴徒要杀了他，是西方矿工把他救了出来。

有的法务官十分傲慢。华人喜欢将简易帐篷和厕所搭建在工地附近,法务官在居民住处规划了宽敞的街道和帐篷间的空地,并强迫华人在那里搭建生活设施。华人不喜欢在搭建生活设施上费时甚多,也不喜欢背着建筑工具从驻地到工地,以免它们被偷。经过一番协商后,华人最终被允许在矿井边居住。这意味着他们随时可以投入生产,于是,另一个故事开始了。

1857年11月24日,因从未支付过有争议的居住税,阿拉拉特山的华人被强制征收。这个决定是维多利亚首任总理威廉·海恩推出的。居住税为每人每月1英镑。这个昂贵的权利迫使许多矿工每月步行60公里去交税。

1857年7月,在议案仍有争议之时,1200名华人在卡斯特缅因的麦卡尼可山组织了一场秩序井然的会议,这是华人的第一场群众集会。身为基督传教士和翻译的骆春是组织者。年轻的矿工孙宝爬到了一个旧箱子上发表了演说。骆春为《亚历山大邮报》做了翻译。孙宝说:"自华人来到这里,无论他们在哪块金矿工作,英国人都要将他们赶走……华人无法富裕起来……迄今为止,英国人每年向他们每人收取1英镑,华人想赚到这笔钱,但有时赚不到。警察过来搜查,把华人带到法庭,法官罚他5英镑。如果华人无法支付每年1英镑的金额,又如何付得起每月1英镑呢?每人都想赚到1英镑,支付给英国政府,从而获得保护。当一名华人被关押,被处罚金5英镑时,就因为没有1英镑,于是,华人就要定期缴费去弥补……许多人是在桂珍湾下船的。他们长途跋涉到这里,许多人因饥饿、缺水、疾病等原因死去了,另一些自缢身亡。他们认为英国人会杀了他们,或者将他们所有的钱罚光……英国人怎么能期待华人会带他们的老婆来?他们的老婆经常写信来讨钱,但华人太穷而无钱寄出,然后他们的老婆就在贫困中死去。"孙宝的演说引起了听众的共鸣,于是,一份数百人签字的陈情书递交到了总督手中。

华人依然在愤怒之中。1858年2月底的一天晚上,警笛的尖叫声带来了数千名武装着锹镐的白人矿工,他们冲进华人位于广东岭附近的营地,去营救一个将要被华人吊死的欧洲人,此人想偷华人的马。当白人赶到时,小偷已被绑了起来。在金矿地,如果一名白人在盗窃白人的马,那他可能已被吊死了。华人当时允许小偷刮刮脸,但没想到后者夺路而逃。华人必须立即执行处罚,以儆效尤。华人提着灯笼,带着左轮手枪追了好几个小时。白人准备发起攻击,但最后放弃了。同年3月,华人和白人又发生了一起冲突。白人向一伙华人开火,造成一人死亡,多人受伤,但没有任何白人被指控。12月,双方在紧缺的水源问题上发生了冲突,结果华人被赶出本迪戈北部韦伯斯蒂克的艾尔莎矿地。当时,白人修了水坝和栅栏,华人却自行取水用。这次没有发生暴力事件。白人拜访了华人,双方举行了会谈。白人说,要么华人另建一座水坝,要么购买当前水坝的股份,华人拒绝了这个建议,随后离开了那片土地。

艾尔莎矿地是以一种草地上的花命名的。韦伯斯蒂克则是一片贫瘠的土地,这里阿拉伯胶树互相缠绕,浓密的灌木、尤加利树干、金盏花被寄生的死藤所覆盖。矿工们必须披荆斩棘才能前进,通往金矿山的路逶迤弯曲,呈"之"字形,这条路长5公里。矿洞有6~40米深,金块小的像豌豆,重约30克;大的像条形面包,重达8~11千克。

维多利亚政府对巴克兰和阿拉拉特山华人的损失进行了弥补。个人或团体总共15人获得了7336英镑17先令6便士的赔偿,阿苏得到875英镑,等同于今天的30万澳元。阿拉拉特山矿区收到赔偿款项1347英镑,大部分给了商店店主以及那些无法提供损失证据的个人。这些钱并非来自维多利亚政府,它出自华人移民基金会的人头税。巴克兰的华人店主从他们的赔偿金中拿出100英镑捐给欧文斯特区医院。

当华人刚开始大量涌入新南威尔士时,维多利亚女王用居住税来打击华人,但是法律并没有对惩罚做出规定。结果,1858年8月的《边防哨所报》这样写道:

> 警察是令人讨厌的,但是"约翰"("约翰"是当时白人对华人的蔑称。——译者)坚拒用钱来换取自由。上周46名华人被关押了23小时……他们被押往河岸宿营,受到看守的整晚监视。第二天早上他们都被释放了,这说明他们没有被关进监房。维多利亚财政收入不但未因他们的到来而获取每人1英镑的好处,反而要支付46个人的收监费用!上周,一名暴徒在夜里穿越沃东加,逃避了所有的税。在周日和周一,另一批210名华人出现了。这些人中有197人得以免税,仅有13人交了税。看来,每一分收入都得仰仗警惕的海关职员一声咳嗽——啊嗨!对不起,华人保护者——海关职员努力让那些有能力交税的华人交税。我们被告知,他甚至在安息日还从其中6人身上收到了钱,而未让他们溜走。现在,在通往沃东加的路上仍能看到一棵被剥了皮的树,那上面刻有汉语标记,我们相信,那汉语的意思是让所有的华人歹徒注意:告诉英国鬼子,华人没钱。

夏季的莫累河是容易渡过的,华人总是很快获悉过河的最佳地点。数以千计的华人交了居住税,更有数以千计的华人冒险去规避。按月收集人头税很快被证明是不可能的,所以政府将费用从每月1英镑改成每2月1英镑。如果一个人花3周时间找到了很好的金子,突然想回家,他可用合理的折扣出卖剩下5周的证件。名字无所谓,因为他们在与白人打交道时只用姓,很少用名,可能会有几百个叫阿罗或阿四的人需要张便宜的居住证。华人都知道白人官员无法分辨华人之间的区别,这就使他们可能在检查时互相使用证件。一个证件可供20个人用。

1859年,四邑会要求会员不再缴纳居住税,组织者们在各个地区强行推广。政府将4英镑一年的税改成每6月支付一次。

华人的态度很不一样,有的通情达理,有的蛮不讲理,而不讲理的人说的话听起来却很合理。1857年7月23日,亨利·帕克斯在《帝国报》评论说:"1806年的人口普查表明,全部1806名华人中只有6名女性。这样一伙人完全不能适当地融入本地人口,对国民持久力没有任何意义。他们不能落地生根,他们无助于国家构成,他们只是他们自己。"

但那样的看法可能适于金矿地所有的种族。至少一百年来,澳大利亚缺少女性是个持续不断的难题。即使如此,可怜的爱尔兰女孩也并不总是受欢迎的。《泰晤士报》报道说,"英格兰和苏格兰女孩不会移居国外","爱尔兰女孩是剩下的唯一申请者。我们丝毫不怀疑,其他人对殖民者来说是不愉快的。那些殖民者已将整个心思放在一个漂亮、整洁的英国少女佣人身上,让她为他们擦洗家具,为他们铺床"。

在维多利亚立法议会的辩论上,议员布莱尔说:"哲学家熟知下等阶级的教义。无论什么时候,下等人和上等人混在一起,后者无法提升前者,而前者会造成后者在心理上、道德上和身体上的堕落。"

《阿格斯报》在1857年1月16日发表评论说:"诽谤和虐待华人——仅仅因为他们是华人,就被看作无照经营者——这是一种偏见,对一个在宗教、伦理、道德上我们都不了解的人群的指责让基督教社区看起来颇有荣耀。但实际上,在基督教社区中频繁地出现着最令人发指的犯罪和最堕落的恶习。"

情况的确如此,因为每期报纸都会刊载有关白人的盗窃、谋杀、污言秽语、男女猥亵、酗酒闹事、伪造支票的报道。曾有二三十名士兵在巴尔曼暴乱,原因是他们的战友被监禁了。这些人叫嚷、咒骂、投掷石块,把桶踢得到处都是,把脚手架从一座未建好的房子上拽下来。他们还嘲讽警方,说他们是"傻小子"。

约翰·丹默尔·朗在布里斯班的一次听众会上说:"我承认,我不为我对华人女性移民抱有的难以克服的反感而抱歉。事实上,我们不想要她们。我们不想要有着扁平脸、哈巴狗鼻子、黄皮肤、小脚、长辫子的人到我们这里来(笑声)。想想4亿多人口的中国吧……只需要几年,源源不绝的华人移民……会淹没本殖民地全部欧洲人口……会抹杀英国文明的每一抹痕迹(强烈的轰动)。"

1858年,新南威尔士立法会试图推翻一项华人移民法案(未被通过)。亨利·帕克斯在社论中重申了他的观点:"在任何社区存在的底端阶层,都会对该社区的和平形成致命威胁,对它的自由造成毁灭性危害……你不能期望英国人和华人生活在同一国家,就像你不能期望老虎和狮子同时住在同一山洞一样……我们再次重申,反移民的原则同样适用于华人移民……那些曾经抵触一个人,现在却准备拥抱另一个人的人,一定有异常的歧视。而且,他们大概还能分辨出哪一只乌鸦更黑吧?"

出生在印度的威廉·福斯特在政府中担任多种重要职务。他向新南威尔士州立法议会呼吁"考虑一下我们自己的祖先——他们仅仅是盎格鲁·撒克逊流浪者和北欧海盗的后裔,他们几乎抢占并殖民了大海中的每一个岛屿,他们从遥远的国家被驱逐出来寻找新的家园。他们能狭隘地支持这种排斥吗?"

鲍克博士是一个狂热而坚定的基督教徒,他对议会说:"中国有差不多3亿人口。我们当然希望把基督教传到这样一个人口稠密的国家。要实现这个目标,只有允许他们来这里,然后返回自己的国家,联系他们的朋友,并传播他们亲眼看到的我们的宗教信仰、生活方式、风俗习惯。他们返回中国后通常会成为富人,并有话语权。"

教堂那神圣的墙壁会把鲍克和周围正在发生的一切隔离开吗?在新南威尔士的矿地,对华人的袭击事件日益增多。一批华人在位于图兰河和哈格里夫斯之间的皮瑞尔溪和塔巴罗拉附近采掘了好几个月。他们一直都做得很好,一直竭尽全力,但当泥石流和过多积水危及开采工作时,大部分华人还是随着白人离开了。不久华人返回,找到了另一个安全的优质矿脉。但白人矿工也回来了,他们用棍棒和石块把华人驱赶出来,还打算把华人营地烧掉。但是,金矿督察福斯特骑马赶到,他喊道:"在我站着被打死之前,不允许一个华人受到伤害。"

1856年8月,石头河上发生了一起野蛮的焚烧事件。一名白人男孩不断折磨一个华人矿工,后者忍无可忍,便动手还击。随后,白人针对华人发动了全面袭击。一名华人的肚子被剖开。白人抓住了另一名华人,先把他架到火上烤,然后用沸水浇他。

同往常一样,华人坚持下来了。到1858年7月,他们可能已在矿地中占据了支配地位,但显然未在反华会议上主导发言权。这个激烈的反华会议在弗里曼森港湾(后来被称为尤如拉)的一个村庄举行。会议上有人说:"在目前的这块金矿区,华人数量远远超过其他国家的矿工。他们的人数每天都在增加,用不了一个月,他们就将成为大多数,他们与其他国家矿工的比例至少是6:1……他们普遍肮脏的习惯令基督教徒反感。更有甚者,这些异教徒亵渎了安息日:他们不仅外出购物,还聚众赌博。"该会议向立法会递交了一份请愿书,要求"完全禁止"华人移民入境。

当时华人在图兰河及其支流上占据了较长的地段。他们花巨款买下了白人的矿地,以保障自己的开矿权。白人卖主非常高兴地移交了产权。

有时候,华人会遭遇非人的待遇。在1901—1903年期间,G. C. 约翰逊撰写了许多关于"我们西部金矿"的文章发表在报纸上。从1857年到1860年,他一直在图兰矿区。有一天,他和合伙人查理回到他们在小欧克溪上的采矿区,结果发现,在他们离开的几小时内,3名华人跳进了他们的矿井,其中2人在竖井下,一人在操作卷扬机。这种行为发生在华人身上是很罕见的。但是,不知为何，华人认定约翰逊和查理是无证经营。约翰逊下面的描写让我们感受到华人使用的糟糕的英语：

> 我们很自然地问井架上边的伙计怎么回事？他说："嗯，我跳进了你的矿井，就像你们跳进我们的一样……你没许可证，新来的吧，是不是？"
>
> 我把查理放到矿井去——他是个伦敦佬，身材魁梧——下面很快就发出了恶魔般的争吵，我对他大喊："悠着点儿。"……一会儿，查理大喊道："向上拉。"我照他的话做了，一面拉着绳子，一边踢了旁边的华人一脚。我慢慢看到了华人的黑脸——查理把绳子套在了那个乞丐的脖子上。我松开了把手，让他滑了下去，他下边的同伴大喊："杀人啦！"上面的华人迅速向城里逃窜。我顺绳子滑下去，一边和查理说话，一边尽我所能教训那个侵犯者。后来，那两个华人使劲爬上了竖井，而我和查理从下面用十字镐柄猛戳他们。

发生在澳大利亚华人身上最残忍的事件之一是 1857 年 10 月的海关扣押黄金事件。在该事件中，约 90 名华人订购了从悉尼去香港的"太空"号和"玛丽·奈克森"号船票。此事到了 1858 年还在议会讨论。那时，鲍克博士信口开河地说想要给华人留一个好印象。针对黄金，一项每盎司征收 2 先令 6 便士的新关税已经实施。当时，"玛丽·奈克森"号已通过海关，准备第二天早上起航。一个负责上船监视卸货、名叫朗德尔的人向他的老板——船长德纳姆报告说，船上零散的 30 名华人携带着未交税的黄金。德纳姆登上该船索要黄金，华人拒绝交出，所以他带着"先锋"号上全副武装的几名水手进行搜查。然后，他又登上了"太空"号，该条船上大约有 60 名华人，德纳姆也拿走了他们的黄金。"太空"号还未通过海关，还要等待三四天才会起航，华人乘客仍带着金子上岸消费，购买一些必需品。官员们总共扣了 3240 盎司的黄金以及 60 金镑（面值 1 英镑的英国金币，1914 年后停用）。那些黄金至少价值 11000 英镑。无论如何，这些都是无须缴税的，然而，官员们却随便扣了钱。当时的法律允许举报人、检获官员和政府各获取扣款的 1/3。

结果，这些华人中有些启程返国，有些则留下来找律师。他们只是略懂英语而已，而他们委托的"当斯摩尔 & 斯塔夫德"律师事务所也未起到作用，甚至未能即时索回华人被扣的金镑。由阿安和阿波递交给立法会议的请愿书收效甚微，得到的回答是："你们的请愿书表明你们对法案完全不了解。截至本事件发生时，从未要求矿工在离岸前交纳出口税。"华人在求诉过程遭遇了许多艰辛，他们渴望重返故土，要回他们被抢走的黄金。他们在国外陷入了一贫如洗的悲惨境地，这迫使他们最后放弃了回家的愿望。

"莫里森 & 布莱克"公司是华人参与贸易的主要海运公司，他们也对关税情况不知情。看来华人一定不知道有这个规定，海关官员未能警告他们，反而钻空子攫取他们的金子，这让华人陷入绝望的境地。他们受维多利亚 1000 名华人的委托，将金子转交给他们在中国的家人。如果他们做不到，则很可能遭到杀害；如果他们想返回采金地挖掘更多的金子，也可能被杀害。几个月过去了，一些华人仍在悉尼的街道上流浪，他们几乎到了食不果腹的地步。在 1858 年 8 月，政府清楚地知道这些"没收"中的大多数都是非法的，但不承认这个事实：政府显然没有足够的同情心去偿还全部，只同意归还收缴的部分份额。狡黠的海关官员扣留了自己的一份。

在维多利亚，华人矿工买下了几乎所有的捣浆机，用以冲洗自己的含金泥，同时也小规模地冲洗白人矿工的含金泥。一伙白人骗子骗了他们几百镑。他们通常邀请一些潜在的华人客户来参观一周的清洗工作，这时，水槽里会淘出 10~12 盎司的金子。微笑着的华人单纯得让人感到奇怪，他们竟愿意花费 200~300 英镑来购买机器和矿井，不过，他们后来发现，矿井的出产极为贫瘠。

尽管遇到了挫折，众多的华人仍然获得了很多金子。仅 1858 年，华人从维多利亚运送回国的金子就达 104176 盎司，价值约为 500000 英镑。然而，尽管这是一笔很大的财富，但如果维多利亚州真有 40000 华人，每人得到的黄金也不会多于 2.5 盎司。若那些装船运走的金子在离岸者中分配，对于华人来说，人均占有金子的数目便会高出很多。从 1858 年到 1859 年，有 4087 名华人从维多利亚坐船回到家中，他们带走了大约 350000 盎司即相当于 14 吨多的金子。

1858 年 8 月，东方银行的经理乔治·英格洛被新南威尔士立法院传唤，他证明了阿德隆淘金者对立法院拒绝"华人移民法案"有重要影响。他说："作为一个群体，白人淘金者不如华人坚忍……雇主们普遍认为，如果没有华人淘金者，淘金将会止步。" 6 个月内，华人将护送回家的金子的数量从 40000 盎司提高到了 80000 盎司。

在雪山西部坡地的阿德隆，华人非常成功地开采出了石英矿。第一个华人挖掘者并不喜欢"石坑"，但维多利亚有经验的华人跑了过来，也许来自加利福尼亚的华人也加入了开采石英的队伍。有报纸对不同阶级的华人进行了评论，声称一些充满自信的人显然衣食富足。

那时，阿德隆是唯一的大型石英出产地。拥有电池厂的犹太商人以电碎石，按吨计费，他们很快便投身到采矿业。1857 年 11 月末，悉尼第一台由麦瑟斯罗素公司制造的碎石机运送到阿德隆。草地上有上百吨的矿石在等待这台机器的到来。4 台笨拙的碎石机被放置在两个采掘坑里，每台有 50 公斤重，有个木制框架，还有一个 10 马力的发动机。该公司当时已为阿德隆制造了另外一台机器，还有一台是为岩石河制造的。20 年后，这个公司仍然在运作，制造了更多的提升了性能的机器。

一个叫布莱克·杰克的印度水手后来成了最成功的石英矿开采者。他雇用印度水手、华人和欧洲人为他工作，付给工人每吨矿石1英镑的报酬。

越来越多的华人从维多利亚跑出，转移到新南威尔士矿地，越来越多的人来到新南威尔士采矿。他们乘坐的轮船仍然过度拥挤。根据空间规定，船长计算出所能承载的乘客人数，但是他们用货物填满了大部分空间，并且切断了通风设备。

在悉尼岸上，人们涌向阿盖尔路上方的乔治街、苏塞克斯街，涌向空闲的居所和仓库。这些地方并没有家具，他们将带来的垫子放在地板上，在卧倒的躯体之间，很难有空间走动。保健卫生官员艾萨克·爱伦斯博士报告说，他曾看到这些人在地下室里用下水道的水洗澡，因为那里没有其他用水。最初，他们几百个人在小院子里一起生火做饭，他们的住宅条件和他们的行为应当受到批评。条件最差的一所房子是威廉·查尔斯·温特沃斯的出租屋，他非常愉快地拿到了房钱。该房的后门通向乔治街，但整个楼层已经塌陷了。二层楼上是盥洗室，仅有一根锡制管道通往下水道，由于太多人使用致使管道堵塞，华人在地下室上方的地板上切开了一个矩形洞，他们就蹲在这个洞上进行大小便。他们又有什么选择呢？

许多城镇的记者报道了华人过路的情况，他们惊奇于华人安营扎寨的高速。通常他们将帐篷搭在面对方形院子的广场内。其中有一队华人穿过了巴萨斯特，他们轮流将一名同族病友扛在肩上，他们从悉尼带他过来，希望能带他去索法拉。有一队人骑马穿越了布莱恩伍德，他们炫耀着手中的左轮手枪，将禽鸟打成碎片。一名土著目击者说："他们十分莽撞！"在晴雨无常的高本，有一队华人将镇上的雨伞全部买下。

在1858年3月的帕拉马沓，华人同132名孟加拉驯马师进行了一次奇怪的见面。这些驯马师到这里来是为本国的骑兵选马和训练。这些印度人身着奇装异服，宽松的下摆呈现鲜艳的橙色，白色紧身衣贴在了皮肤上。他们穿着鲜红色的套装，或者是没有衬衫的欧式大衣。他们都头戴穆斯林头巾，但缠头的样式各个不同，其中一些人带着粗粗的银制脚镣。为了骑马的方便，他们穿着宽松的衬衫，将一条亚麻布的带子像毛巾一样围在腰和鞋上。他们和马匹很快就熟悉了，用绳索将它们拴住，让马匹听令而行，在群山中飞速行进。一天下午，这些人在城镇中闲逛，华人出现了。孟加拉人嘲笑他们，后者用英语和粤语咒骂孟加拉人，孟加拉人被激怒了，要向他们开战，所以华人匆忙离开了。

一些华人长途跋涉的距离令人惊奇。最先奔赴艰难但富饶的洛基河的一队人马穿过了本迪戈和其他矿区，总行程达到了1100公里。他们经常能获取路线选择的合理建议并先于欧洲矿工得到矿地的消息，看来不同的社区一定雇用了报信者传送消息。

华人切实改变了一些城镇。在索法拉，一名华人建造了一家主要业务为接待欧洲人的大旅馆，那里"所有物品，特别是猪肉，都是最上等的"。一名华人医生和一些店主在那里定居。索法拉敞开了欢迎的大门。在高本南部莫朗格洛河边的福克洛人也欢迎华人矿工的到来。一位在澳大利亚多年的无名华人矿工在那里撞上了大运，发现了一块丰富的金矿，这是他发现的第三块金矿。他雇用了14名工人，给他们每人每周2英镑的高工资。因为他的发现，当地白人还给了他一笔奖励。

有些城镇抱怨说华人店主抢了白人的生意。华人在周日进行贸易和工作经常会遇到麻烦。春节时，所有的金矿监理依法给他们几天假期，告诉他们连续24小时不工作不会被罚。华人不喜欢休假，他们以工作为荣。

塔斯马尼亚人继续寻觅黄金，精力充沛的总督 H. E. F. 扬爵士说："我不赞同发现黄金有利于本地居民的看法。"芬格黄金勘察委员会获得了2000英镑的资金。他们用这笔钱招募了70名西方人，他们曾用5个月挖掘到160盎司黄金。不过，委员会成员认为华人会挖掘到更多的黄金，所以他们动员了"路易斯安娜"号船的几名华人乘客，这几人正等待联邦法院关于他们航行墨尔本的决定。委员会成员说服了他们去勘测在中海岸劳塞斯通东南部的苏格尔金矿。那几名华人向委员会索要了资金和生活必需品。1856年12月19日，英国荣誉殖民部长威特克写道："这个委员会能提供够100人使用的帐篷、摇篮和工具等必需品（不一定很好），还有面粉、米、茶叶和糖等。委员会成员很清楚要鼓励华人男性留在这里，他们认为，华人努力地挖掘黄金，最终能推动这片金矿地发展。"

昆士兰发现金矿

一群华工在靠近费智睿河的小卡侬纳地区（也就是后来的新南威尔士北部）挖出了一些纯度很高的黄金。那个地方不是华工发现的，无人知道他们是如何迅速赶到那里的。黄金易得的情况刚好在维多利亚和新南威尔士终止，但接着传出了消息：在卡侬纳地区的地下40～60厘米深处发现了金块。澳大利亚航运公司在他们的船上打出特价船票的广告，这些船可以开到费智睿河和洛克汉普顿，虽然"船会在遇到障碍或者沙滩时停航"。船满载着货物离开悉尼码头，"船员们挥手告别，欢呼声一直传到海岸"。

卡侬纳矿区是神奇之地，不到一公顷的地方就出产了2000～3000盎司的粗金（金矿），但大多数慕名而来的淘金者还是一无所获。淘金者的人数约为3000人，并不是报道中的15000人。那里的条件是很艰苦的，"倾盆暴雨，蚊虫蜂拥，空气窒息，气温持续达43摄氏度"。

撤离的矿工在走时放弃了他们的物品。"一路上可以清楚地看到很多标记：十字镐、铲子、罐子、帐篷和淘金篮——你能想到的一切东西。"船长们用一半的价钱买回了这些必需品,而那些华人则挖出了几百盎司的黄金。

欧洲移民

从英国和欧洲过来的移民持续增加。当说起爱尔兰移民女孩时,人们常常带着惯有的憎恨,认为"这些女孩有的被虚假承诺诱使,有的是受到恶劣法律的逼迫"。她们中只有1/2的人会读会写,1/4的人会读不会写,剩下的1/4既不会读也不会写。工作机会太少了。大量失败的淘金者使就业市场陷入困境,政府曾一度想把新南威尔士的失业者从矿地里救出来:这些人可以享受免费船票和到达后一周免费的口粮。布莱德伍德的一名记者建议失业公民应像华人那样,"以合作组形式团结在一起,为了共同的生存和利益在金矿地工作"。1856年3月22日,维多利亚州的墨尔本召开了一次重大会议,会议持续了8个小时,目标是"减少工作时间"。一周后,澳大利亚工党成立了,他们致力于争取更多的工作和更少的工时。

但是,新南威尔士和维多利亚仍然与多尼戈尔救济基金会① 遥相呼应。在苏格兰曾发生过对爱尔兰人的残酷大清洗,贫穷佃农被驱逐出境,其住所被焚烧。约翰·麦肯罗通过他的《自由者报》② 寻求帮助,他说:"在多尼戈尔荒野,在圭多尔和克劳尼里的沼泽地,成千上万的人,那些凭着对上帝模样的想象创造出来的人在消亡,为了给苏格兰和英格兰的羊群腾地方,无辜的古老的盖尔特民族被赶走了。"1858—1862年期间,在澳大利亚大约有1200个绝望的爱尔兰成年男女和儿童在政府的捐助下获得新生。1985年,一位多尼哥系谱学者乔安娜·理查德告诉我,那些人的后代很清楚澳大利亚对他们的帮助,至今仍然心怀感激。

在移民者的航船上发生过几桩重大丑闻。一个在布里斯班生活了多年的德国人是"令人尊敬的商人——他为他的两个妹妹定购了船票,而她们在船上放荡无忌,到达澳洲后,被禁止与正派的诚实男人来往。这条船叫'戴安娜'号——纯洁的戴安娜,对于一个漂流的妓院来说,这是个多么不可思议的名字!"1858年6月21日,《帝国报》的文章毫不留情地对此进行了抨击。在那些日子里,船上的兄弟姐妹们遭遇了灭顶之灾。

"斯帝泊斯"号船上的情况更糟糕。1858年2月27日,该船载着355名移民到达澳洲殖民地。安是一位18岁的女孩,在下船时已重病在身,最后在医院里死去。在医院里,她被检查出怀孕在身,身上的瘀伤腐烂,长满了疮。验尸结果显示,船上的女舍监和医生没有直接责任,但船上其他乘客在集会时爆出

---

① 多尼戈尔属于爱尔兰,多尼戈尔救济基金会主要救济在澳大利亚的爱尔兰人。——译者
② 《自由者报》(*The Freeman's Journal*) 是爱尔兰最早的爱国主义报纸。——译者

一个惊人的故事：女舍监简·彻斯是一个自私且自以为是的犹太教狂热信徒，她在法国购买了苹果、洋葱、巧克力和鸡蛋，在航程中以 5 倍的价钱卖了出去。她下命令说"女人不允许和男人讲话"，还经常虐待未婚女孩，叫她们"骗子"和"不值钱的乞丐"。她讥讽那些女孩们"只是想找一个男人躺在两个女人之间"。两个女孩不甘忍受辱骂，反唇相讥。彻斯报告给了船上的医生——威廉·罗兰，一个酗酒的虐待狂。在一个星期一的下午 4 点，他给两个女孩戴上了手铐，然后把她们锁进了一个直立的箱子里，那箱子约高 50 厘米、宽 35 厘米，她们在其中难以站立，那是他为了惩罚而特制的。53 小时后的星期三晚上 9 点，医生释放了其中一名女孩，然后在第二天早上释放了另一名。放出来时，女孩的手腕已被生锈的铁镣磨破了。

一批原本要去新英格兰金矿地的华人也许最后并未到达目的地。1858 年 10 月 10 日，"圣·保罗"号法国轮船在香港载了 327 名华人，轮船航行到路易西亚德群岛东部的罗赛尔岛失事。幸运的是，所有人员都安全上岸了，潘纳德船长和其他 8 个船员乘着救生船在海上求救，在海上漂流了 12 天后，得到"丹麦王子"号帆船的营救，后者把他们带到了新喀里多尼亚。"冥河"号从新喀里多尼亚驶出，要去救助受困的华人。当该船到达罗赛尔岛后，只找到一名华人，遂将其带回了悉尼，那个被救者说其他华人都被当地土人吃了。1859 年 2 月 26 日，《悉尼晨锋报》发表了他的故事。在此后的岁月中，这篇报道一直影响着巴布亚新几内亚和世界的关系。

1860 年 12 月 7 日，记者兼作家奥拉夫·罗恩在《公报》上刊载的一篇文章里以及在他的著作《云山》中揭露了故事的真相。情况是，罗赛尔岛原住民并非食人族。那些华人建造了竹筏，为增援救生船向北飘去。为什么那个人被留在了罗赛尔岛上？为什么他讲了一个如此荒诞的故事？这些问题只能靠推测了。奥拉夫·罗恩说，那人之所以留在那里，停止寻找他的同胞，是因为那些同胞已决定留在巴布亚新几内亚及其周边的富庶小岛上，准备和原住民结婚生活，因为这样一来，他们就不用在抵达澳大利亚时偿还巨大的债务。罗恩说："可以肯定，在澳大利亚政府去调查岛上的居民成分前，已有很多华人在巴布亚新几内亚岛生存了。"

1865 年 8 月，"蓝铃花"号船长爱德华从罗赛尔岛原住民那里赎回了 2 名"圣·保罗"号的蒙难者。数年后，一个叫纳塞斯·帕里特的法国青年在另一个岛上被找到。这些年他在那里一直享受优待。

1859 年的一个夜晚，载着满载而归的英国淘金者的英国"皇家号"在驶向安格尔西岛海岸时失事了。当时波涛汹涌，妇女和儿童都无法游到 10 米外的海岸，只有一些男人幸免于难。他们裹在腰带里的金子大多沉入了海底。当他们的尸体被冲上岸时，遭到了威尔士村民的激烈争夺。在那个骇人的夜晚，失事的还有 132 艘船，此外，还有 90 多艘船搁浅了。

澳大利亚华人史（1800—1888）

古怪习俗

一个在新加坡出生的华人在上海购置了车马，带着他年轻的妻子在赛马场游乐。他妻子是个说一口流利英语的英国公民。赛马场的一个饶舌的小职员要他们离开，否则就要掰下他的头。这个华人向竞赛委员会申诉，要求享受英国公民权利。委员会回复他说，因为他出生时是华人，所以不能享受赛马场。《德臣报》发表评论称："在散步、谈话以及智力方面，熟悉这对夫妇的人相信，他们比那个傲慢无礼的小职员优秀。用这种肆意的方式侮辱那些在自己国家的人太没道理。"

《泰晤士报》记者描述的广州监狱内情让人觉得华人的野蛮是根深蒂固的。全世界的报纸都刊载了这篇报道，其中说，牢房的每扇门上都写上了振奋人心的汉字标语："今天的苦难将会是明天的幸福"，"坦白罪行，并感谢教育你的监狱官"，"让我们分享上天的仁慈"。但是，监狱的官员俸禄很少，还要自己雇佣人手，所以他们拼命榨取犯人，并从监食上捞油水。一些因饥饿而逃跑的人被抓回来，关在一个小牢房里，整整4天得不到食物。报道说："犯人是骷髅，不是人。只有当你看到他们身上未愈合的伤疤时才相信，他们身体内是有血液的……一具尸体放在小房间的底层，全身只有胸部有肉，正在被老鼠咬噬。"一位10岁的男孩因偷窃别的孩子的东西入狱，他的双腿被铁丝长时间地绑在一起，以至于瘫痪。人们还在监狱里发现了几个失踪的欧洲人的尸体。

60年前，英国的一半监狱属于牧师和上议院成员私有，监狱情况也很糟糕。他们也需要盈利。罗伯特·休斯在《致命的海岸》里说道："人们花钱买食物和饮料——监狱的酒吧间调制的杜松子酒是狱卒收入的主要来源——还要花钱在卧具、用水上，甚至是空气上……进入伊利主教的监狱，一名被铁链缠绕的囚犯倒在地上，脖子上套着带尖的铁项圈，他们在被迫交纳'解除'费后才能挣脱铁圈。狱卒可以随意给犯人戴上脚镣，并向他们索取移除费。"

在1858—1859年间，华人、英国人、法国人的关系越来越奇怪。三个国家就生命的尊严与蔑视这一问题进行了竞赛。广东省的勇士们和贵族们展开了一场海报大战，其中的一个海报说："本城只有两三千个英法狗腿子，但我们的人有成千上万；如果我们每人持剑杀死我们遇到的每一个洋人，他们很快就会绝灭……如果有人胆敢干扰，那就格杀勿论。"

1858年7月3日，4名法国人来到一个广东的集市，遭到武装起来的华人攻击并被杀死一人。一名法国海军高级军官下令，让100个士兵组成的英法联军封锁那条法国人遇害的街巷，杀掉那里的每个人。英法联军把六七十具尸体抛在路上，其中包括"6个女人和几个孩子"，然后烧掉了所有的房子。

当华人海盗劫掠了一艘运载着价值4500美元货物的香港客船时，瑞斯乘着他的炮舰——"小丑"号和"两面神"号来到海盗们居住的小岛,要求4500美元的现金赔偿。当华人延迟支付的时候,"我朝海盗家主房的方向开了一枪,然后又接连开了四枪"。最后,瑞斯拿到了钱。于是,这个事件"就此愉快地结束了"。

"我们没敢冒昧引用《中国之友》对此事所做出的评论。"《德臣报》写到。该报只是质问"问题被一个没有受过太好教育的、没有清白名声的人暗中处理了,我们的大炮和炮艇解决了问题"。

1859年7月,英国海军上将詹姆斯·侯普[①]与他的军舰在渤海航行,经天津到北京,他不屑使用中国人特意为他开放的支流。根据前一年的《天津条约》,英国人可在中国自由行动。他撞开路障,径直驶进通常的航道。中国人准备好了,他们击沉了3艘英国船只,也追击了其他逃离的船只。

所有的开放港口都贴满了海报。海报上讲述了为什么许多华人去了海外不再回来。一位作者解释道,在他的孩提时代就听说鸦片是由人血做的,现在他有证据来证明这个说法是对的。他说,他被抓捕并带到英格兰以后——那个属于红发者的土地——他看到华人被绑起来押着游街示众。野蛮人把钉子钉到他们的脑袋里,把他们悬在木枷上,拔出他们的指甲,获取他们伤口里的鲜血,挖出他们的脑子和心脏,晒干后作为药材。作者孙士才说他是个医生,在治愈了英国国王致命的疾病后被释放了。他说,他讲述这个故事是警告人们不要移民。

广东省的官员最后决定承认移民,并支持这一举动。但是,他们也提出了警告:那些粗心的未签合同就走的人可能会沦为奴隶。

奇安德拉的雪中金矿

在澳大利亚,欧洲人和中国人迁到大雪山的吉普森平原,此地最初被称为Guyandra。《悉尼晨锋报》的记者记叙了1860年3月9日发生的一个事件,那几乎与孙士才讲述的一样恐怖。"当你来到像奇安德拉那样的地方,看到高山两侧挂在6米高的树上小公牛的头骨时,这就是一个警告。那里的积雪非常瘆人,牛都咬噬树梢上的枝叶。"了解此地的人都为迁徙而来的无经验的矿工担忧。1860年2月24日,位于金矿区30公里开外的瑶恒牧场站的亨利·豪尔致信给英国殖民部部长,说"此地病人众多,供应贫乏,如果不开辟一条道路,肯定会死很多人"。豪尔在此地的25年里,曾见过60厘米厚的积雪。大雪过后,所有的河流都无法通航。他告诉一位经验丰富的地主,那个冬天,要不是土著帮

[①] 詹姆斯·侯普(Sir James Hope, 1808—1881),英国皇家海军上将、司令,第二次鸦片战争时负责英国舰队。——译者

他出山他就饿死在那里了。夏季放羊的波洛柯兄弟发现了那块土地，他们说，此地每年只有3个月适合工作。许多矿工都因在巴克兰和奥米欧之间的旅途上患雪盲症失去了生命。

1860年2月15日，黄金监理克劳特致信土地部副部长，他解释说，虽然那块土地上有1500名矿工，但却没有一名政府官员，到了3月底，那块土地就会被放弃。1860年5月1日他再次致信说，有500～600人打算在那边过冬，他觉得只有自己搬过去才公平，他还没有修建宿舍。

上千人来过此地，大概2000人留了下来。这片矿地贫瘠却藏金富饶。许多人一周可以挣到40～50英镑。他们切下厚木板，削尖板材的一端，让它向上扬起，再把木板绑在脚上，做成了滑板。他们绑上这种木板比赛滑行，滑雪运动由此兴起。

那里的道路都是非常危险的。人们在悬崖边的狭窄小路上修了屏障。那些带着马车的人要转到另一条比较长的路上，穿过奥伯瑞，然后环绕大山峰和塔尔屏。

维多利亚农产品的大量涌入一直困扰着新南威尔士，于是后者向边境增派海关人员征税。威廉·丹尼森总督致信他在英国的儿子，说"我正竭力促进殖民地实行统一关税体系，按照人口比例来为各殖民地分配利益。国内贸易也许能解除枷锁走向自由……但是无论对我的政府还是对其他殖民政府，按照着我的思路去做颇为困难"。澳大利亚各殖民地之间像欧洲人一样相互嫉妒。

从维多利亚到新南威尔士最好走的路是经过图佛德湾的那条路。乔治·奥格威·普瑞沙在《困难时期的银行业》中描述过在这条路上骑马旅行的经历。这条路上的旅店匮乏。他曾在某牧场站的家庭客栈寄宿了一晚，和一个脏兮兮的矮个子合睡在一张老式的四柱羽绒床上。在距奇安德拉20公里的罗素村，他在矿工的小棚里住下。正好碰上黄金护卫队巡逻，他就睡在两个警察之间的一张双人床上。

在这条路上，12头公牛可以拉动1250公斤的货物，但在攀爬小山时马力需加倍。于是，人们从一辆车上解放出一些公牛，将它们挂到另一辆车上，等到第一辆车上坡后，再带着两队公牛回来拉第二辆车。从罗素村来的驮马能运75公斤的货物。

1860年7月，由于这条路结冰，马队很难前进。7月27日，华人签下了运货合同，这给《阿尔卑斯山先锋报》带来了压力。这家报纸登载广告称"本报将在整个澳大利亚殖民者中风行，比任何报纸都受欢迎"。该报总共发行了16期，并一直反对华人。

华人搬运工——奇安德拉的骆驼——经历了诸多旅程。他们每人负载65公斤，早出晚归。每当他们顺利到达目的地时，都没有人为他们欢呼。邓普顿和库克与华人搬运工签订了合同，但他们企图违约。华人领工汤米将他们告上法庭，最终赢了这场官司。

1860年春天，政府、银行家和大股东们合资建造了这座城镇，就好像这片金矿永远都会有产出似的。他们以惊人的速度从高本引来电话线，修建了高质量的马路。永久性的建筑物划分出街道格局。相比巴拉瑞特和本迪戈两地，奇安德拉拥有一个坚实的开局。越来越多的台球桌出现在各地蓬勃发展的沙龙里。基德建起了保龄球俱乐部。

马戏团也在这里开演。帝国旅馆几乎每晚都举办"社交舞会"，因为现在小镇上有女人居住了。有人计算过，大街上一次曾有12个女人。她们是什么样的？是像男人那样走路，还是以成为那些寂寞男人梦里的假想情人而洋洋得意？无论她们是什么样的，她们人数都太少了，不够分配。通常3个女孩子要为50名男人服务，要和这些"不修边幅的绅士们"一起跳舞。

在奇安德拉西北的蓝彬滩，一片更平坦的地盘被开发出来。但第一批掘金者中的许多人很快就离开了。他们在广袤的土地上只找到了少量分布的金子。一支由不满分子组成的队伍撤回时经过了雅士，《雅士快报》此前曾鼓吹过蓝彬滩矿地。不满分子打碎了报社办公室的玻璃，幸亏警方及时赶到，不然他们可能会将报社夷为平地。

颐和园的毁坏

1860年12月，《澳大利亚人报》引述了《泰晤士报》11月5日的文章："从中国发回的邮件带来了最令人兴奋的消息——北京陷落……公使巴夏礼先生和洛奇先生已安全回国……咸丰皇帝逃往热河。"

《天津条约》规定中国人保证外国在华人员安全，但中国人劫持了5名英法驻京官员（类似特使）以及陪伴他们的打着白旗的9名锡克兵团骑兵，因此英法军队联合攻打北京。由于这一事件因"亚罗"号船引发而起，又因中国被迫增开更多通商口岸，所以这场战争通常被称为"亚罗战争"① 或者是第二次鸦片战争。

两名英国官员死于中国人手中，其他人怀着悲痛的心情返回国内。中国人

---

① 1856年10月，英殖民主义者利用"亚罗号事件"制造战争借口。"亚罗"号是一艘中国船，曾为走私方便在香港英国当局注册，但已过期。10月8日，广东水师在"亚罗"号上逮捕几名海盗和涉嫌水手。这纯系中国内政，与英国毫不相干。英国驻广州代理领事巴夏礼在英国驻华公使、香港总督包令的指使下，致函清两广总督叶名琛，称"亚罗"号是英国船，捏造称中国兵曾侮辱悬挂在船上的英国国旗，要求送还被捕者，并赔礼道歉。叶名琛据理力争，态度强硬，而且不赔偿、不道歉，只答应放人。10月23日，英军开始行动，3天之内，连占虎门口内各炮台。27日，英舰炮轰广州城。29日，英军攻入城内，抢掠广州督署后退出。12月，洋行夷馆被毁，尽成灰烬。一艘自广州开往香港的英国邮船遭劫。1857年1月，英军焚烧洋行附近民宅数千家，后因兵力不足，为等待援军而退出珠江内河。——译者

用干草蔓编成绳子，把英国佬的手紧紧绑在背后，然后往绳子上浇水，使它收缩变紧，深入肌肤之中。这两名官员饱受鞭打、饥饿和侮辱，最后死于蛆蛆。他们在祈食时，中国人以粪便灌之。他们跪着受讯，看守时常把他们的脸按到沙砾地上。倘若他们不用汉语回答，就会被施以鞭刑。为了报仇雪恨，英国特派额尔金勋爵（其父额尔金伯爵曾从帕特农神庙偷走很多大理石）到中国执行特殊使命，并下令捣毁圆明园和颐和园。

圆明园占地 24000 公顷，它始建于 12 世纪，一直沿用至今，耗费的土石不可胜计，全园装饰以精致的花草树木。建筑师把大坑改造成大大小小的湖泊，在里面种上了莲花——最高尚的花卉。他们在园内建了上百座气势恢宏的亭台楼阁，组成了三个不同的建筑群，连接其中的是石铺小径和卧湖石桥。

圆明园里有 30 名太监、40 名花匠，其中只有 20 人配枪，有的不过是象征性的防御。皇帝已带着 13 位妃嫔、若干朝臣和奴仆逃离。在一处亭子里，一名老妪因不愿逃走而服毒自尽。5 只发狂的京巴狗在她身边乱跑。那些小狮子狗是宫外人鲜知的品种。2 名英国官员把它们带回英国，一只进献给维多利亚女王，另外的献给理查蒙德和威灵顿女爵，自此英国贵族开始饲养中国皇家宠物狗。

八国联军疯狂地洗劫了圆明园。他们搬走了雕刻精致的家具、玉石、钟表、屏风、佛龛、画扇、布匹等，用上乘丝带把这些东西绑在马车上。库房里存放着七八千匹成卷的特制丝绸。士兵们站在丝绸上，一匹接一匹地将丝绸传送出去，用丝绸做成帐篷、床单和被褥。他们打碎了那些精致但体积过大不能带走的美玉，这些美玉出自一流工匠花费 20 年时间的精心雕刻。两年前由额尔金勋爵与中国签订的《天津条约》在这断壁残垣前已如同废纸。在一个士兵意外发现的地窖里，堆满了金元宝和银锭。

当一切都被抢光和破坏殆尽，额尔金勋爵下令"烧掉它!"，接着士兵们把枪瞄向京城，命令全城投降。京城长官出城来说，内外城门，皆已洞开。于是联军士兵进城驻扎在城墙上。满清官吏向困惑不解的京城百姓解释道，洋人是来向皇帝朝贡的奴才。

《辛丑条约》规定天津成为开放的通商口岸，与香港岛一水之隔的九龙割让为英国领土。被撤换掉的那些痴迷于显赫地位的满清官员，只祈求一块土地以安身避难。

第三章　金与锡：海底捞月

蓝彬滩／暴乱／新南威尔士人头税／丛林匪／伤寒、脚气和坏血病／维多利亚金脉矿／黄金拯救昆士兰／海角河、金皮、吉尔伯特河、察特塔／华人被逐出科伦卡里金矿／克伦斯暴乱／塔斯马尼亚黄金和华人围场／帕玛河黄金／威廉·汉纳和詹姆斯·姆林甘的冒险／麦克米伦用斯纳德子弹迎接土著／土著攻击后放弃吉尔伯特／土著的手工艺术／帕玛金矿的首个雨季／几千名华人前往帕玛河／库克城的华人妇女及其女仆／脚气、热病、黄热病以及土著袭击再度袭来／霍德金森的石英脉金／大批华人涌入昆士兰／昆士兰通过两项排华法案／虐待华人／残忍对待海上失事的华人／帕玛河有17000名华人／华人在帕玛河下游发现好金／澳门人和广东人的争斗／帕玛河的奇石／克里斯蒂·帕玛斯通的阴谋／新南威尔士、塔斯马尼亚、昆士兰发现更多黄金以及西澳大利亚金伯利矿地的困难／抢水和水井／康沃尔矿工／华人采矿法／开采矿脉／持续的苦力贸易／中国的生活：1860—1870年／杀害魔鬼教士／加利福尼亚的残暴／博文海的海盗／锡矿年代／移民／中国罪犯从香港流放到澳大利亚／400名僧伽罗人到达昆士兰／堪那卡交易的终止／更多排华法案出台

蓝彬滩①

1860年3月，詹姆斯·怀特雇佣的一位名叫扬基的黑人厨师在蓝彬滩矿区上发现了黄金。然而，那里的首批欧洲人矿工并未坚持下去，他们勘探了几块土地，什么都没发现，便离开了。华人转移到这里找矿，未曾想，飘忽不定的欧洲人发现其他地方的金子更少，又回到了这块曾经放弃的矿地。当发现那里已经被华人控制时，欧洲人觉得自己的金子被偷走了。

1860年10月中旬，大约有1200名欧洲人和500名华人在蓝彬滩寻找金矿。此时，他们已意识到这里是块神奇之地，是另一个为穷人而设的金矿圣地。在这里，富饶的金矿从地表一直延伸到地下25米深，而与此同时，黄金在多数地方已退缩到以常人能力和财力无法企及的深度。除了来自巴克兰和奇安德拉的矿工之外，在菲泽瑞河（Fitzroy）加农纳一带的矿工也来这里尝试。随后，矿工自四面八方接踵而至。

同年11月初，欧洲人在华人工作区附近的树上贴出了"退出令"。11月13日，一场由一支德国乐队领头的清理运动，将500名华人赶出了他们的营地，欧洲人烧毁了华人的帐篷，接管了华人的金矿。华人在12公里外的埃隆巴克发现了新矿，建立了新的宿营地，并在那里安顿下来采矿。

11月27日，政府姗姗来迟地宣布蓝彬区为金矿区，并且任命大卫·迪克森为黄金总监，对这样一块麻烦频出的地区来说，这是个奇怪的决定。大卫已人过中年，之前一直在一家布料商店工作。他在20公里外詹姆斯·罗伯茨的辖地库拉文建立了办公室。

暴乱

1860年12月8日至9日，愤怒的矿工们围剿了矿地上的窃贼。他们在日渐繁荣的城镇上游行，烧毁酒棚、拳击场以及他们憎恶的一些人的住房，然后又袭击了华人区。返回时，他们的皮带和军旗上都挂着华人的长辫。1861年1月27日，曾是苏格兰佩斯利织工的约翰·斯图尔特在会议上提出要发布通告，让"那些拖着辫子、圆脸的野蛮人在两天之内离开"。"无须通告！"人群怒吼起来，并继续攻击华人。

到1861年2月为止，有12000名或更多的欧洲人和2000名华人在蓝彬滩工作。在金矿区，数字经常会被夸大10倍，但这个人数是由乔治·奥美·普利肖提供的，他当时就在那片矿区。新南威尔士银行将他从坎德拉调到这里。据

---

① 蓝彬滩（Lambing Flat），又称为兰彬福兰特，现在叫杨市（Young）。——译者

《青年矿工》报道："臭名昭著的窃贼、锻工、劫匪、赌徒、盗马贼、逃犯，不下四百人……"澳大利亚的恶棍似乎都在这群人中。

在这些人中，出没着弗兰克·加德纳、约翰·吉尔伯特、本·霍尔这些丛林大盗，他们是19世纪50年代维多利亚平原横冲直撞的惯匪。布莱克·道格拉斯、梅尔维尔上尉和弗朗西斯兄弟曾是他们的首领。但19世纪60年代新南威尔士的那一批人是更棒的丛林好汉、更厉害的骑士，他们的行为也更加暴力。

一些恶霸团伙——比如蒂珀雷里——是镇上最大的肇事者。一位曾在金矿地工作的欧洲商人返回到香港，他为《德臣报》写了两篇文章，分别刊登于1860年11月28日和12月5日的报纸上，他说："我在温德利得宾馆预订了一个房间，那晚我在客厅时，十几名蒂珀雷里暴徒冲进房间，抢夺财产。店主迅速掏出两把左轮手枪，瞄准带头者……结果，这些暴徒撤退了。"

1861年2月初建立的矿工保卫联盟（The Miners' Protective League）也加入了煽动者的队伍。被推选出来的秘书查尔斯·艾伦在他的首次演说中从高贵堕落到了世俗，他说："劳工应该在议会中拥有地位。在我们中间，他们必须有自己应有的价值。劳工是所有国家的财富，必须具有相应的权力……联盟首要的考虑是除掉华人。"一个不谨慎的华人曾声称，如果顺利，那么"一个、两个、五千个华人"会接踵而至。

爱尔兰出版商詹姆斯·托比是另一位矿工保卫联盟的领导，这位有着棕色胡须的威风男人"自视为绅士"。他在1861年3月初的会议上发言说，法律允许华人挖掘金矿，"（但是）自卫的本能驱使我们反对他们来这里"。

政府认为托比是叛逆者和暴徒，尽管他是蓝彬滩最安分守己者之一。他的武器只有言语。这片金矿地失控了。当时正是旱季，水出现了短缺，不能洗矿。因而，人人都有充足时间来惹是生非。金矿专员P. L. 克卢蒂与南部道路区骑警队的主管亨利·朱什上尉及其15名骑警队员联合起来，逮捕了2月份斗殴中的17个人，让他们保释后立即释放。因为未得到释放的消息，两三千名矿工集合起来去解救他们。他们闯过城镇，接二连三地开枪射击。受惊的店主们整夜手指不离扳机，守卫着他们的商店。同情华人的亨利·格莱格叫警察来保护他的性命。《阿德莱德观察者》报道说，可能是被德国乐队弄迷糊了，一支德国军队被召集起来"协助驱赶华人"。

政府向蓝彬滩派出了军队，但行动低调。在尤里卡驻军的第12团小分队，乘坐10辆霍华德汽车从悉尼出发，这些车上标识着伪装的目的地——格利布和温耶德广场，波顿马戏团与他们同行。然而，炮兵班不能伪装他们的枪炮。报纸跟踪着他们的行动。警察的援军人数增加到116名，加上174名军人，总人数达290人。他们于1861年3月11日抵达目的地。

有"狡猾查理"之称的首相查尔斯·库伯和矿工进行了对话，后者请他参加了两次宴会，用香槟为他的健康干杯，但是库伯仅承诺使克卢蒂的建议合法化，即将华人限制到矿区的特定区域。2个月后，沸腾的状态逐渐冷静。大约600名华人转移到50公里以南的戴蒙居河，其他的搬到了50公里以北的土狗河。警察有着处理不完的欧洲人抢劫和醉酒事件。"基本上每隔两座房子就有一个酒馆"，吵架日夜无休。

矿工保卫联盟失去了它的权威性。詹姆斯·托比是索法拉恩京矿地的主要股东。他以3000英镑的高价把该矿卖给了一个华人财团，但华人对于这桩生意甚为满意，他们为股东们准备了宴会。宴会上一张长桌盛放着欧洲食品，另一张桌子上放着燕窝汤、海参、米饭和烤乳猪。托比用了很长时间来试图证明自己行为的合理性。他说，宁肯从敌人手里赚钱，也不愿意亏本。政府以煽动暴乱为罪名来审判他，但此案因缺少证人而搁置。就像尤里卡的彼得·拉勒，托比成了受人尊敬的议会成员。当他1903年去世时，《澳洲工人》报称他为"老托比"。

1861年5月22日，一个突然的暴乱在土狗河爆发。来自巴萨斯特的记者报道说，2000名华人用刀子和步枪袭击了80名欧洲人，导致数人被杀。在一片惊慌之中，士兵和警察匆忙奔赴现场，但其余大多数人因为无法说明的原因撤退到了悉尼。报纸随后弱化了对该事件的报道——没有欧洲人被杀，没有华人伤亡，没有人开枪，但2名欧洲人因煽动暴乱而被逮捕。

政府在蓝彬滩大约只留下了20人来维持秩序。从那时起，该镇开始被称作杨市，这是一个在4月被授予的名字，用以纪念新的总督约翰·杨爵士，之后是拜伦·李斯嘉。数千年来，这个地区都有一个可爱的名字，即如音乐般悦耳的土著语名字"伊利拉瓦。"

首相库伯推出了他承诺的《金矿区法案》，并在议会获通过，但因为立法委员会休会了，该法案最终没有成为法律。在一场因立法委员会否定两个关于土地议案的争执中，库伯尝试在委员会中加入由总督提名的2名成员。被冒犯的委员会委员纷纷罢会，导致议会无由选举产生的主席。库伯说，金矿区将会有流血事件发生。

法案遭到否决让矿工们大感沮丧。华人开始超越那些非法指定他们活动范围的界限。有人已在忍饥挨饿，他们也没有清洗金砂的水源。几乎每天都会出现冲突。一个欧洲放牧者因放狗咬伤华人被罚2英镑，他感到非常震惊。被触怒的牧工们用鞭子将华人矿工赶到一起，借此发泄。随后，悉尼的报纸报道了1500名华人的到来，他们的目的地是勃兰岗。

在营地周围进行大清洗的谣言传播了一周多，但在1861年6月30日这个星期日的早晨变为现实。大约3000人响应了蒂珀雷·高里的号召。一些人骑着马，大多数人步行。他们带着镐柄、斧子柄、铁锹、刀子、战斧、手枪和猎枪，举着英国国旗，美国星条旗，由宽宽的绿色、白色和金色线条组成的爱尔兰旗，还有硕大的、两个人才能拿动的蓝彬滩区旗。一面挂在帐篷顶上的蓝色旗子上画着一个白色交叉，那是苏格兰圣安德鲁的斜线对角交叉，而不是尤里卡旗的方形。中间是突出的大星，大星的四角有四只小星。旗子边缘的装饰上写着"华人滚蛋！"

走在队伍前面的还是那支德国乐队，他们演奏了亨德尔的作品：

看，英雄胜利归来，
向他们唱着胜利之歌。

矿工们高唱"统治吧！不列颠尼亚！"

统治吧！不列颠尼亚！
统治这片汹涌的海洋！
从此在新南威尔士的土地上，
再没有华人的出现！

欧洲矿工们行进到蓝彬滩营地时，华人已逃之夭夭。于是欧洲矿工们偷走了所有值得偷的东西，并将剩余物付之一炬。他们继续向前走了10公里到达后溪，那里的华人也已逃走。但是，他们发现了一位华人翻译的欧裔妻子，她和3个孩子待在帐篷里，其中一个是躺在摇篮里的婴儿。欧洲矿工们拉着她的头发把她拽出来，一些人想强奸她，而另一些人则放火焚烧摇篮和帐篷。在火快伤及孩子时，他们才让她去抢救。

欧洲矿工们抢劫了营地，并将其摧毁。不能烧的他们就用斧子砸坏，其他所有的东西叠在一起被烧了——食物、家具、毛毯、垫子、书籍、衣服，甚至还有精美的镶金的竹木家具、亚麻纤维、银子和象牙。

随后，那些骑马的欧洲矿工去追赶华人。他们围捕了1200人，又把这些华人驱赶回那些游行者所在地。他们抓住华人中掉队者的长辫，把辫子拉到马鞍上再斩成两段，抛到马下，辫子上还连着头皮。他们用所有能打人的东西攻击华人。一个后来回到香港的目击者讲述了两个被重殴者的情况，他说："这些不幸的人经过苦难经历之后得到康复实在是奇迹。第二天我看到了他们，惨状无法形容。他们的肉体被打成了褪色果冻。"

《高本先驱报》在1861年7月6日报道说，"暴徒对今天的所作所为感到很满意"，"无业游民们得到了华人的好装备"。

那些流离失所的华人们惊恐、困惑、一无所有，其中有很多伤者。有数百人在金矿委员会特派员罗伯茨设立的站点寻求避难。罗伯茨尽力为华人提供食物和衣服——这绝非是个小任务，花费也必然很大，他虽然期待能够获得政府的补偿，但此事并无保证。

克卢蒂派出格里芬总监来掌控局势。朱什上尉带着他能集合的最多警力回来重建秩序。他将总部的警力提升到57人，还让36名特警宣誓就职。但随后他做了一个愚蠢的举动。他在1861年7月14日的早上逮捕了2名暴徒，那天是周日，一个休息日。那些心怀不满的人正利用闲暇来策划下一步行动：围剿！当天傍晚，1000名欧洲人在乐队的带领下开始行动。朱什再次逮捕了6月暴动的暴徒，这是一次挑衅性的行动。

暴徒们穿过溪流，在下午7点45分左右到达警察驻地。他们派4人前去要求释放犯人。朱什拒绝了，暴徒们便继续前进。格里芬宣读了《反骚乱法》。那时天色很黑，还下着雨。他大声喊出他还能记得的古体语句："因为乔治一世执政第一年制定的法案所包含的苦心，为了防止暴乱与骚动的集会，我们的君主女王陛下命令所有聚集者立即解散，和平地回到自己的住宅，或重操自己的合法生意。天佑女王。"该法案用心良苦，其中包含了可处死阻止告知法案者，或是在法案被告知1小时后仍公然抗命的人。

谁又会听到这法案的宣读？即使他们听到了，就会因此而压抑怒火吗？但法律要求这样做。那57名警察在营地外笔直站立，和他们在一起的，还有那群特警中的6个人。暴徒们威胁性地向前移动。警察朝着他们头部上方开枪，暴徒中数名持枪者则向警察开枪。警察随之也向暴徒开火，骑兵部队控制了局面，他们挥刀砍向暴徒。

黎明时分，暴徒撤退了。威廉·勒普顿——要么是旁观者，要么是暴徒之一——颈部中弹而死。还有一人的脸上血肉模糊。几名警察受了伤，马匹则有死有伤。至少有20名暴徒蒙受了刀伤或者枪伤。

朱什获悉一支装备优良、人数更多的队伍将会在明晚发动进攻，便急忙撤走了警察。为避免被杀，《悉尼晨锋报》的记者也随他一起离去。欧洲矿工们列出了一份暗杀名单，其中就包括这名记者，因为他写过不利于他们的报道。朱什的这一举动可称明智，而非懦弱。他已近乎弹尽援绝（还剩7颗子弹）。更何况，即使他还有充足的子弹，留下来似乎也意味着内战。让金矿委员会用一种更和平的方式控制局面更合适。

但是，警察的行动轻率莽撞。他们离开时营门大开，食物与纸张散落一地。那三个暴徒被起诉后得到保释，但仍然有6名囚徒因为各种犯罪被关押在监狱里。他们通过自保获释。其中一个囚犯是疯子，他自称是乔治·戈登，即犹太教公爵。晚上很冷，于是他烧掉了新建成的法院以便取暖。因为警察离开了，银行主们也带着他们一周所获的4500盎司黄金随之而逃走。没有人护送他们。

在那里，每天都有武装演练，还有一场场会议。欧文区趾高气扬的议员唐纳德或丹纽在会议上做了发言。他们准备了致总督的请愿书，要求将华人驱逐出金矿区，同时要求立法委员会立法禁止华人获得采矿权利。就像之前的《金矿区法案》那样，这一次的议案也未能在立法委员会通过。

澳大利亚华人史（1800—1888）

越来越多的第12军团士兵来到这里，来者还包括卡特上尉统领的"佛恩"号船的75名水兵。他们用绳索拉着船上的枪炮。拉着这么些东西，他们前进的轨迹不免歪歪扭扭，所以他们将这称为"拉小牛"。这片区域逐渐恢复了平静，华人悄悄地返回。金矿渐渐枯竭了，于是，又掀起了开往新西兰奥塔哥的淘金热。

某暴徒回到了维多利亚矿区，神气活现地炫耀着皮带上绑着的17条华人的长辫。有13名暴乱者因6月暴乱遭到审问。手表匠克莱蒙特·欧文被判2年苦役，其他人则免于起诉。另外的一些领头者，像多纳德·卡梅隆、约翰·斯图尔特和威廉·斯派塞等都躲藏起来，警方缉拿他们的悬赏为每人100英镑。斯图尔特的一个朋友出卖了他，透露了他的行踪。他的朋友拿到了奖赏，又将这些钱给了斯图尔特——他被抓获后因证据不足又被释放。卡梅隆被抓获后也因同样原因被释放。J. M. 亨利，这个被华人养大的不可靠的翻译，是控方的唯一证人。当然，这件事无论如何是需要一个替罪羊的。威廉·斯派塞获刑2年，但是他被提前释放了。

没有记录表明有华人被杀。亨利在法庭上提及了几桩谋杀案，但被证明是在撒谎。1880年，《悉尼新闻画报》刊登了简·洛克哈特的连载小说《玛格丽特·李恩：一个澳大利亚故事》。其中她提到了对华人营地的袭击，她描述说："人们纷纷藏起金子，很多人因拒绝透露藏金处而丧命；一些未能及时跑出淘金洞的人被活埋。"实际上，如果有尸体被发现，就一定会被报道的。但是，在该地区内，关于华人被杀并被埋在废矿中的故事仍在四处传扬。可能简·洛克哈特小说中的描写被当作真相，流传甚广。玛丽·吉尔摩的诗歌《14人》为这一虚构添砖加瓦。她说，她和父母驾车经过那里时，清点了挂在树上的华人尸体。但是，实际上她是在1865年才出生的。罗尔夫·伯德伍德在《澳亚城乡报》上发表的连载文章《矿工权利》中，也写到过蓝彬滩事件。在他的版本里，一名欧洲矿工被杀，但没有华人矿工身亡。

华人矿工一次又一次地请愿，请求获得保护和赔偿：

> 身在异国他乡，面对重重困难，华人会用这样一种信念来安慰自己——安心依靠殖民地政府的良好信条，相信英国的宪法与其势力将会保护他们诚实安分地采金，并保护他们安享采金为他们带来的收获。

> 请愿者们声明，在那些被迫害、被施暴的华人中，有许多是来自香港①的英国臣民。现在，他们的妻子、家庭与朋友的生计都要倚靠他们成功的劳动。因此，这些在蓝彬滩身为英国臣民的华人，也和英国统治下的欧洲臣民享有平等的权利。

---

① 1842—1997年间，香港曾为英国殖民地。——译者

当时，英国只给予她的香港臣民以微弱支持。最近，英国再次将这些臣民放弃。

华人共有 1568 起索赔案，索赔价值总共 40623 英镑 9 先令 9 便士。政府只认可了 706 起，赔偿了 4240 英镑。毫无疑问，我认为华人索赔过度了。但是，即使华人们将损失的数额夸大了 4 倍，他们最终得到的补偿仍不及他们真正损失的一半。在 1861 年 4 月 21 日寄给土地部部长的信中，P. L. 克洛蒂展示了华人的每一宗索赔遭到的质疑："在这第一份申请上，我希望自己能够做到最苛求的挑剔，以防止其他华人试图提出毫无根据的索赔。"

库拉文地区的地主詹姆斯·罗伯茨在照顾难民中亏了本。他要求偿还的提供给难民的口粮为 2551 英镑 15 先令 8 便士。委员会批准支付，执行委员会同意了，但审计部门把款项减少到了 2068 英镑 11 先令 7 便士。

1861 年 8 月 2 日的《悉尼晨锋报》社论提及了华人的品质："他们不会酗酒满街打滚；他们并非衣衫褴褛；他们不把穷人扔给公共慈善机构应付。他们有彼此解救和自我保护的强大组织。"当时，根据 1861 年 4 月 7 日的人口普查，在总人口数 350860 的新南威尔士，华人共有 12988 人，其中 3/4 的人能读写英语。金矿区的混乱与狭隘无知是有关的。

在新南威尔士，华人分布之散令人惊讶：伊登 1 名，维瓦 6 名，德尼利昆 4 名，到布莱德伍德金矿区 1351 名，玛吉 1534 名，还有田特地的 116 名。勃兰岗人口的官方数字要比乔治·普利肖在《困境下的银行》中给出的通过实地估计的数据要少几千。官方数字一共是 11526 人，包括 8996 个男人（496 人是华人）和 2530 个女人，其中应未包括那些无矿工权利者。在这块殖民地中有 2 名华裔女人，一个住在巴尔曼，另一个住在东梅特兰德，那里也有 3 名华裔男人。（那个单独的女人实在是极为罕见，同时难以解释。她是做什么工作的，她的生活会怎样艰难？）

1861 年年底，库珀的两项法案在新的立法委员会通过，其中一项是《金矿区规范法案》，另一项是《华人移民规范法案》。他在南北方都收到了请愿书。其中一份有 805 个签名，该请愿书这样反对华人矿工："他们崇拜偶像的习俗，道德之败坏，习惯之可恶，让社会各阶层人士感到厌恶。我们这些请愿者，作为忠诚的大不列颠子民，实在难以苟同让华人获得这些本属于我们享有的权利。华人有外来的血统、道德、国家和宗教，理应无合法索求的权利。"

新南威尔士人头税

新的《金矿区法案》给予政府从未有过的权力，政府可以宣布这块土地部分或全部地对外国人关闭，或者拒绝给予外国人矿工权利。移民法案征收人头税，实行吨位限制，就像过去在维多利亚一样。约翰·杨爵士[①]不喜欢这个法案，在他签署之前，他咨询了各个部长以及一些精英殖民者。英国殖民大臣纽卡索公爵更加不喜欢这一法案，但是他不得不承认澳大利亚日渐独立，因此并未否决这一法案。这一法案会令英国感到尴尬，因为在1860年10月24日，英国刚和中国签订了新条约，使合同工移民到英国领土合法化。1859年，两广总督准许的华人离开本国的权利已拓展至全中国。

骚乱使政府试图加强警力。根据1862年1月出台的《警察条例法案》，新招募的警察，其行为举止要像负责任的平民，而非气势汹汹的士兵。但是，这个理念并不管用。征募的警察质量远比预想的低。那些在中西部活动的丛林好汉将他们愚弄得团团转。1862年6月15日，弗兰克·戈登那和约翰·吉尔伯特在尤高拉持枪抢劫了一支护送黄金的队伍，获取大批财物，其中有1719盎司黄金和3700英镑现金，这在今天大约价值150万澳元。当吉尔伯特加入本·霍尔的队伍之后，他们开始嘲弄警察，并成功地实施了抢劫。他们伏击了3个追踪他们的骑警，拿走了他们的武器和弹药，剥光了他们的制服，骑走了他们的马。这一切让警察法案的主要推动者库珀窘迫地辞职。

丛林匪

丛林大盗弗兰克·戈登那不断逃脱惩罚，他在监狱里伸个懒腰就得到了赦免。多数丛林大盗都会痛苦地早早死去。后来的"月光上尉帮"成员奥古斯都·屋纳威15岁就被击毙。

伤寒、脚气和坏血病

在对华人的指控中，其中一项是他们给金矿区带来了疾病，这些疾病通常会被称呼为"令人憎恶的疾病"。麻风病确实是华人带来的，但他们所患疾病并不比其他人多。事实上，在那些已经建立好的营地里，华人会种植蔬菜，这让他们免于坏血病；他们会将粪便收集起来发酵给菜园使用，他们会用高温来烹饪，他们用喝茶代替喝水，避免染上伤寒。在公共卫生大幅改善的时代之前，伤寒威胁着大多数族群的生命。直至1885年，纽卡索市郊的粪便仍然被倾泻倒在地面上，然后再喷洒消毒液。1886年6月15日，《纽卡索晨锋报》抱怨道："真正的大不列颠本能让我们死死坚持着那种旧式厕所，那种完全不适合用于人口稠密区域的巨大、到处渗漏、散发着恶臭的污水坑。"

在19世纪90年代后期的4年中，亨特总督忍受着伤寒的折磨。他写道：

[①] Sir John Young（1807—1876）为新南威尔士第12任总督（1861—1867）。——译者

"一种危险的发热侵入了我的左腿……我不久就成了瘸子。"伤寒的一个并发症是股动脉的血栓症,在左臀部更易出现。所以在1854—1855年之间,在巴克兰,有很多欧洲矿工死于这种疾病。

在巴克兰,华人经常死于脚气病,损失惨重,一周之内会有20人死亡。没有人知道病因,那些感染者的面容极其恐怖。他们感染的是一种被称为湿性脚气病的急性病。最初,他们的脚会肿胀,逐渐变得步履蹒跚或只能爬行。然后,他们的整个身体会膨胀,且满是液体,他们的皮肤从脚部向上变成青黑色,最后死于心力衰竭。他们将这一病症称为"脚气",即"脚部的湿气",这表明华人识别出了这种疾病,尽管它比通常要更剧烈。这就是他们称呼这种病的术语,古老而又现代。他们的医生说这是由于山上的雾气和地面湿气混合引起的湿气感染。几乎在同一时间,往返于香港和西印度群岛之间的英国船"赛马"号,由于脚气病失去了船上312名苦力中的52人。英国医生把它与霍乱爆发联系在一起。他写道:"在季风减弱、空气潮湿冰冷、充满湿气、温差巨大时,这种疾病最为盛行。"他指出,所有尸体上的腔洞里会很快充满液体。但仅一年后,在1855年10月,《三藩市东方报》指出,脚气病"会因好的饮食而迅速改善"。

可能直到1936年,医生们才弄清了病因,经过数年之后,疾病的常识才渐渐普及。最初的研究是寻找微生物,最后发现缺失硫胺素即维生素B_1导致了脚气病。精米被脱去谷壳后,这种维生素也会随谷壳流失。新鲜的蔬菜和肉类足以补足精米所缺失的营养,但若不能每天吃上这些食物,身体就会迅速地做出反应。在"二战"期间,澳大利亚军方向部队提供的是精米,而这种食物对他们毫无好处。部队需要混合米。当地人的狩猎与耕种生活被战争扰乱了,我曾看到他们最初患上干性脚气病的情景。他们步态蹒跚,腿部肌肉松弛,脚底毫无知觉。

华人及亚洲人对于精米的奇怪偏好使得他们更容易感染脚气病。这是健康饮食的一大偏离。在"二战"期间,樟宜监狱的日本长官和韩国守卫吃去壳精米,而让那些绝望的、饥饿的囚犯吃坚硬的糙米,这反而救了后者的命。

水肿,或者肺部的水泡与在乘船旅行华人的死亡之间有一些偶然联系:大多数与脚气病有关。当衰竭的心脏停止向肾脏供血时,人的身体肿胀,充满液体。那些可以很快从船上定居在营地的华人掘金者很少遇到问题,因为来自他们自己猪舍的猪肉、酱油和蔬菜保护着他们。

在采金时代,澳大利亚人良好的健康状况快速恶化。独居的丛林人的恐怖病,红眼病和沙眼,肺结核和儿童疾病,以及百日咳、猩红热和麻疹都增加了,在1857年出现了更加致命的白喉。

坏血病总是不同程度地出现。19世纪20—30年代,在开放矿区使用棍子和铲子工作的、吃咸肉食品的老矿工们曾经提到他们会有渐渐衰弱之感,他们称之为山区坏血病。他们的皮肤变干,逐渐剥落。每次他们从帐篷或者营房醒来的时候，都会听到有人抓挠和擦腿的声音，即使他们是在睡眠中。在金矿区的美国人通过在饮食中加入干苹果和豆子来防治坏血病。华人——正如我提到的——通常不会得这种病，而随着船上的食物变质，他们就受到疾病的折磨。1854年，在从香港到墨尔本的"奥尼克斯"号上，214人中的24人死于旅途，更多的人在船靠岸后死去。在1868年9月5日到达霍布森湾的"黎明"号上，23人死亡，其中包括一名似乎对如何治疗病人一无所知的华人医生。21名乘客和船员病入膏肓。

"几天之后，一辆漂浮的灵车进入了海湾，"1868年9月12日的《澳大利亚人》报道，"带着残忍的讽刺，这艘船被命名为'黎明'号，象征着快乐、光明和健康。"此船速度慢、漏水、肮脏，被4个欧洲长官（没有大副）和8个南太平洋岛长官，以及反对用拳头暴力维持秩序的船长乔治·米德尔顿控制。船长偶尔会踢到挡住他去路的华人旅客。这艘船是由何汉公司提供食物的。何汉是一名香港商人，他试图用低劣的食物来省钱，所以后来被处以在105天内禁止远行。船上淡水短缺，做饭用的木柴也不够用。定量供应的200磅木柴只在出港第一天得到了执行，之后，96名乘客每天只能得到140磅木柴。船因无风而停泊在中国海域，到了第28天时，他们开始死去，船长只给他们一半的口粮。关键的海上食品咸鱼开始变质，被认定为"不适合欧洲人"，不过，那些咸鱼仍被提供给华人。

一旦有了风，米德尔顿便快速穿过一个个港口，没有停下来为绝望的乘客们寻求帮助。他本来应该为自己额外的口粮付钱。由于船员们经验不足，船没有按时到港，糟糕的天气加剧了延误。

在法医出具验尸报告之后，米德尔顿被逮捕，被判过失杀人罪。他被判12个月苦役。

维多利亚金脉矿

在19世纪60年代，采矿在新南威尔士州北部和昆士兰州北部得到了扩展。维多利亚矿区的产量在1861年墨尔本展览会上得到特别展示。一个底座是10英尺的正方形、高48英尺的黄色金字塔（长14.6米、宽3米、高3米）展示了在最初的10年内获取的800吨黄金的一小部分，其总价值为104649728英镑。

维多利亚的欧洲人开始开采金脉；而华人开始在矿脉和地表上以提供贡品（即发掘的金矿按一定比例交贡）的方式租借土地来采矿，这些土地往往是欧洲人为寻找更好的矿地放弃的。在维多利亚土地上，华人搜寻彻底，也的确获利不少。

1862年，数以百计的华人回到了位于维普斯迪克的依恋滩（Elysian Flat），

1858 年，他们曾为水源争吵而离开了此地。大约 2000 人在班迪戈东南的麦克维尔河老矿地发现了很好的黄金资源。他们的新挖掘地被重叠的桉树叶所覆盖。

1863 年，华人已经穿过了整个巴克兰——这个曾经将他们野蛮地驱逐出去的地方，并占据了奥文斯河的大部分地盘，一些人发了大财。

根据掌权的不同政府部门，每个地区的法律都不一样。这是一项复杂的工作。邮政部长、铁路大臣、司法部部长、首席检察官都与采矿相关。比尔曲斯的金脉矿地的四周以 7.5 厘米长、90 厘米高的木桩标识出来，木桩上有采矿人的姓名和申请的地段，用中英双语印制。

独自行动的欧洲勘探者们一如既往地在数千里的土地上探索着。工作愈发稳定的欧洲矿工们一直在盈利。最初，很多勘探金脉矿地的公司都不稳定。他们花费了大量成本，但所获甚微，于是就放弃了。即使是一台价值 20000 英镑的大型蒸汽炼铁机，几个月以后也只能以 1500 英镑的价格卖出。但华人却以很低的价格买到机器，赚了不少钱。

1871 年 1 月 5 日，在班迪戈西部里赫拉附近的柏林拉什，阿昌和他的队伍发现了重达 1717 盎司的金块，那是当时澳洲最大的金块之一。几个月之后，卢金公司发现了重达 795 盎司的金块，他们称之为"kum Tow"。由于缺少文字或声音标记，想知道这个名字的寓意是不可能的。根据形状，它的意思可能是"金首"。

当时，维多利亚州的华人数目正急剧下降。1858 年巅峰时期，当地曾有 30000～40000 个华人，此后人数逐年下降。截至 1862 年，维多利亚政府已经不再为华人的数量感到畏惧了。政府废除了居住税，之后暂停了 2 年的人头税，但 2 年后又重新征收。但是之后华人的人数仍进一步减少，于是征税在 1865 年被废除，华人可以在所有殖民地自由出入。

黄金拯救昆士兰

1871 年的人口普查显示，维多利亚的华人一共是 17935 人，占到了当时维多利亚总人口的 2.45%。在所有官方人口普查年里，殖民地的华人所占比例从来没有超过 6.19%，但是在 1859 年，维多利亚的华人比例可能达到了 8%。在 1876 年到 1877 年，昆士兰的华人比例可能达到了 10%。但在南澳大利亚附属地区的北领地，情况有些特殊。

在 19 世纪 60 年代后期，昆士兰的华人矿工经历了和 10 年前维多利亚矿工同样的困境。1861 年，在现在的克莱蒙特附近的皮克当斯发现的黄金很少。1863 年，在靠近格拉德斯通的卡莱厄皮情况也是一样。1865 年，新建立的城镇汤斯维尔在与对手城镇博文的投标竞争中，为在该地区发现可获利的黄金出资 1000 英镑。那些旧时的条款暗示着热切的勘探者们的发现——未知的、困难的和危险的农村。那些地方要么多雨而无法通过，要么太干燥而使他们几乎干死。再加上土著深怀敌意，所以，偶然的探寻发现寥寥。

汤斯维尔城是由在维多利亚金矿区靠运输赚了大钱的罗伯特·布莱克，以及当时的田园诗人开普敦·汤斯船长一起建立的。汤斯想要一个比博文更靠近他的港口。他仍然在做人口交易，不过现在他雇佣堪那卡人来种糖和棉花，而非华人。

1865年最主要的发现是在鳄鱼溪600公里以南，靠近罗克汉普顿的著名的摩根山区。从10月起，有几百人在那工作。之后他们发现河床和溪谷的金矿非常丰富，于是2000人冲到了矿区，摇摇欲坠的昆士兰州政府发现了新的希望。

昆士兰殖民地正面临着绝望的处境。政府意识到当时唯一确定的财富来自土地，便从海外雇用了2000名昂贵的进口工人修建铁路。海外银行破产了，一个英国银行贷款计划也突然停止了。当地的"联合银行"不堪重负。政府几乎要破产。被解雇的工人们在罗马街火车站附近建立了救援中心。1886年7月12日的《布里斯班快报》报道："我们听说失信的政府支票正在镇子周围到处飘散。"

最好的黄金在花岗岩底部。水多意味着金子少，水少则金子重。金矿差强人意，华人发现了最好的部分——或者其他人这样认为。那里流传着9磅金锭的谣言。1867年1月7日，一些欧洲人发现，华人矿地与法律文书上标明的不一致，于是就打压他们。华人进行了反抗。一个欧洲矿工用战斧砍破了自己的头，当血溅到肩膀上时，他大呼救命："洗劫一空！洗劫一空！"只有200人响应了号召，他们把华人赶出了金矿区，烧毁了他们的棚屋，抢劫了他们的商店。他们冲进了孙汉开的酒馆，本来想洗劫一番，但店主的白人妻子艾玛端出了酒罐，这让他们冷静下来。

黄金监理约翰·杰迪尼从他在罗克汉普顿的办公室里写信给土地部部长："……有一群强壮的爱尔兰暴徒骚扰了华人。"他还给该部副部长寄了一份华人要求赔偿的清单。然而，杰迪尼无权做出赔偿，他在清单上写道："政府不考虑这份请求。"最终，4名肇事暴徒在布里斯班监狱度过了9个月。

在1867年5月6日的一封信中，杰迪尼表明他意识到了华人的价值，他说："大量华人从南部乘船而来，然而，欧洲人仍然在用嫉妒的眼光看待他们，但是毫无疑问，华人对于我们金矿区的发展有着特别的作用。仅从这个意义上讲，他们应该享受完全的保护。"

海角河、金皮、吉尔伯特河、察特塔

实际上，本应有一支强大的部队来保卫华人的安全，然而，在大多数金矿区，矿工们得学会自我保护。1867年7月，在海角河有了重大发现。几个月之后，2500 名欧洲人到达了那里。"其中一些人是北金矿区的渣滓"，威廉姆·理查德·昂斯罗·希尔是黄金监理的职员，他在《北昆士兰州 45 年经历：1861—1905》书中写道，他曾经"看见一个人在光天化日之下被踢死，而警察和其他人都无力干涉"。还有，200～300 人带着劣质酒，半醉半疯地在街上打架。也许不久，华人就要面临这样的危险。

为了获得更加可靠的发现，政府向可获利金矿的发现者奖励 3000 英镑。詹姆斯·纳什几乎是个文盲，他做了第一次尝试。1867 年 9 月，他在玛丽河的支流金皮河上淘金。11 月 8 日，《玛丽波若纪事报》被告知，有一处矿脉"充满了黄金，就像圣诞节布丁里的葡萄干一样多"。于是，大约 16000 人赶来捡拾黄金。一些买不起轮船票的人则从墨尔本步行而来。

大约 600 名华人加入了这支队伍，当他们准备挖掘的时候却被赶出了金矿区。撰写《昆士兰州黑人警察》一书的当地警官爱德华·肯尼迪发觉这很滑稽，他描写道："'快滚开，快滚开'，我们在营地到处都能听见这种嚎叫，华人会马上在矿地慌乱逃窜，他们被拽住辫子……最初他们登着梯子，手里还拿着桶、杆、寝具和其他齿轮装置，在他们不停的喊叫中，这些东西就被扔到一边，他们的喊叫不过是些回骂而已。"

这个发展很快的城镇最初被称为纳什维尔，但幸运的是，金皮的土著，可能发音为"吉姆比"，接管了这里。当地生长着一种叫"登罗尼特"（火麻树）的水生灌木，如果不慎被它蛰到，疼痛会持续几个月。

冲积层的黄金很快就会消失。到底有多少被冲进了玛丽河？1867 年 12 月 23 日，另一个黄金总监 H. 金向土地部副部长提出："几个富矿靠近玛丽河河谷的连接处，在河床上工作的可行性已被提上日程。一些矿工已提出了申请，希望得到'一里河'河床开采工程的许可。"

金已经从托马斯·约翰·格里芬手中接管了黄金总监职务，后者当时正在监狱里等待审判。格里芬受过良好的教育，长相出色，还是一名曲棍球手和剑客。他在克什米亚战争中服完役后，以警官志愿者的身份乘船来到墨尔本。他娶了一个在船上遇到的寡妇，花光了她的钱之后就抛弃了她，然后他到达了新西兰，并在报纸上刊登了自己的死讯。他知道他的妻子读到了那份报纸。之后他在罗克汉普顿得到了首席警官的职务，1861 年，他当上了布里斯班的首席警官。他想成为一个能言善道、有影响力的人物，于是结交了很多有权势的朋友。1863 年，他得到了克莱蒙特皮克当斯地区的金矿总监和警察治安官的职务，狡猾、傲慢和投机赌博才是他真实的性格，这使当地居民饱受折磨。6 名委托他出售黄金的华人没有得到钱，格里芬一直在用各种借口敷衍他们。

1867 年，一份该镇居民全体签名的请愿书将他调往罗克汉普顿，在那里，被骗的华人遇见了他，要求他付款，他们想回中国。格里芬承诺在 10 月 30 日会偿还全部欠款 252 英镑。他从银行支付的 8151 英镑中偷了这部分钱，大部分是零钱，交给了克莱蒙特的护卫。格里芬主动陪伴两个年轻的爱尔兰骑兵走捷径穿过危险的丛林地区，这两名骑兵对待格里芬比他们遭遇的任何丛林强盗都要谨慎，但却不能拒绝他。途中两人在睡觉时，遭到格里芬暗杀，后者藏起了钱，但他不知道银行已对每一张纸币都做了记录。那些得到了大部分欠款的华人带着财产在悉尼准备登船回家，但被法庭当作目击者传唤上庭。1868年6月1日，格里芬因谋杀约翰·帕文和帕特里克·卡希尔，在布里斯班监狱被绞死。

大多数在金皮的欧洲人开采了金脉矿，华人悄悄地返回清理冲积层。他们冒险进入水中，在齐胸深的水中工作数月。他们尽量避开石洞，只有两人冒险进入了地下。1923年，金皮最后的矿区关闭了。

1868年，在今察特塔东部的鸦林镇发现了黄金。5个轧厂建立起来，从被冲刷的地表上的氧化棕石中提取黄金。但深层的储藏令人失望，虽然含金量很高，但混合的硫化物令加工颇为困难。看来，需要更有经验的矿工处理这些金矿。

在遥远的伊瑟里奇河和汇入卡彭塔利亚湾的吉尔伯特河也出现了黄金。《丹尼森港时报》的记者——他的作品被1870年5月10日的《布里斯班快报》转载——报道说，华人正在离开海角河前往吉尔伯特，他并不赞同这一举动，他说："我们需要更好的金矿区法规，但是，正如其他需求一样，我们必须要耐心地等待。"他出人意料地以对这块蛮荒之地的观察结尾："天气是我们唯一能期望的，有月光的夜晚使人心醉。"

接下来的发现是在查特斯塔尔——这个名字出于一个金矿区治安官的名字，以及看起来像康沃尔人的达特穆尔小山。如果随意发音，这个名字听起来很像察特塔（Charter Tower），那是一片历史悠久的高产土地的中心。

华人被逐出科伦卡里金矿

1870年，科伦卡里山脉发现了更多的金子，与当地闻名的"铜矿之山"相互呼应。1867年，桑迪·斯科特·霍姆斯也发现了少量黄金。他骑马从博克镇出发，在一个叫"干旱"的地方逗留了5个月，当时那里还是一片不毛之地，他在莱卡哈特河上游四处寻找。他觉得自己发现了很好的金矿，但后来到那淘金的人发现，他们得到的不过就是一份工资而已。

1872年11月，35名装备了燧发枪的华人从诺曼顿出发，步行360公里到达科伦卡里矿区。他们从治安官茅瑞斯特那里拿到了开矿许可证，后者说他会保护他们。"干旱"地区在下午常会出现惊人的暴风雨，闪电会突然撕碎苍穹。几小时之内，河流和溪水就会升高几米，山地不能储存雨水，洪水迅速流逝。向远处延伸、树木稀疏的黑土平原变成了几公里宽的灰土带，之后又变成黑色。洪水很快流入了棒棒山，该山有松散的石头堆和灌木丛。这座奇山之南是蚁群的领地，它是整个汤斯维尔北部蚂蚁山的缩影。在一个人所见范围内可看到 0.6～1 米高不等的黄棕色柱子，之间相距 2～3 米。每座山丘上有 10 万～50 万只蚂蚁。它们比其他任何动物吃的草都多。

华人们带着他们所有的食物和装备，每天平均前进 20 公里。他们凌晨到达矿地，搭建了一个用树枝搭成的营地，正在准备休息时，50 名骑马的欧洲人飞奔而来，他们挥动鞭子和鹤嘴锄。大声喊叫的华人立即向马开枪，用应付紧急情况的尖桩戳向它们。那些马猛然弓背跃起，甩掉了身上的骑手，一些马脱缰而跑。骑手们撤退了，布鲁内耳和考克斯两人摔断了胳膊。但没有人报告华人的受伤情况。

欧洲人在附近的咸水湖畔驻扎下来，还派了 10 人去科伦卡里寻找援兵。黄金监理带着他的骑兵赶到，夹在两个敌对阵营中间。他试着和欧洲人讲理，但是后者根本不听。他们说："在明天天亮之前，如果他们胆敢留下，不是他们死就是我们亡。"

"我不能让他们走，我有义务保护他们。"

"抓住他们！抓住他们！"欧洲人要疯了。

黄金监理派了一个骑兵向华人解释，如果他们不走的话，他们，还有他以及所有的骑兵都会被杀死。于是华人们只好收拾好行囊，在夜色中开始了长征，几个骑兵和他们一起走，以保护他们。

克伦斯暴乱

一年之后，在维多利亚的克伦斯又发生了一起排华运动。彼得·莱勒也被卷入其中，这次他被认为是一个施暴者，而非被压迫者。他是在深层矿脉勘探的罗思尔公司的一名经理。他们允许矿工休息的唯一时间是从周六晚到周日晚。矿工们请求更长的周末，即从周六下午 3 点到周一早晨 8 点，但遭到了公司拒绝，于是，矿工们罢工了。14 周之后，公司试图将华人矿工从巴拉瑞特带到这里。

1873 年 12 月 8 日下午，传来了马车夫们要将巴拉瑞特的华人矿工调来的消息。于是，500 名欧洲矿工协会成员和他们的妻子儿女带着他们所有能用的棍棒，在街上跟在铜管乐队后面游行。矿工们似乎需要一个乐队来为愤怒鼓劲。马车夫们带来了这样的消息：5 车华人已准备上路，但到深夜才会出发。他们计划在三四个小时内行进 40 公里，在早晨安静的时候到达目的地。

暴徒们到达了矿区，用绳子捆住了华人的房子，然后把房子拖出了街区。之后，有人看见光亮从平原穿过。一阵火警响起，所有人都冲过去包围了马车夫。但那个光亮其实是通常的早间信号。一个赶车人说他看到了在克莱斯韦克停留的华人。大约凌晨 4 点，两个旅行者带来消息说，他们看到了 5 车华人，有 12～15 名骑兵守卫他们。警铃再次鸣响。大约 1000 人冲向了大门，站在路上和围栏边。侦查员骑着马前后奔驰，报告着马车夫们的进展。

此时太阳已经升起。赶车人看见了拥挤的人群，便猛然离开克莱斯韦克的路，掉头转向直达巴拉瑞特的路。一些守卫者返回了城镇，一些人跑了 3 公里，上山下山，翻过岩石和蓟草地，淌过很深的溪水，到达马路。附近农舍的女人们拿着装着牛奶和水的桶跑出来奉献给捍卫者们。在路上，守卫者们推着 2 辆运货马车，放满了所能找到的重物。他们还架起了绳索围栏，之后用犁、耙子、木材和石头支撑着马车。在惊人的短时间之内，他们建起了强大的屏障。

运载华人的马车夫叫马克费，他勇敢无畏，走在最前面。他的马车被涂抹得非常喜庆，也是最引人注目的。他全速飞奔到障碍物前，大声呐喊并鞭打马匹。这时，一堆棍子和石头向他袭来，他吓坏了。那些人用镐柄猛打马车，试图将华人从车里拖出来，这时，马克费猛然调转了队伍，其他车夫也随之迅速调转，马车几乎要翻倒。一块石头击中了护卫队莱纳中士的前额。他栽倒在地，又爬起来，跳过了障碍，血顺着他的脸流下来，他猛然拉开手枪扳机，向一个健壮的矿工射击。警官多拉克跳到他旁边，用卡宾枪射击另一个人，两人均未退缩。

那些女人、孩童们所扔石头准确有力，这令骑兵们震惊。华人藏在了座位下和行李后面。他们处于极大的风险之中，幸亏有骑兵的保护。他们宣布，撤回巴拉瑞特。

克伦斯的白人矿工们唱了多年的胜利之歌，但只有一首诗流传了下来。

> 贝利妈妈站在前面
> 围裙里装满石头
> 她决心竭尽所能
> 打断他们的骨头
> 中国狗被打跑
> 颤动着发抖
> 莱纳和他的护卫
> 追赶着他们的步伐

莱纳是个好心人，他曾帮助过巴拉瑞特附近被驱散的中国麻风病人。

塔斯马尼亚黄金和华人围场

1870 年，塔斯马尼亚殖民地由于它的黄金又恢复了生机。"范迪门地"的旧名称已被改过。1856 年 1 月 1 日，一份立法文件的题目为：《为避免任何可能导致殖民地地名由"范迪门地"改为"塔斯马尼亚"的疑问的法案》。

1870年，那里只有13名华人，他们大多数是商店店主及其帮手，也有几个在九里泉（劳塞斯通北部拉弗利的原名）的新金矿区工作。1857年的第一个月，"路易斯安娜"号的乘客在芬戈尔几乎没什么发现，但是之后的欧洲人在北部开创了更有前景的"黑男孩矿区"，现在那里叫作米思英娜，它因附近一座山的形状而得名。

1848年之后，在九里泉和东部发现黄金的消息已广为人知。之后的每一年，人们都能找出几个小钱。在19世纪60年代，J. 巴雷特，一个劳塞斯通的木材商，在派泊河组建了队伍寻找了一年多，但未发现任何有价值的黄金。随后在1869年，S. 理查德在九里泉有了重大收获，他由于发现了塔斯马尼亚的首个可盈利金矿区而获3000英镑奖励。这里大多数是石英脉金，很多公司摩拳擦掌，纷纷去矿区开采，那些矿区包括新察姆、黄金时代、晨星、那提尤斯、希米、金冠、金点。

准备工作花费了他们不少时间。1872年4月，那里只有5名欧洲人工作，但有19名华人。第15期《康沃尔编年史报》记载了他们的故事：几个华人为了过冬，在镇上购买了额外的工具、食物和衣服。他们已挣到价值150英镑的金子，不久之后又找到了双倍价值的金子。来自墨尔本的《德文特报》评论说："我们这里有很多所谓的'上等种族'，他们宣称因为失业而饥寒交迫。然而，这些出现在陌生地区的陌生人，每周每人支付10先令获得开矿权，他们的薪水是劳塞斯通劳工的2倍！"

1872年5月13日，11名华人从巴拉瑞特到达克莱斯韦克。他们住在"彼得&巴纳德"公司的空地上。这家公司给他们提供食物和装备，华人会在开采到黄金后付钱，并且通过他们公司卖掉所有的黄金。双方都没有进行交易的文字记录，他们只是口头约定。另一个来自九里泉的矿工带来了重达24盎司、价值90英镑的金锭，这是5名华人用了5周时间挖出来的。新矿工们用最快速度把它装进了四轮马车，在第二天下午消失了。

詹姆斯·彼得住在劳塞斯通已经30多年了。他广为人知，德高望重。1862年，他破产了，离开了塔斯马尼亚几年，之后返回到这里，并作为资深合伙人加入了巴纳德公司。巴纳德也很有名望，他和首相家有姻亲关系。

罗孔蒙监管着塔斯马尼亚矿工的一切活动。彼得的儿子詹姆斯担任罗孔蒙墨尔本公司的经理。那些矿工都是挑选出来的，对他们的指令是：当有能力的时候再偿还借款，所以他们"没有压力"。

汤姆·阿兴是指定的翻译，他也带着一些家族成员来了。"彼得&巴纳德"公司雇佣他作为助理来和华人顾客打交道。他得了肝炎，然后去巴拉瑞特找他信任的医生看病。当有关他们金矿地的消息在巴拉瑞特和克莱斯韦克传开之后，一些人在他的鼓动下前往塔斯马尼亚淘金。

到 1872 年 6 月为止，华人在塔马尔西部工作，挖掘丹尼森河或白兰地河，即现在的比肯斯菲尔德。九里泉的人口已增长到了 117 人，其中有 37 名华人、15 名按缴贡方式工作的欧洲矿工、30 名独立工人和 35 名妇女儿童。6 月 17 日，《康沃尔编年史报》报道："最近，华人占据了新地区很大的人口比例。他们在埃克塞尔西·奥希特或密斯平原有了一排卷扬机。他们仍把其同胞送往维多利亚。"

1872 年 7 月，3 个未知名字的华人带着他们的财富回家了。他们在维多利亚待了 14 年却一无所得，但是在塔斯马尼亚的 18 个月却收益满满。

据报道，在西北部的泰伯海角也发现了黄金。华人派出了自己的勘探者前往视察，他们带回了好消息。劳塞斯通的华人都聚居在他们的寺庙里商议黄金事宜。这座庙不是现在劳塞斯通博物馆的那座，并且没有记录表明他们信仰的是哪位神灵。那座寺庙位置很好。看门人王丰刚从中国带回一个巨大的牌匾。大捆的鲜花和纸花置放在花瓶里和桌上，装饰华丽的纸灯笼里点着蜡烛。

矿工们点燃了香，引爆了大串的鞭炮，在地上撒上茶和白兰地酒，最后用木盘装满食物献给他们的主神：整只乳猪、米饭、仰头向神的鸡、蔬菜、装在精心编织的柳条筐里的腌制牡蛎。

3 支队伍，每支大约 15 人，在经验丰富的矿工黄力、兴华和阿兴的带领下很快出发了。海轮"先驱"号有一条固定的航线到泰伯海角。他们在那里准备好了食物和工具，走过 50 多公里陡而滑的山路抵达赫利尔河。

赫利尔河就是黄金所在地，它是宽阔且深邃的，陡峭的群山包围着它，它的一部分要经过一条长而窄的峡谷。这里易于瞬间涨潮。

一周之后，有一队人从白兰地河到达了这里。他们也举行了一场盛大的宴会，与神进行了讨论，由神来决定"做还是不做"。他们举起肾型占卜木块，松手掉下，观察木块的形态。他们被告知，赫利尔河仍然非常潮湿，工作会非常辛苦，建议他们再等几个星期。

阿辉是其中的一员，他鼓励大家开工。在白兰地河，他在很短时间内赚到了 27 英镑……他穿着流行的欧式服装，配着白兰地酒瓶子，一点都不像华人。在享受完所有的贡品之后，他们准备进行另一场午夜敬神仪式。在凌晨 1 点，神给出了他们想要的答案——"很多金子，现在开始吧"。

尽管李黄写信建议他们不要过来，但是他们出发了，同行的还有几个其他队伍的人，他们在九里泉陷入了困境。那些被阿同和阿尤带领的人们发现环境太湿，很不适合工作，就立即返回了。留下的人十分烦恼。他们都是借债出来的，希望能赚到钱。但一些人在齐腰深的水中工作了几周后，并没有发现金子，然后，他们也打道回府了。

1872 年 10 月，一个对采矿感兴趣的劳塞斯通人赶过来，想看看赫利尔河的工作如何。大约 20 名欧洲人，分成 3～4 人的小组，在流入赫利尔河的溪谷和小溪上干活。金子的分布非常分散，且无法预测；它们有时出现在沟槽底部，有时在很高的矿脉上。华人很害怕被河水冲走。山丘和山谷毗邻着丛林和灌木，很容易迷路。只有最初到达的 3 支队伍还在坚持，他们计划只要水位下降就开始工作。他们已经开辟了菜园，建好了木屋。他们砍倒树木，锯好了木材做成水闸箱以便快速淘金。阿三和他的队伍在河岸上发现了储量丰富的黄金。王兴则带着他的人将树干放在河里，砍断并移动这些原木以做成围场。

只有华人采用这种辛苦但是成功的采矿法……

汤姆·阿兴从皮特森·伯纳德公司过来购买黄金。一个华人木匠兼锡匠建立一个店铺，准备制造篮子、桶和淘金盘。那些等着做运输生意的人做了纸花和芦苇编成的捕蝇器，在街头兜售。另一个从维多利亚来的矿工吉姆·阿四带走了一队人。

但是，每个在矿地的工人都要花很多时间来准备食物。从"桌角"地区带进来 65 公斤大米需要一个人艰苦跋涉 4 天，这些粮食可供 14 人维持一周。华人试图说服店主承运粮食，也确实有专门运送食物的驮马队，但运费很高，要 15 英镑 1 吨，这相当于今天的几千澳元一吨。在劳塞斯通与零巴特之间的铁路线即将完成，很多人都热望在比斯朝夫山的锡矿地（赫利尔河地区也可以受益）也能修建铁路，但在当时来说，这只是一个政治上的梦想而已。

华人矿工从赫利尔河退回到斯普林斯。其中的 20 人联手购买了一个压轧机。李洪建立了一个面包店，供 55 名华人和 125 名欧洲人享用。

2 年来，劳塞斯通的纪阿泰公司的合作者们一直从华工那里购买黄金。此外，他们还向欧洲人售卖茶叶和其他美食，这让他们赚够了回家乡的资金。纪阿泰、纪阿金、纪阿河被一位记者称为"流动商人"，他们旅行时十分节俭。

许多成立的矿业公司只是投机而没有实绩。金点公司开工没几个月，就落在了法警手中。公司一家接一家地倒闭，老板无法支付工人薪水。冲击层也被切断了。斯普林斯店主阿七给太多的失败矿工打桩却颗粒无收。他告诉法院，他已经"离婚了"，他与他的欧洲妻子交恶。当他的钱用光之后，妻子把他的金表以及家里一切值钱的东西都拿走了。

在劳塞斯通失败的欧洲公司中，皮特森·伯纳德公司损失最为惨重。一贫如洗的华人在法庭的要求下，解释了他们借贷了多少钱以及为什么无法偿还。但是华人总共损失不过 1000 英镑，而皮特森·伯纳德公司损失了 15 万英镑。

账目很混乱。皮特森·伯纳德公司支付了矿工需要的一切，但没有支出记录，所以要想知道谁欠钱是非常困难的。

经过破产法庭庭审后，皮特森的案件被提交到高级刑事法庭，因为他尚未支付 100 箱白兰地酒和 1000 蒲式耳①面粉的欠款。1875 年的圣诞之夜，皮特森

---

① 1 蒲式耳（Bushel）等于 36.268 升。——译者

被判 18 个月监禁。后来，他在墨尔本又闯了祸——他的鸦片贸易未交关税。

帕玛河黄金

1875 年年底，几伙华人回到了赫利尔河，他们平均每人每周能收获 2 盎司黄金。他们的探矿者知道哪里有矿，于是他们发掘出丰富的石英矿脉。但是，塔斯马尼亚的金矿还是不多，淘金的华人只有百名左右。在 19 世纪 70 年代，有吸引力的金矿在北昆士兰的帕玛河一带。

威廉·汉纳和詹姆斯·姆林甘的冒险

华人在约克角淘金的时间要早于欧洲人。很多人正式和非正式地对那片土地做了检测，也肯定有人在文字中提到了确切的开矿遗迹。如果没有一个沿海的基地，想要进入那里是非常困难的。

1872 年 8 月的第一周，测量员弗瑞德瑞克·华纳在帕玛河淘金。他的收获是半磅烟草。他和另外 5 个人被派到那里去考察土地和黄金。他们的队伍叫作"威廉·汉纳北方探险队"。

汉纳拥有巴德金谷的布拉夫低地和玛丽谷的土地。他受过很好的教育。他身高 1.98 米，是一个奇特的丛林大侠，也是理查德·丹垂的朋友和商业伙伴。理查德是著名的政府地质学家，曾发现了开普河、吉尔伯特和艾斯瑞智的黄金，不过后来他离开了上述地方。为把辖地的病羊清除出来以便给牛腾出空间，他从巴德金谷驱赶几千只羊前往维多利亚，因为那有个买主。

就像 1861 年威廉·霍特从库伯拯救国王一样，有卓越能力的汉纳却不易被人记住。他服从命令，让他到哪里他就去哪里，他能做出很好的报告，然后返回。他为人特别慷慨。他曾给许多河流命名，但并无企图说是他发现的。1872 年 12 月 20 日，他在给公共工程和金矿地部部长 W. H. 沃什的报告中说："7 月 9 日，离开塔特的第四天，我发现了另一条大河，我将它命名为威尔士河，这里我要说明的是，我并非想声称我是地图上的这条河或其他河的发现者。我发现这些河尚无名称时，便给它们命名，希望人们在提到这些河时不会混淆，为殖民地的地图补充一些未命名的地理位置而已。这条河和其他河流的发现完全是一次伟大旅行的结果，它是在英勇却不幸的探险家肯尼迪的带领下完成的，肯尼迪在任务即将完成前夕逝世。我绝不能贪天功为己有。"

1848 年，K. B. 肯尼迪在发现无人所知的约克角半岛时，遭遇了土著的长矛袭击。在探险队的 13 人中，只有 2 名欧洲人和 1 名勇敢的土著存活。

汉纳在回来的路上，访问了肯尼迪罹难之地——这是世界上最潮湿、丛林最浓密的地方。他度过了令人惊悚的 3 天，试图砍出一条通路。然后，他沿着走过的路返回,向西来到了一片旷野。这段经历使他对探险队员的发现格外小心。他说:"我会对所有的发现持非常谨慎的态度。我相信无人会莽撞地判断此地可以获利。尽管此地和我以前见过的土地一样似乎具有金矿的前景,但我不能保证金子的存在。我会关注任何受过训练的、有经验的丛林好汉到此地探险。来到这片未知之地,人们会发现困难重重,难以自拔……这里道路崎岖,全是锋利险峻的石头,马匹要不断地更换马掌……蹄子上还要包上皮子。探险者必须善于自救和具有勇敢精神。"

詹姆斯·姆林甘是个精力充沛的爱尔兰人,同时也是丛林好汉兼有经验的矿工。1859 年,姆林甘 22 岁,他来到墨尔本,试图加入"波克和威尔斯探险队",但未被接受,于是他去了新南威尔士的巴拉瑞特掘金,然后又来到昆士兰金矿地。他不断获取经验,然后给自己的名字加上新的中间名——Venture(探险)。他天性喜欢探险,他说:"对我来说,去一个白人从未染指的新地方是非常愉悦的。我的每一步都散发着新的气息和充满新发现。一旦让我重蹈覆辙,我会觉得魅力荡然无存。"

1873 年 6 月 5 日,姆林甘和另外 5 人以及一队驮马从乔治城出发,沿着艾斯瑞行进。当时是旱季,所以路途很顺。他们向东北走到了最北部的牛场惊奇山,向北走到了福斯布鲁克河,至莱德,然后向北经过塔特、沃什以及米歇尔河。土著用长矛威胁他们,他们用火将土著赶跑,但土著朝着他们的帐篷扔石头。探险家们时刻保持警惕,最后逃出了风险之地。他们在帕玛河上游露营,那里距离后来的帕玛村有 1 公里。在 25 天中,他们跑遍了附近的河流、小溪和沟渠,包括帕玛河支流——北帕玛河(一般称为"左手河")。在一条无名小溪旁,他们用斧子、马掌钩、锤子、钉子弄倒了一棵莱卡哈特树,然后又在一棵飘着麝香味儿的黄树边发现了一块小盆地,此地现在被称为摇篮河。

探险队埋藏了工具和设备,返回了乔治城。1873 年 9 月 3 日,当他们出现在城里的街道上时,矿工们都大声朝着姆林甘叫喊:"你投资了吗?"但没有一个人回答,他们骑马直奔黄金监理办公室。不久,霍华德·乔治出来贴了一份广告:"姆林甘报告了在帕玛河发现金矿的情况。有兴趣者可到本办公室来查看他带回来的 102 盎司黄金。"

很多人一窝蜂地奔向帕玛河,姆林甘担心起来:这些人是否有克服困难的能力?他通过几份报纸包括《昆士兰人》提出警告:"如果人们不带上口粮跑到那里就会面临死亡,因为在雨季是无法返回的……我建议大家等到雨季过后再去,届时情况会好些。"

姆林甘急不可待,在 2 周后,他又出现在路上,率领着 100 多名矿工和家属,二三十辆装满杂货、工具、炸药的马车排成一队前进。有些人骑在马上,那些只能负担马驮工具的费用的人只好徒步。共有 300 多匹马和公牛可供坐骑、驮物和拖拉物体。道路在惊奇山终止了。于是,姆林甘放火烧路,矿工和队伍成员为马车砍出一条小路。他们要闯过5条河以及许多溪流。马匹和公牛陷在沙地里。车夫两次三番地赶车上岸，有时会翻车，所以只好花很长时间卸下货来，待车弄好后，再重新装车。

从艾斯瑞和吉尔伯特来的矿工开始由南向北移动。电报迅速传递了消息。流言蜚语传得更快，据说一天深夜在某个酒馆，姆林甘嘟囔着说："当然，那是一条黄金河，我们到了那里。"乔治城的店主们骑马150公里到达了汤斯维尔路，带领满载新鲜给养的马车前往北方，准备在帕玛河开店铺。酒馆店主运来了罗姆酒，建起了用帆布、树皮和木材搭建的棚屋……

在报告中，姆林甘建议在艾斯瑞河河口或夏洛特公主湾建造一个港口。为了保证不让钱溜到外面去，政府的回应非常迅速，它致电吉尔伯特黄金监理乔治·达木浦，让他决定建造港口的地点并评估北部沿海一带的农业资源。达木浦是另外一个北昆士兰地区著名的丛林好汉和探险家。

达木浦是罗伯特·达木浦爵士的第10个儿子。他和家里的2个兄弟在锡兰种了几年茶，然后到达澳大利亚。悉尼的生意人和圈地者派他去调查柏德金谷的情况（该地区是肯尼迪和格瑞格发现的），看看"那个地方是否能成为一个欧洲和东方的商业之地"。

他当上了离悉尼遥远的肯尼迪地区的土地总监，是当地第一个国会议员。回到家乡之后，他的畜牧业损失惨重，并遭受了几次天花的袭击。然后，他被任命为黄金总监。

不断升温的帕玛河淘金热触发了政府的更多行动，它没有等候达木浦的报告就召来霍华德·圣·乔治，并将他派往"努力"河修建一条通往帕玛河的道路并肩负全责，同行的还有工程师和测量师麦克姆林。1873年10月25日，他们紧随达木浦之后乘澳大利亚航运公司的"莱卡哈特"号到达。同船的还有93名矿工，其中包括20名华人、1名叫杰瑞的土著（他曾经为威廉·汉纳工作）、几名到新居民地去赴任的警察和1名保卫探险者的土著警察。"莱卡哈特"号逐渐靠近陡峭的岸边，那里曾是库克船长停泊"努力"号的地方。全体人员下了船，走进库克城。

由海军上尉科纳率领的帆船"珍珠"号和他们一起同行，他们对海港进行调查并将意见带回。达木浦乘着小船航行到"努力"河，随水漂流。1873年10月31日，他写道："驶离生气勃勃的小海港……那里的白色帐篷和工人的喧嚣交相辉映，我们在那里逗留一周之后，见到了沉静的荒野。"

麦克米伦用斯纳德子弹迎接土著

2名矿工威廉·韦伯和哈瑞·哈勃与其他矿工一起沿着流向安娜河的大橡树河沿岸上行，然后又来到向北通往夏洛特公主湾的诺门拜河山谷。哈瑞攀上山岩，捡到了他上次旅行至此的路标。当地的土著一路跟随他们，试图砍杀他们的驮马，于是矿工朝他们射击。第二天，矿工们正在诺门拜河上跋涉，又迎来了一伙土著，他们似乎为和平而来。他们把长矛放在树边和岩石旁，静静地站着。麦克米伦让一些骑马者尾随着他，然后策马朝着土著狂奔呐喊。土著一定是被吓坏了，他们捡起长矛跑了。

当晚，白人宿营时十分小心，他们在人和马匹周围设置了障碍物。土著在黎明时分发起了进攻，他们整齐地排成一线，发出红尾美冠鹦鹉般的呼喊。矿工们和警察点燃了篝火，但仍然无法阻止土著的进攻，于是他们退出了第一道防线。土著的进攻一波接着一波。这些土著听说过枪支，但却没见过其效力。他们把中弹倒下的伙伴拖到树下，查验其伤势。当地警察和矿工大多使用后膛式斯纳德枪，这是一种效力强大的新式枪械，其子弹击中的伤口直径可达7厘米。手足无措的土著勇士用野草为伤口止血，并用脚踩在死尸之上。

土著害怕暴露，便将矛高高扔起，以便径直投在营地里，在25步内，他们可以准确地击中一个人。他们的飞矛可以在天空中射出很远的距离。

群射的子弹杀死了更多的土著，幸存者转身逃到一个巨大的环礁湖，试图找到安全地点，骑兵跟随着他们，韦布写道："所有到那的人都留在了那里。"没有人记录有多少人被杀，他们有几分尴尬地获得了体面，自那时起，附近的山就被称为"战斗营山脉"。

在那之后，麦克米伦快速前进。他好像愚蠢而迫不及待，他在前面开路，骑兵跟随其后，步行的人丢弃了他们的装置，尽力跟随。殿后的华人赶上了慢腾腾的欧洲人。人们鸣枪保持联系，恐惧和筋疲力尽的落伍者寻找着路径，营地在夜里不断响着枪声。

他们沿着小劳拉河向上行进，但是在烁岩山脉内没有找到路，所以他们向北，然后向西，绕开烁岩山脉，来到肯尼迪河。在那里，他们射杀了更多的土著，麦克米伦以一发斯纳德子弹向黑人打招呼。他们沿着肯尼迪河流域到了帕玛河，1873年11月4日，到了帕玛新城，当地已有几百名挖掘者在河流两岸几公里的范围内工作，他们都是沿着南方的路过来的。

与此同时，其他人沿着帕玛河流域离开了。1873年11月1日，鲍恩在《丹尼森港时报》报道："一些人从帕玛河归来，他们被饥饿的前景煎熬。他们乐观地报道了挖掘工作，打算在雨季过后回来。"雨季有提前到来的迹象，河面上下起了雷阵雨，工作缓慢地进行，道路很糟糕，草地也被烧毁了。

土著攻击后放弃吉尔伯特

1873年12月20日，《丹尼森港时报》还刊登了来自帕玛河的一封信，其中说："黑人已能准确地向马、向人抛矛了，我们会遭遇很多麻烦。"

在埃瑟里奇，霍华德·圣·乔治突袭了几次土著，有时候还保护非常害怕的华人。这些华人经常勇敢地与欧洲人或敌对宗族斗争，特别是进行肉搏战。但当遭遇土著袭击时，他们就落荒而逃，不开枪也不拔刀。1872年11月30日，《克利夫兰湾快报》报道了吉尔伯特的一场战争：

> 11月12日周二中午时分，在距吉尔伯特6～8英里远的吉尔伯特河工作的30名华人突然被一帮野生黑人追赶袭击。华人察觉后立即逃跑……尽管他们很害怕，但大多数人未受伤，他们成功抵达了吉尔伯特，幸运的是我们勇敢的将军——霍华德·乔治带着一些本地骑兵从埃瑟里奇回来了。他获悉11月1日周五发生的暴行，立即搜寻那些暴徒，并下达进入吉尔伯特山区的追捕令。他的副官弗兰西斯·吉尔和4名骑兵立即赶到战争发生地，从他的勇气和精力中，我们可以推测，即使是在自己的领地里，黑家伙们在夜晚也是相当紧张的。中国屠夫开始照顾同胞的死伤，他在夜里回来后报告说，6英里外有死者，有个背部插了矛（三个洞）的伤者被带回吉尔伯特。还有两人失踪了。他们停止了在吉尔伯特区的黄金搜寻。为了能乘第一趟车离开，前往达雷文斯诺德或托尔斯，他们丢弃了袋子和行李来到镇区。华人的生意锐减，只剩一个仓库和一栋公共房屋。毫无疑问，1873年的黎明将见证吉尔伯特的最后一批华人。

但其他人返回了，因为他们考虑到在遥远的帕玛河有太多的风险。吉尔伯特继续在扩展。1873年8月，土著在城镇附近袭击了坐在一起的4名酒店店主和老板，杀死了其中2人，伤了2人。同年11月，南方的邮递员延误了几个星期还未到达，可能是在路途中被杀害了。11月2日晚，土著勇士走进城镇恐吓一些居民，乔治城《克利夫兰湾快报》的记者在南方报纸上的头条位置，以《一座城镇的放纵》为题讲述了这场突袭的影响。

> 吉尔伯特是一座美城，周边有丰富的水果和蔬菜，菠萝、香蕉、甘薯、南瓜一应俱全。该镇设有法院，最近还修建了带有豪华浴室和其他设备的专员住所、警察营房和监狱。有宽敞的旅社、商店和北方最好的会议厅，还有一个邮局，有许多私人住所、大量的商店货物和家具店。但这些东西都因取悦于黑人而放弃了。黑人凶残的敌意和众多的数量威胁着一切。在半径18英里内聚在一起的140名欧洲人和华人分散居民已无法立足。这些居民没有保护，没有警察，只有一枝残破的卡宾枪，也无弹药。他们在几个月前撤退了。但这并不是全部，距吉尔伯特18英里处的摩根山的矿脉的情况也是如此。留给黑人的财产被他们用来娱乐，其中主要包括15台带昂贵附件的粉碎机。这是因为政府撤退的过错，以及拒绝对一些黑人警察的

保护而造成的，这些警察独自承担着与黑人打交道的工作。在过去数月里，华人忙于在"六英里"淘矿，期待雨季到来。当水源到来时，有大量的清洗工作要做。所有这些，以及他们所有的工具和采矿设备、他们的菜园和衣服，全部都丢失了。

当地警察骑兵享受着猎杀的乐趣，他们对杀死自己的同胞毫无感觉，就像华人只关心自己的乡人一样。

哈里·哈伯德在《克利夫兰湾快报》上描写了他在去帕玛河途中射杀的那些人："他们是一个好看的人种，美丽，高挑，形态很好，很多人超过 6 英尺高，有着纯铜般肤色。"昆士兰北部的土著有许多部落、多种语言、多种习俗。一些部落比澳大利亚的其他部落更接近巴布亚新几内亚的人群，他们将人肉当食物来吃，而不是为了某种仪式。对于游客来说，他们是危险的，他们能比南方部落更好地组织起来反抗白人入侵，他们真正为领土而战。他们有长远的优势，居住地之外的天花和性病都不会侵扰他们，他们十分强壮。

土著杀死的第一批到北方牧场的人达到总数的 10%～15%，大概有几百人，可能他们杀死了 100 个欧洲和华人矿工。

土著投掷长矛非常精准，那矛柄由轻、细、强的芦苇秆制成，倒钩顶端由 4 种小树的硬木制成。其中的库克城铁木，叶子有毒，曾毒死了许多运输者的马和阉牛。

土著发现铁本身是优良材质，他们制作木材的经验能让他们像铁匠那样塑造铁。所以，他们偷斧子、镐、铁箍、货车轮胎、步枪、马蹄铁。马蹄铁的形状决定了它只能有一个用途，但帕玛土著部落居民将半圆弧形砸平，加上一个边，再装上手柄，把它制成一把战斧。

土著的手工艺术

1874 年 1 月 31 日，《丹尼森港时报》罕见地报道了对土著手工艺品的欣赏，那是住在奋进河边的妇女所做的编织带，报道说："这种袋子的工艺非常美丽，其中一只由椰棕制造，另一只由更好的纤维制造，像是轻盈的、有光泽、有弹力的丝绸，工艺是精致的，有两种不同的颜色，缝线没有硬节，那是一种可以使整个编织物都有弹性的特殊丝线。"

1873 年圣诞节的第二天，曾经的皇家海军中尉、副警长亚历山大·道格拉斯乘坐"飞镖"号轮船访问了库克城，船上带着 5 名土著骑警和 10 匹马。到达之后，他们将马用秋千吊起，扔进水里，再让它们游上岸。然后，得花点时间抓住它们，让它们镇静下来。道格拉斯下令寻找前往帕玛的捷径。

从北面观察，烁岩山脉很难对付，所以他明智地走上了帕玛河周围的小路，然后折回，到达烁岩凸起的左面支流，这个长而弯曲的支流引导他走到山脉顶部的河流。此地的峡谷被称为"地狱之门"，颇为著名，这是土著惯于伏击之地。它有18米长，宽度只允许一匹驮马通过，其峰壁高约6米。从那里出发，一个陡峭的、狭窄的"之"字形道路引出了美好的、长满野草的劳拉河边山谷。道格拉斯的发现，缩短了120公里的帕玛路程。

像大多数分水岭一样，烁岩山脉虽然不高，但崎岖不平，海拔大多在500米左右，偶有大约800米高的山峰。但是以1:100000的比例，在皇家澳大利亚调查表上，20米的等高线紧密地堆集在劳拉图上，需要用放大镜才可以数清它们。

道格拉斯故道仍然可以走通，但依靠目前的条件很难找到它。澳大利亚覆盖的丛林挡住了视野。库克城的野草山因库克而得名，以前此地树很矮，未能盖过野草，似乎野草覆盖着整座山。树木的疯长已经使得草地不可见了。之前射击手在帕玛河的主要城镇五月城设伏，在步枪的射程内可以瞄准100～600码[①]外没有树木遮挡的目标。但到了1987年，人们就得开上推土机、清出一条小路，才能看到40米以外的目标了。早先地质学家和金矿管理者的报告，都着重描写这里缺少木材，不足以支持采矿、烧锅炉甚至野炊。而现在，每公顷都生长着数以千计的树木。

不过，即使该地区被打通，这里还是人迹罕至。在这一区域，若有人站在其中一处环顾四周，会发现自己被层层叠叠的陡峭山脉所环绕，他处于这个环的中心。即便他到30公里外的另一处，他的感受依然如此。山脉无处不在，无数的山谷、沟壑、小溪不断出现，让这里像沙漠一样单调。野草在旱季呈肉桂棕色，雨季呈绿色。小溪旁分布着胶树，细长的小树、铁树和红木遍及干燥的山岭。

壮观的莱卡哈特树长着令人诧异的大叶，它们遍布溪流两岸。帕玛河周围的岩石和沙地，排列着10～12米高的、长着白花的乔木，整齐有致。乔木丛中回荡着彩虹鹦鹉的叫声，鹦鹉们只有进食时才会温顺安静，它们红蓝相间，映衬在白色的花丛中。

20世纪以来，一种外来的橡胶树占据河流的洪水警戒线上方，它们阻断了河流，使得下游的水域缺水。吉尔伯特的情况更糟，那里曾是数千只野猪的栖息地。

但19世纪却并非如此，一切都变化太快，生态恶化使得土著开始食人。依赖河水的鱼和鸭子是他们曾经的食物来源。养育他们的深水池塘变得干涸，由于采矿者占据了水源，土著也很敌视他们。土著们无家可归，因缺乏食物而流

[①] "码"本是长度单位，主要使用于英国、其前殖民地和英联邦国家，美国等国家也使用它。作为长度单位的1码等于3英尺，即0.9144米。——译者

落在贫瘠的山中。

帕玛金矿的首个雨季

大约 500～1000 名采矿者于第一个雨季时抵达帕玛河，但他们缺少口粮。一些人被迫减少食量，食用遮目鱼、面粉和糖，另一些人则吃掉了自己的马。他们保护自己的口粮就像保护黄金一样。在此期间，一些华人发展了种植业。

幸运的是雨季迟来而非早到。12 支采矿队，"6 支汉南的，6 支亚茨的"，到 1874 年 1 月 12 日才走出库克城。1873 年 12 月离开乔治城的南部队伍却没有走出去。1874 年 4 月底，他们仍在等待米歇尔河的洪水退去。《丹尼森港时报》在 1874 年 1 月 31 日报道说，仅存的新鲜牛肉只够支撑 4 个月："库克城已经没有多余的肉牛了，最后的屠宰场景也不复存在。两三百人聚集起来围捕不幸的野兽，野兽还未停止呼吸，就已经被瓜分完毕，尸骨被抛到垃圾堆，肉拿去卖掉：每磅 1 先令。"

帕玛河地区没有铸币，所有交易的等价物都是黄金，而且人们支付时会很慷慨地估价。一个卖紧缺的马掌钉的搬运工，可以用同样重量的黄金兑换供给的粮食。

霍华德·圣·乔治开了一家叫作"Upper Camp"的商店。离他的商店不远处，杰克·爱德伍德也经营了一家由树枝、钉子和树皮拼装的肉铺，他将其取名为"爱德伍德城"。在威廉·汉纳来到此处的一年之前，爱德伍德曾跟随找矿的队伍沿着沃士河行进寻找金矿，但一无所获。他判断卖肉会比挖地找矿挣钱迅速，他判断对了。之后，他以"帕玛之王"的称号广为人知，尽管他存活的时间很短，酗酒和发烧很快夺走了他的生命。

也许地点不够精确，但距离五月城 1～2 公里的爱德伍德城取代了帕玛村，成为该地区的主要城镇，爱德伍德城也不再是从前那个样子。五月城距离帕玛村大约 25 公里，位于屠夫河与帕玛河之间的交叉口。

几千名华人前往帕玛河

1874 年 5 月，威廉·汉纳带着一群肥牛到达帕玛河屠宰场。途中他曾经遇到一名华人，华人告诉他当地已经有数百人以上的采矿队伍了，他们来自昆士兰各地。

数百名欧洲采矿者乘着汽轮或远洋大船来到库克城，他们却没意识到帕玛的矿地在距离海岸 200 公里以外的内陆，也没意识到他们需要驮物的马匹，尽管这些马基本找不到，更没意识到他们需要 6 个月的储备粮食以度过雨季，其中一些人连这里分旱季雨季这一常识都漠然无知。

1874年4月10日清早，数以千计的乌合之众——其中包含一些暴民——试图在"佛罗伦萨·厄文"号起锚时冲上该船，该船有不少赶赴南方的乘客。菲利普船长看到暴徒们解开缆绳，愤怒地向船上的乘客抛掷石头木块。暴民们高喊着他们很饿，要免费搭船离开。一些人还挥舞着左轮手枪。警察挥动警棒，用手铐逮捕了其中最猖狂的暴徒，人们最终安静下来。菲利普上岸，清出了一条路，从不那么暴力的人群中穿过，来到澳大拉西亚航运公司。之后他走了出来，在人群面前说，他只会搭载那些确实需要免费航行的人。同时，他开始指责那些暴行的祸首："你们从不挖矿，你们是采矿者的耻辱；我知道你们赚了钱，凭什么要求我免费搭载你们？"

民众立刻为此欢呼雀跃。航运公司的代理告诉船长，他会分辨出那些真正需要免费船票的人，并分给他们票。只有50个人递交了申请，那些造成大量暴行的人在免费名册之外，只得买票上船。大约有300人乘下等船舱离开了这里。

1874年6月，欧洲人发现大沙溪有大量金矿。当时，霍华德召集采矿者开会，他告诉采矿者们说，许多华人已经动身前往。"我们应该怎么做，孩子们？我能让他们进去吗？到了那里，我就得保护他们。"欧洲人放弃了每周出金几盎司的旷地，满怀发大财的心愿，向沙溪移动。"帕玛河已经成了华人的地盘了，让他们待在那里就好！"他们钉了一个告示在树上，标识出分界线，上面写道："任何华人在此河上游发现大金矿，都要被立即逮捕并被绞死。"有很多传说，其中描述一些残臂断肢被悬挂在树上。

1874年8月，土著在松溪附近杀害了采矿者的50匹马，这条溪流是沙溪的源头。之后，在格兰内特溪旁15公里处的分水岭，2个采矿者发现了几天前在土著营地被作为美宴吃剩的欧洲人及马的尸骨，于是，他们将这条小溪命名为"食人溪"。死者的衣服、营地器材以及双筒左轮枪的轮也被遗弃在此。代替圣·乔治做黄金监理的菲利普·塞尔汉试图分辨死者身份但未成功。菲利普曾和达尔博一起在博德金探险，之前他在放牧时赔了钱。他来自显赫的日耳曼家族，行为高雅，略微口吃。不过，他在澳洲混得不错，每到一处都能成为众人的焦点。

9月是个不寻常的时段，政府运输队从库克城启程，在诺曼底、劳拉、肯尼迪、帕尔玛四地的交汇处下船，这项举措是为了"避免与去年相类似灾难的发生"。这艘被送到五月城的船叫"May-Belle"，目前在库克城的詹姆斯·库克博物馆展出，它有4.5米长，由2个舵手操作，由钢铁铆接而成，在当时来说是非常先进的。

到此时，这一地区已经有数千名华人出现在矿地了，其人数与欧洲人相当。他们盖起了一座庙宇并任命陈金做主管。永生公司也在汤斯维尔和厄沙瑞治建立起来，并在库克城和帕玛城建立了分支机构，以作为香港合记公司在此地的代理（"合记"在广东话中发音为"hop kei"，意思为"联合"）。与此同时，大批船主们卷入了苦力贸易。

凯特——她宣称这是她唯一的名字——带了12个女孩子从南方来到这里,建立了第一家妓院。"帕玛的凯特"的名号使她闻名全昆士兰。她是一个坚强的小个子红发女人,从金砖酒店的歌舞伎起家。整个库克城最终建立了30多家酒店,尽管这里的总人口不到3500人。在最著名的索福林酒店毁在一场大火后,当地人就改称其为"半个索福林"了。

尼德·芬带着50头骡马的队伍前进,他因"飞翔背囊者"的外号而知名。他经由"地狱之门",用了4天时间行进至帕玛。科菲尔德和他的同事威尔森坚持用公牛驮运行李,在南线行进。公牛在雨季开始后,可比马多驮一到两件行李,在雨季结束时还能提前到达。1000英镑一次的路费让他收入丰厚。雨季的降水导致河水上涨,但不至于阻碍公牛行进,这也使得他们运输时能渡过难关,因为马匹涉水时会因紧张而过不去,这意味着在交叉路口处会有不少工作机会。过铁道时,他们会把重物堆放在顶部,以保持干燥……科菲尔德比其他人挣的钱都多。

1874年年初,昆士兰政府取消了黄金出口税。尽管华人不到万不得已不会交税,这一措施还是增加了帕玛黄金的吸引力——毕竟现在可以公开地将黄金运回家乡了。在汤斯维尔,"布里斯班"号邮船在向隶属于澳大拉西亚航运公司的"维多利亚"号转运乘客时因疏漏导致2人被淹死。1875年2月28日,"维多利亚"号到达库克城,送来了200多名华人。船在抵达时,"维多利亚"号派出小船"敏捷"号,拖着2艘有裂缝的船,迎接码头上的华人乘客。那些华人唯恐被丢下,争先恐后地往船上挤,就好像他们在惠灵顿挤上渡船一样。"敏捷"号船长并未说明他会来回跑几趟,便径直冲向了"维多利亚"号,结果一条拖船沉没了。

1874年3月,欧洲的矿工在帕玛开了个会,他们支持詹姆斯·穆里根提出的如下决议:"这次会议充满恐惧地预计,大量华人将会到达我们北部的金矿产地,紧张冲突造成的危机会随之而来。我们秉持的观点是希望在政府的关切下立刻做出相应的反应。"

随后,"新加坡"号、"艾德里安"号、"纳矛"号、"艾吉拉"号、"卡洛卡丝"号、"日本"号、"苏格兰"号还有"吉拉尼"号船相继进入,它们都是高速轮船。合记公司签了6个月派遣额外船只的合同,每月来一次。在1875年5月之前,这些船已经向库克城运送了至少5000名苦力,其中大多数签了为期一年的合同。1875年4月5日的《德臣报》认为实际人数会更多,报道说:"从香港和新加坡两港口来的移民数量应该不少于2万。"

一些华工在库克城遭受了恶劣的对待。"新加坡"号和"艾德里安"号并未靠岸在码头,船员放下了跳板,在离岸3公里处抛锚,用绳梯将820名华工运送到小船上,随后将他们推进齐胸深的水中,把他们干活的工具也扔进海里。

上岸持续到凌晨 2 点，天亮时，欧洲人中的暴徒会用密集的石头雨招呼华人，后者则持竹竿进行反攻。

《德臣报》的报道使库克城听起来生机勃勃而并非野蛮粗暴。报道说："萌生和发展给予这里更多的浪漫，18 个月前这里毫无生机，现在此处已成为拥有 2000 人的大城镇。船只舰艇排列在码头，街道上熙熙攘攘，挤满了从矿地回来或是准备开赴那里的人们。"

如果说草山已经失去其独特面貌的话，位于库克城外南面的黑山却一如往常。直径 1 米多的花岗岩一个个堆在海拔 430 米高的山顶，其表面覆盖着黑色的地衣。这里的石头太坚硬，使其很难被侵蚀，所以山上没有土壤来支持植物生长。

库克城的华人妇女及女仆

于 1875 年 5 月到来的一个华人得到了比其他人更好的待遇。"一个从布里斯班来的华人贵妇，也是中国的美丽女子之一。她的到来吸引了大量欧洲人的注视。他们都渴望看到她的小脚、涂彩的嘴唇、眼睫毛、佩戴的高贵头饰以及身边的女丫环。"劳瑞斯的"紫罗兰"号船载着她抵岸后，柏德的小船把带她到溪流上游，从而"避开公共视线"。1875 年 5 月 19 日的《库克城先驱报》报道说，欢迎"这个陌生的女性，希望她会引领更多的女性来。因为这里违背了神的主张，那些天使们并不打算带他们的妻子来这里。我们认为，这种呼唤现在已经奏效了，已有许多华人送来了他们的女性家眷"。

《库克城先驱报》首次发行是在 1874 年 3 月 20 日，报名附加着"帕玛河广告者"字样。一年前，这个栏目都是各类华人店主的广告位。郭长安公司（Kum Chung On 股份有限公司）是一家分布在库克城、香港、广州和福州的商业团体，它的广告称：该公司"主营茶叶、大米等进口，福州府原产种植地直销"。昆士兰一家叫赛万（See Wah）的酒店登载广告称"本店提供住处，供寄宿者、采矿工以及到访库克镇的旅客享用。我们提供优质桌椅、饭菜，由北昆士兰地区的顶尖华人厨师烹饪，上乘好酒以适宜的工序来层层把关酿造"。

1875 年 6 月，该报纸开始用中文书写重要通知和广告，很显然，他们雇用了一个华人排版工。库克城被音译为"谷党"，许多城镇、所有金矿地以及许多的澳大利亚风物都被翻译成中文，有些是描述式翻译，有些则是纯音译。那些首府的名字以及一些特征词到今天还在使用。墨尔本保留了其中文旧译"新金山"，之后翻成音译的"墨尔本"，恰恰反映了英语音译成普通话的词有多难理解。Murray River 被翻译成"莫累河"，Perth 被翻译成"珀斯"，Brisbane 被翻译成"布里斯班"，Darwin 被翻译成"达尔文"（这个翻译很接近原文发音）。经过多年发展，我们澳大利亚的山川河流有了土著语、英语和汉语三种名字。

第三章 金与锡：海底捞月

库克城发展到什么程度？看看对查洛特街华人经营区火灾的描述就知道了。1875年10月14日，在一家木楼后院的华人店中，厨师正在炒菜做鱼。他以为用的是花生油，但拿错了，将煤油倒入冒烟的锅中，锅立刻发生爆炸，厨师于几小时后死亡。饭店陷入火海并波及临近店铺。此前，该区的店主们一直在修缮房屋，以便招待新来的同胞，旅店、床铺、鸦片烟馆、饭店以及赌场等一应俱全。他们重建的速度很快，也很经济实用。新店填满了空地。三得利（Sun Tung Lee）有限公司在当日清晨就建好了一排新店铺。

看来所有的华人店铺都着火了，即使不是所有也是镇上的大多数。欧洲人迅速冲过来帮忙。他们砍掉了建筑外圈，隔出空间让火无法蔓延，同时他们还向火点泼水。所幸货物没有遭受太大损失，满怀感激的华人商户向灭火者提供免费酒水，他们在报纸上刊登感谢声明，并向公众提供了一次慷慨的免费晚餐。

客栈和小酒馆建在通向帕玛之路的那些热门营门附近。在矿地，每一群营帐都有自己的公共房屋居住许可证。经常可以见到新授权的一行行申请名单上出现华人的名字，有些人还有其他矿区的公屋居住许可证。

现在依然被称为爱德华城的五月城当时有4家酒店。爱德华城的屠宰店也越做越大，这里还有12家欧洲人商店和12家华人商店（仍然在发展），2家铁匠铺，1家面包房，1家售卖所有殖民地报纸的图书馆以及2名华人医生、1名欧洲珠宝商和1名华人珠宝商。

矿区此时有12000名华人、6000名欧洲人。4台碾压机聚在磨石场，堆放矿石的过程持续了18个月。1874年6月，欧洲人探测到了地下12米深处有石英分布，他们小心地筛选石头淘金，等待着象征希望的金子出现。巴拉瑞特的大卫兄弟在报纸上刊登了便携式碾压机的广告，这种新机器有5个280克重的钻头、1米长的旋转杆、1米多长的锻造踏综盘、直径6尺长的滑轮。这样的一台机器重量超过4吨，将用火车运输，引擎会用砖砌将外表围住，光小齿轮和轴承的重量就超过1吨。看起来是4个齿轮带动了机械运作。1875年7月15日，"黑鸟"号轮船首次在码头卸下了一台压碾机，"玛丽·格兰特"号紧随其后。杰克·爱德华订购了一台，从此，帕玛石英碾压公司出现了一位叫"Love"的经理。杰克开始用独特的模具机器在维多利亚州开拓。每吨矿石有望出产1～5盎司的黄金。

麦特·法甘和他的队伍在丛莫瑞特地区探测矿石，他们在劳拉河的支流——莫斯曼河源头的一处陡坡发现了岩石与冲积层汇聚的矿脉。他们用几周时间发掘出了质量上乘的金矿，并以60英镑价格将矿地卖给了紧随其后的华人。12000人可以探索很大一片区域。由于担心土著攻击，华人队伍雇用了欧洲人做警卫在山上巡逻；还用链子锁住野狗，作为工地的警卫。布丁岩的金矿位置处于片岩上方，被200米厚的沙土覆盖。华人矿工会沿着竖井阶梯自上而下来到金矿底层，在厚达70厘米的布丁岩旁，他们会取下岩体，选取矿石，去掉片岩，凿碎无用的部分后，筛成仅 25 毫米厚的石材，之后会进行清洗，使得金子出现。他们会留下开采后的山洞，后人若敢爬进去开采，也能发财。现代地图上有标注"Chinky Creek"（华人河）。在一次探险中，知名地质学家罗伯特·罗根·杰克也将一处患麻风病传染的、代表着矿工灾难的"Leper Camp"（麻风营地）的字样标在了地图上。

到了 1875 年年末，越来越多的欧洲人前往新的矿脉工作，华人则仍在老矿区工作，移到欧洲人废弃的矿区开采。一些华人很难找到金子，前来寻找致富金矿的人越来越多，可容纳居住的空间也逐渐变小。一个在库克镇的华人医生设立了一笔基金，帮助穷困潦倒的淘金者，店主们也经营起救济厨房。

一些发了财的华人留在了当地，希望挣到更多的钱；一些未成功者在薪资方面讨价还价，大概有 20 多名华人被欧洲人雇佣挖矿。这些华人住在临近矿地的草屋中，他们种植蔬菜、养猫——作为宠物或者食物，他们修建了养鸭子的围栏，鸭子可以从小溪跑到池塘。所有的华人屠夫都养猪，也养殖肉蛋兼顾的家禽。

数以百计的穷人为政府修路，清理最差路段的石头，给欧洲人和华人做包装工。100 人站成一排背着 7 吨重的物资，自然也是沿着"飞翔行囊"（Flying Packer）的路线穿过"地狱之门"。他们很聪明，丢掉了带来的竹竿而用铁铲挖地干活，宽松的行李装在柳条编织的篮子里。詹姆斯·麦克卢赤·韩雷是在欧文斯和蓝彬滩地区住过的翻译，他在矿地写了几篇文章刊登在《库克城先驱报》上面，他提到了华人篮子中有乳猪尖叫的声音。

很少有华人在帕玛穿西装，搬运工们即使在船上穿着宽松的蓝牛仔衣和长裤，一上岸也会马上脱掉，当然，内裤即使在挖矿时也会穿在身上。他们脚上穿着凉鞋或拖鞋。当他们去片岩山脉时，会赤脚或是携带着条纹草鞋和厚布鞋，有些人还穿着用布条缠着草的木底鞋子。

华人运输工激起了以前运输从业者的抗议，他们不仅降低了雇佣价格，还烧了所有路面上的青草以使得土著不容易隐藏埋伏，但如此一来，每个赶着骡、马、公牛的人就只好自己带着粮草喂养。

强暴风雨不仅会带来持续一两个月的雨季，还会使河水暴涨、运输停滞。一队 300 人的采矿队等待劳拉河洪水退去，另外 3 个华人牵着马匹在河对岸走下去。几小时后，河水依然未退，华人便剥下 30 厘米粗细的树皮，做成了 2.5 米长、0.9 米宽的薄片，将边沿折叠起来，绑上绳索，就做成了可以过河的独木舟。他们装载着货物、模具和步枪，一个人在水中拉，两人在水中推，他们交替着推动，接着再游回去接送马匹，一起赶回库克城。

大队伍第二天会装备好绳索，将那些开矿机械和不会游泳的人用船接回来，径直奔向帕玛。一位观察家说，不会游泳的人都欢呼雀跃，河岸边喊声不绝于耳。

脚气病、热病、黄热病以及土著袭击再度袭来

脚气病困扰着不计其数的新来者。1876年7月15日的《昆士兰人报》报道说:"许多穷人身患足疾,在从帕玛到爱德华城的这段路上,四肢着地,痛苦地爬行。"一些人根本无法到达帕玛,他们跌落在道路上,爬进灌木丛等待死亡。他们的尸骨散落,难以收集,死后成为孤魂野鬼。在偌大一片区域,对于这种绝望的病症,那些男同胞除了在路上留下食物和水外别无他法。

高烧或许是起源于一种严重的疟疾,这使得很多华人和欧洲人身体虚弱甚至死亡,尤其是在一些喜欢寻欢作乐的欧洲人中发病率更高。1876年,来到此处做管理工作的威廉·希尔写道:"我们很难避免高烧,好几次我痛苦地躺在马路的尘土上,像一片白杨树落叶那样颤抖,这发烧使我神志不清。"

除了疟蚊引发疟疾之外,帕玛还有其他形形色色的蚊虫。灌木丛蚊成群结队地寻找着任何动物的营养;大毛蚊异常地持续几个月蔓延,它们有适合其叮咬的刺以及又长又硬的口器,衣服都可以被穿透。它们也使得马匹痛苦难耐。

1866年,一艘爪哇船的到访对于当地人来说是糟糕透了,自此之后,好几百人的博客城居民便很快染上了流感发烧。这有可能是澳大利亚唯一的黄热病案例。尤拉是一位坚毅的探险者和杰出的森林住民,他同时在地方警察队担任中尉。他于1875年5月10日骑马进入镇区,发现每个人都或多或少地充斥着悲观情绪。他将其中一些人带到斯维尔岛,该岛在古尔夫外海60公里处,他这一行动使得城里的情况好转,健康状况有所提升。此次疾病造成31人死亡,死亡人数差不多占全城人口的1/3。

一些华人不可避免地被土著吃掉了。1875年6月3日,当时的矿工尤拉和3名同伴曾追踪过一伙袭击华人矿工的土著。这些土著掀翻了华人的帐篷,并掳走了1名华人。他们发现了那名华工被铁铲剁碎又被煮食的地点,死人的骨头撒了一地。他们随着土著的踪迹到达一个环境恶劣的高地,开了几枪后就离开了,因为对方人数太多,反抗不易对付。后来尤拉带着他的骑兵队,在昆士兰中部射杀了数百名土著。

这种事情还在继续,华人被用树枝吊着辫子吊死,成为土著的新鲜储肉柜。土著喜欢食用华人胜过欧洲人,因为据说华人的肉不会太咸,华人不如欧洲人强壮,吃起来口感更好。从19世纪持续到20世纪,土著一直吃华人。1964年年末,多利·帕尔马在凯恩斯逝世,他能回忆起食用华人的情景。当然这时,此类情况已经很少发生了。

霍德金森的石英脉金

从 1874 年到 1876 年,莫里根带领过 5 支探险队。1875 年 5 月,他在维尔德河附近发现了锡矿,这个地点在今赫伯顿附近。事后证明,该锡矿地点偏远,长途跋涉来此开采并不值得。1876 年 2 月,他在米歇尔河的支流——霍德金森河流域发现金矿,地点在帕玛维尔东南方 100 公里处。这里是个金脉,莫里根谨慎地解释了详情:"这里将是整个殖民地里最大的金矿脉,不过考虑到冲积面的因素,开采起来很可能更多的是失望。"

但矿工们还是奔向了那里,把帕玛留给了华人。当他们发现这里淘金不易时,便辱骂莫里根。他们商量要对其处以私刑,并在石头上画出用绳索绞死他的图画。

1876 年年末,石英矿地处有 900 人工作,到了 1877 年达到 1400 人。矿脉深处并没有金子,许多地方只到地表下几米处就没有金子了。及至 1878 年,金矿基本就枯竭了。

不过,这一进程对昆士兰的海岸城镇有深远意义,在后来的百年中彰显了其特性。几次挖矿后,陡峭的山体被暴风雨侵蚀,特尼提湾的凯恩斯和巴伦、冬格拉港河口的史密斯菲尔德得到了发展。冬格拉港太过偏远,凯恩斯遍布湿地,史密斯菲尔德似乎有望成为一个大城市,但 1877 年和 1879 年的两次风暴导致的洪水摧毁了这里。之后,凯恩斯的湿地被抽干,高处的荒地被清理,它发展为一座大城镇,并使得库克城急速衰落。不过,在帕玛的挖矿潮极盛之时,库克城还是保持了几年的领先地位。

一名华人担任了帕玛附近新城拜亚斯城到库克城的邮递员。他的工钱是一磅货物收 9 便士。他带着多少东西,究竟是如何携带的,这些都并未被记载下来。有一个好的邮差并非易事。这是一份异常危险的工作。由于费用不包含助手,他们得独自工作,需要确保贵重的包裹和自己的人身安全免受土著的侵害。为了准时送达,他们要穿越洪水泛滥的河流。在《库克城先驱报》上刊登的招聘邮差的广告上,对所需人员有一个简明的定义:"招聘——管理帕玛的邮递员。胆小鬼无须申请。请联系查尔斯·鲍威尔。"鲍威尔是维多利亚商店的签约商。

大批华人涌入昆士兰

华人的到来仍然络绎不绝。对他们来说,有足够的黄金回家就够了。《库克城先驱报》报道:"在一艘大约有 400 名乘客的船上,所携带黄金的价值高达 30000 英镑,这里有着奇妙的故事。"只有 3/4 的人能实现愿望,他们中即使最不走运的人也能还清债务，获得一小块的土地，而幸运者则足以创造奇迹。一个成功的华人，在很长一段时间内能每月寄1000盎司黄金回家，即使没有1000盎司，也有100盎司。1盎司黄金当时能维持一个华人家庭一年的开销。

1876年4月29日，《昆士兰人报》发表了一篇社论，题目为"昆士兰的入侵"。这是一个不恰当的标题，但并不是一篇煽动性的文章，它对华人的大量涌入意味着什么做出了合理的判断。当时在帕玛有上千名华人和上百名欧洲人。文章说：

> 华人相对欧洲人的优势是由于他们的本能不同，后者总会因投机风险而放弃确定的事。而前者更稳定，更有耐心，始终如一，他们准备好进入空余的地方，安顿下来。进一步向北，发展和延伸将是他们的优势……
>
> 我们不认为本国倾向于同意管理一个主要由华人组成的北领地……但立法是不够的。华人中有人拥有自己的船队。政府不能规定他们不能在我们的海岸登陆……因为近一个世纪以来，英国一直坚持进入中国领土的自由，尽管中国人不愿意退让。中国海岸部分的权利，对英国商业和英国的政策来说仍然是很珍贵的。我们拒绝承认华人的权利，借口可能是不想扰乱中英现有的协议。在这方面，我们几乎没有自由。

昆士兰通过两项排华法案

昆士兰政府测试了它的自由，它首先发布了将水稻进口税从每吨2英镑提高到9镑6先令8便士的关税法案。进口税如此大幅度的升高遭到了库克城的欧洲人和华人的反抗。当地的事务律师奥莱利不知道从哪学来一口流利的广东话，他准备向两院提交有大量库克城居民签名的请愿书。

更具攻击性的是对1874年金矿法案的修正案，它与来自亚洲和非洲的外国人息息相关。这项法案关系矿工的权利，工资从10便士提高到3英镑，营业许可证以10英镑代替了先前的4英镑。议会两院均通过了这项法案，但是这却让昆士兰总督威廉·凯恩斯焦虑。他向立法会副主席提议："我无法剥夺提议这一非常性质的重要条例草案的权利，但我禁止实行该条例草案。"

然而，1876年10月11日，凯恩斯将法案寄给卡纳文伯爵，并在电文中提及，他最近批准了稻米的新进口税。

立法会副主席约翰·道格拉斯向新南威尔士、维多利亚、南澳大利亚、塔斯马尼亚、当时并非自治的新西兰、西澳大利亚的首席秘书发去了电报，声称："我们已经惯于认为我们的自治权是处于第二位的，而没有我们作为英国人所拥有的其他权利。我们为在这里由我们的精神建立起的文明感到自豪。但我们担心,如果华人移民逼迫我们,违背我们的意愿并违反我们的利益,我们的权利和文明就可能会受到损害,我们的社会和政治制度就可能会受到威胁。"

然而,各殖民地没有给予道格拉斯以他所希望的热情支持。塔斯马尼亚只反馈说收到电报,南澳大利亚要求看到所有文件的副本,维多利亚为其政府更迭造成的延误表示遗憾,但新首相格雷厄姆·贝里声称:"在任何时候,在每一个适当的场合,维多利亚一直主张维护和保持自治的权利和责任。"新南威尔士的亨利·帕克斯爵士花了很长时间来回应,以致昆士兰政府不得不私下写信给他。帕克斯终于表示了官方同情,然后,以首席立法委员的立场,写信给卡纳文勋爵,建议道,如果英国修改其与中国的条约,这将对昆士兰有利。

虐待华人

凯恩斯的居民制定了自己的规则:"三一湾和霍奇金森是白人的地盘。"1876年10月,来自库克城的"阿什利爵士"号停在上述地区约10公里外,它用一艘小船将8名华人送上岸,岸上有大约100人聚集起来阻止他们着陆。海员没有争辩,他们把华人留在船上,抛锚上岸,走到最近的酒店。大约一两个小时后,他们转回来,决定采取一些必要的行动。"滚出去!"他们对着华人咆哮,并把他们扔进水里。愤怒的人群涉水过来把华人扔回船上。所以,最后也只能把他们带回船上。大约一个月后,"黑鸟"号从库克城带来了12名华人,包括"一个胖老板"——在凯恩斯成名的詹姆斯·阿明。增援的警察带着这些乘客安全地着陆了。

希尔和科沃德是帕玛的两名监察官员,他们从华人那里收取许可证费用。华人为了避免付钱而在晚上行动。希尔说:"我在一匹马上驮着一条长而轻的铁链,还有75付手铐……在野营时,我们把链子固定在一棵树上。"黑人警察实施逮捕。他们会在工地围捕一群华人,进行搜查,扣留无许可证者,把他们带给希尔。希尔说:"有时候会看到每个警察手里拉着6个或8个华人,用他们的辫子来拉着他们,非常滑稽……警察在这项工作中获得了无限的乐趣。"如果华人没有足够的金子来支付费用,希尔就查封他们的物品,直到他们付钱为止。

另一名监察官科沃德(报纸和官方记录都没有给出此人的基督名以及姓氏)非常恶毒,以至于欧洲人和华人都请愿解雇他。政府最初想把他调走,但最终还是解雇了他。他曾逮捕了一个生病的华人矿工,并将其放在雨中淋了一整夜,导致其最终死亡。他把其他华人铐在树上殴打,毁坏了他们的工具。在1877年10月的辩论中,柯提斯港议员亚瑟·帕尔默讲述了科沃德收费的手段:"监察官:'你的采矿许可证在哪里?'华人:'我留着呢!'然后在宽松的皱褶裤里笨拙地摸索那个随身携带的珍贵文件。监察官:'该死的,在哪里?'这名英国政府的代表朝华人挥拳,并用脚踢,华人跌倒在地。"议员们对此事都漠不关心。他们只是耸耸肩，咕哝着说，监察官必须行使他收取费用的权力。

司法部副部长亲自访问了帕玛，并发表了一篇关于科沃德的蹩脚的报告，将其刊登在《1878年昆士兰立法议会投票和议事录》上。他说："我很遗憾地表示，他根本不适合做一名监察官……如果可能的话，我认为最好将他调回警察局，因为他肯定不适合处理白人问题，也不情愿对华人采取得体的行动。他曾报告说，华人威胁了他的生命。如果华人真的对他造成了威胁，我不应感到惊讶，因为他们被激怒了。"

不幸的是，司法部副部长的勤务兵在华人主导的一次罕见暴力抢劫中遭到攻击。当时，那勤务兵独自待在监察官的办公室里。华人抓住他，把一个袋子套在他头上，扎紧绳子，把他的手绑在背后，把他的头和脚拴在一根柱子上。然后砸了保险箱，拿走200英镑的金币和硬币。

1877年8月20日，昆士兰政府成功地制定了关于控制华人入境的相关法案。最终，总督同意通过了其他殖民地已解除的华人移民政策法令。该法令强制收取通过海陆入境的华人每人10英镑的人头税，而且限制每10吨货物才能带进1人的乘客数量。为了激励华人回国，法令允许退还人头税，但是要满足一些条件：3年内回国、无犯罪记录、没在医院或者收留所分娩让政府支付费用。与此同时，在1876年金矿修正案法令的基础上，议会在1877年再次修改了金矿修正法令。但是，该严谨的法令依旧没能改变过去不合理的结果。约翰·道格拉斯曾经致信昆士兰驻伦敦总代表："无论不限制华人流入是好事还是坏事，您会对卡纳文爵士的说法印象深刻，即我们不应因为国际义务而被迫做出任何解释。"1877年10月2日，新任总督安瑟·肯尼迪爵士同意了信上的要求。那些已在海上航行或即将出行的人，为了逃避人头税，不在库克城上船，而是乘坐通往布鲁姆菲尔德河的当地船只。几周后，一个临时的营地已经形成。

但是，法令很快阻止了浪潮般的华人进入。在接下来的一年中，政府可能会对已在境内的华人采取更强硬的措施，如禁止他们在3年内进入新开发的金矿……

残忍对待海上失事的华人

"常州"号是一艘属于中国航运公司的只有一年使用期的大铁船。在"常州"号事故中，昆士兰政府无情地处理了遭遇事故的乘客，这证明了政府的态度一直过于强硬。1884年10月24日，一个薄雾之晨，该船撞上了福雷沙岛边上的暗礁。英国的船长——詹姆斯·杨在船只返回时，并没有意识到伤害的严重性，但当他快速驱船并试图在岛的岩石岸边寻找停靠位置时，轮船开始进水。船在滑行中越来越沉重，似乎要沉没了，于是船长发出放出小船的命令。结果，第一批小船撞上了波浪，6名乘客遭遇了翻船事故。他们腰带里的黄金过于沉重,所以很快就被海水淹没了。船长改变了计划,不再放出小船,"常州"号船在大海中颠簸,终于到达了海湾。该船上的 65 名华人乘客(包括 1 名妇人和 1 名女仆)和船员(其中有 41 名华人)安全着陆。

马波若(Maryborough)的政府收到来自布里斯班的紧急电报后,根据规定派出了轮船"塞尔温"号和警察前去营救。在登上福雷沙岛前,这些遇难者中的每位华人都被要求缴纳 10 英镑人头税。警察带领他们到马波若移民中心,将他们关押起来,等待其他船只来接送。一周之后,政府收齐了他们的人头税,这才让他们登上了接送他们回家的轮船。

"常州"号船已毫无价值了。船长因为粗心遭到批评和责备。其中一位被淹死的乘客尸体最终飘荡到岸边。他腰上背有一个装有价值 30 英镑黄金的皮革背包,细长的线越过了他的肩膀和后背,绕住大腿又系回他的腰上。

帕玛河有 17000 名华人

1877 年 6 月,有 17000 名华人在帕玛生存,这个数字相当于北昆士兰的整个欧洲人口。他们从诺尔比扩散到帕玛河支流。其中 300 人已经成功抵达霍金森。欧洲人中有 1400 名留在了帕玛,4500 名留在了霍金森。

雨季已经过去。由于雨水匮乏,缺乏足够的水来淘金,上百名华人忍受着饥饿。他们在黄金监理的住所前游行,祈求大米。"找黄金就像海底捞月。"谭子佩在 1925 年在香港出版的《我的生活与工作》中写道。

曾的父亲是广州西南部南海一个小城镇的贫农,在一场洪水中失去了所有的东西。他的桑葚树在果树丛中倒下,鱼儿跳出了鱼塘。有个叫库克城的地方"盛产黄金,可随意开采"的消息频频传来,最后他带两个儿子坐船到了那里。在库克城,他们见到了真实的情景。义兴会的前身小刀会仍旧管理着被称为黄谷园的俱乐部。这是一个迎来送往之地,发生着各种激情故事,每晚都有乐手奏乐。曾说:"现在,我们耳边听的都是无尽的忧伤。"

他们来到这里的目的是淘金。来自谭氏家族的三个成员走过了漫漫征途:"我们的四肢麻木,肩膀带血,换衣服时看到身上都是血……可我们并未做什么错事啊。"他们也未能在淘金上获利,不过最后在澳大利亚的其他工作上赚了些钱。

华人在帕玛河下游发现好金

1878 年 7 月,华人采矿者有了振奋人心的发现。他们从帕玛斯通顺着帕玛河流往下 50 公里处发现了黄金,范围甚至延伸到往下 70 公里以外,而且金子是分布在河岸上深度不超过 6 米的地方。1878 年 8 月 3 日,《丹尼森港时报》

报道:"大量华人离开库克城。一些除草机、树木和用水管理者,甚至乞丐都消失了,华人群体颇为悸动。"

澳门人和广东人的争斗

谢尔亨监理标记出离帕玛斯通45公里外一个叫路金山(Lukinville)的新城镇,这是当时首次也是最珍贵的发现。华人分别在离帕玛斯通40公里处、50公里处和70公里处设立了帐篷。一个华商从水潭里为人抽水赚钱。广东赌徒阿四盘下一些矿地,再以6先令一人的价格出卖给澳门来客。他的同乡排挤在他们中间工作的一伙海盗,想把后者挤出去,但遭到了反抗。

对任何人来说,这片区域都可能是最后一次机会了。两边都召集了援军。几天以来,800名澳门人对抗500名广东人。开始他们彼此隔离,后来用手枪和步枪互相开火。"阿朱藏在了树的身后,四处张望,此时火焰已经从一边开始燃烧起来。"但是对方带着刀、斧头、叉子或者尖锐的器物包围过来。最后,有15人被杀死,多人受伤。

尽管有相关的法律限制,但大约有400名华人与1500名欧洲人还是一起去了霍金森,为避免麻烦,他们以园丁或者商人的身份进入。1878年1月,《库克城先锋报》报道,曾在帕玛北260公里外的科恩河工作过2年的罗伯特·瑟夫顿突然获得了一小块富矿。华人挤进来的科恩河曾有一次淘金热,但没有足够的黄金让众人分享。华人用网从河里捕鱼,以每磅6便士的价格出售,然后顺着河流又回到了帕玛。

1880年,一批华人重新回到科恩河淘金。一个来自五月城的商人提供给他们几货车食物和100头牛,其中一些牛用来食用,一些用来载物。最后,他损失了1200英镑。

金矿分布在整个帕玛河的不同流域。在浅滩成堆的砂石金处,人们可以在几分钟内快速地用找到的金子装满小铁罐。有人在几周内便可收获几百盎司的金子。但那里一度同时有20000人工作,约有40000人一起度过了旱季。帕玛是澳大利亚最肥沃的冲积土地。在1873—1879年之间,该地产出了120万盎司即50吨黄金。但是,这些并不足以补偿那么多人在这里数月的工作。因为华人的采矿方法得当,他们比欧洲人的收获更多些。华人清除河流或者小溪的表面淤泥,经常处理高达1米的砂石或泥土,他们总是淘了又淘,唯恐漏掉黄金。

帕玛河的奇石

1986年,帕玛河历史保护协会的约翰·海带我去华人工作地点考察,一同前往的有我现在的妻子伊莱恩·范·肯佩(她当时正在为澳大利亚遗产委员会记录遗址)、戈登·格林韦德(他当时正在位于汤斯维尔的詹姆斯库克大学攻读中国古代文物硕士学位,着重研究阿瑟顿的寺庙)以及约翰的4条狗。约翰是一位丛林专家和矿业专家。他让我们度过了美好的4天。

诺曼比流域的"探矿者溪"的含金床层覆盖着庞大的页岩。华人把页岩砌在河岸底部的墙上。墙高为1~2米,总长2公里,有时在河岸两边都有。石头被搬走后,矿工铲除了墙后面的淤泥,然后用草或扫帚清扫石头底部。他们刮取并挖掘基岩中的每条裂缝,把得来的泥土运送到最近的水潭进行淘洗,当下雨时,溪水流过,他们会把所有的泥土堆积在墙后,让淘剩的泥土通过水闸箱倒回河里。

在那些河床带有黄金的地方,他们首先把石头堆起来,把河岸上的沙子铲入河里,建造起一堵墙。当小溪流动时,自然地冲出污垢,然后他们就铲起洗过的泥土和在墙后的沙子。

在此工程完成后的一百多年里,激流带走了沙子和岩石,河床如故,只有金子消失了。各种石头铺成的墙壁仍然完美无瑕。

克里斯蒂·帕玛斯通的阴谋

1886年,在克里斯蒂·帕玛斯通(Christie Palmerston)的计谋下,华人开始在位于因尼斯费尔北部的罗素河一带淘金。克里斯蒂是来自北昆士兰的荒野侠客,在当地是大人物,还是采矿界的佼佼者。作为冒险家与强盗的化身,他接受过良好教育,具有音乐歌喉。曾经有段时期,当帕玛河和热带雨林一带的土著试图驱逐采矿者时,克里斯蒂仍能在当地正常生活。在1850年或1851年,克里斯蒂在墨尔本出生。他的母亲玛丽·博格斯是一个伦敦车夫的女儿,玛丽的父亲后来移民到了范迪门地(今塔斯马尼亚)。玛丽·博格斯成为一名令人瞩目的歌剧演唱家,经常在澳大利亚、美国和印度巡回演出。她与一位意大利贵族——十世格兰迪尼侯爵卡西诺·热弥结婚后,改称格兰迪尼夫人。侯爵一家在其反对奥地利君主叛变之后被逐出意大利,于1842年移民澳大利亚,还带了一个剧团的音乐家,随后他们便在当地教授音乐和舞蹈。侯爵的儿子,克里斯蒂·帕玛斯通原本叫 Christofero Palmerston Carandini,但他在洛克汉普顿北部的米兰杰地区工作时,为自己取了一个澳大利亚名字。他是帕玛河一带最早的淘金者之一。

有一件事让克里斯蒂·帕玛斯通惹上了麻烦。有传闻说一名华人在打架中被杀害,要克里斯蒂接受问讯。克里斯蒂从未接到过任何关于要逮捕他的正式通知,但他却在土著中消失了,这件事也成了谣言。有可能有一批土著为他做包装工作,也有可能他雇用了200~300名华人为他采矿,但也可能是他带领一群欧洲人和华人开赴帕玛和哈德金森。

有时候克里斯蒂会载着矿工回到库克城，让他们整理用卡车运送的货物，然后边唱歌边把他们运回去。当货车到达既定的道路后，克里斯蒂就会在那里和土著一起帮忙卸货。他身上只穿一件宽松的衬衫，腰上围着子弹带。

在 19 世纪 80 年代，他重新融入欧洲人的圈子，他的生平开始广为人知。他有两段绝妙的探险经历。1882 年，他致力于在格拉东和赫勃通之间开发一条铁路线。亚历山大·道格拉斯已经在那里待了一段时间，但他认为此地不适于建设铁路。克里斯蒂用了好多天在茂密的原始丛林中走"之"字形，并且借助藤编的绳子深入悬崖和瀑布。他带着丛林探险装备和 2 个堪那纳卡人、3 个土著一起进行探险。当天气好的时候，他便把子弹带挂在衬衣上；当气候湿润的时候，他便脱掉衬衣，把子弹带挂在自己的肚子上。他左手拿着斯纳德步枪，右手拿着砍刀，没有长裤，没有靴子，头上顶着设备。他就靠这套装备进行探险，没有一点儿问题。

很多在帕玛河的采矿者并没有穿靴子。在热带雨林里面，靴子很容易腐烂并很容易被板岩切割成一块一块。在天气炎热的时候，人们还要用面粉包装袋填充靴子的鞋底。带我们进入帕玛的约翰光着脚就爬上了山脊。

现代的帕玛斯通高速公路就是沿着克里斯蒂当年行走的路线建立的。国家公园和约翰斯通峡谷显示了这个国家当年的风采。有一些蕨类植物覆盖在地上，附生蕨类在树干上、枝干上涌现。藤类在各种掌型叶子、扇形叶子、圆形叶子、窄叶子、蕨类叶子上缠绕，真是令人诧异的多样性啊！这里的每棵树看起来都是不一样的。

1886 年 12 月 26 日，克里斯蒂·帕玛斯通在扎营时注意到此处就是当年亚历山大·道格拉斯的旧营地。他估计出自己花费的安顿时间后骄傲地写道："那曾经花费亚历山大 3 天时间来克服的无比困难的问题，我不费吹灰之力在区区 3 个小时内就完成了。"

他经过了一个营地，那是受到惊吓的土著刚刚遗弃的。一股血腥的味道从营地里的石炉和地上飘来。他把石炉打开。在他留下的一本记录里，他写下了他所看到的："一个被烤到半熟的女孩。她的头盖骨已放进烤炉里面，她的身体骨架内已经清理过了，那是红色滚烫的骨头。莫瑞亚的土著说，他们抓住了这个无知女孩的脚，然后把她的头撞向一棵树，这个小孩可以做一顿美味。"在 1910 年或是 1911 年，一个在英尼斯菲尔西南部的牛场为格林家工作的土著被杀死吃掉，并用于祭祀。

乔治·克拉克和威廉·宙斯在罗素河的上游发现了金子。昆士兰最高的山是伯塔福瑞山脉，罗素河沿着它的丘陵地带流淌。这里拥有世界上最大的降雨量，年降雨量大约有 8000 毫米。克拉克和宙斯开始是在一个有偿矿地工作。1886 年 7 月，克拉克的朋友克里斯蒂·帕玛斯通和一个土著一起到约翰斯通北部或罗素河下游去确认是否真的存在金子。在大部分路程中，他们是从热带雨林里面穿过的。克里斯蒂写道:"整趟旅程就是不停地穿越巨大的热带丛林,树木是挺拔的、向上生长的,树木的外层被枝条缠绕,还有密集的竹条。总之,未走过这段路的人是想象不到的。"这些矮树藤的表面有着钢铁般的硬度和光泽,像刀锋一样危险。

带刺的树木折磨着他们,尽管那里的几种树木和水蛭不像吉皮荒野里的那样具有攻击性。克里斯蒂写道:"我的工人几乎都被水蛭吸饱的血迹所覆盖,水蛭在他们的脚踝围成一团就像一个篮子一样。"一天早上他是这样醒来的——"几乎窒息,我的鼻孔被黏糊糊的蠕动的水蛭堵住了"。

(第二次世界大战期间,在巴布亚新几内亚岛,我每隔1小时就会喊一次休息,让运输队员在香蕉树叶子下坐着,用盐巴、碱或是烟碱把水蛭弄掉。我每一次清理水蛭要跺脚50次,当更多吃饱的水蛭被震动下来后,血液继续从伤口溢出来。人不会定居在这样的地方,无论是哺乳动物还是鸟类,都会避开这样的地方。在行军过程中,我在想,我们的到来是不是为上千只水蛭带来了一场盛宴?)

克里斯蒂·帕玛斯通的探险总的来说是一场血腥之旅。土著曾经多次威胁他,他就一路大开杀戒。他几乎消灭了一个原始部落,因为这个部落吃了2个人,而那2个人来自一个和他友好的部落。那些和他一起的土著也带着斯纳德步枪,并且也学会了枪的使用方法。有一天晚上,他们在土著成人仪式之地包围了一群攻击犯并在破晓时开火。在那场大屠杀之后,"我的追随者们想吃人肉,我以枪毙惩罚威胁他们,于是他们便打消了这个念头"。

1886年8月6日,克里斯蒂在罗素河捡起一块浮在木条上的金子,在接下来的8天中,他在多地淘金,并以当地土著的食物为生。之后,他就去了基拉顿寻求给养,返回时,在罗素河的支流上发现了金子。欧洲人曾经尝试在那里淘金,但多数人觉得那里的条件太艰苦了,并且金子也十分稀少。

克里斯蒂·帕玛斯通决定在华人身上赚钱。1887年5月,他找到基拉顿当地的商人,说罗素河有一个可淘金的金矿,每天可以淘到5~6克金子,他愿为淘金团队成员每天每人支付1英镑的工钱。谢波、赖幸、孙中兴带着一支30人的团队答应了这场交易。2周之后,他们从那里带回6盎司金子。根据克里斯蒂估算,他们本应该带回74盎司金子的。他们当中的10人又返回了,后面跟着200名同胞。克里斯蒂·帕玛斯通和土著从丛林中杀回去,走在了华人的前头,他让华人每人上交1英镑的保护费才让他们进入。不过,他倒是开出了收据。

杂货铺老板在河湾地带开了一家新分店。克里斯蒂在基拉顿的屠户那里买了6只公牛,他在杂货铺旁边开了一家屠宰店。他定了条规则:华人不许从外面带进肉类,只能从他这里购买。他让土著在通往淘金地的必经之路上设置一个检查点,日夜守候。如果华人带肉进来,他们便把肉扣下并把肉和其他工具设备都扔进河里。他们会为消费者派发通行证，那是一个装着一团牛毛的信封，上面写着基拉顿屠户的名字。这些神奇的文件一点都不引人注目，但慢慢开始在基拉顿远近闻名。

华人实在无法忍受掠夺和欺压。阿杜和李谷因攻击和故意毁坏财产接到了法院传票。当地警察威廉·沃什要求克里斯蒂"从即日起保证华人（特别是李谷）和基拉顿居民3个月的安静"。

殖民秘书要求沃什对此项决定做解释。沃什解释说，这场听讯揭露了"被告的犯罪证据，并将在两项指控中考虑量刑……我并没有试图惩罚和侮辱被告，尽管他在三项指控下已接受惩罚，并因持器械抢劫而接受了审讯"。

按华人的说法，地方法官不愿意冒犯罗尼家族。1886年12月6日，克里斯蒂·帕玛斯通和律师的女儿特丽萨·罗尼结婚，后者的家族在汤斯维尔有一个很大的木结构庭院。他们俩都很喜欢音乐。特丽萨是个音乐教师和著名小提琴家。但她是一个封闭的女人，这是她的孙侄女摩丝·库玛告诉我的。克里斯蒂依旧继续在灌木丛里和当地女孩厮混。罗尼家族并不喜欢他。克里斯蒂也曾尝试过当一个酒店店主，但是他发觉这太无聊了。海峡发展公司给了他一份在婆罗洲和马来亚的勘察工作。1897年年初，克里斯蒂因发烧在那里去世了。他保留着日记和其他记录的原稿，他告诉一位朋友，他没有钱，但是他的作品十分有价值，可是他的手稿全被白蚁蛀掉了。

克里斯蒂·帕玛斯通有个女儿叫罗西纳，于1889年出生，她有一个歌星的名字。她从不了解他的父亲，因为在她一两岁时，爸爸就离开家了。

新南威尔士、塔斯马尼亚、昆士兰发现更多黄金以及西澳大利亚金伯利矿地的困难

在澳大利亚，最奇异的一次探金发生在1870年的肖斯湾，该湾位处新南威尔士北岸的比利纳东面。另外一处是在埃文斯角以南30公里处。这两处均在沙滩和附近的沙丘上。在那里，有不少早期甘蔗种植者因在当地找到了金子，改善了他们的农场。他们铲掉沙丘疏松的顶部，用大槌和楔子将水泥似的外层粉碎成一块块，然后，用绳子绑着大水泥块让马把它们拉走。

新西兰人有沙地采矿的经验，他们接管了沙滩矿地，可能其中还有一群华人。现在，在埃文斯角仍然有一处被称为"华人海滩"，那里流传着许多故事，但这个矿地并没有官方记录。

1879年，华人和欧洲人在塔斯马尼亚西部潮湿寒冷的皮曼河考瑞娜矿进行挖掘。想要通往海边是很困难的，几乎没有通行的道路。他们在那里度过了一个饥肠辘辘的冬天，依靠捕到的鸟类、赤褐袋鼠和袋熊来维持食物补给。其中一名华人死了。

19 世纪 70 年代，成吨的金子来自位于新南威尔士中西部的古尔贡。华人被禁止在这里采矿。1881 年 12 月，一位外国人约瑟夫·茹兹卡在悬挂岩处将金子兑换成英镑。人们认为这片金矿即将消耗完，他获得了 1 公顷的租赁权。在几天里，他给当地管理人献上一包包金钱——14 英镑、10 英镑和 18 英镑。

当时，华人和欧洲矿工在位于新南威尔士州西北部干燥的布朗尼山矿地工作。用于淘金的水源，最近的地方离他们也有 14 公里。饮用水稀缺且水质很差，里面有很多致病源，况且欧洲矿工还有 250 头马需要使用大量水。政府和民间采矿队都在尝试打井。华人是首先打井成功的，这个 19 米深的井每小时可供水 90 升，足够饮用需要，也可用来淘洗少量金子。

1882 年，在塔斯马尼亚的拉夫瑞矿地，有 12 名华人和 12 名欧洲人一起在地底深处工作。不同人种在地下一起工作有点不同寻常。华人购买了欧洲人的一块矿地，并成功地挖到地下 180 米的第五层，之后便把这个成果卖给另一家欧洲公司，和他们签订了一份合同：要求一半的雇工必须是华人。

不久，位于昆士兰的摩根山也开始开发了，但却没有华人在那里工作。多年来，摩根山以铁矿山著称，现在是世界上金矿资源最丰富之地。山变成了一个洞，金矿埋在深处。有悖常理的是，很少人能从中捞上一笔，因为无知、贪婪、愚蠢、不诚信和欺诈，很多人蒙受了严重的损失。

1886 年，华人迁往北领地以西的灾难横生的西澳大利亚金伯利矿区，他们在当地种菜、做饭和运输。他们无法通过海路过来，因为颁布的新法律要收取每人 10 英镑人头税，且限制每 50 吨货物只能带进一人。西澳大利亚政府和 30 年前的维多利亚政府一样，并不允许行人穿越边界。华人不准在金伯利采金矿。另一条新法则规定，一个金矿在被发现的五年内，华人不得在那里采矿。

尽管金伯利金矿早在 1882 年就已被发现，但一直无人前往尝试。后来，一群勇敢的人发现了更大的金矿，于是人们蜂拥而来。1886 年 7 月 9 日，一个激动的记者在得比报道："我们金伯利金矿区迎接了一批批从海上乘船而来的客人。"人们来自各地，带着希望而来。此地的迷人之处就是这两个字——"金子"！该记者接着发布了几条警告："这些来者没钱，甚至还有偷渡犯……此地疾病流行，流感和疟疾最为常见，这里唯一的药品就是硫酸奎宁。所有来人都要随身带着给养，因为这十分有必要……我还想给淘金者们一条信息——马和货物会从得比码头的船上卸下来，但这并不意味着他们可以在岸上登陆。没有这回事。轮船需停靠在码头 2 英里以外，大型轮船要停靠在码头的 12 英里或 13 英里之外。乘客需要为他们自己或是他们的货物支付驳运费，这样才比较方便安排货物的运输。"

抢水和水井

有华人的地方都会留下水道。在19世纪50年代，新来的华人惊讶地发现，欧洲矿工在新英格兰的琼斯山和石头河一带建造小水坝和运河来洗涤尾料。他们使用的水沟和洼地其实并非来自真正的河道，所以无需牌照。他们在这里找到了少许水源，虽不过几百升，却是值得收集的。几个月之后，朗肯尼迪公司、红色肯尼迪公司和希尔顿公司在金矿地的另外一处弄了一条很长的水道来洗涤尾料，这是欧洲矿工们在此地做的为数不多有利可图的工作之一。

在新英格兰的腾德菲尔德周围，华人修建了非同寻常的河道。在瑟菲斯山的东边有一条长达5公里的冲洗河道。华人来的时候就用石头和泥土造了一个矮土墙，有的石头像拳头那么大，有的石头则要6个人一起才能把它抬起。这些石头被放置在一个小斜坡上，只有偶然的山崩才会使石头移动。在适当的地方，他们会把坚硬的花岗岩敲碎，他们在一些深水沟上修桥，这需要精准的技巧。

那片地区树木繁盛，在未清理土地之前，是不可能在这里建立引水渠的，那些树的根部就足以阻碍这项工程了。此地树苗浓密，每前进一步都十分困难，简直看不出这是一片土地。

在1公里之外，华人想要在靠近尼尔森河的地方找到流速较快的洗涤水源。在"一里河"外，有一条落差达25米高的溪流，它穿过山脊进入平地，大约有几百米长，它宽约70厘米，深约10厘米。华人还建了一个水坝墙来让水流进去。现在它依旧在流淌。这里常年昏暗潮湿，气温恒定。阳光从来都不会直射进来。这里布满了巨大的苔藓和蕨类植物。

腾德菲尔德北部45公里处就是摩根溪水流进布诺布诺河之地。这里有华人制造的另一个神奇水渠，它至今仍在流淌。为了在一个被花岗岩挡住的富饶的冲积扇里得到洗涤的水源，华人从一个沼泽地上的泉眼引出1.5公里的小溪，宽1米，最深处有8米，他们堵住了这条小溪的出水口。为了处理废水，他们切开花岗岩让这条小溪流向摩根溪。

华人引水渠之所以在澳大利亚那么出名和持久，其秘诀在于渠中的石头构造。它们不需要依靠任何手段就可以把水漂亮地引走。1600年前修建的罗马城里的引水渠迄今依然供应着这座城市。在澳大利亚，瑞士人很早就为人称道。因为他们在高大的木水车上以车轮引水，但那些水车都没有保留下来。

在澳大利亚最值得一提的水道也许是1886年亨利·凯亚在维多利亚米塔南部的闪电泉建立的。这条水道长22公里，它将雪河的水源带到位于杨基山的洗涤处。凯亚并不是一个工程师，他只是一个乡间工匠。他曾在某峡谷地带修建了一座桥，这个木架构桥有213米长，35米高。

1859年，华人通过一个400米长的水渠，将新南威尔士北部皮尔河上游的水引来推动一个水车。华人和瑞士人以此方式获得动力，但澳大利亚很少有这样强劲的溪流。一个45万升水流推动的直径8米的水轮每小时能发电7.5千瓦。如果要使电量增加两倍，就需要两倍的水力。1874年12月，塔斯马尼亚东北部的劳拉矿脉公司安置了一个发电水车，用来支持一台模压机，它每小时能输出112千瓦的电力。

康沃尔矿工

在新南威尔士西部考巴的一个纪念碑上有个匾牌，上面写着古老的康沃尔采矿记录：

在此地
坎贝尔·哈特曼和吉布
1869年，第一次发现了铜矿
该矿被前康沃尔巴伽尔人修道院的克鲁斯夫人确认

巴伽尔人是采集铜矿石的妇女。

在帕玛河遗址，有三个建于19世纪80年代的造型独特的欧式炭炉，"历史保护协会"用镀锌铜材覆盖以保护它们。炭炉为4米长、2米宽、1.5米高的卵形，用石头和泥浆混合制造。其中放有一串细长的茶树木，这种木头坚硬、沉重、条纹细密，它在任何熔炉中都能生产出上好的木炭。它在燃烧时不会发出噼噼啪啪的声音，热度高而稳定。

遗址内还有一些非凡的砖砌锅炉，其管道有6米长，直径为1.8米，无用的热量可以沿着高高的、坚固的烟囱消散。砖砌通道可使热量排放到整个管子里，在炭炉和烟囱之间流动。

古老的芒果树在每一个华人菜园都留下了痕迹。1986年，五月城附近的"狗腿溪"有两行依旧产出很好的芒果树。20世纪70年代，身为古老物种的荔枝树在"地狱门"的道路上长势很好。很可能这里的荔枝不是被人有意栽培的，而是人们丢弃果核的产物。

华人采矿法

华人发展出了个体的、经济的和成功的挖金方法。欧洲人下到矩形或圆形竖井里，他们喜欢较大的空间，他们站在桶里被伙伴们拉上拉下。华人下沉到幽闭的、直径为75厘米的井眼时，会在井壁上打下脚趾大小的凹口，必要时可以抓住悬挂绳索，蹬着那些凹口撤离出去。

在新南威尔士的麦格理河，华人改进了他们在赫利尔使用的围场方法。由于河里有大量淤泥，他们在做围坝时使用了黏土。他们还将两张剪了毛的羊皮缝合在一起，做成水桶。

在维多利亚部分地区，围场是用来充分地去除冲积层的平原土的。一个40～100人的华人采矿队会租赁一块矿地，这块矿地要去除表土。他们将土地划分出一些矩形，在一个角挖出一个沟槽，把不需要的泥土堆成堆，然后回到某个沟槽继续挖掘。在第一个沟槽清洗残渣，第二个沟槽的表土会再次填满第一个沟槽。人们以一种持续的节奏工作。有人挖掘，有人运输，有人汲水；一些人操作洗矿槽，一些人负责最后的黄金清理，一些人用扁担挑着羊皮桶来回搬运。当黄金产出时，他们持续工作并兴奋闲聊；当产出不好时，他们便保持沉默。

一些欧洲人，特别是澳大利亚人，在澳大利亚用肩膀杆子运水。那个东西不是华人使用的竹竿，而是有雕刻花纹的硬木轭，它有一个适合颈部的弓状，底部优雅地上翘。

很多华人成了全能采矿业的行家。他们的探矿者携带装在圆形木盒里的指南针。他们在处理黄金时一丝不苟，他们的腰带上挂着的12厘米×10厘米的筛子，底部有细密的金属丝网眼，用来筛选黄金粉末和珍贵的颗粒。当代很少有文章描写过这种情景，相反，一些作者断言华人没有勘探实践，他们只是跟着富矿走，浪费了很多矿地，他们不开采矿脉，只是跟随在欧洲人后面，拾捡他们剩漏的金子。这些评价都不够真实。尽管芬戈尔黄金勘探委员会在邀请华人检查矿地时，关注成本多于关注其专业知识，但在1866年，达尼尔商会和奥塔哥省议会邀请维多利亚商人何阿明来商讨送华人到新西兰去评估那里的矿地。1866年2月，何送去了12名华人勘探者。在1867年年底，他有1270名同乡在那里的矿地工作。

开采矿脉

罗孔孟和一些商人带着两个公司在维多利亚大规模开采矿脉，这两个公司的名字是合和广东公司和合和香港公司。

华人从欧洲人开采的矿脉中赚钱，他们从事运送磨粉厂残渣的艰苦工作。根据磨粉机的尺寸，他们使用桶、扁担、大木轮的手推车、人拉或者马拉的轨道车。无论在哪里工作，他们都会坚持重洗残渣。他们靠搅动热水和肥皂的混合物泥浆提取表面的细小黄金。1789年，威尔士主教理查德·沃森发现肥皂沫可以使金属悬浮。在之后的百年间，有一些人获得了改进沃森方法的专利权，但华人可能是自己发现了这种方法，并且很早就在实践中应用了。20年后，在断山金矿秘密工作、互为对立的查理斯·波特和纪尧姆·里派德发展出了淘取锌的方法。

在矿脉开采方面，很早就有绝妙的采矿机械产生了。机器是昂贵的，所以矿脉开采需要由公司来运作。1857年8月的《巴拉瑞特星报》描述了新宪政公司安装的格拉斯哥发动机，它有30英寸的划桨、16英寸的圆柱以及重达2吨的飞轮。它的底价为"3200英镑左右"。

1862年，巴拉瑞特的黑山公司每周能粉碎1500吨矿石。1吨矿石只能产出大约10分钱的利润，但这能用来支付人力成本和机械成本，机器只要定期运转，就能产生丰厚的利润。该公司有一个75千瓦的发动机，一天24小时不停地运转。

很多机械在巴拉瑞特制造，这些机械都设计得很好，一个人就可以管理矿石粉碎机以及向粉碎机提供矿石的输送机。

帕玛河的一些矿石很难被粉碎，必须经过燃烧以后才行。在机器上放一层矿石，加上更多的桉石原木，然后再加上矿石，进行燃烧，火苗在燃烧时能达到2米高。

在新南威尔士的山底地区，在高耸的木棚架支撑下，一条跨越峡谷的架空道把矿物从陡峭的矿脉传送至炮台。这中间的有些矿脉富含真正的宝藏。伯纳德·侯特曼和路易斯·拜亚联合拥有的希望之星黄金矿业公司，从一整块重达380磅的板岩中开采出250磅的天然金块。侯特曼喜欢把自己比作著名的金矿勘测专家爱德华·哈格瑞夫。金块被发现时，他并未在现场，于是他把一张他拿着电话听筒的照片叠加在报纸的文章上面，他那张开的手似乎在暗示着是他发现的金块。

想要知道金脉在山的何处中断是一件不大可能的事情。如果上层金矿是好的，那么在底部是否会有更多呢？1876年9月，长隧道公司就在新英格兰最肥沃的琼斯山脉和洛基河流区域开采金矿。在开采期间，他们被凸起的花岗岩反复阻隔，最后只能将一大片岩石都炸掉。整个工作进度十分缓慢。长隧道公司用了整整10年时间，开采了深达670米的矿洞，但最终收获不大。

1869年，在本迪戈的赫斯特勒矿脉公司使用了一种当地制造的压缩空气凿岩机，把地表的空气通过输气管道往下运输。在19世纪70年代，美国的新型钻头被其他公司带到这里。在当时，根本没有喷水器可以用来减少粗糙研磨产生的粉尘。不久，这里就产生了硅肺病，矿工们当时称之为"黑色的诅咒"。最终，这种病被确认为肺结核。

在大多数情况下，普通风箱难以给地底下的转轴提供足够的氧气。此时，地底下的气体就很容易发臭或被污染散发毒性。矿工们不愿意在黑暗中摸索到厕所去大小便，所以地下混杂了潮湿酸臭的粪便味，强烈刺鼻，这种腐朽的气味常常萦绕并折磨着他们。

持续的苦力贸易

在19世纪60—70年代,尽管很多华人能找到安全到达澳大利亚的方法,但苦力贩卖一如往常。运输船上装有大炮,船上有铁栅栏防护着,以免苦力逃脱或跑到甲板上。身背刺刀、手持刺枪的哨兵看守着苦力,苦力们被关在铁铸的壁垒里。香港有一条法令明文规定,禁止在船上配置此类装置。于是,苦力的主人和贩客请华人铁匠制作便携式铁栅栏,把苦力关在密闭的空间,在船驶离香港海关后再把苦力放出来。

1870年10月4日,澳门武装警卫在开往卡亚俄的法国船"Nouvelle Penelop"号上搜捕了800名苦力。几天前,苦力们冲破了铁栅栏,杀死了船长和一些船员,并威胁剩下的船员把船开回中国。船停在了一个荒无人烟的海岸。法国领事坚称罪魁祸首应被审判为制造暴动罪,这就迫使中国法庭将30名苦力定罪。1871年2月8日,《德臣报》记者报道称,有15个人已被判处死刑。报道说:

> 一伙人在一艘大船上,船主是一位澳门绅士。为表示对西班牙领事(他是船上的乘客)的尊重,我们在船上升起了西班牙国旗……处决的地点在拉帕岛……他们是被绑着的——从肩膀绑到背后——像是下跪的姿势,他们的脖子被迫前倾……面对人群,分成两排……刽子手看着手中闪闪发亮的刀,将其中一把插在了屈膝下跪者对面的沙滩草坪上,接着是第二把、第三把……那个洋洋得意的刽子手瞄准了目标,只听见"砰"的一声,人头落地,随着一声大叫,一个滚动的头已在前方落下……你很快就能从恐惧中缓过神来,看到那深红色的液体从一个无头躯干中涌出……你的耳朵很快会因时有时无的第二个响声而感到痛苦……在利落的刀功下,头已经脱离了身体……一把刀用钝以后,刽子手会拿出另一把新的,马不停蹄地按顺序继续砍下去。最后一个人的死法最为恐怖……因为刀已变得越来越钝了,只砍到他脖子的2/3,他就倒下了,但他的头和身体还连在一起,他拼命地呼吸……执行官命令切断他的头颅……

在早期报道中,有几处提及香港搞糟了的公众绞刑,比如,铰链上好油以后,机关未能成功开启,导致罪犯在行刑时饱受煎熬;绳子打滑让犯人在生死中徘徊,而不是迅速地绞断脖子。有个人挣扎了整整1小时后才死去。他用手臂拽着绳子,以这种方式减轻绳子的拉力,他甚至还可以处理一下露出来的衬衫。1856年,在伦敦老城墙外,5000人围观了一个不可赦免的谋杀犯。他慢慢陷入绝望,坐在椅子上,被推向断头台。绞手调整绳索,拖拽螺栓。当脚下机关打开的那一刻，犯人命悬一线，他用尽力气将两脚撑开，企图跨越脚下的大空档。绞手在执行时失败了两次，那个被绞的人脸色发白，身体不停地颤抖。执行官惊恐万分，围观的群众也都惊叫起来。这名犯人4次都未能被绞死，绞手和执行官实在不能让这种事再发生了，他们走到绞刑台下方，打开暗门，用手使劲拉住犯人的腿，直到他最终窒息死亡。

相对众多在中国大陆接受审判的船员来说，邝阿星属于比较幸运的。在香港法庭上，他只是被控涉嫌抢劫，主审官宣布其无罪释放。宣判词如下："'Nouvelle Penelope'号船上发生的一切是令人发指的，证词揭露了船长及其同伙对犯人的强行拘留和非法奴役。他们逼迫受害者提供起诉的片面供词，表示无任何胁迫或反抗行为。在英国的法律里面，无论怎样审判邝阿星，他都是没有过错的。"

1871年5月4日，在从澳门驶往秘鲁的"Dolores Ugarte"号船上，被贩卖的苦力试图逃到甲板上，计划失败后，他们纵火焚烧了船只。船长噶瑞关闭了舱门，丢下在火海中挣扎的乘客，和他的员工乘救生船逃跑了。幸而一只过路帆船从置身火海的800多人中救出了50人。人们的供词都诉说着一个个被亲朋好友或商人欺骗被卖的故事。16岁的朱阿凯回忆了他多年来的恐惧。他说："我是一个鹤山人，那时失业了。我的一个表兄弟对我父亲说，他可以给我找到新工作，但他并没细说新工作在哪。我表兄弟的名字叫朱阿松。因为我们是亲戚，我父亲便信任他，允许我跟着他工作。我父亲是鹤山的布店老板。我表兄给我付了船费后，我们登上了一条客船。出发后的第三天，我们到达了目的地，我的表兄将我安排在一家妓院过夜。一开始，他告诉我他要带我见一个外国雇主。他把我带到那个所谓的外国雇主家，盼咐我留在那里工作，便离开了。不久，那个外国雇主便把我带到另外一个屋子，询问我来自哪里、今年多少岁、做什么工作等问题。最后，我在一张完全看不懂的文书上按下了手印。"

"Dolores Ugarte"号悲剧事件发生以后，葡萄牙政府禁止从澳门输出苦力。顿时抗议声四起，葡萄牙政府不得不收回法令。《德臣报》在1872年6月9日引用了《上海通信》的评论："奴隶贸易是在整个殖民扩展中最大的生意……我们可以这么说，这座神圣城市的劳力资源贸易正日益繁荣。"

在1847—1867年之间，有85768名苦力被卖到哈瓦那，其中，能逃回去的不超过800人。没有一个华人可以从秘鲁的海岸逃回家乡。他们称监工为"乌鬼"，黑色的魔鬼用鞭子抽打着他们去铲鸟粪。如果不是虚脱致死或者跳崖自杀，那帮"乌鬼"就不会放过他们。

有时，欧洲人会因为参与这种苦力贸易而被欧洲法庭监禁。有时，也会有华人为此而被中国法庭判决斩首。那些检查香港船只的移民监察官不会说那些所谓移民的语言，然而，人贩只会对他们说好话。这些人贩寻找各种途径来使腐败的食物得到放行。有一次，一名监察官两次退回了20多桶已经变质并已长蛆的腌制猪肉。在第三次送检之前，英国人贩找来了很多醋，他把醋淋在猪肉上面，把蛆全都杀死后，这次他成功了。于是，他经常在香港俱乐部里面炫耀此事。

1873年5月6日，香港官方发布了法令：禁止任何形式的苦力贸易。法令颁布不久后，在香港港口停靠的8只船就被驱逐出境。6个秘鲁人、1个意大利人和1个比利时人马上绕路走，把船驶入黄埔港口并在那里停靠。广东总督立即制止了非法的苦力贸易。中国人大量收集了香港政府依赖的证据以中止苦力贸易，但政府中却无人称赞香港的工作。

劳动力变成了稀缺品，其价值在不断升高。一艘驶往哈瓦那的装满劳工的船在公平交易的环境下需要给人贩子40万美元。因此，招募劳工的方式也日益复杂起来。1873年5月7日的《德臣报》报道："从上个月开始，中国炮船'成都'号和'绥清'号在广州巡航，期间捕获了载有70名苦力的3只帆船，上面有3名外国人……但事实是这样的，该船水手都穿着外国服装，船下面有一个大洞，于是船靠岸待修。然后，船员会去附近村庄恳求村民帮忙，让他们到船上把水从船舱里清出，船方将提供村民的日常供给。然而，一旦村民们上了船，马上就被困在船底下。船员关上船舱，此后村民就只能在下面任由处置了。"《德臣报》关注的是，那些船舱底下的村民在遇到外国人时会采取什么行动。"进来的外国人都穿一样的衣服，当地村民们无法分辨出他们是哪国人。"

1873年12月，澳门总督做出声明：从1874年3月27日起，"澳门从即日起禁止中国移民"。800多个奴隶禁闭营被关闭。在赌场为世人瞩目之前，澳门一直是个贫困可怜的小城。在自由移民的名义下，苦力贸易依然持续了一段时间，但不久就被转移到后来有点法治的国家新加坡去了。

1887年3月4日晚，"为酬谢在长期的贸易中船长对华人乘客展现的礼貌和关注"，40名悉尼华商盛邀中国航运公司旗下的"长沙"号船长威廉参加晚宴。他们向船长赠送了发光的地标和一个钻戒。"整场晚宴充满真诚"，由梅光达主持的宴会最终以一首《友谊地久天长》结束。梅光达是在澳大利亚最受欢迎的华人，他受到中欧多方人士的尊敬。他9岁时就已去布拉德伍德淘金，并和一个苏格兰家庭在一起居住了三四年，从那以后，他就变成了热忱的苏格兰人。

第一批去往北领地的华人是在新加坡被雇佣的。1874年，昆士兰邻近马博若的叶加瑞牧场的图斯和格兰带来了35名华人，这些华人在他们的糖场工作。那35名在华南有植糖经验的人在工头的带领下签了3年的合同。当他们发现工资太少时，便拒绝工作。所以，法庭又要忙起来了。

1886年6月，在香港英属海峡殖民地发生了一场关于移民到新加坡工作的暴动。一些客栈的房东额外提高了3毛钱的住宿费用。他们背后有一个秘密帮会在推动。未提高收费的客栈把所有生意都包揽了，他们得到了另一个帮会的支持。两个帮会都期望第三个帮会和自己站在一起,这样他们的势力就能扩大。当需求得不到满足时,暴动就发生了。这些帮会人士手持刀剑和竹棍在街头或客栈前面打斗。

中国的生活:1860—1870 年

在 19 世纪 60—70 年代的中国生活是很艰难的,但中国人对待掠夺性外国的态度却是好上加好。在淘金领域的失败跟卖掉一个孩子的损失是等同的。1871 年,一位去广东的游人称,他看到了一位带着 5 个孩子的母亲站在马路上卖孩子。那位母亲把孩子打扮得整整齐齐,在他们面前树起一个售卖牌,旁边还有一个说客帮忙把价格抬高。孩子的父亲借了 300 美金,买了一张成本只需 40 美金的去加利福尼亚黄金矿区的船票,家庭无法归还贷款。

对于妓院老板来说,女孩就是他们店里的预售商品。如果一个女孩因为太年轻不能胜任,通常她会被安排作为保姆类佣人直到她长大成熟。1874 年,当 22 名年轻的中国女孩乘坐"日本"号轮船到达圣弗朗西斯科时,当地移民局局长拒绝让她们上岸。局长说,他已获悉,这批女人是来当妓女的。中国商人拿出《人身保护法案》,把她们带到了岸上,但这些人被带到法庭,然后又被遣送回中国了。无论是什么原因促使她们前往加利福尼亚,有一点可以确定的是,她们并不想回去。她们被带到码头时,尖叫着拼命地抓住踏板不肯走。在轮船即将起航时,最高法院的法令让她们再次入境,但经过多轮聆讯后,她们还是被遣返了。

作为更有价值的人类,有时候孩子会成为亲戚间的一种交易。这是广东特有的传统。一个人可能在口头协议下,把自己的第二个儿子送给没有儿子的人。如果一个人没有儿子,通常他会出高价从一个陌生人手中买一个,而且确保这种交易绝无反悔。

太平天国运动在 1864 年就结束了,但在此运动的后期,广东省有 1000 个客家人在西江流域和海岸之间被驱赶,并不断被杀。在香港的商人,不论是欧洲人还是华人,都支持本地乡民抵制外来者。客家人包围了距离澳门西部 100 公里的光海镇。当地的饥民在可以保全生命的许诺下投降,但客家人却把其中的大部分人杀害了。所以,澳大利亚华人家族之间的关系为什么紧张就很容易理解了。

杀害魔鬼教士

1870 年,中国发生了大屠杀事件,有 150 名基督教徒在天津被杀。其中有 20 名是欧洲人,包括 9 名法国罗马天主教修女,其他的都是有孩子的中国家庭。修女们被剥光衣服，头靠着头站立着。刀子直接捅进她们的阴道，她们的胸被削平，眼睛被挖出来，开膛剖腹后被扔进河里。然而发生这一系列不寒而栗的事情是有原因的。中国人认为自己做这些事是无可非议的，他们认为自己是在为世界清理怪物。

不论国内还是国外的罗马天主教堂，都是一个神圣不可侵犯的殿堂。不管是教会领袖还是法国领事，都不允许任何人对他们的修女或学校有所冒犯。天津的法国修女和教师相信对年轻人的教育，他们开始收容孤儿，但却愚蠢地雇用了一些收买孤儿的人贩子，还付钱给他们。于是，2名劫持孩童者被抓获，他们说，他们是被法国教会雇佣的。

谣言盛传：教会需要孩子的眼睛和心脏做药。中国官员前来视察学校和修道院，但遭到了教会和法国领事的拒绝。不久，住在女修道院的中国孩子之中有人发生了眼疾和胃病。很多人死了，医生执行尸检，谣言在佣人之间传了起来，中国人在晚上挖掘开新坟墓，他们发现那些坟墓里的尸体的眼睛被挖走，胸膛也被剖开了。

这种对基督教的攻击是自然而迅速的。中国的文人群体都不喜欢外国人，他们打出海报消除人们的怀疑，还决定袭击法国教堂，时间是1870年6月21日。他们让消防队中强壮、勇于承担任务、想赚外快的成员负责攻击任务。有48个机构卷入此事，成员有200人。

法国领事丰大业（Henri Fontanier）得到了险情的通知，他带着秘书西蒙一起去请示清廷驻天津高官崇厚①，要求庇护法国人。在谈判期间，丰大业失控了，他抽出剑，一刀砍向谈判桌。西蒙拔枪逃跑。此时，奔涌而来的老百姓在大门附近发现了他们，把他们打死并拖了出去。②

结婚刚一天的俄罗斯夫妇普拉多道夫在返回他们的贸易处时，被一群人从马车里拽出来杀死。之后，他们放火把法国领事馆连同女修道院一起烧了。紧接着，破坏活动波及慈善修女会、女修道院和学校。

崇厚到法国领事馆做了一次道歉式访问。同时，他命令处决大屠杀中的16名罪魁祸首。然而，被执行死刑的人和这件事实际上完全没有关系，为了不让家人挨饿，他们将自己以500两银子的价钱卖给官府。可恶的是，他们死后，那些官员竟然食言，只给他们每个家庭100两银子。

教堂被焚烧、法国领事遭屠杀的情景被画在扇子上，这种扇子在中国卖出了几千把。不过，某官员致信总督的复印件比扇子还要畅销。该信的文字高雅，学养深厚，字迹整洁：

---

① 崇厚时任清廷三口通商大臣。——译者
② 此为著名天津教案，有不同记载。一说丰大业开枪打死静海知县刘杰的仆人，民众激愤之下将他杀死。——译者

> 在下认为这些反叛的魔鬼——前皇帝深深厌恶的一群人,永远不配在中国和人们生活在同一天堂下。他们的狡猾、霸道,都在阁下善良的统治下被宽容了。最近我听说那些居住在天津的野蛮人为了实现他们恶毒的计谋,雇了一大帮中国恶棍,制作迷魂药,拐卖小孩。这一切都在默默地进行着,直到人们忍无可忍,最终烧毁了教堂,杀死了领事……
>
> 现在,阁下对野蛮人道歉,并开除了那些值得尊重的官员!请问居心何在?我看你是想将衣服的扣子扣在左边,跟那些野蛮人无异。

香港立法委员会颁布了一条法令,每个中国人"在日落后和日出前"外出时均须携带一只点亮的灯笼。1870年9月1日,《德臣报》刊登了一封来自中国商人的信,内容如下:"想想,在一个明亮的晚上,我们拿着一个灯笼漫步于旷野。想想,当晚宴在公共礼堂举行时,尊贵的来宾如果没带灯笼就不能出席。"

立法会想要逃避责任,声称人们对此有一些误解,实际情况是:中国人参加聚会只需带一只灯笼,而且条例无须立即执行,它只适用于紧急情况。

1874年,《北华捷报》发表了一封写于4月15日的读者来信,其标题为"从中国人的视角看传教士问题",其中说:

> 我们中国人(我当然不代表外国人)知道外国列强想要霸占我们的领土。1860年发生的一切让我们更好地明白了这个道理……外国要求自由通港,想获取我们海关对其的承认,并得到批准权——当时我们并不知道,现在我们知道了……这些都与我们自身的利益是息息相关的……当外国人控制我们的关税时,中国就会丧失税收利益;人们都知道,今天没有一两银钱得到了合理使用。
>
> 因此,这不是一个关于宗教的小问题,所有的布道者都是好人,但他们不让中国人去享受一个伟大的文明进步!……埋下仇恨的种子,分裂我们的国家……我肯定,如果你坚持要把我们的人变成你们的教徒,你们就是万恶之源……
>
> 你们的传教行为滋生了猜测和恐惧,你们制造了阻挡中国前进的最大阻碍——所以要搬掉它!

加利福尼亚的残暴

1871年10月24日,加利福尼亚发生了一件类似天津大屠杀一样可怕的事情,此事可能引发了很多华人来到了澳大利亚。传言说,在洛杉矶郊外的一个中国店里有很多黄金。一群爱尔兰和墨西哥的乌合之众在光天化日之下洗劫了该店。当那群坏蛋强行开门之时,店主用力顶着门,突然他找到了一支枪,杀死了一个爱尔兰籍美国人。后来,歹徒们洗劫了该店,射杀了 4 名华人,打伤了七八人,带走了 17 人,最后把他们都绞死了。《纽约论坛报》报道了此事:

> 商人王青是第一个被绞杀的受害者。他被 2 个爱尔兰人带到街上,周边的一伙人在起哄。一个墨西哥醉鬼向他挥着刀子,但这个不幸的华人不敢吭声,希望能在这 2 个暴君手下苟且偷生。抵达汤姆林森东门时,这个毫无攻击力的华人被人用绳子拴住他的脖子并悬挂到梁上……另一个可怜的人更惨,被绞时他的肌肉一直在抽搐着,惨状难以描述。

1875 年,英国差点与中国再次开战,起因是马格里之死。英国人马格里中文流利,他和中国仆人一起去云南协商开通一条可以与缅甸进行贸易的商道。中国憎恨的事情就是让鸦片通过各种路径流入中国。云南是最近才被中央政府全权管理的,之前是由少数民族的酋长独立管理,其中有些部落首领还是土匪出身。但马格里总是很受边境官员的欢迎,在缅甸边境附近,当地人向他发出宴会邀请。一位仆人受命走到他身后,拿起一把剑,在马格里头上灵巧地一击,削掉了他的头。

英国驻天津总督托马斯·韦德(Thomas Wade)爵士想对云南统治者进行报复。李鸿章大臣告诉他,这种一言不合就动刀枪的行为不符合中国礼仪。

伦敦的《观察家报》出色地总结了中国与英国谈判的困难。1875 年 10 月 22 日,《德臣报》转载了这篇文章。"中国人说,那些打着贸易幌子的不速之客,找借口从我们的西域进入,这是十分危险的。因此需要封锁起来。"

锡矿年代

直到 19 世纪 90 年代,除了北领地和澳大利亚西部以外,其他地区都没有发现高质量的黄金。19 世纪 70—80 年代是锡的时代,锡矿拯救了塔斯马尼亚。当时,塔斯马尼亚因为滥用农业用地导致土质下降,森林树木被剥掉树皮,当地的居民正在离开。锡矿也令新南威尔士州和昆士兰州复苏,并给成百上千的欧洲人和 3000 多名华人提供了工作机会。1873—1883 年,澳大利亚向世界提供了 1/4 产量的锡。在其中的 8 年中,澳大利亚锡矿的产量为世界之最。

19 世纪 60 年代,康沃尔地区继续出产大量的锡,凯尔特人变成了康沃尔人,他们是朝底部挖矿而不是刮矿,在 600 米的神秘隧道里工作,那隧道直达大海地下,所以盐水就从顶部的裂缝中缓缓滴下……他们的工作生涯很短——大多数在 40 多岁去世。这些人表情怪诞,怀有恨意般咧开大嘴用锋利的小斧子开采。矿工们说,那些人的工具都藏在岩架上,他们总是在工作。

奇怪的是，康沃尔人很少在澳大利亚采锡，他们坚持开采黄金和铜矿。华人采矿者似乎不用花时间来学习采矿技艺，也许那些控制他们的老板从马来西亚运来了有经验的采矿者。显然，他们一开始就知道要做什么并以自己的方式去做。

本尼维特·乔·约瑟夫·威利斯是第一个在澳大利亚售卖锡矿的人。他是一位具有广博地质学知识的英国人，他本在新英格兰从事牧羊工作，较容易接近他想要勘探的地区。他期望找到银，但却找到了锡。1865年，他将样品送到伦敦，但考虑到当时锡的价格太低，无法支付开采费用，就没有动手。他继续勘探，同时严守秘密。大家都认为他是某种程度上的淘金工，1870年，他因为缺钱，便将他在因威尔东南埃尔斯摩尔流域清洗的一袋锡矿卖给了某旅行商人，后者将锡矿带到了悉尼。麦克鲁是个致力于寻找锡矿的矿业推广商，他看到了样品，便带着一伙人跑到上述锡矿地，他在水闸盒里清洗了3吨锡矿并申请了开采权。随着价格的上涨，更多的勘探者纷至沓来，锡矿区很快延伸了200公里，从埃尔斯摩尔东南的天嘎流域延伸到斯坦索普边界。最主要的区域——以世界的标准看是很大的——分布在天嘎流域的埃马维尔，这个发现被广为传播，天嘎这个土著名字很快被改成"庭哈"。

1871年，阴郁的"哲学家"詹姆斯·史密斯在塔斯马尼亚西部的比绍夫山发现了锡。乔治·雷尼森·贝尔前去查看锡的状况，并且朝着东北部探寻。1874年，他在布亚拉河上发现了锡矿。

锡矿石存在于沙地、冲击地或矿石岩里，它是一种发亮的灰黑色颗粒状氧化物，被称为锡石，其大小从细盐那么小到直径5毫米的块状物不等。没有迹象表明哪类土地会蕴含这种矿石。"只要哪里发现了，哪里就有。"康沃尔人说。勘探者带着磁铁去辨别铁矿石，但塔斯马尼亚的一些铁矿石被所谓的钛铁混淆，这是一种产生钛的氧化物，它有锡的外观，不会被磁铁吸引，但相同体积下它只有锡一半的重量。

在塔斯马尼亚西海岸的勘探要经过的地方特别险峻：潮湿、多山、森林灌木丛密布。森林中大面积覆盖着高达20米的桃金娘树（*Nothofagus cunninghamii*），山坡被犬蔷薇（*Bauera rubioides*）缠绕着，山谷则交织着奇特的"水平树"（*Anodopetalum biglandulosum*）。比斯科夫山的植被丰富，史密斯的勘探肯定是最令人敬佩的。"水平树"在密集的树丛中因其长势快、树干细而特别引人注目。当它长到5米高时便会倒伏，从横置的树干上生长出直径2～5厘米的支脉，再长5米的高度后会再次倒伏，于是更多的枝蔓会生长出来，最终长成10米高……

到1875年，比斯科夫山每天能出产2吨锡。运载锡的码头建在鸸鹋湾（现在叫伯尼），建成的铁路长达70公里。直径达3米的老树被砍倒，以免它们挡在路上。有个公司在劳塞斯通修建了一个冶炼厂，锡以铸块或称"厚板"的形式出售。

1878年1月31日,比斯科夫山第一次飘起了红利的大旗,那是一个令人愉快的采矿业习俗。此后,通常它每3周分红一次。到1881年12月31日,公司已经支付了其第40次红利。早期股东纷纷从中获利。1881年8月29日,《泰晤士报》驻墨尔本记者对塔斯马尼亚做了一篇报道:"在向祖国开放的殖民地中,塔斯马尼亚当然是最有意思的。它的面积几乎与爱尔兰或锡兰一样大,但气候和土壤比它们都更好,它的人口还没有超过10万——男女老少所有人都说……比斯科夫山锡矿是世界上最丰富的(如果不是最丰富的)锡矿之一,这座矿山已经开采了七八年了,它正在产生如此巨大的红利,采矿热已经开始了。"

"哲学家"史密斯没有参与其中。他通过购买和发掘矿藏持有大量的股份,但在艰难发展的7年期间,他对真正发现一个锡山失去了信心,并把他的股份全部卖掉换了点小钱。

1875年,塔斯马尼亚东北部的锡矿也开始出产,但是锡价开始下跌,使那些运用昂贵的水渠来引水的小公司十分艰难。在伦敦,锡价从1874年的每吨114英镑,下降到1877年的74.10英镑。一家公司以欧洲人不会接受的工资从巴拉瑞特雇用了14名华人,工资为每天4~5先令,而不是7~8先令。

华人高兴地工作,但同时也在盯着锡价。1879年年初,锡价降至每吨61英镑,然后开始攀升。在1879年11月,价格达到每吨80英镑且仍在上升,华人旋即罢工以争取更多的工钱。他们达成了交易,华人的工钱上涨了。华人不喜欢以每天进行工资结算的方式为欧洲人工作。他们喜欢掌控他们所赚的钱,哪怕长时间工作以赚取合理的工资。更多的华人来到了塔斯马尼亚的东北地区,那里的锡价通常为伦敦价格的1/4。

在西海岸,锡矿延伸到西姆斯格克山和瑞曼地区,当时被称为"审判湾"。这里没有道路,唯一可使用的是那些用驮马携带的零碎设备。马鞭毛被用来从矿中取水,在可行的情况下,这是更有效的排水系统。山腰和山谷都配置了轨道车,装载矿石的车可以运送杂货和设备。

不停歇的冬雨令人沮丧。正如当地记者报道的:"除了雨季,这里没有新闻;昨天是一样的,今天是一样的,明天也一样。"但雨季给了人们安装水轮的机会。

华人在佩曼挖掘金子没有问题,但政府不允许他们开采西海岸的锡矿。1879年,有2个人试图进到锡矿中看看,他们带着手枪,行为隐蔽,但很快被发现,于是便逃跑了。

然而,华人几乎接管了东北部的锡矿。利赛尔附近的亚瑟山淘金热给了他们空间。欧洲人抛弃了稳操胜券的锡,以获得开采黄金的机会。1881年,在托马斯平原(现在的维地伯若)的一个营地里有700名华人,在加里波第的另一个营地有另外300名华人。华商们开始来做这档生意了,他们从海外、巴拉瑞特和维多利亚带来了经验丰富的矿工。他们也从帕玛河接收了一些人,这些人抛下沉重的衣物,在矿场之间长途跋涉,他们到达塔斯马尼亚时浑身发抖。

华商们交纳了贡品,签约建造水道和水坝。他们购买了采矿许可证(华人愿意为此比欧洲人多付钱),派出探矿者并租下持牌矿地。在许多年里,华人在那里的人数都保持在 1000 名左右。

锡矿开采带来了新的术语,比如,用于沉降厚重的锡的"振动台",将泥浆传送至中心并在其边缘上缓慢地分离出锡的圆形装置"洗矿槽",以及筛出成品中超大矿石颗粒的"分粒机"。

华人使用简单的方法,像淘金矿工一样长时间工作,冲洗成吨的而非几盎司的锡。带着耙子和铁锹的人们搅拌着那些洗过的矿石。他们一直清洗,使其达到最大价值——70% 的纯度,甚至达到 78% 的纯度也是可能的。他们在一个被遮盖的棚子里完成锡的包装,他们称之为"鸭房"。

一块锡的面积为 45 厘米 ×22.5 厘米,重量为 120 磅。锡不是贵重金属,因此可以在秤上称重。虽然东北地区已经安定下来,但路况仍十分恶劣,乡间有很多的沼泽地带。所以,多年来,驮马承担了大多数的运载工作:将水稻运进,将锡矿运出。每只马都驮着两个袋子,它们被平衡地放置在皮制的驮篮里。

多年来,《塔斯马尼亚邮报》每周用两三个大版面详细报道 40~50 家矿业公司的活动。专栏上有很多巧妙的标题,人们可以读到有关水道、沟渠、水槽的情况。

每一滴水都必须纳入计算之中。政府牢牢掌控着河流和溪流。塔斯马尼亚政府对其"矿物条例"修改了几次,申明其对所有水源的所有权,并在许多冗长的条款中阐明了用水的规定,比如:

17. 水权应被授予,且使用期限不超过 21 年;而该项授权可授权其持有人在申请阶段时合法地取走和转移水,或收集和储存水,并将水用于采矿目的或供采矿者家用。

20. 任何以采矿目的转移或使用水的人,须使用称为"水闸头"的量规或量度,闸门头须容纳通过 40 厘米宽、2.5 厘米深的水道的水量,水压不超过 15 厘米;而每名转移及使用上述水的人,须安排将一个闸门或舱口盖放置在该水道的顶部,或由他或他们使用的水源的来源处……

21. 任何水权所许可的每个水闸的租金应为每年 1 英镑,每年应提前支付。

因此,从直径大小为 37.5~75 毫米不等的喷嘴出来的水是昂贵的。一个水闸每分钟流出的水为 24 立方英尺①或每小时约 41000 升。50 毫米的喷嘴使用

---

① 1 立方英尺 =0.028317 立方米。——译者

直径为3.5毫米的喷头。当水流动时，矿工们夜以继日地清洗矿石。不管规定的措辞如何，收费是根据法定的使用量，而不是实际使用了多少水。民营公司建了很长的水道，其中最重要的是卡梅伦山水力锡矿公司的水道。在1881年11月前，有50多人在那儿工作，1882年9月开始他们从贻贝河引水。他们在卡梅伦山（即如今的格拉德斯通）的瑞伽罗河完成这项工程，这条水道长达51.5公里。1885年，塔斯马尼亚政府买下了这条水道，并将它与瑞伽罗河源头的另一个水界相连，最终形成了长达91.76公里的水道，它有1.2米深、1.8米宽，超出水位3米，能为其他矿地服务。隧道和管道将水运过群山，穿过峡谷。

所有液压机械的巨大缺点是它们需要使用大量的水。大型的文氏管能更廉价地引入浅水和有效地提供免费的无限水流量。文氏管甚至可用于引运浆料。

理想的冲洗压力为200磅/平方英寸，约1500千帕。有了这样的水，矿工们一天24小时不停地轮换工作，一个月可以在半公顷的范围内将矿藏剥除到3.5米的深度。在托马斯平原一块特别富饶的土地上为生产线产出了20吨锡，1米长、几米宽的地带就可产出1吨锡。在这块土地上，有9米高、树干直径为60厘米的大树和蕨类植物——软树蕨需要被处理。工人们的危险的工作便是对每棵树进行处理，在其底部砍伐，使其倒在被剥离的地面。污水处理者以相同的方式处理树木，但他们可以避开危险。冰冷的冬季早晨对于冲洗矿石来说是最糟糕的。即使在喷气机下，冻土移动也很慢。如果不小心将工具留在地上，那么工具在一夜之间就会被冻结在地上。

华人也在新南威尔士的新英格兰地区主导了锡矿开采。1880—1881年，华人从香港跋涉到悉尼。一些成功的淘金矿工带着有关锡矿开采蒸蒸日上的传奇回到中国。

有些华人乘坐火车到马鲁兰迪，或到快速延伸的铁路通达的任何一地，然后再徒步前行。他们大多乘坐"格拉夫顿城"号或"新英格兰"号轮船到格拉夫顿，从那里进山。某些强硬的老板带来了早期的帮会分子。有人记得，曾有些戴着铁链的男子从船上下来，长时间在矿场上工作。几个月后，释然的老板们回到中国。那些工人通过出卖劳力解除了债务且最终走向富裕。其中一个叫李三的在廷加开了一家店铺，他名字的标志一直矗立在商店上方。直到1978年这家店铺的最后一任老板去世，李三的名字才最终从那里消失了。

有些华人从昆士兰来到了廷加。大约有2000名华人在锡矿干了许多年，几百个华人散布在其他矿场。在廷加的华人商店老板购买了采矿许可证，然后引进一些劳力来这儿工作，负担其所有支出并担保他们合法。

由于塔斯马尼亚水资源很少，在新英格兰便必须使用不同的方法清洗矿石。欧洲矿工使用一种叫作"威洛比"的工具清洁矿石，这是由一名叫威洛比的矿工在1877年发明的。廷加的一个锯木厂老板哈瑞·斯托贝克用美丽的红雪松木造出了数百个"威洛比"。这个工具的底部有一个装有金属筛的盒子，连接到一个边长为 50 厘米的方形、2 米高的木制水箱。罐子和洗涤箱置于一个木槽中，收集用过的水以再次使用。一个手动泵可通过筛子迫使水向上流，流过置于盒子和顶部的污垢。锡沉在筛子上，废物可以从顶部清除掉。初步的清洁通常在被称为"班卓琴"的水闸箱中进行，最后的清洁在"威洛比"中进行。

华人有自己的方法，而且要快得多，但需要大量的劳动。"大加利福尼亚泵"的工作原理是，由踏车上的三个人从一侧将水倒进长水闸箱，运行中的踏车带动摇桨搅拌浆液，直到锡沉降下来。踏车是由一帮特定的工人操作的。他们自己安排休息时间，但总是有人轮换接管，机器从来没有停止过运行。

有时，廷加的库普思溪会发洪水，把挖掘出来的东西、工具和机械冲在泥地上。华人会用小车把泥推出来，重新开工。但如果另一场洪水接踵而至，他们便会去寻找更高的地方。

从帕玛河谷产出的锡数量惊人。在 1880—1881 年期间，几百名华人在花岗岩小河和"食人溪"为欧洲矿场老板工作。锡产量从一开始的每周 5 吨迅速上升到 15 吨。这些锡都是通过驮马运载出去。然而在 1882 年中期，愤怒的欧洲淘金者把华人从锡矿上赶走了。

当时，期望帕玛河能永远出产锡的昆士兰政府开始计划建造从库克到五月城的铁路，以取代驮马。这条路差不多是沿着麦克米伦和圣乔治的路来修建的。当帕玛河的矿地变得贫瘠时，这条铁路于 1888 年 10 月 8 日在劳拉河东侧的劳拉开放。一座 120 米长的大桥跨过劳拉河，一辆测试的火车开在桥面上测试。其后，铁路上的工作停止了。一个华人菜农发现这座桥为他运输蔬菜提供了方便。这座铁路在 1888 年 10 月、11 月和 12 月获利，其后便一直赔钱，于 1961 年 12 月 31 日关闭。

华人从未被允许进入赫伯顿和欧文班克的大昆士兰锡田，甚至作为菜农或搬运工进入也不行。1875 年，在野地河上建立了巴萨当思矿场的约翰·阿瑟顿发现在那儿有比马利根更多的锡，但他对采矿不感兴趣。他更有兴趣的是为矿工提供牛肉和百货。所以，他向两个从他那儿买了牛肉的矿工——约翰·纽威尔和威廉·杰克——指明了锡矿的位置。阿瑟顿在巴荣河上建造了一个棚子。从凯恩斯到赫伯顿的铁路保证了凯恩斯的繁荣。

苏格兰人威廉·杰克和他的女婿约翰·纽威尔曾为苏格兰人约翰·莫法特工作。莫法特是一名工程师，在 1860 年来到澳大利亚工作，先是在达令顿的农场干活，然后在斯坦索皮开了商店，当生意红火时，他成了埃马维尔附近的锡冶炼厂的合作伙伴。

杰克和纽威尔给他送上了赫伯顿锡的样品。令人印象深刻的是，莫法特旋即投资那里的矿业。他在欧文班克建造了一家冶炼厂。他的生意扩散到铜、银、铅和钨，他成为一个被数千人依赖的具有巨大影响力的人。他作风简朴，并与所有员工保持密切联系。他确保他的成功也属于他们。欧文班克的孩子以"上帝保佑约翰·莫法特"来结束他们的祷告。虽然莫法特没有任何反华记录，但他显然默许把华人挡在锡矿的门外。很自然地，他比较偏爱苏格兰人。

锡矿开采的后果是裸露的岩石、裸露的硬黏土和砾石堆，完全是一个被破坏的景观。在赫伯顿以西被毁的锡矿山，发生了一件怪事：一种非常罕见的、只限于在该地区裸岩处生长的植物——*Acacia purpureapetala*，突然长满整个山坡，它可以在没有任何天敌的条件下生长。它散布在废物倾倒和剥离的地面上，裸露了好几个月的山丘开始弥漫着淡紫色的小花球。

移民

在19世纪60年代初，人们开始将Queensland称为Quinnsland。詹姆斯·昆因，布里斯班的第一位天主教主教，在三四年间带来了6000名爱尔兰移民。

1870年，在新南威尔士州立法会议一场关于移民的讨论中，有人建议，所有殖民地都应该在一个框架下合作。亨利·帕克斯不同意，他认为"每个殖民地须有自己的移民方案，因为每个殖民地都需要通过特殊的手段来满足特殊的需求，共同的计划无法解决问题"。帕克斯为了单个殖民地的权威，采取极端措施，不想与任何人共享。他甚至想要将新南威尔士州命名为"澳大利亚"，但遭到抗议而被遏止。

然而，在1879年，当西澳大利亚想从新加坡引进更多的华人劳工时，他们却只能雇用50人。帕克斯对此更为挑剔，他说"此事应考虑对其他殖民地的困扰"。但当时西澳大利亚是麻烦缠身，所以，它便单独实行自己的计划。1879年4月4日，《纽卡索先驱报》和《矿工权益报》的编辑写道，"他们已欠了警察工资30000英镑"，"即使政府官员的工资也不能定期发放"。

在20世纪40年代，澳大利亚对华人移民的态度受到现有工作、工资水平以及其他移民人数的影响。19世纪70年代后期，澳大利亚南部和东部的反华人集会再次开始，但还有更多的反移民集会。工会迅速成长壮大。人们唱着"改革之歌"：

> 我告诉你，按照我的方式，我会做什么，
> 那就是：
> 八小时工作，八小时玩乐。
> 这就是我所说的改革。

在维多利亚，女工的工时已经被缩短，她们不必在危险的夜晚走回家。

不同的殖民地确实有不同的需求。1876年，南澳大利亚政府欢迎右翼伯格尼主教，他是在俄罗斯被称为门诺派的一个教派的领导——这个教派不相信原

罪论、反对宣誓、反对战争或法律。伯格尼主教想让他的40000名追随者每人在北领地农场都能拥有50公顷的土地。他回到俄罗斯去召集追随者，他本将改变北领地的移民政策，但之后便消失了。1860年，英国棉花制造商由于美国内战的失序而被中断了原材料供应，他们想在西澳大利亚西北部的一大片地区建立棉花农场，雇用几千名华人劳工。他们邀请探险家弗朗西斯·格雷戈里（当时在英国）发起伟大的探险，建立农场。格雷戈里试图说服他们，因为自己对这个国家不了解，先去探索一下会更好，他发现了数千公顷的合适的土地。但当美国种植者再次供应原材料时，织布机的咔嗒声再次响起。

现在，纽卡索市敏锐地察觉到劳动力的过剩。1877年4月7日，《纽卡索晨报》的记者写道："此间人们感兴趣的是这个地区需要什么样的劳动力……回答可能是'什么都不需要'……这里有五六百个矿工，太多了。"同年5月21日，编辑继续报道："在这个区域，我们可以举例说明过度拥挤的劳动力市场的不良影响——五个人在吃三个人的面包。"木匠、采石工以及煤矿工人失业，锅炉工、铸铁工准备踏上英国的返乡之路。

大多数单身女人找到了工作。1878年10月的《晚间新闻报》报道了"木偶"号船的到来，以及海德公园的场景——该船带来的140多名女性展现了自我。报道说："妇人出席者的数量出奇的多，1小时便能完成一桩轻快的交易。在雇主和移民之间发出持续不断的嗡嗡地说话声，他们在议论，在讨价还价。"这些女孩是第一流的女仆，知道自身的价值；相反，殖民地的妇人付给她们的工资要比预期的多。

其中有一组女人发现很难融入其中，因为她们瞧不起卑贱的工作。在1861—1885年之间，在协助条约下，至少有129位英国女家庭教师来到澳大利亚工作。她们都是贫穷的、骄傲的和孤独寂寞的女人，此地的人并不想让她们当教师。小部分活跃的女人可以很快适应这里的工作，生活得比在英格兰更好。但是其中一部分女人易怒而又势利，好像是在一个充满敌意的领土过着被流放的生活。

1880年12月24日，周五，在"北安普敦"号的329名移民中，有很多单身女孩，她们抵达了悉尼港湾，其中大部分都是由朋友或亲戚带出来的。她们挤在甲板船尾，渴望走上陆地，在这个新国家度过圣诞节。然而，船长克莱尔登上了舷梯，传达了移民官魏斯的口信：由于假期原因，乘客要到下周二才可以下船。

她们上岸也要花费很长时间。她们的船票比轮船上的其他乘客便宜了2英镑。在船上等待的时间里，死亡率也很高。

第三章 金与锡：海底捞月

中国罪犯从香港流放到澳大利亚

1877 年，香港驱逐中国罪犯到澳大利亚，人们对华人的态度依旧未能改进。1876 年，50 名华人被送到昆士兰。香港总督轩尼诗写道，1877 年在他掌管香港时，一听说此事，就命令立即停止。他的话可靠吗？1880 年的伦敦《每日电讯报》写道，那些同意去澳大利亚的罪犯会被赦免。当总督轩尼诗于 1882 年离任时，6 月 15 日的《横跨中国邮报》总结道："本殖民地会从最差和最腐败的总督手中解放出来……他已经掌握殖民地的命脉 5 年了，在此期间他做了很多恶事。"欧洲人为他的离开普天同庆，中国人燃放爆竹来清净空气。

400 名僧伽罗人①到达昆士兰

1882 年的 11 月，400 名僧伽罗人乘坐轮船"德文郡"号抵达昆士兰，准备在当地糖场工作。其中有 250 名在马凯港下船，剩下的人在伯达伯格港下船。伯达伯格港有 60 名欧洲人在码头上排成一线，防止僧伽罗人登陆。僧伽罗人带着刀，边跑边跳下了跳板。那些欧洲人包围过来，他们很快将仇恨集中在农场主身上，他们把他从马上拽下来，对他拳打脚踢。僧伽罗人很快就隐匿起来，并找到了其他待遇更好的工作。他们大部分人都留在了澳大利亚。

他们被带进来是因为可怕的堪那卡人贸易遇到了麻烦。在这场麻烦中，轮船被袭击、被烧掉，全体人员被杀。岛上的居民也被欺骗了。

堪那卡交易的终止

1863 年，船长罗伯特·汤斯带领 67 名岛民到莫顿湾，在洛根河流域建立了棉花种植基地。直到 1895 年，人口贸易才被停止。太平洋岛国约有 43000 个男人、7500 个女人被引进到昆士兰的甘蔗林工作。招聘过程是相当诚实守信的，然而也有一些人是被绑架来的。当地酋长坑蒙拐骗，也加入这些人口贸易中，并出卖了一些当地年轻的劳动力。人口贸易后来变得非常危险。

至少有 10000 名堪那卡人死亡，比普通死亡率的 3 倍还高。然而，还有 1600 名"超期人员"逗留在昆士兰，拿着较高的报酬。联邦成立后，昆士兰政

---

① 僧伽罗人（Sinhalese，亦作 Singhalese 或 Cingalese），南亚斯里兰卡占人口多数的民族，约有 1100 万人（1981），占全国人口的 73.4%。主要聚居在人口稠密、经济发达的西部、西南部和中部山区。属欧罗巴-尼格罗混合人种，与南亚次大陆北部各民族血缘相近。使用僧伽罗语，属印欧语系印度语族。文字以巴利文为基础，深受南印度格兰塔文影响。"僧伽罗"一词源于梵文，意为"狮子"，故斯里兰卡古有"师（狮）子国"之称。——译者

府驱逐了上百名想要留下来,并因长期居住于此而失去了自身文化的人。爱德华·道客于1970年出版了《黑鸟》一书,其中的一句话被一位旁观者引用:"这是最后一批黑人杂种。"

更多排华法案出台

在19世纪80年代,不妥协的"白澳政策"有所发展。各殖民地的矿工加入了矿工协会,海员加入了海员工会,剪羊毛者加入了剪羊毛者工会。跨殖民地贸易组织召开大会讨论殖民的问题。

澳大利亚农业公司在靠近纽卡索的某矿井雇用了40～50名矿工,工资为一天5先令,但遭到工会老板的拒绝,他们认为,每天合理的工资应该在6～7先令之间。

澳大利亚工人遇到的困难并非是独有的。早在1886年,伦敦也因此发生了严重暴乱。2月9日,一场喧闹的、有上百名失业者参与的集会在特拉法尔加广场上举行。他们袭击了周边的居民区和俱乐部,砸碎了商场的窗户,入室抢劫,袭击路人,把公民从马车里拽出。在警方出手之后,暴乱才平息下来。

1887年,伦敦的澳大利亚移民办公楼应当是关闭了,但移民者却未能止步。尽管如此,新南威尔士政府解释道,很多合同仍需完成。

一些对华人移民的恐惧来自于中国的人口:如果17000名华人可以来到昆士兰,为何不是1700万华人呢?中国有足够的资源来养活他们。1741年,中国人口已经达到了1.4亿了。1700年,所有西方的欧洲人,包括英国、法国、荷兰、德国、澳大利亚以及印度的人口总和才5400万。尽管饥荒和洪水频频发生,但中国人口在1885年已经增长到3.06亿了,依旧是欧洲人数的2倍。

1880年,美国阻止了中国劳动力的流入。在一个与中国签订的条约中,为了"维持两国之间礼貌友好的合作",只有"政府官员、商人、老师、学生和旅游者"是受欢迎的人群。美国同意支付给中国政府276619.75美金,作为"一些违法者对华人人身或财产造成伤害的"赔偿金,尽管它不承担相关的法律义务和责任。

在美国参议院对条约的讨论中,马诸塞州参议员豪尔提出反对意见,他援引圣保罗的话说:"上帝让所有人栖居于地球之上。"

加利福尼亚议员米勒突然插嘴道:"继续说,把引语说全。"

豪尔说:"这就是全部引语。"

"不,还有的,"米勒拿出圣经并继续说,"上帝约定了人们居住地的边界。"人们向豪尔报以嘲笑,只有他一个人是条约的反对派。

1881年,天花的爆发让新南威尔士政府归罪于华人,并对他们实行了最为严峻的法律:恢复了每人10英镑的人头税,并且规定每100吨货物只能带进1

名华人。当然,任何搭送华人的船只,无论船上的成员是否健康,都会被隔离至少 21 天。

1881 年 7 月 13 日,《悉尼晨锋报》的编辑写道:"船只被隔离检查长达一个月,这样其实更容易造成疾病传播……如果它真正的目的是为了让华人留在中国,可以采取更简单的和更诚实的方式来实现。如果我们要下达驱逐令,我们可以做得更直截了当。"

同年 8 月 9 日,该报编辑再次攻击法案:"我们必须区分社区的声音和社区的噪音……摆在议会面前的法案有很多严重的不可忽略的缺陷。对一个自由民抵达一个自由的国家处以罚款是不合理的法律……检疫隔离条款也是该法案的污点……该条款有政治目的……隔离法律应该是为了隔离的目的设立的,而不是为政治目的设计的。"

塔斯马尼亚政府把天花的影响看得很重,发布了一条法令去强加征收人头税,并对所有华裔移民实行义务性的疫苗防疫。这些都是不公平的,因为许多华人在香港已经接受了疫苗注射,所以他们可能比其他种族的人更安全。但是无论怎样,法律委员会并未通过此条法令。

1881 年,维多利亚及南澳大利亚政府通过了限制华人移民的相关法令。维多利亚对华人移民强征 10 英镑的人头税,限制华人进入,每 100 吨货物只能带进 1 名乘客或海员;南澳大利亚对华人移民征收每人 10 英镑的人头税,允许每 10 吨货带进 1 名华人。

新法律让维多利亚和南澳大利亚开始对华人采取深思熟虑的预防措施。在奥伯瑞的新南威尔士警察开始登上火车巡逻,要求那些在维多利亚入籍、想去新南威尔士旅游的华人交人头税。有个华人团体中的 6 人因拒绝支付人头税被关押了一个晚上,并于第二天被遣送回墨尔本。

维多利亚政府一开始颁发了条令,声称华人可以在墨尔本换船,获取短期停留许可,免收人头税。但那只是给华人的书面协议。

官方的政策收紧了。每个上岸的人都要支付人头税。只要他们回到返乡的船上,人头税就可以返还。为了确保上岸者和回去者是一个人,需要一个德高望重的华人在船上做担保。这给华人的换乘轮船增加了更多的困难,也让维多利亚入籍的华裔从其他殖民地返回时增添了麻烦。

横扫各地区的短暂进入许可并没有影响华人在维多利亚的数量。一个人进入,另一个人离开。的确,在 1881 年的人口调查中显示,华人总数为 12128 人,比 1871 年减少了 6000 人;在新南威尔士,华人总数为 10205 人,大约比 1871 年多出 3000 人,但比 1861 年少了将近 3000 人。

在 1880—1881 年突然增加的令大家惊慌失措的人数中,各殖民地都没有计算有多少华人离去。1880 年到来的人数已经平衡了离开的人数。在新南威尔士,1880 年进来的人和离去的人是平衡的,但 19 世纪 80 年代的法律是为让澳大利亚摆脱更多的华人设计的。

  1884年，维多利亚推出人头税30英镑、每50吨船货可以带进1人的限制。在法律审批过后不久，一个来自新不列颠的华人在回中国时要到库克城乘坐轮船。他需等待两天，由于岛上的轮船未停靠码头，所以他不得不自行上岸。在码头上度过的两天，他支付了30英镑人头税，大概等于今天的7500澳元。一个律师代表他向司法部部长发去一封电报，要求豁免，但被拒绝了。

  1884年，西澳大利亚颁布了强制性的《进口劳工注册法案》，禁止"所有明显是来自印度、中国、非洲或者印度群岛、太平洋、马来群岛等地的人在未签署合同的情况下进入殖民地"。1886年，它修改了对华人的排斥：那些没有签署劳动合同的人，支付10英镑人头税后，每50吨船货可以带进1人。

  1887年，塔斯马尼亚通过了类似1881年新南威尔士法案的法律，司法部部长说，他有点害怕华人大量涌入塔斯马尼亚。这个法律确保了华人不会利用塔斯马尼亚作为获取澳大利亚国籍的跳板。

  1881年南澳大利亚议会上通过了一项法案，但适用范围排除了其附加地——北领地。北领地的确是一块有着不同需求的独特的土地。

第四章　淘金传说：开发北领地

　　北领地乱象之源／帕玛斯通城雏形／首批到达者及警察总长保罗·福斯彻上校／道格拉斯船长担任政府驻地长官／查尔斯·图德和横穿大陆电报线的奇迹／开采金矿和投资者／华人、印度苦力和佣人／道格拉斯船长远航新加坡招募华工／梅毒和常见病／按磅计价的金子／"哥德堡"号失事／枪杀阿金／欧洲人开矿失败／庞奎来到北方／更多华人到来，但时机不对／松溪诞生中国城／热病／牛场站／胸膜肺炎和红尿病／华人在北领地发挥作用／玛格丽特河争端／庞奎的成功与英年早逝／锡矿、铜矿和银矿给人虚假的希望／土著人／华人开矿遗迹／米勒兄弟赢得帕玛斯通—松溪铁路投标／119名僧伽罗人修建铁路并试图建立印度城／南澳大利亚政府排挤金矿区华人和征收人头税／北领地华人人数为欧洲人的3倍

第四章　淘金传说：开发北领地

北领地乱象之源

北领地拥有一个混乱的开始。在早期，澳大利亚各地混乱的边界并没有把它囊括进去。新南威尔士占据了整个澳大利亚东经135°以东的领土，而西面则是独立的。1824年，来自英国邓达斯堡的新移民占据了梅尔维尔群岛，这使新南威尔士的领地又向西扩展了6个经度。范迪门地（今塔斯马尼亚）在1825年时是独立于澳大利亚之外的，但在1829年，澳大利亚东经129°以西的领土被一群来自天鹅河的殖民者命名为"西澳洲"。

1834年，南澳大利亚在它不知名的北部边界，也就是现在南纬26°的地方，"建成了一个州"。非常奇怪的是，它的西部边界被划分在东经132°的地方（以一条位于现塞杜纳以西的北部边线为界），形成了它被新南威尔士三面环绕的局面。南澳大利亚在早期地图上出现时，给人感觉好像是新南威尔士正把它逼进南部海域一样。

维多利亚州的出现打破了这个局面。随后，昆士兰州的西部边界也划定在东经141°，这与维多利亚州和新南威尔士州大致相同。1846年，在亨利·韦德测量维多利亚州和南澳大利亚州的边界时，他错误地向西移位了3.2公里。多年来，他的错误未被发现，因而关于这块误差地带所有权的争论一直持续到1911年枢密院将其分配给维多利亚州才结束——对此，许多南澳大利亚人认为他们被抢走了部分领土。

由于新南威尔士州愚蠢的抗议，使得他们在介于纳拉伯平原和维多利亚大沙漠之间的100多公里的殖民地带上毫无作为。1861年12月，英国政府将南澳大利亚的边界向西拓展，使其与西澳大利亚接壤；而给昆士兰州的首位总督乔治·鲍恩爵士的特许——将其殖民地的西部边界扩展到东经138°，也即将颁布。

因此，北领地的轮廓此时大致能够描绘出来了，但在地图上，仍显示它属于新南威尔士州。1863年7月6日，政府颁布了更多的特许，划定了北领地的区域，并将其置于南澳大利亚的行政辖区之下。昆士兰州和新南威尔士州只是做了一些象征性的申诉。新南威尔士州并没有试图占领它。莱卡哈特①的足迹——从昆士兰州的达令草原到遥远北面的爱星顿港的英国殖民地——在18年间

---

① 路德维希·莱卡哈特（Ludwig Leichhart，1813—1848）是一位探险家，曾经从布里斯班出发，成功地穿过北昆士兰到达了达尔文，名噪一时。在1848年4月的一次探险中，他与其探险队一同消失了。此次消失成为澳洲探险史上的最大迷案，一起消失的有7个人、7匹马、50头牛和20匹骡子，政府多次出动人马到处寻找，但只发现了一鳞半爪的线索，比如树干上刻的字表明莱卡哈特曾到过那里。到底发生了什么？有人推测他们都被土著人"消灭了"，有人认为他们被突发的洪水冲走了，也有人坚信他们深入到大沙漠中，渴死在那里，最后被流沙埋没。真正的答案谁也不知道，这恐怕将是永远无解的谜。——译者

已经慢慢淡去。在南澳大利亚，约翰·麦克杜·斯图尔特的旅行——从南到北再返回——刚刚过了几个月时间。他的话犹在耳际："如果占领这块土地，那么它将会成为王室的最佳土地之一，它适合生长任何作物。"

英国政府已做了三次努力，试图把北领地建成殖民地，希望那里成为使英国免受敌人侵袭之地，并希望它能吸引商人尤其是望加锡人。

在1801年和1803年，尼古拉斯博·丹用法语在西北海岸线的图纸上为下列地点命名：约瑟夫·波拿巴湾、贝隆岛、勒威克海角、博瓦洛海峡，等等。菲利普·帕克·金驾驶着"美人鱼"号探险时发现了这些外国名称，感觉受到了威胁，于是，他开始说服英国政府制定一个解决方案。

J. J. 戈登·布雷默船长带领着27名皇家海军驾驶着"塔玛"号轮船从英国启航，同时他还带着一份建立2个殖民地的委任状，以及英国政府给布里斯班总督的命令——必须在兵力上全力支持布雷默。因为只有不到26名皇家东方肯特团第三团的士兵可以调配，为了加强人力，他们只好招募44名已定罪的志愿者、6名假释女犯人、3名冒险者、1名外科医生和3名粮食工人。他们不会强迫犯人去参加殖民地建设，虽然几乎可以肯定，那些殖民地将会在新南威尔士的西部边界上建成，而那里也正是政府规定的罪犯们的赎罪之地。

1824年8月，他们驾驶"塔玛"号驶出杰克逊港，已经度过了最好年华的"哈克特伯爵夫人"号和老旧的"尼尔森女士"号也在这支舰队中。布雷默是一位杰出的海员和组织者，他认为自己拥有建造一个殖民地的劳动力。他发现科堡半岛上的爱星顿港没有淡水，这似乎是在暗示，此地正是一个合适的地方。因此，他向前进发，来到位于梅尔维尔和巴萨斯特群岛之间的狭长的阿普斯利海峡，并且在梅尔维尔群岛西北角的一处高地上建立了邓达斯堡。早在墨尔本、阿德莱德和珀斯形成的十几年前，他们就在一条狭长的码头周围建立了一个小镇——一个巨大的圆形堡垒，船里的枪炮从舷窗中刺出来。

几个月后，布雷默因有其他任务不得不动身离开。巴罗船长接替了他的工作，但后者既无动力也无机会从这块明显不合适的地方迁移出去。在开垦菜地之前，坏血病就袭击了这些新殖民者，那些好战的提维人①和带有毒气的蚊子都藏在枪的后面。没有人会从海上来干扰他们或在此定居，只有极少的人会来参观。那些望加锡人不愿冒险面对疯狂的海潮和狭窄海峡的裂沟。他们继续按照向北的路线航行，在那里他们繁衍了几代人。东印度贸易委员会送来"斯泰德康"号船，用来建设殖民地。巴罗特许该船从帝汶岛带来需要人力拖拉的野牛，那些罪犯们因此而疲惫不堪。"斯泰德康"号消失了，"尼尔森女士"号在同一周完成了相同的任务后也消失了。印度尼西亚的海盗抢劫了船只，杀死了

---

① 提维人是澳大利亚原住民族之一，大约有2500名提维人生活在巴萨斯特和梅尔维尔岛，即提维岛。

船员，并将这2艘船击沉了。

詹姆斯·斯特灵船长出航，在一处新地又建立了一个殖民地，并将邓达斯堡的物资储备和人员都转移过去。1827年6月17日，他在坐落于爱星顿港以东的科堡半岛上的莱佛士湾登陆，并且建立了惠灵顿堡，他非常兴奋地下达了在天鹅河上建立一个新殖民地的命令。他已做过实地调查，并声称那里是一个既有利于与中国进行贸易往来、又有利于抵御法国对其西面袭击的理想之地。亨利·史密斯船长留下来负责管辖惠灵顿堡，并给每一个投靠他的土著人5英镑报酬。1829年，英国政府曾从这两个驻军撤离，并像马来人和华人一样在巴达维亚度过了一段艰难的岁月，如今他们又将以殖民者的身份来到这里。那些被抛弃的猪、家禽和野牛在梅尔维尔岛上肆意地乱跑。

乔治塞·缪尔·温莎伯爵是一个经验丰富的英国旅行家，他后来向世界各地的金矿出售伯丹粉碎盘，1838年，他使亚洲学会和具有权威的皇家地理学会相信，应当占领澳大利亚北部从而防止它被法国人殖民。他说，科堡半岛具有成为东方新加坡的潜力。同样，他也非常看重与中国的贸易往来。

因此，英国政府派出布雷默船长再次来到这里。1838年10月26日，布雷默带领着"阿里各特"号和"火车站"号抵达爱星顿港，随布雷默一同抵达的还有作为语言学家和王室土地专员的爵士。这次他们发现了优质的水源，在短短两周内，维多利亚州的城镇不断发展。24个村舍、1家医院以及官员们的宿舍都在有条不紊地建设中。他们中至少有一个是康沃尔郡人。现在，那个康沃尔人家可爱的圆形烟囱依然挺立在那些已被废弃的已婚人员宿舍之中。

可是，布雷默船长不久就被命令从爱星顿港撤回去，参与那场不道德的鸦片战争。没有他的激情和活力，困难是否会变成灾难呢？一场飓风席卷了这块殖民地，随之而来的是痢疾、流感、坏血病和疟疾。白蚁啃食了水果树，蚂蚁抬走了那些刚被播种下去的植物种子。皇家海军舰队"响尾蛇"号上的一名年轻的随行外科助理医生托马斯·赫胥黎将他的指挥官约翰·麦克阿瑟——一位羊毛场老板的外甥，描写成一个"好斗的老笨蛋"，但对此没有任何解释。

1843年，新南威尔士政府做出了支持北部发展的动作。该方案考虑建造一条通往爱星顿港的陆运路线，这样就能很好地形成一个内海，并且通过一条可以航行的内河与印度洋相接。特别委员会负责论证。他们引用了刚刚被授予爵位的J.J.戈登·布雷默阁下写给尊贵的斯坦利勋爵的一封信，信上的日期是1824年1月2日，上面写道："任何时候人们都知道，我们拥有强大的实力，这也证明了我们将得到永久安置。我笃信，勤勉的马来人和华人将会成群结队地奔向那里，一个商业繁荣地带将会迅速出现和发展起来。"

乔治·温莎爵士过来告诉他们："望加锡华人通过印度群岛南部来拓展他们的贸易。"托马斯·布莱伍德·威尔森作为一名医生，在他被困在托雷斯海峡时已目睹过那些患天花的土著人，他告诉他们，他毫不怀疑那里的商业贸易会有可观的发展。约翰·麦凯具有在热带国家 28 年的游历经验，有人问他"那些马来人，他们真的都投身于贸易吗？"，他回答说："是的，世界上再没有比这些岛国上的人更热爱经商的了，尤其是那些有华人的地方。那里的任何岛屿或多或少都有华人。"

但在那个时候，莱卡哈特和他的队伍因为迷路而放弃了旅行。他们从布里斯班出发，经过了一段惊人的 4800 公里的旅程，花费了 14 个半月的时间到达爱星顿港，斯图尔特踩着沙丘而不是踏着内海的海浪也回来了。这无疑清楚地表明，通过陆地和海洋建造一条通往印度和中国的商业之路是不切实际的。要经过如此艰险的地区去开辟一条如此漫长的路线，远远超出了这块殖民地物资和人力资源的承受能力。

虚度 11 年后，爱星顿港于 1849 年遭到遗弃。同时遭到抛弃的还有那些进口的帝汶小马和爪哇野牛，它们仍然在半岛上繁衍生息。或许这也证明了这些物种正是有价值的基因库，水牛（67 头是进口的）后代繁衍旺盛，遍布北领地。

1864 年 6 月 28 日，芬尼斯到达亚当湾，也就是阿德莱德河的出口，在东海岸打造了"逃亡谷"（Escape Cliffs）殖民地①。芬尼斯中校是一名退伍军人，他花了 3 年时间在毛里求斯修建道路和桥梁。1836 年，他作为助理测量员到达南澳大利亚。他在那里的重要岗位上不断得到提升，1857 年，他成为南澳大利亚首位首相和布政司。不幸的是，当他被任命为北领地首位政府驻地长官时，他变成了一名"顽固的保守分子"。那时候"Blimp"这个单词还没有被使用——20 世纪漫画家劳氏（Lowe）创造了毕灵普船长这个人物——但是那些在"亨利·埃利斯"号船上的人讨厌他的那些不合理的军事纪律，于是就给船长取名为"B. T. F"，即"血腥的笨蛋汤姆"。然而，船上的大副才是他们想要扔出船外的人。

新首都的位置既未激起大家的信心也未引起大家的好情绪。1839 年，芬尼斯不顾所有下属的意见，执意要进入这片约翰·罗特斯·托克斯命名的区域，他派 2 名官员从"毕格尔"号下船上岸去校验罗盘。在工作时，他们敬畏那些站在悬崖顶端、拿着长矛怒目而视的土著人。无暴力的报复是可能的，土著人已从他们的枪杆后面撤离，他们一路唱歌跳舞来迷惑这些"战士们"，比安徒生故事中穿红舞鞋跳舞的凯伦跳得更卖力，直到一艘船开来把英国人带到安全之地。

"逃亡谷"殖民地计划毫无进展，不过，麦克阿瑟和土著人保持着良好的关系。当亚当湾的部落开始偷盗铁锭时，芬尼斯下令"对土著人格杀勿论"。这些野蛮功绩并没有让他们获得成功。他们射击了一名正在采集树根的妇女，

---

① "逃亡谷"（Escape Cliffs）在北领地的北海岸。——译者

第四章 淘金传说：开发北领地

她拿着一根挖掘棒和一个网兜。但在报告中，他们将她写成了一个老男人。

帕玛斯通城雏形

1839年12月，为了符合芬尼斯急切的要求，40多名测量员发明了一种新型螺旋桨轮船——"南澳大利亚"号。随他们一起来的还有杰弗逊·贝克门·斯托，他是南澳大利亚备受喜爱的首位教士的儿子，也是一名报社记者和土地持有者的代理人。芬尼斯让他们在阿德莱德河冲积平原农场上打桩定界。他们一共勘测了5600公顷的土地。

埃比尼斯·伍德是文员、会计和邮政局局长。30年后，他告诉皇家委员会："勘测结束后，我们去找木桩时，发现它们像阿拉伯人一样，安静地漂走了。"

1865年4月，"孟加拉"号载着30多名北方人前往新加坡。7名年轻男子中的杰弗逊·贝克门斯·托从"孟加拉"号上放下一只小船，装上风帆，将其命名为"希望渺茫"号，随后进行了一次令人震惊的旅程。他顺着狭长的西海岸线而下，回到阿德莱德后，他对芬尼斯进行了尖锐的批评，以至于政府将芬尼斯召回并将其解雇，然后换上约翰·麦克金利去建设一个更好的首都。

麦克金利因在1861—1862年间寻找伯克和威尔斯而出名。他驱赶着牛羊从阿德莱德出发，路上发现了查尔斯·格雷的墓地，便意识到伯克和威尔斯的尸体已被发现，因此他向卡本塔利亚海湾前进，想去看看那个地方，随后经丹尼森港回家。1865年11月5日，他到达"逃亡谷"，随行的还有15个男人、45匹马和一大群羊。他到达后和J. T. 曼顿吵了一架，曼顿是那里的勘测队总管和代理驻地长官。

难以置信的是，麦克金利在恶劣的气氛中闲荡了几个星期，然后出发向东行驶去利物浦河，这是公认最潮湿的地方之一，而雨季已经来到了。在6个月内，他们游历了170公里。在东鳄鱼河，洪水已经消退。"我们要建造一艘小船，"麦克金利说，"可是，用什么东西呢？"

他们建造了一个配有圆形磁极的船体，然后用27张瘦马之皮覆盖其上——剩下的马肉已被他们吃掉了。他们利用第二层马皮做了一张很结实的帷幕，然后启航。鲨鱼被那些开始发臭的兽皮吸引，紧追他们不放。当他们到达"逃亡谷"时，所乘之船已经七零八碎了。

1866年11月6日，"逃亡谷"殖民地也被撤销了。残暴的统治施行了28个月，南澳大利亚的政府也已更换了5届，平均下来每届政府维持的时间很短。一个明智的政府似乎不可能出现。在政府垂亡之际，第5届政府派出弗朗西斯·卡德尔船长——"一个双手丑陋的彪形大汉"，去寻找新的首都地址，而不是去建设它。卡德尔了解莫累河，他是位著名的江轮船长，他曾第一个把蒸汽机配置在江轮上。但是，他关于利物浦河是唯一适合建城之地的建议是与另外一个新政府的官僚相联系的。这个政府的首相叫亨利·埃尔斯，他曾经是北领地最大的投资者，但不久就非常明智地撤离了。

所有的第一批土地买主都非常倔强，其中的一些人要求政府归还他们的钱财。政府召集看管人去测量他们所占土地的规模。政府回收了11块土地，但都拒绝赔偿。当时的测量局局长乔治·伍德罗夫·戈伊德被人称为"Little Energy"，他要求承担这项工作。他索取的报酬比当时其他一些最好的投标者要少，只要3000英镑，但在当时那也是一笔大数目。

我们之前提到过维多利亚河。1839年，约翰·罗特·斯托克斯曾说它是一条"宏伟的河"。在1855—1856年间，亨利·乔治和他的兄弟A.C.格雷戈里到这条河探险时说，他在上河段看到的草场比他之前看到的总量还要多。

戈伊德有他自己的想法。1869年2月5日，他和136名男子乘老式三桅帆船——"蒙塔"号来到达尔文港。2月23日，他提议将位于帕玛斯通的城镇建设为达尔文的中心，正如我们今天看到的这样。随后他向南转移，用木桩标出农场的地界。

达尔文是北领地在雨季时能够为海岸线提供南向排水口的唯一地点。直到现在，仍然没有能从阿德莱德冲积平原通往亚当湾的合理路径。科堡半岛如今能接近的只有海洋。在澳洲中北部的雨季来临时，这些地方或许都会变成一座座岛屿。

戈伊德按英里数付给他的测量员报酬，而不是按小时。在旱季，如5月、6月、7月和8月，他们要在凌晨4点出发，晚上9点回到营地。至1869年8月底，工作完成了，他们用实实在在的木桩在那平坦的乡村一共标注了26万公顷土地。在6个月的标注工作之后，他们会在9月份将所有的木桩拔出。移民可以来此居住了。

不幸的是，戈伊德被那些茂盛的植物愚弄了。他惊讶地看到，那里的高粱长到了1～4米高，于是认为那里的土壤一定很肥沃。然而，这里的草地只适应澳大利亚物种，却无法为来自欧洲的动物提供营养，铁矿石质的土壤也无法为来自欧洲的植物提供营养。

5年过去了，越来越多不满的土地所有者要求退回他们的钱财。政府试图通过颁布一项法令——提供他们双倍的农业用地和5年期的优惠政策——来敷衍他们的要求。其中一些人接受了，但另外一些人则准备向法院提出长年的诉讼。

与此同时，在帕玛斯通欢迎那些即将到来的新移民的不仅仅只有木桩，政府还任命了代理政府驻地代表、特别地方法官、医务官员以及土著保护军。1870年2月5日，曾在"逃亡谷"当过医生的J.斯托克斯·密勒和42名男子一起到达，准备建设城镇。与芬尼斯和戈伊德一起到达的还有内德·塔克韦尔，他回去后成了一名木匠——那些曾去过北部地区的人都倾向于返回。我曾为调查研究在那里待过 2 个月，现在打算在那多做一些调查。

首批到达者及警察总长保罗·福斯彻上校

保罗·福斯彻上校作为警察总长曾经在北领地待过 34 年，他养成了坏脾气。作为前任骑兵长官，他仍然穿着鲜艳的蓝银色制服。1 名下士和 3 队骑兵跟着他，那些灰色的阿拉伯马让他特别骄傲。然而，这些本应热情高涨的阿拉伯马却因为热带的潮湿天气而垂头丧气。因此，更加适应此种气候的帝汶小马将它们取而代之。骑兵们气势饱满，即使他们的靴子已经深深地陷在泥潭里。有时候，警官就坐在由几头野牛拉着的牛车上。

与密勒随行的没有女性。然而在其他 4 个殖民地都有女人，甚至还有小孩和新生儿。菲茨罗伊总督向英国殖民部部长 W. E. 格拉德斯通建议，要有足够数量的女罪犯一起送往爱星顿港，以抚慰那些未婚青年。

道格拉斯船长担任政府驻地长官

1870 年 7 月，布洛姆·菲尔德·道格拉斯船长以政府驻地长官的身份到达殖民地，并采取了一些措施来调整当地的性别失调问题。随行的还有他的妻子、5 个女儿、2 个儿子以及 1 个爱尔兰女佣。他曾经是中国海域上的一名快船队队长，但自 1850 年他去了南澳后，就变成了一名海关官员和港务监督。他在他的信件上署名为"领港公会监督"。

塞缪尔·斯威特带着他的妻子及 2 个女儿乘坐"格纳丽"号通过了东海岸线。船上甲板的畜栏里养着一头母牛，用以给孩子们提供牛奶。途中他们曾经遇到几次大风暴，因而耽误了几周时间，其中的一次风暴竟将母牛冲出了船外。他们经历了一次可怕的旅程。在达尔文港，他们发现了搁浅在沙堤上的"孟加拉"号。该船在他们之后离开，沿着长长的西海岸线航行。船上还有回来领导内陆移民者的约翰·麦克金利、移民者、工人和他们的妻儿，以及 150 只羊、2 只山羊、6 头母牛和 1 头公牛。

"孟加拉"号派一艘小船传递消息。帕玛斯通打算利用海底电缆和陆上电报线让澳大利亚与世界相连。

在涨潮时，"格纳丽"号的表现好于"孟加拉"号，这些新公民们即将在北领地登陆，在那里开辟文明。难道在 19 世纪，"文明"这个词的内涵仍然适用么？当看到"格纳丽"号驶来时，爱星顿港迪哲玛加部落的土著人划船出海发出警告，这里附近的浅滩曾使"孟加拉"号陷入困境。

澳大利亚华人史（1800—1888）

查尔斯·图德和横穿大陆电报线的奇迹

电报线曾经是查尔斯·图德的梦想。他早先在英国以天文学家而出名，他于1855年来到南澳大利亚继续他的观测工作，同时也担任电报局的主管。在到达之后的3个月内，图德修建了一条从阿德莱德市区到阿德莱德港的电报线。阿德莱德是首批华人淘金者所在之地。在到达后的3年内，他又修建了一条通往墨尔本和南澳大利亚其他城镇的电报线。从位于奥古斯塔的新的信号站，他向北方观望。这可能么？约翰·麦克道尔斯·图尔特的回答是：可能。

1870年，当英国—澳大利亚电报公司打算铺设一条通往澳大利亚的电缆时，图德时任南澳大利亚邮政部部长。他反对昆士兰的计划，即开通一条线路让伯克镇拥有电缆，使之与西澳大利亚的电缆在弗里曼托交汇。图德身材矮小，但充满活力。他承诺，1872年会在帕玛斯通开拓一条通道。专横的英国—澳大利亚电报公司则对此设立了巨额的违约金。南澳大利亚政府在1870年6月签署了这份合同。于是，图德有18个月的时间将分散的3000里海岸线连接起来。

即便以现在的技术来看，这个冒险也是一项工程奇迹。500多名工人、2000多匹马和2000多头小公牛参与其中。图德将这条线路分成3个部分：从奥古斯塔港到马库姆巴河（现在乌德纳达塔北面），从马库姆巴河到坦南特湾，从坦南特湾到帕玛斯通。

观测员和架线工继续向前，沿着路线钉桩子。四轮马车装载着货物和装备。E.M.贝格既是一个商人也是一个田园诗人，他负责建造南部区域，而政府则建造公认高难度的、干燥的中部区域。电线杆子和水需要用马车运载很长一段距离，运载食物则需要走更长的路程。阿尔弗雷德·吉艾斯已经在北领地声名大噪，他在那段时间里也和观测员一起工作。观测队长约翰·罗斯问他："你的心理和身体都健康吗？""你能够靠着袋狸和巨蜥生活下去吗？"很多人了解这里的条件。戈伊德的很多员工都撤回了。

两支队伍都按时完成了工期。1871年12月末，一条远至坦南特湾、通往各个内陆方向的、闪亮的新电报线路竣工了。但在北方，私人承包主达文特和达尔伍德却陷入了困境。他们开始时一帆风顺。在1870年9月15日第一根电线杆竖起时，驻地长官的长女哈利特·道格拉斯对此表示了赞誉。1870年年底，121英里（195公里）的线路铺设完成，这些电线杆已经占据了所有路程的一半多。但是，澳洲又一个严重的雨季到来了。河水上涨，互相冲击交汇成巨大的洪水。架线工们包括食物补给在内的所有物资补给都被切断了。饥饿使他们拒绝做任何力所能及的事情。1871年5月，正当雨季快要结束时，曾经投标过这项工程的地区工头却取消了这项合约。

图德选派了R.C.帕特森——一个铁路勘测员和工程师，带着5船装备去帕玛斯通。其中包括200名工人、500头小公牛和200匹马。他们到达时,正值当地大旱中期。等到他们开始着手处理整条线路的末端时,他们发现那有一点点可供牲畜和工人使用的水源。又一个雨季提前到来,情况比上个雨季更加严重。工程停止了。

1871年11月7日,划艇将达尔文港最后一些电缆线圈运送到海岸上,架线工人们将它滚到新的信息接收站并将它们连接起来。帕玛斯通的80个居民可以通过陌生的、嗒嗒作响的摩斯密码获得及时的、昂贵的世界新闻。操作人员不会去阅读长短文字的组合,他们只关注每两声"咔嗒声"之间的长短空间组合。

图德用"格纳丽"号将更多的人力和物资通过罗珀河送到那些可以施工的地区,他希望以此来打开进入那些地方的通道。这次,"格纳丽"号一边四处巡游,一边漫长地等待"孟加拉"号轮船,该船在岛上买牛,来来去去。图德自己跟着另外3艘船,这3艘船上面装着更多的人、更多的装备、更多的马匹和更多的物资。但当时,罗珀河有10公里宽。他们只好在可停靠处卸货,然后等待几周。

其他一些孤立无援的队伍依靠生虫的面粉和辛辣的罐头牛肉过活。工人们很讨厌这些食物。(尽管经过这么些年已有所改进,但是我仍不喜欢"二战"期间在巴布亚新几内亚的任何一顿军队餐。)罐头制造商们比较偏爱罐头牛肉,因为它能够吸收更多的水分。但是,关于"罐头牛肉"这个术语的起源同时有四种说法:一是来源于牛肉这种肉;二是来源于早先一种着色的贴在牛身上的标签;三是从法语"煮过的牛肉"中得到的英语"煮过的牛肉"这个标签;四是来源于南澳大利亚的布宇里火车站,在那里第一条路上的电报物资补给被装罐运走。

有一个小分队依靠新鲜羊肉和一些其他食物生存了几周——拉尔夫·米勒和他的工人们以及4000只羊在罗珀河边陷入孤立无援的境地。南澳大利亚政府意识到,为了保证电报沿线信息转发站的补给品供应,需要打造一条长年开通的货运路线。于是,南澳大利亚政府宣布,将提供10000英镑奖金,授予第一位能将一大群羊从南澳大利亚赶到北领地的先锋。1870年年底,拉尔夫·米勒和他的兄弟约翰赶着7000只羊从他们位于埃尔湖边缘的驻地出发,随行的还有7名欧洲人和3名土著人。在"攻击河",也就是1860年土著人第一次试图穿越这块大陆,被斯图尔特赶回去的地方,他们遭遇了同一部落的土著,后者虽表面友好,但却趁约翰睡着时用棍棒把他打死了。从那以后,米勒晚上都会给他的猎犬松绑。有一天晚上,袋鼠猎犬、狩鹿猎犬和其他凶猛动物撕破了一个前来袭击拉尔夫的斗士的喉咙。斗士的同伴们纷纷逃走了。在一片水域,3000只羊在几个小时内就被有毒的植物毒死了。这片看似美丽的沙漠毒灌木、藻豆粒(*Gastrolobium*)和桔梗(*Grandiflorum*),是导致这些羊和后来经过这里的动物死亡的原因。藻豆粒是一种给土壤提供氮的豌豆植物，它能自我抵御毒性，正如许多其他的本地豆科植物一样。如此稀有的生物需要有澳大利亚不同的原始植物群落的保护才易生存。

当雨水最终落下时，拉尔夫·米勒发现3支电报队伍依然被水源隔开。他用一架翻倒的货运马车做了一艘船，将羊分运给他们。图德购买了大量的给养。回到驻地后，米勒提出了获得10000英镑奖金的要求。但南澳大利亚政府却一再改变主意，而最后一任的统治者干脆拒绝了他的要求。

图德和他的几队驮马尽可能快地挣扎穿过泥泞的土地。但直到1872年4月，也就是合约取消的11个月以后，工程才得以恢复动工。同时，这条线路的完成时间比预计时间迟了将近4个月。英国—澳大利亚电报公司以执行罚金相威胁。

当线路距离目的地还差421公里时，图德雇用了一个骑马的信差来连接它，就这样平息了抱怨。他的骑马信差在前进的线路中通过分程传递将信息传送到坦南特湾。1872年6月23日，第一条信息传送成功，但第二天海底电缆就出现了故障。海洋的情况削弱了抱怨。但发信者依然使用本地电报机继续传送信息，其中有些人已开始用此方式来处理探矿队事务。随着距离缩短，他们加快运输，开始时是一周2次，后来变成一周3次。1872年8月22日，也就是10月21日电缆修复的前2个月，电报线交汇了。此后，尴尬的英国—澳大利亚电报公司再未提出执行罚金的要求。

达西·温特沃斯带着400头小牛从查特斯塔而来，他开辟了一条从昆士兰州来的陆上线路。一些金矿主买了一部分牛，图德则买下了剩余的部分。图德每250公里就建一个人工的信息转送站，此外，他还让人在线路上将那些容易被白蚁蚕食的木杆换成铁制品。

电报给整个北领地的人带来了全新的生命，其中获益者之一就是当过骑马信差的约翰·李维斯，他是威廉·李维斯的儿子。威廉是一名水手，1844—1846年，他曾经作为一名赶牛人跟随着斯图尔特完成了一次艰难的旅程，他们从遥远的新南威尔士西部出发最终进入中部沙漠。在电报线路开工时，约翰·李维斯带着一群马从布拉赶来。在与E. M. 贝格合作时，他打算在爱星顿港建立一个牲畜喂养和野牛射击驿站。但最后他还是搁置了这些计划，一方面是因为这条线路还有更多的工作要做，另一方面是因为后来他成了某些新采矿公司的法律事务经理。

开采金矿和投资者

1865年，费瑞·里奇菲尔德从"逃亡谷"一路探测了150公里的矿地。他在芬尼斯河一带找到了3粒金子。芬尼斯把其中2粒送到阿德莱德。然而这2

粒金子因为不够大而无任何吸引力，但无论如何，阿尔弗雷德·琼斯似乎在巴罗莎谷有了重大发现。

戈伊德记得这些金矿的样品，他让他的一队人马开始探矿。他们挖掘了300个洞，在所有的洞里"寻找金矿或者金矿的痕迹"。当约翰·麦克金利带领那些充满希望的移民者找到他们的农场时，他发现了金矿。工人们为达文特和达尔伍德挖掘他们从山药溪找到的柱坑，他们挖出了含金的碎石。驻地官员道格拉斯立即派工人们沿途寻找金矿。

道格拉斯的大家族挤进了稀少的拥有首批居住权的名额之中。他的女儿哈利特与丹·迪伦结婚了。丹是一个曾经跟随戈伊德的水手，他还是南澳大利亚总督多明尼克·迪伦爵士的侄子。哈利特后来写了一本书叫作《在南澳的北领地挖掘、蹲坐、拓荒的日子》，在书里她记录了他们的住宿环境：

> 我们的卧室在一间大大的原木小屋里，中间有隔墙。木杆之间的缝隙用千层木塞住了。地板是被压平的泥土，还混合着碎石、沙子和石头……没有玻璃。我们的窗户是一些用原色印花棉布填充的木框，靠枢轴转动并用一根棍子支撑。对我们而言……我们身上每一件干净衣服都会立刻被弄脏。我们只有一个客厅，它通过一条被覆盖的路和卧室相连。这是一个大约为60平方米的镀锌铁的小屋，铺着木地板。铁皮窗加上铁制房梁，使得屋内总是很闷热。

一些经验丰富的人来到北部寻找金子。1871年年末，E. M. 贝格成立了北领地金矿勘探公司。他带来了他能找到的最好的帮手——威斯克、诺特尼斯、赫斯乔特、哈利·罗伯茨、海兰特、里奇菲尔德、赫尔伯特、伍兹、波蒂厄斯·瓦伦丁，以及来自加利福尼亚和维多利亚的掘金老手。贝格把他们送上了"亚历山德拉"号双桅船。1872年4月，他们为公司，同时也为自己发现了金矿。他们因此发了大财，继而争吵并在诉讼上花了一大笔荒谬的钱。威斯克于1880年死在了这片土地上。1884年，仍然在北领地一起工作的哈利、赫斯乔特和诺特尼斯连同他们的2个搭档在戴利河边的一座铜矿里被土著人谋杀了。

曾经跟着戈伊德的工人们都回去为自己探矿了，其中有约翰·迈乐斯特、弗朗西斯·罗伯茨，他们先后跟随过芬尼斯、戈伊德和电报局。约翰·威斯克在山药溪发现了丰富的矿脉，其中一个位处玛格丽特河的发源地。夏克电报站就在附近。到了1872年8月，最后一个电报连接站完成了。40名矿工在松溪附近的威斯克溪工作。到了1872年9月上旬，山药溪一带号称有22座金矿。150名乘客乘"科多"号抵达，其中大多数是未来的矿工。1872年9月下旬，"奥米欧"号带来了第二批乘客，但是其中一些人又跟随该船返回，因为他们听说此地并未发现砂金。同年10月18日，当第三批乘客到达时，道格拉斯为78个落魄者安排了救济，同时，有100多名背运的财富探求者要求道格拉斯协助他们回家。尽管电报线已经铺设好，但他们来之前仍然对这里的条件一无所知。80人搭乘"跳羚"号去了南部，但这条船的船长哈里斯是个酒鬼。这些矿工帮他卸下了船上丰富的物资，然后有人将廉价的朗姆酒兑了煤油，并且让哈里斯喝了它。哈里斯疯了，驾船向礁石驶去。幸好年轻的丹·迪伦正在他旁边，在购买开矿设备的途中，他安慰了哈里斯，于是后者把船开到了安全地带。

道格拉斯的女儿们和大多数员工提出了矿工的权利，随后接管了矿地。他们中的一些人接管矿地后又提出了矿工权益问题，但道格拉斯并非这方面的法律专家。

1873年间，北领地完全失控了。大批无经验者、掠夺者和投资者蜂拥而来。路易斯·所罗门于1873年4月来到北领地并在此地逗留了很长时间，他报告说："探矿者、矿业队长、店主和商人成百上千地来到这里。在帕玛斯通，那些想要在此地建立家园的人和想要进入这里的经商人士对土地有着普遍的要求。不幸的是……那些缺席的土地拥有者不会卖掉土地，他们追求短期租赁高昂的租金。"

有些人用1000英镑买下那些伴随农场一起出售的不要钱的土地，这些农场一直未投入使用。在帕玛斯通，有差不多1000处好地方都荒废长草了。

乔治·纽曼对维多利亚矿脉拥有20多年的经验，他被威斯克的北领地金矿勘探公司任命为工程师和矿务经理。1873年5月10日，他乘"哥德堡"号来到阿德莱德，他说："船上装满了货物，同时还载有探矿队长、工匠和去往北部的矿工。在第一次螺旋桨改革之时，来自海岸上的800个紧张而充满期待的股东为我们欢呼加油。"

1873年间，有60多家公司上市了。"他们不大相信电报，"纽曼在《北领地及其金矿》一书中写道，"有些人是一味乐观，有些人则对勘探发现做了完全错误的描述。那些急切地想发财的人仓促地加入投机商人的冒险，完全没有考虑他们的投资是否能带来回报。"

狡猾的发起者们整天待在电报局，他们只是开展公关而非开采矿地。1951年，欧内斯廷·希尔凭自己的回忆写了《北领地》一书，他认为，当时有一条电报写着"你想要哪儿都没问题，买什么都没问题，回复从速"。

约翰·路易斯·李维斯对电报公司逐渐产生了兴趣，他用货运马车来运送机器设备。"没有登陆地点，于是我们在南港区建造了一个码头。"这就解决了帕玛斯通的交通停滞问题——雨季的沼泽泥泞不堪，旱季干燥缺水。"我砍了很多木头，把它们弄到码头合适的位置上……幸运的是，我现在已有6支公路运输队，每支队伍配有6匹马，我要尽最大的努力把这些机器设备装配起来。"

有一次，他找来18名矿工"来拖一架承重900公斤的牛车，但是这项任务实在太艰巨了，于是工人们放弃了牛车，直接就把货物驮在背上"。

很多挖矿机器没能运到目的地,它们被放置在浪高6米的南港旁,或是被遗弃在路上。1873年中期,尊敬的皇家土地与移民局行政长官托马斯·雷诺兹视察过北领地,他说:"在帕玛斯通和南港以南16公里之间来回走着14辆牛车,我不知道内陆还有多远……放在那里的新牛车都腐烂了……我想或许是因为,他们发现需要用一支很强大的公牛车队来拖这些空车。"

一些公司几乎把钱都花在了机器、船运和陆运上,以致他们在开工时几乎没剩多少钱。另外一些人对每吨矿石只能淘到3盎司黄金,而不是当初他们预想的奢侈的30盎司或300盎司黄金那样的报酬感到失望,最后就干脆结束了工作。这里的矿地巨大——有16公顷的矿脉,而维多利亚州的矿地却常常只有1/5公顷。几千平方公里的土地被当作未生效和未经检验的矿地而被封闭起来,200个来自新西兰的熟练矿工来到此地却无从下手。

和米勒医生一起来的政府秘书J.G.莱特是一个笨重(他体重约130公斤)、和蔼、有效率的人,他对建筑学有着浓厚的兴趣,他曾经就此做过演讲。他还是著名的约力克(Yorick)俱乐部的创始会员,这个俱乐部的成员还有亚当·林赛·戈登、亨利·肯德尔和马库斯·克拉克。他外出时就住在沙克乐的帐篷里,他还担任第一批矿工的监管员,他报告说:"那些经理人冷静而沉着,或者说他们对工作很无知,如果不是如此他们就不会这样冷静。"雷诺兹就"混乱的局面"做了报告。驻地长官道格拉斯船长已将权力移交给米勒医生,然后和女婿丹·迪伦一起去开矿了。在措辞严厉的报告之后,雷诺兹辞去了他在国会的职务,去帕玛斯通开了一家商店。

1873年11月7日,在一片不负责任的氛围中,《北领地时报》开始出版发行,这项开始看来不大稳定的事业一直持续了59年。

约翰·李维斯除了处理煤矿公司的法务工作和自己的货运队外,还开始了其他的生意。他写道:"我有一项从松溪到南港的邮政业务,我在河边有一艘汽艇用来运送从达尔文港到南港的货物,我让工人们外出探矿。我在南港还有一个大的仓库,用来储备运输沿路所需的面粉、茶叶、糖、肉和马饲料等物资。"

李维斯还在爱星顿港为科堡牲畜公司建造大量的圆木房子,但是E.O.罗宾逊——一个孤独的冒险家很快就从他手中接手了这项工程。李维斯回到了南澳大利亚,回到了"贝格、夏克斯和李维斯公司"。为了纪念那个港,他给长子取名为"爱星顿",后来爱星顿·李维斯成了断山土地兴业有限公司的董事会主席。

约翰·李维斯到达阿德莱德的时候,他建议政府从新加坡招聘一批华人劳工来此开矿。1873年,他雇用了一批华人劳工,他认为华人劳工比欧洲劳工更能适应这里的气候。图德和戈伊德同意了他的建议。

华人、印度苦力和佣人

1873年,在帕玛斯通城区和矿脉上大约有12名华人仆役和厨师。华人和华人混血在船上充当了船员。雷诺兹乘坐"P&O公司"的"莫坦"号轮船经过加勒(在斯里兰卡境内)、新加坡、爪哇、望加锡和帝汶到达帕玛斯通。这艘轮船一路共消耗了60吨煤,它每天的运行速度低于11海里/小时——无论这是造船的错误还是因为其他情况。让人悲伤的是,至少有2名可怜的苦力在这条航线中跌入大海,这都是因为他们的烧锅炉工作所致。我引述此事是出于人道主义,因为此事似乎应当调查一下。这艘船上的船员由华人、马来人、阿富汗人、阿比西尼亚人(他们大多是锅炉工)以及欧洲官员组成。

英国—澳大利亚电报公司的官员有印度仆人来服侍,这是他们引以为傲的精英生活,他们占有帕玛斯通最佳地段的最好房舍。威廉·戴曾经是一名在毛里求斯调查印度移民状况的英国速记员,他从维多利亚州写信给南澳大利亚皇家土地管理行政长官,建议由自己带领印度苦力去北方工作。他说:"在印度政府被诱导同意本地劳工移民出境之前,有必要设立一个规则……我是在澳大利亚为数不多的通晓印度苦力事务者之一,而且很可能是唯一了解印度移民体系的人。"但是他不了解,这些印度苦力要求的工资低廉,吃的也很少,他们在第一年唯一希望得到的是泥土的茅屋,每个月有12先令的工资,每天有800克大米、110克咸鱼,每月能够得到一点油、盐和印度酥油。

新任政府驻地长官乔治·宾·斯科特发现了道格拉斯引以为豪的一个新居住区,"那是一个毫无设计感的荒废畜棚"。他和皇家土地管理行政长官都收到了那些急着要钱去新加坡购买华人劳工者的信件和电报。乔治·杜黛尔希望在南港和帕玛斯通获得4英亩的住房用地,在艾尔斯和贝格获得1200英亩的农业用地。斯科特认为这个想法"太荒谬、太奢侈"。

政府非常关注并想得到一份公司的名单,这些公司能够保证雇佣华人劳工的期限为2~3年,且能承担引进劳工的费用。各家公司都聪明地一面支付费用,一面将合同的期限改为"尽可能长"。C.J.科特是"一大批金矿公司"的秘书,他提供了下面这组名单:

北领地金矿勘探公司　40
皇家标准德尔玛丽亚和北埃莉诺公司　50
帕玛斯通金矿公司　30
汤普森卡普达山药溪公司　50
第一和第二电报公司　30
温尼斯金矿公司　25

普里希拉先锋公司　30

尼斯金矿公司　20

阿哥吉拉金矿公司　10

沙溪金矿公司　10

撒么斯金矿公司　10

松溪金矿公司　10

其他各类公司　50

总计　365

他增加了一个合理的附加条款，并且建议"一些苦力应该是熟练园丁，能种植一些必要的蔬菜来维持健康"。

道格拉斯船长远航新加坡招募华工

考虑到道格拉斯船长在中国海和北领地的经历，当地政府最后决定聘用当时身在南澳大利亚的道格拉斯。他热情高涨。乔治·纽曼对他的能力"抱着极大的怀疑"。他给 E. M. 贝格发了一封电报——北领地金矿勘探公司已投入了一份最大的订单，"此事情颇为重要。能否对这批劳工进行适当的挑选，很大程度上决定了这片领地的未来。如果需要大量的华人，应从维多利亚州的各地精心挑选出来"。

但政府对这些明智的建议充耳不闻。1874 年 4 月 23 日，道格拉斯船长启航去新加坡，他在那预定了 200 个苦力，跟他们签订了 2 年的合同并预付了 2 个月的薪水。他通过在新加坡的渣打银行的首次贷款获得了 1000 英镑。如果这些苦力要求的工资超过每人每周 3 港币（当时 1 英镑相当于 4.75 港币），或者一艘船的许可证费用超过 500 英镑，他将会电告政府。

一回到海上，道格拉斯船长就有了新思路。当"巴罗达"号轮船离开乔治王湾时，他写信给皇家土地行政长官，告知他将乘坐轮船而不是帆船返回。那就意味着 8 周的旅程将缩短为 3 周，但花费也将超过 500 英镑。1874 年 5 月 9 日，他再次从新加坡写信给政府："今年此时，海航会让这些苦力们度过漫长而沉闷的旅程，这会给他们造成消极的影响，而你们想不到避免这令人泄气的影响有多么重要。"无论如何，此刻都非常不适合海上航行，船长们都在躲避季风。

到了 6 月，道格拉斯给政府打电报索要更多的资金。他说还需要 3500 英镑。他说："要求的贷款被尴尬地延期了。"政府只预付给他 1500 英镑。随后，他多次发电报要求更多的钱，但均无回音。最后，他只好给查尔斯·图德发电报，说："目前银行的贷款只有 2500 英镑，我在 8 号的电报里要求额外的 2000

英镑,但没有得到回复。"最后,内阁同意提供总额为 4500 英镑的贷款。几个月前,针对那些愤怒的土地诉讼当事人,政府成立了枢密院,并拿出 80000 英镑来支付赔偿和诉讼费用。看来政府要把借给北领地的每一分钱都记录在案。

道格拉斯没有亲自去雇佣矿工。他请了一个经纪人金姆来介绍劳工,每介绍一人给他 5 港币的回扣,另加每个劳工 1 港币的补贴。那些被挑选出来的人在宝德集团公司的仓库集合。道格拉斯租下了马西莫的"维达"号轮船。他想要确保甲板间所有的地方都用来容纳乘客。他允许运载 90 吨煤、24 吨私人货物(其中包括 100 箱鸦片),剩下的空间放木材和给船员以及乘客喝的饮用水。华人自己在甲板上做饭。龙森公司为他们搭建了炉台。

从黄埔公司发来的相同的账目清单,目前保存在南澳大利亚的档案馆里,上面记载了在船上和陆地上 6 个月的贮藏费。它们清晰地写在一张卷烟纸的大表格上。清单上有桶装的干萝卜(质量上乘)和袋装的干萝卜(质量一般),很多菠萝、橘子、酸橙、香蕉、青椰,1 箱蔬菜种子,5 袋白豌豆(有些人会用墨水在那些条目上注明"留下了一些种子"),几箱茶叶,1 袋剥去皮的藤条,几桶花生油、酥油、咖喱、西米、南瓜,几箱中国烟草,几篮甘薯和山药。

一些令人不安的消息在道格拉斯到达前传来了。邮政部部长查尔斯·图德给司法部长的备忘录上记载着:"6 月 22 日,道格拉斯船长带着 200 名苦力从新加坡启航,其中 35% 的人因患有梅毒而被拒绝录用。"在这句话之下,图德用铅笔加了标注——"邦迪先生认为文章中应该明智地将百分数省去"。威廉·亨利·邦迪是一名律师,曾任司法部部长和教育部部长,很明显他想要掩饰这个事实。

但是道格拉斯对他招募的苦力非常满意。他给 G. B. 斯科特写了一份报告,落款为"于'维达'号轮船,达尔文港,1874 年 8 月 5 日"。

阁下:

我们从新加坡港出发,乘坐 303 吨位的蒸汽轮船"维达"号,由巴罗指挥,开足 60 匹马力,从新加坡经过巴厘,带着跟随的苦力,经过了 14 天的旅程。现在,我非常荣幸地宣布,我们已经归来。

我们为北领地带来了 162 名监工和华人苦力。

我们为大陆电报部带来了 9 名华人厨师和 15 名苦力。

我们为政府驳船带了 1 名马尼拉的印度水手长、1 名印度籍工头(印度水手小团体的一个长官)和 8 名印度水手。

一共有 190 人上船——2 人从新加坡逃跑(带着预付工资),1 人因痢疾于 7 月 29 日死在海上,8 月 4 日,1 人因为吸食鸦片而衰竭。我建议,会说英语的曼多尔队长应该留下来成为我们的翻译员以及解决抱怨和争吵事件的助手。在旅途中,这些苦力表现得非常好,如果善待他们,这些人一定会成为认真工作的矿工。他们中有很多人是技艺精湛的工匠，将来的事实会证明他们是此地一笔巨大的收获。

这些苦力与政府签订了为期2年的劳工合同，他们可在"城镇、农村、牧场、矿地、工厂以及家庭工作"。矿产公司对所需苦力的数目达成一致，他们同意"提供适合的、必需的机器设备和医药，同意按成本价购买……提供相当比例的食物……购买足够的由政府专门为苦力提供的木屋和帐篷"。

一些人希望得到帐篷，然而，这些移动宿舍只是纸上谈兵。没有记录说有人看到一座宿舍，更不要说买一座了。当华人在南港下船时，他们既无饮用水也无宿舍。1874年8月22日的《北领地时报》报道称："苦力们用一种不必要的方式背着行囊慢跑。"

他们出发前去各个地方寻找新的矿产——斯特普尔顿、郝莱、山药溪（后来被叫作格鲁夫山）、优年、松溪，这些地方要么在电报线上，要么在电报线以东几公里之外。2个全副武装的骑兵全程监管防止他们走失，好像他们就是一群牛。2个月后，《北领地时报》报道了这一行动。"留在这里的苦力的健康状况非常不好。他们更像是牛而不是人。他们的健康状况很差，致使他们的雇主在艰难的气候条件下开工前，必须给他们吃东西，让他们强壮起来。但是，这些苦力往往很快地就被雇佣去干艰难的工作。在极短的时间内，他们被送到乡村，在没有任何马车和运输工具的帮助下搬运沉重的货物。目睹他们在炎热的气候条件下做苦工的人都说他们可怜，并说他们的待遇不如一只狗。"

在他们到达矿脉的1个月内，G.B. 斯科特通过《北领地时报》的政府公报栏目发布了警告。

敬　告

鉴于近日有些苦力从雇佣他们的矿业公司逃跑，在此敬告：所有私藏和雇佣这些苦力的人都将受到指控。

在1874年10月3日的《北领地时报》上，来自斯特普尔顿的记者说，这个广告让他想起了"德雷德和汤姆叔叔小屋里的时代"。他对一个死在某粗心骑马者马蹄下的华人发表了评论："他的同伴苦力认为这个骑马人应得到惩罚，我也这么认为。毫无疑问，如果受害者是普通人而不是苦力，那么关于此事的更多细节将会被曝光。"

梅毒和常见病

苦力们和矿业公司开始有了一系列麻烦。在南澳大利亚档案馆中关于这些麻烦的电报、报告和笔记卷帙浩繁。斯科特发了很多像 1874 年 11 月 2 日的电报一样冗长的电报给北领地，每一份电报都按一个字 1 先令付费。一封电报说："威斯克退回了 8 名生病的苦力，后来他们被治好了。15 名苦力前来要求医药治疗。眼炎给他们带来了极大的痛苦，因为他们不能得到任何药物治疗。纽曼将这些人带了回去。他没有说明公司将在阿德莱德协商处理，他十分怀疑这些人想要摆脱他们。给他们提供食物已经 2 个月了，让他们工作应该是理所当然的。或许，最好的处理方式是取消这 23 个人的合同。"

作为一个试图隐瞒感染梅毒者比例的部长，威廉·邦迪在 1875 年 2 月 19 日的一份文件上发表了长篇评论。他说："有一大批苦力因感染梅毒而不适宜雇用。纽曼先生是北领地金矿勘探公司的代表，他告诉我，他看到苦力们正在受着二期梅毒的煎熬。他说，病毒在不久前还看来很健康者之间传播。"他认为，指控任何一家公司违约都无济于事。很多公司都停业了。矿脉开采并没有随之停工，因为如果这样做，代价实在是太高了。

纽曼发行了一本经其他人证实过的小册子。苦力经纪人比死里逃生的道格拉斯更聪明。被安排来检查这些新成员的托马斯·盖依医生遭遇了一次武装示威。有 1/3 的被检查者因生殖器有病或其他问题被盖依拒绝。一天深夜，一些三合会勇士带着病人冲上船来，换取了被选出来的健康者。盖依记不清到底是 13 人还是 15 人被替换了，因为他被那些挥舞的刀锋吓晕了。

那个时代的医生还无法检测二期梅毒，这个阴险的、秘密的病毒依靠缓慢繁殖的螺旋菌侵入身体。欧洲人使用檀木油和汞的标准治疗方法收效甚微，它只能治愈未接触病源细菌的初期下疳。此病在欧洲存在了很长一段时间，医学界也发展了一些抵御方法。一些黑种人对于雅司病具有很强的抵御能力，最容易感染梅毒的是东方人，尤其是当很多人在异常条件下群居时。在全是男性的望加锡海参船上，此类事情的发生率很高。对 19 世纪末英国哥伦比亚的华人造路工和煤炭工的调查发现，大部分感染梅毒者是通过 70 名为成千上万人提供服务的妓女和不计其数的男妓互相传染的。"一战"以后，20% 的英国军人带着淋病和梅毒回到家乡，彼时正好青霉素以及其他现代药物带走了由这些病毒造成的恐慌、羞愧和烦恼。20 世纪 60 年代从越南返回修养的美国士兵，把如此恶性的淋病带入悉尼的英王十字街，专业卖淫者在一片恐慌中撤离了，剩下的一些十五六岁的业余卖淫者感染了病毒。

一些被盖伊医生接受的来到北领地的人并非出于自愿。他们是一些欠了新加坡老板钱的赌徒和重度鸦片吸食者。通过中介，他们被迫上船并且奉献出 3 个月的预支薪水。在这 186 人中，有些健康、聪明的人向金姆支付了丰厚的酬金，以便他们在旅行中享有特权。

华人在矿业公司遭到了掠夺性的待遇。到 1875 年 1 月，北领地政府雇用了 64 个苦力。正如政府驻地长官 G. B. 斯科特在报告中指出的："公司破产和不给苦力工资让苦力们陷入困境，因而这些人来政府寻求救助，最后导致我雇佣的苦力比公共工程所需人数还要多。9 个从阿卡其拉公司来的苦力目前在我这——他们工作了 3 个月却未得到一枚 6 便士的硬币，我想这应让每个公司的股东都感到羞耻。"

但是，斯科特却认为北领地未来的发展必须依赖东部。"我认为，除非有更多的廉价劳动力补给，否则北领地不可能得到迅猛的发展。因此，我强烈建议在东部增加一些通信手段。"

病人的数量让斯科特担忧，正如他在 1875 年 1 月 29 日写给司法部部长和教育部部长的报告中所说的："这里的气候实在太严酷了，在我们的人口调查中，劳工的死亡人数要比我们的预期多得多。最近，有一天至少举行了 3 次葬礼，另外的一周有 2 次。当你想到帕玛斯通的人口数字（包括小孩）最多为 280 人时，便会发现这是一个多么令人吃惊的死亡率呀！"

"在下一次'哥德堡'号到来时，恐怕一大批乘客将会跟随它离开达尔文港，其中大部分是病人，小部分是有点小钱的人。"

按磅计价的金子

一小撮欧洲人赚了大钱。雷德福兄弟在沙溪开了一家公司，在山药溪开了一家子公司，以开采金矿。跟夏克一样，阿尔弗雷德·吉尔斯两次赶着规定数额的羊和牛从南澳大利亚一路北上到电报站，他在日记里讲述了一些关于首批矿工的故事。他说："我经常看到雷德福兄弟在工作结束时清理金矿，给金子称重。他们每周常能收获 60～80 盎司黄金。戈尔兄弟（帕玛斯通的仓库管理员）用一个泡菜瓶子来测量他们一周的黄金产量，如果在周六晚上瓶子里不能装满金子的话，那他们就认为这是一个糟糕的工作周。"

"哥德堡"号失事

帕特里克·霍根是一名非常成功的砂金矿工。他带着 10 磅金子乘上了"哥德堡"号，而雷德福兄弟随身带的金子比霍根更多。船上还有托马斯·雷诺兹和他的妻子（她对北领地的幻想很快破灭了），E. W. 普莱斯的妻子和 6 个孩子（普莱斯留下来了，第二年他成为政府驻地长官），取代盖伊医生成为医务官的 J. 斯托克·米勒和他的妻子以及他们的 3 个孩子。其他上船的旅行者还有新婚的蜜月夫妻，矿业发起人、《北领地时报》的创刊编辑理查德·威尔斯，威尔令法官阁下和他的工作人员——他们负责巡回法院的首轮开庭，在庭上，他宣判了阿金因为鸡奸罪而被判终身单独监禁，还有仓库管理员爱德华·杜兰德先生和法国副领事（这很奇怪）。"哥德堡"号的船长詹姆斯·皮尔斯十分著名，在帕玛斯通深受爱戴，而且他谙熟北部的水性：他去北领地的首次航程是负责将电报线所需物资运送到罗珀河。

1875年2月24日晚，一场猛烈的风暴从昆士兰海岸线吹来，"哥德堡"号因为撞到了珊瑚礁而致使船底破裂，随后向后滑出，沉没了。4人依靠这艘翻转的船漂浮到安全地带，在暴露的船体上坚持了23个小时，最终获救，其余102人遇难。帕特里克·霍根在获救名单之中。昆士兰的电报线也在暴风中被吹倒了。3月3日，帕玛斯通获悉了此次灾难。

这场悲剧耽误了北领地的移民地建设。每一个人都受到了某种程度的影响。对于外面的人而言，此时的北领地意味着遥远、不健康和危险。更多的矿业公司倒闭了，很多人因破坏与华人的合约而对簿公堂。一些仍然在挖矿的华工要求更高的薪水。1875年8月13日，斯科特对新任农业和教育部部长E.韦德说："11名苦力因为拒绝在松溪电报公司工作而被判一个月监禁。"斯科特说："苦力们想要10英镑一个月的工资，但是遭到拒绝，经理只想给他们8英镑一个月。当然，他不必被迫给苦力们更多的工资，但合约上明文指出，如果表现好，第二年苦力们的工资应该得到提升。他想在年底支付。"

韦德在电报的底部做了注明："我看不到任何监禁华人的正当理由，作为一项公共政策，信任不应受到破坏。"

枪杀阿金

1876年年初，斯科特负责186名华人移民的事务。他不得不为那些想回家的人制订计划。其中，84人在挖矿，24人去了陆上电报公司，8人分散到各地成了厨师和佣人，22人在修筑堤坝，8人在医院，8人在植物园工作，3人在监狱，29人死亡或失踪。

其中，2个在监狱的人精神错乱了，他们正处于三期梅毒。李阿孖非常危险，他刺伤了一个监狱看守；泰宛没有恶意，但是他非常能吃，政府最后放逐了他——因为喂养他花费太高。第3人的名字在报告中没有出现。

这人应该不是阿金——他被已淹死的威尔令法官判处终身监禁。但实际上，阿金只服了3天刑，1875年2月15日晚，他从被白蚁侵蚀的看守所越狱，在帕玛斯通的郊区生活了几个星期。有时候他偷食物，有时候华人和欧洲人会接济他。

阿金一开始被定罪为盗窃，这并不是严重的指控。后来，他在监狱里待了几个星期等待审判，依照惯例，一名警察把他带出去当仆人使唤——使唤免费的仆人是警察们的福利。6个月后，阿金开始要求审判。当无人能给他一个确定的日期时，他发怒了。一个地方法官以暴力和辱骂的罪名判处他2个月苦役。当执行这项判决时，与他同牢房的人——一个罪犯和出名的说谎者，控告他鸡奸。威尔令法官根据这个控告而并无任何确定性证据就给他判了刑，同时，对于盗窃的指控被撤销。

无论如何，阿金曾经和许多欧洲人建立了良好的关系，现在他似乎成了个骗子。一天，他不再躲藏，他拿着一些金子的样品来到《北领地时报》的办公室，说他在某处发现了这些金子，希望以此交易让他能够离开。1875 年 5 月 11 日晚，创办这份报纸的 G.T. 克拉克森、地方理事会主席约书亚·琼斯、理事会工作人员威廉·怀特菲尔德以及琼斯的朋友查尔斯·珀金斯与阿金一同出海航行，穿过海湾。那是一个诡异的 5 月，一群流氓陪伴着一名在逃的无期徒刑犯游荡。

没有记录阐明他们的任何发现。警察局探员保罗·福斯彻听说了此事，在沙滩上监视了一夜。船返回了，欧洲人也回家了，阿金则冲进矮树丛里。当晚迟些时候，他出现在海滩上，朝一艘装着赃物和食物的船奔去。水警查尔斯·米勒叫他投降，阿金转身逃跑，于是米勒开火击毙了他。

《北领地时报》嘲笑了这一极端的行动，保罗·福斯彻则为他的警局辩护。但是，南澳大利亚政府一定感到不舒服。福斯彻的辩护状现在仍然被保存着。按照惯例，有争议的政府文件需要有其他相关文件佐证，但在档案馆里，索引上的其他 2 份报告都找不到了。

扣除因这次事件偶然死亡的 1 个人，从 27 个死亡人数（失踪者假设死亡）来看，186 名华人在两年中的死亡数字令人惊恐。早期的北领地是不健康的。当到了回家的时候，只有 28 人接受了"佛罗拉星"号的免费乘坐席位，其他华人都因为 5 英镑的额外津贴被诱使留下了。

欧洲人开矿失败

1876 年 6 月，政府驻地官员乔治·宾·斯科特交给爱德华·普莱斯最后的报告中，似乎对北领地失去了最后的希望，他说：

> 开矿的利润正逐渐减少。开采时做出很多承诺的优年矿脉几乎入不敷出。我非常盼望松溪矿地不要再开展了，那里的生意正处于极大的停滞期，许多人挣不到钱。当报酬高时，工人表现得很好。但此地最大的缺点是一部分居民饮酒过量，烈酒的消费量确实高得可怕……矿脉如果能被经济地、适当地开采，那么依然会有所回报，正如大量的石英矿能够产出 1 盎司的金子。但就目前这样高额的投入来看，简直无利可图。我相信唯一应得的补偿就是雇佣这些苦力们的花费。

澳大利亚华人史（1800—1888）

庞奎来到北方

　　有着长期在维多利亚和新西兰开采矿脉经验的庞奎越过帕玛河来到北领地考察。他看到他的同胞在工作，发现其中 60 名华人干得跟欧洲人一样好，值得花钱雇用。因此，他在优年买了一块矿地，雇用了 14 名苦力。庞奎对北领地的矿业和生意有着深远的影响。20 世纪 80 年代，他的后代还活着。庞奎的名字被写进篝火歌里和土著传说里，然而，现在很少有人知道他了。

　　在庞奎开始工作的几个月里，约翰·莱特从监管长的帐篷里写报告说："这个地区最有进取心的人就是庞奎……他能从矿石中产出不菲的黄金，这让他获利良多。"他也拥有足够的魄力，决定不在矿工权益上浪费金钱。莱特继续说："在优年，没有任何华人被剥夺过新年的权利，即使现在才 1 月 6 日。"

　　除了庞奎，还有少数其他人也做得不错。莱特继续在他的报告中说，约瑟夫·格里文森和他的 2 个儿子一同在沙溪附近工作，他们"每天总能获得 1/2 盎司的金子"；在郝莱，"一个叫门西尼的矿工不屈不挠地开采着一个富饶却纤薄的矿脉。他通过手炮从 13 吨石英中炸出了 120 盎司的金子"；一个在山药溪挖水沟的名叫瓦西布的阿富汗人，"经常向我展示他的劳动成果，我估计他每周可获 3~4 盎司的金子，有时还能额外获得金锭——几天前他给我看了一块 7 盎司的金锭"。

　　现在的金矿开采都依靠这些独立的个人，很多公司都消失了。"没有资金支持开采，"莱特报告说，"如果一个矿地在开采时无回报，它就会被遗弃。作为一条规则，被荒废的矿区是不会被开采的，任何一个开采队在建造一个 300~400 米深的竖井之前……要能发现丰富的矿藏，要能产生资金，才会按照矿脉暗示的深度去挖一个竖井……问题是我们真的拥有一片金矿吗？"这是悬而未决的问题。

　　北领地的金矿分布非常不均匀，正如莱特指出的，金矿路线的范围和方向通常是反复无常的。"一个人可能盲目地开始，就能直接找到一块矿产丰富的土地；而另外一个人可能会左右打探，做好诸种准备工作，甚至还有理论支持，发掘了很多洞，可最后却一无所获。"

　　1876 年以后，绝大多数矿脉都被欧洲人和华人开采用来纳税了。越来越多的华人开始为自己工作，至少道格拉斯带来的一半左右的船客都发现了自己的金矿。优秀的园丁也跟随他们一起工作。从 1875 年年初开始，11 个园丁就已经在松溪种植蔬菜来补给华人和欧洲人。2 公顷的玉米地用来为马车夫提供马饲料。这些人干得非常好，他们都为"哥德堡"号基金做出了贡献。当种子用完后，政府派出 12 吨小艇"飞云"号启航去泗水获取补给物。

　　那些依然为欧洲人工作的华人矿工现在可以获得每月 10 英镑或更多的报

酬。而且，"白种人再也不以和他们一起工作为耻了"。1877年5月，莱特建议派庞奎去新加坡再雇佣15个苦力。"现在，对于苦力们的竞争很激烈，这就是为什么我觉得他们的工资涨得太高了。"庞奎被认为是当时优年矿地最倾向于白人的华人，他告诉莱特，从维多利亚州请经验丰富的矿工要比从新加坡招苦力贵3倍还多。

更多华人到来，但时机不对

莱特的建议使他从未来的招聘者那里得到了签约意向。W. H. L. 贝利写信给北领地事务部部长伊本纳赛·韦德，提出安置5000～6000个从库克镇来的华人矿工。亨利·D. 伍尔夫也致信给南澳大利亚总督威廉·哲维斯阁下。伍尔夫已和中国政府共事5年了，能讲一口流利的汉语，他将会启程去上海，他能够在那招募到所需要的中国男人和女人。

莱特清除了所有无用的租约。当封闭矿地的消息泄露后，30名欧洲矿工从库克镇赶来。同时，华人也聪明地意识到达尔文港仍然是一个自由港，他们自发地赶赴那里。这些人都是自由工人，不像许多在帕玛河边工作的人那样是生意人的工具，也不是从奴隶禁闭营和仓库里出来的逃逸者。

1877年12月，93名华人从香港乘坐"查尔顿"号来到此地，"他们均仪表堂堂，与以往那些来者很不一样"。他们中的大多数曾经到过加利福尼亚，并富有经验。"贝莎"号带着250人在第二年的3月到达，"诺曼比"号带着137名华人在一周内随之而来。1878年4月，成百上千人来到此地。这里的人数突然激增至1200名华人，30名马来人，均为男性；380名欧洲男性，34名女性和72名幼童。

一些4月份来的人乘坐下一班回香港的船离开了。他们对季节的判断出了错。旱季已经开始，没有水用来洗漱。5月间，有100名华人矿工从采金区来到此地，普莱斯支付给他们周薪6先令7便士和6公斤大米，这刚够他们填饱肚子。他任命了一个地道的华人张跃兴担任翻译和监工。来自墨尔本的罗孔蒙为其中的40人发电报，并为他们支付了去达尔文港的船票。有一家在巴若岛上的鱼饲料工厂（离金伯利海岸约200公里）企图让华人成为廉价劳动力。该厂提供100个雇佣名额，每人每月2英镑酬金，但无人接受。普莱斯并未试图说服任何人去那里，他认为即使提供3倍的工资，也不能吸引任何一个优秀的工人。

一队人马在沙溪开辟了一个大菜园，种植了大量番薯。他们也饲养猪和家禽。他们没有土地占有权，生活在被驱逐的恐慌之中。

1879年3月，在短期内涌来了1100多名华人。那一年，他们来得太早了。雨季来得又晚又严重，以至于他们无法前往高地。救灾的队伍增加到了800人，其中 420 人在范妮湾清理浓密的丛林使其成为实验花园，如今它们已变成了美丽的植物园。普莱斯不得不花 400 英镑为他们购置斧头、锄头和铁铲。随后，他又必须很麻烦地看守这些不情愿买来的、易被盗的工具。一支 360 人的队伍清理了道路，16 人砍掉了位于拜诺海湾口的印度岛上的防白蚁的白柏松。

他们开始抱怨，6 先令 7 便士的薪水无法使他们攒钱去高地，于是就在雨季中开矿。他们要求周薪 10 先令，或是采用计件工作的方式，这样他们就能因工时长而多挣一点钱。普莱斯想要解雇他们："他们非常暴力，常常威胁说要攻击那些欧洲监工……但要应对 800 个饥饿的人，其中有许多强壮的澳门人，我想还是留住他们比较好。"

普莱斯尽可能对他们实施计件工作，后来他发现，很多麻烦都是由那些说英语的监工制造的。工人之所以这么缺钱是因为监工克扣了他们的报酬。普莱斯解雇了所有的领班，让一个欧洲人管理两个组，一共 40 人左右，工作进行得非常愉快。

松溪诞生中国城

采金区全面发展起来。优年矿脉的居民地已变成了中国城。"松溪现在成了焦点，"《库克城邮报》一名记者在 1879 年 4 月的一封急稿中写道，"几百名华人正从'12 英里'和其他地方聚集到那里。一个 4 人小队据说在一周内挖到了 20 盎司的金子，这足以成为诱导其他人的理由，现有 600～800 人到那去尝试运气。他们会在烈日当空时晒干草，或在大雨里淘金，因为雨不会持续太久。当我在写作时，大雨一如往常地倾盆而下，但却没有诺亚方舟。"

山药溪的记者在同一期《库克城邮报》（1879 年 4 月 5 日）的报道中，用客观的语言解释了一片令人失望的土地，现在那些话听起来还是充满着令人惊讶的种族主义："作为一块淘金地，德里费尔德没有未来，即便金子或许藏在沟壑里。我的一个朋友说，这里无法再给华人提供食物。但很可能可以给那些黑鬼回报，他们或许会挖到足够的金子来换取烟草。"

撤离德里费尔德——此地在松溪东南方向差不多 350 公里处——花了庞奎很多钱。他在那里开了一家仓库，花 90 英镑 1 吨的价钱从帕玛斯通运来补给物。当华人放弃这片土地时，他试图将他们带回优年矿地。当时，卡伦河正在发洪水，车夫在岸上卸货，他们在岸上等待合适的时机下河。然而河水却急剧上涨，把货物都冲走了。一个新矿脉的出现使庞奎欣慰。那里每吨矿石能产出 3 盎司金子。

第四章 淘金传说：开发北领地

热病

当新来者最终渡过退潮的河流来到帕玛斯通，到达金矿区时，河水渐变干涸，他们只剩非常少的时间来有效地工作，以至于无法找到金子。普莱斯写信给 Hop Kee 的公司，要求他们建议矿工们在 1879 年 12 月 1 日前不要来这里，但是装载着成功的矿工返航的船引发了人们的兴奋，导致了大批人突然造访。这些人中的大多数都是单独前往的，这些华人去维多利亚州、去新西兰、去帕默河都缺乏周密的计划。更糟糕的是，他们到达此地时正是闹热病最严重的时刻。在一些地区，3/4 的人手因为莱特所说的"弛张热"停工了。他说，患病的人大部分都不能工作，也不能承受一点点劳累。尽管在 20 世纪 50 年代以后，登革热基本上可以被治愈，但人们对登革热的描述多于疟疾。"二战"时期，在达尔文地区有很多疑似病例；1954—1955 年，汤斯维尔有 40% 的人都得了这种病。

登革热通过一种叫"埃及伊蚊"（*Aedes Aegypti*）的蚊子传播，它在干净的、短暂停留在贮水器和木桶的雨水里广泛繁殖，但是在有缺口的杯子里却很少存在。这些蚊子跟着人，你很难在居民区以外的地方发现它们。北领地卫生部门煞费苦心地用一种方法来根除这些蚊子从而消除登革热。那几年，官员们挨家挨户地处理雨水贮藏器，捆扎那些在低地收集雨水的下垂的水槽，清除后院的瓶子、罐子、旧轮胎，填满街上的洞穴。

疟疾由一些叫"虐蚊"（*Anopheles*）种类的蚊子带来，它比登革热更具杀伤力。土著人从很早时就知道它。19 世纪的医生们把它归咎于瘴气的起源。它让北领地的死亡率上升到一个可怕的比例，很多年都保持着 3% 的比例。20 世纪 30 年代，它依然令人毙命。另一股在河流、小溪、沼泽全力和蚊子作战的力量使得疟疾在澳大利亚被根除了。最后一例本土的病例出现在 1962 年 3 月 14 日。

每年大约有 300 名返回的旅行者依然在澳大利亚传播这种疾病。每一个病例都被监控。北昆士兰和北领地对此格外谨慎。一旦有病例发作，他们就会阻止旅行者前来。1986 年 10 月，有一人从所罗门群岛回到位于北昆士兰的苦难角，随后便感染了疟疾。虐蚊很多，它们把疾病带给了其他 5 个人。飞机播撒杀虫剂，利用宽频扰乱蚊子的飞行路线。1986 年 11 月，当发现一个露营者感染疟疾时，卡卡杜国家公园关闭了博若阿尔芭洼地周围一块很大的区域，随后出于安全考虑，在雨季时长期关闭了这一地区。

氯喹代替了奎宁和米帕林，它是一种非常有效的西药。但在 20 世纪 80 年代，一种针对氯喹的恶性疟疾抗体在北澳大利亚全岛传播，甚至还北上至马来西亚、缅甸和中国的西藏。疟疾又一次变得危险。

在 1895 年英国皇家调查委员会的证据之前，一些人告诉调查委员："威士忌热与很多疾病都大有关系。"C. J. 达什伍德自 1892 年起就长期担任政府驻地代表，他详细地解释道："一个矿工从矿区回来，上床睡觉，整晚都在流汗……他们必须用水洗干净。但是在北领地这样的气候里，他们很难恢复，他们深受气候影响……最后他们只好服食兴奋剂。"

但他们服食兴奋剂的质量和数量相当于毁灭而不是刺激。欧尼斯坦·希尔提供了一种公共饮料的食谱——落日朗姆酒：相等分量的甲醇和煤油，用乌斯特郡沙司着色，用糖软化，用姜调味。这种饮料带来了灾难性的影响，这些酒醉者常常在回家的路上横冲直撞，躺在路上，把身体暴露给蚊子。

正如热病严重地袭击欧洲人一样，它也严重地袭击了华人。在搬运过程中，华人因为负重太多，所以他们不想再用毯子增加重量，在寒冷之夜竟也不盖任何东西就睡觉。一些队伍像所有南方的白种人矿工一样，频繁而无规律地迁移，一块一块地测试土地里的含金量。

反季节来到达尔文港，使得一大批穷困的华人处于等待之中，要么等待河水下降让他们可以北上到村庄里，要么等到雨水落下让他们可以淘金。华人仓库管理员让他们运米并给他们好的报酬。在金矿区有严重的周期性食物短缺。要在旱季搬运足够的食物来支持几千名工人度过雨季是个需要面对的事实，米、面粉或者其他任何储存在罐子里的东西都无法在那个潮湿闷热的气候里保存数月。1879 年的洪水摧毁了几大块中国菜园。

华人搬运工每天要搬运 65～80 公斤的货物，在泥土和沼泽中行走 30 公里。他们晚上在野外宿营，无任何遮挡物。他们只吃大米。脚气病像在奥克兰和帕默那样盛行，在北领地，他们称它为"澳大利亚人的病"，他们害怕这种病。在 1880 年的头几个月里，2000 多人中有 100 多人死于旷野。

1879 年 4 月，普莱斯指出在帕玛斯通需要一家华人医院。一周有 4 人死亡，一天有 30 人生病，这些情况足够要求护理。医院在几周内建成了，它花了差不多 130 英镑，华人贡献了其中的 88 英镑。

关于欧洲人能否像亚洲人一样在热带地区工作的争论持续了好几年。一直到 20 世纪 80 年代，科学家们发现东方人确实比西方人有优势。他们普遍较轻的骨骼赋予他们身体表面更能负重的特点；尽管东西方人拥有相同数量的汗腺——大约 200 万条，但东方人的汗腺更加有效，他们可以更快驱走身体内部的炎热。

北领地的北部是亚洲人的。在那里，所有植物的叶子阔大、平坦地张开来接受阳光的热量，连桉树都褪去了苍白的外衣。相对于中国人的南移，欧洲人就是向北移动。

牛场站

从 1879 年开始，成千上万头牛被从昆士兰驱赶到澳洲北部地区，一些新的场站在牛羊不熟悉的气候里建立起来。阿尔弗雷德·吉尔斯经过 2 年的艰辛驱赶，带着 12000 只羊从南澳大利亚到达了卡瑟琳河边的"春谷"，他完成了 W. J. 布朗医生的委托。吉尔斯的兄弟阿瑟在此之前就带来了 3000 头牛。吉尔斯给庞奎提供了牧羊人。他们想必是澳大利亚最后一批牧羊人，但并不成功。他们坚持成双成对地工作，这让聘请他们的费用变得昂贵。他们非常害怕牛羊走失，成天把它们带在身边，所以牛羊并未得到妥善的喂养。

那些能够付得起钱的矿工拥有源源不断的新鲜肉食供应。华人吃牛肉，但猪肉、鸭肉和鸡肉才是他们的最爱。在节日宴会上，他们会花 10 先令买一只鸡，这相当于他们 1/4 的周薪。

首批农民和放牧者带着和矿工同样的希望来到这里，但最后都像公司那些天真的认股人一样遭到惨败。到 1881 年 9 月，3/4 的北领地被占领了，在地图上，投机者成为主体；在土地上，少量真心来到此地的人带来了他们的牛羊。不可思议的美利奴羊适应了降水量不到 2000 毫米的塔斯马尼亚岛冰雪覆盖的山脉，适应了降水量不到 200 毫米的南澳大利亚东北部干旱的山脊，但是在这潮湿得像桑拿般的空气里，它们无法繁殖，也无法在 3 米高的草地里长出优质的羊毛。那些能够在这里生存下去的羊无法长出优质的羊毛来弥补运费。

各种飞蝇、沙蝇和蚊子折磨着牛群和马群。毫无疑问，额外血液的补给使它们繁殖更多，从而使牲畜们承受更大的折磨。乔治·戈伊德描述说，一匹幼马被蚊群折磨得发狂，以致它盲目地疾驰，最后撞树而死。

胸膜肺炎和红尿病

有一种吸血蝇携带着一种线虫"丽线虫属"（*Habronema*），或者一种叫作 *Phychomycetes* 的真菌孢子。马匹们特别容易招惹蠕虫和真菌，它们生长在马的肉芽组织、愈合的疤、被严重咬伤进而发臭的伤口周围，马匹由此生长的滴水的溃疡被称为沼泽癌。而楔形叶子的 *Rattlepod* 和"吊裙草"（*Crotalaria retusa*）——另一种漂亮的、有毒的豆类也影响了马群。马匹吃了这种"吊裙草"后，会得一种奇怪的"金伯利"症，它们会到处乱走，无法停止运动，只能无规律地游走，最后摔倒不起。

在这里，胸膜肺炎对牛群的影响比其他任何地方都严重，但这并不是一种无法抵挡的病。接种疫苗能够防治这种病，距离市场较远、不规律的雨季、无规则的喂养以及每一个旱季水资源的短缺等问题也都有可能得到解决。北领地大规模的养牛业提供了看似可行的保护。1882年，关于可怕的红尿病的新闻首次传来，随后该病发病率越来越高。1885年，W. F. 布坎南在48个小时内在凯瑟琳地区损失了1500头牛，其他牧场也在几周内损失了他们饲养母牛数量的80%。1886年7月13日，阿尔弗雷德·吉尔斯的日记写道，他引进的畜牧商人的65头新生小公牛损失了25头。"我们在黑暗中工作，没有人知道这个病，也无人知道怎样治疗和预防，政府对此迟钝而冷淡。没有人来牧场视察，没有兽医——除了无情什么也没有。"

然后吉尔斯提到，那些春谷里的小公牛浑身被扁虱覆盖，非常虚弱。机警的畜牧业者怀疑这个病跟一种叫"微小牛蜱"的牛扁虱有某种关系。那些傲慢而肥胖的英国—澳大利亚电报公司的官员于1872年8月从爪哇岛进口了12头婆罗门牛，这种扁虱是伴随着它们来到北领地的。有一些从屠宰场逃跑出来的牛一路南下到阿德莱德河边，最终与牲畜站的牛混在一起。

它们传播的扁虱是一种有着巴西贝虫基因的原生菌，一种会导致高烧和虚弱的血液寄生虫。这个标识性的尿液颜色源自于衰弱的红色血液细胞。幸免于这种病的牛产生了抗体，并且把这种抗体遗传给他们的后代。经过成百上千年的经历，婆罗门牛像所有的那些瘤牛一样，差不多已经免疫了，野牛也一样。

到了1885年，北领地逐渐衰弱了，只有华人矿工和白人矿工还在挣钱。华人人口发展到3500人，其中有大约2500人在金矿区。白人人数仅超过600人，其中只有85人在挖矿。还有100人属于其他族群，包括在珍珠船上充当潜水员的新来的日本人。但只有华人仍然在北领地采矿。除了挖矿，他们还承接了运货和建设的工作。他们有一些大计划，一些对农业发展的好计划，但是他们总是被拒绝和忽略。

华人的采矿方法不断受到批评，说他们只不过是"木桶和摇篮手柄"。1891年，首席监理E. 考普雷·普莱福德描述玛格丽特溪金矿时说："这片金矿已完全被华人开采过了，那是最可怜的开采。"同年，监理帕克斯描述了在松溪的埃莉诺金矿："这些老工作区引出北面的表层土，从上到下一共有380英尺深。我不能认定它是一个竖井，因为它是一个用最原始的方式工作的'之'字形的斜面。在我参观的这段时间，我没有看到他们使用卡车和手推车，但是这些泥土被一堆堆地用铁铲开掘，直达竖井。看到如此富饶的一座金矿被他们用这种方式开采，真是让人遗憾。"同年，一个不知道名字的检查员在一份北优年矿（总共13公顷）报告中写道："该矿地已断断续续被开采了15年，这些华人说（他们中的24人在工作）它非常贫瘠……然而，这些地方尚未真正得到开采。"

但是，欧洲公司开采了优年矿地，由约翰·李维斯运来机械并且花了14000英镑为电报公司安装的那个大碾压厂最后关闭了，因为这些矿工无法保证它的补给。当查尔斯·W. 纳什（1880年7月接替莱特成为新监理，莱特则回到帕玛斯通担任首席监理）1882年5月视察这些矿地时，他奇怪地发现，当欧洲人放弃这片地方时，200名华人仍通过用手动的研钵轧碾碎石的方法而有所收获。莱特曾评论说："他们用最顽强的方法剥去岩石的表皮。"

华人在北领地发挥作用

在19世纪70—80年代期间，许多华人矿工在加利福尼亚、新西兰和澳大利亚的一些金矿区工作过。他们经验丰富，技术高超。从他们手中遗漏金子，要么是因为水太深，致使他们的泵无法移动；要么是因为金子实在太细小，有些只有5微米，以至于在当时没有任何方法可以抓住它们。通常，他们所采用的朴素的方法是那些可以获得回报的方法，一些没有偏见的观察者肯定了他们。"挖那些大石头几乎不可能有回报，"查尔斯·纳什报告说，"金子总是藏在小的导脉里——2～30厘米厚、1～4米长。矿工用这种顽强的方法挖开那些细小的为北领地提供金子的岩脉。"

1878年7月，莱特提到在优年的一块小牧场，40个华人矿工正在那里开采一块冲积平原。2个加利福尼亚水泵，每一个工作1小时，轮流交替连续工作两天两夜，保持水向下流。"这是在北领地砂矿开采中最大、最有系统的一项工作。"当时有一些欧洲人和华人一起采矿，但是他们很少承认华人是和他们一样的矿工。

W. 巴罗曾经跟戈伊德一起做过摄影师，他回到北领地后经营一个金矿，他告诉北领地的行政长官，他更喜欢用华人当碎石工，因为"他们更加小心"。后来被提升为政府驻地官员的J. G. 莱特在1891年的一份报告里提到，有一个矿地经理从桑德赫斯特雇用了6个欧洲矿工2年，付给他们4英镑10先令的周薪，还支付他们去达尔文港的船票，如果他们能干满工时，则再为他们支付回城船票。"结果他们中的3个人干了几个月之后就走了，阿姆斯特朗先生说，这几个欧洲人制造的麻烦比所有华人加起来还要多。这3个白人向华人乞讨雪茄和烈酒，还在他们的屋子里喝得烂醉，这确实道德败坏。"

约翰·李维斯欣赏华人的手工操作能力："这些心灵手巧的人能把各种机械装置组合在一起……非常令人惊讶。"同样，查尔斯·纳什也很推崇他们成为工程师："金矿开采区最好的一个矿工是华人……当春山全面展开工作时，矿地有30对竞争性很强的矿工。"

另一人描述了华人如何搬运那些沉重的圆木来建造压碾厂地基。他们吊起绑在圆木下的绳子，把它们绑在两对负重的木杆中间，快速地调整位置和绳子的长度，从而使每人都受力均匀。

以下是当代提到最多的华人矿工、商人和购金者——Pine Que、Quong Wing Chong 和 Quong Wing Hi。主要的欧洲矿工是迈克·穆林森、奥尔夫·延森、约翰·勒米斯特·罗伯特。穆林森经常在优年独自开采矿脉，但是如果他发现了优质的石头，他会雇佣4名华人矿工。他发了一笔小财。延森发了一笔大财。1880年，他在优年买下了埃莉诺电报公司的采矿权，并花了2000英镑购买昂贵的电报电池。由于华人矿工的辛勤工作，他在第二年的年初就收获满满。在5年间，他挖掘出了9000盎司的金子。他同时雇用了华人和欧洲人，并付给他们相同的薪水——付给华人相同的薪水在当时很不寻常——但是他从未对华人感到放心，整天担心他们偷他的金子。有一次，他说服一个警察去检查员工的房间，结果在一个员工的房间里发现了一包黄金样品。

庞奎被莱特监理描述为那个区域最有进取心的矿工，庞奎在玛格丽特河边挣了大钱。他从一个铲斗里发现了价值200英镑的金子。另一名华人发现了一块25磅（11.3千克）的金锭。1880年5月，大卫·坦南特发现了这片土地，在递交了一些申请和一些目击者签名的声明后，他获得了500英镑的奖金。只有20名欧洲人和1000名华人涌向那里，他们挤在一艘小平底船上。在河边和3座高坡上，他们发现了金砖像土豆一样散布在这片土地的顶端。头3个月，600名华人挖到了20000盎司的金子。

玛格丽特河争端

在北领地，最激烈的两队矿工之间的争吵发生在玛格丽特河地区，在这地下1~6米深的地方有更多的金子。1880年6月，来自香港的矿工在河的一边，来自澳门的矿工在河的另一边，他们为一条异常富庶、异常浅的淀槽而争吵。整整四天四夜，他们用铁铲、竹箕、铁凿、岩石、左轮手枪和战斧争夺所有权。虽然无人毙命，但很多人受重伤。在暴乱高潮，希腊人汤姆趁机霸占了一块富庶地区的采矿权。于是，华人停止了互相争夺，转而一起把汤姆从这片地区赶走。

1880年8月，一个叫斯通的矿工沿着一条金矿脉来到属于吉姆·阿森（Jimmy Ah See）的店铺。他准备从地底下挖一条隧道，阿森表示了抗议，但斯通仍然不停地挖掘，于是阿森袭击了他。两人正在厮打时，200名华人气愤地聚在一起。斯通夺路而逃，华人在后面追赶，向他扔石头。身着制服及佩剑的骑警卢卡纳斯冲到华人面前。他本以为要挨石头的，但他那发亮的铜纽扣发挥了作用，那些华人终于安定下来。

监理裁定了这些经营人的权利。那些在此地建矿之前就有许可证的人可以跨越任何矿脉，而那些建矿之后被迫购买许可证的人必须转移。

3个月后，监理纳什报告说玛格丽特河一带的矿藏几乎淘尽了："极少的富庶矿地已被开采净尽。"然而，200名华人依然在挖掘，期待着金矿出现。

1880年10月，南澳大利亚政府通过了一项矿工法令。维持北领地运转的花费依然巨大，尽管有切实的记录表明了钱的去向。通往山药溪的路非常好走，河流和小溪上有很多桥梁。一架四轮马车搭载9名乘客，每周往返一次。通往玛格丽特和其他矿地的道路已被清理一新。

达尔文港再也不自由了。《北领地关税法案》课以重税：大米每磅征收1先令2便士的税，金子每盎司征收2先令6便士的税，鸦片每磅征收1英镑的税，茶叶每磅征收6便士的税，烟草每磅征收2先令的税。这个法案颁布的原因之一就是那些监理们很难强收矿工们的许可证费。莱特在1878年的报告中说，那些矿工对交费要求不变的回答就是他们实在太穷了。"许可证太贵了。"他们很乐意进监狱。进入帕玛斯通监狱是一次昂贵的旅行。莱特认为花费10英镑来收回10先令是没有意义的。

1881年年初，菲尔·桑德斯带着3个同伴从昆士兰州来到这里，开辟了优年矿地，还发现了向东70公里的矿地。几天之内，华人到达。纳什在警察的支持下一起跟着他们，罕见地收取了许可证费。他在6月的三天里发布了500张许可证，一年总共发布了947张。

当时的华人承担了很多勘探工作。他们扩大了所有的矿地。第一批在桑德斯淘金的150人在2周内洗出了600盎司的金子，然后他们用完了水。如果周围3～4公里还有水，他们会欣然地用扁担把洗剩下的灰抬到那去。当水用完后，如果这片土地矿产丰富，而且他们能够支付得起费用，他们会将矿石堆成堆，等待老天下雨，然后整天不停地淘金。

庞奎的成功与英年早逝

1883年，著名华人矿工庞奎在优年矿地堆放了大量石英，他在等待政府在当地建立压碾厂。查尔斯·纳什以清晰但拼写错误的左向书写解释道："我相信工厂会建立起来，会处理大批的石英。"庞奎在牧场上拥有大量的石英，挖掘它们花费了他1500英镑，他自然急切地想看到压碾厂建立起来，以便卖掉一些石英矿以得到一笔钱。他在"12英里"处理了9吨矿，每吨产出23盎司金粉；另外处理的6吨矿石，每吨产出5盎司金粉。

华人碎石显示出当地有丰富矿藏的假象。为了节约开支，他们用手捡矿石，好像康沃尔人一样。任何一块丰富的含金矿石都是用手搬运的；一些含金少的遭到丢弃，能产出1盎司或更多金子的矿石则被送到压碾厂。

北领地的一些矿脉和山尾的含金量一样高。在阿里各特河源头，一队华人矿工从一个16米深的竖井里挖出了10吨含金矿石，产出了3000盎司的金子；从一个比那深6米的竖井里，阿罗从一个铲斗里拖出了125盎司金子；另一位华人则切下了"牛舌"——一块重达150盎司的金砖。

在相同地区，庞奎带着30个矿工在12周内从他的"勘探者"采矿区挖出了 300 盎司金子。在同一时期，邝允升在 11 英里外得到了 100 盎司金子。在北面 7 公里的地方，监理报告说："那是华人的天堂，有 100 名华人矿工在那里心满意足。"

1882 年，庞奎回到了家乡中国，他在当年 6 月返回时带来了 43 名同乡。在"勘探者"矿区采矿的同时，他带着 60 名矿工在优年最富庶的矿脉开采。在他买下这里以前，他已经给申请专利的矿主贡献过开矿谢礼了。他在"12 英里"、春山的店铺和肉店拥有屠宰许可证。这个富有的人于 1885 年重返中国，并带回了他 16 岁的儿子。第二年他死了。1886 年 3 月 15 日的《北领地时报》报道说："我们对他的猝死表达悲伤，他是我们见过的最勇敢、最坦荡的人。"但该报的竞争对手——持反华立场的《北澳大利亚报》则没有提到庞奎。

锡矿、铜矿和银矿给人虚假的希望

19 世纪 80 年代，锡矿给北领地带来了更大的希望。1880 年，杰克·魁克在优年矿地西北面勘探金矿时，在威尔斯山附近的溪流里发现了锡矿。送往悉尼的样品检测结果非常好。魁克、坦南特和米勒组成一队，V. L. 所罗门作为另一队，他们拿下了覆盖整个威尔斯山脉的所有开矿专利。D. B. 坦南特送走了更多测试结果更好的样品。消息泄露出去了。1881 年 10 月间，很多人提出了开采锡矿的许可证申请，普莱斯担心那样会造成更多的不顾后果的投机买卖。

其他公司是由公款出资建立的。所罗门加盟坦南特和魁克，成立了先锋锡矿开采公司。他们预定了 100 名华人矿工。政府修建了公路，1882 年 6 月，威尔斯山锡矿的锡首次运出。9 月，所罗门的第一批货船离港，"塔纳迪斯"号运载了 27 吨货物。当船离开码头时，公司经理和朋友们以香槟酒举杯相庆。

威尔斯山似乎提供了丰富的矿产。朱利安·泰尼森·伍德兹博士是一个放弃了教区工作的牧师，他后来成了著名的地质学家。1886 年，他来到北领地视察，度过了一段筋疲力尽的旅程。"位于山药溪和麦金莱河之间，这个矿区类似于康沃尔的锡矿，其质量超过了澳大利亚任何一地的锡矿。"

欧洲矿主继续在这里开采，直到 1929 年才由华人接替。这里的锡矿通过铁凿、铁铲开采，再经过冲洗，利用早期的地面移动设备获得。开采矿石改变了这座山的形状，但是无人在那赚了大钱。

松溪那边似乎有铜矿，但最后却没有发现。在郝斯乔德和诺伦纽斯戴利铜矿区发生凶杀案的 10 年以后，华人发现了那座铜矿，并且修复了那里的机械装置。他们在那开采了几个月或者几年，没有人知道究竟有多久。由于他们无权开采，他们最后被逐出。

无论如何，银矿给了人们比金矿更多的希望。伍德兹博士视察了松溪以外的伊夫林矿。"这些露在外面的岩石，叫作尖峰山，它显示出这里有大量的矿脉，包含着优质银矿的痕迹。在矿脉和矿穴中蕴藏着丰富的矿物资源，从而形成了一个罕见的美景。据说，在矿脉中，银矿的含量非常高。"

200名华人、150名土著人和20名欧洲人在这里开采，他们为那些锅炉、挖掘、运输和保养设备烧煤和伐木。政府修了一条新路，经理和监工建造了一些品质优良的小屋。但是，银矿和矿脉其实只不过是填满了石灰岩的矿穴。这里矿产丰富，但却难以找到。到了1894年，这座矿地被抛弃了。

土著人

在那个矿上工作的土著人显示了与北领地的欧洲人和当地土著人不同的合作关系。土著人和欧洲人相互厮杀的人数比澳大利亚其他地方都少。整个土著部落为白人干活，这在别的地方是不可能的。或许，无论是在现实中还是在故事中，长期与望加锡人的接触，给了他们对陌生人更多的理解。自此以后，在北领地很少有频繁的殖民运动，土著人的生活较少受到打扰，他们的生活未受影响。

但是，第一次遭遇战中的一场战役却非常的血腥。1874年，100名土著斗士袭击了优年矿地的华人营地。一如往常，华人非常害怕地畏缩起来，不做任何反抗。但营地里唯一的欧洲人开了火，他开了多少枪没有记录。随后土著人逃走了。蒙塔古下士带着他的骑兵冲了出去，杀死了这个地区以外的所有土著人。他的方法是悄悄地接近一个营地，把它包围起来，然后射击。

土著部落之间持续不断地发生战争冲突。1878年7月，驻地官员爱德华·普莱斯提到一些著名的拉塔基亚的面孔从帕玛斯通消失了。蒂遮曼勾部落（当时也称为 Woolna 部落）在城镇郊区袭击了拉塔基亚营地。土著人不承认有过这些遭遇战，他们会向欧洲人隐瞒伤亡情况。

从一开始，土著人就和欧洲人交往甚密。他们乞求调料、糖、茶叶和旧衣服。他们跟随着货车，伺机偷取斧头。他们突袭华人园丁，时不时地会有一名华人或欧洲人被他们的枪矛刺伤。

1881年，在两次杀戮之后，"被隔离在澳大利亚丛林和充满敌意的黑人部落之间的"查尔斯·纳什提出申请，索要更多的武器，他说："不一定是步枪或者左轮手枪，一把双膛手枪就很好了。"

2个月以后的10月23日，黄彪在距离桑德斯淘金地主营地5公里外他的菜园里被人攻击了头部。另一名园丁也被刺伤，但稍后恢复过来。几百名华人矿工不敢前去保护他们。华人似乎病态地害怕土著人。

黄彪被谋杀案被报道出来了，这次袭击极端无理和残忍。J. J. 劳伦斯了解这个部落，曾和这些土著人同住，他觉得他们很友善。1881年11月19日，《北领地时报》上发表了他的一封信，其中描述了土著人。这封信在当天发表，似乎很不寻常。

谋杀案发生几天后，劳伦斯来到了这个部落。土著人希望华人能够前来复仇，他们白天黑夜都燃烧着火把，显示出自己的位置，以这种方式嘲弄华人。一开始，他们从劳伦斯身边跑过，认出他后又跑回来用蹩脚的英文解释道："黑人从华人身边走过，华人回家拿了把枪，袭击了 2 个黑人，黑人逃之夭夭。很快，一个黑人倒下了，另外一个没有倒下。第一个黑人死了，土著女人开始哭泣。所有的黑人都冲到华人那里，用长矛刺杀他们。有人用一块大石头砸向华人的头，另外一些人则用枪矛刺他们……"

1882 年，华人车夫遭到无故袭击。6 月 4 日，阿尔弗雷德·吉尔斯从春谷返回帕玛斯通，在路上，他碰到 2 名欧洲人，他们的马车里躺着 2 名受重伤的华人。欧洲人刚刚救起了华人。另外 2 名华人死在了路边的货运马车旁，一个人手里拿着辫子，一个人手里还抓着竹烟筒。

1884 年，戴利河边铜矿区的谋杀仍然由蒙塔古下士来报仇雪恨，他像成功的猎人温特沃斯一样再次光临此地。这一次，他和他的骑兵带着新步枪冲了出去，完胜而归。"本次远征使我确信马提尼-亨利步枪的优越性，包括精确的瞄准和快速射击。"《北领地时报》引用了以下得意扬扬的诗句：

> 白人用填满子弹的枪
> 让黑人害怕得像结了婚的修女

他们向男人、女人和小孩射击。那些乘船去帕玛斯通在戴利抛锚的人们，彻夜听得到枪声。一共死了多少人？无人能说清楚。一个粗略的估计大约是 150 人。每一个被杀者都是无辜的。真正的杀人凶手是那些从一开始开矿就为郝斯乔德和诺伦纽斯工作的松溪土著，动机或许只是单纯的贪婪——为了占有货物、斧头和铁凿。在土著人中，为利益在部落外厮杀是符合道德的。

但是，许多土著部落与欧洲人、华人的关系恶化到了彼此远离的地步。或许，他们个体的屈服只是一种自我保护。在金伯利，一些骄傲的部落为了维持他们的身份，可怕的暴力一直持续到 20 世纪 30 年代。一些土地所有者（他们中的少数人在我写这本书时好像还活着）就像"二战"时期罪犯营里的韩国看守一样野蛮。

华人开矿遗迹

我们花了好几天时间在松溪寻找存留的华人营地和开矿的证据。华人根据气候来建造适用的屋子，墙上是笔直的有缝隙的竹子，这样能让空气进入房间，屋顶上是一捆捆重叠的草，而不是用茅草或是其他植物覆盖。印度簕竹（*Bambu-*

sa arnhemica）、本地竹或者达尔文竹沿着溪水和河流生长。仓库需要更好地防雨，因此用波状铁修建。在靠近"12英里"的一座山下面的营地，人们将石头弄平来避开雨季时从山坡上倾泻而下的雨水。

现在帕玛斯通河边还存有一些用圆形石头堆砌而成的炉灶和熔炉，其中有一座3米×1米的矩形大熔炉。一个80厘米高的小祭坛标志着这片土地的神灵将他的祝福散播在一条小溪弯曲处的花园里。

一条小溪从史蒂夫和埃希·邱豪斯开采的租赁矿山穿行而过，20世纪80年代，在那小溪上仍然保持着石砌"人"字形堤坝。华人矿工在小溪旁工作。他们在小溪上游剥除矿藏的表面土后，会修筑堤坝，以水流来冲洗下一段。他们在岸上掘沟，建好堤坝的墙，他们在堤坝上下修筑几米高的土堰，所以水源最后不会被切断。然而，在经历上百年的岁月侵蚀和几百次洪水的冲击后，堤坝的中心倒塌了。

1987年1月，当我们见到约翰·森纳美时，他正在摩根沟里冲洗一些弹丸般硬而圆的金子，此地距离那条小溪不过几公里。华人首先开采了这片矿区，他们从一座山上挖了一条斜槽将碎矿石引入这条水沟。这座山给了他们想要的金子，他们把金子卖给通常把这条水沟当成公路使用的欧洲人。这座矿被有利可图地转了几手，但是没有一个人注意到这样一个事实：斜槽的地基处和这条路的源头几百米处从未被开采过。约翰·森纳美租了一条200米长、2~3米宽的砂石路来开采蕴藏在其中的金子。

1881年，由于缺水，华人矿工采取干吹的办法淘金，此法后来被西澳大利亚的欧洲人广泛使用。一个干吹砂金机有2个支架托盘和1个风箱，需要来回拉动。在欧洲的模型中，当底部晃动时，需要在顶部的托盘处连接一个曲柄杠杆来操作……在用木塞密封每一末端的金属气缸内部有一个活塞，活塞装配着从内部开启的阀门。一个用塞子密封的竹筒，将空气从汽缸中心引向鼓风机的扇形嘴处。这个机器提供源源不断的强风。

细小的、被压碎的矿石被放入顶部的托盘，鼓风机吹走在底部托盘内摇晃的尾矿。矿工们在灰尘的源头处工作。当很多机器一起工作时，灰尘就厚厚地落在工人的身上、树上、草地上、石头上和建筑物上。

约翰·森纳美发现了华人矿工用来制作支架的钉子。那是手工锻造的，几乎无锈。

该地区的地表土颇硬。尽管水泥般的地层很少超过70厘米厚，但是华人矿工没想过要打通它们。他们从地表下沿着比袋熊洞穴还小的通道挖掘，从洞穴的里面挖出泥土。他们没有拓宽区域进入内部，而是从里面退出来了。我们看见其中一个隧道就是约翰的洗矿槽。一只巨蟒生活在里面，所以能保持内部的畅通。相对人类来说，那个隧道更适合巨蟒生存。

在松溪，华人沿着一条丰富的矿脉，通过一个大约90米长的隧道，进入一座山中，人们弯下腰可以在隧道里移动。在某个地段，矿层被奇怪地分割，他们挖出一个空间，用柱子来支撑矿层。人们需要一个火把才能看到从最高处向上倾斜的竖井。矿工必须用梯子才能到达开口处。

大约有150只稀有的、隐匿的魔鬼蝙蝠躲藏在这个竖井里。它们是澳大利亚唯一的肉食蝙蝠，它们得名于一种现已灭绝的白色的或者由灰色变白的南澳大利亚亚种。它们是暗棕色的，几乎是黑色的。在太阳下山后，它们一只接一只地出来觅食。尽管每只魔鬼蝙蝠只有150克重，但是50厘米的翼幅使它们看起来很大。它们捕食老鼠、兔子、小型有袋类动物、草蜢、青蛙、蜥蜴、和它们一样体重的鸽子，甚至是小一些的蝙蝠。它们凭借回声定位能力和大眼睛捕食猎物，它们喜欢把猎物猛扑在地，用大翅膀把猎物包裹起来，然后用尖锐的牙齿撕扯猎物。

矿工们本应更加注意在白天行动、高声尖叫的、多样的短尾鹦鹉群，美丽的北部锦鹦，以及稀有的金肩鹦鹉，它们温顺地成小群觅食，在潮湿温暖的地方筑巢，在短隧道的末端啄食白蚁堆。华人矿工利用白蚁堆在常温下安全地贮藏炸药。他们也挖出一些入口很窄的空间，然后用植物盖在入口。

那时和现在一样，那些轻盈的、好看的袋鼬鼠在营地和工场都不受欢迎。它们杀害家禽，撕扯打开的食物盒，弄烂调味包，嚼碎橡胶、布和绳子。它们甚至闯进厨房，咬开罐头食物，人们怀疑它们是碰运气而不是靠智慧做到的。它们一边放屁一边吃东西，臭气熏天，最后留下一片狼藉。

那时和现在一样，整个地区被一种集中生长的黄色小树——*Xanthostemon paradoxus* 照亮。那些标志着麦金莱河渡口的、巨大的罗望子树，100年前或许不在那里。它们有漂亮的蕨类叶子，所结的果实是一种小的、易碎的、浅褐色的坚果，它的种子是深褐色的。是华人把它们种在那里的么，还是土著人，或是小鸟？

绵延的花岗岩山是松溪的标志。在离地面浅于180米深的地方都没有金子。很多19世纪挖出的金子都是从石英矿脉中弄出来的，这些石英矿脉位于表层土下的不同深度。一堆堆的碎石分布在面积大约为几千平方米的表层土内。人们现在依然常常能看见华人矿工挖掘的浅竖井，以及正好能让人弯腰经行的狭窄的方形或矩形空间。

在《北方23度》这本书里，比尔·哈尼描写了华人矿工追踪金矿矿脉的能力。"仿效华人矿工追随一条矿脉，它最后消失在地下的一个断层里。你可以用现代方法来绘制这片土地，探测断层，找出矿脉在哪里被移位了。在你做好所有的计划和计算以后，挖掘竖井来找到迷失的矿脉，你会发现什么呢？"有人发现华人矿工从另一个方向进来，找到矿层并将其开采到底。

一些华人更喜欢用锤子和桌子来压碎丰富的矿石，而不喜欢用洗砂机和锅。为了做一张桌子，他们用圆木建造了一个大约60厘米高、120厘米长以及60厘米宽的中空矩形，用钉子钉合它们，用泥土和石头填满中心，再用一个 6 毫米厚的铁板覆盖在上面。锤子不过是一块 30 厘米长的沉重的圆木被劈成两半，在末尾一端雕出个手柄，在平坦的另一端用一个方形的金属来加强。一个锤子就是 10 平方厘米包裹木头的铁壳装配着一个圆形把手，或是一块带有木手柄的金属铁压模。选择好锤子，一个矿工会在他的桌前蹲下，然后开始从一堆巨大石块中挑选岩石。他们干得出奇的快。

华人矿工用力地敲打铁砂浆或者小型手动洗砂机和压模机，使用的是一些用长 1 米、直径为 8 厘米的圆木材做成的用铁料包头的工具。华人矿工在开采锡矿时最喜欢用的工具更加复杂，是一块装有铰链的木板，好像一个在末端安有铁杆的跷跷板。矿工们拿着一个竹筐在另一端上下踩步，他们不停地用一根固定在长竹竿上的叉子搅拌砂浆。无论使用什么工具来压碎矿石，他都会定期地停下来用筛子过滤粉末，放到洗矿槽里去冲洗。在这些机器里，在工作的所有地方，他们都使用竹子、白千层树植物或任何便利的材料。

他们用一个对半劈开的中空圆木来制作洗矿槽——他们用顶部的水槽储水，让水流向底部的水槽，第三个水槽收集用过的水，然后将水再倒回顶部水槽。一名华人制作了一个活塞泵，以便将水运回顶部水槽。2 对长的皮制铲斗就像汽缸里 2 把颠倒的伞，它们打开时可用来抬水。

在北领地使用的机器也在别处使用，它们让手工劳工更加有效且经济。花费在蒸汽机、锅炉和皮带泵上的费用超过了以人工踏车操作加利福尼亚泵几百个小时的工资。

米勒兄弟赢得帕玛斯通—松溪铁路投标

像昆士兰州政府一样，南澳大利亚政府相信矿产取之不尽。矿工、牧民、农民都需要一条铁路。1883 年 10 月，勘测员规划出一条从帕玛斯通到松溪的路线。在设计上，这条线路最后与一条在它北面的、已经建成的铁路线在今法瑞娜交汇。一条铁路将会比电报线更加切实地把这些乡村连接在一起。由于归还贷款的压力，政府将铁路工程推迟，最后以较低的利息租了出去。1885 年 5 月 15 日，政府接受了米勒兄弟的投标，后者决定使用欧洲人和有色人种劳动力。

1887 年 7 月末，300 名华人矿工在米勒兄弟的安排下上了"黔南"号。矿工们在船上签合同时发生了争吵，矿工说雇主没有履行合同。雇主花了几个小时说服矿工们下船，最后这些人带着一股巨大的暴力情绪下船了。穿着红色制服的海军陆战队员列队持枪，准备镇压异常暴乱。在帕玛斯通外的一个营地，他们为合同条款争论了一周，最后大约有 100 个矿工开始启程前往金矿区。几天以后，因为明显缺钱，剩下的 200 名矿工同意签署合同。

澳大利亚华人史（1800—1888）

119名僧伽罗人修建铁路并试图建立印度城

1887年10月，一家叫休瓦的印度公司宣布他们准备送300个泰米尔人去修建铁路。他们计划在卡文纳街建造一个泰米尔城。《北领地时报》1887年10月22日报道说："当这项工作完成时，休瓦公司打算引进印度洗衣工、裁缝、船夫、园丁、果农和脚夫。"

贯穿19世纪80年代的建议是继续在北领地引进印度苦力。不同以往的是，一大批想要成为代理的人声称他们了解印度人和那里的语言。1882年，南澳大利亚政府派约翰·弗格森少校负责安排移民，但他无法接受印度政府的要求——至少40%的女人要跟随男人一同移民。印度和中国一样，拒绝妇女离开自己的家乡。

1887年11月，119名僧伽罗人作为休瓦公司的先遣队到达北领地。《北领地时报》报道说："他们总体上要比华人强很多。他们不仅修建铁路，还在渠道岛上为天花病人修建隔离区。他们做得很好，学得很快。"报道者坚称他们没有依附华人矿工，他们很乐意为了薪水而工作。到了12月，僧伽罗人集体罢工，此后再没有僧伽罗人光顾此地了。

南澳大利亚政府排挤金矿区华人和征收人头税

在约翰·兰登·帕森斯担任政府驻地官员的前一年，在铁路重建之前，北领地几乎要被在铁路线上寻找工作的穷困的华人淹没了。当地的店主说："大量的华人涌来。"1885年1月初，有8名来自香港的穷困的华人从"阿雷顿"号轮船上下来，希望立刻在将要开工的铁路码头上找到工作。帕森斯把他们安置在海滩边的帐篷里，让他们和4名欧洲人一起做救济工作。

帕森斯给教育部部长J. A. 科伯恩博士发了一封电报。两周后，也就是1886年5月4日，他又发了一封电报："尊敬地重复建议：香港总督应该被电报告知，他应该警告华人，除非得到铁路当局的许可，否则不能擅自来这里。这意味着灾难和花费。"

约翰·威廉首相在电报上批示并签字，然后在电报底部写下一句话："部长尊敬地建议大使阁下立刻电告香港总督以下内容——政府准备扩展1881年的'213法案'，对进入南澳大利亚再去北领地的华人征收人头税，并打算从今天开始每人征收10英镑。"他用铅笔又写道："感谢您公布这个消息。"

写在政府议会信纸上的一份记录与南澳大利亚档案馆里的文件一样系着红色缎带，上面有"W. R. 11-5-86"的签名，这是威廉·克里沃·弗朗西斯·罗宾逊爵士的签名。"我不认为给香港总督发电报是一种明智之举。我愿意用你喜欢的任何语言表示国会打算在北领地实施并扩大 1882 年的'213 法案'。但我想，内阁指示政府驻地官员通过征税来实现国会的权力并非权宜之计，万一任何一名华人就此进行法律上诉……如果您能考虑我电报所言，那我将愿意在法律允许的范围内为您效力。"

然而，J. A. 科伯恩博士指示帕森斯"对那些 5 月 11 日当天以及之后离开者征收人头税"。

1886 年 6 月 4 日，科伯恩博士向国会递交了一份法律方案来完善"1881 华人移民规章法案"。法案在议会上通过了所有的程序，但是在 6 月 22 日，立法委员会用延迟策略否决了这一提案："这个法案应当在 6 个月后被重审。"结果，在第二年里该法案遭到了同样的命运。

1882 年 3 月，管理北领地的部长帕森斯和 3 名议会成员在一次视察中，从 15 位著名华人那里收到了一封请愿书，他们要求降低金矿出口税。请愿书没有得到批准。华人出口金子的方法有很多，他们在死人墓穴的白骨里、在遮阳伞的把手里、在管子里、在伪造的制服底层、在靴子后跟里、在任何中空的或可被工匠做成中空的东西里运藏金子。毫无疑问，会有一些金子以那些方式出口，但同样毫无疑问，这个比例很低。走私的黄金将会被充公。华人计算过风险，冒着失去一切的风险来走私黄金是不值得的。新上任的海关关长阿尔弗雷德·色西是个一丝不苟的人。

华人请愿书还要求在其发布以后，矿工的权利许可证的有效期应为自发布日期延续一年。它指出，一个在 11 月中旬雨季开始时获得开采权利的矿工，在两周内又被要求支付相同的大数额的款项，这种不公平的现象应得到改正。第三个请愿是要求获得土地投资的机会。"我们已频繁地敦促政府，我们是一个迁移的民族，迄今为止，没有任何因素能够吸引我们定居下来。"

1884 年 3 月，驻地官员 J. L. 帕森斯收到一封来自欧洲人金矿区的请愿书，请愿者包括移民、仓库管理员、牲畜驾驭者、矿工、马具商、会计、铁匠、司机以及经理人，他们要求华人应在 3 年内禁入任何由欧洲人发现的地区。7 月，另一封呈递南澳大利亚政府的请愿书要求华人 2 年内禁入。这一年正是在赫斯乔特和罗伯茨发现那座位于玛丽山以外的、优年矿区以东 50 公里的新矿区的前一年。当时他们没打算开采它。像在克里斯蒂·帕玛斯通一样，他们付给华人高薪，让他们来开采这块地区。

欧洲人的请愿在继续，他们还增加了一项新的要求：禁止华人在公共工程上投标。迪亚茨·温特沃斯卷入了其中。1886 年 4 月，他拿着一份有 60 人签名的请愿书等待帕森斯，请愿书再次提到对华人要征收每人 30 英镑的人头税，以及在 3 年内禁止华人进入金矿区的要求。"反华情绪正在加强，"请愿书中说，"除非政府即刻着手处理，不然日益增长的情绪一定会导致灾难性的种族冲突。"

这份文件在教育部部长、皇家土地专员以及测绘局局长的手中传阅。戈伊德在上面批示："雨季让人极度地萎靡不振，我们需要注意税收是怎样强加在亚洲劳工身上的——因为劳工将会成为达尔文港以及它周边未开发地区的一项产业。"

政府增加了在大米、花生油以及鸦片上的征税，议会批准了2年内在新发现的金矿区禁止华人进入的条款。但是，当提出人头税法案时，戈伊德认为北领地需要华人的观点在议会已成压倒之势。

1887年，昆士兰州的新闻报道说，有500名华人矿工正赶往北领地克里登金矿。凯瑟瑞尼的火车站站长说，所有去昆士兰的华人都必须经过他的房子。只有4个人通过了，他们的终点都在北领地的麦克阿瑟河。小部分华人矿工在早些时候曾试图冒险进入昆士兰，但更多的人在反复考虑。1884年4月19日，《北领地时报》出现了一则广告，它说："所有想去新南威尔士和昆士兰边界的华人，可向'12英里'的H. J. 马森提交申请，寻找经验丰富的欧洲向导。"

1887年2月，达尔文举行了一次公开会议，会议同意被选举候选人应被询问"你是否支持禁止华人矿工在金矿区工作？你是否支持向华人征收不少于30英镑的人头税？"而《北领地时报》则开始称华人为"不受欢迎的移民"。

北领地华人人数为欧洲人的3倍

在北领地，在1887年的第2个季度内，有408名欧洲人到达、376名离开，有1012名华人到达、37名离开。在这一年间，又来了几百名华人。在澳大利亚和香港的中国商人意识到殖民地要关门了，他们正试图将人们送回去，越多越好。

北领地的人口数字格外反复无常。引用数据的差别从几百到几千不等，即使这些数据是出自官方人口调查机构。政府驻地长官会引用一个看似准确的数据，但几个月后，他的数据会有所不同。比较准确地说，到1887年年底，北领地人口大约有1000～2000名欧洲人（每年约增长50人），有大约6000名华人（每年约增长2000人）。

无论如何，有许多华人在北领地，所有的殖民地都认为华人太多了。当天花爆发时，该说法变成了一个很方便的政治工具，它让不公正被伪装成公正。

第五章 疫症猖狂：天花和麻风病

悉尼有数百名土著死于天花／种痘／早期殖民地的健康／百日咳导致分裂／天花再次摧残土著人／船上的霍乱／北部隔离区／伤寒、斑疹、天花和麻疹充斥隔离区／野花中的墓碑／天花流传与澳大利亚白人／天花流传与澳大利亚华人／官方和受害者的滑稽行为／苦难的华人／"大洋"号旅客的遭遇／从隔离区出来的悲伤之人／新型病菌／来自伦敦的天花／海峡群岛的隔离区／焚烧华人小屋／帕玛斯通的天花／逮捕华裔患者／离奇的喜剧／1913年新南威尔士爆发天花／将天花从世界上清除／恐怖的瘟疫／熟悉的流感之灾／可怕的麻风病／麻风病在中国／疾病的影响／澳大利亚第一批麻风病人／北部地区的麻风病人／帕玛斯通医院的流言／海峡岛上的孤独生活／麻风病蔓延到北部土著居民区／搜寻麻风病人／判处监禁／麻风病院／19世纪的回声／中国预期在2000年根除麻风病

第五章 疫症猖狂：天花和麻风病

悉尼有数百名土著死于天花

天花和麻风病在本书中非常重要。"麻风病"是华人常见的绰号。几任殖民政府都曾发布防止港口疾病传染的声明，以便阻止移民。虽然华人把麻风病带到了澳大利亚，但其他种族也做了同样的事。载着华人乘客的船只携带天花到达澳大利亚，来自法国、德国、旧金山及其他地方的载着欧洲人的船只也是如此。而从英国携天花而来的船只在数量上超出了其他所有国家的总和。

令人惊奇的是，尽管20世纪20年代约有270艘感染天花的船只到达澳大利亚港口，但很少导致天花的爆发，因为隔离和种痘阻止了疾病蔓延。

澳大利亚有过几次严重的天花恐慌，但是两次大规模的爆发都很少困扰欧洲人。1789年4月，即白人到来后的第15个月，悉尼周边的土著人开始死于天花——这种人们不会弄错的疾病。土著人躺在沙滩上，爬到海边，想用海水来为发烧降温。他们在岩石间围起淡水池，并在池中饮水。死亡人数可能达到三四千人，占了当地部落人口的一半。他们把死人埋掉，遣散病者，想让病者把疾病带走。多年来，当地通往内陆的小路充满着死者的骨头。在世界各地，经过几个世纪的发展，天花已经成为人类的主要威胁。

没人知道天花疾病的辐射范围有多广。第一舰队中只有一名成员感染了天花，那是一个黑人或失去供给的北美印第安船员。他死了，但为什么病毒选择了他呢？

当代作家们试图记录天花疾病的历史。一个流行的说法是，"那是法国人把它带来的"。当年，菲利普船长搬到了杰克逊港口，他在新居住地度过了惊喜愉快的15天。随后，拉贝鲁兹和他的伙计在不知不觉中驶近了植物湾并带来了天花。在回法国的路上，他们的船失事了，他们死在新赫布里底群岛北部的暗礁上，所以，他们无法驳斥这个有关天花的指控。

那么，天花疾病是从哪里来的呢？某人回忆起他的行李箱，其中有条在英国打包的毯子，也许他不知毯子上染有天花病毒，就将其拿出给了土著居民——这个故事有点玄。比较靠谱的说法是：一位医生发现了落满尘土的防天花药瓶，这是从英国带来的，医生想知道，几个月的航程后，这药是否还有效，便在土著人身上做了实验。结果，因为毫无天然抵抗力，土著人接受了全部感染源。

种痘

医生自然地在那些最易忽略的患者身上试验可疑的药品。1804年5月，

"科罗曼德"号从新成立的伦敦皇家杰纳学会（Royal Jennerian Society）[①]带过来一种叫"Pacquet"的疫苗，主治医生托马斯·贾米森"立刻在3个孤儿身上使用"。当发现这种疫苗有效时，有些医生就开始给孩子们注射。然后，殖民地的奶牛实行了牛痘免疫技术，以预防天花。1804年5月3日，贾米森在《悉尼公报》上说："由于种痘技术在殖民地得到了充分发展，希望所有父母与孩子的监护人都可以享受到巨大的恩惠。"然而，只有极少数的牛保持了免疫力。

无论如何，很多移民相信，他们在离开家之前就已经具有免疫力，或是不会感染疾病。1804年10月14日，贾米森在《悉尼公报》发表文章批评了这种侥幸心理，并大力鼓吹推行种痘免疫技术。他说："种痘没有危险，也不会造成任何外部缺陷。如果父母们不及时接受这种治疗天花的无偿而有益的方法，让病毒感染失控，就会因没保护好后代而受到指责。"然而，截至1806年，悉尼的7000人中只有1000人接种了疫苗。

在10世纪的时候，华人已意识在天花女神的优雅之外，人们需要使用一种东西来控制疾病。众多娘娘女神中的天花女神，妇孺皆爱。母亲们祈求女神离开，但如果她现身，人们会摆个桌子，甚至会挂出画像，非常尊敬地供奉她——但她难以取悦。如果病人康复了，她就会在一个燃烧着的船里被护送告别；如果病人死了，她就会被诅咒，和垃圾一起被扔出去。

天花的名字最初有个神圣的起源："去打破天上的花朵"，所以叫"出天花儿"。有时中国人冷笑地把它称为"天赐的喜悦"，叫天喜。种痘或接种疫苗是"种植花朵"，叫"种花儿"。

显然，得过天花并康复的人会获取对天花的免疫力。为什么不在健康人群中激发天花呢？这个疾病可能没那么严重。中国医生弄破了天花脓疱，用棉花擦拭疮口，将棉花插入健康人的鼻孔。他们收集那些活跃的痂皮放在瓷器里，把它们烘干成粉状，把粉吹到鼻子上。他们把天花病人身上臭烘烘的衣服穿到健康孩子身上。他们从结节上提取活跃的淋巴，将其涂到健康孩子胳膊的切口处。1%～2%的人因此被接种死亡，30%或者更多的人意外地控制住了疾病。种痘方法很快传到了西方。1718年，法国驻苏丹大使的妻子蒙塔古女士从亚得里亚堡（现在是土耳其的埃迪尔内）写信给家乡英国，她说："对我们而言，天花是致命的和普遍的；由于接种的发明，在这里天花是无害的。这里每年有上千人接受接种，法国大使愉快地说，他们通过疏导法对待天花，正如他们从别的国家取水一样。"蒙塔古女士通常戴着面纱来遮掩脸上的麻子。

接种有很大的劣势，那就是人们会接触到严重的天花患者。在18世纪70年代，英国医生爱德华·詹纳测试了格洛斯特郡农民的方法，即从奶牛乳房感染了牛痘的女工会对天花有免疫力；到1789年，詹纳设计出种痘方案。到19

[①] 1803年，皇家杰纳学院由疫苗接种之父爱德华医生成立，推广种牛痘的方式。——译者

第五章 疫症猖狂：天花和麻风病

世纪早期，疫苗被运往全世界，成千上万的人接受了接种。在人口密集区，牛痘可以在家畜与人体内存活。在中国，当疫苗被运送到其他城市时，孩子们被轮流安排在大路边，每8天种痘一次，以保证最后一批孩子在疾病转移的最佳时期前能够接受种痘。乞童被教会医院雇佣，接种后用车把他们拉去，给有钱人家的孩子提供充足的淋巴液。淋巴液销售开始发展。很多母亲认为从脓包中取出的物质会使她们的孩子虚弱，因为那是身体的一部分。也有人认为，接种者会对捐赠者产生影响，因为后者身体的一部分曾在前者的血液里流动。金钱安抚了恐惧。但是对疫苗接种的怀疑与同治皇帝在1875年1月的死亡有着极大的联系。①

在澳大利亚保存疫苗很困难。"科罗曼德"号船带来的接种疫苗不久就耗尽了："美德丢失了。"没有足够的疫苗能让孩子们继续接种，也没有可用的小牛来维持接种淋巴液。1813年，加尔各答的罗素医生送给悉尼达西·温特沃斯医生"一些从牛痘的脓包上取下来的最新的、干燥的结痂"，还附带有说明书，让他用冷水处理一下再用。但在当时，没有人对此有兴趣。

就这样，奶牛时不时就会爆发牛痘。各地政府买下了奶牛，医生们试图治愈天花却没能成功。当1854年"大英帝国"号载着英国人带着天花登陆墨尔本时，雷德医生手中的疫苗仅够2个孩子使用。但是他必须给所有乘客注射疫苗，因此只能跟孩子的妈妈达成一项财务协议："我向2个孩子的妈妈支付每个孩子2英镑（大约相当于现在的800美元），8月26日，我用从孩子身上获得的疫苗给'大英帝国'船上的300个英国人注射，当天从早8点到晚6点，妈妈和孩子都在我的指挥之下。没有什么办法比支付这些钱更能控制局面。"

手臂对手臂接种法进行得很有效；如果医生懂得消毒，淋巴接种也很有效。詹纳按照利斯特医生的方法进行工作，获得了非凡的成功。然而，如果一个殖民地医生把针头掉到地上，他用长裤简单擦擦就继续接种疫苗，那牛痘就更容易传染；如果他使用超过18小时保质期好几天的瓶装淋巴液，情况就更糟。报纸报道了新接种孩子中的那些病者和死者。1881年8月31日的《纽卡索先驱晨报》报道了不洁净淋巴液的使用和"达令赫斯特丑闻的曝光"。但这家报纸没有进行详细的阐述，其他报纸也没有提到那里到底发生了什么。直到19世纪80年代前夕，墨尔本医院有许多病人死于丹毒和脓血症，即人们所熟知的败血症，人们才知道究竟发生了什么。有些病人在等待手术时因失去勇气而转身溜走了。

梅毒也是一种从人类淋巴而起的令人恐惧的疾病。1881年，贝尔格雷夫医生在英国医疗协会新南威尔士分支机构发表演讲，他强调了对新鲜牛痘苗的需

---

① 同治皇帝即清穆宗爱新觉罗·载淳（1856年4月27日—1875年1月12日）。史家的一种看法认为，同治皇帝死于天花。——译者

求。他说，意大利的医生因传播梅毒遭到起诉。在魁北克的一个村庄，全村人从一个健康婴儿身上感染了梅毒。

为了保存疫苗，新南威尔士政府把牛都驱赶到检疫站，向它们的乳房注射天花病毒。因为天花是人类的疾病，所以这根本没有效果。他们询问悉尼权威的医生接种疫苗是否有益，得到了 14 个医生的肯定。显然，乐凯·布里尔顿医生引用了错误的数据，他试图证明疫苗接种使天花病人数量增多。一些医生支持淋巴接种，还有一些人支持手臂对手臂接种法。1887 年 11 月，塔斯马尼亚中心卫生局的埃·摩尔医生向局长抱怨说："因为医生对牛痘苗愚蠢的偏爱，很难满足公众的需求。"

1894 年，纽约发行的一本教育性杂志《人和健康》强烈且不合情理地反对接种疫苗。希契科克医生问："什么是疫苗接种？""简直是毒药……什么是疫苗淋巴？是污垢，污垢！"

澳洲殖民地的首批医生在天花方面有着丰富的经验，他们能非常自信地诊断出天花病症。尽管随着病情发展，彼此之间各有不同，但麻疹和猩红热的初期症状和天花很容易混淆。麻疹一般是从耳朵、脸和脖子开始，然后往下蔓延。麻疹的斑点从棕红色变成不规则的片状。麻疹患者起初身上会起水痘，然后蔓延到脸进而遍布胳膊和腿部；斑点分散但是成片出现的；在皮疹和结痂过程中，在红色皮肤间隙会出现水痘。天花最初在脸上的症状是迅速蔓延的无法确诊的皮疹，往往在第三天会出现脓包，它们比水痘含有更多的组织液，剥落后留下深深的疤痕。天花给上百万人留下了终身烙印，它通常会导致毛发脱落，所以以秃头为耻的女人和由脱发而贬值的妓女就会去假发师那弄上假发套。在十七八世纪，伦敦歌剧院的清洁工们在每场演出结束后都会捡到假发套。而在当代，有不少戴着假发套去天体海滩的女人，她们在游泳时会担心假发被水冲掉。

早期殖民地的健康

在很大程度上，我们的第一批定居者把疾病留在了故乡；当然，他们的动物也是。狗来到澳洲时并没有携带恐怖的狂犬病，牛也没有携带口足疾病。1882 年，卡宁汉医生评论说："新南威尔士气候下超乎寻常的健康状态……我们既没有疟疾、弛张热（败血症热），也没有发烧发热，而麻疹、百日咳、天花和所有欧洲的宠物对我们的土壤来说也是陌生的。"他提到了痢疾，但是没有把它当作一种让囚犯虚弱并让很多人死亡的疾病看待。

第五章 疫症猖狂：天花和麻风病

百日咳导致分裂

1882年，运载囚犯的"莫里"号带来了百日咳，震动了一贯得意自满的殖民地。达令总督的儿子就死于百日咳。5个月后，"巴梭拉商人"号带来了另一船囚犯。船长上岸进餐，当时只有他知道几个船员和一个警卫的孩子得了天花。殖民地首席医生詹姆斯·伯曼和军医唐纳德·麦克兰德立即对病人进行了隔离和检疫。他们把"阿里加托"号船用作医疗用船，让它停泊在位于北角附近的深水处，并把病人往那转移。他们让囚犯、卫兵及其家人在倾斜的海滩登陆，为了保护好低洼的沼泽和泉水。北角的检疫隔离站就这样建立起来了，一直沿用到1984年。他们让"巴梭拉商人"号在中立湾抛锚，并在沙滩上为所有自由人和卫兵搭建帐篷。他们给所有人注射疫苗，不允许任何人——无论是黑人还是白人——在船和营地之间活动。

天花再次摧残土著人

大约一年后，天花再次神秘地袭击了土著人，它横扫昆士兰，穿越新南威尔士到达南澳大利亚，于是土著人丢下成堆的死尸，再次走上逃亡之路，但并无任何诺亚方舟。莫累河中游的人们说，"病随水来"，水，指的是雪融的洪水。但莫累河下游的人认为，病是从对立湾的捕鲸站漂来的。部落的人大批倒下，大多数人脸上留下了疤痕，有些人眼睛瞎了，耳朵聋了，还有一些人成了瘸子。

1830年，一些欧洲人感染上天花。有个孩子死了。爱德华·提曼和一个土著妇人生活在巴萨斯特的小屋里。当她生病后，她便走进灌木林中去等死。提曼从她那里染上了疾病，但因他小时候得过天花，所以不久便康复了。

1830年流行病泛滥的顶点或许与约克角一样高。1828年，当《环球航行记》的作者威尔逊博士在约克角遭遇沉船时，他注意到了那些脸上有疤痕的土著人。但是，这些人的疾病是从北部的而不是从南部的望加锡捕参人那感染的。E. O. 罗伯逊是19世纪80年代早期爱星顿港的海关官员，他的报告说，当地部落只有28名成员。19世纪50年代末，望加锡人带来的天花几乎让他们全部毁灭，死亡人数包括成百上千名南部和东部的土著人。从堪伯森《澳大利亚天花史》一书的描写和米切尔图书馆关于土著人的简报似乎可以看出，这次疫情是从中部沙漠的土著部落传播到位于大澳大利亚湾的波纹湾和福勒湾。

在1830年疫情之后，土著人会定期感染一种被定居者称为"土麻子"的疾病。它可能是好几种疾病，但更可能是天花的弱毒疫苗株。很多白人孩子也感染上了它。没有人认为它是一种比水痘更严重的疾病，尽管"土麻子"也是很严重的。

船上的霍乱

1832 年，威胁着欧洲大陆的"霍乱"一词到达悉尼，它正在通过一艘囚犯船向澳大利亚驶来。它的名字——"亚洲人的霍乱"表明它是外来的恶性疾病，于是增加了它的恐怖程度。此时，需要比总督的命令更有力东西才能抵挡住突然的死亡。理查德·伯克爵士当了几个月的总督，他号召立法委员会制定一个法案，"以控制从某些地方到新南威尔士的船只的检疫"。如果霍乱、天花或其他传染病，在船只到达杰克逊港之前就已在船上爆发了 30 天，引航员会升起黄旗把船导向春湾，并且在那里进行隔离和检疫。远离殖民地恐惧的斯坦利勋爵（即德比伯爵，英国的国会议员，后来任殖民大臣）强调"不要因严格检疫而引起窘迫"。他理性地建议，让乘客登陆要比将他们控制在船上更为健康。于是，立法委员会立即改变了措施。

据说，对于囚犯带来的霍乱采取措施是没必要的，因为它肯定会在漫长的航行中覆灭——关于此事没有任何信息。直到 20 世纪 80 年代，霍乱不过是澳大利亚的孤立事件而已；除了伯克顿可能发生过的几个案例，黄热病并未出现。在 19 世纪，医生报告过单个的霍乱事件，比如有一次发生在 1873 年 12 月的悉尼，但该诊断可能不实。在 20 世纪 80 年代，在澳大利亚的东海岸有很确切的案例，其病源可以追溯到被传染的河流和小溪。这些细菌可能从 19 世纪起就在水里一直活着，甚至大量繁衍生殖。所有的案例都是偶发而已，在这种疾病面前，我们算是幸运的。

1849 年 11 月，"持续"号到达南澳大利亚，船上载着 20 名移民死者，另外 2 人死在港口。在同一个月份，停靠在菲利普港的"约翰·汤姆斯"号也有多人丧生。《人民倡导报》（阿德莱德）发出警示："最恐怖的疾病正全面地威胁着我们。" 1885 年 12 月，"多伦达"号驶入昆士兰北部海岸，它把很多死尸扔下船，就像在艰苦岁月里的苦力贸易一样。在库克城和布里斯班市之间，有 10 名欧洲人死于霍乱，18 人卧床不起。

北部隔离区

悉尼北角的新检疫站起初只会偶尔启用，但随后就变得忙碌起来。1833 年 2 月，从利物浦出发的"雷金特"号抵达，"大量尊贵乘客"携带着天花。1835 年，"广东"号抵达，其中的女性移民者患有天花。1837 年，从爱尔兰过来的"梅纳德夫人"号船上患有伤寒的孩子生命垂危。在 1837 年和 1838 年，有数条船靠岸，其中也有一些乘客患有伤寒，它们当然是同一种伤寒。当时没有人能够分辨出不同种类的伤寒之间的区别，即使是现在也只能在显微镜下鉴别它们。无论何种伤寒，它们都具有强烈的传染性，而且都能致命。如果剧烈的肠炎和伤寒并发，就称为肠热病。伤寒会被称为"监狱热"或"船热"，因为它常常在脏乱的环境中爆发。病人散发出难闻的气味，并且会精神错乱。

1883年，天花随着移民之船"温彻斯特"号到达阿德莱德港，好几名乘客死于航行途中。由于当时的南澳大利亚总督欣德马什外出，另外一个执政官员G. M. 斯蒂芬上船视察病情。他发现，其余乘客要么是健康的，要么已经康复。危险已经过去，但他还是下令用开水浸泡所有肮脏的"亚麻布"，然后烘干。他在船上安排了一个警察监督。斯蒂芬自掏腰包给警察以及其他工作人员付酬，这个小殖民地资金匮乏。

伤寒、斑疹、天花和麻疹充斥隔离区

被隔离检查的成员最终在北角下榻。1841年，"纽约集装"号的乘客携带着伤寒和麻疹到来时，4名儿童睡一张床。1853年，一场伤寒和麻疹爆发之后，挂着长旗、规模宏伟的"毕加波罗"号载着近千名乘客登陆，但当时并未新建住房。其中的一个乘客威廉·优舍伍德喜欢这片新大陆，因为"它是一处不同于英格兰风格的亮丽风景"。这里美不胜收，有高大的白色麦卢卡（一种灌木）、低矮的山龙眼、千层石、绒布花、手指般的草树，还有好几种刺槐、长着果食的金泊斯花、矮小的黄麻和银桦属。

野花中的墓碑

然而，这些在"疾病区"和"健康区"的囚犯居然能欣赏野花，这是让人怀疑的。从拥挤的帐篷或蹩脚的房间里看到的大多是阴森的墓碑。航程中已经死了55个人。有52个孩子死在隔离区，外加10个成人。让人不安的是那些警卫，他们按照指令射死任何一个越过界限的人。

天花流传与澳大利亚白人

1853年，悉尼可能单独爆发过一次天花。阿德莱德港的卫生官员在给殖民大臣的信中提到过此事。某些因素促使塔斯马尼亚政府通过了"一项义务接种疫苗预防天花的法案"。那是"出于天花会传染到殖民地的担忧"，父母如果没有给自己的孩子（6个月~14岁）接种疫苗，将处以5英镑的处罚。1854年，阿德莱德可能出现了几个天花的案例。2年以后，报界才模糊地提到此事。

1857年，"佩瑞准将"号到达霍布森海湾，把3000吨货物卸载到了墨尔本码头，同时卸载的还有 600 名乘客，其中 3 人患有天花。韦伯船长报告了始发于利物浦航行中的 4 起非传染性疾病死亡案例，但没有提及在他床铺上躺了 2 周多的船员天花患者。在接下来的几周里，16 人得病，4 人死亡，其中包括 1 个婴儿。在一个潮湿寒冷的夜里，母亲和婴儿被驱赶到皇家公园的隔离区。母亲在马车上给孩子喂奶，帐篷则搭建在潮湿的地方。她没有椅子，也没床，只能用一个被单包紧孩子。

维多利亚中央卫生委员会发出了接种的通告。新南威尔士国会提出了强制接种疫苗法案，但被立法委员会驳回了。说到有关给维多利亚矿地华人接种的通告，《吉隆广告报》发表了闽盖·西德医生的一封带有偏见的信："5 万人会被接种……任何一个欧洲孩子和成人从那样一种生物中接种，让我不寒而栗……由不分青红皂白的接种导致的'遗传的污染'难道合理吗？我能够证明，一个华人的淋巴将使我们千百万文明人迅速遭到污染。"

天花流传与澳大利亚华人

在接下来的 20 年里，天花频繁出现在乡镇和城市，它始于 1866 年的吉隆，然后到墨尔本。从 1868 年到 1869 年，澳大利亚共爆发过 43 起天花，死亡人数惊人。那次的爆发很可能是源于去西澳大利亚西北地区的船舶，天花使那里上百名土著人死亡，还传染给了一些白人。天花在 1872 年出现在本迪戈，1874 年出现在纽卡索。1877 年，悉尼有四五个人死亡，病菌是从伦敦来的"布里斯班"号带到悉尼的。由于隐瞒信息，船长被罚了 100 英镑。"布里斯班"号后来从香港出发做了 3 次连续航行，都是带着天花患者登陆。那是带有华人伤寒病人的首条船。确实，1877 年，库克城的贝雷告诉北领地卫生部部长霍华德："对华人的隔离检疫完全是个闹剧，尽管自 1874 年我们就有 4 万多流动的华人，而他们之中从未出现过天花或伤寒的案例。" 1877 年，中央卫生委员会将情况报告给殖民大臣后，昆士兰北部港口开始检疫，该报告说："由于伤寒、天花和发热的危险是从来自中国的船上带来的，我们考虑应建立隔离检疫制度……尤其是在库克城，那里现任的卫生长官不会说英语，并被认为没有资格。"与凯恩斯毗邻的费茨罗伊岛被选为昆士兰北部海港的隔离站。该站也没有足够的住房设施。发火的船长们要在海上锚地 3 周，船上有五六百名健康而愤怒的华人，他们缺少食物，缺少水，缺少房间，他们威胁船员会发生不愉快的事情。1877 年 4 月，"布朗"号和"罗恩加里"号船上的 1100 多名乘客登陆了。他们后来在库克城郊区搭建营地，因为他们没有爆竹能用来驱散陌生的澳大利亚恶魔，他们拿出随身携带的手枪和步枪——几乎是人手一把——把恶魔驱散到夜里。

第五章 疫症猖狂：天花和麻风病

官方和受害者的滑稽行为

　　后来带着疾病的船舶登陆，就像菲茨罗伊岛上的坟墓在示威一样。1881年，澳大利亚华人无天花或伤寒的记录在悉尼被打破了。从隔离站释放出来的"布里斯班"号船传来了消息，"格拉姆斯城堡"号的850名华人从海上一拨一拨地逼近，接下来的"海洋"号还有另一批华人；好几个反对华人登陆的集会……1881年5月26日的《悉尼晨锋报》报道说："昨天，本市著名华商阿昌公司的幼童染病，公司老板是在乔治街做生意的商人。巡诊问病已在进行中，政府卫生官员冯卡达医生出诊，阿联医生也为病人看了病。2位医生探访的结果是那个地方需被隔离。为达此目的，警察在房子前后守卫，不允许任何人出入。这次疾病没有迅速恶化，医生无法准确地诊断病症。据说是水痘，为了公众的利益，当局认为应当采取恰当的措施隔离病人，以免疾病被证明是天花。""阿昌"是通常的音译，意思是"平安和繁荣"，它是一个公司的名字，不是一个人的名字。这个生病的孩子很可能是这个公司老板的女儿。

　　1881年6月15日，《悉尼晨锋报》报道说："在莎丽山的一名男子已经患病一周了，据信，患者的病症乃为天花。他是一名木匠，叫爱德华·罗德，他在几座近期刚刚完成的工地工作，而这几座建筑工地的对面正好是乔治街上阿昌公司的住所，这些地方都还处在隔离中。"第二天，该报头条赫然出现了"悉尼爆发天花"的标题。但是，阿昌公司正在康复中的小女孩和爱德华·罗德其实并没有感染天花。此外，还有另外一个值得怀疑的案例。爱德华·罗德七间一套的屋子里住着14个人。被派去给他们注射疫苗的冯卡达医生发现院墙后篱笆有个很大的洞，所以，他就站在街上通过篱笆上的洞口给每只伸出的胳膊打疫苗。

　　此后，每天的《悉尼晨锋报》都会以大字头条"悉尼的天花"来报道疾病的发展情况。流言比病毒传得更快。然而，报纸没有通过报道在伦敦疯狂爆发的天花来安慰读者，只是说："上个月，发生了成百上千的死亡事件。"

　　亨利·帕克斯先生认为伦敦是天花传染源的传言站不住脚。对他来说，把责任归咎于中国似乎更为便利。于是，新南威尔士总督向所有亚洲港口发出通告：

> 政府接到天花在中华帝国、英属香港和亚洲其他港口和地区流行的消息，并有证据让我们相信疾病是最近从中国、香港和亚洲其他港口的船舶带来的。在任何情况下，都应该把华人滞留在杰克逊港的隔离站，直到他们从卫生局长那里获得入港许可证。

塔斯马尼亚政府更关心从悉尼来的船舶。塔斯马尼亚航运公司给卫生官员写了一封恼怒的信件，抱怨劳塞斯通的检查被延误了。卫生官员坚持说每一艘船的等待时间不会超过35分钟。船舶公司则说这个时间太长，在退潮中待了35分钟后，马上就会迎来涨潮……

苦难的华人

1881年6月16日，爱德华·罗德死在自己屋里，对他的埋葬做一个安排是有必要的。男人们给他扑上石灰，放进箱子里，把他的棺材运到乌鲁木鲁码头，放进一个破旧的小木船上，与"皮纳浮"号船相连，用绳索牵引着穿越港湾到达隔离站墓地。护柩者不得不登上"皮纳浮"号，与其他人一起接受检疫。北角的掘墓人需要大量的罗姆酒才肯干活，他们处理了罗德的尸体，把运送他的船一把火烧掉了。

华人意识到了当地人对他们的敌视（已经有大量反对华人的集会，"格拉姆斯城堡"号的乘客走下甲板时遭到过石头袭击），在隔离区的几周内，他们要接受那些不会汉语的、冷酷的警卫监管。要面对清理、碳焦、警察、硫黄烧焦味和不断增加的天花，他们的生活受到影响，这一切都使他们不安，于是他们决定自己处理这一切。1881年6月15日，住在沃特卢植物路上的欧洲人想知道为什么孙国泰的商店——也就是乔治街上阿昌公司隔壁的食品杂货商——突然清空货物并疏散。一个好奇的女孩待在那里看，她是当地一个屠夫的孙女。当晚8点半，一辆马车停在外面，华人司机往商店里搬笨重的包箱。或许因为包装不严密，这个小女孩觉得包裹里是个麻风病华人，于是，她叫了警察。

警察们登上楼，破门而入，发现一个满身疮疤的华人躺在床上，坐在另一张床上的是个健康的华人，他说他叫阿黄。另外3名健康的华人在旁边的房间里。他们叫来了冯卡达医生。他差不多半夜到达，然后宣布这个人得的是天花。整个下半夜，警察一直在房屋外坚守。第二天早晨，警察雇了个翻译，才知道这个病人叫王平，他大概于一个月之前乘"布里斯班"号而来。当被问到他来悉尼后住在哪里时，他却听不懂翻译员说的话。阿黄说，他在街上遇见王平一人溜达。王平拦住他，告诉他，说他自己生病了，不知道去哪。他问阿黄，如果付钱，阿黄能不能照顾他。当警察问阿黄怎么知道这件店铺是空的，又是谁借给他马车时，他也不能听明白翻译员说的话。审讯阿黄是在屋外的过道里进行的，距离天花患者有很远的距离。

突然，阿黄溜进屋去并锁上了门。警察们敲门，拼命捶打。他们打破了窗户，透过窗户呼喊，还想用砖头把门打破。他们还弄来了4根长杆，以作为进攻的工具。华人终于出来了，他们5人全部被送进隔离区。

住在阿昌公司隔壁的约翰·休斯在酗酒一周后，感觉自己病了，于是，他

第五章 疫症猖狂：天花和麻风病

去找格伦尼医生查看自己脸上的皮疹。格伦尼医生以为是脓疮，一种非传染性的脓包性疾病，但是他还是把卫生局的盖非医生叫来确诊，当盖非医生给休斯检查时，他坐在后院抽他的烟斗。盖非医生说休斯得了天花，并命令他登上"远方"号医疗船，转移到靠近隔离区的春湾。作为一个传染源，格伦尼医生也被送进了隔离站。《悉尼晨锋报》报道了风是怎样吹过阿昌公司的。

被命令登上"远方"号是非常残酷的。"远方"号是条木船，它取代了"和谐"号，已经用了26年了。该船是在1854年的魁北克建造的，现在已经变得破旧。旗杆东倒西歪很危险，没有覆盖物的甲板会使海水漏到小木屋里。船上没有正规医生，只有几位护士，也没有足够的食物和医药。

发着高烧、胡言乱语的病人裸身闲逛，甚至出现在甲板上面。于是，1327名曼丽地区的居民向政府请愿，让政府把船只和防御站挪走。他们抱怨说，正在康复的病人身体上的结痂会被海水冲上岸来。

继休斯后的另外一名受害者是岩石区坎伯兰大街的简·桂福特。在200名学生的注视下，她被带走了。2匹垂头丧气的马驮着伤寒病患者在街上走。女人的丈夫往车上塞了一个垫子，还放了枕头和褥子，然后他搀扶着病怏怏的妻子走了出来。他小心翼翼地把她安顿好，想关上车门，却发现她的双脚还在外面。所以，他又爬到车里，推了推他的妻子。

警察和医生频频在城里跑动，不断检查着那些长粉刺的孩子和被检举出有病的健康华人。一个带篮子乘上韦沃利有轨电车的商贩因违反了规定，遭到警卫呵斥："从车上下来！我们不想要天花！"2名华人登上纽卡索肯伯拉港口的轮船以后，所有的欧洲人都离船上岸了。华人菜农发现很难卖掉他们生产的蔬菜。

1881年6月19日，警官托马斯·库克在阿昌公司值班时，感觉不大舒服，他以为自己感冒了。刚从伦敦来的卫生官员侯森医生给他检查后，说他可能得了天花，并命令他登上"远方"号，这遭到了库克的强烈抗议。一名警官拿出一副手铐告诉他，如果他不服从命令，就铐住他。库克拿出了手枪说，谁送他去"远方"号就射死谁。他住在海边的帐篷里。一周后，经过一番检查，医生确定库克已经好了，其实他之前只是患有感冒而已。如果当初他登上"远方"号——只有最严重的男人患者才被送到那里——他就不会这么幸运地逃离天花，即使他之前已经接种过疫苗。

1881年7月初，一个焦急的华人罗忠在悉尼找了一个律师，他说自己在西部追特镇有个菜园，在他的房子里有个得天花的人快要死了，该怎样处理他呢。律师带着罗忠找了中央警察局的警官安德森，罗忠重复了情况。第二天，安德森和侯森医生雇了一辆出租马车驶向菜园。警官拉金斯骑着马跟在后面。他们在路上又接上了2名警员。

菜农们正在外面工作。当警方接近时，其中3人跳过篱笆朝灌木丛方向跑去。拉金斯火速追上他们，把他们带回来。警察让 8 名菜农在房子后面站好队，然后进行审问。

"房子里有无病人？"

"没有，都很好。"

"天花病人在哪里？"

"没有天花，瞧，我们都很好！"这些人都想回去工作。

"苏仲在哪里？"

"谁是苏仲？没有苏仲这个人。"

拉金斯想闯进房子里，但显然他们没有搜查许可证。安德森劝他不要闯进去。他从房子外面看了一下，发现有个窗子用木板封住了，里面有人在呻吟。安德森生气了，他用鞭子抽打其中一名菜农的肩膀，拉金斯抽打了另外一名菜农。于是，华人同意交出苏仲。那时天已经黑了。侯森医生用烛光简单地检查了一下，认为他需要仔细检查，因此让那些华人把病人抬回床上，同时警官们升起了篝火。那里有很多的树枝。然后，苏仲又被抬到外面，放在一个鼓状物上，在咆哮的篝火的逆风的位置。侯森从安全的距离处再次做了次检查。"是的，他感染的是天花。"

当时苏仲还能说话。他说，别人付给他 40 英镑，让他把王平从孙国泰的商店带走，结果他被传染了天花。2 周前，他为逃避警方来到这个菜园时还安然无恙。当警方搜查房子时，王平可能已被感染，苏仲想从前门躲避警察时差点在房子的后门被一个警察抓到。结果，苏仲、8 名菜农和主人罗忠都被送进隔离站。罗忠是一个很有智慧并且受过教育的华人，他已在澳大利亚待了 25 年，他告诉警方，从来没有一个在中国的澳大利亚人会受到在澳大利亚的华人这样的待遇。

阿奇迪肯·金告诉赛诺德，在悉尼的中国传教士有 65 名信徒。人们在街道诅咒他们，把他们推进排水沟，往华人商店和房子里扔石头。从这些人的宗教中，华人能够看到什么样的价值观呢？在南澳大利亚的堪布达，华人菜农登广告悬赏，如能给任何恶意散布他们得天花谣言的人定罪，可获 5 英镑。塔沃思的一个小贩被两个流氓折磨得忍无可忍，便拿步枪射死一个，打伤另一个，然后开枪自杀。

亨利·帕克斯爵士用法律治理华人。当 1881 年 7 月制定"华人限制法案"时，他告诉众议院："在制定约束华人移民政策时，应该控制所有载着华人的船舶，船上不管有没有疾病，一律要进入隔离区。"他以"大洋号"为例来表明他能做什么。这艘来自香港、载着 500 多名自由华人的船舶是一艘高质量的船，船长也很出色，所有乘客在香港已进行了健康检查，并经过了香港官员的允许。"大洋号"把他们送进了达尔文港、星期四岛、库克城、汤斯维尔和布里斯班。在每一港口下船的乘客人数约为 110 人。船在港口经卫生官员检查后才准予通过。一名卫生官员还因船上的清洁表扬了船长。

"大洋"号旅客的遭遇

"大洋"号于1881年5月26日首先进入悉尼，那是在船从香港出发33天后，这段时间足以酝酿任何强烈的传染性疾病。悉尼的卫生官员登船检查，发现船很干净，然后，他命令摸不着头脑的船长将船开进隔离站。由于急需燃煤和淡水——船的冷凝器无法运作，船长便发出信号求救，但无人理睬。此时，船上的饮用水和食品已经消耗殆尽，乘客已经饥渴了一天半。最后，船长再次开枪报警，终于得到了水和燃料。然后，船前往墨尔本，因为来自悉尼，当地卫生官员严格地检查了船舱，最后同意其入港。到墨尔本的乘客下了船，去香港的乘客上了船，然后船回到悉尼接上了更多乘客。悉尼的卫生官员对船又做了一次细致检查，发现船很干净，但像以往一样命令它开进隔离站。

11天以后，当局放松了控制。在华人蒙受了不尊重后，他们被允许下船了。在一个寒风刺骨的早晨，华人带着所有的家当排队上岸，包括他们在墨尔本新买的温暖的衣服和要带回去的礼物。指挥官向执行委员会抱怨说："228名乘客的财产被剥夺，然后被焚毁了（他们在62天中未得过任何病），他们赤裸裸地站在海滩上，等候政府换给他们的一套衣服和一床毯子。政府的命令是新南威尔士的耻辱。"《悉尼晨锋报》在1881年6月27日评论道："我们希望能从历史中抹去这个故事。"

那时，香港是个清洁的港口。有数百年应对经验的华人很快阻止了天花的爆发，给无数人注射了疫苗。在伦敦，这个病像以往一样猖獗。一艘英国船还把天花带到了新西兰。

悉尼越来越多的病例在增加，但都发生在欧洲人之中。服务生特瓦住在喜街餐馆的房子里，有一天，他生病了，他的2个姐妹去照顾他，结果特瓦被发现得了天花，于是警察封锁了餐馆，门口布置了警卫。一个在附近餐馆当厨师的女孩想进去叫个朋友跟她散步，不知何故，警察竟让她进去了，但锁上了门，所以她出不来了。之前的一天，大约有350个人在这家饭店吃过饭，其中一位就餐的木匠第二天回来了。警察问："你想要做什么？"那人说："我昨晚把茶叶落在这里了，还有工具箱。"警察说："进去拿吧。"警察把不幸的木匠锁在里面，然后说："你拿到了昨晚落下的茶叶，你还会说明天上午来取你的早饭吧！"

最终有16个人被关在了饭店，这当然是个可怕的经历。5个女孩睡在一个小房间里的3张床上，有2个睡地板。特瓦姐妹中的一个感染了天花，被送往北角防疫站，其他人被送往位于小湾疗养院的隔离区，即现在的亨利亲王医院。《悉尼晨锋报》报道说："这是所能选择的最健康、最美丽的地方。"200名在海边扎营的工人已经为此工作了4周。"一个月前,那里还是灌木丛和荒漠,现在是一个村庄。"建筑工人的首份工作是焚烧一位华人麻风病人的小屋,这位华人一直被监禁在那里,直到死亡。之后,他们建起了救护马车用的马棚、饲料棚、公路、护士宿舍,还有护士长和医生的住宅以及8间病房。"迄今为止,传染病院或华人医院已标出地界……通过莫氏仪测量的方法,工头在任何时候都能跟雷德芬的建筑总监交流。"

从隔离区出来的悲伤之人

到了1881年的8月底,当局开始一批批地释放隔离站的人,有些人已在里面待了10个星期。女人们出来时衣冠不整,一副非常羞耻的样子。她们的衣服被烧掉了,却没有获得足够的替代物。被释放者说,感觉自己就像罪犯一样。他们的指责比较谨慎,因为他们希望被烧毁的衣物能得到补偿。他们回到家后,发现家里相当清洁,但比离家时空了很多。

在1881年9月17日获释的第三批人中,有一些人自信而健谈。那时,报纸记者发现很难从警察和卫生局那里获取信息。因为要防止麻风病、水痘和皮疹,官方放置路障、插黄旗、贴房前警告——这些措施都使涉事者愤怒。原计划这批释放工作在9月16日的星期五进行,但遭到卫生局延误。媒体和获释者的亲戚都被通知了,但却没有安排接人的轮船。当获释者打电话失望地告诉朋友说,他们要到周日才能获得自由时,卫生局召开了紧急会议,决定周六就释放他们。届时,"匹纳福"号将会在下午3点到达码头,高级警长伦特奥已预定了10辆马车接站……周六凌晨5点55分,"匹纳福"号启航。下午,戒酒多日的约翰·休斯和他的妻子以及5个孩子走下了船,焦急等待的记者正准备采访他。之前有报道说,休斯从"远方"号游到岸上。他真的这样做过吗?休斯说,他这样做不止1次,已有3次。因为有点儿危险,所以他游上岸去看望隔离区的妻子。第一次行动无人发觉,他晚上溜出来,游了32米到达海边,在妻子的帐篷里待了好几个小时,然后再游回去。但第二次,有人发现他失踪,就举报了。警察去城里他最喜欢的旅店搜查,后来才想到去隔离区抓捕他,把他押回了"远方"号。休斯戴着手铐为乘客做饭,艰难地度过了一周,然后他设法去掉了手铐,所以又能游上岸去看望妻子了。妻子肯定很需要他的陪伴。他们的一个孩子在接种疫苗后死在了隔离区。

已经彻底康复的王平、苏仲和其他4位华人一起下船,他们穿着统一发放的棕色外套、白皮裤和黑软帽,看起来和以前迥然不同。没有人给他们安排出租车。警官伦德尔给他们每人1英镑,于是他们朝着乔治街走去。约翰·桂福德陪着已康复的、臃肿的妻子简下了船。他告诉记者,由于背他的妻子,他的后背被弄得非常疼痛。他背着简上了篷车,抵达乌鲁木鲁码头,等了两个半小时。"匹纳福"号到达后，约翰背着简一步步地走下跳板，结果被毯子缠住脚，摔倒在地，妻子也一起倒下去了。约翰得到了一个工程师的帮助，挣扎着爬起来。这时，船上的医生叫道："别碰那条毯子！不要碰任何东西！"工程师麦哈继续施以援手。当两人把简弄到船上时，医生站在远远的位置上说："把她推到底舱去。"

对于病人来说，被运到"匹纳福"号颇不寻常。一般来说，病人会像棺材一样被拖进小船里。有人可能会把他们草草地包裹起来，把一些旧毯子放在病人身下让他躺着。等到达隔离站时，他们已被浪潮打湿了。

隔离站的设施很差。房间里既没有桌子、椅子，也没有梳洗台，有一些房间连床都没有，可能只有一桶饮用水。因为接受了从未得过天花的约翰·休斯的拜访，格伦医生也被强制性地关进了隔离站，他透过窗子来检查病人。病人接受种痘之后，护士才会进入病房。但有时这就意味着没有护士。值班护士都能友善和有益地对待这个龌龊的工作，但都不喜欢天花发出的那股恶心气味，它渗透了一切，使人难以入睡、难以下咽。不过，这里的食物是足够的，只是医药短缺；床单和打包布一样粗糙，病人会感到疼痛。

供给充足的物品是棺材。当储藏室爆满时，棺材就会重重叠叠地堆在门口，或者堆在外面的草坪上，完全处于病人的视野之下。在健康区域的人反对酒后闲聊的掘墓人频繁拜访，后者孤零零地住在自己的帐篷里。

从隔离站可以发出信件，但谁知有多少信件能被读到。这些信件都要进行消毒，"把它们放在燃烧的硫黄和木炭上，然后放在醋里浸泡"。

回到德瑞特城菜园的华人发现床和床铺比他们离开前好多了。莫汉夫妇及其子女曾住在莎瑟街一个舒服的住宅里，他们被抓走后和第二批释放者一起返回，面临的情况却很糟糕。已经康复的女儿随第三批释放者返回，他们去接女儿时，接受了记者采访。莫汉小姐从船上走下来，身穿棕衣，头戴帽子，但没有鞋袜，也没有内衣。当隔离站服务员把约翰·莫汉那值钱的银质手表递给他时，他打开了表盖，随手把它丢进了火堆里。莫汉一家被告知，他们的房子已被彻底消毒，可以随时入住……消毒小组已在院子里烧毁了床和床上用品，窗帘和地毯都被撤换，所有房间都有燃烧过的硫黄，墙面刷上了石灰。浓厚的白石膏涂在地板上、天花板上、墙上、窗户上、桌子上、柜子上以及一套饰有马毛的雪松家具上。院子里放着桶，碳酸液中浸泡着地毯、花边窗帘和一条深红色桌布。

醉倒在大街上的安妮·伯恩斯被拘留，她和乌鲁木鲁拘留所的女人们度过了一晚。第二天一早，她被带到水警法院，被罚款10先令，但她付不起，只好被再次押回拘留所。囚犯在强烈的日光下盯着她，然后尖叫说她得了天花。安妮被隔离了，和另外10名妇女一起被脱光，用消毒剂洗澡，最后穿上新衣服被释放了。牢房和法院燃烧了大量的硫黄进行消毒。几天后，医生确诊说，安妮只是得了皮疹而已。

新型病菌

从1881年9月底到11月，有20人因天花毙命。后来，平静持续了几个月，疾病似乎被驱除了，但在更广阔的区域内突然又出现了新案例。学校关闭了。流言又开始泛滥。华人开会决定不再隐藏任何病人，他们将全力配合消灭疾病。卫生官员哈尼斯·吉博思·阿雷内医生试图去追踪天花爆发的源头，他发现阿昌公司老板的女儿并不是首例。在她感染的2周前，她家里的一个奶妈有过轻微的不适。

越来越多的欧洲人想隐藏病例。在探访可疑住所时，警察看到正常人和病人都被囚在后面的门窗里。建筑工威廉·库克住在乌鲁木鲁普兰科特街的2间小屋里，他6个孩子中的5个得了天花，他不想让他的生意受此影响。更糟糕的是，他的妻子有头奶牛，她也不想让牛奶报废，她那携带天花病菌的牛奶传播了多少病菌难以追寻。库克全家都被送进隔离站，但8名家庭成员又都安全地回来了。然而，他们没有回到之前的家里。当局发现，烧毁感染源要比打扫干净更有效，也就是说他们原来的家被烧毁了。

1881年12月初，新南威尔士政府决定使用特殊权力控制疾病。可以强制医生必须上报病人吗？感染者应该在隔离站待多久？政府推出了"疾病感染管理法案"。强制接种是一项需要考虑的棘手问题，但争论逐渐扩展到病因层面。疾病会自己产生吗？或者病菌能从土里、泥里长出来吗？这种新流行的病菌与这些疾病有什么联系？莫基地区议员大卫·伯彻南是个古怪自大的律师，他嘲笑了细菌理论，说："主审法官某日在《悉尼晨锋报》上发表的那封愚蠢的信里公布了错误的理论，他说有种叫细菌的东西飘浮在空中！这就是说一个人进了房子，出来后就携带了一口袋的细菌！"帕色特·丹纽·阿兰却接受了这种新理论。1882年1月14日，他给《悉尼晨锋报》的编辑写了信，说10周以来，他从紧闭的窗子后看到天花感染者的房子。病人站在敞开的窗子前面，"病菌的种子从他们的皮肤上飘到街上，又传染给路人"。

严格的隔离政策已经得到大大的放松了。即使是那些天花患者，如果负担得起，也可以安排护士在自己隔离的家里照顾。只有穷人，或从船上下来的乘客被送往隔离区。感染者可以选择别的地方，也可以去小湾的新房子居住。医生不会再跟着病人去隔离区。他们脱下感染了的衣服，挂在有燃烧硫黄的屋里，再用碳酸浸泡，穿上干净的衣服继续他们的工作。

第五章　疫症猖狂：天花和麻风病

来自伦敦的天花

1881年12月底，来自伦敦的携带了感染天花乘客的船再次到达澳大利亚。"卡罗尼"号是第一个进港的，船上有9名感染天花的乘客，他们被送往墨尔本隔离区。该船得去悉尼的隔离站接受检疫，但是乘客的待遇比"大洋号"上的华人要好，不仅住宿条件好，隔离站还为他们准备了一些高雅的游戏，比如"渔具、草地网球、棋类等"。

1882年1月，从伦敦来的"米扎波"号带着2个天花患者抵达奥尔巴尼。乘客中没有去西澳大利亚的。检查官考虑到隔离的费用，便让船开往阿德莱德。当船在格兰戈停泊时，2辆载着携带刺刀的警察的快艇停了下来。或许他们高估了细菌的规模。海上波涛起伏。当快艇围着"米扎波"号巡逻时，晕船的警察仍然抱着他们的步枪，他们一个个下到船的底舱。去阿德莱德隔离站的乘客是30个帕坦骆驼驭手，他们是在孟买上的船。在航行中，他们就住在甲板上的羊圈里。

1882年1月，贝加的一个小女孩染上天花。病菌好像已经跳出这个城市转而威胁整个澳大利亚了。然后，这次爆发结束了，大约有40人死亡，他们中的大多数没有接种疫苗。大约有150人被感染。天花的恶名以及它对人们生活的破坏程度比它对受害者的影响要大。1881年8月到9月的几周里，布里斯班有7名妇女死于产褥热，这件事在报纸上只有一段报道和2张图片而已，这对人们没有多大吸引力。

海峡群岛的隔离区

1883年，13户人家中的19个天花病例导致了悉尼的另一场恐慌。在1884—1885年之间，天花再次在悉尼和墨尔本爆发。有些病例被确认，有些却没有；有些病例被报告了，有些也没有。悉尼报告了60多个病例，墨尔本报告了56例，他们都发生在欧洲人之中。1887年，正当新一轮抵制华人移民运动发生时，华人把天花引进到帕玛斯通。1887年1月22日的《北领地时报》宣布了"最后的天花"。报道说："从香港来的'庆都'号于上周四到达，这个令人憎恨的消息迅速传来——黄旗在旗杆上飘扬。"珀西·摩尔·伍德医生是个卑鄙的卫生官员，他走上船检查，只发现1例天花患者，此人约20岁，正在康复中。他命令30名要去帕玛斯通的乘客都登上"翼隆光"号转往达尔文港海峡岛隔离区。这个病人被拉到岛上，那里有2个紧急搭建的帐篷等着病人入住，一个是给他的，一个是给他的护士。这个岛也承载麻风病人——他们或者等死，或者被驱除。

海峡岛似乎意味着适者生存。它是一个 16 米高的岩石，周围由泥炭土和泥滩环绕。涨潮时，那浓密红树林里的沼泽便被海水充满，岛也就分为两部分。那里没有淡水，蚊子和白蛉很多。麦克敏到这里的第一个职位是海关官员，"在那里差点被一个短吻鳄吃掉"。除非对涨潮的判断十分精确，一只船才能在沙滩一隅停泊。去那里的人要把浅水的船弄出来，要在水里、泥里还可能是在鳄鱼之间穿行。

政府驻地官员帕森斯非常关心这里的情况，但他更关心谁会为改造海峡岛买单。"庆都"号代理商同意承担他们认为的"合理费用"，但强调他们不承担达尔文港口隔离区的建设费用。帕森斯发了很多电报。还有如何处理摩尔·伍德医生的问题，他要去隔离区吗？女仆、马什船长、登陆助手、海港监理——他们原先都在"庆都"号的欧洲人专属甲板上，后来在碳酸里洗了澡，换上自己的衣服回到岸上，对他们怎么处理？他们几个也被送进了隔离区。阿德莱德卫生局无法沿用新南威尔士更放松的政策，因为贸易问题是亟待考虑的，如果所作所为不能让所有人满意，其他殖民地或许会宣布达尔文港被感染。

年薪高达 500 英镑的摩尔·伍德总是在留神是否有好事降临。他希望自己登上"庆都"号，和那些被隔离的感染者一起去悉尼。可惜的是，他被送上了驳船"埃克"号，停泊在海峡岛，以便照顾"庆都"号那个 20 岁的病人。伍德带了 2 个仆人，享受着最好的供给。为此，轮船公司向他提出抗议，尤其是关于他对下列东西的消费——啤酒、威士忌、黑啤酒、熏酱、罐头汤、三文鱼、沙丁鱼、鱼酱油、熏肉、家禽、火腿、德国香肠、钓鱼线和钓钩——因为"轮船公司不负责提供任何奢侈品"。

然而，那艘船上再未发生过天花病例。1887 年 6 月 1 日，悉尼来电报说，在新加坡始发的"维克多港"号轮船上，发现华人乘客中有 1 名天花患者。"维克多港"号在帕玛斯通卸下了 69 名华人乘客和 5 名偷渡者，他们被关起来时仍然是健康的，但最后均被驱逐出境。一切都非常平静，不过在 6 月 30 日晚，沃特斯下士在贝内特街巡逻时，听到了痛苦的呻吟。他发现 1 名华人躺在街道边，毯子盖着半身，赤裸的腿和脸上都在出麻疹。显然，这个华人会说英语，而下士却无法听懂粤语。华人说，他叫阿达，已在北领地住了 2 年了，和他的堂兄一起住在附近的房子里。他的堂兄一直在照料他，但自发现他身上出现了可怕的斑点后，就把他扔在了大街上。下士强迫他的堂兄把阿达抬回房里，然后请来了医生和警官保罗·福斯彻。在福斯彻的命令下，房子里 4 个健康的华人找了个手推车，把病人抬上去，奔向码头。警惕的政府立即发动起巡逻艇。5 名华人踏上了警察的快艇，快艇在政府巡逻艇的牵引下，开到了隔离区。于是，病人被送进了空帐篷，接触者被送上"翼隆光"号。在归途中，警察将快艇沉入大海，并和医生一起进行了自我消毒。

第五章 疫症猖狂：天花和麻风病

焚烧华人小屋

第二天早上，警察决定烧毁那些被感染的房子及相关物件。1887年8月6日的《北澳大利亚人报》讲述了这个故事：

> 给华人留出了时间去清除箱子、锅碗瓢盆及其他家具，这样就不至于感染。他们的猪和家禽也需清除。东西被清空后，警察点燃柴火，这些用树皮、旧松木和茅草制造的房子很快燃烧起来。约有30个被感染的房子都是这样处理的……单坡檐屋和猪舍也被拆除。在燃烧过程中，猪、狗、猫、家禽不断挣扎，哀声一片。华人满脸惊讶，似乎不明白为什么一个天花病例会制造出这么大的忙乱。然而，欧洲人倒蛮喜欢欣赏这样的奇观。

帕玛斯通的天花

一些流言说，又发现了一些天花病人。据说，有家华人商店的女仆也得了天花。与摩尔·伍德合作的私人医生斯托医生前去检查，宣布她安然无恙。但流言说，斯托检查的是个替代者。据说，一个从"10里"下来的铁路工人光顾了一个鸦片烟馆，老板看他得了天花，立即赶走了他。目前，此人正在唐人街漫游寻找住宿，但没有人会收留他。警察查抄了烟馆，它被废弃了，但烟馆老板逃避了检疫。当天后半夜，哈格警官看到一名男子裹着毛毯在街上走，便上前跟踪，但很快在黑暗狭窄的胡同里跟丢了。

通过一些华人透露的消息，沃特下士在第二天找到了感染者，他非常无助地躺在铁路附近的灌木丛里。于是，他被装在手拉车上拖到码头，送往海峡岛。当局安排了一个"有能力、有资格的药剂师"照顾他。2个或更多的病人住在一起很可能非常拥挤，但如果派遣更多的人去建立更多的帐篷，这些人也得被隔离起来。埃米尔点地区被选做建设帐篷的另一地点。最后的患者没有住很长时间，因为他很快就死了。

逮捕华裔患者

这里有另外一个谣传。某个深夜，舢板船"广东"号带着天花病人溜进码头。福斯彻警官上船检查，他发现罗乎和陈通正很舒服地进行自我隔离——他们享受丰富的食品并雇了厨师做饭。罗乎说，他大约7周前乘坐了"维克多港"号，上岸不久就感染了天花。陈通在当地已经居住了4年，过得不错，他已患病2周，第一周他在家里由妻子陪伴。后来，他们被送到新隔离区埃米尔点，同行的还有海关官员丹尼斯，他的病症轻微，可能是在检查旅客行李时受到细菌感染。

政府在所有华人居住区发布警告说，天花患者必须上报。他们把土著人驱逐出城，并对所有华人菜农进行常规检查。他们还发布了只给欧洲人洗衣服的华人洗衣工名单。

> 以下是只给欧洲人洗衣，并且由卫生局机关检查、具有卫生合格证的华人名单。除了以下人员，强烈建议欧洲人不要雇佣他人：
> 白松
> 邝和立
> 孙海林
> 欧成龙
> 李苏

1887年10月，塔斯马尼亚爆发了天花，大部分感染区是在劳塞斯通。病菌在码头附近一间小房里神秘出现。从"维克多港"号下来的乘客在劳塞斯通登陆，被直接带到隔离区，但他们都很健康，只有11名欧洲人死亡。

疾病在帕玛斯通灭绝了，据了解只有1例死亡病例。像悉尼一样，成百上千车垃圾从欧洲人和华人的后院清走，那时的帕玛斯通相当干净。更多的房屋被烧掉，所以，店主孙墨龙（Sun Mow Loong）在卡文那街购买了分配给他的地块，建起了更好看的店铺和波纹状镀锌铁的房屋。沃特下士根据华人住地当时的卫生情况列了一个长单子。

> 苏畅伦家：厨房里有一群鹅，房子发臭
> 卡文那街：金星，厕所的污物污染了院子里的土地
> 卡文那街：叶奇，厕所的污物污染了使用的水井
> 卡文那街：阿忠，院子里堆着一车发臭的骨头
> 卡文那街：叶龙，居住地院内有几头猪，居所内有死家禽，污臭
> 所罗门家后院空地上的一堆垃圾腐烂了，其中全是破烂

这份报告惹怒了所罗门，他宣称这个报告是"不真实和不公正的"。他发表了一封信说，鲍威尔·福斯彻租赁和占有了本城最肮脏的配给地之一，而"警方不愿干预"。这又触怒了福斯彻。他写了一封长信给政府驻地官员，证明自己的清白，把责任归咎到卫生局的身上。他说，卫生局工作懈怠，2个月都没有开会。

卡文那街上臭水渠的难题归咎于地区管理委员会，该委员会没有组织清理

排水沟，雨水也无法得到排除。贫穷的金伯利矿工的营帐比最差的华人居所好不到哪里去。他们把海滩当作厕所，从海滩传来的气味引起了卫生局检查员的注意。

1888年早期，天花跟随着"黄埔"号又回到了达尔文港口。它是在1月16日由1名华人和该船的二副下船时带来的。前往帕玛斯通的185名乘客上了一艘驳船，而"黄埔"号驶向了悉尼。随后而来的"黔南"号带来了138名中国苦力、6名给妓院的日本女人和5名天花病人。该船带来的消息说，一名澳大利亚船长，还有几名澳大利亚东方发展公司和中国电报公司的官员携带着从香港感染的病菌上岸。当时，香港有大量中国大陆的旅客，大约有5000人来观赏1887年11月在当地举行的庆典，其中有些人携带着病菌来到了平时干净的香港。1888年2月17日，"长沙"号带着5名天花患者到达，成为第6艘陆续到来、运送天花患者的轮船。在澳大利亚所有的港口中，达尔文港（那时"港"字在官方电讯中正被遗弃）是最容易招致批评的。从香港出发的轮船只需10天便可达到，这个时间对大多数疾病的酝酿来说相当充足。帕森斯提醒控制北领地的教育部部长说："我们这里像东方殖民区而不是澳大利亚城镇。"

离奇的喜剧

还有一个非常滑稽的东方喜剧，说的是：一个华人渔夫把他的渔网撒在了隔离岛附近，这时，岸上有个华人跟他打招呼，并大喊饥饿难当，因为他得了天花被扔到船外。渔夫给了他吃的并划船去找警察。警察发现了渔夫，把他带到"飞云"号上，该船通常是用来储存炸药的。他们弄了一条篷船和一条小汽船给突然被隔离的华人提供住宿。被隔离的华人的名字叫黄阿泰，他乘"黄埔"号来到此地，本来和其他乘客一起要被送到乐吾卡隔离区。在被隔离的前夜，有3个男人找到他说，如果他被发现得了天花，大家都得去隔离站待3个星期。他们把黄阿泰拴在一个大约1平方米的舱口罩子里，给了他5个煮熟的山药，把他丢在那边尖叫，那里离陆地大约有3000米。黄阿泰游了几个小时后漂到了岸上的红树林里，他爬到树上等待着天亮。接下来的2星期，他靠吃贝类和树根度日。

这个故事吓到了南澳大利亚政府和其他殖民地。一封封电报飞来了解帕玛斯通的健康状况。帕森斯说它是完美的。虽然有1000多名华人到达，但所有的天花患者和感染者都已被检疫。他对维多利亚宣布达尔文港已被感染大感愤怒，因为他认为被感染的船只和陆地没有任何关系。1887年达尔文港被宣布感染后，码头就不再接受靠岸的轮船，即使船上载着货物。所以，该城的大米几乎断绝。帕森斯在一封电报中说："政府漠视了它的领土和需求。"维多利亚卫生局让他管好分内之事："卫生局注意到，观察中的患者未得到合格医生的照料。"

亨利·霍华德·伯维尔是另一个赖皮的政府卫生局长，他无视帕森斯的抗议，直接上报给教育部部长约瑟夫·约翰逊，说"检疫规定不断被隔离船只和岸上居民蔑视"。情况对于每个人来说都相当困难。海峡岛上缺少淡水，淡水得用车拉着送到船上和岛上。然而，坏天气会阻碍运输，有时几天都无法通行。摩尔·伍德定期去为病人检查时，会在石岛的背风处停泊，以免被淹没。如果岸上没有住房，乘客们就得在船上待着，就像在菲茨罗伊岛上一样。对此，伯维尔有一种闲适的态度："鞑靼乘客在船外可能会更好，我看不到这会影响到城镇或辖区的健康。他们不会对我们的住地造成任何危险。"

所有殖民地再一次向亚洲港口发出声明。约翰逊给帕森斯发了个电报："政府的目标是通过新的规章，把华人这个障碍扔在他们的陆地上，这样才能真正阻止移民大潮。因此，我相信你会用外交方式去处理这件棘手的事情。"

天花在达尔文并未造成太多难题。1893年，天花"到访"了珀斯。1904年，一个在布鲁姆外海航行的珍珠捕捞船队爆发了恐怖的天花，船上混合了各个种族的船员，第一例天花发生在其中的一条小船上，当时它离海岸有200公里。继澳大利亚联邦成立后，西澳大利亚、昆士兰、南澳大利亚和维多利亚都有一些天花案例。通常，疾病是不可预料的，它仅仅是出现而已。

1913年新南威尔士爆发天花

在1913—1917年间，新南威尔士有一个奇怪的经历。一次轻微的疾病从受到折磨的悉尼蔓延到其他28个乡镇。它首先发生在从温哥华来的"西兰帝亚"号上的一个管家身上，他在悉尼登陆时身上起了大量水泡。2000多个人受到感染，4人死亡。从1913年7月到11月，联邦政府对所有悉尼城区及其郊区进行了检疫，以中央邮局为基点，辐射半径为25公里的范围。海外乘客都在纽卡索登陆。宣布隔离后，第一个月去墨尔本的铁路运载了25个人，而不是以前的几百人了。乘坐普通火车去墨尔本和布里斯班的乘客，如没有认可的接种证明，他们的旅程会在边境被粗暴地中断。几名去布里斯班的粗心乘客不仅被遣送回来，还被送进隔离区，在付过强制拘留费用后，还要面对被起诉的威胁。

将天花从世界上清除

对于医生来说，需要几周的时间才能确诊天花。在19世纪，那些分不清麻疹、猩红热、天花和其他皮疹的医生并非傻子。即使他们缺乏早期英国医生所具有的诊治天花的经验，他们也能诊断出该疾病的典型病例；但是，这种疾病并不容易鉴别出来。一名患者身上各部位有12个斑点，但不知它们出现的先后顺序，他并未感到恶心，但用手狂抓那些斑点，19世纪50年代甚至19世纪80年代的医生如何给这样的病人确诊呢？在19世纪，甚至一个熟悉李斯特、巴斯德、克池工作的医生，用显微镜也不可能发现任何引起麻烦的有机组织。在20世纪初期，就有人怀疑有一种比细菌更小的恶性物质存在。即使有一个现代电子显微镜往往也不能发现一个病毒，直到兔子的角膜里的病毒成为团块。1971年12月，当"欧采德"号带着一个病态、有斑点的海员在布里斯班登陆时，医生花了好几天才查出他患有水痘或天花。1973年，澳大利亚联邦卫生部派了6名医生到布里斯班，培训当地医生的天花诊断技术。

1881年9月3日的《悉尼晨锋报》说："在最近一期《北美评论》里的一篇值得注意的文章中，提到了控制天花的可能性……尽管作者未说他自己有这种能力，但显然他相当确定这种可能性。"

确实如此。1977年11月在索马里的梅卡尔，一个医院厨师成了最后一个天花患者。1980年5月，世界卫生大会宣布，全世界已从天花中解脱。接种疫苗战胜了这种疾病。

1948年，世界卫生组织成立，它呼吁在1959年前要根除天花。加拿大、美国和欧洲各国已从流行天花中解脱，中国大部分地区也是如此，中国在根除天花运动的第一年就有1亿人接种了疫苗。冻干疫苗和非凡的献身精神消灭了从热带国家传来的天花，在那些地区，液体疫苗很难保存，但把它冰冻在样品瓶里，在真空中把水吸出来后，它就变得极其稳定。根据官方的需求，疫苗需在37℃下保存4周仍有效。一些批次在40℃下保存6个月仍然可用。来自约翰柯廷学校医学研究中心的弗兰克·芬纳教授是世界领先的病毒专家之一，他和3位合作者为世界卫生组织写了《天花及其根除》这本书。

但是，天花的历史结束了吗？活病毒被保存在莫斯科一家实验室零下70℃的密封冰箱里，美国佐治亚洲亚特兰大疾病控制中心也有保存。病毒学家为是否要破坏这样的储存而争论不休。一些人反对任何对生命的蓄意破坏。没人能够预测未来的需要。一个令人不安的事实是，在本书的写作过程中，美国和苏联仍在给他们的军队接种疫苗。难道有计划在未来的细菌战中使用天花吗？

恐怖的瘟疫

比天花传染性更强、更致命的瘟疫是鼠疫，又叫黑死病，名字听起来就很吓人。从古代文明成长起来的现代文明于543年被这种疾病毁灭了，鼠疫爆发在从埃及到拜占庭（即现在土耳其的伊斯坦布尔，那时是罗马帝国的首都）的粮船上。1347年，在世界康复很长一段时间后，瘟疫又在中国西部的驼路也就是丝绸之路中出现，很多欧洲人认为那是人类的终结。伦敦人记得1665年的大瘟疫，那次恐惧持续了200多年。丹尼尔·笛福在《瘟疫年记事》中回忆说，有 7 万人死亡，被感染的房子大门紧锁，"在门中间有一尺长的红十字，上写'主啊，保佑我们'"。

1894 年，在平静了很多年以后，瘟疫在中国西南部的云南省爆发，接着蔓延到广东省，然后到香港。达尔文港宣布亚洲港口已被感染，令中国商人惊愕的是，该港拒绝船只卸载，却把乘客和货物都送上船。到 1896 年，瘟疫传染到全世界。瘟疫于 1900 年 1 月到达悉尼，很可能是从努美阿或香港传来的。根据常识，海滨上的死耗子往往预示着瘟疫的到来。第一个人类受害者是阿瑟·佩恩，他是中心码头的运货车夫。他好像是被靴子里的跳蚤咬了脚后跟。旧英国的习惯是在靴子上插上一支艾菊，厌恶那草药味的跳蚤往往会逃走。

在澳大利亚工作的 3 名杰出医生——卫生局的微生物学家弗兰克·蒂斯维尔、新南威尔士首席医疗官约翰·阿什伯顿·汤普森、布里斯班的 B. 博内特·汉姆被任命立即去调查该病，最后确定了老鼠、跳蚤和人之间的联系。海外医学工作者研发了一种疫苗和血清。不管怎么说，在澳大利亚，瘟疫病例的再次出现得等到下一个 10 年。

在天花发生期间，人们会对房子进行检查和大规模清洁，拆除老化的橱柜和洗手间，但很少有钱重建。引进的老鼠捕捉器促使老鼠大量死亡，每杀死一只老鼠，官方会奖励 2 便士。生石灰再度被起用，白森森地刷在篱笆上、墙上、家具上。当局又出来挑剔欧洲人和华人的住房。一些华人房东把房子租给多人。房东盖的房子背靠背，院子只有橱柜大小，还修建了上下层的工人茅舍，每间面积为 3.6 米×3.6 米，没有厨房，每 2 家分享一个卫生间和一只锅，或许 6 家人住在一起。华人房东还在后院新盖了无窗房间，挡住了光线和空气。

在这个 10 年中，有 1200 多人感染了疾病，他们中的一半多都死了。华人和其余人一起在苦海中挣扎。在北角一个墓地里，有莫基先生的一块墓碑。1900 年 4 月 9 日，他死于维克斯福德街，他是第一个在澳大利亚瘟疫中死亡的华人。1876，安德鲁·欧阳出生在广东，他的墓碑用优质大理石制成，有中英文雕刻的字体。有人说，杨武余的墓碑上展示的是他澳大利亚名字的音译。那个墓地里，中国名字不多：Gunny Gooney、Ah Hon、Ah See 和 Bow Yow 似乎埋在了一起，他们的英文名字出现在木制十字架或石碑上。附加的中国汉字现在难以领悟其意义。墓碑似乎回到了最初的状态，小野花或单色天竺葵在当地的植物中挣扎着生长。

熟悉的流感之灾

1918 年，伴随归来的士兵到来的流感疫情有熟悉的名字和熟悉的症状，它引起了警惕但没有引起恐慌。然而在不到一年的时间里，即截至 1919 年年底，有 1 万多人死亡，是瘟疫死亡人数的 16 倍。人们必须在公共场合戴口罩，通常是那种白色的、简易的口罩，和新衣服形成鲜明对比。在《芒果树》一书中，罗纳德·麦凯讲述了穷人家的奇怪味道，华人家庭里"好像比白人家庭里更糟糕"。

可怕的麻风病

麻风病比任何其他疾病更骇人听闻。与今天的艾滋病一样，麻风病也是为数不多的吓人疾病。这种病的受害者首先是弃儿。3500年前，摩西认为上帝直接给予他指示——"瘟疫中的麻风病人，他的衣服应当被撕裂，他的头是秃的，他应当把上唇遮住并哭泣。脏，非常肮脏。只要瘟疫在他身上，他就应当被丑化。他是不洁净的：他应该独处，他应无地自容。"相比之下，1181年建立的位于英国约克郡的舍伯恩麻风病医院却能慈悲地对待病人。按照规定，在斋戒期的第一个礼拜天，他们每人会收到半桶蚕豆，帮助他们度过当年的困难时光。很长一段时间，大蒜不能用来做饭，因为它的味道暗示着麻风病。麻风病人把大蒜砸碎，用蒜汁浸泡绷带以缓和疮痛。

麻风病在中国

华人知道麻风病至少有2500年了。在一些省份，人们很淡然地对待麻风病。广东人非常害怕它，试图把麻风病人隔离在精神病院，他们在那里应该靠皇帝的恩赐来生活。即使皇帝仁厚大方，通常情况下，麻风病人也得不到任何东西。所以，他们会用手指和脚趾做些椰丝绳、扫帚、工艺品，将这些物品与那些看不到身体痕迹的东西拿到市场上去卖。奇怪的是，买家对这些东西倒没有恐惧感。

在麻风病院里，从来没有足够的房间。无处住宿的人自动组成了丐帮。他们走进商店，待在那里，客人纷纷逃走后，店主会给他们点儿钱，然后他们才离去。他们参加葬礼，向哭丧者要钱，如果给的不够，他们就跳进坟里，这样尸体就没法掩埋。如果付款的承诺未能兑现，他们就会把尸体挖出来换取赎金。一些麻风病人住在小船上或者水上木板上，他们用竹竿的另一端把袋子挑过去，向过往的船乞讨。漂浮的尸体是河上麻风病人的津贴。他们会把死者的衣服扒光卖了。如果死者穿戴讲究，他们会留着尸体，等着寻人者的奖赏。

1846年，两广总督发布了一份陈词严厉的诏书，允许麻风病人在家里被家人照顾。广州城北的麻风病院已人满为患，被驱逐出去的麻风病人只好在城东门附近的壕沟里生活。

直到进入现代，人们才了解更多关于麻风病的信息，并发现了治疗麻风病的有效方法。以前，没有人知道麻风病是否具有传染性。有些人经过一年的暴晒后得了这种病,也有一些人在一次接触病人的 30 年后才得这种病。皇家外科学院前任院长乔纳森·哈钦森持有格拉斯哥大学、爱丁堡大学、剑桥大学、哈佛大学的医学学位,并持有利兹大学的科学学位,他在 1906 年出版了一本 400 多页的书,证明麻风病是由"吃腐烂的鱼"引起的。任何华人烘干的鱼都是可疑的。哈钦森注意到格哈德·汉森博士的研究,后者在 1873 年发现了引起麻风病的麻风杆菌,但他认为干鱼藏起了病菌。麻风杆菌的直径只有 0.00025 毫米。

疾病的影响

汉森之后,关于麻风病的研究经过了长时间的停滞才有所发现。细菌很难保存活体,也不会传染实验室里的动物。细菌在 30℃ 的低温的小鼠脚底能够存活,但它不会侵入温暖的肉体。1909 年 4 月,摩西·T. 克莱格在《菲律宾科学杂志》上发表了研究结果,它试图在龌龊的环境下用一条变形虫来培养细菌,变形虫是从以琼脂、氯化钠和牛肉膏为传播媒介的痢疾粪便中获取的。在变形虫正常生长时,他用一些取自麻风病人的脾液涂抹它们,结果麻风杆菌成倍增加——不过,是以一种不可解释的不同形式增加。重复的试验产生出相同的结果。

其他工作人员尝试以鸡蛋或者在甘油里熬的牛肉汁混合物为媒介进行实验。拉斐尔·奇伦托和 E. A. 诺斯在 1931 年 12 月的《澳大利亚医药杂志》上发表了有关麻风病老鼠的研究。在瘟疫年间,捕鼠人收集的褐色家鼠中的一小部分携带着麻风病菌出现。这 2 个医生(拉斐尔·奇伦托不久被封为爵士)发现他们很容易将一只老鼠的麻风病转移到另一只老鼠身上,但不是从人类到老鼠。动物麻风病是稀少的。1971 年,墨尔本高卢寺的一匹赛马死亡,被认为得的是麻风病。马患麻风病的另一病例发生在加拿大。

1971 年,在拓宽研究方面出现了一种特殊的动物。麻风病在南美犰狳中是很普遍的,与人类 37℃ 的体温相比,它们只有 28℃～33℃ 的低体温,很容易感染上人类的麻风病。南美犰狳能活 12～15 年,病菌有足够的发展时间。

悄悄到来的麻风病以多样形式出现:皮肤某处出现一片黑,或许是一些结节,或者是一两个平滑的斑点,患者感觉不到针扎刺的痛楚。有时细菌侵入体内,却多年都没有发作的迹象。这个疾病具有高度的传染性,但是细菌是脆弱的,只能进入身体的低温区,比如耳朵或是鼻尖。很多人能够抵制它。这个病有好几种形式。有时脸部损伤得失去人样,患者呈现出的是"狮面麻风"。病菌蹲伏在黑暗中,害怕见光,因为它们对光相当敏感。有时,患者的神经末梢麻木了,反复的、机械性的破坏导致肌肉腐烂,手指和脚趾就不见了,随后波及整个手和脚。退化的指甲出现在骨头存根的上面,暴露出来的骨头发展成骨髓炎。阴茎和睾丸逐渐消失。1925 年,在德比东北部发现了一个土著病人。发现他的 P. M. 普米拉医生描述说:"他脸上没有肌肉,额头没有皮肤,下巴以下几英寸和耳朵周围也没有什么皮肤。只能看见光秃秃的骨头、暴露的下巴和牙齿。当他的眼睛移动时,可见里面的肌肉在动。"

关于麻风病的传统说法和迷信开始盛行,主要是说该病不能治愈,还能够传染他人。所以,就有以下各种说法,例如,麻风病男子实施强奸,希望射精时也射出疾病;麻风病妓院的女子行为非常狂热野性;麻风病人寻求在饭馆的工作,希望顾客能吃掉他们的麻风病。他们在人群中穿行,坐在市场里,当孩子们走过时就朝他们脚下吐唾沫。这些迷信比比皆是,尤其是在 19 世纪 90 年代,有各种传闻或报道说,某地某人能提供治疗麻风病的药物,报纸会这样报道:"2 个病人被彻底治愈了,其他人正在康复。"难道这能给身患恐怖疾病的不幸者带来希望?

澳大利亚第一批麻风病人

在澳大利亚出现的第一批华人麻风病患者没有被确诊,甚至当他们在医院接受治疗时,也没有确诊出他们患的是麻风病。一个在布里斯班医院接受治疗的男人在那已经待了 4 年多。巴顿医生对他的治疗有详细的记录,但他和其他同事都不知道他们在悉心治疗什么疾病。

医院记录　病历 . 258
坏疽等
谢皇,56 岁,1855 年 4 月 10 日收诊——病史——不懂英语,病史不完整。他左脚拇趾染病,已消失了。脚趾间有个开口,微臭,检测发现无骨头。右手食指最后一个节坏死,软组织已消失。他很脆弱,身体完全垮了。
4 月 20 日:患病的指骨关节脱落。
6 月 7 日:整体健康改善;患病的脚趾头被坎南医生拿掉 3/4……伤口用两根缝线缝住。下午 7 点:渗血,用绷带压住。
8 月 8 日:流量好。脚趾头恢复变慢。医院给他提供了一双装有垫料的靴子,让它充当脚趾头来支持脚。

慢性风湿病
病历 . 417:1856 年 2 月 29 日收诊——病史——这个年迈华裔男子去年 4 月和 8 月两次入住医院(见病历 . 258)。目前疼痛主要在手部,手指正在收缩。
3 月 6 日:攻击监狱长之后获释,未经允许便离开医院。

坏疽和坏死

病历.517：1856年12月18日收诊——病史——这个年迈华裔男子之前住过两次院（病史参见病历.258、病历.417）。他显得非常痛苦。左脚变黑，发热，无知觉。右大脚趾头消失，皮肤斑点上散发恶臭。左手肿大，发热，发黑，疼痛。他舌脉100多，蜷曲。左脚缠上了纱布。

1857年3月25日：根据病人要求，去掉左手一根手指，因坏死的骨头"恶臭"。

4月20日：手掌夹板用于左手和前臂以防止手指屈折。

4月28日：中止夹板；有些部分不能承受压力。

病历.102

蔡区，59岁，1859年2月3日收诊——病史——该老者由于不断的坏疽和坏死，手脚基本残废，在医院住了很长时间。约一年多以前最后一次离开医院，此后在利姆斯屯靠其乡人施舍生活。减少了他的入院费用，由其朋友支付。他现在无法走路，其左脚关节脱臼了，非常肿痛。

5月22、23日晚：天气寒冷；脚包在棉布里，服用白兰地和开水。

5月28日：脚凉，无知觉，释放大量血清，右手残留物起水泡。

5月30日：情况如前；停服白兰地；天气变暖。

6月29日：死亡。

约瑟夫·班克罗夫特把这个超乎异常的记录发表在1892年12月15日的《澳大利亚医药报》上。他于1866年进入布里斯班医院，起初是访问医师，后来成了住院医师。他很快确诊了住院的德国病人是麻风病而非梅毒，但他承认，他曾以治疗"脚溃疡和骨疡型骨头"的方法治疗美拉尼西亚人，以为他们得的是"岛民坏脚病"，后来才意识到那是麻风病。

1855年，维多利亚已经出现好几位华裔麻风病人，但除华人之外，别人并不知道。1857年3月，《世纪报》报道了克斯特缅因麻风病人的情况，但被《阿格斯报》评论为空穴来风。有人给《巴拉瑞特时报》写信，问："当你们的读者听说我们中间生活着麻风病人时，他们会说什么？——3名受苦的华人被自己的族兄赶出来，生活在黄金点石英矿附近，这些带病菌的人，他们从哪里并怎样获取食品和衣物的？是来自他们的同胞，还是来自欧洲人开的店、用感染的钱交换来的呢？"

第五章 疫症猖狂：天花和麻风病

北部地区的麻风病人

1857年8月，从搁浅的"门豪"号上岸的乘客宋杰突然死在南澳大利亚的威伦加。在区验尸官的提议下，杰尔医生对所有的乘客做了检查，然后给《南澳注册报》写了封信。该报于8月28日刊登了他的信：

> 对死者的检查证明，他患有麻风病。他的同胞表示发疹的斑点是由于海水导致的。船上的医生阿同也这样认为，但当我检查尸体后，阿同当着克威尔先生的面发誓时，承认发疹性的疾病是传染的，并且也承认他们中间另外3人也有相同的病症。我检查了那3人，他们小腿溃烂，饱受风湿病和梅毒折磨——最后那个人的毒性太大导致他的部分身体退化，这是我迄今为止在这个国家里见过的最恶心的情景。我相信，他们中间还会有相同的病例。

最后一个人的症状，与其说它是梅毒，不如说是麻风病更为贴切。在听证会上，陪审团"追加了……裁决"，"在解散陪审团前，必须让他们表达出对麻风病的警告，这个病正在我们之间传播"。

威伦加旧路沿线的城镇居民获悉了"门豪"号的情况——对它的到达带着恐慌，对它的离开带着欣慰。《南澳注册报》跟踪报道了旅客的行程。旅客们买了2个板车运送病人和沉重的行李。在玛格斯菲特，他们安营度过第一夜，他们在营地丢掉旧衣服和其他垃圾，而当地的孩子们就在那里玩耍。他们会被传染上这种病吗？在莫累河口附近的惠灵顿，他们乘平底船穿过河流，在东惠灵顿扎营。报道说："有好几个人感染麻风病……善良的惠灵顿乡亲急切地等着他们离去。"

《南澳纪事报》主编在1857年9月5日写道："我不希望传达这样的观点——患有麻风病的外国人登陆我们的领土特别值得担忧；而事实是，不是担忧而是暴乱。"他引用了殖民地医生和萨尔宾市布鲁医生（他有10年跟随东方船队远赴海外的经验）的话——他们都说麻风病不会传染。

来自医生和有亚洲居住经验的居民给各个报社发出了大量信件，他们中有的人认为麻风病有传染性，有的人认为麻风病不具传染性。想当然地以为普通麻风病和华人的麻风病相同是一个错误。中国的麻风病严重多了，它不是一种病，而是"一种衰退的和败坏的体质的表现"。读者都对这种病心怀恐惧。

在悉尼天花疫情中活跃了24年的海恩斯·阿莱恩医生是当时悉尼港口的卫生官员。他比以往更仔细地检查了华人乘客，坚持让他们脱光衣服，10人一组，在他面前裸身展示。阿莱恩医生在卫生官员的职位上待了30年，是澳大利亚首批私下以三氯甲烷当麻醉剂使用的人之一。

1858年，新南威尔士特伦地区发现了3名华人麻风病患者，下游的挖矿者在淘金用水时非常忐忑，因为水是华人先用过的。随后，几名新来的华人伴随着腹泻、伤寒快速死亡，有传言说他们患的是麻风病，于是恐惧逐渐增加。

一个华人麻风病患者如何得到护理取决于他是否有关系密切的亲友。精通粤语的译员詹姆斯·汉利（他是个掠夺成性的苏格兰人，在他所去的不同矿地，他会使用不同的名字）拜访过亚拉腊山黑利德地区华人营地里的麻风病人，他发现病人躺在一张树皮床上，只有一条毯子，饿渴交加，非常痛苦。当汉利在营地为病人索要水和食物时，他们说病人不属于同一氏族，无关紧要。他的朋友也说他活不了多久了，就让他在平静中死去吧。

1867年，10个中国麻风病人住在巴拉瑞特郊区的克莱顿山。其中的王阿惠在殖民地已生活了14年，但自始至终无法工作。这些人都在澳大利亚待了10年。他们住在自己用木桩、树皮和废铁搭建的小茅舍里，用破布和锡纸修补茅舍。当地的奔尼沃特收容所每周给每人5先令"以防他们都被饿死"。他们中有2人可以外出购物，其中一人还能种菜，但后来他就渐渐失明了。他们为什么来到这里？或许，他们知道难逃一死，所以希望快速找到足够的金子来保护家人，也保护他们免受从天而降的灾难……

巴拉瑞特警局的洛纳警官是一个相当善良的人，他每周要来拜访病人两三次。他弄来了木柴，修理房屋，带来药品，同他们聊天。1844年，这些病人中仅有2人还活着。这时，巴拉瑞特出现了一场风波，一个有早期症状的年轻木匠陈阿光在巴拉瑞特医院就医时无人理睬，他被放在了一个空房子里。于是，巴拉瑞特、东巴拉瑞特（麻风病人聚集地）、警官、卫生局之间有一系列的通信。东巴拉瑞特议会厅有个18年前的承诺：不再把麻风病人送到那里。为了保证没有改变主意，东巴拉瑞特的市长把空房子给烧掉了。陈阿光在巴拉瑞特和他的前任雇主住在一起。当局想给他提供一张免费船票和20英镑，说服他回中国，但陈阿光想要100英镑。最终他被送到尼本点的检疫隔离站，这为警察局长节省了一笔费用。

维多利亚人口达到25000时，华人麻风病患者的数量绝没有超过30名。在其他殖民地的麻风病人数好像也差不多：占总人口的1/1000。然而，1875年11月2日的《昆士兰人报》指出："麻风病人在维多利亚华人中占有很大比例。"1881年，帕克斯在国会指出，麻风病和天花是华人移民中的不利因素。在所有的高谈阔论中，"麻风病"一词的频率往往高于"黄色异教徒"。

危言耸听和任何迫在眉睫的信息都非常容易导致闹剧。1881年，新英格兰地区的华人同意将本区一个麻风病人清走，送到昆士兰去。或许他们没有收集足够的钱来支付此人过境的人头税，或许此人偷偷地藏起来了，不管怎样，斯坦索普的警察拘捕了此人并把他送了回去。在塔斯马尼亚东北部，一辆马车上的乘客们发现唯一的华人乘客患有麻风病,于是所有人都往司机的座位处靠拢。一个生病的华人在伯灵阿雷被送下来,从塔姆沃思搭火车到码头,坐"梅特兰"号轮船去悉尼。3位纽卡索医生给他检查,发现他的阴茎消失了,医生确诊此人患的是梅毒而不是麻风病,并说他不会传染。而对天花怕得要命的欧洲乘客认为他是得了麻风病,拒绝让他上船,所以船长也拒绝运送他。最后,从悉尼出发的"匹纳福"号收留了他。

麻风病人被发现时,往往是已经死在灌木丛里,或者躺在牧场上还有口气。1883年,从新英格兰来了2名麻风病人,他们得在纽卡索待2天,待"匹纳福"号再次起航时把他们带到小湾——没有一条煤船或海船愿意运载他们。纽卡索的华人给病人送来食品,但不敢靠近他们。好几名有钱的华人告诉《纽卡索先驱晨报》和《矿工倡导报》,说最好的处理办法就是用三氯甲烷把他们闷死或电死。这2名病人的情况极差,其中一位很年轻,是新来的。他为什么来?难道就像英国、法国和比利时家庭驱逐他们发疯的亲人一样,他的家人希望把他驱逐出去吗?为了能到澳大利亚,这些华人付给船长的价钱高出通常费用5英镑。新南威尔士没有驱逐病人的立法,所以不得不修建很大的收容所。

北领地的行政长官们开始盘算哪种方法更实惠:是把麻风病人弄到海峡岛,还是支付轮船公司每人30英镑(相当于今天7500澳元)的费用,带这些人去香港?当然,在船上还得把他们放在隔离区。在帕森斯到任前,代理政府驻地官员G. R. 麦克敏认为"把他们送到香港,是最合适和最经济的"。因此,海峡岛成为发现麻风病人和运送回返者的中转站。

3名麻风病人住在达尔文郊区已经好几个月了,也可能是好几年了。著名的华人店主宋三把他们的行迹告诉了《北澳大利亚人报》的记者,这时欧洲人才知道了他们。3人中的2人还能走动,他们经常去镇上购物或在旅店里喝酒。华人社区给那个行动不便的麻风病人提供食物。1884年1月4日,上述报纸的记者做了报道:

> 他的住地是个凄惨的茅舍,只有华人能住,有一间只能装下一人的房间,要蜷伏着进去再躺下。在我们拜访时,他正坐在外面,可怜巴巴的。他的脸颇为异常,上有凹进去的补丁……肌肉已经萎缩,甚至腐烂。鼻子也慢慢变成微小的驼峰……当我们要求他露出小腿和脚时,麻风病人这么做了,确实奇怪:双腿皮肤全是褶皱,干燥而松弛,左腿上的肌肉像果冻一样软。脚也是消瘦的,最显著的特征是脚趾头上的白色物质。手和胳膊已经退缩成通常的扫把柄大小,手指嶙峋,骨头突出,越来越无力。在我们的建议下,这个不幸的人想起身走路,但只能蹒跚而行。他能说不少洋泾浜英语。

1884年,5名麻风病人被送到香港。他们在那里做什么了——加入丐帮?这里描述的人,一直在海峡岛苦苦等候,希望有船能送他回家。1885年,他死在岛上。

帕玛斯通医院的流言

L. G. 汤普森是劳塞斯通综合医院的家庭医生。1885年,阿农是他的病人,在观察几周之后,汤普森确定他患有麻风病。汤普森的2个同事对此不能确诊,所以汤普森建议写信给中国神父王朴,他"在自己的国家肯定见过很多此类病例"。王朴对麻风病一无所知。他建议咨询托马斯平原地区的阿蔡——一名权威的中国医生。关于阿农和阿蔡没有更多的记录。一封墨林纳致汤普森的信指出,王朴很可能为这个区域做过善事。他组织华人矿工给当地的医院捐款。几乎在每一处,华人都会给医院捐款,以便没钱治病的华人能得到医治的机会。然而,在1888年严峻的辩论中,华人的所作所为并没有得到赞扬。麻风病人与天花患者送去检疫是为了节省"对他们隔离的公共费用"。《公报》在一片疯狂的文章中责备华人在欧洲传播麻风病,然后又传给了英国,文章说:"疾病像影子一样跟随着这些不洁净的外国人。"

1888年7月22日,达尔文的佩尔西·莫里·伍德医生和布兰迪地区的亨利·伯维尔医生给政府驻地长官写了封信,其中说道:"我不得不遗憾地通知你,一个叫马克斯·巴克的老人非常贫穷,去年10月,他被医院接收时有严重的神经错乱,从那以后又出现了其他症状。从公众的立场看,这让我们感到巨大的焦虑。我们决定告诉你,我们认为他得的是'象皮病'——一种非传染性疾病,但是它被公众看来是具有传染性的。我们建议把他移送到医学观点比较普及的阿德莱德,在那里他有更好的机会康复,并且政府会比我们处理得更好。"

帕森斯收到信的第二天,便给教育部部长约瑟夫·约翰逊发了份电报,告诉他巴克的情况:他是一个白种男人,一个64岁的马车夫。帕森斯问:"我该怎样处理此人呢?"然后他开了个昂贵的玩笑,打给北领地的1字1先令的电报费按今天的价值折算为1个字12英镑,他补充了一句:"不能送他回中国。"

约翰逊竟未识别出那是个笑话。他回电说:"把白种男人送回中国有什么困难?"帕森斯发电说:"这个得象皮病的白种男人不能被强迫送到中国去。"约翰逊思索了一周,1888年8月8日,他问到:"关于把患象皮病的白种男人运到中国的事,我不甚理解。难道白种男人来自中国吗?请解释。"

帕森斯第二天做了一个费力的解释:"这个有象皮病的白种男人并非来自中国,中国的麻风病人已被送回香港。我想强调的是,我不能把这个人送往那里。"

帕森斯和约翰逊都忘记了最初的电报问的是怎么处理巴克。后来,莫里·

第五章 疫症猖狂：天花和麻风病

伍德又问起此事。帕森斯发电报说："如果病人待在这里，就待在医院。请咨询殖民地医生。"1888年9月9日，殖民地医生通过约翰逊回复道："疾病至少无传染性，应该在北领地医治。"

莫里·伍德真诚地发给帕森斯一份病人在医院的情况：

> 我非常抱歉地再次请你注意医院重要的洗涤问题……我非常担心丹毒、眼炎或其他疾病的爆发……医院有15张病床，一个急诊室有12个担架，它们需接收所有类别的疾病……我有一个患有恶性溃烂性脓肿的患者，另一个腿小腹大；还有一个半身不遂，一个偏瘫，另外一个头骨基底断裂，伴随着胫骨与锁骨的骨折；一个患象皮病；一个由疟疾中毒引起脾脏肿大的欧洲人；一个嘴唇上长了恶心肿瘤的病例，我已给他去除了唇和脖子上的好几个腺；一个风湿病患者；一个角膜溃疡的严重眼炎病例；此外，还有几个疟疾发烧的病例。
>
> 每周平均要完成的洗涤数量是21件，包括衬衫、蚊帐、毯子、枕套、毛巾等。有2名洗衣工，还有一个移动式的锅炉。事实上，对衣服的洗涤工作是在医院的阳台上完成的，正好在门外，因为他们不能一整天都站在太阳底下。清洁工作是这样安排的：周一、周二洗涤；周三叠衣服和烘干；周四打扫房屋卫生；周五和周六完成房屋的打扫，锯木头，浸泡脏衣服；休息时间集中在阳台上休息。除了这些工作，他们还得非常吃力地洗自己的衣服。因为他们没有时间，我经常看到毛巾、床单等都很脏，没有洗干净。

莫里·伍德又加上一个便条，落款没有时间和签名："1885年12月3日的《政府官报》把麻风病描述成感染性的、危险的疾病，这也是1884年卫生修正案第316条的意思。"

在1888年之前，医院不可能有完善的措施。亨利·伯维尔代表莫里·伍德直接向约翰逊抱怨了医院的另一问题——"这里没有排水沟，所有的厨房废料都直接倒向山底，肮脏而恶臭……公共厕所在必要时由一位华人打扫，他把粪桶运到医院附近他的菜园里，臭气熏天。华人清洁工的工资由医院放在菜金费用中列支。"

巴克留在了医院，直到1889年5月25日去世，他在医院待了19个月，此间并无谣言产生。接着，亨利·伯维尔在博朗蒂被解雇前打算辞职，准备和讨厌的医生斯托和莫里·伍德一起离开达尔文。他给《北领地时报》写了封讽刺的信，透露了巴克的死因。该报在6月8日做了报道，其标题是：

一桩紧急丑闻
我们公共医院的麻风病

澳大利亚华人史（1800—1888）

一位欧洲麻风病人的死亡

我知道，麻风病的传染性还在讨论中，但是我相信澳大利亚医学强烈支持这个观点——它是具有传染性的……对我们北领地和整个澳大利亚来说，这都是一个相当严重的问题，因为对于亚洲传来的疾病，我们这里冒的危险比任何澳大利亚港口都要大。这个讨厌的疾病一旦登陆，就不可能根除。无论怎样，以科学的名义，我必须说，帕玛斯通的好公民们已投身到该病症的一系列的实验中，他们应该享受科学世界的恩惠……我对他们无私的赞赏万分感激。

对于3位医生来说，巴克的死亡是幸运的，公众对他的关注从他们的匆忙离去转移开了。他们离开的真正原因（他们劫掠了政府数千英镑，让中国铁路工人获得免费药品和免费医院治疗，但私下收取了后者可观的医疗保险费用）绝对没有公开过。在报纸文章大量的批评下，莫里·伍德和伯维尔使用一个科学用语而不是"麻风病"来描绘对巴克疾病的抱怨。莫里·伍德玩弄拉丁名字，假装不知道巴克患有麻风病。他说，*Elephantiasis graecorum* 是真正麻风病的术语。他知道巴克得的是 *Elephantiasis arabum*，但没有解释这种奇怪的诊断，没有人用过这个术语，这个丝虫病的旧名令人困惑。丝虫病是由蚊子身上的寄生蠕虫引起的，会向四肢扩张，甚至波及睾丸和耳垂，这种情况以 *Elephantiasis* 象皮病闻名。北昆士兰的美拉尼西亚人曾遭受此病的折磨，土著人也有过。*Anaesthetica* 和 *Tuberculosa*，这两个被莫里·伍德用过的名字是当时广泛使用的麻风病的别称，但无疑是错误的。两种不同的疾病使用同一个名字"*Elephantiasis*"，这表明人们对它们了解甚少。

巴克在北领地待过十六七年，这个情况让每个人都很不安。其他人会不会得病呢？帕玛斯通市政厅举行了一次愤慨的会议。帕森斯也被叫去了。《北领地时报》报道："政府驻地官员不过是当地医护人员、殖民地医生和北领地部长之间的邮筒。每年有1500英镑花费在信筒这样的琐事上。"一个调查委员会成立了，但它并未得到多少北领地居民的支持——因为它的所有成员都是政府人员。绝大多数人不认为委员会会指责医生并调查医院。该委员会只采信医院职工的言论，不接受报界人士的言论。调查的结果并不多，有人把一些材料从巴克的厚厚的文档中拿走了。

为了运送麻风病人，一些轮船用包装箱和锡条做成箱子。这些箱子被用绳子系在甲板上，有临时屋顶，还有个小窗户。当里面的人拉绳子时，就可以通过锡盘或者带枢轴的水桶将水倒入在墙上的漏斗里。但到了1889年，从达尔文港来的船都不再接收麻风病患者。帕森斯发电报说："很可能得隔离他们。"然后他想到收留麻风病人每人每年还需要花费30英镑，所以当然只能收留在北领地。帕森斯补充道:"他们可能得住好几年。"

海峡岛上的孤独生活

所以,那些被送到海峡岛的麻风病人明白了,这可不是临时的营地,而是无期徒刑。1889年,"一个高大威武的华人"在岛上消失了。因无法找到他,当局推断他自杀,因为"当服务员交付了2个麻风病人的供给品后就会离岛,失踪的华人会跑到水边,站在那里大哭,肝胆欲裂似地紧拧着双手"。2位麻风病人中有个人叫王兰,他是15年前第一批来到达尔文的华人。

剩下的那个麻风病人很快就有了2个同伴,其中一个死于1890年4月,病友把他的身体抬到外面,用竹竿挑起一个黄旗求援,但好几天都无人注意。最后,医生和服务员终于赶来,他们当着其他麻风病人的面焚烧了那些尸体。几个月后,一名患者试图乘一条铁皮船逃走,他可能成功了,但也可能淹死了。后来,又有2人胜利大逃亡,他们可能用了土著人的小木筏,或在退潮时爬上了岸。他们沿着铁路线一直前行,其中一人不久就死了,另外一人终于到了达尔文,但3个月内又被送回岛上,很显然,他被同伴们拒绝了。最后,他很可能自己上吊自杀了。他失踪一个多星期后未发现尸体,所以卫生官员把房屋焚烧一空。

1896年,一位麻风病人在达尔文的朋友的帮助下,从岛上潜逃,回到了香港。同年,在著名茶商梅光达的引领下,一个苏格兰商人和一个中国官吏弄到一笔丰厚的资金,安排了一艘船,把31名华人麻风病患者送回了中国,其中的21名来自小湾,10名来自昆士兰。1905年,达尔文的华人想把一位麻风病人送回中国,但很难找到铺位。其他华人乘客威胁说,如果"黔南"号运载病人的话,他们就要下船。

所以,当阿金——在芳尼湾负责给土著人提供鸦片的华人——被发现患有麻风病时,他就知道自己在澳大利亚要服无期徒刑了。他被装进一个小艇拉到岛上。半路上他开始求情,然后抗议,最后跳海自杀了。

麻风病蔓延到北部土著居民区

从19世纪90年代开始,新南威尔士和昆士兰小部分的欧洲人感染了麻风病。1891年,一直住在瑞瓦纳华人营地的2名欧洲年轻人得了麻风病。这些怪病的发生率很高。1919年,罗克汉普顿黄金监理的儿子弗兰克·怡和死于麻风病。他和萨摩亚国王的侄女结婚,住在约克角顶端的萨默塞顿。1895年,《工人报》主编威廉·兰尼强烈反对华人,他在9月21日的报纸上责骂道:"和亚洲人与波利尼西亚人在一起,不可能不得麻风病。"

从19世纪90年代开始，麻风病也在北领地和西澳大利亚西北部的土著人中间迅速蔓延。该病进入澳大利亚有很多流向：19世纪50年代，跟随华人到达新南威尔士、维多利亚和昆士兰南部；19世纪60年代，随美拉尼西亚人到达昆士兰东北部；19世纪70—80年代，随华人到达北领地，并从采金区和铁路线往外辐射；19世纪80年代，随由马来人、马尼拉人、日本人、美拉尼西亚人、波利尼西亚人和华人组成的珍珠船队进入澳大利亚西北部。1901年，新成立的联邦议会对《移民限制法案》进行了冗长的辩论，马鲁纳地区的詹姆斯·佩奇质问道："是谁把这个疾病带到澳大利亚的呢？是卑鄙的东方种族，我很荣幸地说巴顿政府将不会让他们进来。"

19世纪90年代末期，报纸报道说，北领地的土著人正死于麻风病，其中有很多人是年轻妇女。这个疾病是致命的，土著人从未接触过它。1894年10月，裴迪·卡希尔在东鳄河进行了几个月的水牛射杀，他告诉巡视团的政府驻地法官达什伍德，他看到50多名土著人患有麻风病。第二年，当他获悉100多名土著人患麻风病时，他以每人5英镑外加配给品的价格寻找他们，如果成功的话，这比起射杀水牛要盈利更多。

搜寻麻风病人

巡逻的警察搜集了一些患病土著。对那些从一个部落抓来被放在另一部落的异乡土著人来说，海峡岛成了一个不安全的监狱。他们不得不自己转移。躲避巡逻成了一个有技巧和严肃的游戏。土著人害怕麻风病，但是麻风病患者却不怕。每个部落都会帮助自己的麻风病人躲避——带他们去浓密的灌木丛或山上；或躲到湖里，在那里他们只能蹲伏着把鼻孔伸出水外呼吸。当巡逻警官进帐篷搜寻时，可能会发现一群快乐的孩子在地毯上吵闹着打牌，而此时，一两个麻风病人正躺在毯子底下那覆盖着树皮的地道里。

C.E.库克医生在20世纪20年代被任命为首席医疗长官和土著保护总管，他给土著人改善了条件。他建了新房，安排了护士。他从一棵东印度树的种子中碾碎出的大枫子油尽管不能有效地治病，但却缓解了疮伤。他写道："本社区要停止剥夺那些不幸人的自由权利，消除对不可治愈的疾病的恐惧，废除长期监禁，当然也要承担收容病人的责任……希望未来的传染病院是麻风病人追寻的避难天堂。"

西澳大利亚度过了恐怖的30年。布鲁姆医院收容了多个种族的麻风病人，女院长在1923年感染了麻风病。她被隔离在珀斯东北部的乌鲁木鲁医院，7年后死亡。她的护士是个爱尔兰女孩，后来也得了麻风病。

麻风病在联邦政府卫生局内得到重视，但州政府却没那么在意。还没感觉的公务员决定把西澳大利亚的麻风病人移到达尔文海峡岛，他们大多是土著人，对他们来说这是一个恐怖的判刑。人们很难找到船只运送他们。以前是布鲁姆渔业督察的亨利·斯科特船长决定用他的旧帆船"罗纳德"号运送第一批麻风病人。船在第一晚弄丢了锚,他载着不幸的乘客们悻悻返回布鲁姆。乘客中有个叫乔治·霍华德的半土著人,他给教区的牧师沃姆斯写信说:"我希望你来看看我们是怎么被发落的,我们无处可住,待在甲板上最糟糕的地方,屋子像水桶一样漏水。我们有两天就睡在水里,东西全部打湿了,我们必须相互搀扶着行动……"

几年后的1942年,达尔文港遭到轰炸,① 联邦政府卫生局安排欧洲监管人和他的妻子从海峡岛撤离,丢下了麻风病人。在经历几次袭击之后,乔治·霍华德还活着,他霸占了一艘快艇,载着恐慌的因犯驶向大陆,并在红树林里找到一个较好的避难处。在那里,他们建了草木屋,靠随身携带的食物生活了3个月。当旱季来到时,他们当中的亚洲人和欧洲人回到了海峡岛,土著人决定去寻找自己的部落。土著人彼此依赖,他们往南走,直到抵达大多数人所在的家乡。其中7名最严重的麻风病患者已经失去了四肢,但他们在接下来的3个月里走了近300公里。在路途中,不同部落的人给他们提供食物和住宿。有3人死于途中。所有人都精神萎靡。乔治·霍华德写了封信给本地事务部的高登·斯威尼,信中说:"我们需要药和食物。"装载麻风病人的货车在松溪附近的铁路线上转轨,所有人都卡在了车里,然后这辆货车又被挂在一台北去的火车上。麻风病人终于回到了海峡岛。

斯科特船长买了一条双桅帆船"克拉米"号,用它运送麻风病人,直到1936年在德比开了一家麻风病院。西澳大利亚的麻风病人增长太快,以致海峡岛都放不下了。1949年,斯科特在82岁时住进了德比麻风病院。

判处监禁

德比麻风病院最初有90位病人。然后,人们又在车站居民家、集中营、黑人区和未开发的金伯利的原始部落里为更多的麻风病人建起了木屋。警察像抓罪犯一样抓捕他们,用手铐和脚链把他们带回来。查恩利河是流入金伯利科利尔湾的一条支流,1941年1月29日,在该河流域曼家地区的瑞德给当地事务长官写了封信:"有个营地至少有10个男麻风病人,或许他们的妻子也在这里。逮捕这些人的工作需要由身体强健的年轻人完成。人们需要步行几英里,在峡谷间攀爬才能发现这些部落。抓捕的人要在黑暗掩护下尽可能靠近目标,彻夜观察,在天亮前发起突袭。这些当地人总是非常警觉,如果偷袭三次能成功一

---

① 达尔文是唯一经历过战争的澳大利亚城市。1942年2月19日,日本飞机对达尔文进行了2次轰炸,此后在第二次世界大战中,达尔文一共经受了63次轰炸。——译者

次，就是幸运的。"

恼火的医生写道："这就像一盘国际象棋，你移动一步，然后他们移动一步。"

或许没有什么人道的办法能够把他们带进来，他们有理由不信任白人。对疾病蔓延的恐惧日益增大。托马斯·普尔托努是一个受欢迎的菲律宾面包师，他从1918年起就生活在布鲁姆了，因为麻风病，他几乎失去了他所有的家人，因此再也没有理由怀疑麻风病是会传染的了。19世纪90年代，在火奴鲁鲁，对一些罪犯的惊人的冷血实验证明了麻风病具有传染性。

因此，隔离麻风病人是很有必要的。20世纪50年代，青霉素和链霉素产生了第一批有效药物，它们带来了人们对麻风病态度上的转变，也带来了库克博士所期望的治疗效果。严重的土著麻风病患者开始自愿来治病。性伴侣之间，即使是丈夫和妻子之间也仍然需要被隔离（因为性交会产生更严重的麻风病），使用一周剂量的泻盐是有必要的。但是，病人可以玩游戏，每周会有一天去周围的丛林打猎。他们种植自己的食物。他们锻炼手指和脚趾，以免身体扭曲成变形的肿块。

1964年，巴布亚新几内亚政府出版了一本好书《照顾你的手和脚》。该书不仅介绍怎么做运动，而且阐述如何避免伤害到敏感的肌肉：用泡沫橡胶或汽车软管包住工具的手柄；用剪子剪指甲，而不是用手指；穿有装填垫料的鞋子，不要光脚走；要戴手套去拉渔网，因为绳子会伤着手。

在20世纪60年代早期，当土著人离开他们北部牛场的营地来到镇上生活时，出现了约1000个新病例，这让澳大利亚麻风病人的数量提高到了1500多人。在澳大利亚南部，昔日的传染病院或麻风病院悄悄地变成了新的热带医药研究所。调入的护士仍然处于紧张之中——他们经常悄悄地把食物放在门口，让那些难为情的手在黑暗中索取。一些病人低头走路，弯着腰，就像长期的精神病患者似的。位于小湾的悉尼亨利王子医院有1名心理专家和1名心理医生，通过他们的悉心工作，改善了10名患者和工作人员的态度。从马来亚来的一个不知名的中国学生在6年前，也就是他15岁时就住进医院，他沮丧到自杀的边缘，大多数时间在床上度过。2位医生给他配备了一台显微镜，使他能够学习细胞学，这让他的世界被重新打开。

麻风病院

土著麻风病人住在位于海峡岛东湾上一个新的、更大的麻风病院，他们定期去饭馆、看画展或交换床位，对生活保持着希望。那给自己要2瓶啤酒或1瓶甜酒的大笑女孩或许就是个麻风病人。20世纪60年代，一个白皮肤的达尔文女生和几名欧洲人住进了东湾的麻风病院。

位于昆士兰北部的汤斯维尔有个棕榈群岛,其中的樊头米岛也是用于收留土著人的。由罗马天主教方济会的传教士组成的团队取得了非凡的成功,多数麻风病院由嬷嬷、护士或其他教派人士的女儿组成。麻风病人之间允许通婚,但孩子一出生就被带走。在连续三次涂抹测试表明病菌不活跃、不会遗传之后,他们的父母就能离开小岛去认领他们。在中国,麻风病人的婚姻通常都是被允许的,并且家人都住在一起。事实上,如果孩子得了这个病,华人并不认为这是致命的。

19世纪的回声

在20世纪80年代中期,世界上仍有大约1500万个麻风病人,大约1700名是在澳大利亚的土著人。在新南威尔士,每年大约有8～10例麻风病出现。1982年和1985年,在新南威尔士,有好几名亚洲小学生患上了麻风病,这导致了他们同学父母的惊慌。新南威尔士教育部部长罗尼·卡维里尔告诉记者:"事实上,麻风病是致命的,它会置人于死地。"官方报告说明了患病学生是来自哪个国家。实际上,荒谬专制的卫生部把信息隐藏了数月之久,同时医生们争论着给感染者接种BBC(也就是减毒牛结核菌培养)是否有必要和有效。结核杆菌和麻风病菌颇为相像。

关于麻风病,还有很多内容需要了解。甚至直到现在,人们还不能确定它是否具有传染性,也不知道蚊子和跳蚤是否能携带麻风病菌。一个最大的进步是新药物的合成——如利福平——也可以用来治疗结核,保证最开始发作的患者在治疗一天后不会传染给他人。即使到现在,麻风病也不能治愈,但可以终止疾病的发展,而那些得病的人也能过正常的生活。获取有效的疫苗大有希望。

中国预期在2000年根除麻风病

中国预期在2000年根除麻风病。他们有2000家专科医院、研究所和麻风村。非传染性的麻风病患者可以在家接受治疗。

总的来说,麻风病已经失去了它的恐怖性,但取代它的是无法治愈的艾滋病,它引起了同样理智的和非理智的恐惧,也导致了对社会不同成员的同样不公平的责难——现在针对的是同性恋者,而不是华人。

第六章　金碧辉煌，赌场林立

麻将的喧嚣 / 澳门：无尽的赌博 / 番摊和金碧娱乐场的喧嚣 / 澳大利亚人的赌博 / 双面钱币 / 中国考试赌博 / 有利可图的赌博业 /《千字文》/ 好票 / 抽奖仪式 / 赌场案 / 悉尼的帮会争斗 / 赌马 / 赌狗 / 斗鸡 / 斗蛐蛐 / 赌博在现代中国 / 鸦片：绝望赌徒的最后解脱

第六章 金碧辉煌，赌场林立

麻将的喧嚣

就像疾病一样，华人的娱乐活动也为人所诟病。他们的赌博是兴奋、公开和喧闹的。赌局大小因赌者的教育水平、社会地位、财富不同而各异，却不是出于兴趣。香港聚集着很多的"麻将窝"，悉尼德信街楼上、墨尔本小伯克街也是如此。"哗啦哗啦"的搓麻将声响彻台湾或世界上任何一处华人聚居地。在当下社会气氛缓和的中国，旧习惯又回来了。店员在午餐后打麻将，店主在生意冷淡时打麻将，裁缝们、服务员们和他们的朋友聚在一起打麻将。在婚礼上，当象征着酒席结束的果盘端上来时，吃酒席的亲朋好友就会4人一组开始麻将牌局。一些客人，尤其是女士们，甚至在酒席入座时就开始玩一种又长又细的中国纸牌——它比麻将要安静些。

散在桌子上的麻将有一些细致的讲究：华人的麻将桌没有台布；人们兴奋的"胡"声不仅可以表达兴奋的情绪，还能够激发大家的好兴致，避免霉运。打麻将有一条重要的约定俗成的规矩：不能将书带进牌室，因为"书"的发音和"输"的发音相同。

麻将由洁净的象牙、骨头或竹子雕刻而成，有3种花样，分别为筒、条、万，并将汉字从一排到九刻在牌面上，每种有4套，一共有36张。3种花样共有108张。另外，还有花样是代表吉祥的东、西、南、北4种风，每种风也有4套，共16张。它们和同样是每种4套的红中、白板、发财共同组成了麻将的总数目：136张。麻将的玩法是4位玩家围坐一圈开始摸牌，其中庄家摸14张，其余3人摸13张，然后开始打。打麻将是个技术活，在每个人从自己垒成墙形的牌中扔掉不需要的牌时，其他人必须关注这些被扔掉的牌，因为这可能是你自己需要的牌。打牌要靠良好的记忆力。一个人如果月薪有1000港币，他可能会冒1小时输掉50港币的风险来打麻将。

在我和妻子琼去中国大陆和香港做调研的几个月前，拉斯维加斯的"凯撒娱乐城"在香港开了一间办公处。任何中国商人如果想要聚赌几天，即可在此处预订，他会得到去内华达州的免费机票。大约在1983年，凯撒娱乐城推出了全新的百家乐赌桌，它的赌注一次可达100万美元。这种赌桌极受香港商人青睐。

澳门：无尽的赌博

我们去澳门观看赌博，那里的3家赌场昼夜灯火通明。我想知道一个周末之夜会有多少赌徒聚集，所以某一天，我凌晨4：30起床，朝设于葡京大酒店的中心赌场走去。三轮车车夫早就醒了，在不断吆喝着招揽生意。他们在自己的三轮车里休息。如果几天未赚钱，他们说不定会死在冬夜的车里。一个年轻体胖的华人和妻子在街上激烈地争吵。妻子用粤语叫道："不，不，不！"她的右手紧紧抓住手提包，同时左手去抓丈夫的钱包。抢了他的钱包打开后，发现钱包竟然是空的，于是尖叫起来，并把那钱包扔到了排水沟。

一些女人坐在酒店的台阶上哭泣。出租车接踵而来，从车里跳出的男男女女冲向赌场。他们都是本地人，赶在早餐和工作前赌两三个小时。大约有600人在赌场里过夜。哈哈大笑的男女们在一大堆筹码前毫无睡意。其他平庸的赢家则在赌桌上睡觉。当倒计时铃声在大大小小的赌局中敲响时，这些赌徒们会惊醒，然后冲过去，赌完后再次睡着。他们在前一天下午乘坐喷气飞翼船来到澳门，玩一通宵，在饭店早上7点开门后，随便吃顿早饭，再赶乘喷气飞翼船回去工作。

在台阶上坐着一些沮丧的输家，他们为保留尽量多的赌资，来澳门时只买了一张单程票。所以，当邮局早上9点开门时，这些人就会苦苦哀求邮政局局长，允许他们给亲友打个电话，要对方汇点路费来，因为当时的电话还没有实行对方付费服务。

何鸿燊和霍英东展现了华人非凡的经商能力，他们在中国大陆和香港市场都有巨额投资，在澳门拥有3个赌场。他们还经营喷气飞翼船、水翼船和客船运输公司，旅馆，出租车队，电影院，客车公司，银行，房地产公司。他们在20世纪60年代的威胁（他们的赌场出现过定时炸弹）中幸存下来，并且奠定了生意基础。他们说服葡萄牙政府给他们赌博垄断权，无情地控制了赌博业。

赌场的监管者通常是华人女子，她们坐在大厅空场上2米高的凳子上，用高度警觉、寻找猎物般的眼神注视着每一个人。赌桌上的钱从来都不会停留太久。赌场上的总管会用长耙子将成堆的钞票（几百元一堆）即刻耙进桌上的小槽中，然后会拿出所有的千元大钞，在一火炬灯下一张张点清。用于结算的现钞都放在箱子里。女孩们把纸币折成约长5厘米、宽1.5厘米的矩形，形如扑克牌，速度极快，然后再把钱理顺，折叠过的钱就像被熨斗烫过一样平整。

中国有地位的绅士们留着长长的指甲，穿着中国旧式服装出现在现代赌徒中间，就像中国女人穿着旗袍、穿着来自欧洲的昂贵的罩袍夹杂在一堆穿着牛仔裤和T恤衫的人中。本地渔民们（他们的曾祖父、祖父或父辈可能是海盗）操本地方言。赌徒们大多是华人，但也有少数欧洲人、葡萄牙人以及俊美的中葡混血种人。每张桌子下都有痰盂，被搁置在靠墙的地板上。

大型赌场附带的扑克机器房通常不大受关注。百家乐、浮筒、轮盘赌也有人玩，但不大热闹。一种域外的赌博游戏倒显得很安静，许多人只是站在旁边，将胜出的数字记在纸上，计算着数字变与不变的概率，然后再下注。

华人喜欢聚在一起玩掷骰子游戏。"二战"期间，我在巴布亚新几内亚看到过美国黑人玩的游戏，但和这个不一样。黑人的游戏是这样的：把骰子掷出前，一人先用大手捂暖骰子，向它们吹气并低语。此时，其他人会大呼："骰子暖暖，兄弟！"那人一面掷骰一面恳求："回家找妈妈，我的宝贝，回家找妈妈！"华人玩此游戏时，却出奇地安静，他们好像不大关心骰子如何滚动。

无论是"大与小"还是番摊①，两个游戏中都混合着特定的粤语、普通话和方言，孩子们大声给父亲提建议，丈夫给妻子提建议。在赌博前，他们大多查看了皇历，一大早就去找卜卦名人——担心她因太多人问卦而疲倦。很多人都拜了财神爷或者其他神仙。他们跪下摇着竹筒求签，等自己的命运签掉出来后，一位卦师就会解释这支签的意思。赌徒们用算数公式知晓获胜概率，但若有神明护佑，概率又能奈他几何？赌博常客有抵御偶尔亏损的资本，他们在一段时间内不会总赢，但也不会怎么输。输的平均概率是3%。

直到有了现代赌场，"大与小"这种赌博才在澳大利亚流行起来。"大与小"即大小骰子，通常的玩法是将3个有数字的大骰子放进一个黑色的拱形盒子中，大家来赌这3个骰子的数字加起来会是一个大数（11到18）还是一个小数（从3到10）。但是，也有规则赌3个骰子的总数。概率随着可能性的不同而变化：总数是9、10、11、12的概率是0.6，但是总数是3、4、17、18的概率是0.1。倒计时钟点提示着每局的最后10秒，然后赌局总管会按3次按钮，拱形盒子就会旋转、倾斜，然后一个盖子开启，骰子就会掉出来。赌局总管者的手柄会转向输的一方，手则探向另一个未开的赌注。

番摊和金碧娱乐场的喧嚣

已有2000年历史的番摊，是华人最爱玩的赌博之一，它流行泛滥，广东尤甚，以至于总督甚至皇帝都设法打压这一股风气。然而，当中国官方意识到赌博有利可图时——就像现代澳大利亚各州政府建立了自己的赌坊一样——就用武力来压制反对赌博者。但考虑到政府征收赌博税收不合适，他们就宣称征税是为了海防。每一个赌坊上都挂着漂亮的黄白相间的灯笼，上面醒目地写着：海防基金。

对于"番摊"的意思，学者们有不同的看法。"番"通常是"外来的"意思，"摊"则是展开的意思。然而，这个游戏并不是外来的，而是在中国本土诞生的。"番"字在这里似乎是以下意思：在单个数字上下赌注。赌台的管理

---

① 番摊，中国古老的坐庄赌博游戏，19世纪后半期流行于美国西部。赌桌中央设计一方块，坐庄各边分别标示1、2、3、4。庄家抓两把小的硬币、豆子或其他小东西，倾注在桌上，盖上铁碗；游戏者赌该堆东西用4除后余数为多少，并将注下在所选数字的方块边。下注后，庄家即翻开盖碗，用一根小棒每次移走4个小东西，直到最后剩下4个或少于4个为止，剩下的就是胜利数字。例如，最后剩下4个硬币，则押4者即赢，以此类推。庄家在每个赢注中抽去25%，并付给各赢家其所下注的5倍，亦即赢输差额为2.75:1，实际差额则为3:1。此种番摊与连续牌戏的番摊不同，不宜混淆。——译者

者坐在一张长桌子的末端，面前有一大堆瓷钮或是其他的圆形筹码，甚至豆类也可以充当筹码；在澳大利亚，经常用不值钱的黄铜币来充当筹码。桌子四周窄而突起的边缘可避免筹码滚出桌面。赌台的管理者总是光着胳膊，将筹码用手指摊开以免重叠，接着将这些筹码再次放在一个平顶的小丘上，然后用樽（澳门的一种没有手柄的银杯，在澳大利亚则为一种小小的锡碗）扣在筹码上，开始旋转樽，直到它的所有边缘都贴到桌面上，再把它推到一处干净的地方。赌台的管理者拿起杯子，用一根漆得很好的乌木短杖将计数筹码耙过来，分成两堆，从一堆中快速地以每次4个的个数把计数筹码耙向自己，然后其他人来猜还剩多少颗筹码：1个，2个，3个，还是4个。

这种赌博要在一张矩形木板上进行，坐在赌台管理者右手边的庄家前面有一张"头牌"。数字的顺序是从左到右，从1到4，用广东话说就是"一、二、三、四"，广东人是这种游戏中最有活力的玩家。这种游戏可以赌具体的单个数字，也可以赌奇数或者偶数。

我们去了位于澳门中心的小赌场——金碧娱乐场，当地的工人和他们的妻子在那里赌博。我们下榻的旅馆职员写了这个赌场的名字，以便我们可以找到。桌上的纸币大都是5港币或者10港币，或者是当地的澳门元，这与大赌场桌上动辄100港币或者1000港币的规模不同。赌场的喧嚣在大街上都能听到，那里人头攒动，人们喋喋不休。二楼阳台有一位赌徒发出浑厚的音乐般的嗓音，从他那里可以俯视赌台。楼上的8个男人围坐在一个长方形栅栏洞边，他们的赌注就放在一个棕榈篮里，用绳子吊下来。抬头见财的庄家满面笑容。那大嗓门的赌徒无须查看赌注，他的声音盖过了楼下的喧嚣。有时候他赢了赌注，就不再放下篮子；有时他需要放下三四次篮子来装大堆的纸币。

香港服务员操一口极富魅力和韵律的粤语，他们将顾客的菜单用粤语通知厨房的厨师，或将账单数目告诉收银台。

番摊被看作是一种公平的赌博。曾经有一些带偏见的报道说，在澳大利亚赌坊的这种游戏中，作为赌注的几笔钱会被整理得很整洁，聪明的赌场管理者在短木杖的飞舞中，会将其中一两笔钱据为己有。在澳门，赌场的管理者好像无法作弊，当他将大堆钱分成一小堆一小堆时，观看者们就会喊出分开的结果。我在那里度过了5天，每天都在赌桌前观看几小时，我看到的是，所有的人都意见一致，也从不出错。

澳大利亚人的赌博

那些赌瘾很严重的澳大利亚人会咒骂19世纪华人的赌博。监狱里的罪犯通过扑克、各种各样的骰子、用便士玩的掷钱游戏来赌博。D. D. 曼尼在1811年出版的《新南威尔士现状》一书中写道："最潦倒的罪犯用他们的衣服来赌博，那些输者只好裸体站在同伴中间。"

双面钱币

掷钱游戏是一种需要技巧的赌博，谁的便士币扔得离木桩最近，谁就将所有的便士币都抛向空中，然后，头朝下的便士就归此人所有。这种游戏从最初的形式发展到"two-up"——一种非常受欢迎的赌博，它为英语增添了新词kip（用来投掷便士币的平板，也许是从"chip"演化而来），come in spinner（投币定输赢），hit the centre（一种对在旁边押注并且成为赢家的人要他停止耙的要求），boxer（掌管钱箱子的人）。维多利亚女王便士币是唯一被允许使用的硬币，因为它无论是正面或者反面朝下，都具有非常好的平衡性。在军队中，我们玩三便士游戏，从每次投币结果的正反面定输赢。游戏的组织者在邦嘎威尔的一块空地上支起大帐篷，玩家须通过茂密丛林中漫长、昏暗、狭窄的拱形通道到达那里。那里的赌局很大，"桌上需要押500英镑"，掌管钱箱子的人不时喊道："现在我需要300，好吧，我需要你们一点点勇气，只需要一点点，我要开局了，有押的吗？还有要押的吗？投币开始！"每一块硬币自由地旋转……每一个玩家都有权力喊："停住！"

大型的two-up赌场在墨尔本和瑞瓦纳发展起来，在这两个地方，有时会有200多人一起玩这个游戏。最著名的赌场是托莫斯，它从20世纪早期就开始运作，在50多年的经营中只有几次中断。

赌马在20世纪初以超乎寻常的速度发展起来，新南威尔士国会还任命了一个委员会去调查此事，然后对赛马制定了严格的法规。就像有纯种马赛一样，也有小马驹赛、灰狗赛和野兔赛。450多个注册的赌马者在悉尼以赌博为生，另外还有一些隐蔽的非法经营者。就像今天一样，乡村小镇也有他们自己的赛马场。

除了新南威尔士之外，其他州的赌博也很活跃，乔治·亚当斯在霍巴特经营他那庞大的塔特索尔咨询公司。1881年，他在悉尼的塔特索尔旅馆经营一家悉尼杯博彩店。当新南威尔士、昆士兰相继废除彩票后，他搬到了塔斯马尼亚，此地容忍所有的赚钱方式——因为它的金库已经空了。1902年，新成立的澳大利亚国会受到其他州的一些嫉妒者的影响，颁布了法令：寄往塔特索尔公司的邮件一律不得办理。于是，亚当斯指示他的各地代理，让他们将信件用多个信箱号寄给布朗先生或者史密斯先生，地址在霍巴特，这样，彩票经营才继续兴盛下来。

澳大利亚华人史（1800—1888）

中国考试赌博

　　赌博业者经营着汽车比赛、足球比赛、射击泥鸽比赛、拳击比赛、跑步比赛、板球比赛等，只要是能够计数的比赛都可以赌。如果没什么可赌的了，据说澳大利亚人会赌苍蝇爬墙，华人会围在大街的摊位前赌一颗橘子有多少个橘瓣。还有不同寻常的赌博，如赌旧科举考试中状元的名字。这种赌博在以前的广东省非常流行，以致在19世纪70年代遭到官府打压。监考者受贿，甚至候选人也受贿。在所有参考人员的名字中，赌博业者会选出20个姓氏，概率和数量都会公布。下注的人会从这20个姓氏中选择6个。假如候选者的姓氏都没有出现在考试榜单的前列，那就没有赢者。所以，有时大多数人会为赌输而付钱。广东总督发布了公告，关闭了赌店，于是上千名赌徒杀往澳门。中国人封锁了澳门，但是这对控制"猜姓"的赌博毫无用处。"猜姓"赌博在科举考试的几个月中非常兴盛。所以，在"海防"的幌子下，这种赌博店再次开业，昼夜无休。1912年，新共和政府废除了科举考试，这些店铺也就关闭了。不过，这种赌博业从未在澳大利亚发展起来。

有利可图的赌博业

　　在"一战"和"二战"中，赌博在生活无聊的澳大利亚士兵中非常盛行，他们在行军野营中和基地野营中都会赌。他们最喜欢玩的是双面币、扑克、扑克21点，还有在一块带有6个区域标志（与特定骰子的图案相对应）的板上玩"王冠和锚"的游戏。我认识一名前第24"轻骑"队的士官，他把"王冠和锚"的游戏板带进了营地，组织人赌博，赚了几百英镑。2位带有特许证的资深长官非常无礼，随意改变游戏规则。他们在维多利亚州伯尼基拉的行军营地任职，为期3年，这让他们在赌桌上赚了大钱。在一个大军营地里，我每周打扑克赢的钱比我得到的津贴还多。我不是一个赌徒，但我玩着就能赢钱。

　　现在，政府为增加税收而扶植赌博业，赌博业的快速增长令人吃惊。强制性地、秘密地、默默地，澳大利亚人均赌博的投资要比任何民族都要多。1985年，澳大利亚人以合法或非法形式积累的赌资达16亿澳元，平均每人所花赌资为1000澳元。泰博控股有限公司①是政府所属、用计算机来控制赌马的系统，分布在澳大利亚的城市和乡村。有人曾建议将其管理范围扩展到高尔夫、板球、快艇、小汽车比赛以及人们喜闻乐见的赌博游戏中。足球赌注给了有些人一次

---

　　① 泰博控股有限公司（Tabcorp Holdings Limited）是澳洲顶级的博彩娱乐商业集团，也是世界上规模最大的上市博彩公司。——译者

性赢得200万澳元巨款的机会。各州提供最高中奖额达100万澳元的不同彩票，中奖率从十万分之一到一百万分之一。每个人都可以从报亭中快速地买到彩票，就像买报纸一样容易，刮掉覆盖层即可看到是否中奖。塔特索尔咨询公司现在以塔特索尔博彩的名义在墨尔本运营。

1954年，维多利亚州政府启用了一个阴招来处理亚当斯的资产。每个政府都经营着有利可图的赌博业。从报刊销售亭里，博彩者可以买到1澳元1张的彩票。抽奖于每周一和周三在电视上进行。一张彩票只有一次抽奖机会；如果买两张，就会有两次抽奖机会。奖金可能会很丰厚，但中奖率是一百万分之一。这种游戏很像中国的彩票——"白鸽票"。"白鸽票"源于一种游戏，与让麻雀预知未来相似。在游戏中，一只驯服的鸽子飞过票箱，用它的嘴刁出其中一张票。它在19世纪吸引了在澳大利亚的欧洲人，无论他们是博彩者还是旁观者。

在华人聚居之地，先是修建餐馆、赌馆，再是住房，然后是寺庙。大多数来澳大利亚设赌场的华人目的都很明确，他们不是牧民、矿工、厨师和劳动者：他们的长指甲就可以证明，长指甲是思想者而不是体力劳动者的标志。指甲是自然长成的，和时尚女郎们粘上的假指甲不一样。一个大拇指尖指甲甚至可长达7厘米，就像长辫子一样，需要多年长成，有钱人会用金护甲来保护这些长指甲。

《千字文》

用宣纸做成的"好票"是从中国大包大包进口的，这些票上印着10行汉字，每行8个字，前8个字来自于中国的古典《千字文》。由于《千字文》历史悠久、盛名不衰，最后已失去原义而变成了一种寓言。中国伟大的书法家王羲之发展了现代汉字，也许是他在公元4世纪书写了《千字文》的第一个版本。也可能是在公元6世纪时，另一位书法家模仿王羲之的风格书写了一千个字，献给了皇帝。皇帝命令一位博学多才的文官将这些字编成故事，文官接受了挑战。一天晚上，他将这些字进行精简，写成了一首关于人与自然和谐相处的长诗，每句诗四个字，句句押韵。因为付出了巨大的心血，第二天早上，他的头发就全白了。

几个世纪以来，书法家们就用《千字文》作为学堂男学生（进入现代以前，中国女孩子是不接受教育的，因为家长认为这不值得）学习第一批汉字的临摹本。大多数赌徒，甚至是文盲都能认识这些字。1874年7月25日，《乡镇杂志》的记者写了一篇题为《墨尔本苦难的中国人》的文章。他发现欧洲人不懂《千字文》的含义。显然，这些文字中隐藏着深邃的秘密。

《千字文》当然很深奥，其中的诗句均用古汉语写成，但并没有诋毁性的句子。这些诗句应该从上念到下，从右向左读。前16个字是：天地玄黄，宇宙

澳大利亚华人史（1800—1888）

洪荒，囧月盈昃，辰宿列张……
　　它们的意思是：

　　　　天、地、黑、黄，
　　　　宇宙广阔但没有秩序；
　　　　太阳、月亮、满、落下，
　　　　夜间星宿按序排列。

　　这16字中意思是"黑色"的汉字（玄）不是常见的汉字，它的意思也很神秘；表示"宇宙"的汉字的意思是"过去、现在、将来的覆盖物"，它比无限宇宙的意思还广阔；"辰宿列张"也可以解释为"十二地支和黄道星座"。
　　为了遵照其原有的韵律，参照悉尼的一位研究生吴维基的字面翻译，我将上述4句翻译成：

　　　　黑色的天空，黄色的大地，
　　　　世界比人们所知的要大得多。
　　　　太阳、月亮升起降落，
　　　　星宿们发出银色的光芒。

　　威廉·马修是长老会的一位牧师，也是汉语言学家，他在维多利亚黄金矿地建立了中英双语学校，并在19世纪70年代翻译出版了《千字文》——他的东方书籍系列之一。他翻译了该书并加上了注释，但却未能保存下来。

好票

　　"好票"既在杂货店里出售，也可从街头叫卖的卖票者手中直接买到。如果是后者，买家则需付10%的回扣。卖票者戴着旧式无凹痕的毡帽（为了在帽子底下给厚4厘米、边长13厘米的一本书或者两张票留下放置的空间），他们的兜里装有黑色墨水瓶和毛笔。买者需要支付最少6便士（约合现在的6.25澳元），最多1英镑（约合现在的250澳元）。一般的赌注为16便士或1先令（约合现在的12.5澳元）。卖票者亲手将笔、墨、票交给买者，买者写出10个字。卖票者会为赌庄写一式两份的单子，在票和收据边上写出已付钱数，并记录在账本上。彩票上写着抽签的时间，通常是在下午5：30或者6点，有时会延迟到晚上10点，卖家会在抽签前一小时拿到票和钱。
　　人们既可在光天化日下光临彩票房，也可在夜间秘密潜入。何时去，要权衡法律形势或本地警方的态度。彩票机构条件一般也很糟糕，彩票房里通常无处可坐，只能站立。兴奋的赌博者们（包括华人和欧洲人）挤在一团查看抽奖。一面高约1.5米的墙被窄窄的布单遮着，将众人与赌庄分开，通常有2位庄家和助手维持秩序。隔离墙的方形栅栏与天花板有10厘米的空间。任何亢奋的观看者都无法跳入赌庄里，但所有人都能目睹审慎的抽奖过程。

墙上挂着一张木板，角上贴着80张5厘米见方的纸片，上面书写着不同的汉字，卷轴和明亮的彩纸装饰着墙面。房间后的一张矮桌上敬着一尊神像，供着香火和蜡烛。这尊神像通常是关公，他是战神和财富的象征，深受赌徒喜爱。有些人家供着关帝像，关帝代表较少财富，但能保佑安康。在一张更长更高的桌上，有4个大瓷坛，上面有1、2、3、4的标志，另一个瓷瓶或锡瓶中有一把竖立的大刀。每张桌角都插着一把刀，刀锋向着另一张桌子，这意味着切断了4个大坛子组成的直线条，也破坏了陌生人的运气。有一些庄家们用其他刀来保护自己，将刀锋对着每一次抽奖的相位。但是，神仙和大刀并不能扮演什么角色，自然的数字概率对任何人都发生作用，从80个汉字中选择10个正确的汉字，其概率是1646492110120∶1。在另一张桌上有毛笔、红墨水和少量的纸票。

50多个卖票者穿过大门，通过铁栅栏交上一式两份的票据和扣除回扣后的一袋袋银币，这些东西都要交给快速打算盘、计算总量的庄家。一些卖票者为了卖票走到很远的地方，回来时小跑着穿过街道，气喘吁吁地穿过人群，迟到了一个半小时，他交上现金时，庄家会咒骂和警告他们。在达尔文，硬币通常非常缺乏，庄家和卖票者都知道外币的兑换率，接受日元，就像接受中国、英国、马来亚和其他东南亚岛国的硬币一样。

在卡文纳街上的白铁皮屋，还卖甘蔗。袁罗在那里经营着番摊，甘蔗在一个街亭里出售，一些赌徒还未吃完甘蔗就输得精光，定期彩票换来了大量珍罕硬币。达尔文的庄家、经理经常访问赌徒，拿着袋子里的金币换取银币。

抽奖仪式

在抽奖时刻到来之前，庄家和助手们要在神像前面鞠躬。他们举着香火，拜上几拜，将香插到神像鼻子附近，恳求神像大发慈悲。然后，一个助手拿起里面有把刀的空坛子，将它放到铁栅栏附近。庄家撕下墙板上的一个大字，将它交给另一位助手，后者将字从铁栅栏传给其外的一位光着膀子的旁观者，旁观者将它卷起来，通过铁栅栏交给助手，助手再将它放进广口瓶。待纸团掉进广口瓶后，庄家再撕下另一张纸，待80张卷起的写了字的纸都进了广口瓶，庄家用刀搅动，然后将这个大坛递交给另一庄家，后者把该坛放到标有4个数字坛子的桌上，将该坛的纸团一个个地放进4个坛子。

随后，一轮抽奖就开始了，一位庄家在4张方纸上写上1、2、3、4，一个助手将它们揉成团,传给他的手下,此人再将纸团放入小碗,然后放在铁栅栏上。一名旁观者的手伸进来,挑个纸团递给庄家,于是,选中的数字被贴在墙板上,这个数字与那4个数字罐子之一对应,而被选中的罐子装着20个胜出的汉字。

当晚最兴奋的时刻开始了,庆祝胜利的仪式有时是焚烧弃票。通常一位庄家只是将选中的罐子拿到墙板下的桌子上,将里面的胜票一个个取出来,大声念出上面的汉字并让助手将它贴在墙板上。另一位庄家则和一位助手坐在桌边,手边放着印盒、毛笔和红墨水,在一沓沓票中迅速写出被叫的汉字,以便彩票代理公示抽奖结果。

对于猜对5个汉字的票,庄家会付出两倍的价格。付款会随着猜对汉字的数量而增加,猜对6~9个汉字的概率减小。如果花6便士便可猜对10个,可得到40~300英镑的奖金,但这样的中奖概率太小。尽管庄家们拜了神仙,也有代表好运的大刀护身,但还是有很多失败的买票者。1888年,布里斯班的2家钱庄在输光本钱后关门倒闭。1890年,达尔文的一位日本人在一个月内,两次花了6便士赢得了40英镑的奖金。1893年,达尔文另一家钱庄因在几夜中支出了200英镑而倒闭,在付款前,庄家们曾拜神求证。

华人社区对赌场实行严格控制,庄家如想经营彩票,必须在一个信誉良好的机构里置放150英镑存款。布里斯班永兴台公司经营着自己的博彩业。赌博是种大生意。1891年,悉尼皇家调查委员会发现:在3500名华人中,有700人在80家赌场工作,这个比例高得离谱。时代是艰难的,但华人尤为艰难,因为整个澳大利亚的华人人口正在减少。

赌场案

时紧时松的法律影响着博彩者,有时会带来奇怪的结果。警察常常会给番摊赌徒定罪。尤其是在公众休假的星期日,罚金颇重,赌坊所有者一般需要支付25英镑,相当于今天的6000澳元。但华人是不会出这笔钱的,他们会抓住机会让高级法庭摆平。他们还向专家寻求意见。1873年,墨尔本警察法院判定进行番摊赌博的2名华人有罪。当这些华人拒付罚金时,法官判他们服刑。最高法院平息了此事,并说警察法院误判……

对于玩"好票"的起诉暴露出法律漏洞,而且法官说法不一。法官让一个不幸的起诉警察将彩票上的汉字翻译出来,但警察说他不懂,于是法官就放弃了此次起诉。他解释说,没人知道华人在这些彩票上画什么,也不知道他们为什么要画。1881年,大法官贝斯特认为:"赌博就其本身而言没有不合法,但巨额赌注就不同了,在法律看来,是赌注的数量犯法,而不是赌博本身或者它的名称犯法。"自《新南威尔士彩票法案》颁布后,起诉案件消失了,因为该

第六章 金碧辉煌，赌场林立

法案规定，赌博的奖品必须是"物品、百货或者商品"，抽奖赢钱则仍然是合法的。李琦、林东、阿青、阿忠在悉尼高本街经营着"好票"业，1881年，他们被区域法院判罪，但他们向最高法院上诉竟赢了，因为詹姆斯·马丁先生和法官温德先生认为"好票"不算赌博。

对于赌博的态度，各殖民地当局和各个警察都有所不同。1878年，政府官员保罗·福斯彻想在达尔文制止赌博。他说，华人上班总是很迟，因为他们整晚都在赌博。赌徒们获悉了他的意图，增加了盯梢人员，让福斯彻几周下来一个赌徒都抓不到。然而，在某个星期天早上，华人以为福斯彻去了教堂，不料他突然闯进一间赌坊，赌徒们都惊慌失措，穿越竹墙逃生。福斯彻和他的手下只抓住了9个人，其中一人是赌场老板阿松，骑警凯伦在抓捕他时把自己的手都弄伤了。

普莱斯既是政府官员，也担任法官，他判处阿松20英镑罚款，这令阿松大为震惊，也激怒了法庭外的100多名华人。阿松叫来了翻译乔治·张，让他在法庭外边用英语和汉语辱骂普莱斯，指责普莱斯误翻证词，然后动手打了他。普莱斯将阿松带回法庭，判他2个月苦役。达尔文的华人和欧洲居民都认为判决太严重了，于是发起了群众请愿。

普莱斯给政府发了一封冗长的电报，报告了他的行动。部长们读了这些电报后写了谨慎的评语："华人的问题应该小心处理"；"我认为，只要没有公共寻衅事件发生，太过严格的赌博法令不适合于华人"；"不明智的压制和引起不安的管理方式会引起骚动，还不如让华人任其发展"。

4年之后的1882年12月1号，仍然坚持禁赌的福斯彻向普莱斯抱怨道："莱特先生拒绝在赌博法下给警察以逮捕权，其理由是'华人的赌博并不比欧洲人的玩牌更有害'。"

1884年6月，福斯彻肯定为逮捕经营赌坊的莫韦而后悔，因为这使他陷入了一连串滑稽的灾难中。首先，法官撤销了这次起诉，原因是警察无拘捕令闯私宅属犯法行为。其次，莫韦以伪证罪起诉诉讼案中主要的目击证人阿开。阿开在警察局做饭，同时也担任线人。莫韦当然不是无辜者，但他在法庭上出示了证明——他并非是如阿开所说的赌坊老板，他只是为一位华人朋友照看房子而已，那人当时在中国，于是案子撤销了。莫韦起诉警察非法抓人，并且得到了10英镑10便士的诉讼补偿费。阿开因恶意起诉莫韦遭罚款15英镑。在此次逮捕行动中，一位名叫阿魏的医生也被逮捕，他也起诉警察非法抓人，得到了10英镑10便士的补偿。同年8月，莫韦和阿魏又因警察未支付相应的赔偿而起诉警察，最终他们胜诉了。

在第二年的6月，阿开控告了6名赌徒及其合伙人，称他们合谋株连自己。但是，该案子被撤销了。他们想起诉阿开对2个华人男孩阿龙和阿黄进行了"不正常的伤害"，但是，这两个孩子站到法庭上，无法说出在何时、何地看见了何人。一位姓林的货店老板——他是阿开起诉的几个人之一——起诉了阿开，说他"引诱其中的一个男孩阿龙做伪证"。如果阿开远离法院，他的情况会好些。他被指证有罪，最终被判罚 2 年苦役，由此完成了此段滑稽事件的最后一段。《北领地时报》的编辑高度评价了律师在此事中的作用。

所有殖民地警局都雇佣华人做赌博和卖掺水酒的线人，通过这种卑劣的安排，线人会得到罚金的 1/3。他们怎样逃过惩罚呢？《北领地时报》想探个究竟，1893 年 3 月 3 日，该报成功地报道了对操纵彩票的谭松、郭洛、方伟的起诉。"华人因长时间不受打扰地赌博以至于被抓时感到惊讶。法院保留了赌场中最丰厚的奖金，但必须要交给谭松 11 英镑，他是一名线人，也推动了法律机器的运转。很明显，谭松会度过一个'非常危险'的新年。"

在 2 年前的一起案子中，12 名赌徒决定，宁可坐牢也不让谭松获取罚金。

当然，也有警察因受贿而无视赌博的传言。19 世纪 80 年代，一位松溪的警官公开地吹嘘自己生活优越，并依靠"租金"来玩扑克，但他从未被人起诉过。1891 年，调查华人赌博和不道德行为的皇家委员会调查了一些流传甚广的警察贪污案件，结果是几位警察被传讯，他们被要求解释金表的来历。约翰·道森是一位退休士官，他负责监管悉尼的华人社区 14 年，他说，华人在他退休时赠给他金表。经常参与此类案件的梅光达作为一名调查委员，也在文件上签了字。贝德曼警官因为英勇抢救一名溺水儿童得到了一块金表，捐赠者乔治·底比斯首相的名字被刻在了金表后面。所以，委员们没有找出任何诋毁悉尼警局的证据。1886 年，事情在香港就不同了，53 名华人警察——香港警察总数的 1/3——因赌场受贿被停职。他们压榨得太厉害，所以赌场老板去警局告发了他们。

一些澳大利亚警察认为，他们在突袭时拿到的任何现金都是正规的战利品。在达尔文，官方准许他们这样做，但对警察来说，这比收取佣金的线人更难堪。让 6 个警察去突袭人数是他们 10 倍的赌场是需要勇气的，因为赌徒很可能会有过激反应。1882 年，警察在阿德莱德的弘德莱街上突袭了"好票"抽奖的赌局，逮捕了 10 名华人和 5 名欧洲人，这些警察对赌博仪式上用的大刀感到震惊，他们本以为那些刀具是用来防身的。自然，非常现实的华人并没有忽视刀具的这些功能，虽然没有任何记录表明这些刀具被使用过。

但是，现在警察又受到了带刀赌徒的袭击。1882 年，埃文斯警探在庭哈的一次突袭中严重负伤，他在这次行动中抓获了 18 名华人和 2 名欧洲人，他伤得很不值得——因为他的逮捕令证件不全，所以法官释放了所有的人。1893 年，布莱德警官愚蠢地穿过一家位于纽卡索的华人商店，闯进了番摊商店后面的一间屋子。那些赌徒们砰的关上门，用扫把和扁担用力打他，其他警察听到了他的尖叫声，立即冲进屋子救了他，赌徒们却一哄而散。

在达尔文，有时两三百名兴奋的华人会随同被逮捕的华人一同前往警察局。

第六章　金碧辉煌，赌场林立

有些华人会走在队伍前面，后面是抓着戴铐华人辫子的警察，警察通常每只手中抓着两三根辫子。后面又跟着一大群华人，他们对被抓者进行安慰、议论、提建议、计划辩护。那些被抓的人则大声嚷叫，埋怨他们的晦气。在法庭上，他们可能会起誓，说当时他们正在付医疗账单，并不是赌博，而且还会有一个又一个的证人去证实他们所言。

如果警察的突袭太恼人，赌徒们就会制定更好的防范措施。他们不再公开地在街上或店里买卖彩票，而是在商店后面的房间或小巷子里完成任务，然后在他们的休息之地秘密填好彩票。庄家们会在夜半时分才开始抽奖，并且不断地变换抽奖地点。赌番摊时，他们用筹码代替现金，筹码在离赌场很远的地方出售和兑现。他们将赌场设计成有多扇门，并与一家饭店的大门相近，万一有突袭，赌徒们便可迅速地溜到饭店，这样他们就不会被逮捕。

1875年，库克城的一场大火烧毁了赌场的30个房间，这也没能阻止赌博的继续。仅仅一个月后，1875年12月20日的《昆士兰人报》就报道说，经营者重建了所有的房子，而赌博生意兴旺如初，"那里混杂着番摊、猪肉、烧烤、彩票"。

悉尼的帮会争斗

赌博加剧了个人、种族、华人氏族、帮会和宗族间的紧张关系。1874年7月6日的一个晚上，一群华人在昆士兰罗马街莫兴的房里赌博。在此期间发生了争执，然后就是一通混战。阿吉跑出房间，他回来时，两只手中拿着两把刀，凶狠地刺向阿松的肺部，后者当即毙命，另外的3人被打成重伤。阿基在众人未反应过来前便冲向大雨中消失了。

1887年12月，在北领地的罗姆丛林里，来自君山的华人矿工们用石头、左轮手枪等工具袭击了客家人营地。他们清除了帐篷，洗劫了茅屋，并抢走了所有东西来弥补赌博输掉的钱。

1892年3月，悉尼水上警察法院门前有两三百人在打群架，他们是两个帮会的成员。阿洲手持一张获奖彩票，但庄家郭兴说票是假的。阿洲出庭向仲裁者讲述了来龙去脉，但郭兴仍拒绝支付彩票奖金。官司在澳大利亚法庭终结，索赔者、拒绝索赔者，还有关于强迫的投诉把事情搅得一团糟，所以法官本杰明·李撤销了此案。法庭上的一些华人吼叫着冲出法庭，拿出藏在宽松衣服下的警棍、哑铃、铁棍、球棒、鸡毛掸子等东西，帮会之间发生了冲突。在法庭外等待宣判结果的100名华人也拿起武器加入了混战。受伤者在混乱中任人践踏。女人们尖叫，马匹惊奔。三轮车车夫们咒骂着，择路而行。警察和水警挥舞着警棍，并抓住更多的辫子来控制局面。当警察与俘虏搅在一起时，华人抬走了伤者，无人知晓死伤的数字。

两帮人马都开始购买武器。一个团伙有20人，他们在某枪店决定购买12支步枪，但是要求20%的优惠，所以该交易未能成功。他们曾询问聚集在岩石区的恶棍，看他们是否愿意受雇去打架。帮派仲裁委员会主席梅光达一直在帮派中调停，想让双方平静下来。

1903年12月，某个星期六的下午，在达尔文，一个高大的东南亚岛民从赌博屋里不慌不忙地走出来，后面有五六个华人用棍子追打他。他转过身，抓住一根棍子，将它折断，挥舞着双臂将攻击者驱散，继续走路。但攻击者重新聚集起来再次袭击他，他毫不惊慌，也不退缩，只是时不时地转身吓跑那些攻击者。

在位于瑞瓦纳的奥马牧场站居住的贝尔夫人告诉我，在克莱尔牧场站有12座华人坟墓。她是在20世纪初看到的。那个场站老板说，克莱尔已无华人了，因为一个华人在一次赌博混战中将其余人都毒死了。

华人当然能意识到骚动引起的负面影响，有些人甚至对赌博的破坏性感到忧虑。1881年，新南威尔士的70名华商联名上书请求政府管制"好票"赌博。1893年，香港和澳大利亚的一些著名中国大亨请阿莱森出席晚宴，向他赠送锦旗。阿德莱德商人魏基朗诵了颂词，称赞他阻止了大量移民在他的船上赌博。

澳大利亚人对华人赌博的态度颇不一致，有卫道士，也有嫉妒者——他们认为华人比澳大利亚人更容易免除惩罚，而本地人的赌博是有法可依的。1887年6月4日，《北领地时报》写道："本地人如在公共场合喝酒时赌牌或赌马，会触犯法律，被带到法庭，课以重金。"该报纸还写道："我们欧洲人坚决反对'议会法案'，该法案不允许我们把钱花在赛马上，而赛马是我们的国民娱乐。然而，华人却可以公开赌博，不会受到当局任何干涉。"

1881年，梁光在库克城因赌博被抓，他是从另一个角度看待此事的："我是被警察从阿叶的鸦片商店带走的，一共有13人被捕。我们只是在那里吸烟，并非在赌博，但我们被逮捕并被罚款。真正的赌博发生在隔壁房间。假如华人为了6便士赌番摊，他就会被罚款；但英国人却可以掷骰子，可以抽奖，还被认为是个良民。如果我们做了同样的事情，我们就成了人渣。但如果我们边饮酒边掷骰子、赌英镑，那么我们也是良民。我们得为英国人所谓的正义付10英镑人头税。"

有一个简单的赌博游戏叫"摆多米诺骨牌"，在塔斯马尼亚的瑞瓦纳的锡矿工中非常流行。现在，这种游戏在悉尼无许可证的赌坊中又受到一些华人和欧洲人的欢迎。20世纪80年代，法官在几次案例中都判定它不属于赌博。多米诺骨牌的游戏规则是：32张多米诺骨牌分成4组，每组8张，每组的8张牌要垒起来，分列在一个正方形的四个拐角处。玩家们根据掷骰子来决定玩的次序，骰子总和最高者胜出。曾经有建议说，让包含这种游戏的世界最大赌场建在悉尼奢靡的情人港的建筑群中，幸好这个愚蠢的工程最后没有建成。

在 19 世纪，来自塔斯马尼亚各地的欧洲人与华人在维德伯赌博。华人在欧洲人运动会中热心加入了赌博，甚至会花几个小时去玩"皇冠与锚"。他们非常喜欢一对演出狗。在演出狗们表演完穿火环、接球、立起后腿跳绳后，它们的主人卖完了很多颜色的彩票并将彩票的复制票据放在一个箱子里。当彩票售罄后，主人会让一只狗去挑个颜色。那只狗跑到箱子边，用爪子打开箱子，用嘴叼出一张彩票。所有与小狗叼出的票有相同颜色的彩票都将得到奖品。这个赌博游戏与麻雀占卜的游戏非常相像。麻雀占卜就是让一只麻雀飞过一些箱子，用它的嘴从箱子里叼出一张卡片，卡片上的信息通常是非常隐晦的，需要再付款进行解释。现在这种占卜游戏在香港仍然很流行。

赌马

从一开始，华人就热衷于赌马。"澳大利亚所谓的国民赌博项目就是赌马，要进行整整一周"，1931 年出版的《远东杂集》（该书的作者罗月亭是中华民国驻澳大利亚的前领事）记叙道："这种赌博尤其受华人的喜爱，看台上最好的座位通常是华人的，赌注巨大，有时高达 500 英镑甚至 1000 英镑。在与华人赌博时，那些有身份的澳大利亚人也甘拜下风。"

跑马俱乐部给华人增添了一些特殊佐料——蹩脚的骑手和糟糕的驯马师只能给整个比赛增添笑料，但他们还是乐在其中，而不是感到懊悔。1856 年 12 月的《阿米道尔快报》报道了岩石河的赛马会。赛马会的奖品非常丰厚，有 15 英镑，它相当于一位华人牧民的全年工资。比赛距离有 1.5 公里，每个职业驯马师必须戴上宽大的编织帽，如果掉了帽子，他就失去了比赛资格。

1885 年 9 月 22 日，北领地金矿赛马俱乐部张贴了宣传"华人赛马"第二次年会的广告：

> 一英里赛马比赛。马匹须是纯种中国马；骑手须穿中国传统服装。门票 10 先令。

19 世纪 90 年代，北领地金矿赛马俱乐部经常组织赛马。"赛马这项发明非常好，"《北领地时报》写道，"因为华人在赛马时出手大方。"那时，经常举行赌马赛，但是有时每次只出现三四名赛手——因为马匹稀缺，一些马匹有时要连续参赛 3 次。华人的赛马就这样不经意地被人记住了。1890 年 8 月 15 日，《北领地时报》对整个赛事进行了报道：

> 此次华人赛马，真正的中国马将获得 5 英镑的奖励。马将在跑道上跑一圈，须有 3 名选手参赛，否则就不举行比赛。骑手须是华人，门票为 5

先令。

　　事情的过程非常有趣。3名骑手骑着品种奇特的3匹马。比赛开始后，第1匹马冲向了灌木丛，人和马都消失了；第2匹马在跑道上掀翻了骑手，脱缰跑回，但被竞赛助理拉住，再次披挂上阵；此时，第3名骑手正在跑道附近等候。然后，3匹马再次开始竞赛。情况似乎得到了控制。但当第1名骑手颇为放松时，他的座驾却掉头而去，此刻距离终点只有20码，骑手大为震怒。竞赛助理再次出来救驾。第2匹马及时跑到了终点。观众们发出阵阵大笑。获得第1名的赛马叫斯诺伯，骑手是阿尤。

　　1861年，汤米·何是索法莱地区的华人官方翻译。他是个职业马术师，在他的同胞中技术超群。他骑着自己的马"Wait-a-while"，在一场欧洲人比赛中获胜。

　　澳大利亚华人依然对赌马有着强烈的热爱之情。在赛场上，你可以看见成群的华人如饥似渴地阅读赌马手册，然后，悄悄溜出去，默默压上赌注。现在，华人全方位地参与赌马活动，特别是厕身于赌马拥有者和赌马商之列。20世纪80年代，阿瑟·孙是新南威尔士著名的赌马商。在所有优秀的澳大利亚驯马师的马厩里，都有几匹马为华人所有。1972年，威士忌夜总会的老板安东·王和德信咖啡店的老板罗伯特·李永合股购买了一匹叫"Timujen"的小马。在前三场比赛中，这匹马并未显山露水，但在后来的训练中，它健步如飞。澳大利亚驯马师俱乐部建议老板给马改个名字，因为之前已有一匹名叫"Timujen"的马参加过比赛。机不可失，王和李将这匹马秘密送到布里斯班的一个驯马师那里，给它起了新名——"Mombsaa"。驯马师让该马参加了邦戴巴地区的小母马比赛。邦戴巴在布里斯班的西部，临近爱伯斯维赤。在悉尼、布里斯班和邦戴巴，人们会按照赌马商的建议押赌每一分钱，然后用赌金计算器计算结果。赌赢的概率是1/16或者2/7，但他们乐此不疲，永不罢手。一位华人不断向赌马商咨询，展示彩票，收好钱票，把钱放进一个大旅行袋，这个旅行袋由一名金发碧眼、穿紫色便服的欧洲女人背着。当袋子装满时，他们会让警察帮着照看，然后两人钻进车里扬长而去。赌马商不怕输钱。1972年，阿瑟·布兰宁赚了一大笔钱——10000澳元。他说："我给它们打10分，这是我在赛马场上见过的最好成绩。"

　　澳大利亚人在中国的赛马历史也颇为悠久。早在1850年，澳大利亚养马者就把马送到上海去参加赛马比赛，比赛时，这些马会以主人的名字命名。现代澳大利亚人也卷入了香港赛马中，他们既虔诚又狡猾。

　　香港岛的快乐谷俱乐部和新界的沙田俱乐部是两大俱乐部，它们交替开着例行周会。在暑期中旬最热时，这两家俱乐部都会关闭。1983年，沙田俱乐部的赌马者押下2亿3000万港币赌暑期的最后一天的最后一次比赛。澳大利亚的驯马师们、骑手们以及管理者都卷入了杨元龙的这场利益骗局。杨被称为"丝绸大王",他是一位来自上海的富有的中国纺织加工业大亨,也是香港皇家赛马职业俱乐部的会员。有些赛马的动作在 2 年前就已经被设计好了,为的是能够取得一个非常好的成绩。1986 年,不辞辛劳的反贪总署 ICAC 的几次行动,抓捕了一批赌博的华人和澳大利亚人。在被捕者中,有些人撇清了自己,有些人则把内情和盘托出。作为对他们坦诚的回报,反贪总署将他们护送到机场,让他们永远离开这个国家。有些人,包括杨云龙,则必须待在香港,支付高达 100 万港币的保释金。在炎热的夏天,他必须每天向警察报到。杨最后被判了 2 年徒刑,因为他患有癌症,被处缓期执行。澳大利亚的职业赛马手和骑手,包括罗伊·爱德伍德、罗德·斯泰普斯以及大卫·布莱斯南,要么被罚了款,要么进了牢狱。

赌狗

在共产党统治中国之前,赌狗在中国就像在英国和澳大利亚一样受欢迎。在 19 世纪,村与村赌,村与村斗。通常这些赌博是通过奇怪的品种——沙皮(Shar-pei)而赌,因为这种狗与"chow-chow"(中国的黑鼻狗,松狮犬)有血缘关系,所以它们有着与松狮犬相同的蓝黑色的舌头和口腔,有着不轻易放弃任何猎物的尖利牙齿。它们的耳朵小小的,有时候不超过拇指甲盖大。它们的皮肤如河马皮一样皱巴巴的,它们毛发稀少而且坚硬,从近距离看它们,感觉它们光秃秃的。但是中国人发现,如果将他们与英国的牛头犬或獒犬交配,就会产生更具有攻击性的后代。后来,斗狗被禁止后,这种沙皮狗品种就几乎消失了。

斗鸡

斗狗在大批华人来澳大利亚之前就消失了。1849 年,最受欢迎的斗鸡在英国被明令禁止。一年以后,澳大利亚虽也同样明令禁止斗鸡,但事实上,斗鸡在澳大利亚还继续存在,华人和菲律宾人在防范严密、隐秘的场地进行这项活动。我认识一名为"Australian Game"和"American Clarets"养殖斗鸡的男子,直到 1970 年,他仍然在为这 2 家组织从其他饲养者手中挑选优秀的斗鸡。

斗鸡的赌注押得很大。一次赌赛包括 7 场比赛(赢的概率要比抽奖大),参赛的 7 对斗鸡体重差距不能超过 2 盎司——没有人会用公制去称。每场比赛的冠军会赢得 2000 澳元,如果 7 场比赛都胜利,将会赢得 14000 澳元。在四五十名观众中,也会有人开赌。

斗鸡要养得既健康又健美,饲养者要对它们进行争斗训练。斗鸡教练及其助手联手训练斗鸡。教练将这些斗鸡放在一块旧布上,将斗鸡反复地投向空中以练习它的飞翔能力;他用羽毛和软垫制成的假斗鸡不断去挑逗,使斗鸡看到目标就扑上去攻击;教练用软木或者橡胶保护它的爪子,并让斗鸡之间互相决斗。

在真正的赛场上,要给斗鸡戴上金属尖爪,使它原生态的爪子更长。金属尖爪要与斗鸡的爪子相配,并用带子绑在其腿上以求稳固。它们大概有50~70厘米长。最好的金属尖爪用银铜混制而成。这种工艺已经失传了。现代的尖爪用钢制成,但铁匠却很少掌握这个技艺。尖爪必须像针一样尖锐,它的弹性要求其刺到对方的骨头后还不会弯曲或被折断。斗鸡的每一次出击都会拼尽全力。曾经有一只斗鸡因为用力太大,25厘米长的爪子居然刺穿了一块木板。

一场比赛可能只持续几秒钟,要么其中一只斗鸡死去,要么两只同归于尽;有些比赛可以持续几分钟,虽然双双受了重伤,但它们仍斗志昂扬。在比赛结束后,得胜的斗鸡也常常会因伤而死。两只鸡争斗的方式多种多样:有些斗鸡在地上相斗,其中一只横跨一步,突然向对方用力一击;有些从空中腾空而下,猛击或者猛啄对方;有些反击专攻对方身体,有些反击则明智地对准其头部,头部的一击可能就会让对方彻底失去反击能力,从而结束战斗;有些斗鸡双腿分开跳起,然后再将两条腿合并,将尖尖的爪子用力插入对手的胸膛,对手无以解招。总之,它们必须要斗争。一只斗鸡如果受伤逃走,就会被人鄙视。

斗蛐蛐

华人还有一项斗虫游戏,它在澳大利亚从未流行过,但在旧中国以及现代中国的香港、澳门是非常流行的。现在,北京和一些南部省市也部分地秘密流行了起来。它引发了极为疯狂的赌风(赌徒们先押上自己的钱,钱输完后再押上他们的财物,然后是他们的田地,他们的仆人、小妾、衣服)。这项赌博的内涵,它的由来和寓意,它的精致的隶属物——银子、象牙、龟甲、乌木、白檀木、翡翠、瓷器、护甲、竹子等,既非不同寻常又显而易见,它就是斗蛐蛐。

世界上的人都喜欢蛐蛐(蟋蟀,俗名叫蛐蛐),在大多数民族中都会将蛐蛐作为一种幸运的代表。在整个夏天中午尖锐的蝉叫声平息后,会有一周或两周的平静期,随后,蛐蛐的歌声就带来了秋天。它们在秋天交配、产卵然后过完整个冬天。当其他动物慢慢死去或者正在冬眠时,它们就活过来了。千百年来,抱着各种信仰的华人从大街上兜售蛐蛐的竹筒里将它们买来,然后将其带到田野里,这是佛教的冬季放生季。现在,这种博爱的仪式又恢复了。但是,如今大多数中国人买蛐蛐是为了听它们唱小曲或者斗蟋蟀。1949年前,上海有一整条街都在卖蟋蟀或与蟋蟀相关的设备。现在,北京有最大的蟋蟀市场——位于北京市南郊天坛附近的龙潭公园。政府对它们持容忍态度——虽然恢复传统的东西太显眼了。这些东西不应当给外国游客看。

唱小曲的蛐蛐可以养在装饰精美的竹筒里,以便悬挂;或养在有一个小开口的编织盒里,以便拴在腰间的皮带上。挑选蛐蛐时,要听它们声音的高低和音质的圆润程度。只有雄蛐蛐才会叫。人们将蛐蛐的前翅膀抬起来,交叉着放在它的背部,擦拭一只翅膀与另一只翅膀底下的锯齿翅膀。主要的蛐蛐唱将,是一种体型较大、非常昂贵、敏感、蓝金相间的蛐蛐,它能认出主人,一有陌生人,它就会焦躁不安。不能把这种蛐蛐系在腰上走上大街,那样会让它惊慌失措,试图逃跑,最后死去。它的叫声非常动听,声调高亢。如将五六只蛐蛐放在一个房间的话,它们的声音足以盖住任何人的声音。有时,关爱它的主人会将它的拱形翅膀打上蜡,以此来提高它的叫声,就像一位小提琴手为弓弦擦松香一样。一种适合在手中把玩的小黑树上的蛐蛐名叫"金钟",它最受欢迎。

善斗的蛐蛐往往要从多个品种里遴选,它们身材适中、活跃好动。"歌唱型"蛐蛐依靠声音去战胜对手,吸引配偶;"战斗型"蛐蛐则靠下巴来取胜。澳大利亚有一种不同寻常的蛐蛐,叫金帝蛐蛐,它生活在新南威尔士北部和昆士兰,有7厘米长,长着一颗巨大的头,下巴是身长的1/3。它可能成为斗蛐蛐的冠军,我从未见过能和它匹敌的对手。

中国的战斗型蛐蛐都有自己的昵称,一种叫"金狮猫",在它背部的翅膀上有黑底发光的斑点,它通常是非常有力的战士。还有一种蛐蛐叫草蜢,它是一种在草丛间跳跃的昆虫,孩子们如往其洞穴灌水,它就会跑出来,跳到香蕉叶子上比赛。还有的蛐蛐叫"白马头""梅翅""琵琶翅""竹节心",它们都非常强壮,且勇敢无畏。

我们到香港时时令尚早,还不是斗蛐蛐的季节,但我们看到了斗蛐蛐的预备工作。在旺角的康乐园,街上摊贩的摊位已经建立起来了。附近的鸟店还出售鸟食。在鸟笼商店前,鸟笼制作者现场制作鸟笼。一条街道拥挤得只剩下逼仄的通道了。我们厕身到人流中,简直无法通行。人们前呼后拥,眼睛都盯着中间看。我们挤进去着实花费了点功夫。只见两人蹲在地上,彼此相对,面前各自放着一只盖碗。时不时地,你说一句,他说一句,将彼此的碗盖揭开一点点,里面各放着一只棕色的大蛐蛐。中国小伙儿艾伯特向我的妻子琼做了介绍。广东人和澳大利亚人在使用最擅长的骂人语时,方式几乎是一样的。"你的蛐蛐确实孔武有力。"其中一个人说,"它赢了几回了,我很想找到它的对手。所以,假如我这只初出茅庐的蛐蛐他妈的赢了,你得给我200港币;假如你的蛐蛐赢了,我给你100港币。""不行,不行!你的蛐蛐他妈的也太大了,一看就他妈的能赢钱。"由于不能达成一致,两只碗都被盖上,蛐蛐被它们各自的主人带走了。

如果两只蛐蛐相斗了,结果会怎样呢?在澳门,我给了某摊贩一些钱,让他为我进行一场比赛。他费了一些时间才找到两只适合战斗的蛐蛐。这些蛐蛐都是新抓来的，未经训练，因为这个季节太早了。他打开一个罐盖，将一根头上系着老鼠毛的竹杠刷子伸进罐里，用它来触动蛐蛐的触角和它的背部，但是这一只似乎并没有愤怒。摊主一次又一次地打开罐子。买主们都对这些蛐蛐不感兴趣，把钱重新放进了衣袋中。当他打开某个罐子时，一只蛐蛐忽然叫了起来。当刷子触动到它时，它围着刷子跳了，而且叫声更加高亢。它的翅膀飞快地振动，几乎让人看不清，它属于促织类，这是蛐蛐的一个古老的种类。当刷子靠近它时，它跳向刷子，不断用它的下巴去咬。摊主将这一只放在旁边。然后他又陆续打开其他罐子，以寻找一只相匹配的被激怒的蛐蛐。

他将一个陶瓷坛子放在路上。瓷坛的直径有20厘米长，12厘米高。为了方便蛐蛐跳跃，坛子底部铺着沙子。然后他将两只蛐蛐放了进去。

如果是双方已经押了赌注的一场比赛，摊主还得称一下两只蛐蛐的重量是否相匹配。所使用的秤必须是中医的象牙竹子秤，它用一根细细的绳子吊着，系在小指头上。这种秤非常精确，它甚至能够称出蛐蛐腿的重量。它要确保参赛的两只蛐蛐彼此重量差别不大。

蛐蛐们叫着，彼此相冲。腿脚缠在一起，狠咬对方的下巴。当一只试图把另一只的腿咬断时，它们就跳开闪在一边。它们再次交锋，都跳了起来，腿在空中交叉，然后一只分开腿，沿着碗的边缘奔跑，另一只紧紧跟在后面。争斗结束了。有时候，一只蛐蛐的腿被咬断了，获胜者就会将它拿出碗，然后扔掉它；有时候一只蛐蛐被打败，就会死在碗里；但是，大部分蛐蛐相斗还是以一只败走、另一只紧紧相追而结束。胜利的蛐蛐会骄傲地用嘴整理它的触角。

作为农民，我认识很多动物。但是对于蛐蛐，我却不能准确地辨认出它们的品种，它们看起来好像都一样。不管赌注下得有多大，胜利者的颜色也没有什么不同。

泰乐园街即将收市了，我们看到，摊主让自己的蛐蛐们睡觉去了。除了那些白天在纱布裹的碗里出售的一两百只蛐蛐，这些摊主们还有几百只放在竹筒里。这些竹筒用木塞子塞住，拥挤在巨大的竹篮子里。摊主捡起竹筒，将蛐蛐倾斜着放在手中，将竹筒里的排泄物倒出来，然后用刷子将里面清理干净，再放进一块南方产的瓜（类似于南瓜），然后将蛐蛐放回竹筒，用塞子塞住，将它塞在另一个篮子里。然后，再拿起另一个竹筒……

喂养蛐蛐的食物可不只是南瓜。在很久以前，一个蛐蛐养殖场会由几个训练者和助手来照顾。蛐蛐冠军要用大头针来细心地喂养，要像喂养种马一样来小心地喂养它。有时候，它们值几千个银元，比最好的斗鸡还要值钱。喂蛐蛐的食物有：鱼类、蚧蟥、豌豆饭、熟米饭、栗子、蜂蜜、白菜叶、鸡蛋花瓣。假如有两只壁虎打架，它们会被饲养者抓住，然后剁碎，喂给那些准备去战斗的蛐蛐。作为战斗蛐蛐的食物，还有比"战斗"更好的食物吗？

训练蛐蛐一天要花好几个小时。一个学童也可能有20只蛐蛐，这些蛐蛐或是他抓的，或是他买的，会被放在陶瓷坛子里。这些坛子摆在镂空的木架上，一个垒一个地放着。孩子的家人如果不喜欢斗蛐蛐，就会对蛐蛐的吵闹声抱怨不停。现在，一位成年人可能会有一百多只接受训练的蛐蛐。他经常要用一根头发拴着蛐蛐的后腿来训练它们，蛐蛐会打、踢、拍击翅膀。这种训练是为了增强蛐蛐的力量。在接受训练后，每一只蛐蛐会在一个浅碟子中进行沐浴。它们会被放在竞技台上竞技，训练者要用毛刷来刺激挑逗以激怒它们，这种训练每天至少进行一次。那种刺激蛐蛐的毛刷子非常昂贵，是用优质青草的上端捆成的，或者用竹豪制成。为让蛐蛐们记住战斗的原因，主人每晚会为每个战士配备雌性蛐蛐，让它们玩2个小时。

那些去野外抓蛐蛐的人可能会获得最好的蛐蛐，他们可以从蛐蛐的叫声中辨认出蛐蛐的品种。当他们听到一只蛐蛐高亢鸣叫时，便慢慢向它靠近，然后弯下腰，仔细寻找它的洞穴。如果这是一只高品质的蛐蛐，他们不会用水将它冲出来，因为这样会冒犯它。他们会尝试给它吃一片桂圆肉。如果这只蛐蛐从洞里出来，品尝这片果肉，那么这只蛐蛐的品质就可以确信了。在中国，那种甜甜的、琥珀色的、葡萄形状的水果叫"龙眼"，即"龙的眼睛"的意思。龙眼是一种高级水果，它不仅味道香甜，而且比相似形状的荔枝更有利于身体健康，因为荔枝吃多了会使人上火。龙是一种高贵动物，这并不仅因它的形状和外表，更重要的是它代表一种雄性的力量。龙的眼睛是它高贵身体中最珍贵的一部分。此外，如果有人将"yan"的发音变一下声调，它所对应的汉字也随之改变，"眼"就变成了"焰"，它的意思就成了"笼中火焰"。反正有各种原因说明吃龙眼的蟋蟀品种是最高级的。所以，抓蛐蛐的人要迅速将装蛐蛐的竹筒笼子靠近蛐蛐，千万不能错过这样的好机会。

有一则从12世纪起流传下来的故事，说的是故事的主人公王业和他的父亲靠抓蛐蛐为生，过着清贫的生活。一天晚上，他抓到了一只他从未见过的最好的蛐蛐。他将蛐蛐带回家，为它沐浴，喂它食物，对它进行训练，最后把这只蛐蛐带到了乡间赛场上。这只蛐蛐战无不胜，为它的主人赢了很多钱。有一天，王业将它放进竹笼中，要去参加另一场比赛。他和一位官员在邻村的桥上擦身而过，就在此时，蛐蛐高叫起来。这位官员是一位忠实的蛐蛐爱好者，听到如此高昂的鸣叫，兴趣大发，想一看究竟。官员看完蛐蛐后，就想把它买下来，开价是3000两银子再加一樽给王业老父的上好棺木。王业想，如果他卖关子，官员会出更高的价，所以就假装不想卖，并对官员说，他得和父亲商量一下。

王业的父亲得知此事后非常生气，他怕官员会改变主意，那样他就会错失一樽昂贵的棺椁，同时也会失去一大笔钱。王业一时拿不定主意，就去外边散心。这时，他的邻居来到家里，还带来一只蛐蛐，说想来场私下比赛。王业的老父亲寻思，蛐蛐能赚些钱回来，就答应了这场比赛。没想到，当他将蛐蛐笼子放下，一打开笼门时，蛐蛐受到惊吓，跳到地上，又跳出门外，这时正好有只公鸡走过，一下把蛐蛐给吃了。

王业得知后，虽然非常生气，但他不能对父亲发脾气。他走到野外，坐在一块大石头上，想驱散他的低落心情。回家途中，他遇到了一位嗜酒的和尚，和尚安慰他道："小子，别这么灰心，这么垂头丧气的，你给我买些酒，我还你一只蛐蛐。"王业非常吃惊，因为他没有向任何人提起过此事。虽然他吃不准这位不修边幅的和尚是否真能还给他一只蛐蛐，但他还是给他买了酒。和尚喝得酩酊大醉，眼看就要睡着了，王业对他恳求道："给我蛐蛐吧！"酒醉中的和尚嘟囔道："小子，回家睡觉去吧！明早你就可以看见蛐蛐了。"

奇事就这样发生了。第二天早上，王业被一声高亢的蛐蛐声惊醒。那只蛐蛐就在他的床边。他将它装起来，卖给了那位官员，得到了后者应允的价格。结果，官员将蛐蛐视若宝物，因为它的战斗力非常强，它为官员赢了几千两银子。这只蛐蛐死后（蛐蛐的生命只有四五个月），官员为它举办了盛大葬礼——由那位和尚主持。他们为它烧香，将它火葬，把它的骨灰装在一个特制的小棺材里。

斗蛐蛐最辉煌的时代过去了，现在斗蛐蛐的古董器皿得花费几千澳元。那些器皿的制作工艺非常高超。在现代，上述那只蛐蛐如果要被埋葬的话，人们会用最好的丝织品裹住其身体，把它放进一樽手工精美的金银棺材里，它的墓前会有大理石墓碑，上面记载着它取得的荣誉。这种高级的安葬仪式除了向死亡致敬的意义外，还有更实际的目的：这种墓穴能吸引更多优秀的蛐蛐来寻求它们的荣誉。

装蛐蛐的笼子通常是用葫芦制成的。新几内亚的技工会用这种奇怪的水果做一些简陋的碗。当葫芦还是绿色时，他们用竹子进行捆绑为葫芦的细颈部塑形。他们在碗上进行雕刻，为它抛光，用贝壳和狗的牙齿来装饰它，把它放在有锯齿的刀上摩擦，所发出的声音就像枯草机轧草的声音一样。这种工艺制造的产品非常精美，但是它们没有那种像中国工艺品一样的特定制作工具、工艺、涵盖的文化和附着的丰富的想象力。华人有时也将竹子和葫芦绑在一起为其塑型，尤其是对那些塑成哑铃形状的葫芦。这种形状的葫芦会为蛐蛐提供一个通往自己私密住所的狭窄通道，其中蕴含着虔诚道教徒追求永恒目标的寓意。

对最昂贵的葫芦进行雕刻和抛光是中国工匠独立完成的，但他们也有非同寻常的生产方法，让生长着的葫芦自我完善。起先，他们制作刻着复杂图案的木模具，将这种模具套在稚嫩的葫芦果上，葫芦逐渐长大，慢慢充满模具，会随着模具的形状发展，模具上的花纹也会刻在葫芦果上。但是，这需要几周时间才能成功，而且一个季节只能做出一个产品。为了加快进度，他们将设计图案刻在预期形状的模具组合上，再在其上附上大概2厘米厚的黏泥，加以烤干，将其形状模块取下，将它们组合，再用更多的黏泥敷在上面。这样，一个模具就可以制作出多个模具。经火烘干后，将这些模具套在幼嫩的葫芦果上，当这些小果子长大后，模具就碎了。最好的工艺品是用木头、玉器、象牙、银或金子制成的用来为葫芦塑形的模具。

我们在香港好莱坞大道的"蜂蜜教堂古董"店里看到了精致的蛐蛐装置。各式各样的盛水和食物的小碟子，大约有2～3厘米长。它们用最易碎的陶瓷制成，漆工非常精美，好像是皇帝的膳具。我们看到一个供蛐蛐站立的象牙箱子，大约直径为8厘米，高为1.2厘米；周边都刻着花纹，其上的透气方格小洞非常小，小蛐蛐都爬不出来；它的底部经过划痕处理，所以蛐蛐在里面也不会打滑；箱子的最中间有一根象牙针，用来放置供蛐蛐食用的菜叶、花瓣等食物；还有陶瓷做的小圈笼，放在坛子的底部，以让蛐蛐在严冬时钻进去取暖。我们还看到一只20厘米长的细细的、经过精心雕刻的竹筒，它用来放斗蛐蛐用的刷子。还有一个正方形象牙筒，用来放置象牙柄鼠毛刷子。使用者都知道，这个毛刷是力量和精细的完美结合，它是用世界上最大的哺乳动物（长须鲸）和世界上最小的哺乳动物（鼩鼱）身上的毛制成的。

我们还看到一个深棕色的陶瓷广口瓶，它周边雕刻着这些可爱的字："中具欢乐"。陶工比汉字本身更富技艺，他把第二个字颠倒过来，这些字在现代就叫作"中其在乐"，读的时候应该从右向左读："乐在其中"。这个词语是个双关语。谁的乐在其中呢？当然是蛐蛐了。蛐蛐是一种非常欢乐的动物，因为有优越的住宅环境，所以它会感到更快乐。这个蛐蛐的广口瓶"房子"也寄托着主人的希望和乐趣。

另外一个平底的、抛过光的葫芦瓶有一圈象牙边，高达7厘米的瓶盖上雕刻着"西天取经"四个字。《西游记》这部杰出的作品为中国人所熟知，它是根据一位和尚旅行的真实经历加工而成。这个叫玄奘的和尚从中国出发，西去印度学习佛经，经过了50多个国家，于公元628年到达印度。这本书将这段旅程写成了神话故事，故事中的和尚被赋予佛家尊贵的称号：三藏。他在西去途中，解救了一只难以征服的猴子，这只猴子敢于挑战，所以常遭和尚禁锢。最后，它由顽劣变成充满佛性，于是，这只猴子就变成了故事中的英雄。2个妖怪也加入了惊险的旅行，猪八戒以肥大的猪身出现，沙僧则是一种无形状、丑陋的神，他从沙子的底部冒出来。在雕刻画中，唐玄奘骑着一匹栩栩如生的马，在一棵枝叶茂密的大树底下，猪八戒和沙僧坐在地上，孙悟空——外形就是一只猴子——在树上向他们招手。

赌博在现代中国

虽然政府想压制赌博，但是华人在中国仍然赌博。"你手下的人经常赌博吗？"我问北京郊区的一位社区管理者。我们喝茶时，他给我们讲了一通现代生活的长篇大论，比如，他们要工作多长时间，他们的工资水平如何，等等。

"不，不，在中国没有人赌博了，法律禁止赌博。"然后他向我们的翻译抱怨道，如果再问太多的问题，他就不接茬了。我假装误解他了，并说非常感谢他，然后问了更多的问题。当他放松地娓娓而谈时，我问社区里是否还有赌博活动，他说："当然有了。有些中国人嗜赌，有人还每周都输得精光呢。"

鸦片：绝望赌徒的最后解脱

在19世纪，乘船来到澳大利亚的一些华人输钱者，用出国来逃离霉运。曾几何时，在中国大陆，有人输光所有的钱，再借更多的钱，然后又输掉了，最后用几包致命的鸦片结束生命，得以解脱。他们将鸦片溶解在酒里，然后喝掉，或者用面粉、糖、水及鸦片做成饼，然后吃掉，以结束他们的生命。

第七章　大烟：贵人烟或鸦片

威尼斯糖丸和伦敦鸦片酊 / 鸦片早期贸易 / 鸦片奇观 / 鸦片的难题 / 罂粟花的种植和收获 / 东印度公司鼓励种植罂粟花 / 专家提炼鸦片 / 年出口中国 200 箱 / 罗伯特·克莱夫掌控印度鸦片 / 年出口中国 4000 箱 / 英国贸易委员会质疑鸦片纯度 / 中国进行控制，但鸦片贸易仍然增长 / 1836 年：26000 箱鸦片 / "快蟹""争龙"：年出口中国 40000 箱 / 中国绞死烟片贩卖者 / 林则徐广州禁烟 / 收缴 20283 箱鸦片 / 销烟 / 可耻的鸦片战争 / 中国被迫开埠 / 中国计划种植鸦片 / 在澳大利亚的鸦片吸食者 / 鸦片种植在澳大利亚 / 澳大利亚反对鸦片运动 / 土著人与鸦片 / 世界反鸦片运动 / 走私 / 吗啡 / 海洛因 / 无效的反鸦片战

第七章 大烟：贵人烟或鸦片

威尼斯糖丸和伦敦鸦片酊

友人赠我一支具有百年历史的美丽烟枪，当我撰写本章时，它就放在我的桌子上。这支烟枪有个蓝色珐琅彩釉装饰的铁制底座，上面描有绿色双翼的天鹅，还有老派的琥珀色字母——意思是"美"。那支烟枪本身是银制的，其下有个厚重圆柱形的鸦片壶，上面刻着略有错误的字母——"武汉王凤四购自横店"。不幸的是，上面没有日期，但鸦片壶身画面上显示的是一把长镊子把鸦片夹到碗状烟斗里，旁边还有一把硬硬的清洁刷。那只烟斗直径为 7 毫米，上面有个小口，平行的主干有 8 厘米长。袅袅烟雾通过圆柱形的碗状烟斗，到达一个更大的冷却柱体，然后延伸到长长的主干。一条丝绳连接着烟枪的两端。有钱的"瘾君子"只需平稳地拿着烟枪，将其放入口中。

我从未吸食过大烟。那些初次吸食者发现这种神奇的毒品可以重塑他们的世界，这是个奇迹。鸦片放松了疲劳的肌肉，好像人们真的从中得到了释放。它满足了饥饿感，而舒适的感觉也取代了伤痛。

公元前 425 年，医学之父希波克拉底曾开出过大量的鸦片药方，以至于遭到他同时期的哲人蒂亚戈洛的谴责。从那时到现在，在整个世界，鸦片变成了最主要的止痛剂。人们还发现了它的其他用处。1786 年，马丁·沃尔在英国发表了论文，其中记录了他将鸦片应用于发烧领域的情形。他说："鸦片有立竿见影的平复精神之效，能缓解高烧，减轻脉搏过速、伤痛和头痛，促进睡眠质量和减少突发性的体温过热等症状。"鸦片是当时缓解关节炎患者病痛的唯一方法。

在 19 世纪，鸦片在英格兰被广泛地使用着，许多家庭把它当作备用品。成人使用威尼斯糖浆或简单的伦敦鸦片酒来作为镇静剂和止痛剂。医生给吵闹的婴儿开"贝乐"牌（Bailey）安静糖浆，给感冒患者或是踝关节扭伤者开"麦克默斯"（McMunns）万灵丹或者弗雷神兴奋剂。鸦片是这三种药中的有效成分。很多保姆都会使用鸦片来让饥饿的婴儿安静。有的鸦片酒甚至比食物还便宜。

印度教和穆斯林的教徒因为宗教信仰而禁酒，他们采用抽大麻和咀嚼鸦片叶的方式来作为刺激和替代品，这种活动在他们孩提时代就开始了，是一件稀松平常的事。因此，印度教和伊斯兰教的商人——不论是从缅甸出来，沿着古老的南方贸易路线到达中国云南省，还是从西北方沿着丝绸之路到达陕西省西安，他们总是带着鸦片。鸦片被做成烟枪里的烟叶，或被成块咀嚼。在土耳其传说中，曾用"真主的礼物"来形容鸦片。

鸦片早期贸易

早在公元 1000 年前，中国人就熟知鸦片可以入药。他们从缅甸进口鸦片。鸦片的母株植物有很强的装饰性，所以很多人在自己的花园里种植了罂粟。后来，中国云南省的苗族以及其他人开始把鸦片添加到烟草中。他们制作了特殊的烟枪，用很小的碗来吸烟草混合物的烟，千年之后，这种样式依旧影响着中国烟枪的尺寸。

全世界都明白鸦片的困境。几百年来，从事鸦片贸易须小心翼翼。威廉·丹皮尔是英国的海盗，也是"小天鹅"号水手中的一员。1688 年，他来到澳大利亚西北部，他在撰写自己的回忆录时讲述了他怎样在苏门答腊岛北边的阿钦（Acheen）买过一批鸦片，又怎样准备穿过马六甲海峡卖掉。他发现这种贸易是被禁止的，想要获得高额利润会有一些麻烦。那里流行以物易物，人们利用当地产品交换胡椒和其他各种过境马来岛的香料。

鸦片的惊喜来自于它不仅仅给人全身心的放松，还打开了通常只有诗人才能看到的关于奇迹图景的幻想，使人能够切身体验到所有的感觉，似乎跨越了时空。然而，任何体验都是无法满足的。新的承诺在召唤。鸦片强迫着人们继续吸食。

鸦片奇观

有一则中国寓言对鸦片做出了进一步的解释。一个脸上有麻子的女孩渴望得到一名丈夫，但因面相丑陋而无人愿意和她约会。在绝望中，她寻找着爱人。由于男人们都厌恶地离开她，最后她服下了毒药。当她在垂危之际，她诅咒了那个拒绝她的男人，然后露出奇怪的微笑，她说："你不知我有多爱你，下辈子你会深爱着我，永远不会离开我。"家人将她安葬后，被她诅咒的男人就开始生病。医生找不出原因。他们试过各种中草药，但都无疗效。正当男人的病情日益加重时，医生发现那个被拒女子的坟墓旁长出了新的植物，它很高、很绿，花朵上有着四片耀眼的深红色花瓣，其中有些花瓣已经掉落，留下巨大的圆荚。医生剪下一朵花瓣，将其中的浓稠的乳色液体收集起来，把它和米酒混合后让生病的男人服下，男人立刻好转。其他人喝下此液体也都痊愈了，并产生一种前所未有的舒适感，但随后他们又病了，遂又服用一次。他们感觉像是进入了一个新世界，一个闪烁着光芒和爱意的女人在向他们致意后消失。然后，他们又开始生病，沮丧交织着失望，直到他们服用了另外一剂。很快，这些人便产生了依赖性，开始定期服用这种混合物。

鸦片在中国的文学作品中鲜有提及。在香港大学，聪明的潮州学生陈雪燕

第七章 大烟：贵人烟或鸦片

为我们工作，她解释说："中国的历史学家跟你们可不一样。他们都很严肃，自恃清高。他们不会写像斗蛐蛐、抽鸦片这样的事情。再说，在中文里，直白表意即为不敬。学者会使用象征手法来写作。他们会将表达之意隐藏于充满想象力的隐喻之后，并为此而自豪。我曾偶然碰到过'思路如睡莲般盛开'这样的提法——那是种我们认为很美丽的花——我想这所指的应该就是抽鸦片，但实际上我并不确定。"

我让陈雪燕帮我找一部中文版的《一位英国鸦片吸食者的忏悔》。我16岁时读到了托马斯·德·昆西①的这本著作，它坚定了我当作家的决心。昆西将鸦片当作鸦片酊来服用。他这样写道："这是消除人类一切苦恼困忧的万灵丹；这是幸福的秘密——哲学家们就它已争辩了千百年，但现在其秘密昭然若揭；幸福只要1便士就能买来，然后装在马甲口袋中；喜悦可以装在瓶子里随身携带……酒精会让人失去自控，鸦片却能延续兴奋并加强它。酒精会扰乱人的判断，并带给饮酒者一种让他们鄙夷、赞叹、亦喜亦恨的非凡快乐与清晰浓烈的兴奋，而鸦片却能让人体感官全方位地享受恬静与均衡。"

像其他很多人一样，昆西也意识到了鸦片的巨大瘾性，他在历尽痛苦煎熬后戒除了烟瘾。最让他感到头疼的是那些他无法操控的梦魇。这些梦魇变得越来越清晰，越来越真实，逼迫他重新去面对与经受那些让他毛骨悚然的过去。

> 在热带的烤炙与直射而下的日光带来的感觉中，我将所有的生灵都弄到了一起，在所有热带地区都能够找到的鸟、兽、爬虫，一切的树木与植物，不论用途与外观，我把它们都放在中国或是印度斯坦拼装在一起。在感觉的驱使下，我又对埃及和它的众神如法炮制。猴子、长尾鹦鹉、凤头鹦鹉都盯着我看，朝我低吼、鸣叫、咧嘴而笑。我跑入了佛塔中，被绑在塔顶，被置于密室数百年。我成了神像，我成了祭司；我被膜拜，我被供奉。我穿过亚洲的所有丛林，逃脱了乌鲂②的愤怒。毗湿奴③恨我，斯瓦在等着我。我突然碰到了伊西斯④和奥西里斯⑤，他们说，我做了件很了不起的事，连朱鹭和鳄鱼也为之而颤抖。我活了数千年，随后被埋在石棺内，跟木乃伊和斯芬克斯一道，被置于那不朽的金字塔中狭窄的房间里。我被吻了——那是鳄鱼邪恶的吻——随后被放下。我眼望着尼罗河上的淤泥与芦苇，茫然不知所措。

---

① 托马斯·德·昆西（Thomas De Quincey，1785—1859年），英国散文家。他的散文作品热情洋溢，语气庄重，韵律优美如诗，与弥尔顿等伟大诗人的作品相似。——译者
② 乌鲂（Brama），产于大西洋的一种鱼类。——译者
③ 毗湿奴（Vishnu），亚洲文化中的一种神灵。——译者
④ 伊西斯（Isis），古埃及生育女神。——译者
⑤ 奥西里斯（Osiris），古埃及冥神。——译者

塞缪尔·泰勒·柯尔律治充沛的想象力是断然无需药物来勾起的。他雇用了保镖将药商和他们的鸦片酊拒之门外，然而，当保镖们真正要去履行职责时，他却将他们解雇。威廉·威尔伯福斯是一位黑奴解放者，在生命的后 45 年，他每天都吸食鸦片。印度的克莱武（一位英国殖民地行政长官），在他 49 岁那年，在一阵突如其来而强烈的沮丧驱使之下——这种情感变化对他而言经常发生——服食了过量的鸦片，并就此死去。弗朗西斯·汤普森①、维基·考林斯②、乔治·克拉毕③、查尔斯·宝德莱尔④都很依赖鸦片。济慈、狄更斯、司各特、伊丽莎白·勃朗宁⑤、詹姆斯·汤普森⑥也都曾尝试过鸦片。

凯瑟琳地区的一位原住民告诉比尔·哈内："甲醇会在你的体内燃烧，让你的脚变得像是陷在烂泥里的石头一样，但鸦片就是个好伙计了，它会让你变轻，轻得像风中的羽毛。"

汤婷婷（Maxine Hong Kingston）⑦在她的杰作《中国佬》中这样描述阿公第一次抽鸦片的情形："他的思绪分叉，流动，再分叉，然后像河流、叶脉、大路、航道一样连接起来。新想法的火花不断擦出，当阿公看到它们与旧想法的关联时，他的呼吸也要停止了。圆圈旋转着，绕着一个中心旋转着，然后止住，化作一道光……尽管他离他的妻子、他的村庄越来越远，但他们似乎通过一个金黄的光网与自己连在了一起。当人们和其他生物移动时，金网就会发出闪闪亮光。"

费兹杰尔德（C. P. Fitzgerald）教授⑧是一位杰出、务实而富于创新的历史学家，是欧洲最早对中国史做严肃研究的学者。从 1923—1950 年，在大部分时间里，他住在中国。自 1936 年春天开始的两年中，他在滇西大理与傣族人住在一起。他常常为那些傣族朋友们举办晚宴，并在酒足饭饱时用鸦片招待他们，正如在英格兰他会用波特酒招待客人一样。在《为什么是中国》（Why China?）一书中，他这样写道："几杆烟下肚，抽鸦片的人变得昏昏欲睡。他轻轻说出的话如呓语般梦幻，随后就不再言语。大部分客人到了这个关头都会感到满足，不再想要更多。一段沉寂的浅睡之后，他们就会站起身来，告别而去。不管人们怎么反对鸦片烟瘾，它总是个最平和与非暴力的嗜好。"

尽管鸦片遭禁，但直至 20 世纪 30 年代初，中国各地的主人们都会在晚宴

---

① 弗朗西斯·汤普森（Francis Thompson, 1859—1907），著名英国诗人。——译者
② 维基·考林斯（William Wilkie Collins, 1824—1889），著名英国小说家。——译者
③ 乔治·克拉毕（George Crabbe, 1754—1832），著名英国诗人和外科医生。——译者
④ 查尔斯·宝德莱尔（Charles Baudelaire, 1821—1867），著名法国诗人。——译者
⑤ 伊丽莎白·勃朗宁（Elizabeth Barrett Browning, 1806—1861），著名英国诗人。——译者
⑥ 詹姆斯·汤普森（James Thompson, 1700—1748），著名苏格兰诗人。——译者
⑦ 汤婷婷（1940—   ）是美籍华裔作家。——译者
⑧ 费兹杰尔德（Charles Patrick Fitzgerald, 1902—1992），英国历史学家，中国历史专家，曾在澳大利亚国立大学任教授。——译者

的最后为年长的男性宾客奉上鸦片。尽管鸦片有瘾性，大部分抽鸦片者都能够控制自己的用量。从比例上来看，鸦片成瘾的人数比例不会比酒精成瘾者更高。一个成瘾者如无鸦片往往会有巨大不适，但并非一定致命。

鸦片的难题

1889年6月28日，香港《孖剌西报》（*The Daily Press*）刊登了香港官方年度报告，其中关于维多利亚监狱的一部分详述了80名日吸一小盅（3.89克）或更多鸦片囚犯的情况。任何人在狱中都不能吸食鸦片，但戒烟的他们中无一人死去。这些犯人唯一获得的治疗是最初几天的奎宁混合物和少量饮食，然后很快他们就获得了正常的足量监狱饮食。年事最高的吸食者已有70多岁。他曾每天吸食三小盅（约12克）鸦片，持续了52年。"他刚进来时体重是99磅，现在已升到105磅……52年的鸦片吸食生涯并没有削弱他的消化能力。"有一人56岁，曾吸食鸦片32年，日吸食量达9克；另外一名64岁、吸食鸦片32年的囚犯也是如此。

该报告详细描述了那名70岁囚犯的情况，其中说："有一些古怪的事实需要那些反鸦片团体反思……他一生抽的鸦片的总量，如果让人一次食用的话，足以杀死24个人，每人分得的分量有10磅之大。然而，对大部分未能适应其毒性的人来说，其实4磅已足以致命。"报告再次强调了他在一个月中增加的体重。

1894年，乔治·董以菜园经营者的身份来到维多利亚的布莱顿。到达不久后，他就开始吸食鸦片。1961年，他89岁，因抽了一种禁药而被北墨尔本法庭罚款10英镑。他对此大感羞耻，立刻停止了抽鸦片，虽然他已经抽了67年。他对一个记者说，他饱受了6个月的煎熬，但随后感觉就开始变好，还在3个月里增加了几斤体重。

瘾期一长，鸦片就很难戒掉。曾在19世纪80年代负责中国一家鸦片康复医院的传教士医生葛尔特博士这样写道："戒鸦片之可怕，没有亲眼看见则根本无法想象。他们反胃，甚至一滴水都咽不下。他们在床上辗转反侧，整整一周无法入睡……然而，每年都会有上百人来到医院，愿意承受一切痛苦来戒除毒品……但那种渴望是如此的强大，很少人能够在没有外部帮助的情况下抵抗住烟瘾。"

决定成瘾强度的最重要因素还是金钱。穷人大部分只能够抽他们能买得起的那一点点分量，活下来，并好好享受。那些失去控制的人就会变成窃贼，因为鸦片而挨饿，最终早早死去。而那些有钱人，在那个封建中国里却能优哉游哉，沉浸于享乐中，想抽多少就抽多少。仆人们用床垫支撑着那些老迈的官员们，他们虚弱得几乎不能走路，甚至也拿不起那根烟枪。他们吃不了固态食物，而又没有新鲜的牛奶和汤,因此,一群奶妈会跟着他们,对他们直接哺乳,那只是为了维持生命。他们的性功能可能比婴儿还要弱。他们的肠胃也几乎停止了运作。他们排尿极少,每次都要花很久的时间。他们眼神空洞,面颊深陷,牙齿褪色,肤色灰黄。每当站立起来时,身体便怪异地前倾。他们的皮肤挂在骨头上,后面像是没有肉了。他们的肩膀不自然地突出,看起来像长高了一样。华人都说:"抽鸦片的人有三个头。"

一位患有酒毒性谵妄症的酗酒者的描述令人震惊:"我既去过鸦片窟,也去过小酒馆。与后者相比,鸦片窟就是一个天堂。"这是瑞彻于1890年在伦敦出版的书《一个澳大利亚的漫游者》中的一段话。

现代有关鸦片的观点认为,鸦片是愚昧的农民种植的,又被穷凶极恶的歹徒销售。生产高质量鸦片的经验与知识,与生产佳酿葡萄酒的比起来,也不遑多让。上瘾者闻其气味时感到的喜悦,与爱酒者闻到酒香时的兴奋是一样的。他细细品味的似是黄油奶糖的味道,而在那其中,似又有一点潮湿之感,是炭土或是高级烹饪的蘑菇香味。我的妻子琼在本书的写作中给予了巨大帮助。在20世纪50年代,她曾是个年轻的药剂师,那时她会自制酊剂。她告诉我说:"我很享受制作过程。那股味道是那样的丰富饱满,妙不可言。"

罂粟花的种植和收获

鸦片种植者在种植之前会测试自己的土壤,如果收成不尽如人意,他会咨询熟悉周围村落的专家。鸦片种植需要碱性的土壤。pH值太低,味道就会变得过于刺激。种植的庄稼太多,鸦片的质量和产量都会受到影响,吗啡的含量就会低于8%。

种植需要肥沃、深厚的土壤,排水良好,气候凉爽。石灰岩山区是理想的选择。植物有1~2米高,通常两株间的距离大概为25厘米。所有的罂粟花种子都很小。鸦片的种植者会混合沙子播种。每株植物会有4~8个长梗花。经长期选择,现在种植的罂粟花有浅紫红色和白色两种。根据各地气候不同,分别在秋季、冬季和春季播种。作物成熟需要4~5个月的时间。

在采摘时,首先采的是深蓝色的花瓣,它们在掉落之前几小时之内会变成绿色,这就需要及时采摘。采摘的时间在清晨或者傍晚,这要考虑地区、天气等因素。采摘者通常是妇女,她们用尖刀刺入花瓣,然后在皮厚处划两到三道V形的长斜线。更现代的方法是用能倾斜垂直切割的三叶片工具。如果切得太浅,汁液就不会完全涌出来,太深则会浪费。鸦片从厚厚的、乳白色的汁液中渗漏出来。经过一整天或一夜,切口处会呈现出巧克力色。收集者们——多数是儿童,会用指甲或钝刀把鸦片收集在自己的陶罐里。他们会将水罐套在脖子上,以便将指甲和刀具弄湿;也可能用舌头舔,以保证鸦片不凝结。在19世纪

第七章 大烟：贵人烟或鸦片

70年代，维多利亚的吉普斯兰德地区麦卡利斯特河一代种植着许多实验性作物，收集鸦片的都是些童工。他们得在晚上收集产品，因为早晨露水很重。每个罂粟花荚能产出半茶匙鸦片，收获工作将会持续5个星期。好的作物每公顷能产出50公斤鸦片。

如果离市场较远，种植者就会自己压制鸦片球，每个球重约500克。他会朝鸦片球吐口水，使其变得容易拿捏。然后，他们会把鸦片和包裹整齐的烟叶子一起晾到架子上，用数月时间晾干。有时候，有些鸦片球会略微轻了几克，他们对此无法容忍——他们会用砂卵石、花瓣和牛粪混合进去。现在一些澳大利亚的酿酒师也做此类恶事。他们会往在不锈钢葡萄酒桶里酝酿成熟的葡萄酒里加入橡木木屑，或更糟糕地，在白葡萄酒里兑乙二醇。干燥鸦片是一项艰巨的任务，如果它们变得太干，或者干得太快，质量就会下降；或者如果发霉变质，那就会毁掉整个鸦片球。

东印度公司鼓励种植罂粟花

种植鸦片的利润之丰厚，令邪恶但又关系灵通的、每况愈下的英国东印度公司对其产生兴趣。在18世纪，印度本土农民已在东印度公司的帕坦纳工厂担任种植鸦片的合同工。当收获季到来时，在帕坦纳和贝拿勒斯，工人需每天向公司的承包商缴纳作物。承包商会预先向他们支付已包含大部分作物费用的货款，因此，他们需要设法避免额外付钱。收集作物的人会用在米汤的溶液中浸泡过的抹布来擦拭匕首，以及清洁放作物的罐子。他们会频频擦拭，且用很多抹布，有时甚至会把收集到的鸦片抹在多余的抹布上，再私下里将它们出售。他们用的收集罐往往有很多孔隙，让鸦片毫无必要地从一个罐里倒到另一个罐里，而后他们将罐子打碎，将碎块卖掉。工人交付的鸦片必须是干净的，收集者会用劈开的竹子进行测试。1844年5月21日出版的《香港纪事报》解释了他们一贯追求的质量。上等鸦片被称为"中国投资鸦片"，它们应该是栗子色，有半透明的边缘，颗粒状，有苦辣味道，气味丰富平和，纤维较长而坚韧，用手指将其撮捻数秒，就会变作长长的无色细条状物。根据这些细条状物的数量、质量和密度，华人定下了他们最早的鸦片质量标准。

专家提炼鸦片

承包商会将前三个档次的鸦片放在封盖的大罐子里，直到收获季节结束。然后他们把鸦片装在浅盘里晾晒，直到鸦片的浓度适宜。他们经验丰富，2公斤重的鸦片球的误差很少超过5克。然后，承包商用罂粟花叶将球包上，将黑色的第四档鸦片的膏水混合物涂在上面。

这些球被分装到漂亮的用芒果木制作的盒子里,用板条将其分成 40 个格子,每格可容纳一个球,周围塞满了干叶子和花瓣。那些盒盖上覆盖着像帕坦纳的阉牛和黄麻一类的图案。

在鸦片能吸食前,买主和鸦片种植者会进行再加工,将其做成熟鸦片。以下是制作的过程:工人们把球弄开,然后用手挖出里面的软鸦片,频繁地淘洗,然后精心保护留下来的水分;当所有的球都空了之后,他们用剩下的水洗碗,在浅铁锅里煮沸,将所有的混合物都溶解完毕,再用过滤布上折叠的纸覆盖在竹框架上;把鸦片搅拌成液体,浇在上面,用大铁锅烹煮,直到鸦片变得像稠稠的糖浆一样。

即使这样,鸦片里面仍有太多的水分,还有树脂和油等会破坏风味的杂质。工人们会把鸦片浆倒进浅盘,然后把它放在火上烤,搅拌,刮出,分离。制作鸦片的房间温度比船上的锅炉房还要高。除了要不断学习这些技巧以外,人们还得习惯处于这样的环境之中。鸦片制作者观看着颜色的变化,并不停地从中抽取样本,不停地嗅探。当颜色和味道合适时,他们从火上取下鸦片,把鸦片分装在 1.5 厘米深的铁盘里,做最后的提炼。他们用小刀划开鸦片,然后让其尽可能暴露在空气和火焰中。他们搬起烧红的木炭,倾斜,把玩,嗅闻,上下颠倒,以去掉其中的最后一滴油。其中任何一个步骤时间稍久都有可能使炮制归于失败。

经过这些过程,成品鸦片还是有些稠。于是工人会把鸦片放入铜器中,加水继续熬煮,直到它再次呈现像糖浆一样的浓稠度。同体积的鸦片大概是鸦片球 50%～54% 的重量。工人们会将鸦片包装在有显眼红色标签的金属罐中,密封后用于贩卖。这些鸦片将用来被吸食,而不是用来吃喝。

年出口中国 200 箱

18 世纪 20 年代,每年大约有 200 箱鸦片从海外运往中国。1729 年,皇帝曾经下令禁止鸦片——主要是因为它对台湾人民的影响。虽然伐木者和农民认为烟枪、烟草、鸦片有助于他们抵抗山中雾气,但一位官员曾经报告说,其实完全不是那么回事儿。

罗伯特·克莱夫掌控印度鸦片

随着 1757 年的普拉西战役,鸦片来到了印度。上校罗伯特·克莱夫用 3000 人击败了孟加拉行政长官,据说后者有 5000 名步兵和 18000 名骑兵——这样的骑兵阵势听起来更像是传说,而非真实情况。胜利接踵而来,这给了英国在印度巨大的权力。克莱夫意识到鸦片有利可图,因此运用他的无与伦比而又

第七章 大烟：贵人烟或鸦片

冷酷无情的能力组织起鸦片种植。如果一个印度本土农民签约拿钱但种了其他作物，不管种的是什么，公司的雇员都会毁掉那些作物，最终还是要在那里种上鸦片。英国驻印度首任总督沃伦·黑斯廷斯原本是东印度公司的雇员，他建议引入印度的合作伙伴来加强垄断地位。东印度公司很快就控制了整个印度的鸦片种植。私人客商开始在全世界进行贸易，并逐渐在中国广州建立了销售和联系点。

印度急于获得收入，而英格兰则是极端地需要收入。英格兰支付了越来越多的墨西哥银元来交换中国的茶叶、棉花和丝绸。尽管英国赢得了击败法国的7年战争，但代价高昂，银元变得更加短缺；而之后输掉的美国独立战争，代价同样高昂。轻而易举地通过私掠船从西班牙和墨西哥巧取豪夺的历史结束了，他们需要找到一些中国人会购买的商品。英国政府派马嘎尔尼勋爵去查探中国人的需求，但是勋爵没有提到鸦片。中国的乾隆皇帝觉得这个想法是个笑话，因为"天朝上国，无所不有"，不需要西方的东西。他在给乔治三世的信中解释道，本国可与你们分享你们的需要，你们可以从中得益。马嘎尔尼勋爵一无所获地回国，只带回来近4000株植物，这些树和灌木仍可在英国皇家种植园里见到。

年出口中国4000箱

尽管如此，到了1794年，一艘满载鸦片的英国商船从印度航行到广州。商行的商人们买下了它。2年之后，充沛而又无所不用其极的营销让中国的鸦片消耗量骤然升至4000箱。乾隆皇帝下旨禁止鸦片销售。诏书中说，这种邪恶的舶来品必须上缴，交换成日用品或者帝国的货币。

鸦片的命运并非全都如此。在评定和划分等级之后，公司的种植者在出售之前会要一些小把戏。荷兰的买主往往抱怨包裹鸦片球的花瓣太厚，虽然鸦片球的重量是正确的，但是却没有足量的鸦片。另一些人指出，好的鸦片在存放了一年后，会有一种芳醇之气，如同到了最佳酝酿期的葡萄酒一样。比哈尔①鸦片是公认的上乘鸦片，这种鸦片从孟加拉进口之后一年之内都不会生蛆虫。

英国贸易委员会质疑鸦片纯度

在中国，购买、出售或吸食鸦片都是非法的，因此对于鸦片的质量，吸食者无法公开抱怨。英国贸易局了解到这种情况之后，写信给东印度公司说："鸦片中掺假的状况已经引起注意，同时也让人对整个体系产生了质疑。"信中建议

---

① 比哈尔（Bihar），印度一城市名。——译者

道，那些品质纯正的鸦片应供应到欧洲药用，同时，"如果一些质量稍次的产品销往东方，东印度公司至少也应对此开诚布公，公开它们的真实成分"。

东印度公司的董事们对此大为愤怒。他们回信写道："鸦片质量的平庸对公司来说无关紧要。依靠垄断地位，我们每年能赚取巨额财富。马来亚人和中国人为了精神沉醉使用鸦片，虽然商品做过手脚，其中有某些顶替的成分，但对他们无任何伤害。"

英国贸易局对此的回答一本正经："如果不是有人亲口向我们反映情况，我们绝不至于屈尊听到这样的论点，情况反映者的教育背景和所处地位都理应让他们有更公正的判断，以及根据更明智的原则来行事。我们提出质询出于我们自己的感受和观察，如果葡萄酒商人在酒中混入了某种垃圾，或许对健康并无影响，也能通过波特或者波尔多葡萄酒的认证，但我们仍应查处其中的欺诈，并否认他们那些对消费者完全无害的说辞。"

因此，东印度公司只好不情愿地指示它的代理人："不准在鸦片中再混合任何油、牛粪或者其他无关之物。"英国贸易局视察了该公司1798年后的情况，发现情形已大为改进。

中国进行控制，但鸦片贸易仍然增长

鸦片贸易在全球持续增长，特别是在中国。皇帝威胁说，从事鸦片贸易会判处极刑，但是该贸易依旧持续增长。1808年，一个在马来亚槟城的陪审团指责鸦片对"下层民众道德感的缺失以及无数残忍暴行都负有责任"。1813年，在现东巴基斯坦的朗布尔，政府销毁了所有的熟鸦片以及种植的罂粟。因为当地许多人从儿童时起便已养成了吸食鸦片的习惯，再加上营养不良，一旦没有鸦片，他们实在无法招架，数百人便因此而丧生，数千人疼痛和腹泻数月。一个满清官员把当地所有的吸食者带到他面前，撕裂他们的嘴唇，这样他们就不能用烟枪了。中国的一些省份开始种植自己的鸦片。官员们开始毁坏农田，虽然只是小心翼翼地毁掉那些和自己经济利益无关的部分。他们征收的反鸦片税增长迅猛。两广总督出于良心的压力和持续贸易的考量，把鸦片贸易地点从广州黄埔口岸搬迁到一些小岛上，之后到了几乎是中国最远的、距离广州170公里的伶仃岛上。他下令所有想在黄埔靠岸的船只都须接受四大商行的轮流检查，都必须向政府保证里面没有鸦片。一个叫邱平的官员因为支持鸦片贸易而丢了官职——当然，这与他个人的树敌可能更有干系。鸦片贸易依旧在持续增长。

第七章　大烟：贵人烟或鸦片

1836 年：26000 箱鸦片

1834 年，一艘满载鸦片的英国船只开到了珠江三角洲上游，它的贸易许可证被没收。其他的船只依旧按照规定停泊。1836 年，持续增长的鸦片贸易在中国达到了 26000 箱。

许乃琪（Hsu Nai-chi）是聪明且富有智慧的太常寺卿，他在给皇帝的奏折上写道：

> 鸦片最初跻身药品的行列，其本质是兴奋剂……那些野蛮洋商把鸦片带到伶仃洋岛来销售。此地在广东辖区内，四面环水，交通便利，这里经常停泊着七八艘满载着鸦片的大型船舶。在广州，一些买家将钱交给当地的洋商，洋商再从那些船上要货。运货船在海面往返穿梭，他们被称为"快蟹"或者"争龙"。这些人武器精良，训练有素，都是亡命之徒，他们手中的船桨飞舞，就像是长的翅膀一样。所有的海关以及军事口岸都被他们买通。以前，这些蛮商都是用外币与中国的货物相交换，这是沿海省份获取金钱的来源之一。但最近，洋商秘密地通过贩卖鸦片赚钱，不再使用外国银元。这样，外国银元从中国只出不进……自从鸦片贩卖禁令失效后，唯一的办法就是恢复以前的做法——允许洋商进口鸦片，把它们当作药品销售并课税。一旦进关，货物必须交给洪门商人销售。外国资金和银元不允许用作出口贸易。这样可减少白银加速外流，并增加政府的收入。

"快蟹""争龙"：年出口中国 40000 箱

在此项可能出台的法令的鼓舞下，鸦片的销售额增加了。1837 年，有 40000 箱价值 2500 万美金的鸦片在广东卸载下来。"快蟹"和"争龙"船穿梭不停，在两广总督的眼皮底下运载着走私货物。无赖的英国人在中国找到了和他们一样的人。

中国绞死烟片贩卖者

禁烟的声浪也在持续增长。皇帝拒绝了鸦片贸易合法化的要求，中国的反抗一浪高过一浪。英国贸易者因东印度公司已失去垄断地位，仅仅将这些反对声视作摆姿态，或视作是一般的贸易难题。1839 年 12 月初，有人发现一群中国人在"外国交易所"对面的一艘舢板上卸载鸦片。他们供认雇主的名字是英尼斯，但是在惊慌失措中，他们说错了船的名字。总督听到的消息是这艘舢板来自一艘停泊在黄埔港的美国船"托马斯·帕金斯"号。于是，他立刻抓捕了负责这艘船的洪门商人邱波和，并将他送至黄埔港游街示众。总督还召来了洪门商行的其他商人，让他们在地上跪了数小时，然后斥责道，如果"托马斯·帕金斯"号船的负责人英尼斯、塔波特还有这艘船3天之内不从黄埔港消失，所有的洪门商人都要被收监。

恐慌的洪门商人们很快就弄清楚，那艘出事船并非"托马斯·帕金斯"号，但他们仍需不折不扣地巧妙地传递有关驱除英尼斯的法令。

致阁下的商会

  一个彼此尊重的沟通。

  一个名叫英尼斯的商人秘密向广州走私鸦片，本月21日前，总督已依法将他驱逐，为了防止他狂妄地拒绝离开，我们将摧毁他的住房，掀翻其天花板。任何人不得收容他，否则咎由自取。

  我们请求你们将这一讯息向其他几位外国人传递，他们知道该怎样行动。专此，致意。

洪门商会

两天后洪门商会写了另一封信，声称："如果我们被戴上枷锁，我们的信誉将受到影响，一旦染有污名，我们又如何同本国和外国做生意？因为英尼斯的顽固抗命，按照总督的法令，所有的外国贸易都将陷于困境，这个结果很不妙。"

英国商会主席林赛（H. H. Lindsay）做了一个合理的回复，虽然他应把交流的权利交给掌权者查尔斯·义律总警司[①]。林赛说：

  ……首先我们必须告诉您，英尼斯先生不是我们商会的成员。即使他是，我们对他的行为也无能为力。

  英国商会是纯粹的商业体，我们无权约束广州的英国侨民。作为答复，作为一个团体，我们本应就外国船只访问广州一事做出某些承诺，但很遗憾，我们无法运作，这些船属于各类船主，我们无权处理。广州应能传递来往于澳门之间的邮件，这一点是必要的。我们希望彼此安排会见，以便据此目标做出安排。

---

① 查尔斯·义律（Charles Elliot, 1801—1875），1834年7月以上校军衔随英国政府派驻广州第一任商务监督律劳卑来华，任秘书。1836年升商务总监督。义律来中国后积极从事于侵略活动，因鸦片贸易问题，使得英国对清廷宣战，引发第一次鸦片战争，并率先在1841年1月26日派兵占领香港。——译者

富于戏剧性的是，几天之后的 1838 年 12 月 12 日，中国官府里的一大批显赫的随从把愤怒发泄到一个本地鸦片经销商身上。他们在英国贸易公司门前绞杀了这名商人。

义律深感震惊，他发出紧急通知，要求所有英国的大小船只等，不管是经常还是偶尔从事非法鸦片贸易，凡是在虎门停泊的，三天之内应该立即驶离虎门，在虎门调查完毕前不准返回。他警告称，如果任何欧洲人在中国边界内部杀死了中国人，不管是有意还是无意，他都将会按照中国的法律处理；如果任何船员使用暴力来抵抗中国官员的上船检查，将视为对英国官员做了同样的举动。

林则徐广州禁烟

鸦片贸易中断了几个月。随后，清廷一位握有重权的官员林则徐的到来永远地终止了它。1839 年 3 月 18 日，林则徐用中英文发布命令宣布，他"被特命为钦差大臣"。命令继续说道：

> 长期以来，朝廷禁令甚为松懈，这使我们的银锭从港口不断流出，鸦片涌入。皇上听闻此事，愤怒冲天，在他出手之前，这种邪恶勾当须彻底摒弃……多年来，借由出口海外而从中国流失的银元，数以百万计。朝廷高层已多次接到关于进口鸦片和银元外流的禀报，但这些商行仍进行着这种可耻的、让众人愤恨的行为。本钦差大臣依照皇上圣旨驾临广州，首事即处罚所有堕落的国人，其中是否包括这些商行的人尚不能确定。我宣布，所有的外国人均须将他们成千上万的鸦片上交给朝廷，和朝廷签订中英协定，并宣布他们永远放弃进口鸦片……这项协定将由洪门商行确认，三日内必禀报我，违者处死。

据 1839 年 8 月 30 日《泰晤士报》上的一篇文章，当时驻扎在澳门的义律"好像吃到了硫黄一样"，下令"所有女王旗下的船只必须立即开往香港，同时升起国旗，准备好抵抗中国政府的侵略行动"。第二天，他在一份公开声明中说，转移是必要的，原因是：这些"军队、战船、炮舰的反常集结，带有威胁性的准备措施，总督府命令不允许外国人拿回护照离开广州（根据我国有识之士的分析和理性原则，这种行为即使不被视作宣战，也差不多）；此外，还有来自两广总督的威胁性话语，以及他们黑暗而暴戾的性格"。义律宣布，他将北上前往广州要求取回所有大英臣民的护照。

林则徐持有极少被给予的皇家绶印，权力堪比皇帝。不管义律在要求取回护照时是否坚决、适度，但林的回答是用武装的船只在河上设置路障，拒绝那些已经卸货的船只清除路障的请求；军警包围了 13 个外国仓库，把为洪门商行工作的苦力用大刀盾牌武装起来，让他们包围每一道门、每一个车站，另派 250 名劳力包围了外墙；并且向义律要求没收英国船中的每包鸦片："不要心存幻想，拖延事态，不思悔改，最后方知悔之晚矣。"林则徐让洪门商人在他面前下跪几小时，威胁与询问并举。林说，如果三天内鸦片仍未上交，就处死两人，绝不饶恕。他并未指定是哪两个人，但作为决心的证明，他给其中两人的脖子戴上了象征巨大耻辱的铁链，几天之内他又监禁了另外三人。

直到此时，义律才意识到林是不可能被贿赂的，林是言必行，行必果。为什么他一定要离开澳门，把自己置于林的权力之下呢？尽管中国政府没有足够的能力缴获停泊在香港的 58 艘船上的鸦片，但义律害怕如果不服从命令，外国商人区的 350 名外国商人，包括他自己，就要遭到屠杀。1839 年 3 月 27 日晨 9 点，几乎一夜未眠的义律发布了致大英帝国臣民公告：

> 现在，我作为总监督向你们发表讲话，为了维护所有在广州外国居民的生命和自由，我以女王名义并代表女王陛下忠诚的英国政府，命令所有女王陛下忠诚的在广州的臣民立即听命于我，为了女王陛下忠诚的政府，立即向中国政府递交所有处于尔等掌控和实际控制之下的鸦片。

义律的声明发出之后，双方的紧张才稍有缓和。一个被关押的英国人在 1839 年 3 月 27 日晚，在工厂的墙内欣赏到了奇特的景观。《泰晤士报》刊载了他的故事：

> 今夜那些苦力们如往常一样严加防备，且自昨日建起工棚后，各项事务更加有序。在广场上有 5 个分区的小屋，每屋大约有 50 人，他们来自不同的洪门商行，名称写在他们的灯笼和帽子上。他们一起巡逻，2 组洪门商行的苦力轮流值班，持续走动。夜之广场风景如画，人人手持灯笼，将所有的小屋照得层次丰富，观光船也是如此。人们非常谦和，似乎并无对外国人不恭。

收缴 20283 箱鸦片

事实上，数以百计甚至数以千计的为洪门商行、为外国商人、为狡猾的总督工作的中国人担心鸦片贸易终止后会影响他们的收入。他们对犯人们抱有很大的同情，还悄悄给他们食物。

鸦片船只回到了伶仃岛。一支由战船和货船组成的中国小船队前去收缴鸦片。那些数不清的鸦片箱现在有了确切的数字——20283 箱。义律只清点出

20000 箱，所以，他从中国商行购买了额外的 283 箱并用英国政府的账单支付，但是英国财政部官员却可耻地否认了这一点。

销烟

直至那时，一些英国人还异想天开地期待着林则徐会把那些鸦片卖掉，但林则徐却在连接虎门的河道上掘出 120 平方米空地，用木栅栏围起来，如同一个象圈。他指挥 300 名工人——《广州纪事报》称他们是"年轻俊男"——以及 70 名监工，在东侧建造了存放鸦片的仓库；在西面，他们挖了三个长宽各 15 丈的大池子，其底部铺满石子，两侧镶嵌着木材。闸门的一端打开后，可将东西冲入河道。他们建造了一个平台，上面宽而厚重的木板间隔约 1 米，在顶部则是些大缸。他们从山顶打开龙头引水下来，将直径约 60 厘米的水流注入缸中，总共有近 200 万升。林则徐向妈祖祈祷……

苦力们把鸦片从棚屋搬出来给官员们检查，后者首先会检查箱子是否完好，然后再打开箱子清点里面的鸦片球。另一些苦力把这些球放在篮子里，交给站在平台前的人，这些人用他们的手掰开这些球，用脚践踏，然后把鸦片踢进大缸里，人们用铁锨来回搅拌，一些人把装在筐里的石灰和盐倒进水里。当这些混合糊状物隆起约有 1 米的时候——这显然是一个令人讨厌的工作——他们把它空置几天，发酵，再搅拌，之后打开闸门，让毁灭的鸦片渣子冲进河中，再让河水流进缸里来，于是销毁鸦片便大功告成。这工作持续了 23 天。工人们都有进出证件，门口守卫检查森严。监工坐在铺着垫子的高椅上，仔细观察着现场。谁想把鸦片带出大门外——哪怕是一丁点——都难逃一死。

直到 20 世纪 80 年代早期，广州博物馆仍在展出着虎门销烟的遗迹，但后来所有的遗留物都被转移到后巷里的一个寺庙。我们花了一两个小时找到那里，迎接我们的是铁将军把门。我们敲门，无人回应。"这应该是开放的"，翻译对我们说。和我们在一起的一名华人后来找到了一个无门的附属建筑，他敲了敲窗户，门终于开了，一个年老的看守者出来道歉。他见没有访客，所以在午餐时锁上了门。一个中国银锭模型摆放在玻璃盒子里，看上去就像是一艘船，向外展开的船舷大概有 18 厘米长、7 厘米宽。纹银"Sycee"这个词来自于"细丝"，因为纯银可以被做成非常细的条状。"细"这个词在广东话里的发音为 sai，而每个 1.5 公斤重的银锭被称为"元宝"，意思是"圆的宝物"。元宝出现在 13 世纪的元朝，后来是在澳门铸造出来的。

但是，博物馆里大部分的文物古迹都是与英国的战争有关的。中国觉得自己的尊严受损——而且更糟糕的是，她的钱包也遭受了掠夺。除了在虎门销毁的鸦片之外，在印度还有 8 万箱等候出卖，鸦片作物一茬接一茬地正在成熟。鸦片是印度最为重要的财政进项。

林则徐释放犯人的速度非常缓慢。他曾承诺一旦收缴了鸦片，就会恢复正常的贸易。他给英国女王写了一封出色的长信，但该信却从未递交。我没有更改《广州自由报》上使用的那些奇怪的拼音，发表这封信的时间是1839年7月13日，部分内容如下：

> 钦差大臣、兵部尚书、湖广总督林则徐，兵部侍郎、两广总督邓廷桢，广东巡抚怡良此间联名致信英女王，曰：我们中华帝国善待天下百姓，我们的大黄、茶叶、丝绸或者其他物产——所有在你们生存中不可或缺的宝贵的中国物产，我们允许将这些商品出售给你们，出口海外，没有任何怨恨和控制。我们的宗旨是以德服人，化外四方，合乎内心；"欲达则达人"是天地间的根本准则。
>
> 但是，我们遗憾地看到，一帮堕落的洋人在培育和贩卖鸦片毒品，他们将鸦片运到此地，偷偷出售，欺骗愚昧的百姓，夺取他们的生命和财产……我们焉能毫无骨气地默许、目睹中华百姓的血液被毒药污染侵蚀？……因此，我们现在要与您彻底立约，直到您将这种致命的、具有严重伤害性的毒药彻底和永远地制止为止……通过执行约定，您将会明白天理所在，天堂将会毫无疑问地接纳您，您将合于天伦人道……作为统领万国的天朝，我们拥有你们所无法想象的神圣威严；不要说我们没有向您事先声明。我们亟待您的回复。

维多利亚女王能够看到这种自负背后真正的焦虑吗？或者说，如果她看出来了，事情又会有何种变化？她没有看到这封信有两个原因。一是信中所用的词语"会咨"，意为互相、共同的平等交流。义律向林则徐建议，如果能够将"会咨"改为"奏"，意即让林像向皇帝呈献奏章一样递交此信，他将乐意把信件传递给女王。林拒绝了。二是也许林实际上从未想过传递此信。此信在中国大街小巷广为张贴，林的声望提高了。人人都相信该信已被送达了。

船长和洪门商行的人把鸦片上交给了义律，换得了有他的签名、写明了箱数、鸦片等级、价值的收据。他们相信，这收据就像是银行的账单一样好用。他们毫无阻碍地驶回他们出发的口岸……作为一个整体，他们要求英国政府的赔偿。他们收到了底下展示的这封信，该信确实吓到他们了。

财政部，1839年11月11日
先生们，
　　女王陛下的财政部皇家财政委员们已收到你们关于解决递送往中国政府鸦片之赔偿解决方案的请求，运输凭证来自义律上校，我已经收到了指令，并向你们明确表示，议会决定不拨款来解决赔偿问题，议会的这个决定将会在任何索赔请求被承认和支付之前有效。

为了避免误解财政部的意图,陛下认为有必要通过我进一步向你们指出,臣民的利益必须服从并服务于帝国政府整体,另外,帝国政府并未打算让议会支付这么多的赔款。

根据英国法律,英国政府否决了那些商人的索赔方案。

可耻的鸦片战争

林则徐最终释放了那些外国囚犯,但是依旧拒绝恢复贸易,直到义律签署了那份保证鸦片不再进入中国的约定。1839年7月7日,一伙酗酒的英国水手在香港引发了骚乱,英国人杀害了1名华人。事件迅速平息,但在现在无论是中文还是英文的记录中,似乎都未留下关于该事件的细节。此事影响很大,葡萄牙当局驱逐了在澳门的英国人。林要求法办凶手,但义律说他找不到凶手,他甚至试图嫁祸于美国人。林用铁链封锁了珠江口,认为自己胜券在握。他制造了一大批火筏子,准备烧掉所有在香港港停泊的船只。但是,在林则徐实施这些手段前,凶手被发现了。中方的水手在深夜登上了一艘英国纵帆船,杀死了船上所有的船员,其中一人因跳船得以幸存。义律向中方的3艘帆船发起了攻击,结果不明。

不论是在装备上还是在士气上,中国对英国的军事实力一无所知。在9年前一次与东印度公司的争论中,广州总督写道:"蛮夷们如果真的实力很强,我这个总督会立即去谒见皇帝陛下,集结军队,歼灭他们。他们的枪炮焉能与我们匹敌?"

英国派遣了船只和军队来重启贸易。当驻扎在广州、拥有世界上最好装备的英国部队被袭击的时候,中国士兵们手里拿着藤条编制的盾牌,还有斧头、小刀、草叉、铁条、长矛等,他们伴随着螺号声缓慢移动着,举着边缘破烂、上有白色V形设计的幸运三色旗帜(代表着太阳、月亮和星星)。

在保存着这些遗迹的广州某地,墙上挂着一首出自现代诗人手笔的诗,它既有趣又有些愤世嫉俗,且运用了当地方言里巧妙的双关修辞。我们的翻译对粤语一无所知,也不大精通古文字,所以只能解释这首诗歌的大概意思。我保留了诗的感觉,然后尽量用现代文翻译了出来。

英人打响第一枪
士兵向前不思量
吾辈还之以抵挡
英军登陆真猖狂

澳大利亚华人史（1800—1888）

> 吾辈倒在枪炮旁
> 英军个个残忍狠
> 本朝官兵要抵抗
> ……

2年来，英国的船只和军队在中国的海岸线巡逻并突袭，进行了一系列的封锁、夺取、抢劫、毁坏活动。《悉尼公报》于1841年1月28日转载了《广州纪事报》在1840年5月26日刊登的两国交战的消息：

> 甲板的士兵发现了一批燃烧的火筏顺流而下，中方从各个炮台全面开火，"复仇者"号蒸汽船在加速时陷入炮弹、火箭和扫射之中，"摩的斯特"号和"阿尔及利亚人"号从侧舷开火，"路易莎"号快艇从"震旦"号的船头和船尾间对准岸上的炮台开炮……

在广东，有时几个村庄会联合起来进行一些短暂有效的反抗，有时候他们会用轮桨船对抗英国的新式蒸汽船。中国的轮桨船已经有800年的历史了，但是英国人却认为是中国人模仿了他们的船，且模仿得不成功。中国船上的枪炮固定在甲板上，而在英国船上的枪炮却能够旋转。中国船在勉力射击前，就被英国船打得无力还击。

很多中国人痛恨满洲政府要远远胜过痛恨英国，当英国的军队在长江吴淞口登陆、越过黄浦江直奔上海时，当地农民帮他们托枪，照看马匹。抵抗有什么意义呢？中国人自己的官兵都已逃跑。一个中国人在他的日记中这样写道："孤立无援，独自丧生，死无价值，命如草芥。"

中国被迫开埠

英军占领上海之后，兵分两路，水陆并举，进逼南京。南京这座有着6000年历史的美丽城市，一度是中国首都。因为害怕汉族人会起义反对他们，满清政府竟然投降了。1842年8月29日，皇帝的代表签订了《南京条约》，同意开放广州、福州、厦门、宁波和上海5个港口通商，割让香港给大英帝国，赔偿2100万两白银用于被销毁的鸦片和因此损失的贸易。这简直算得上是武装抢劫。威廉·格莱斯顿在英国议会下议院中说："这是一场从开始就不公平的战争，一场给这个国家带来永久性耻辱的战争，我不知道这是怎么一回事。"

就这样，在英国统治下的香港农民处理加工鸦片，并将其储存在靠近中国的货仓中。贸易迅速增长。以前用途良好的淇澳岛，如今变成了南中国最大的鸦片中转站。香港为英国赢得了巨额利润。英国有什么权力要求获得香港？中

第七章 大烟：贵人烟或鸦片

国又有什么权力将它拱手让出？1858年7月19日的《迪森香港纪事》登载了香港一位前任业主令人吃惊的告示。告示中有的内容看起来颇为阴险，且不合逻辑，难以理解，它似乎在说，两个政府都没有咨询过他的意见。

在中英签订条约之前，新安区的邓符协是香港岛、北部尖沙咀一带山头与海岸的唯一业主。他曾与那些霸占了他在大陆的土地的中国人不合，也与政府以及他的妻子有矛盾，他的妻子现在似乎是该土地的所有者。邓符协希望外国人在这件事上不要持有偏见。

随着中国沿海更多的港口开放，鸦片销售已增至每年8万箱。中国政府依旧拒绝承认其合法性，但很多中国人在这上面发了大财，使得这一贸易即使未被鼓励，却也被默许了。太平天国的叛乱严重地消耗了中国国力，同时也让鸦片贸易变得无序。1851年之后，太平天国开始在他们日益扩大的控制范围内压制鸦片贸易。但是咸丰——大力反对鸦片贸易的道光皇帝的儿子是名实用主义者——于1851年成为皇帝之后，没有延续他父亲的反对鸦片政策。在1858年签订《天津条约》以及1860年第二次鸦片战争中英国和其他列强占领北京后，他使鸦片贸易合法化了。

中国计划种植鸦片

鸦片贸易在中国继续增长，但它增长的幅度实在太大，乃至毁掉了自己。中国人开始种植自己的鸦片。中国政府迫于巨额赔款的压力，不断增税。每一个社会阶层都压榨着下一个阶层。高得离谱的税收让处于最底层的农民选择了种植鸦片以求生存，因为没有别的作物能够支付如此重的税收。罂粟的种植在中国遍地开花，其产量已经达到了4000吨。

中国和各地团体强烈地反对鸦片，就像在英国和澳大利亚呼吁禁酒的团体反对酒精一样。在19世纪50年代，舍夫特伯瑞爵士在英国领导了一个旨在禁止鸦片走私的团体。广东画家孙权的系列画作在19世纪30年代首次出版，而后又再版。就如同中国版的《雷克的发展》(*The Rake's Progress*)一样，漫画展示出这样的情景：一个富有、健康的青年坐在拥有一座昂贵外国钟表的休息室里，一边是一箱金银，而另一边则是他的奴仆正在准备着鸦片烟枪。然后，他一步步堕落，变成了一个面黄肌瘦、坐在竹子椅上喝鸦片茶的人。他的妻子和孩子则用家里的丝绸换成钱来应付这滚雪球般的开销。一本名为《珠江信札选》的书于19世纪50年代首次在中国出版，该书告诫读者不要吸食鸦片。这本书充满道德说教，语言浪漫，是为大众读者而写的。1875年11月，《德臣报》刊登了下面的一段书摘。当时这本书正在热销。

翡翠致信何信尧：白色的百合花装饰着鱼塘，走到拐弯处，是一株红

色的荔枝，微风和煦，杨柳摇曳，这美丽的景象让我想起你的模样。我的灵魂到处游荡，梦中寻你千百度。听朋友说，你沉迷鸦片，昼夜寻欢作乐，那真是玩物丧志啊。

她以一首诗作为信的结尾：

欢乐歌

幕布垂落
泪眼婆娑
我憎恨
那些背信弃义的洋人
他们把鸦片毒药带进国门
我只能劝你永不沾染它
我愿意将这三年从记忆中抹去
快洗心革面啊
不然你会变成鸦片鬼
痛苦、羸弱、凄凉
请洗耳恭听
信尧君啊，请你快快改过自新

然而，鸦片消费依旧在增长。中国有多少人抽鸦片？愤世嫉俗的中国人会说：十之八九。歧视性的名字取代了原本文雅的名字，人们称它"乌米"或者"乌鸦的碎片"。

在澳大利亚的鸦片吸食者

正如移民他乡的数以百万计的华人一样，在19世纪40—50年代来到澳大利亚的一部分华人在离家后开始吸食鸦片。他们在漫长的航程中或艰苦劳作的孤独岁月里养成了这种嗜好。那些在澳大利亚工作达数年的华人中，抽鸦片者达到90%。他们一天花10～30分钱来买烟，而他们一周的工资最多才能拿到2元。5%～15%的钱花到鸦片上，这与现在澳大利亚劳工花在烟酒上面的钱相比，稍微多了一点。

澳大利亚的苦工、农民、淘金者们在家是不吸食鸦片的。他们会去鸦片馆，这地方经常被欧洲人蔑视地称作"den"，也就是贼窝。当然了，那里又黑又脏，和鸦片尊贵的中国名字并不匹配——鸦片在中文中被称作"烟土""大烟"

或者"阿芙蓉"。"阿芙蓉"这个词就是木槿这个词的音译,这也展示出中国人辨认平板声调的能力,以及他们对鸦片的看法。

条件稍好的烟馆为吸食者准备了一排排的架子床,并有侍者准备烟枪。大部分烟馆都只是稍微装修了一下。在中间一张低矮的桌子上摆放着一盏燃烧花生油的灯,火苗从中间上方的钟形灯罩中窜出来。这盏灯是唯一的光源。除此之外,那里有一个小小的、环绕的鸦片角壶……一件橡子大小的、黏土制或是铁制、中有小孔的烟锅被安在烟杆从底座往上的 1/3 长度处。这样,烟枪底部的凉爽空气就能被吸进去。那儿有垫子让吸食者倚靠,有枕头给那些吸食完毕的人享用,还有供人准备鸦片时用的桌子。即便是在澳大利亚,那些枕头也不过是矮宽、沉重、下凹的木块而已。

准备好一根可供吸食的烟枪大概需要 5 分钟。吸食者把一根针沉浸入鸦片中,然后慢慢搅动。他将针在火中烤一烤,使其变暖,之后再次将其浸入鸦片中,不断搅动,以便在针尾聚起一小点锥形液滴,然后将其烤于火上,直到其噼啪作响,并膨胀变大。然后,他将鸦片放入烟枪的烟锅中,再用针在烟枪下部的气孔里抽插一下,保持空气畅通。他在油灯处引了火,拿到烟锅旁,再用力地吸食烟杆,火焰就会进入碗里。他深吸一口气,吸掉这大口的烟。没经验的人会用嘴巴呼吸。有经验的人则会用嘴吸收鸦片烟气,然后仅仅用鼻子吐出来一点点,也有人说,可以用眼睛和耳朵。很多人在吸鸦片的中途会穿插着用细长的竹竿烟枪抽几卷粗切烟丝。

大部分人在抽了三五口鸦片后就会心满意足,然后去墙边的垫子上沉醉一两个小时。如果一个吸食者在桌子旁边睡着了,侍者就会把他们挪开,腾出空间来给在旁边凳子上排队的人。当所有的烟枪都吸空后,侍者就会把灰烬刮到罐子里。烟枪里还有许多未燃烧的鸦片,侍者会以一半的价格卖给那些买不起好鸦片的穷人。

在昆士兰的华人营地发现了一些大约 4 厘米高、底部有一个横穿小孔的六角形陶罐。华人把烟草和鸦片混合起来分享。每一个吸食者都有自己的管子,这种中空管恰到好处地弯曲到合适的角度,以便使鸦片顺利地进入烟锅中。

一般来说,吸食鸦片是近 2 个世纪发生的事情。在此之前,一般都只是喝或是吃,甚至像可卡因那样嗅食。正如一首古老的雅典监狱诗描写的那样:

    我要闻闻兔子腿
    弄点儿东西放鼻眼儿
    我要闻闻兔子脚
    弄点儿东西放鼻眼儿

在 1867 年,为了满足 20000 名华人的需要,维多利亚有 80 多间鸦片商店。

从 1871—1881 年，新南威尔士和维多利亚州政府向年销量 25～30 吨的鸦片征税。19 世纪 70 年代末，进口到北领地和昆士兰州的鸦片也急剧增长，再加上走私品，澳大利亚鸦片年销量超过了 100 吨，其中大部分是从香港进口的。有段时间，一部分鸦片是从中国内地进口的。

鸦片成了在农场工作的华人日常给养的一部分，就好像欧洲工人抽的烟一样。1869 年，亨利·赫维特在米尼维尔雇用了一名自称汤姆的华人，让他担任园丁、篱笆匠和杂工。赫维特坚持写了 60 多年的日记。他在 1869 年 5 月 18 日的日记中这样写道：

> 尼德拿走了 250 克烟草
> 汤姆拿走了 4 盎司鸦片
> 共计：1 英镑 4 先令

汤姆同样沉溺于这种欧洲的恶习。根据赫维特 1871 年 12 月 23 日的记载，"汤姆喝醉了"。

至少有 3 名鸦片船船长留在了澳大利亚，但他们并未再做与鸦片有关的生意。其中一人用笔名"辛道客"出版了一本书，叫《六年鸦片贸易生涯》，另外两人皆为著名人士。在 1840 年来到墨尔本前，乔治·沃特·科尔曾经从事过皮草、鲸油、檀香和鸦片贸易，然后他修建了自己的码头，还修建了他称作"Cole's Bond Store"的长青石棚屋。沃特·休斯船长过去曾是一名捕鲸者，同时也走私鸦片。他最初在南澳大利亚放牧，然后在沃拉乌发现了一个铜矿。托马斯·埃尔德是他的搭档之一，埃尔德从矿藏中获利甚丰，并创建了埃尔德·史密斯这家世界级的公司，1990 年，该公司因愚蠢而贪婪的经营被毁掉。

鸦片种植在澳大利亚

自 19 世纪 70 年代孩子们参与的维多利亚实验性鸦片种植后，直到 19 世纪 80 年代，殖民地众多的鸦片种植业者均很成功。来自塔斯马尼亚岛里斯登天堂农场的詹姆斯·默多克在 19 世纪 20 年代就开始种植鸦片。1834 年 1 月 3 日的《霍巴特快报》报道了默多克的鸦片丰收，其中说，"产量丰富，质量上乘"。稍后的一篇文章指出"他对鸦片的培育已达相当规模"，但是文章没有给出任何细节。默多克同样生产迷迭香、薄荷，还有薰衣草精油，还提纯爱普索姆和切尔滕纳姆的盐以及加工制造拉得纳牙齿化学粉。他在广告中宣称自己是"詹姆斯·默多克医学博士，爱丁堡皇家医科研究员"。然而，在塔斯马尼亚档案馆保存的他的论文上出现了一条铅笔批注，该批注反驳说："（他）并不是像自我标榜的那样是爱丁堡大学医学博士。"塔斯马尼亚岛的气候非常适于生产优质鸦

第七章　大烟：贵人烟或鸦片

片，直至今天，在那些令人生畏的篱笆内，还种植着不少药用作物。

在19世纪30年代初期，澳大利亚农业公司的外科医生斯达西在新南威尔士的伯瓦尔种植鸦片，但此举并未给公司增加多少收入。

有关19世纪90年代大量种植鸦片的说法听起来似乎不那么可信，该说法仅仅根据的是刊登在《北领地时报》的一条报道，以及后来以中文刊登在1907年10月《东方集萃》中的一篇文章。不过，这也是有可能的——特别是那些鸦片种植者也许在被发现后悄悄地离去，正像他们来时一样。1893年2月8日，以"突袭昆士兰华人，非法鸦片贸易增长"为标题，《北领地时报》刊载了刚刚从所罗门群岛旅游回来的墨尔本律师兰斯福德的言论。该律师称，在"玛丽塔"号船上，他遇到了莫尼庞地区一位知名的布拉泽通先生，当时，后者正前往与矿藏开发有关的几个岛屿。布拉泽通先生说，大概在15个月前，他带着2个黑人男孩横跨约克角半岛前往查洛特公主海湾。他越过了一片巨大的农垦地，发现了河堤旁边聚集有数千名华人。他说，他们种植着大量鸦片，其分量之大，不但足以供给澳大利亚，甚至能满足整个中国的需求。他相信这些华人来自爪哇岛，他们乘马来式帆船而来。

在19世纪80年代，有一些希望在澳大利亚加工鸦片的热情洋溢的申请。当时，在香港垄断了鸦片市场的Yan Woo公司的胡淳前往帕玛斯通，考察在北领地种植和培育鸦片的前景。高关税和官方的漠不关心让胡淳打消了这个念头。1883年5月15日，海关关长阿尔弗雷德·色西收到了这样的一封信：

先生：

　　请告知鸦片赋税如何收取，是按半个球体的重量，还是按加工的日期。请尽快让我知晓这些信息。

你忠实的
杭公

阿瑟·杭公曾期待澳大利亚海关能有依据地执法，而不是无休止地变换规则。他曾经进口了一整箱巴特那（印度城市）鸦片，并煮制浓缩成一个球，但是他发现他只能得到成品鸦片价格一半多一点儿的回报，他决定去和海关核对一下。法律并未规定鸦片的等级，鸦片就是鸦片。南澳大利亚政府对于产出原重一半分量成品的鸦片球和与原重相同的一罐成品鸦片征收同样的税收。于是，杭公把箱子里剩余的鸦片发回了香港。

1885年，孙墨龙以及其他帕玛斯通的华人向南澳大利亚政府提议，通过当地阿道克律师接手一个鸦片种植场。这些华人索要7年的垄断权，以及30年内不禁止种植鸦片的承诺。但南澳大利亚政府决定，随着华人大量涌入此地修建铁路，来自他们的财税收入将远远高于鸦片种植上缴的数量，所以这个计划流产了。

1887年，杭公还有一次不成功的申请。这一次，通过与陈氏公司有合作关系的巴瑞福德律师，杭公说他可以雇佣50个人，建立一个大得足以为整个澳大利亚供应鸦片的种植场。这将会鼓励北领地的鸦片种植。1887年10月，僧伽罗公司提出用前所未有的高价2000英镑来建立一家鸦片种植场，南澳大利亚教育部部长詹森决定招标。朗登·帕森斯在1888年4月7日的《北领地时报》上刊登了招标广告，但无一中标。帕森斯未受欢迎。

1887年，亨利·帕克斯爵士会见了法雷尔，后者提交了一份在新南威尔士建立鸦片农场提案的长篇议案。法雷尔也想取得垄断专卖权。看来，东印度公司设下的先例影响颇为深远。

不久，一些人在北领地也进行了申请。1893年，陈氏公司再次尝试，但那时，鸦片已不再受澳大利亚华人精英的欢迎。此后，澳大利亚的鸦片种植场也不再运作，再也没有新的鸦片在澳大利亚种植。

澳大利亚反对鸦片运动

欧洲人反对澳大利亚吸食鸦片的焦点集中在一小撮在华人营地里吸食鸦片的白人妇女身上。梅光达调查了居住在瑞沃纳营地里的173名欧洲妇女，其中有76人是习惯性鸦片吸食者。持续流传的故事是这样的：邪恶的华人将白人女孩勾引到营地，用鸦片将她们囚禁起来；还有，16岁的吸毒女孩到妓院接客。卡通画和散文诗进一步推广了这些传言。不幸的是，这些故事也有部分是真实的——一些品质恶劣的华人来到了澳大利亚。但和欧洲的妓院比起来，受引诱到华人妓院来的澳洲女孩要少得多。而且，与那些野蛮的皮条客相比，鸦片显然更温和。大部分到华人营地的女孩本身已是最低等的妓女，她们肮脏、酗酒而且粗暴。因为没有读写能力，她们生活中唯一的机会就是早婚，否则，就只能挨饿或者卖淫。她们去到华人那里以逃避持续不断的殴打。华人对她们很友善。但是，这些女孩继续酗酒，酒醉之后就吵嚷，让人生厌。比起酒精来，鸦片让她们表现得更好，也不那么让人厌恶。

不仅欧洲女人会抽鸦片，越来越多的男人和寻求刺激的年轻人也开始光顾鸦片窟。他们虽然不会被拒绝，但也不怎么受欢迎。华人对名声和丑闻非常在意，他们害怕法律会改变。法律仅允许拥有销售药品资格证的人销售鸦片，而澳大利亚的制药师资格证华人是无法拿到的。

梅光达发起了华人的反鸦片运动。在孩提时代，他就向父亲保证过自己绝不会吸食鸦片，但他并非迂腐到让大家都来遵守他自己的清规戒律。他关心的是，如此众多的华人劳工挣来的钱何以大部分都花在了鸦片上。他在公众集会上发言，访问中国并与高层对话，游说澳大利亚总理和国会议员。这些人倾听他的发言，甚至做出了承诺。但自从1857年新南威尔士和维多利亚首次对鸦片征收重税以来，此项税收甚丰，澳大利亚的各个殖民地都不愿取缔鸦片。所以，梅光达虽终其一生禁止鸦片却未能成功。

阿德莱德的华人一听说在达尔文建立鸦片种植场的议案就举行了集会，并派出了李威和他的搭档王松找教育部部长詹森面谈。他们二人声称，华人担心种植场的建立会让更多人吸食鸦片。1892年，在一次反鸦片运动中，墨尔本受人尊敬的陈青洪前往伦敦，在议会厅向议会下议院发表了演说。墨尔本律师阿何以及悉尼的华人侨领也加入了这个运动。

1905年，由全国各地成员组成的大型华人代表团直接向迪肯首相提出激烈抗议。当年10月，阿德莱德的V.L.所罗门提出了解决方案，他说："联邦政府已被告知，南澳大利亚政府已全面禁止进口鸦片，除非有医疗用途。"

在中国，禁烟法令仍在持续颁布。《泰晤士报》驻华记者莫理循对此不以为然，他说："这项法令由慈善家起草，由那些吸食鸦片且收入来自于鸦片贸易的官员们签署，由抽鸦片的执法官将公告贴在其拥有的罂粟田附近。"

土著人与鸦片

在19世纪80—90年代，澳洲大部分殖民地都通过了或正研究鸦片限制法案。这些法案对华人并不公平，因为华裔杂货商不能取得贩药许可证，因此对他们来说，售卖鸦片即为非法。这是侵扰华人的又一借口。尽管华人继续贩售鸦片，但不少人被罚以重金。

这些法案还有另一目的——阻止鸦片流向土著居民。鸦片吸食者传播鸦片就好像是天花泛滥，土著人常常为了购买鸦片残余而长途跋涉。如果他们有钱，就会把金钱奉上；如果他们没钱，就会把女人奉上，以物易物。华人和欧洲人都从中得到了好处。让这些土著人干活的窍门就是承诺以鸦片为报酬。望加锡捕海参者也常以获取鸦片作为自己的报酬。

1895年，南澳大利亚政府公布了迟来的鸦片限制法，法官对在北领地向土著居民提供鸦片者实行严刑峻法。当年6月，阿何因向比利提供鸦片被判徒刑12个月，后者因协助和教唆罪被判徒刑14天。一位法官判处了另一名鸦片供应者12个月监禁，法官说他希望能下令实施鞭刑。每月都有20人被处罚款或关押。一名惯犯再次入狱，在监禁中丧生。1874年，该人随当年的第一批华人到达澳大利亚。土著人认识到继续前往鸦片馆是危险的（至少有4个部落经常定期访问达尔文），于是就悄悄地策划将鸦片运往他们的居住地。他们用芦苇和玻璃瓶制作了粗糙的烟枪，一些更为急切的人则将鸦片灰和水混在一起直接喝下去。很多土著人因为无经验又无节制地吸毒而最终死去。

昆士兰政府规定，若华人允许土著人进入他们的居住地或房间即为犯罪。

1898年，北领地的警察雇佣土著人做诱饵去抓捕华人供货者。一名警察交给一名土著6便士或者1先令，让他们去找有嫌疑的华人供货商，然后藏在一边仔细观察。内地的警察则是直接行动，施行他们残酷的报复——他们将供货商的房屋付之一炬。1903年，在优年地区的土著居民行事正好相反，他们前往华人居住地索要鸦片，如果得不到，他们就威胁说要烧掉华人的房子。眼看不能得逞，一名土著便走到门廊下，划着火柴，点燃了草制的墙。强风在呼啸，7所小木屋几分钟内便化为灰烬。肇事者自知要去坐牢，便告诉前来逮捕的警官："一所房子判一个月，7所房子，7个月。"但结果是，他每烧毁一所房子就获刑一年。

土著人更有效的把戏是走到一座房子前，见什么拿什么。当华人抗议并抢回财物时，土著人就拿出一点儿鸦片，说如果不让他们拿着劫物离开，就会叫警察来，指控华人提供鸦片。

世界反鸦片运动

1907年，中英签署了为期3年的条约，停止从印度进口鸦片。与此同时，清朝皇帝还颁布了多项法令。1911年12月，鸦片问题世界论坛在海牙召开。1912年1月23日，各国签署了国际鸦片解决方案，该方案旨在逐步减少及废止世界各国的鸦片。1914年9月7日，英联邦公共卫生事务局发布公告，禁止澳大利亚进口鸦片。

走私

对走私犯来说，这是一项挑战。对鸦片进行征税后，华人吸食者前往澳大利亚时会将鸦片藏在手指甲和脚趾甲里，瘾不大的吸食者通过此法就能满足一周所需。他们把鸦片别在布带子或皮带上，藏在系错了扣子的外衣里，放入长条容器中，编进辫子里，甚至藏在直肠里。在19世纪80年代，海关在莫累河交叉口对华人的检查非常仔细，所以有人付钱让欧洲人把鸦片装在口袋或者模具里。1881年9月，劳塞斯通失败的店主詹姆斯·彼得因非法携带鸦片在墨尔本小博克街被捕。他曾挨家挨户地兜售鸦片。

早期华人在往达尔文运送鸦片时无须顾忌这些细枝末节。他们若想瞒着海关将鸦片运过去，只需将鸦片转移到在舢板上的等候者那里，在船上留下象征性数量的需缴税的货物即可。自从色西关长到来之后，走私犯不得不采用更低调的方法。色西在1891年10月2日的报告中指出：

为了重新掌控鸦片贸易，我荣幸地报告如下：9月16日凌晨，根据宾

第七章 大烟：贵人烟或鸦片

德和费尼丝两位先生的情报，我搜查了"南艾斯克美女"号船，在铁链紧锁的箱子里发现了约8磅重的盒装鸦片。

我下船后会见了一名上岸的船员，将他逮捕了，又把他押解回船上。这个男人叫阿金，他承认那鸦片是他的，鸦片是他从"金新月"号船获取的。第二天早晨我起诉了他，他被罚款20英镑。

17日下午5点，在宾德先生陪同下，我又一次造访了这艘船，在船舱之间的储藏室发现了一只油桶，其底部被挖空，中间塞满了鸦片，计有33盒，共计13磅。看来甲板上报信的船员很害怕他的同胞。经我批准，一些人遭到逮捕……他们出于恐惧拒绝保释。我以最快速度再次逮捕了阿金。但是阿公、阿新、阿伟他们翻了供，由于证据不足，此案不了了之。

不久，走私犯们设计了携带大量鸦片的妙法。在达尔文海港以及库克城外，海水相当平静，能让舢板驶出很远的距离。当轮船夜间进港时，有人就会扔出那些装满鸦片的桶。这种设计巧妙的容器能够顺利地漂浮在海上，30厘米长的线焊接在这些容器底部的四个角，或是平均分布在底部的圆周，使得它能够被顺利地牵引，并能够经得起海上的恶劣条件而不会倾覆。

1893年，一桩达尔文鸦片盗窃事件再次向我们展示，政府可以如何对这些人加以整治。当年5月21日晚，4名男子用铁棍击碎了一家店铺门外的保险锁；随后，窃贼又击碎了通往内室大门上的另一把保险锁；最后，他们击碎了一道大门上的2把巨型保险锁……他们偷到了3大箱以及2小箱的鸦片。以上情况对保险锁制造公司来说可不是一个好广告。

失窃店铺的东主分别是杭公、孙安昌、郭立中、黄兴。他们已向委托人付了这些鸦片的货款，但没有立即出货。他们还要交付海关的保管费，他们进货时，就已经交关税了。

海关的官员、警察、追踪者沿着踪迹追到附近的铁路线，他们搜索了灌木丛、唐人街以及马来人的驻地。他们检查了阿尤和叶龙章仓库里的每一个箱子、包裹和麻袋，并在后院挖地三尺，在整个过程中，叶龙章紧随其后，并信誓旦旦地说，如果找到任何偷来的鸦片，他就去坐100年牢。

在各个港口，海关关长色西发起了政府的午夜行动。在凌晨4点，随着潮汐退去，一条小船被强劲的东南风吹到了岸边。"我们在很困难的情况下彻底检查，但当我们上到该船时，发现一个箱子正漂过船舷的右侧，慢慢地下沉。我觉得好像是个啤酒箱子，但其中肯定藏有重物。"这艘船叫"三何利"号，已在达雷河港海关办理了清关手续。船员们自然对此箱一无所知。色西让船开走了，然后他乘上了开往阿德莱德河的"三何威"号船，该船尚未清关。色西让该船在码头靠岸，并对其施行搜查，但一无所获。于是，他将船长扣留了2天，作为对后者不报告的惩戒。色西还检查了准备前往西海岸的小船"洛玻瑞"号船,以及准备前往维多利亚河的"米基"号船,但未发现任何情况。

色西回到了岸上。在达尔文和内地,他检查了鸦片买卖记录,还把北领地所有的鸦片箱都盖上封印,表示已经征收过税款。他把所有未失窃的、有担保的鸦片都挪到了监狱里的一间屋里,直到1895年一所崭新结实的大房建立之后,才把那些鸦片挪了进去。色西在其官方报告结尾处附上了一个列表——鸦片所有者失窃的声明。其中,杭公及其搭档陈炎申报的损失最多——2箱鸦片,价值相当于今天的37000澳元。色西声称,他已经退还了那些请求,并威胁说,"根据海关征税条例第23段的要求,海关在这件事情上不再履行任何责任"。

尽管所罗门持反对华人的态度,但在欧洲人和华人店主的支持下,他开始将华人店铺所有者失窃案件在议会上提出,迎接他的是嘲笑和轻蔑的起哄。他指出,窃贼下一个要偷的目标可能会是欧洲人的货物,这与偷华人的可能性是一样的。尽管有着不公平的意味,但这是一个有效的论点。然后,他们发现,色西引用的规章条例在议会上从未被提出过,法案中也未涉及。8个月之后的1893年1月,政府的特派代表收到了一封电报,要求色西向索求者支付赔款。

与中国相似,吸食鸦片的情况在澳大利亚持续到20世纪30年代。药剂师们——比如伯克地区的普拉托·布朗——在他们的药学书中添加上鸦片的一个合理用途,即缓解疼痛,并将这些书随意卖给华人。在有华人集聚的地方,总有很多经过巧妙伪装的鸦片馆。在昆士兰的罗拉,鸦片被藏在一些挖空的南瓜里,在大量的蔬菜中鱼目混珠。在新南威尔士西区,"树皮党"把鸦片夹带在那些美丽的厚玻璃瓶中。瓶高约5厘米,中有直径约8毫米的小孔。如果瓶盖破了的话,人们会用连着线的木塞封住瓶口。这些小瓶子很容易缝在夹克、腰带或宽松的裤子上。"树皮党"人中的极少数吸食纯鸦片。他们沾一点点在自己的食指上,然后将它抹在烟卷的中间。

有些城市里的老人将抽鸦片的习惯保留到了20世纪70年代。在20世纪80年代的悉尼德信街上,方劲武公司拥有的超市正上方就有个鸦片窟。走上一条"上天楼梯",就能够到达那里。1975年,一位退休的超市菜农告诉电视记者,他曾在三四十年前戒过毒——他的哥哥把他关在一个房间里达3月之久,直到他戒掉毒品。以下是他叙述的部分内容:

> 在20世纪30年代早期,2个印度小贩每隔一个月就在我父亲的娜拉布瑞农场露营。晚餐之后,他们就拿出水烟枪,往里面放入水和烟草。然后,他们会打开一个红色的盒子,用细长的勺子挖出少许鸦片倒在烟草上面。"孩子,晚上那长翅膀的白马会来我们这儿。"他们这样对我说:"它们会把我们带到一个地方,那里的河像海一样宽,绿草如茵,那里女人的棕皮肤比硬币的颜色还要深,她们的牙齿比我们的马还要白。"

第七章 大烟：贵人烟或鸦片

或许在鸦片的沉醉中，好梦比噩梦要多。对于大部分中度吸食者来说，鸦片对身体的摧残大概要小于烟草。在早期，鸦片是用来帮助那些戒烟者的。吗啡商店的治疗广告涌现在19世纪90年代的中国内地和香港。1893年9月，一位记者在香港询问一家此类商店的老板。

"你是医生么？"

"不，我只是个商店老板。"

"那你怎么会转行？"

"我曾大量吸食鸦片，听说吗啡能够治疗毒瘾，我就是这样被治好的，所以，我觉得自己也可以做这个生意。"

他一天吸食2次鸦片，每次要吸4～5管。他给自己注射吗啡，直到他丧失了鸦片瘾。然后他逐步减量，直到最后再不吸食。

1906年2月9日，《北领地时报》报道了达尔文最后一管吸食的鸦片烟。"那些鸦片吸食者如何适应新情况尚需拭目以待，但我们确信，一大批从香港进口而来的药片能帮助这些吸食者戒掉毒瘾。"

这种药片是用吗啡混合着米糊晒干挤压后制成的。自从愚蠢的西方传教士用它来治疗鸦片毒瘾之后，中国人叫它"耶稣鸦片"。但是，食用或者注射这种鸦片提炼物的人很少能抵抗对它的依赖。它比鸦片更便宜、更有劲，但快感较低。运货人、走私者和商人更喜欢它。一匹骡子能负担的吗啡量足以匹配10匹骡子负担的鸦片量。

吗啡

在19世纪90年代，正如在20世纪80年代一样，吗啡在紧靠罂粟地处生产。药剂师在火堆旁的桶里加热水，用敏感的食指记录着正确的温度，把一点点生鸦片放进去然后用木棒轻微搅拌直到鸦片溶解，然后他把农用石灰石混合进去。用这种方法能够沉淀出鸦片里的杂质及其他致幻物质，而那些不能溶解的吗啡就漂浮在白垩颜色的水面上。药剂师用一个过滤器将表面的混合物过滤到另一只桶里，将其加热、搅拌，然后添加浓缩氨水。吗啡最后会凝固在底部。他把水倒掉，然后将这些湿吗啡刮到盘子上，等它变干。它慢慢变成了白色的一大块。全世界都用吗啡来做止痛剂。

尽管比鸦片更容易上瘾，但吗啡不像海洛因一样强大得无法抵抗。海洛因就好像它的起源物鸦片一样，有一个值得尊敬的开始——更准确的说法是一半的尊敬。1874年，英国药剂师怀特试图寻找一种不成瘾的麻醉剂。他将吗啡和无水酸一起煮了几小时。无水酸是一种液体混合物，有着令人窒息的臭味，现在用于制造合成物，然后又被药剂师用来测试药剂。怀特发现他有了一种新产品，即海洛因。他用狗做实验，发现这种药品导致"极度沮丧和嗜睡……还有轻微的呕吐倾向"。他认识到这是一种危险品，从此再未碰过它。20年后，一名德国药剂师重新测试了海洛因。此名药剂师为爱伯菲尔德的法布瑞肯公司服务，该公司生产拜耳药品。他们认定海洛因没有成瘾效果，是已知最好的麻醉药，是治疗支气管炎、咳嗽、哮喘还有肺结核的灵丹妙药。他们称它为"海洛因"，源于德语的"heroen"，意为半人神。然后，他们用12种语言在市场上推广这种药品。

法国也开始制造海洛因，还把它作为一种治疗鸦片瘾的药剂卖到中国。法国人提供了海洛因的处方，制作了10000颗药片："2盎司海洛因，1/2盎司士的宁，1盎司奎宁，5盎司咖啡因，48盎司加糖牛奶还有10盎司精糖，将它们混合起来。"截至20世纪20年代末期，法国售卖给中国的海洛因已达1.5吨。

每经过一次加工，鸦片的成瘾性就会加剧。海洛因比吗啡更容易成瘾。潮州的无赖在汕头有着巨大的鸦片农场。他们将中国制造、中国加工的鸦片装上飘着伪造的联合王国国旗的帆船，分售至各地。他们销售的范围还扩大到了上海，并与那里实力强大、无恶不作的反共"青帮"一起组成了产业同盟。他们很快意识到海洛因大有市场。"青帮"中富有经验的药剂师学会了海洛因的制造方法。

1937年，日本侵略中国，这刺激了麻醉药的贸易。在日本失败之后，中国生产的这种产品依旧繁荣，直至共产党在内战中胜出。共产党禁止了鸦片，而且，他们有决心与实力来维持这一禁令。在中国共产党到来之前，"青帮"和潮州的海洛因生产者迅速逃离了上海，前往香港落脚。在他们的实验室里，新的海洛因培养者已安排就绪。

2支国民党军队——第三军和第五军从中国大陆逃走，他们没有退到台湾，却进入了缅甸。这些部队在山区落脚后，便组织当地的山民种植鸦片。第五军的段将军宣布："我们必须继续和邪恶的共产主义斗争，为了战斗，必须有军队，有军队则必须有枪，想要有枪就必须有钱。在这山区里唯一值钱的就是鸦片。"为了攻击共产主义，美国政府放弃了基本常识与原则，通过中央情报局支援以人员和财力，帮助这些部队组织生产鸦片，就像他们在"二战"后帮助科西嘉的黑手党包括运毒在内的犯罪行为一样。这个地区就是现在的金三角，它横跨了老挝北部、泰国和缅甸，现已成为世界性的鸦片产地。

"潮州帮"在香港顺利地落地生根，因为很多警察局高官都属于这个特殊的秘密团体。他们渐渐从"青帮"那里接手了海洛因生产。一开始，他们生产出质量优良的"3号"，用的是简单的煮沸的方法，纯度大概有40%。这种等级的海洛因被大部分吸食而非注射毒品的香港"瘾君子"所使用。他们将一小块浅灰色的海洛因放在锡箔纸上，然后将其加热。当散发出烟雾时，他们"追逐着龙"，追着被风吹起的烟雾，用纸卷将其吸入。或者，他们会拖着火柴盒的封皮来"吹口琴"。有些人吸食"白龙珠"，它含有50%的海洛因，它是先用三氯甲烷溶液沉淀，然后用碳酸钠，最后用酒精和活性炭来过滤。人们把它研磨开，接着把它薄薄卷起，用嘴小吸一口，伴随着不断累积的快感，人们将这一系列动作称为"发射高射炮"。

海洛因

在越来越多的国家禁止吸食鸦片的同时，海洛因的使用量不断提高。鸦片的气味会使吸食者在警察搜查时暴露，但他却可毫无顾忌地吸食海洛因，且海洛因的价格只有鸦片价格的1/3。

在20世纪60年代末期，倦怠疲乏、担惊受怕的驻越美军士兵开始少量使用海洛因。在法国管治下被长期鼓励生产海洛因的南越政府瞄准了这个机会，希望借此弥补一些战争造成的损失。女佣们每天早晨背着装满鸦片的书包在军营前游走出售，女学生们也在路边的小摊上卖海洛因。美国大兵们走在大街上会有小瓶的海洛因掉进他们的口袋里。销售迅速增长，而出口的可能性也愈加清晰。

美国人更喜欢注射而不是吸食海洛因。他们需要纯度更高、能够轻易溶解在水里的海洛因，因为他们有足够的钱。生产海洛因的实验室把提炼过程从6小时延长到了15小时，生产出"4号"产品——一种颗粒微小、松软、颜色为粉色或白色的粉末。根据药剂师的技能，其纯度在80%～90%之间。如药剂师技术不够好，可能会导致致命的爆炸，让一切生意中止。要生产"4号"，必须要将"3号"溶解于酒精中，然后再让其在乙醚和盐酸的溶液中沉淀。乙醚极易挥发，如果不能好好把控，药剂师就像是在一个炸弹中工作，一丁点火星都会将其引爆。

澳大利亚罪犯迅速参与到这项利润极其丰厚的生意中。约翰·伊根是新南威尔士州特警处的警察，他从悉尼与香港的"潮州帮"有联系的进口商那里买了1公斤海洛因，请了几天假，飞到纽约把海洛因卖了。此次获利之丰厚让他又买了1公斤。4个月后，跑了几趟这样的路线后，他从警队辞职，组织了一帮由退休和休假警察组成的运送者，辗转于香港、悉尼和美国之间。每一趟行动他们都使用不同护照，并且用准备好的背心和紧身胸衣携带海洛因。1967年，这个被称为"马甲帮"的组织被捣毁，当时他们已经运营了15个月，向迈阿密和纽约转移了2200万美金的财富，另一部分财富运到了悉尼。

但是，最初定期向悉尼供应海洛因的是中国的罪犯。在20世纪50年代，海洛因作为一种易于隐藏的鸦片替代品现身。接着，"潮州帮"的制造者开辟了与美国的贸易，并将悉尼用作贸易中转站。1962年，海关人员在一艘搭载中国船员的货轮"塔基王"号上发现了1公斤海洛因。船上的海员无法找到藏身之处。在被扣押几小时后，警察在悉尼乌鲁木鲁海水中捞出了他的浮尸。

吉娜是一个在英王十字街接活的 20 岁的娼妓，她曾在 1965 年登上报纸头条。她作为证人，指控原籍是中国的斯丹利·吴卖给她海洛因。善于辞令的她解释说，她不得不当妓女来赚钱买毒品。在《每日镜报》上出现的照片展示出一个年轻漂亮的女孩在自我注射海洛因，它首次向澳大利亚人表明，毒品可以进入"正常"的世界。

越来越多的美国军人从越南来到悉尼休假和旅游，他们带来了大麻和海洛因，还买了更多毒品来维持后面的旅程。关于在德信街、英王十字街出售"马"和"大 H"的传言越传越广。直至 20 世纪 60 年代末期，海洛因还没有从悉尼传到其他的州。

与此同时，新南威尔士的犯罪世界正发生着某种改变。十几个在"二战"期间已在黑市、卖淫业和博彩业站稳了脚跟的、上了年纪的百家乐大亨相继被新的犯罪集团谋杀。该集团组成诈骗团伙，一旦排除了阻碍，他们就开始从社会上层寻求政治庇护。因服务国家被授予爵位的新南威尔士州州长罗伯特·阿斯金每年能得到 10 万美元。该州的警察局局长弗雷德·汉森可收到相同数额的佣金。小型赌博俱乐部逐渐成长为大赌场。接受贿赂的人变多了：法官、律师、会计师、记者、电台和电视名人、议员、警察、公务员。保护伞遍布全社会。赌博利润进入了毒品市场。这些保护者们已经陷得太深，难以从中抽身。

1970 年，凯文·麦基出版了《治愈》，这本书讲述了他的毒瘾经历。早在 1973 年，年轻的诗人迈克尔·丹斯菲尔德因使用捡来的不洁注射器导致破伤风，悲惨地死去。在此一年前，他出版了《毒品诗》。海洛因成瘾已为众人所知，当时它已经蔓延到澳大利亚各州。

在 1976 年年底，黑社会"14K"的一些主要成员从香港来到悉尼。这个社团充满活力，又惯于使用暴力。经过一次重组，它一直在阿姆斯特丹运作，直至荷兰警方成功取缔了海洛因的生产和销售。一些同样来自阿姆斯特丹的意大利和黎巴嫩经营者，也在同一时间进入悉尼市场。他们的到来大大增加了海洛因的进口量，但却未造成野蛮的领地争端。他们静静地实现了与现有进口商的和平共处。

独立犯罪集团能够坚持长期经商的甚少。一般来说，在头两年赚了几百万后，他们要么被抓，要么毁于凶残的内讧。因其纪律严明，且规划良好，到 20 世纪 80 年代末期，"14K"已经成为澳大利亚资历最老和最成功的毒贩。但那时它已面临来自另一个同样心狠手辣、同样团结、同样纪律严明的社团的竞争。来自潮汕的罪犯已经迁移到此处，并成立了三合会，意即"三倍的正直与平和"。一个属于"和字头"的分支——一直以来活跃于香港西区的小社团——迁移到了悉尼，并扩大规模，自称为"和二堂"，即"第二个和谐的社团"之意。

同时，意大利和西西里的 3 个组织已经变得更加强大。他们结盟的誓言是

第七章　大烟：贵人烟或鸦片

以家庭纽带来强化的。来自意大利南部卡拉布里亚地区的丹西塔经营大麻生意，澳大利亚有世界最佳种植作物气候；来自意大利北部的卡莫拉做海洛因生意；财大气粗的诺斯塔则染指任何有利可图的生意：主要是毒品、赌博和卖淫，该组织与黑手党有松散的联系，它的组织成员许多是出生在美国和澳大利亚的西西里黑手党后代。黑手党也同样活跃，但经营的规模不大。

香港是保存中国毒贩大部分收入的金库。20世纪80年代后期，新颁布的法律对银行做出限制。此前，存入5万美元以下的金额用于海外转账轻而易举。为了隐藏香港付款人的身份，这笔钱被切分为数笔款项，转入为这次转账而租用的银行账户中。为了得到一定百分比的提成，商人甚至家庭主妇都愿意出租他们的账户。到1990年时，这样的银行转账已不可能进行了，经销商不得不采用更简单粗暴的方法——他们把钞票携带在手提箱里。在香港没有法律禁止现钞来到这片土地。①

到1990年，"14K"在国际海洛因市场的影响力变得更加强大，"14K"的首领们出于保护自己的目的，把台湾作为香港的替代地，搬到了那里。

缅甸北部的掸邦种植了世界上一半数量的鸦片。1988年3月，第九频道电视网络的斯蒂芬·赖斯与昆沙——一个手拥5000人的私人精良部队的掸邦鸦片军阀——进行了一场非凡的会谈。为了与他见面，赖斯非法穿越泰缅边境，然后骑着骡子在山间小道中走了11个小时。昆沙愿以每年5000万美元的价格向澳大利亚政府出售他的全部鸦片作物，持续8年。用这笔钱，他可以鼓励他的800万人种植其他作物，以及生产翡翠、红宝石和柚木。掸邦遍地都是这些宝石和木材，但这些物产很少被开发。在这8年期间，昆沙保证逐步减少鸦片的生产。1997年，他向美国人提出了相同的条件。美国人义愤填膺，并向缅甸政府提供了丁酯（除草剂）和飞机，让他们乘飞机从空中向那些鸦片作物喷洒除草剂。但缅甸政府却将药喷洒在居民区和农田里，这种化学物质很可能是在越南使用过的含高浓度二噁英的廉价激素，导致一些农民吃了农田和菜园里的作物之后身体疼痛扭曲并造成多人死亡，新生儿出现畸形缺陷，模样可怖。

掸邦的化学家生产了纯度为99%的4级海洛因。这种海洛因需经长途运输才能到达市场，但运输时不会添加多余的重量。其中一些海洛因会用骡车队运至泰国北部。在那里，长着普通商人面孔的华人会蜂拥购买。大部分海洛因会穿越云南边境进入中国。边防军对走私者采用的方式缺乏经验，但不管怎么说，在1200公里长的险峻边界上，绕过守卫总是很容易的。掸邦北部和云南南部的人都有着相同的起源，讲的语言也大体相同。"14K"在云南购买海洛因，并由熟练走私者经广西运到广东，再运至香港。

海洛因与大麻和可卡因（从一种名叫古柯的南美灌木中提炼出来的物质）

---

① 香港在1997年前对携带的现金数量没有规定。——译者

一样，通过新旧各种方法被走私到澳大利亚。看上去一脸无辜的年轻女孩，带着夹层藏有毒品的行李箱在海关人员眼皮底下轻松走过。经验丰富且疯狂的走私者们把海洛因倒在避孕套里，并把它吞咽下去。如果橡胶发生破裂，他们就会中毒死亡。在月光皎洁的夜晚，没有灯的双引擎飞机在"精灵群岛"的低空飞行，这里是昆士兰北部的岛屿，飞机越飞越低，下降以等待游艇。从这些岛屿北部起飞的飞机把装有海洛因的密封容器巧妙地投入海中，这些重量被精巧计算过的容器能在 4 米或 5 米下的水中浮动。每个容器中的无线电航标会引导快艇，快艇到达后由潜水员下水将货物取回。走私者还可使用更简单的措施，用一个圆筒、一个浮标、一包糖来将货物置于水下，让飞机或船只清楚地获悉其位置。在约克角，双引擎的飞机、小型喷气式飞机，还有一架"二战"时留下的轰炸机经常在夜晚出没，在数条飞机跑道上着陆。他们会将海洛因和非法移民带入，将鸟儿和钱带走。曾有一个牧场场主不通知海关，便径自驾驶喷气式飞机进出澳大利亚。

温迪·贝肯撰写的一篇精彩文章刊登在《国家时报》上，其中报道了毒贩是怎样轻而易举地从新几内亚岛运毒至澳大利亚的。"你从莫尔兹比港起飞，告诉他们说，你要飞往 40 分钟路程外的卓布兰岛。往那个方向飞行 40 分钟后，你告诉莫尔兹比港的塔楼说你已在卓布兰安全降落，让他们把搜索营救的 SAR 关掉。"

"卓布兰岛只有 2 个警察，没有和莫尔兹比港的无线电联系，况且他们也不知道如何使用无线电。与此同时，飞机已身处澳大利亚，它能在肮脏跑道上的任何地方降落，你可以打电话给当地油库，他们会派出一艘油轮，加满油后飞机就又可以向着莫尔兹比港出发了。过了 40 分钟，你打电话说你正离开卓布兰并向莫尔兹比港飞去，然后降落，这样就无人知道你身在何处了。"

除了这些途径，大多数运到澳大利亚来的毒品是利用集装箱运输的。墨尔本作为最大的接收港口，每天要处理 700 个集装箱，这些集装箱大多数未封口。任何人都能在此处轻而易举地拿东西和放东西。在墨尔本，海关人员每天打开约 40 个集装箱，搜检的更少。

墨尔本码头上的保安人员并未经过训练，他们的职责也是模糊不清的。海关人员浑浑噩噩，听命于那些不理智、不切实际且无知的公共事业部门，他们常常稀里糊涂地被从办公室调到现场，不停奔波，他们的能力与偏好被漠视。一个联邦缉毒局运作了好几年后失败了，部分原因是员工报酬太少，警察不得不申请加班。在特定的情境下，一个监视任务如果超过了下午 5 点，这就意味着多半是他们部门的高官曾受雇于贩毒。因此，所有的澳大利亚港口以及数千公里的海岸线稍不留神，就会让毒品轻松流入，而悉尼则是倍受青睐和忙碌的转运港口。

没人知道"14K"是如何卸下它的毒品的。对它的成员来说，言多必死。

其他中国经销商往往使用集装箱,虽然有些人仍然依赖于快递,尤其是那些第一次发货的。

蒂娜·王的情人、阿德莱德餐厅的老板大卫·周失算了。在一次曼谷珠宝商会展上,他与显然是联邦警察在曼谷安插的卧底做交易,买了满满一箱重达27.9公斤的海洛因,他于1985年被判处20年监禁。蒂娜·王的爸爸是斯坦利,他是一个富裕且在华人社团有较大影响力的人,几个月前在一场赎罪的仪式上被人谋杀。蒂娜·王被她的朋友控告。她病倒了,死于耻辱与重重的压力,而后来,法官发现她是无辜的。据报道,参与此案的警方相信,此案卷入了政治干预。

大卫·周的那一箱海洛因大约能卖7000万澳元。海洛因的成本产生的麻烦比海洛因本身更多。一个"瘾君子"每天定期注射4次、每次约10毫克的"4号"海洛因,就可以相当正常地工作和生活,他的需求也不会增加。吸食海洛因的男女都会失去对性事的兴趣,他们的泪腺罢工导致眼球干涩,他们的生命会大大缩短。他们必须使用严格消毒的针头,如果他们未接种疫苗,就会很容易被传染上肝炎或破伤风;如果他们共用针头,几乎可以肯定会得艾滋病。然而,他们对海洛因的依赖不会超过糖尿病患者对注射胰岛素的依赖。

但有多少人能每周花费数千美元买毒品,过上这种看似正常的生活呢?对于大多数人而言,生活变成了乞求和盗窃。对海洛因的依赖可说是具有粉碎性的,恒久的吸食不确定性导致瘾者失去食欲。如果一名吸毒者一天不吸毒,他就会紧张得无法进食。一剂海洛因就能让他平静下来,但同时也让他变得沮丧。"你只是恶心、呕吐,就是这样。"C. R. 赖特从狗身上观察到,海洛因会导致呕吐。

20世纪80年代,在街头,海洛因被称为"狗屎""scag"和"掌击"。"锤子"是一个新词——它像锤子一样给了吸食者一击。吸食中,尝试用较小剂量被称为"挠痒痒",针叫作"picks"。澳大利亚市场上的"4号"海洛因的纯度下降了4%~20%,在美国则是下降了3%~5%。最好的毒贩——如果在这个可憎的毒品世界里的人有品质可言的话——会将海洛因的强度用乳糖或葡萄糖降低20%。在蜡烛上烤着的勺子里,这些粉末很容易和海洛因一起溶解,而且对血液循环的刺激不大。贪婪的交易商为降低海洛因的纯度,往里面随手加东西——奶粉、爽身粉、BEX、奎宁、巴比妥类、洗涤剂、盐、咖啡因、水泥。客户如果着急,与海洛因混合的水可能是用小锅从厕所里接的,甚至可能用电池酸液。

1983年,一款被称为"黑焦油"的墨西哥产品首次来到美国,它从1986年开始主导海洛因市场。当我写作本书时,似乎没有人发现药剂师是怎样制作它的。"黑焦油"的纯度在60%~90%之间,其价格是"4号"海洛因价格的1/10,它比焦油更坚硬而且很难稀释。看起来这款"黑焦油"确实改变了海洛因市场，可能增加了需求。相比之下，在哥伦比亚生产的"Basuco"是一个糟糕的产品，它从废物中生产煤油和硫酸并混合可卡因，第一针下去它就能产生非凡的快感，但同时也会造成不可逆的物理伤害。它非常便宜，所以被用来供应和开拓儿童市场。因此，成千上万的哥伦比亚人在少年时代便夭折了。

无效的反鸦片战

在澳大利亚，特别不稳定或特别瘦弱的吸毒者是通过熟人的帮助注射毒品的。（没有"瘾君子"能交到长久的朋友，因为他们是无耻和屡教不改的窃贼。）针扎入静脉，而不是贯穿它，不小心地打针所引起的一个气泡就意味着死亡。在美国，吸毒者在注射室、暗房或者任何吸食鸦片的地方里排好队，那里的服务员把他们固定住，用止血带缠到他们的胳膊、腿甚至阴茎上，直到他们静脉隆起，然后将针剂注入。

美沙酮是一种合成镇痛的药物，是"二战"期间德国开发的，这是因为当时吗啡比较稀有，难以取得。美沙酮和吗啡一样是用来治疗鸦片瘾的。它完全消除了性欲，同时美沙酮本身也是成瘾药物，但是它便宜，可以简单地口服，相对无害（如果能减轻其主要副作用就好了）并可以使病人戒掉海洛因。有些道学家医生认为美沙酮是无用的，无非是以一种成瘾取代另一种成瘾。香港对很多成瘾者大量采用了美沙酮，此举大大减少了他们的盗窃行为。美沙酮只可凭处方获取，尽管也有黑市存在。香港的药剂师需要在一服药中增加液体，因为很多本应在药店里将美沙酮吞下的人会将其含在嘴里，带到店外后吐到碗里，将其出售。

中国曾被视为世界主要鸦片市场，但很多年后，中国几乎完全解决了毒品问题。虽然判处毒品卖家和吸毒者死刑且立即执行是最有效的扫毒恐吓手段，但这些在澳大利亚很难执行。生活在僻静之地，自古就在滇西和滇西南山野过着原始生活的几个少数民族仍在种植鸦片供自己吸食。他们能够隔着国界望着它们生长，因为国界地区每隔几公里就有一段是无人设防之地。

解决海洛因问题只有一个办法，就是要找到一种让种植者有利可图的替代作物。单个国家可以控制毒品供应的流入，但进行适当的监控——特别是在澳大利亚——耗资巨大。即使是现在治疗成瘾者所花的一点点钱，与之以前昆沙为他的作物开出的价格相比也已是数倍之多。昆沙似乎有权力和意愿来履行他的诺言。其实，这个建议对澳大利亚和缅甸两国都有益，是值得考虑的。

澳大利亚联邦警察有能力把工作做得很好。1986年3月，曾担任悉尼医院急诊部主任的巴多斯博士（也是个有罪犯朋友圈的赌徒）、新南威尔士州最高法院的律师罗斯·科博和拥有马术中心的格雷厄姆·帕尔被判监禁，因为有关证据证明他们已经进口了价值约4000万美元的7吨大麻脂。他们在希腊买了一台1200吨的货轮，配备了9名希腊海员。他们用240个塑料包装着大麻，开往达尔文。在港口外，一艘12米长的拖网渔船接应了他们。他们卸下货物，凿沉货轮，迅速爬上拖网渔船。渔船迅速驶离，进入达尔文以北的小海湾。那里有一辆卡车等待，载着大麻运往悉尼。在随后的14个月里，警方使用录音电话监听疑犯的汽车和约会场所，注视着他们的一举一动。疑犯们在南墨尔本福克纳公园进行了一段最后的重要谈话。他们逗留的具体地点已不重要，因为警察已对整个公园区进行监听。在疑犯会谈的最后时刻，一位市政府雇员开启了除草机，嘈杂的声音几乎让整个监控失效。

在这种情况下，警方可以完成他们的工作，因为警方与议员们或与任何有影响力的朋友之间无甚关联，也没有威胁到他们的利益。不过，一旦使政府难堪，调查就会终止，此类事不胜枚举。非法毒品会成为政府腐败的温床，蓬勃发展的只有罪犯和道德家。

鸦片、大麻以及可卡因被贪婪、腐败、无知、不满足以及恣意挥霍的人误解滥用。拒绝使用海洛因和大麻在医学上是对疼痛的恶意忽视。止痛吗啡、经批准使用的鸦片通常可以成功地止痛，但它会导致极度镇静。患者生命的最后半周都在半睡半醒中度过。海洛因可以更好地控制疼痛，但是会让患者兴奋、警惕甚至亢奋。他们继续精力充沛地活着，直到气力用尽、崩溃死亡。化疗可以延长一些癌症患者的生命，但这样做所引起的恶心和全身不适会让病人对生命再无留恋。大麻脂内服则可以缓解这些状况。患者可以享受额外的几个星期的生活。可是没有人能合法地得到大麻。

1977年12月，安东尼·昂斯沃斯在槟城去世，他是新南威尔士州内阁部长的儿子，也是一名海洛因瘾者，他很可能死于高纯度注射所引起的用药过量。参议员约翰·巴顿的儿子死亡时也是个海洛因瘾者。1984年，澳大利亚总理霍克在电视台记者的追问下哭了，这让全世界的观众为之一怔。第二天，霍克的妻子做出了解释：他们的女儿罗斯林，一位带着婴儿的年轻母亲，竟是一名海洛因瘾者。

有了总理亲近之人的刺激，人们自然会预期我们的政府会采取行之有效的措施。然而实际情况是，1986年，联邦政府投入数百万澳元，只是给每个家庭发放了一本抵制吸毒的书而已。可笑的是，为了让大家看到自己并非无所作为，政府官员们因循旧法，在罂粟地旁贴起了法令告示。

第八章　中餐特色：色、香、味俱全

中餐五特点 / 双关语 / 热闹的餐桌 / 餐桌礼仪 / 南北方的早餐 / 澳大利亚华人矿工的餐食 / 午饭和点心 / 好茶 / 晚餐 / 为什么青岛啤酒好 / 中国的果酒与烧酒 / 酒桌上的游戏 / 港澳和中国内地市场 / 鱼摊和鱼餐厅 / 蛙、龟、鳝鱼 / 美食狗肉 / 蛇和老鼠 / 豆腐和蘑菇 / 鹧鸪、禾雀、鸽子 / 香港美食 / 抻面 / 味精

第八章 中餐特色：色、香、味俱全

中餐五特点

华人的乐事之一就是美食，对美食的兴趣超过了性爱，因为美食无需害羞、无需情感责任，无需暧昧，无需引人入胜的激情。和其他种族一样，华人在性爱方面也不简单。然而美食没有外来的责任，就是使劲享受罢了。中国对食物的重视就和营养一样重要。通常人们打招呼就会说："你吃了吗？"无论对方是饱是饥，回答都是"吃过了"。

有人在宴会上说，中餐有5个特点："色、香、声、样、味"。这就使它加入了"五"的行列：五仙、五洲、五洋、五脏（心、肺、肝、肾、胃）、五味（甜、酸、苦、辣、咸）、五感、五岳、五德（善良、正直、礼貌、有才、诚实）、佛教五戒、五方、五谷、五类、五情（高兴、愤怒、愉悦、悲伤、欲望）。"五"可以在神秘和现实的世界中组成一个很长的单子。

双关语

每道菜都可能具有双关语和想象的意味。吃光碗中餐是不礼貌的，这表明主人没有给客人以足够的食物，但浪费也是不好的。所以，每天使用的饭碗底部就会画着鱼。在粤语中，"鱼"和"余"是谐音，意味着"剩下"；在普通话中，情况也是如此。

在珠江三角洲的台山村里的一次午饭中，我们享受了四种海产品——鱼丸、鱿鱼、鱼肚、鲜蚝，都是以白菜垫底清蒸的。"四海之内皆兄弟"——厨师知道我们要来，以菜肴表达敬意。鱿鱼的触角被做成5厘米长的刷子，就像簸箕里的一样。品尝这道菜时，你会感到口中刷子的翻动。吃牡蛎也大有寓意。这一般是在春节宴会上出现，那时每个人都会对新年进行展望。"好事"中的"好"字的三声发音变成了二声——"蚝"，吃蚝就意味着好事降临。像头发一样、昂贵的发菜也会经常端上来，人们会改变音调地说："发财发财。"我们的翻译说，发菜生长在内蒙古，他们以前从未品尝过。不过，情况并非如此，实际上发菜是北海里的一种海草，与人类黑色、细长的头发酷似，它有一种冷海的味道——没有暖海的产品咸。

鳖也是人们喜欢吃的美食，它不仅味道鲜美，而且能益寿延年。生日时，吃的是宽而长的面条，这也是为长寿设计的——面条越长，越能高寿。所以，高明的面条师能拉出3米长的面条——那就是极限了。吃面条需要专心致志，如果不小心吃下一大口面条，碗里的东西就可能会全部纠缠在一起而被吞食。

鹿肉也是一道特殊美食，不仅因为它的味道美，而且因为它的发音和"禄"一样，意味着"丰厚的薪水"。"桃"的发音有些近似"老"，意味着尊重，所以孩子们会在父母、祖父母过生日时献上寿桃。据说，有一种桃树要3000年才能开花结果，如果能吃一颗那树上结的桃子，就会长生不老。然而，谁知道那桃子什么时候、从哪里出现呢？

新年第一天吃芹菜意味着勤力。佛手有三重意味，它也被称为"佛手瓜"，即佛的慈悲之手，如果把它的音调稍稍变化一下，就变成了"福寿"。因为它的特殊含义，佛庙里的和尚特别喜欢在高山上种植这种落叶藤植物。这是一种高贵的蔬菜。在20世纪，在中国工作的欧洲人雇佣的一些华人经常在新年给老板送上罐装佛手，这是一种礼品。但是，欧洲人很少意识到这礼品的意义或根本不在意。

热闹的餐桌

在享受中餐时，人们有很多东西可以聊。中餐桌比赌场还要喧闹。华人经常外出吃饭，无论老幼，甚至是婴儿、2岁的孩童，他们和祖父母、曾祖父母同去最好的餐馆吃饭。在澳大利亚，华人没有更改这个愉快的传统。人人都在饭局上聊天，有时会越过桌子或围绕着桌子去聊天。如果发现了某桌有相熟的朋友，就会过去聊。我在一间餐厅曾目睹某人越过5张桌子与朋友打招呼。他们说的是粤语，不讲普通话。中国的北方人比南方人要安静些。

在19世纪90年代，一位记者发表了一篇酸溜溜的文章——《在德利尼坤华人居住区》。他反感华人热闹的餐桌，说"他们就像在死羊尸体边的乌鸦一样喋喋不休"。那些蘸着吃的食物也让他格外不快。

餐桌礼仪

待客的桌子上，每个食客座位前都摆好了一个小碗、一个喝汤用的瓷勺（瓷制品比银制品好，无论汤有多烫，它也不会灼伤嘴唇）；右手边有筷子，一般是竹子做的，象牙筷子是上品，有时上面会有一些精美的雕刻。在中国南部省份，在香港和澳大利亚，筷子只是放在桌上而已；但在中国北方，筷子是要使用的，它们有陶制的、精瓷的、木刻的、玉制的、银制的，非常精致。一个4厘米宽的银鹿样筷子座自然生动地伏在桌上，不过，放筷子时要小心，因为说不定这只鹿会突然跃起。

在碗的左边是可以放骨头的小盘子，但这种盘子并不经常使用，尤其是在南方的乡村饭店，但这也不会导致不方便，把骨头弄出来放在一旁的台布上就行了。

应付各种菜式的干湿佐料会装在小瓷瓶里（可能有七八种），摆放在每个食客的前方40厘米处。服务员会将菜肴放在桌子中间，如果人数超过10人，往往会使用旋转餐台。每位食客都伸出筷子夹菜，一般是夹最靠近自己的一盘（只夹美味菜被认为是不礼貌的），把菜放进自己喜欢的佐料碗中蘸蘸再夹到自己的碗中。这时，服务员通常会上饭，食客就将菜放在饭上一起把它吃下去。一下就夹好几次菜是不雅的，也很少见。

华人进餐时比欧洲人要更加互相关注。一个欧洲主人会不断关心客人的杯子，也关心大家是否都有了佐料，是否都舒适，但事实上，他的客人都是自我服务的，客人的刀叉也只对付自己的盘子。在华人的餐桌上，有时人们会用筷子夹一片鸡肉，但夹起一片后，会连带着另一片，这是因为粗心的厨师没有弄好。两片鸡肉连在一起就不好夹了，但食客不必请人帮助，筷子自会从四面八方伸过来，稳住那片连带的鸡肉，食客夹着第一片鸡肉，然后就是一番撕扯。曾有一个不真实的传说提到，一个中国皇帝和他的儿子一起吃饭，碰到了同样的难题。儿子没注意，皇帝只好把两片鸡肉都夹进自己的碗里。事后，皇帝叫来刽子手，让他砍去儿子的头。

有时主人会给客人夹菜，或让客人品尝。这是很文雅的，也是令人称赞的，不过现在这种情况变少了，只有那些热心于传统的人才会沿用这种古老的方式。细心的主人会用筷子给每个客人夹菜，但夹菜时使用筷子的另外一端，也就是未入口的一端。昆明的一个作家就这样款待我们，他就是精神抖擞、令人愉悦的李乔，是个彝族作家。

饭盛到饭碗里后，会从几盘菜肴中夹一些料放进来，然后再吃。一般用筷子就可以了，但如果菜的水分多或是太散乱，进食者可以把碗送到嘴边，迅速将饭菜送到嘴里。但是，口不能碰碗边，碗也不能高于嘴的位置，以免米饭漏下来。苦力一类的工人阶层总是将碗置于嘴之上，用筷子飞快地把饭菜扒拉到嘴里。华人有的这样，有的不这样。

因为食客从菜盘夹菜到佐料碗中不免滴下汁液，而菜经佐料碗到自己的碗时也会滴下汁液，所以，吃完饭后，桌布上都是一个个的印记。

经过少许训练后，很容易就会使用筷子。2岁大的中国孩子就能熟练地使用它，但奇怪的是，日本人教孩子使用筷子时会在筷子底端连接橡皮带。20世纪80年代，一家华人公司开始提供澳洲筷子——底部有像夹子一样带铰链的塑料筷子。有些筷子上会镌刻上美好的祝词，最受欢迎的是这样一句：福嘉康宁，长命富贵。

南北方的早餐

华人吃什么？又是怎样做饭的？让我们从早饭开始。中国内地、香港、澳大利亚的早餐都差不多。早饭就是早晨做好的米饭。过去的差别在于：北方吃面、小米和高粱，南方人吃大米。不过，现在由于交通发达，这种差别就比较模糊了。北方城市吃大米的程度比我想象的要高，而广州也有很多人吃面条。不过，北方人早饭喜欢吃馒头、包子，南方人则以食粥为主，再加上其他东西。"粥"是从马来语借用而来的，它是用米加大量的水煮成的。在澳大利亚，早上开门较早的中餐馆供应粥，但"粥"这个词在一般的英语菜单上不加翻译。在中国南方大大小小的餐厅里都供应粥。食客从大锅里盛出一碗粥，坐到桌旁，服务员会拿出几碟小菜佐餐，粥本身没什么味道，但有了小菜就可以构成一顿满意的早餐。七八碟小菜会与粥同食：咸菜、鸭蹼、炸薯片、鱼干、蒸白菜、皮蛋、香菇、不同的香肠、姜片、有金黄色外皮的炸豆腐。即便是在村里的饭店，早饭也有三四个小菜相配。

在珠江三角洲的新会，主人以北方早餐款待我们：又大又白又松软的馒头，有肉末和小虾米的豆瓣酱。馒头是甜的，不过甜味不是来自添加的糖分，而来自海南岛的椰浆。

我们在北京有时也喝粥，但奇怪的是，这里的粥是用长米做的。北京生产稻米的历史悠久，但是在19世纪，北京的稻米很少流出到北方的其他城市——广东每年都要给北京的皇帝上贡稻米。我们在北京的多数时间里吃面条，佐以卤肉、葱花和香肠。在早餐的最后是小白馒头，有的里面夹着枣，有的里面夹的是豆瓣酱。在第一次早餐过后，我们就可以从包子的外观识别出什么是枣包、什么是豆包，圆圆的是前者，椭圆的是后者。有一次，我们尝到了一种用叶子包裹的馅饼：一层是猪肉馅，一层是虾肉，一层是混合干果。这个点心可以很容易地用筷子夹起来，三口就可以吃完这个美味。有一次，我们品尝到了里面夹着香肉的酥皮卷，我从未吃过这么薄、这么松软的肉卷。它们做得很小，我一口就吃了一个，感觉很酥脆、辛辣，然后一下就融化在口中。

我们平时住的酒店没有欧洲人住宿。有一天，我们在中餐厅美美地吃完了早饭，便去乘电梯。电梯里是一些美国人，他们刚从楼上的西餐厅下来。"讨厌的中餐！"他们叫道，"我从未吃过这么糟糕的中餐。如果中国人需要外国游客，他们得知道怎么招待他们。他们要学会做咖啡。我们刚才喝了什么，那是咖啡吗？"实际上，我们刚才享受了味道馥郁、手工采摘的绿茶，茶叶在杯中缓缓展开，那些茶叶让水变绿，味道好极了，仅就茶香而言就已是芬芳怡人。

我们在北京还吃了松花蛋，那是全中国通用的食品，常常就着啤酒作为餐前小吃。在一片皮蛋上抹点儿姜末，味道美不可言。皮蛋是深绿色或蓝色的，有时也呈黑色，让人感觉它是时代久远的，所以皮蛋又被称为"千年蛋"。制作时，在新鲜的鸭蛋上抹上泥巴和石灰，和谷糠、木条混在一起，便于拿取。它们要在阴凉黑暗的灰里埋藏100天。它们的造菌工作就像蓝莓奶酪一样，有些辛辣，但也有些奶酪味道。"松花蛋"是最具有想象力的称呼。花一样的图案会出现在薄薄黑蛋皮的表面。

咸鸭蛋用盐来腌制，制作时，它要浸泡在木炭和卤水中。盐能穿透蛋中的白色液体，使蛋黄变成橙色。炭使蛋壳有一层薄粉。

澳大利亚华人矿工的餐食

在19世纪，华人矿工早餐吃什么呢？香港的穷人现在吃什么呢？他们吃付得起价钱的早餐：米或面。实际上，这要取决于他们的故乡是在哪里。他们吃这些早餐时会佐以蔬菜，如果买得起肉和鱼，他们就会吃得更好一些。

淘金者根据当地的资源来调整膳食。他们种菜，养猪、鸡、鸭，采摘野生植物。在维多利亚的华人营地，能看见绳子上晾晒的青蛙肉。他们进口土罐装的松花蛋，那罐子里面是蓝釉面，外表雕刻着龙。罐子的高度和宽度均为45厘米。空罐子被菜农用来储存人的粪便以用作肥料。他们还进口咸鱼，带进来许多种类的干货，就像20世纪80年代悉尼德信街杂货店卖的一样。在19世纪50年代，在华人那里甚至还可以见到在一些特殊场合使用的、昂贵的燕窝。

对于华人移民的航行来说，干鱼和咸鱼是他们主要的营养品。几个月的海上航行，他们吃的是粳米、干鱼和一点儿蔬菜，所以一到岸就渴望吃到蔬菜。他们从洛珀简陋的锚地划船到了海滨，认出了宽大的、薄薄的、像紫色飘带一样的、可食用的海带，它们生长在从中国到澳大利亚潮汐之间的岩石上。华人和日本人种植海带，它们成团地漂浮在海面岩石上。新来的华人淘金者大量地采集海带，把海带晾晒在海滩的架子上，那架子是用沙漠灌木制造的。海带很好吃，味道一半像鱼，一半像豆子。所有的物种都含有维生素B，海带还含有丰富的维生素C。长期食用它，可以预防脚气病和坏血病。桂珍湾还有另外一个物种是令华人感兴趣的，那就是一种绿色的、长得像生菜一样的蕨类植物。洛珀的居民纷纷传说，接踵而来的海船都称赞这个植物，但无人知晓洛珀的居民是否也食用这个植物。

每当一些新的华人到来时，城镇里就会有一些走丢的猫狗消失，因为它们被新来的华人吃了。这不仅因为新来者需要新鲜食物，也因为这些小动物的肉特别香。寻觅到这些无人认领的奢侈品简直就是个奇迹。我们的广东向导说："狗肉吃到一半的时候，你就像进了天堂。"我们来华之前，一位优雅文气的华人妇女告诉我们："老黄猫和小黑狗最好吃。"

澳大利亚所有港口的食品大部分来自于中国内地和香港。一般一艘客船会运送500吨货物来。在19世纪70年代，为了从华人身上榨取钱财，几个殖民地都向华人征税，要么向首次进口的大米征税，要么把税从0.5便士1磅提升到1便士1磅。昆士兰政府遭到了强烈的反对，那里的华人举行了游行示威，他们雇用了一名律师来代表他们。1876年，当北领地仿效昆士兰时，华人的反抗更加激烈。在迪丽莎糖场工作的100名华人进行了游行示威。政府驻地代表普莱斯说，他不认为华人的口味会转向土豆和面粉，所以，南澳大利亚政府又将对大米的征税降回到 0.5 便士 1 磅。

午饭和点心

　　中国饮食中最主要的两顿饭是早饭和晚饭，午饭吃得比较简单。除了苦力外，华人中午一般都不吃米饭。午饭也称为茶点，也许就是一两块甜点。

　　尽管现在人们仍然认为中餐中最重要的是早饭和晚饭，但是各地的餐馆，甚至农村的食肆，到中午饭时也是人头攒动，每个人都要吃几样菜。在人流涌动的旅游景点、名胜古迹，餐馆水平超好，堪比悉尼皇家农展会上的斯蒂芬尼·阿里克山大美食或特隆卡动物园盖依·比尔森的餐馆。餐馆的级别各有不同。在西安秦始皇兵马俑附近的餐厅，我们穿越过几个不同等级的餐厅，来到了中心宴会厅。当我们宴罢走出时，年轻的翻译卢杰指出，每个餐厅的苹果大小是不一样的。我们吃的苹果硕大无比，环围有13厘米，而且外观漂亮，味道清脆。而我们外面的廉价餐厅里的苹果个头小，环围只有3厘米。我们喝完了热汤，品尝餐后可人凉爽的苹果真是享受。那家餐厅的厨师来自上海。其中的一道菜，厨师展示了亭亭玉立的荷花。

　　在台山，我们享受了一道菜叫鱼肚猪肉汤。汤在出锅前，鸡蛋清和蛋黄轻轻搅拌放入锅里，端上来时黄白两道彩带伏在汤上面。同一厨师还奉献了松果鱼，丰满的鱼肉片被横竖切成一个个小格子立方——昆士兰人切芒果时用的是同样的方法——然后将鱼片卷起放进面汁里油炸。这道菜端上来时就像松果一样，佐之以甜酸酱或甜腌菜。

　　我向一名陪着我们的中国人询问："那些鱼塘边的小小草房是干什么用的？"那人说："台山鱼是中国最肥的。那些草房是公共厕所。"

　　在农村食堂，桌子下面经常放着垃圾桶，猫狗会走进来清理扔掉的食物。这些垃圾桶真是物尽其用。我吃惊于那么多人围坐在一起时，会有一只鸭子从桌底迅速而莽撞地钻出来，又出现一双脚把狗轰出去。我们的中餐都是些美食，有添加了鱼肉、猪肉、猪肝的面条，黑色橄榄仁与小虾，脆皮烧鹅，带着姜汁的白切鸡。京菜和川菜的辣味要重于粤菜，但粤菜中也有和全国各地一样辣的菜式。

　　在广东，人们使用糙米和小鱼的混合饲料来喂鸡。1983年我们在香港时，广东鸡在那里有很好的市场。为了让鸡在喂同样饲料的情况下生长得更快，新界的鸡农在鸡的脖子上注射一种叫"鸡去势"的荷尔蒙球体，但这种球体并不一定能被全部吸收，荷尔蒙对儿童的作用要高于对鸡的作用。这些荷尔蒙也会有副作用，墨西哥已经有教训了。香港的报纸也刊登了一些可怕的报道：女孩长胡子，男孩长乳房。

　　在广东、澳门、香港和现在的澳大利亚，人们最喜欢的午饭就是"饮茶"。

饮茶就是吃些碟中小菜和笼屉里的点心,一般挑选两三样,但厨师能做出千百种不同的菜式。

澳大利亚的点心没有香港那样多姿多彩,但是质量要好些,特别是用牛肉、猪肉做成的点心。中国的猪肉太肥。10个月的小牛味道比10岁大的水牛(这些水牛辛苦劳作了8年后退休了)要好。在澳大利亚,饮茶的气氛也荡然无存,特别是在墨尔本,你可想想,要是在图书馆的静谧中吃点心,那是一种什么感觉?!20世纪80年代,在悉尼沙瑟街的金盏花(Marigold)餐馆,饮茶的气氛慢慢活跃起来,点心也越来越精致,虽然那些点心妹推车端盘时很安静。

我们访问香港时,世界上最好的饮茶餐馆是位于九龙、靠近星际码头的巨大的大洋餐厅。尽管这个餐厅的3个大厅总共可以容纳2000人,但夫妇们经常要在中午12点至下午2点之间等位。非常奇怪的是,尽管那是个旅游中心,但却很少有欧洲人光临。

喝茶的桌子上总是喧哗不断,热闹哄哄。点心妹在桌台中穿行叫卖,都是些粤语,"烧卖!叉烧包!虾饺!……"不绝于耳。听懂了她们的语言,有人就会站起身来挑选。当一个点心妹走过时,我用英语说:"虾饺!"她说:"很好吃的,我的英语怎样?"我说:"比我的粤语强多啦!"

虾饺是用米粉皮包的,透过薄皮我们可以看见虾肉。这些小推车每天都会从厨房里推出许多新鲜食品。其中的汤包需要用筷子精心侍弄,食客要小心翼翼地挑起薄皮,吸吮里面用鸡肉或猪肉做的汤汁,然后再把皮吃下去。还有鱼饼、蟹饼、猪肉丸、豆腐皮包的鸡肉、青椒盏、海参竹笋——这个菜让人使用筷子更有信心。海蜇蝓被切成很大一团,非常滑溜,竹笋则切得非常齐整……这个菜与其他几样佐料很重的菜搭配得很好。有些食品放在嘴里越吃越有味道。

荷叶饭是最引人注目的一道点心,通常是荷叶包着由不同肉类混合的米饭清蒸而成。荷叶是可以用手打开的,清香袭人。一位朋友告诉我:"别吃那个东西,我认识的一位大厨告诉我,所有的厨师都会把剩菜剩饭包进去。那厨师说,你怎么知道那里包的是什么。"

鸭腿和鸡腿也是点心中的一道美食。鸭腿经常用一块蟹肉包着,腿骨和鸭蹼用米粉皮裹着清蒸。鸡腿的做法也是一样的,有时,腿骨会被去掉。

好茶

在"饮茶"时,人们会不断地喝茶,特别是在夏季。服务员会不断给茶壶加满水,无论你要的是何种茶。你不用叫他,只需将茶壶上的盖子挪开一些,那就是个信号。

华人不大了解欧洲人对茶的口味,他们把茶采下来,晾干,然后打包出口。但如何才能区别茶的味道呢?1880年,一个参观了墨尔本华人居住区的欧洲人写道:"我试着喜欢那些茶,但结果很不好。显然,那茶有特殊的味道,香味可人,但不加糖也不放奶,我得承认,如果没有这些东西,我是无法欣赏到茶的魅力的。"

中国的茶,名字都富于想象力。白毫茶是由长有白毛的茶叶芽制成的;雀舌是一种非常细小的茶叶;乌龙茶是"黑龙"的意思,是一种宽叶茶,味道浓烈。每个省份都有味道不同的茶叶。广东的茶比其他地方的要浓烈,我们喝不了多少。对此有一种解释是说:"广东气候炎热,得喝浓茶。"云南省的茶粗糙、干燥,且为棕色,味道不错但有股土味,因为它们出于老干的树根而不是叶子。当地最好的茶——普洱茶生长于普洱和孟帕之间,地处滇南,接近鸦片之邦——缅甸和老挝的边境。我们被告知:"普洱分为红普洱和绿普洱。红普洱是热性的,绿普洱是凉性的。华人喜欢绿茶,外国人喜欢红茶。另外一种滇茶叫沱茶,它是一种制成窝头状的紧压茶,一般用黑茶制造。为便于马帮运输,一般将几个用油纸包好的茶坨连起,外面包着用稻草做成长条的草把。沱茶从表面上看似圆面包,从底下看似厚壁碗,中间下凹。法国妇女大量购买沱茶,因为这种茶让她们健康、苗条、美丽。"藏族人也喜欢沱茶,他们每年都会到陡峭的山区去寻找和购买沱茶。1949年前,沱茶在西藏很珍稀,需要用东西来换,一块茶砖往往需要用一只羊来换。有时沱茶会压制成一个板条,就像巧克力一样,便于掰碎,这时,沱茶也可以用来当钱用。

有时茶叶里可以添加花瓣,特别是茉莉花瓣,还可以添加木兰花、柚子花以及一些只在中国生长的花。绿茶比红茶芳香馥郁,采摘时要格外小心保护叶子。茶叶直接送入烤箱,用浅盘烘焙,然后取出,在两手之间揉搓,然后再烘焙,再揉搓,直到叶子变成了卷状。在这些过程中,叶子上的尘土被筛掉了,然后茶叶要放在筐里再放在炭火上慢慢烤干(那个纸糊的圆形筐大约有75厘米高、4厘米宽)。红茶会在烘焙前堆起来,需要不断地翻动它以保持自然的热度。这种发酵要进行几天,直到叶子萎缩下来,这时茶叶变成柔软的黄色。一种非同寻常的、昂贵的韩国茶出自一匹挨饿两天的马,这时喂它新鲜茶叶,茶叶会在马的胃酸中发酵。然后,人们把马杀死,从它的胃中取出茶叶,用火慢慢烤干。

19世纪50年代早期,一些名声不好的英国进口商希望以加工品的形式进口无尘中国茶叶,他们说服华人提供这个特殊的商品。于是,华人将茶叶和尘土混合起来,加上米粉的胶质,做成薄薄的一片,再把它切成碎片,做成茶叶的样子。他们用普鲁士蓝为绿茶上色,用石墨给红茶上色,样子非常好看。华人不拒绝在上面贴上茶叶的标签,并且称呼它们为"假茶"。

我年轻时经常听到这样的事情,但我不知道这是真是假:我们澳大利亚的一个著名茶商遭到罚款,原因是他在茶里添加了高锰酸钾结晶,以改变茶叶的颜色。

第八章 中餐特色：色、香、味俱全

只要有人来家里访问，各地的华人都会沏茶招待。如果时间太紧，就用白开水招待。19世纪，中国各地以及澳大利亚都要节省能源，家庭主妇会在早上冲一壶茶，暖几个杯子，然后把茶壶和杯子放在棉毛制品中保温，等着客人到来。我在塔斯马尼亚东北认识的莱斯·坤农在当地生活了一辈子，他记得，在20世纪初，他的威尔士母亲每天早上都这样做。在巴拉瑞特，华人妇女会在首次泡的茶壶里添加几块鲜姜片，然后把茶壶放在太阳底下。茶常常不倒在壶里，而是倒在有把手的大杯子里。在杯子里丢下一点茶叶，放上开水，盖上盖子焖茶。好的绿茶会将水染绿，只消放上三四片茶叶就会芳香四溢。华人喝茶时会吃些干果瓜子一类的食物。所以，一些华裔老者的牙上会像鸦片吸食者一样留下痕迹。

晚餐

我们在北京大董烤鸭店品尝了北京烤鸭。北京共有5个主要的烤鸭店。全聚德烤鸭店有7层楼，能同时供2500人用餐，但它的7楼似乎无人光顾，因为它被租给了澳大利亚国民银行。

我们在这里没有看到澳洲老乡。这里的停车场不大。在中国很少有私家车。我们的"的士"就停在侧门旁等待。我们登上台阶，沿着一个个紧闭房门的走廊前行，最后到了我们的房间。一个中央的大圆桌能坐10人。我们来到厨房观赏厨师的工作。他的厨房供应3个房间。整个餐厅分为不同区域，所以厨师和侍者的责任不轻。

这奇妙的白鸭子在70天里能长到2.9公斤，对幼鸭来讲，这是不寻常的重量。英国埃斯波雷鸭性情柔和，可用普通方法饲养，但是北京鸭是被强迫喂食，这在英国和澳大利亚是不允许的。不过，40天的强制喂养方式现在已经被放弃了。在小乡村，大约200～300只鸭子会从喂食棚里赶出来关进鸭舍。电动粉碎机和搅拌机用豆类做出了很好的鸭饲料，再加上水搅拌就成了稠密的膏脂，然后把它植入直径为1厘米的塑料管中。姑娘们把鸭子一个个地提起来，把它们的嘴扒开对着管子，然后挤压管子喂食。每个姑娘每分钟要喂食28只鸭子。6小时喂养一次，昼夜不停，于是鸭子迅速增重。喂食结束后，鸭子被赶到一个低洼圈，其中有些有自来水设施。在北京郊区最大的养鸭场，传送带一次就能传送成百上千只鸭子，机器旁的姑娘们站成一排，鸭子一来就给它们填食。此处不接待参观者。鸭场里有成千上万只鸭子，参观者的鞋子衣服不免会带来细菌，那可是很大的风险。

宰杀鸭子的时候，每只鸭子都以"W"的形式将腿朝上倒挂着。因为鸭腿易破，所以要格外小心。然后薄细的刀片会割破鸭脖的气管，它们流着血倒在了盘中。什么都不会浪费的，鸭血可以用于烹饪，也可以用来喂养其他家畜……由于鸭皮紧贴着血管，需要用鼓气的方法使皮肉分离。在小型餐馆，厨师会用嘴来吹气。在澳大利亚，大些的餐馆会使用鼓风机，在中国则用手气泵。鼓起来的鸭皮要刷上蜂蜜和盐，然后整个鸭子要吊起来，置放在干燥通风的房间（通常有电风扇），最少要置放24小时。

待鸭皮干燥后，就准备制作烤鸭了。厨师会在鸭子的气管中插入一小段麦秸秆，顺着鸭翼下的刀口往鸭肚子里灌热水，然后把鸭子挂在支架上，送进烤炉，用燃烧的桃木小火微烤。烤炉约1.5米宽、1.5米深。厨师一次要烤20只鸭子。他用带钩子的竹竿不断推送在火上烤的鸭子。很快，鸭皮就酥了，鸭子里外都烤熟了，于是准备上桌。整个烤制过程为半个多小时。

厨师提着鸭头把鸭子拿出来，此时鸭腿都在。谁会赞美一只不健全的鸭子呢？食客们发出了欢呼声。高兴的厨师开始片鸭子了。侍者会奉上一些与烤鸭有关的冷菜，比如松花蛋、卤水猪肝、鸭翅；然后是热菜，如烧鸭蹼、酒熏鸭心、扇面形鸭胗肝。不同烤鸭店的菜式各有千秋。有时，鸭子的脆皮是单独端上来的；有时，鸭皮是卷着鸭肉一起上来的，但所有的烤鸭肉都配有甜面酱。

四川人做的鸭子比较麻烦：先将鸭子放在加水的佐料里腌制几个小时，其中有茴香、八角、姜、橘皮，然后轻轻拍干，用烟熏一下，将其挂在架子上，放在烤炉里的绿茶上烤制，再清蒸45分钟，拍干鸭子，放在阴凉处待其完全干透。最后，鸭子要放在油锅里炸，直到鸭皮酥松。这种鸭子外焦里嫩，肉能脱骨。

养鸭人将南方的棕鸭子赶到稻田和沟渠里觅食。每人手里都拿着一个头上带有破布条的竹竿，赶着鸭子通过繁忙的路口。他们扛着锄头，有时会停下来刨刨土，招呼鸭群，看着它们觅食。这些鸭子晚上都会回到鸭舍，养鸭人会尾随其后，有时他们会站在通往运河的沟渠岸上，有时会站在竹排小舟上，挥着竿子吆喝。

在一家广州大饭店里，我们还去为我们炒菜的厨房看了看。这家饭店有600名厨师和助手。在我们参观的这间厨房，7名厨师正挥动炒勺，热火朝天。18名助手洗菜、切菜、传菜。炒勺的设计可以最充分地使用有限的油。中国菜都用高温烹饪，显然，这是一种杀死害人病菌的方式。所有的新鲜水果都要去皮，蔬菜也要煮或炒后才能入口。香港的生菜是从美国进口的。如果你生吃了几片中国的胡萝卜，一小时后你就可能要被送往医院。自来水一定要煮沸才能饮用。

广州这家餐厅厨房里的炉灶是以鼓风机的煤火做动力的。厨房边上放着一堆煤。光膀子的助手不断通过与炉灶相连的漏斗添煤。只要厨师的炒勺一掀起来，火苗就会蹿出30厘米高，看起来似乎这里是个铁匠铺。

这家餐馆的菜肴超好。我们品尝了熏鱼、海带、田鸡腿炒蘑菇、青豆炒虾，然后是餐馆的招牌菜冬瓜盏。这种瓜呈暗绿色，周身带着白霜，所以叫"冬瓜"。做冬瓜盏的瓜要斩去 1/3，掏空瓜瓤，这就变成了一个大碗。它有饰边，瓜的硬皮被雕刻上龙凤一类的鸟兽。瓜里放着鸡汤炖出的猪肉、莲子。女侍用长柄勺舀出食物时会同时刮出一些冬瓜肉。

然后，我们品尝了浇有虾汁的红烧鸽子。上菜时，这些小鸟似乎要越过盘子飞起来……鸽子显然被切割过并去除了骨头——在中餐桌上切肉可不那么优雅——但还是保持了鸽子的原状。

我们还尝到了带壳的螃蟹，我们得用自己的手指将其拨开。侍女送上了热毛巾让我们擦手。这之后是几道甜食——甜食不经常在中餐后出现——西米露、几块小点心、甜汁虾球、葡萄，还有柚子。这里的柚子和澳大利亚产的不一样，这里的柚子甘甜可口。

华人会做上好的布丁，尽管他们说他们餐后从来不享用布丁。餐后有时会有杏仁露，就是那种地上生长的杏仁，厨师将它和米粉、白糖融合在一起；有时还有内是红豆馅、表面沾上芝麻的糯米饼。有人会拿筷子将这些点心夹到你的盘子里，然后你可以用手拿着吃。但有时用筷子夹这些点心容易滑落。有时还会有被切成楔形的莲蓉蛋黄糕，上面会浇上橙汁。

在台山，我们以象征着长寿的九层糕结束宴会。"九"这个字的发音和"久"一致。九层糕用菱角粉与果冻混合而成。这道点心也可以用筷子夹到自己的盘中享用，但难于一口吞下。有人会把它分成几份，然后用牙签拿起其中的一份品尝。

我们在昆明的滇池宾馆餐厅享用了一次 20 道菜的盛大宴会，最后以一盘甜点结束。侍者骄傲地端着一个木制盒子进来，上面有趴在一株白菜上的 12 只"兔子"，它们是用榛子、豆酱和米粉做成的。

糯米是中国甜点中最普遍的食材，但有人告诉我们："那东西不好消化，很多妇女不能吃。"的确，女人的消化机能不如男人。

我在中国内地、香港、澳门均未见过有未经加工的大米售卖，在澳大利亚的华人店里也从未卖过。甚至在饥荒岁月，送给灾民的也是加工米。经历了脚气病的灾难之后，这看起来很奇怪。我觉得，坚果味道的棕米比白色大米更适合中餐的口味，但是，华人偏偏不喜欢棕米，他们认为棕米是给农民吃的，有身份的人吃它就屈尊了。

中国梨也是餐后水果中的一种，但总是供应不足。比起欧洲梨来说，中国梨的梨肉较粗，水分不足，尽管味道不错。20 世纪 80 年代，新南威尔士的农民开始种梨，以便出口。新西兰从中国成功地移植了猕猴桃并将其命名为"奇异果"销往世界各地。龙眼和荔枝是中国最好吃的水果。新鲜荔枝和罐头里的荔枝大不相同，它们生长在珠江三角洲一带，外皮粗糙微红，像个硬坚果。吃的时候要把荔枝核弄出来，果肉滑嫩可口。荔枝有三个种类：一种是黑荔枝，肉薄核大；一种是桂味荔枝，有丹桂味道，内核较小；一种是最高级的糯米荔枝，果肉更加鲜美，果核更小。糯米荔枝生长在粤北山区，有些被运往香港，大部分在当地就被消费了，其售价为普通荔枝的2倍。澳大利亚的农民现在也开始种植荔枝了，其产品销往欧洲和中国。

为什么青岛啤酒好

除了茶，中国人吃饭时还喝什么饮料呢？我赞美青岛啤酒的质量，它是位于黄海的山东半岛美丽城市青岛的产品。青岛啤酒的颜色很淡，一点都不像澳大利亚啤酒那样带着不爽的气沫，却和令人称道的荷兰"喜力"（Heineke）或德国"鲁尔谷"（Ruhr valley）啤酒相似。中国人认为青岛啤酒得益于崂山的矿泉水，那个啤酒厂就建在崂山泉水之旁。然而，是德国人于1900年在那里建造了第一个啤酒厂并出产了首批产品。1898年，作为对2个教士被谋杀的部分惩罚，德国人占领了那里的渔村（当时所有列强都在找理由瓜分中国）。德国人把那个村子变成了一个繁荣的城市，但在1914年被日本人占领。直到1945年，青岛才回到中国手里。在一系列变迁中，啤酒的发展没有受到阻碍。不过，直到20世纪70年代，青岛啤酒才找回了它的正宗味道。

中国的果酒与烧酒

啤酒与中餐很搭配，中国的红酒和烧酒也同样合适。烧酒就是"燃烧的酒精"。有些便宜的茅台酒会伤人并令人激动愤怒。有些中国的烧酒超好，我们在北京就着烤鸭喝了高粱酒，那味道有点儿像麦芽威士忌。这种酒是用300年的蒸馏水和年代久远的陶罐酿制而成，像水晶一样透明，酒精度数为60°，用7毫升的瓷质酒杯啜饮。如果杯子空了，侍者就会立即倒满。我们的中国主人用手指头点点桌子，表示感谢。这种姿势意味着磕头作揖。我们如果渴了，也会喝点啤酒或红酒。喝红酒时使用20毫升的酒杯，倒满2/3。红酒口味微甜，微香，酒精含量高，但味道醇美。我们餐桌上的华人只有三四人喝白酒，其他人则喝纸盒里的橙汁——其中可能兑了甘蔗汁。更糟糕的是还有人喝可口可乐，这是一种浓烈、粗犷的饮料，怎么能和美味中餐相配？

我们后来还喝到了其他红酒和烧酒，但它们都没有我们首次宴会上的酒质量好。五粮液从发酵的稻米蒸馏而来，糯米、麦子、玉米和高粱酿制的口感会微苦。那个命名为"味美思"的酒也不错，这是一种用葡萄酿制10年的酒，其中混合了十几种中药，包括藏红花、番红花、豆蔻和肉桂，色彩为棕红，有点儿像澳大利亚乡村酒吧中那些在日光下曝光过度的红酒。

中国人往往只在节假日才喝酒。但19世纪时，华人喝酒要比现在更为普遍，他们会不停地说"干杯，干杯"，但这并不是强制性的，现在也不是。他们往往可以"意思意思"。

公元 8 世纪的中国诗人李白是这样劝酒的：

> 人生得意须尽欢，莫使金樽空对月。
> 天生我材必有用，千金散尽还复来。
> 烹羊宰牛且为乐，会须一饮三百杯。

酒桌上的游戏

饮酒作乐在李白的时代和后来的时代都很时兴，例如，一个人在酒桌上说了一行诗，另一些人要轮流做出三行诗，诗中要包含前一个人诗句中的字。饮酒者在朗诵前要喝一小杯酒，如果他对不出，就要被罚喝一大口，然后讲个故事。如果其他人不喜欢这个故事，这个人就要被罚喝得更多。还有一个酒桌游戏是这样的，一位饮酒者首先喝一口酒，然后抓起一副骰子扔出去，如果他能朗诵一句古诗，而诗中包含那个骰子的号码，他就过关了，否则就会被罚酒。

有一种喧闹的酒桌游戏叫"猜拳"，饮酒者双双面对面地坐好，两人同时伸出一只手，用攥起的拳头和伸出一到五根手指表示从 0 到 5 这几个数字，与此同时，嘴里喊出从 0 到 10 的数字。如果两人伸出的手指表示的数字相加与其中一个人嘴里喊出的数字相同，那么这个人就算赢了这一拳，输了的就要被罚酒。

这些酒桌游戏——即使饮酒者是知识阶层——就是为让饮酒者喝醉设计的。在 19 世纪时，澳大利亚的华人醉鬼很少，现在也很少。但是，这却毫无原因地让种族关系紧张。澳大利亚人毫无理性地酗酒，而这被认为是合理酗酒。为了庆祝节日，华人用窄脖石罐进口了他们自己的酒。北领地曾进口了不少烈酒，牌子是"深水"牌。华人也喝英国和荷兰产的杜松子酒，特别是一种方形绿瓶的、由阿杜发酿酒厂出品的、著名的斯西丹芳香酒深受华人欢迎。

17 世纪的满族给中国带来了一种奇怪的肉酒，这是一种在奶中缓慢发酵的羊肉酒。这种酒后来出口到韩国，但是汉族人从来都不喜欢它。当时还有其他的肉酒，比如把黑鸟浸泡在米酒里，几个月或几年，直到它彻底分解。一个 20 世纪 30 年代生活在新加坡的人告诉我，他曾透过工厂的窗户看到一个方形的玻璃池，里面是米酒，其中浸泡着整只狗、猫和猴子。我还没有品尝过这些酒，也没看见有售卖的。我倒是喝过同样方法炮制的蛇酒。如果作为一种酒来品尝评价，人们会说这种酒的腐蛇味道太重了。

在澳大利亚的中餐馆有很多种葡萄酒，但它们并不与中餐匹配。没有任何红酒能匹配中餐，就连博若莱葡萄酒也不适合。食物会破坏葡萄酒，葡萄酒也会破坏食物。麦芽威士忌以及一些白葡萄酒倒是与食物很搭。微甜似乎很有必要，所以新鲜的莱茵河雷司令就非常好。喝太昂贵、精酿的葡萄酒搭中餐毫无意义，这会使它们风味尽失。没有餐馆提供中餐葡萄酒，甚至对其知之甚少。

无论喝什么，用"快乐"来形容中餐最贴切。中国作家协会的成员是非常好的朋友。我们一起唱歌，讲故事，吟诵诗词。我们把手掌合起对着光，来观察有多少光能透过我们的手指，以此判断是不是漏财，据说财会从指缝中流走。

关于中餐，特别让我愉快的是它与原材料密切相关。袋装的食材、塑料盘上的肉片令我不爽。我们的农夫通常挑选鲜活的动物，从菜园里采摘植物和蔬菜。在中国的家庭中很少见到冰箱，无论谁购物——在下班路上的丈夫或妻子、照看小孩的爷爷奶奶——每天都会买市场上的新鲜蔬菜、鱼、家禽、小鸟、青蛙、活鳝鱼，或者让摊贩收拾好了，或者回家再自己收拾。傍晚，站在城市的小径上看着做晚饭的食材被自行车带回家是一种愉悦。此时，挂在车把手上的活鱼有力地挣扎扭动，用柱形篮筐装着的乳猪被绑在脚踏车后座上。人们带回来的还有装在柳条篓里的鸡，装在篮筐里的新鲜鸡蛋、鹌鹑蛋、成捆的蔬菜、猪头、鸽子、割的鲜猪肉，还有挣扎翻腾出箱子的鳝鱼和鹅。鸭子有时会放在篮中，有时会用绳子把翅膀全绑在一起，然后把脖子挂在车把手上。

在市场卖肉的摊位上，猪头挂在猪肉旁边，猪口条挨着它们挂着，然后是弯弯曲曲的猪尾巴，接着是猪体内的各种器官——猪心、猪腰子、猪胃以及装在盘中的猪脑子、猪横膈膜、猪食管。还有不同部位的、洗干净了的猪肥肠，宽宽的，直管状的，不规则环状的，或是缠绕在一起。1米长的野牛角是牛肉摊位的标志。四个已收拾干净的胃分别挂在深色精瘦的牛肉旁。旁边还有鸭子、鸡、鹅和鸽子，有的拔了毛，有的没拔毛，有的是已做熟的，有的还没做熟，它们的脖子被挂在钩子上。开水盆在旁边冒着热气。拔毛的工作很单调，有许多绒毛的鸭子被浸入蜡里，然后放入冷水，用蜡褪毛就像剥香蕉皮一样快，但这样会损坏鸭皮，对很多菜肴就并不适用了。

港澳和中国内地市场

香港、澳门和中国内地的鱼市有不同的奇观。淡水鱼、河口鱼、养殖鱼、深海鱼，华人都能养活。他们是杰出的养鱼人。养鱼技术看起来极端残忍，然而却没见到一条鱼生病。亚瑟·鲍斯·史密斯是随第一舰队"彭琳女士"号航行至中国的医生，1788年12月，他在黄埔港评论道："此地鱼的种类和数量繁多，它们被放在晃动着的水盆里带到街上，能一直保持鲜活的状态。"

第八章　中餐特色：色、香、味俱全

鱼摊和鱼餐厅

　　现代鱼商在小街上摆个摊位，他们从农民那里买来鱼，把鱼放在长方形水箱中，从几个喷口把水喷到1.5米的空中，以换气来保持鱼类存活。它们的摊位中有鳞片大的鲤鱼，有鳞片小一点的草鱼，还有长着极小闪光鱼鳞的银鲤。我逛街时，看到一个姑娘站在案板前，手里拿着一把刀，正在为顾客切鱼片。一个男孩正在用网子捞起一条活鱼递给女孩。女孩把鱼放在干净的案板上，鱼扑腾起来，她用刀背击打鱼头，又击打鱼尾，鱼就不动了。顾客用手指着鱼的部位，女孩便从鱼尾下入刀，血一下涌了出来，她把手指浸入血里，抚弄着放在她已经切好的鱼上。这是一条带血的红肉鱼，而深红色的鱼肉片沾了血看起来更新鲜。在一些摊位，我看到卖鱼的人用血来涂抹鱼肉片。他们抓住一条活鱼，从尾巴处脊骨的两侧向上将其切成鱼片，当鱼肉流血时，就抓住鱼的鳃部，用鱼尾当刷子涂抹鱼血。

　　鱼头和鱼尾分别用干草绳捆扎，然后将干草绳系成环以方便携带，它们是用来做汤的。银鲤的头肉质肥厚，和姜、大豆、酸竹笋一起蒸就可成为一道佳肴。鱼油和大部分内脏可以用来煎炸。鱼鳔单独放成一堆，珍贵的鱼鳔可以为许多菜式增加口味和增加质感。大鲈鱼那胖乎乎的嘴也是一道美味，将其切下来晾干成条，就像非常昂贵的鱼翅一样，做成精美的鱼鳔汤，这将成为婚宴的必备佳肴。

　　池塘的养殖鱼出水后可以活很长时间。摊主们利用这一点将鱼摆着叫卖。他们切开大鱼，露出可以持续跳动数小时的心脏。当鱼卖出时，再把鱼肉像盖子一样扣回去。小鱼要非常精确地沿对角斜切，以给每一半都留一些必需的器官。嘴在三角形的一部分上张张合合，尾巴却在另一部分上摆动。

　　在最好的鱼餐馆，人们从一条长长的、发出嗡嗡声的走廊进入餐厅。细小的鱼鳔爆裂声被放大成数百倍的单调的嘶嘶声。池塘饲养的大鲤鱼在无盖儿的水箱中笨拙地游动，小鱼游得很快，三四种海鱼在冒泡的咸水中游动。小蟹在藤条笼子里从彼此身上爬过，大蟹阴沉地一动不动，它们凶猛的蟹钳被捆在了壳上。还有贝类产品，从1厘米长的贻贝到10～15厘米长的扇贝躺在水里或水外的盘子里。水族箱里还有好几种乌龟以及大大小小的青蛙。粗细不等的肥鳝鱼在淡水或海水中慢慢地游动，虾群平静地待在盘中。尾部带有蓝、绿、橙色镶边的琥珀色大龙虾在慢慢地游动。巨大的日本条纹龙虾游得很快，它们是在广东省西南沿海温暖的浅水农场养殖的。在当地市场上出售的是活龙虾，养殖场每天还用大充气水箱运活龙虾到香港销售，而出口到其他地方的龙虾都得冷冻。这种日本条纹龙虾比澳大利亚最大的大王龙虾还要大，长度可达30厘米，都按单个出售，一个人吃一只就足够了。它的口感像我们的大王龙虾一样好吃，但不如我们的群居对虾精致美味。

服务员拿着点菜单冲到养鱼容器前。商贩拿起绑在竹竿上的网子，捞起一些虾，抓了一条鱼，放在他简易的手秤上称重。这种手秤的主体是一根木杆，一头用线绳挂着一个篮子，另一头挂着一个可移动的秤砣，再用另一个绳圈提起称。他在秤杆上移动着秤砣，服务员弯下身子仔细检查着秤上的读数。商贩把甲壳类产品放入塑料袋，把活鱼穿在草绳或海草绳上，服务员随后会拎着这些东西"吧嗒吧嗒"地走出门。

香港最刺激的但不是最奢侈的鱼饭店是"鲤鱼门"（"鲤鱼门"在普通话中的意思是"鲤鱼通道"）。在新版地图中，这个通道位于香港和内地之间，是维多利亚港的东入口。人们得自己开车到那里，因为那里远离旅游线路，除了一些不定时的公交车，没有公共交通。人们在街道上的停车场乘车，会有一个健壮的年轻人指引你停车，然后他拍拍司机的门，要几元茶饭钱，他是当地秘密社团的一员，这儿是他的地盘。如果一点儿钱都不给，你回来时会发现你的四个车轮都会不翼而飞，发动机罩也会被人用斧子乱砍。给5港元或许车身会被划些划痕，给10港元车就会完好无损。在英国的利物浦，也有类似的帮派操纵着足球场。

我们穿过街上的摊位来到水边，这儿有一个大约200米宽的狭长水湾。水湾中挤满了平底船，船主一家都住在船上。船停泊成排，一艘接着一艘，两排船之间只有一船之宽，在中间留有一条大约15米宽的水路。我们上了一艘帆布覆盖的舢板，从几艘停泊的小船中挤出一条通道，两边再也没有多余的空间了。船驶到宽敞的水面，然后驶往空间逐渐变窄、设在另一端的码头。我们上了码头就进了鱼市，那里充满了给水充气的嗡嗡的嘈杂声。鱼市绵延约100米，左右两排摊位，陈列着种类繁多的水产品，包括50多种鱼，大的一条重达20公斤，小的一条只有60克。

这里没有人讲英语，人们往往会指着鱼说："我买这条。"一些珍贵的鱼会要价2000港元甚至更高。人们从一个摊位走到另一个摊位，用粤语讨论着质量、价格和烹饪方法。在我们讲价时，听到有人用粤语在喊叫，我感到有东西撞到我的腿上。一个男人正用手推车推着3头巨大的白色肥猪，那硕大的猪被装在圆柱形柳条筐里，里面非常拥挤，要先把猪头硬塞进去，尽量往里装，再用绳子把臀部和后腿捆牢靠。在我们的船停靠时，我们注意到一艘大舢板底部捆着大约50头猪。其余的猪也被一车车运来。我妻子琼离开我们买鱼去了。她跟着猪贩子通过迂回曲折的走廊，看到猪被放入围栏，猪贩子准备第二天早晨将其宰杀，然后售卖到肉摊或当地市场——大概这是非法的。

我们选好的鱼被穿在线上，对虾和龙虾被放在装水的塑料袋中，一个小伙子提着它们，送到我们谈论如何烹饪时提到的饭店。饭菜准备得非常迅速。在辅食猪肉面中，我们也吃了些非法宰杀的猪肉。服务员端上了和绿色蔬菜一起蒸的整条鱼，他用筷子把鱼弄成片，让我们吃上面的一半。他回来时，我们正准备吃鱼的另一面。我们把鱼身子翻过来而不是把鱼骨挑到另一个盘子里。使我们非常吃惊的是，在这个渔村，人们认为把一条烹调好的鱼翻了身会使捕鱼船翻沉，甚至会影响到正停泊在码头的船只，这种想法根深蒂固。和我们一起的广东小伙子艾伯特明显地紧张起来，他父亲就是一位海上船长。

因为越南渔夫的出现，悉尼鱼市所卖海鲜的种类及范围也同样惊人，但那里只有牡蛎、贻贝、锯缘青蟹、小龙虾是卖活的。那里卖得比较多的是冰冻的海鲜产品，因为他们有阴凉的房间和冷冻设施，不需要昂贵的换气设备。这种市场很受中国人、希腊人、意大利人的欢迎，所有这些人都喜欢弄清食物的出处。在柜台前年轻的华人最多，他们中许多还是学生。他们快乐的举止和在澳大利亚工作的一些沉默寡言的欧洲人形成了鲜明的对比。

蛙、龟、鳝鱼

观看中国妇女从路边买青蛙是件让人高兴的事。售卖的青蛙最常见的是中国大牛蛙，它们是在稻田或灌渠中养殖的。但也有几种其他种类的青蛙，或大或小，在长方形的铁丝网笼中装着数百只青蛙。一位买家跪下身子，从网箱孔中近距离地观察着沸腾的蛙群，她边指边说："那只！"或许她是根据蛙腿的肥瘦来做出选择。商贩把手伸进去，拎出一只青蛙。"不，不，那只！"她一直盯着她选中的青蛙，尽管那青蛙在蛙群中上上下下不断翻腾。最后，她买了6只中意的青蛙。商贩要给她收拾干净。他拎着一只青蛙后腿，将青蛙按在砧板上，摆动着刀切下一半蛙鼻子。如果他切得太靠后，顾客会抗议他浪费了肉；如果他切得太靠前，惊恐的青蛙会突然挣脱他的手，跳到路上，他就得一直追下去。他迅速用手指剥去蛙皮，劈开蛙头——青蛙仍然蹬着腿——再把它们丢到塑料袋里，交给顾客。

市场和摊位上都卖活龟，大的可吃，小的可当宠物。龟有时放在笼子里，有时在龟壳上挖个洞，用绳子系在柱子上。龟有惊人的结实龟壳，很难宰杀。许多人把龟放在一桶热水里，让它们到处游，那样既洁净了外表又清洗了肠子，直到它们停止运动、死亡为止。但经常等到水凉了，龟却仍然活跃。于是，人们又重复前一过程。最好的方法是把龟放在一桶热水中，再把桶放在不断流出热水的水龙头下，让龟在水里跑，直到不动了。中国人总是把龟肉切成片儿烹饪，然后按原样摆回去，再扣上龟壳。当某人想要夹一片龟肉吃时，旁人会伸出筷子帮着抬起龟壳。在澳大利亚的华人很喜欢吃短脖子的淡水默里龟。蛇脖龟的肉则有一种土腥味，龟体内还有一种腺体，龟在被抓时会分泌出一种难闻的液体。

在中国内地和香港的家庭中，对付非常滑手的活鳝鱼要用碎冰的锥子把鳝鱼头和尾巴钉在菜板上，在去内脏之前先将其切成两段。摊贩们为顾客收拾水稻鳝鱼时，会在鳝鱼头后轻轻砍一下，这时鳝鱼就不动了，然后用钉子把半打鳝鱼的尾巴钉在板子上，把它们依次拉直，在脊骨两侧迅速下刀，这样，顾客们就能非常容易地把鳝鱼拿回去了。

这些小鳝鱼，或者更准确地说是像鳝鱼一样的鱼，虽然味道很好但骨头很多。在许多中国菜中，骨头是一个难题。夹起肉块也会带着骨头，骨肉结合在一起，在入口之前没有办法把它们分开。一片鲤鱼肉，带着两三个尖端、分着许多叉，吃起来很令人生畏。吃一块带着许多碎骨头的鸡肉也是如此，感觉好像嘴里有针和刀子。中国人会很快地用舌头挑出骨头，吐在空盘里，要好多次才会把骨头吐干净。最初我用手指把骨头从嘴里弄出去，这动作不太文雅。当地风俗倒是允许用筷子把骨头挑出去，所以我练了好多次，直到能够应付自如。

中国现在并非到处都吃养殖的猫，尽管有人的确在珠江三角洲的乡下看见有猫皮钉在墙上晾晒。中国有几种很特别的猫。有一种猫的一只眼睛是绿的，另一只眼睛是蓝的。还有一种猫长着长毛，身体笨重，但腿很短，看着不成比例。厨房菜品用的是野猫。还有果子狸，它的皮毛有很漂亮的图案，重达10公斤。它的肉被归类为"热性的"（中国传统对食物的分类），所以只在冬天吃。果子狸趁黑夜跑出它们居住的植物稠密的大山，来吃果园里的果子，而捕猎者会放上诱饵，诱饵中塞满了雷管，爆炸力足够杀死果子狸，但却不会把其头部炸飞。"龙虎斗"是一道用果子狸做的著名菜肴，是让果子狸和蛇在烹制好的酱汁中互相对峙。

猞猁过去常被食用，但现在很少了，中国人正努力实行养殖计划，以保护猞猁。在20世纪70年代，维多利亚动物保护小组来到云南省考察如何实施他们的计划。作为一种殊荣，中国科学家们在宴会上用猞猁来款待来宾。结果，愚蠢的自然资源保护主义者发起了义愤填膺的争吵，冒犯了他们的主办方，也破坏了每个人的食欲。然而，被烹饪的果子狸不可能死而复生，唯一合理的事情就是吃掉它，享受美味。

美食狗肉

塔斯马尼亚的历史学家肯·达拉斯告诉我：1882年，他的祖父在温亚德西部的筑路工程中使用了中国工人，他发现，每次发给华人定额的肉食时，他们都会用其中一部分作为捕猎的诱饵，来捕获东方本土袋猫。因为这些华人发现，这种猫和家猫一样好吃。

欧洲人认为吃狗肉是一件非常恐怖的事情，这就像是在吃自己最好的朋友。中国人认为这有点儿狗保护主义，浪费了富有营养的美食，因为狗肉富含蛋白质,能够促进血液循环。

在中国也有宠物狗。好斗的沙皮狗与京巴狗和狮子狗有几分相似,是满族皇帝和皇后最溺爱之物,其实它们不过是长着长长的丝绸般毛发的钝鼻狗而已。但是,这3种狗在中国都已灭绝或是濒临灭绝了。目前,在云南和广东有许多欧洲宠物狗,虽然许多是小狗的饲养者私下养的。在中国,爆发狂犬病的地区是绝对禁止养狗的。

在满族漫长的统治期中是禁食狗肉的,所以,继续违规吃狗肉的广东人只能把狗肉当作佐料。香港当局为了迎合多管闲事的动物保护组织的呼吁,也禁止吃狗肉。但是,如果到了远离旅游线路的市场,仍会看到一些笼子装着狗在卖。

1985年,酷爱狗肉的韩国人在首尔声明放弃吃狗肉。韩国政府在尽力为国际货币基金峰会的7000名银行家和1988年奥运会期盼的游客创造适宜的环境,政府害怕如果到时饭店的橱窗里陈列着被屠杀的狗会冒犯游客。中国的一位蔬菜种植者在澳大利亚新南威尔士的库纳巴拉布兰种植蔬菜很成功,20世纪70年代,他在菜园的附近养狗,将其拴在笼子里,这让一些顾客很苦恼。

北京也对自己的狗餐厅感到不安,到了20世纪80年代末,全城就只剩下一家这样的餐厅了。使我困惑的是,聪明人应该尊重别人的喜好。人们对于吃狗肉习惯的不安,可能是因为英国人善于让自己的厌恶变成富有侮辱意味的态度。不过,强健的广东人并不担心,他们把狗肉叫作"香肉",在20世纪80年代,官方还曾考虑兴建狗农场。

松狮犬的肉最受欢迎,这种狗腿很短,体型宽大,多肉,很容易养胖。它们通常是金色的,有一些是有人偏爱的黑色的,尽管这种偏爱并不普遍。许多人主张金色的更好,但毛色影响口味似乎是不可能的。

当我们第一次向中国作家协会的成员询问有关吃狗肉的情况时,他们回答:"噢,脏!脏!在中国没有人吃狗肉了。"然而,当我们在拥挤的潭江边等着搭船过江时,却看见一个场景:在一个名叫"筷子乐园"的饭馆外面的水泥走廊里,一只黑狗的喉咙被切开了,狗在流着血、挣扎着。琼和梁思楠——一个和我们同行的澳大利亚籍的中国女孩——冲过去拍照。屠夫拎着一桶热水出来,把狗浸在水里,然后用手指很快地除去狗毛,就像我们除去猪毛一样。小绺的狗毛沾得到处都是,他收集起扔在地上的狗毛,走过马路扔在肥料堆里。

村妇们挤在我们周围说:"你们吃过狗肉吗?很好吃的。你们不会吃过这么好吃的肉的。先别搭这艘船了,只要几小时就做好了,等等吧。"

"不,不。"我们的东道主说,"狗肉是热性的,是冬天吃的。如果你们想吃狗肉,冬天再来吧。在夏天吃热性的肉对身体不好。这些都是无知的农民,他们什么也不懂。"

屠夫把滚烫的水泼在路上,把变白了的狗放在一个桶里,拎着桶走到150

米远的潭江，蹲在靠近码头的混凝土斜坡上，先把狗洗干净，用刀子刮掉残留的狗毛，然后取出狗的内脏，留下肝脏、心和肺，把切下的直肠扔到河里，然后劈开小肠仔细地清洗起来。在他干活时，一边的姑娘们就用扁担挂着水桶，汲取做饭和清洗用的水；有个青年正在那儿洗漱；在距离一两米的上游，一个男人坐在那儿，使劲刷洗着沉重的饭锅。

然后，屠夫带着狗肉和内脏返回饭馆。中方接待人员意识到我们是对此真感兴趣，就放松下来。他们都吃了狗肉，而且很爱吃。"狗会恨杀狗的人。"他们告诉我，"如果杀狗者走过街道，所有的狗都会出来对他们咆哮。狗什么都知道。"一位中方接待人员给了我张食谱，这张食谱得到了大家的认可——每4公斤狗肉用半公斤花生油，当油在竹筷子周围冒泡时，扔入一整块姜和剁好的肉，大约15秒后，锅发出嘶嘶声，肉吸收了大部分的油，加热水漫过肉，再加些陈皮和红枣，盖上盖儿，炖半小时到一小时。肉一定不能炖老，所以，半小时后就得不断尝一尝。做好时，拿来狗的胆囊，把绿胆汁挤出加入浓汤，然后趁热分到每个人的碗里。旁边的盘子里装着切得很薄的生菜，吃的人用筷子夹一片浸入热汤中涮一下，所以，蔬菜总是先吃的。

没有家庭会烹食自己养的狗。狗肉很贵，1983年，1公斤狗肉大约需4.5美元，听起来并不算贵，但在当时这相当于一个人两到三天的工资，相当于在澳大利亚1公斤180美元的价钱。所以，多数屠夫都是卖煮好的狗肉，而且分量很小。我们看到两个杀狗的老屠夫在新会和台山之间的一个村子里杀狗。他们坐在小草屋外的很低的木凳上，在木板上切开当天宰杀的第二条狗。他们一天杀3条狗来卖，一周卖18条。一条金色的松狮犬悲哀地趴在笼子里，看着这一切，不安地舔着自己，似乎明白将要发生在自己身上的一切。屠夫的右脚踩在狗的后腿上，左手夹住狗的上下颚，把狗向上提起来，右手握着一把锋利的屠刀，切开狗的喉咙。一些人把狗放入袋子里，挂起来，用棍棒把狗打死。据说这样杀狗，狗肉会非常鲜嫩。

在20世纪80年代早期，4名越南人因为在墨尔本自家后院里用这种方法杀了一条狗而被罚了款，惊骇的邻居告发了他们。因为这几个越南人知道澳大利亚人认为他们的所作所为是不正常的，所以觉得没必要对后者做更多的解释。澳大利亚人对如何杀死动物是很敏感的。1875年，在香港，一位苦力受到指控，因为他在一位英国人家后面干活的棚子里掐死了一条狗。苦力用绳子系在狗脖子上，把狗挂起来。地方法官撤销了这个案子，说狗是被掐死还是被割开喉咙杀死只不过是个人爱好问题，但他指出，这名苦力不应再在他主人的院子里杀狗了。越南人通常会吃溺死的狗，他们更喜欢吃带着血的狗肉。法国的鲁昂鸭——世界上最好吃的鸭子——就是通过拧断鸭子的脖子来把鸭子杀死，这样血就保存在肉里。

1856年，在阿德莱德港的口岸，一群新来的华人看到河里漂着条死狗，就把狗捞上岸，剥了皮，去了内脏。英国水手一直看着他们，待他们把狗肉切好开始烹饪时，愤怒的水手蛮横地抢过狗肉又扔回河里。在1910—1920年间，内勒夫人住在塔斯马尼亚岛东北部的一个村子里，她记得，每当她祖父杀猪时，有几个年长的华人就会拿着手杖，来捡澳大利亚人很少吃的猪内脏。那些华人没有淘到足够的金或锡，所以无法回国。

多年前，华人矿工们发现塔斯马尼亚岛的澳洲黑喜鹊很好吃。他们付给欧洲青年每人6便士，大约是他们自己一天工资的1/14，买他们猎获的黑喜鹊。他们也买吃水果的鹦鹉。在澳洲内陆，他们也同样花钱买乌鸦和大乌鸦。他们拔掉鸟的毛，用钉子把鸟钉在小屋的外墙上，把皮晒干。在约翰·麦克道尔·斯图尔特穿越澳大利亚中部的绝望的旅程中，他发现乌鸦肉看来并不吸引人，因为乌鸦靠吃昆虫和腐肉为生，所以它们的肉也有这种味道。

蛇和老鼠

所以，华人因为食物而受到诋毁："他们吃蛇、猫和蛆。"是的，他们的确喜欢吃蛇。中国内地和香港的一些饭馆在冬天时会专门提供蛇餐。服务员把活蛇拿到桌前，让用餐的人都看到，然后再去杀死。蛇肉也属热性，因为冬天已经过去了，所以我们也没吃上。沃里克·迈耶斯是个在香港的新西兰裁缝，他告诉我，如果他每三周喝一次蛇汤，那一整个冬天他都不会觉得冷。蛇和老鼠的做法一样简单，锅中放些油、姜、盐，再加上水熬汤。

在中国吃的老鼠和黑鼠一样大或者更大。这些老鼠长着长长的、多毛的尾巴，它们看起来更像松鼠而不像老鼠。那些在"文化大革命"期间从城市下放到农村劳动的、本身怀有优越感的人们也学会了捕鼠，以此来补充食物的不足。

1856年，阿德莱德港的华人曾在路边收集黑鼠。这些黑鼠是当地人从厅堂和公司仓库中捕获的，当地人对这些黑鼠很反感。而在中国，这些令人生厌的动物在食物极度匮乏时是被用来充饥的。第二次世界大战期间，在日本监狱里的澳大利亚士兵也吃所有他们能抓到的一切。但是，即使到了现在，谢顶的华人有时仍吃黑鼠，希望这样能促进头发的生长。

中国人不吃蛆，虽然蛆富含蛋白质。一些新几内亚部落的居民养蛆作为主要食物，蛆在那里被当作佳肴。像蛆一样的动物是蚕蛹，蚕蛹吐出蚕丝后被从蚕茧中取出来。蚕蛹靠吃桑树的叶子生存，所以它们一定是健康食品。

豆腐和蘑菇

在中国，蛋白质最普遍的来源是用大豆制成的豆腐和几种蘑菇及菌类。虽然豆腐很美味，但它的名字却是贬义的——"腐烂的豆子"。做豆腐的人凌晨就得起身劳作，以便市场一开门就有新鲜的豆腐卖。他们先花几小时把豆子泡软，在凌晨两三点时加水磨碎豆子，再把豆渣过滤出去，然后短时间加热浆液，加入碳酸钙粉使其凝固。上等的豆腐用方布分别包好，底下带着水售卖。其余的在木板上切成方块或用塑料盒子装好。人们也卖豆腐干。当浅盘装的豆腐顶上形成像奶油样的表层时，师傅会用固定在把手上的扁平圆铁盘熟练地将其铲起，一长条一长条地挂起来晾干。斯坦利·伊——20世纪80年代坐落在干草街帝国花园饭店的店主——就是靠卖豆腐挣得第一桶金的。很多年来，悉尼只有一人做豆腐。

蘑菇和菌类讲究的是味道和口感，它们还可以给菜品增加一些吸引人的深色。在市场上用大盆装的干蘑菇有点像我们熟知的田野里的蘑菇，味道非常好。桶装栽培的草菇更是美味，中国有数千年用稻草大量种植草菇的历史。蘑菇菌盖未开或还是卵形时就被采下吃了。有一种雪菌，长得像个大银球，它们被切成海绵状的块儿，在清汤中漂浮，颇为有趣。有一种羊肚菌，呈盘旋块状。还有不同厚薄的、如耳朵般的耳状属菌类：黄耳、雪耳、石耳、云耳、银耳、木耳。最好的菌类是野生的，它们长在腐朽的木头上，现在森林中也很少见了。用压缩的锯末或甘蔗废料栽培的蘑菇只能获得自然口感的一半。在1872—1883年间，新西兰出口1850吨这样的菌类到中国，后来的供应量逐渐减少。

1980年，悉尼大学的叶超博士和新南威尔士大学农学系的谭年博士制定了一套在柱状棉花废弃物上种植凤尾菌的新方法。用这种方法产的是一种白色真菌，与澳大利亚奇特的发光蘑菇属于同一个属。发光蘑菇长在山地雨林的树上和根部，能产生稳定的绿光，在黑夜里拿着报纸靠近菌群就能阅读了。凤尾菌比普通的金蕈类菌更容易种植，价格也更便宜。

鹧鸪、禾雀、鸽子

家禽和鸟类，无论是家养的或是野生的，都很刺激中国厨师的创造欲。有时一顿饭是从盘子上摆着几片围着鸡头的白切鸡开始的，小红鸡冠坚硬地伫立，鸡眼睛似乎在看着筷子。有厨师曾花费数小时制作一道公鸡形象的冷盘作为布局全桌的展览品，这只"公鸡"还带着精美的长尾巴。鸡的身体是用鸡肉片、猪肉片、一大块橄榄和肝脏做的，鸡爪是用西瓜皮雕刻的，生动的头和鸡冠是用红姜做的，而鸡的尾羽是用萝卜片、西红柿、黄瓜、咸鸭蛋、皮蛋、鲍鱼、海蜇和色彩丰富的时令菜打造成的。

在台山，一位厨师给我们做了一种汤，里面含有4种海鲜和鹧鸪，味道非常鲜浓，其中还放了连我们的东道主也叫不上名字的中草药。他们也从未吃过鹧鸪，很高兴能尝尝鲜。厨师说，这种鸟现在在中国已经很少见了，只供给尊贵的客人。捕鸟人先在地上撒上食物，吸引鹧鸪来吃，自己先藏起来，当鹧鸪

第八章　中餐特色：色、香、味俱全

开始吃时，他们就抛出网子。在过去，鹧鸪都是一群一群地来，现在是一对一对地来。

禾雀——美丽的胸部呈黄色的白颊鸟，它的肉味道极好。这种鸟很多，秋天时，它们会大规模地迁徙到中国的稻田里，因为一年中第二季的谷物成熟了，它们用硬质雀喙啄食大量的种子，广东人会捕杀它们。这种鸟很小，经油炸后很可口，吃起来脆脆的。

就像日本的小鹌鹑一样，禾雀是剥了皮的，而不是把它们的毛拔掉。在澳门，我们看到一名饲养人推销他的小胖鸟，他用一排笼子装着几百只鹌鹑，旁边放着一盘鹌鹑蛋。当顾客要买时，他就把左手伸进笼子里，拎起一只鹌鹑，把它翻过身来，露出胸部和脖子，把右手尖锐的大拇指甲放在鹌鹑脖子的皮肤下，用拇指和食指紧抓提起的皮肤，开始拉拽，鹌鹑就这样被剥了皮，就像剥橘子皮一样。他用两个锋利的玻璃片给翅膀去皮，然后把鸟扔进塑料袋中。

烤鸽子取材于30天大的乳鸽，有时每个用餐者会享用一只整鸽。在中国，每一种食物端上桌时，一定都是很容易用筷子夹起来的，而烤乳鸽是我知道的唯一的例外。在沙田的华龙酒店，我们吃了整只鸽子。他们酒店一年要做100万只鸽子。服务员会同时拿进来带着茉莉香味的毛巾和几碗用来洗手的热红茶，因为鸽子得用手指撕开，蘸着酱料吃。

在香港的中央市场，卖鸽子的人每天傍晚都要卖数千只乳鸽。男男女女坐在低凳上，一边放着几排装满鸽子的、直径约1米的藤条圆筐，另一边放着空筐；前面的矮桌上放着浸泡着谷物的盘子，水刚刚没过谷物。一个饲养者一手抓起一只鸽子，掰开鸽子的嘴，向前弯曲着身子，用他自己的嘴吞一口豆子和水，喷到鸽子张着的嘴里，然后把它抛入一个空笼子里。乳鸽很安静，虽然它们才刚刚4周大，但已经长满了羽毛。

在20世纪80年代，住在布里斯班城郊的华人家禽饲养者曾给越南人孵胚胎鸭。鸭蛋经过9天的孵化就形成了胚胎，它们成形了但没长羽毛，越南人将其和蛋壳一起煮，就着香菜和盐吃。还有胚胎鸡，它们是19世纪中国宴会菜品中最受欢迎的，现代中国人管它们叫垂头鸡，只用来做中药。

醉虾是古老中国最受欢迎的菜。一盖碗活虾放在桌子中间，人们掀开盖子，用筷子灵巧地夹起虾，把虾放入一碗米酒中，等到虾不动了，再用筷子夹起来，把虾头揪掉后就吃。但是，现在由于水道污染，醉虾成了危险食品。现代的醉虾要用米酒烹调过才能吃。

通常奇异的菜品在中国菜单中不会翻译成英语，但香港铜锣湾的富临饭店却把它们全部翻译出来了。在那里，我们能够吃到和天麻（一种有芳香味的块茎）一起炖煮的果子狸的脑子，或者清炖麂鹿血。麂鹿是一种非常灵活、非常小的鹿，它的肩部不到45厘米高。雄性麂鹿的上颚上长着20毫米长的、像獠牙一样的犬齿，用起来就像野猪用它们下颚上的獠牙一样野蛮。在富临饭店，我们还能吃到"和中药一起炖煮的淡水巨龟鞭"。四川饭馆用鸡血做成一道美味的辣菜,但是就像众多的其他中国菜一样,它的分量实在太大,给2个人吃的菜似乎是8个人的量。

香港美食

在香港狭窄的斯坦利大街上的陆羽茶室,建于20世纪20年代,老式、雅致,但感觉有点衰落。那里曾经挂过一个招牌:"白人不可进。"甚至到现在,它的菜单也不翻译。很少有服务员和英国人打招呼,除非他们跟着华人,否则不能确定是否能找到座位。这得靠领班来评估这个人是否值得提供饮食。

离开香港前,在湾仔的兰花园,我们设宴答谢中国和欧洲的朋友。在那儿,没有人讲英语,菜单也不翻译。陈素英替我定的位,她不加思考地说出了我的名字,而没用她的名字当订位人。当她再打电话确认时,服务员说:"噢,对不起!这个名字已经被划掉了。"这是一个标准的中国小餐厅,两层加起来只能坐70人。领班看到一个欧洲名字,就简单地除去了。也许这个领班在想:让一个欧洲人浪费世界上最好的中餐,却得拒绝几十个中国人的用餐要求,这有什么意义?吵了半天,充满精力的广东人才又把我们的名字加了回去。

有一种鱼翅蟹汤令人很难忘,在这道菜里,果冻状的鱼翅吸收了鲜蟹的美味。另一种美食是放在香菜和青葱上油炸冰激凌球,它可以蘸着干虾油和糖吃。油炸冰激凌球吃起来很神奇。浓缩的冰激凌被制成直径为25毫米的球,然后将其扔入油锅底,油温高到能把外表炸脆,里面变成雪花样。咬的时候是干的,入口就变成了爽滑的湿冰激凌。

抻面

多年来,兰花园从世界各地请来最好的厨师,也会购买最上等的农产品,在澳大利亚没有中国餐馆可与其比肩,虽然我们最好的餐馆也在世界四强或五强的行列。在那里,有时自信的厨师会给客人演示面条的制作过程,他们每天的工作就像马戏演出一样非凡。写到厨师表演,在悉尼北桥的饺子店,每周五和周六的晚上就有表演。厨师会当众表演和面、饧面、摔条、掺条的过程。在出条的过程中,面条在厨师的手中活了起来,时而如引蛇狂舞,抻细后在师傅的抖动下又如惊涛骇浪,令人拍案叫绝。他的表演过程犹如舞蹈,没有片刻消停,毫不糊弄。他的手快得让人很难看清他在做什么。他旋转、抻拉、抛出,直到做成4毫米宽、2米长的扁平面条。这时,他会把面板上的面条用布帘盖上,接受大家的鼓掌喝彩。

第八章 中餐特色：色、香、味俱全

一些厨师用刀切面条，虽然不在公众面前表演，但他们的技艺几乎和押面一样非凡。他们使用2.5米长、直径大约为12厘米的木制擀面杖。他们的工作台又长又低，他们用左腿跨坐在擀面杖上，以便把身体的重量压上去，压面时用双手控制擀面杖的方向。他们的动作与其说从容不迫，倒不如说是迅速。他们将擀面杖滚到桌边，再返回来，直到把面擀成很平的片，只等着用刀切了。

澳大利亚的中国餐馆的水平糟透了，就像这里的法国、意大利、希腊或者其他任何餐馆一样。在20世纪70年代，新开张的中国餐馆遍及全澳大利亚。在最大的冷库中，他们贮藏了编了号的集装箱，装满了从工厂买来的袋装、盒装食品（成品、半成品和未加工的产品）。以前他们用煤气灶加热这些菜，现在他们使用微波炉。这都是些做得很糟糕的食物，一个菜接着一个菜，用的都是豌豆罐头、菠萝罐头、胡萝卜罐头，等等。在好的中餐烹调中，用的味道最重的菜是香菜。当我们第一次在韩国菜中尝到香菜时，我们称之为路斯格兰虫植物，因为它的味道太像一种发臭的小虫，那小虫在夏天的夜晚从窗纱中钻进来，掉到食物里。后来，我们发现这个名字起源于一个古老的希腊词，意思是"臭虫"。这种菜要慎重使用，以免破坏味道。

味精

在二流中餐里，味精是个危险品。许多人很讨厌它，因为它会引起青少年的脑部损伤。味精具有调和味道的能力。琼用同样的食谱做了两道菜，一个放味精，一个不放，差别极其明显。一道菜似乎味道已经调和得很好了，但如果你尝了放了味精的，就会感觉到它们的区别还是很大。虽然每种原料都含有独特的味道，但它得用其他的背景味道做衬托。那些把味精视作神粉的人似乎说的也是实话。

数百年来，日本人都在用一种海草来调和汤的味道。20世纪初，一位日本科学家分析了这种海草，发现其活性成分就是谷氨酸钠。他成立了一家公司，从蔗糖和木薯淀粉中提取谷氨酸钠。

我们偶尔会在菜品中加1/4茶勺的味精，澳大利亚的中餐馆用的量比较合理。在香港做菜会用一汤勺味精，甚至一杯。全港每年要用掉4000吨味精，这是一个危险的量。但是，现在越来越多的人意识到这种危险，越来越多的饭店声称他们不再使用味精。

1976年，我看到一个箱式货物运输车行驶在墨尔本的街道上，在车的侧面写着醒目的公告：

> 陈先生
> 中餐冷冻食品
> 加热或蒸煮即食

这与其说是广告,倒不如说是警告。中国餐饮之所以这么好吃,最重要的原因就是新鲜。

第九章 1888年：旅居者和公民的分界线

"白澳"的起源／赫尔河峡谷成吨的红宝石／红宝石被错当成石榴石／《公报》和《飞镖》煽动反华情绪／维多利亚拒绝入籍证明／华人乘客转往新西兰／"布户比特"号受到刁难／墨尔本的反华会议／悉尼的反华集会／帕克斯爵士保证不让华人在悉尼登陆／更多的反华集会／"阿富汗"号抵达悉尼／"黔南"号抵达悉尼／"门木尔"号抵达阿德莱德／"格思里"号抵达悉尼／最高法院判决释放50名华人乘客／被拒乘客返航／"长沙"号的到来／报纸上的故事／基督教长老会批评维多利亚政府／"奥尔巴尼"号的隔离闹剧／试图建立统一防线／帕克斯：你的豁免许可证可以抛到风里／悉尼召开有关华人移民议题的会议／北领地采取行动反对华人／阿蔡检验维多利亚政府的权力／新南威尔士立法院的吵闹／"阿尔蒙达"号拒绝解雇华工／清政府对海外子民的关注／从旅居者向公民转变

第九章　1888年：旅居者和公民的分界线

"白澳"的起源

1888年发生的一系列事件既不合时宜，也颇为荒谬。它们像是广阔舞台上的喜剧，时不时就发展为令人哄然的笑剧，但是结局并不愉快，而对许多华人来说，却是悲剧。这一年所发生的事情对澳大利亚的影响也是戏剧性的：在我们的历史上，1888年是最踌躇不决的一年，它最终让我们把自己从亚洲清除出去，尽管亚洲的地理位置和我们接近，但我们更像是欧洲尴尬的一个碎片。

在19世纪40年代以前，澳大利亚与中国、印度、东南亚的贸易和社会交往非常普遍。比起英国来，这些国家与我们更加接近，它们是我们最近的邻邦。每个雇佣者，特别是土地拥有者和船运公司首先考虑的就是劳动力。早期的悉尼是世界性的，就像现在一样。

19世纪40年代的经济萧条，再加上太多的移民冲击工作职位，在澳大利亚的欧洲工人开始反对华人。他们发现华人太想工作了，只要是工作就干，并且接受低工资和长时间工作的条件。在19世纪50年代，随后是19世纪70年代，华人矿工大量涌进。欧洲人对蜂拥而来的人群感到焦虑：华人有能力——如果不是蓄谋的话——慢慢地占领澳洲。

但直到19世纪80年代，公众的焦虑和政府的法律是根据涌进的华人和其他有色人种的数字起伏的。2条货船就可能会引发某殖民地的新移民法，或重新修改现有的移民法，而一个殖民地的焦虑会波及另一个殖民地。根据公众舆情变化，人头税以及根据船只货物吨位比例的载人规则会启用或取消。有时，国会上议院会与下议院展开争辩，拒绝通过政府提交的反移民法案。

1888年见证了犹豫的终结。从1885年8月开始，联邦理事会成立，并开始使用有限的权力来处理澳大利亚与其他国家的关系。曾有一些关于将联邦理事会的权力扩展到整个殖民地联邦的议论，但那时还是非正式的，各个殖民地的首相还是倾向于独立自主。真正值得注意的是各个殖民地崛起的贸易工会权力，它们一直在发展壮大。工会的成员希望按照自己的意愿独立发展。政府对他们是同情的——他们也要为政府工作。在公共情绪和立法方面，澳大利亚奉行"白澳主义"。

赫尔河峡谷成吨的红宝石

1888年2月18日，《北领地时报》刊登了一则简单的广告：

通　　知
有经验的农夫们，如有意担任500名或更多华人团体的领导者，率领华人前往麦克唐纳山脉的宝石矿场，可在下周 3 月 24 日周六午前提出申请。

申请者要表明他们有何种经验以及要求多少报酬；有关运输行李并为那些前往红宝石矿场的人供应补给品的投标也将在同一时间提出。

有关申请的详情，请在 1888 年 3 月 16 日前向帕玛斯通达尔文商会咨询。

1878 年，亨利·维尔·巴克莱曾报告过赫尔河区域的红宝石。当时去该地区的路途艰难而遥远，它大约在最近的有白人电报站的爱丽丝泉以东 170 公里之外。

从赫尔河的沙子里挑出来的石头令巴克莱惊讶。他的报告激起了矿工们冒险的热情。他们雇用土著人来筛选沙子。男人们用铲子、妇女们用棍铲挖掘，终于发现了像甘薯一般大小的宝石。矿工们把它们清理出来，并把最好的宝石交给伦敦的宝石雕刻师斯特里特。巴克莱报告说，这些宝石与最优秀的暹罗红宝石不相上下，其身价大大高于钻石。于是，人们据此报出了相应的价格。

在这个炙手可热的投机时期，有 24 家公司成立，即澳大利亚红宝石公司、摩羯座红宝石矿业公司、澳大利亚中部探索和勘探协会、长老红宝石矿业公司、埃斯梅拉达红宝石辛迪加、怡东红宝石公司、红宝石公司、赫尔河大矩阵红宝石公司、哈特红宝石矿业公司、杰尔红宝石矿业公司、丽兹河矿业辛迪加、麦克唐纳山脉红宝石矿业公司、莫德河红宝石矿业公司、中部红宝石公司、奥利弗红宝石公司、东方红宝石公司、东方公司、皮尔森红宝石公司、彭内尔和佛罗伦萨矿业公司、罗塞拉红宝石矿业公司、罗斯红宝石公司、南佛罗伦萨红宝石公司……

阿富汗驭手带着骆驼来到了这里，并为南向 500 公里开外、后来成为铁路终点站的奥纳答塔装载了数吨货物。

澳大利亚的红色中部是充满活力的，但并没有人愿意与华人分享其光彩。《北领地时报》广告征聘向导（只发生过一次）希望"将殖民向深处发展"，该报后来总结道："这似乎想唤醒南澳大利亚。"然而，维多利亚提出抗议，昆士兰、塔斯马尼亚、新南威尔士也接二连三地抗议。尽管在各殖民地之间进行统一的对华人移民的干预是不可能的，但他们都能感到讨厌的华人从新建立的黄色中心辐射过来的威胁。

但在香港、广州、澳大利亚的商人有一个明确的举动，那就是让更多的华人尽快进入澳大利亚，正如帕森斯在电报中对南澳大利亚首相托马斯·普雷福特解释的："我从权威渠道获悉，香港和广东的商业辛迪加，正在将华人倾入澳大利亚开放口岸……中国政府控制着最准确的信息，比如劳动力市场的行情、澳大利亚的黄金以及其他矿产领域的信息。"

第九章 1888年：旅居者和公民的分界线

托马斯·普雷福特在给帕森斯的电报中证实了中国人的担忧。他说："政府建议，所有乘客——来自中国港口、新加坡、香港、苏门答腊、婆罗洲和爪哇——应在船舶抵达时在船上执行21天的检疫。政府还应提醒中国当局，政府将向到港乘客征收每人10英镑的人头税。"

帕森斯真正关注的是华人在红宝石矿区的动向。华人向着澳大利亚中部挺进是一次漫长、艰难的行军，其行进距离为1600公里，途中必然会有很多人死亡。土著人在途中会攻击他们，欧洲矿工也会在他们抵达时对他们进行袭击。如果华人采矿失败，他们可能会分散到其他殖民地，并造成更坏的影响。但到哪里去征集人头税呢？

普雷福特告诉帕森斯，1881年11月18日出台的南澳大利亚法令，适用于阿德莱德以北的、在特纳河及巴罗河之间的、长达1000英里的边境线。在北领地法令实施前，如果华人在去往红宝石矿区的途中穿越该线，就要在那里征税。

帕森斯想知道他怎么在荒漠中安置征税人。他估计，在到达边境线之前，华人将会拒绝付税。政府倾向于在矿工出发之前就收到税金。

但实际上，华人从未想过去开采宝石，也从未出发开赴矿区。几个月后，南澳大利亚立法会的一位成员说，报上的那条广告其实是伪造的，旨在加快制定反对华人法律的步伐。我不认为此人的说法有诈。之所以华人未能开赴矿区，是因为中国商人接到了来自伦敦的坏消息——那些矿区只接受澳大利亚矿工。

红宝石被错当成石榴石

显然是被赫尔河宝石的数量震撼到了，伦敦市场惊慌失措地对红宝石的价值进行了重新评估。谁听说过红宝石能数以吨计呢？没有市场能容纳它们。然而幸运的是，化学分析表明，澳大利亚的红宝石是由23.44%的结晶氧化铝组成的，而东方宝石的结晶氧化铝含量则高达90%。所以，尽管那些石头十分美丽，其级别却被降格为石榴石。阿富汗骆驼驭手听到了如此令人沮丧的消息，便立即甩下了这些负荷。丹尼·佩德勒将他的矿石丢到图德河里，那条河附近的一两栋房子就是早期的斯图尔特镇，即爱丽丝泉的起始点。多年来，图德河里的那些砂子里的矿石闪烁着光芒。

其实，这些石头并不是石榴石，除了自身奇妙的颜色之外，它们在吹管的条件下也不会像石榴石一样被熔化。问题不是这些断层中石块的成分，营销才是问题的实质。如果它们像戴比尔斯[①]出售南非钻石一样保守，其价值仍然会是珍贵的宝石。

[①] 戴比尔斯（De Beers）是全球最大、历史最悠久的钻石矿业公司，创立于1888年，如今已是世界钻石的权威。——译者

一些矿工只好转而依靠奥图加的黄金矿场，那片区域是约瑟夫·海勒和P. J. 菲茨帕特里克于 1887 年发现的。然而，那里的水源已快消耗殆尽。1888年11月，那片土地几乎成为沙漠。

1987 年 1 月，伊莲和我在赫尔河看到了红宝石矿区——那是华人从未去过的地方。过去的奥图加并没有让四轮汽车行驶的车道。如今，我们开车越过了赫尔河的弯道，露营在曾经的车道旁。第二天，我冒着 50 多摄氏度的高温走到了 20 公里外的河流的上游。太阳离我们很近，那里的宝石被太阳的火焰守卫着。现在，那里建立的国家公园也保护着它们。

数量惊人的小溪为赫尔河补给水源。每年降雨量为 250 毫米的麦克唐纳山脉，却比雨量是其 10 倍以上的热带海岸拥有更多的小溪。由于土壤不能吸收过多的雨水，所以，这些小溪的径流速度很快。在罕见的大雨时期，小溪并入河流。赫尔河通常会滞留很多沙土，但河流咆哮而下，震动着整个峡谷。

人们来到河边，见到的第一个峡谷就是红宝石峡谷，它有着高约 25 米的橙褐色峭壁。几百米之外就是一个悬崖，有 30 米高，半公里长，像壁画般悬挂着，似乎默默叙述着 3.2 亿年前发生的故事。

峡谷底下地域宽广，巨大的岩石板重叠在一起，其间的绿色页岩像润滑剂一样加速了岩石的滑动。当软岩石与硬岩石相撞，前者就会弯曲成弧形。在过去的几千年中，赫尔河在这里冲出了路径，塑造了两岸风光。

红宝石偶尔从格伦安妮峡谷的沙子里显露出来。该峡谷是由探险家林赛命名的，他的报告引发了这里的淘宝热。这里的峭壁呈现出半透明的琥珀色，还带着粉红色和深红色的斑块。在上游部分，河水在峭壁前绕着弯道自由翻腾，矿石顺着莫德河、佛罗伦萨河和其他河流的运动而来到这里。这里的鹅卵石闪闪发光，色彩斑斓。一不小心，也许你的脚下踩着的就是一块宝石。

悬崖内的温度变化会导致宝石的结晶氧化铝含量的增加。总之，这里的宝石和别的宝石之间的差别，是人们对于宝石的定义，而不是外观。光明岭的黑宝石是宝石中的精品，但最初发现它时，人们认为它并无价值，但正因其与众不同，它才成了无价之宝。

《公报》和《飞镖》煽动反华情绪

上面提及的在《北领地时报》发布的广告只有政治家和报纸编辑做得出来。《公报》报和《飞镖》杂志做出了导向。《公报》报培育了澳大利亚作家、漫画家和艺术家，但它是民族主义的、原始的、刺耳的、夸张的、致命的，它限制了读者去了解外界，并煽动读者仇恨与"白澳"相悖的一切。《公报》报在 1888 年 3 月 10 日的报道中写道：

第九章 1888年：旅居者和公民的分界线

> 澳大利亚北领地现在是一个巨大的蒙古殖民地。在数量上，当地澳大利亚白人是那些斜眼睛、将土地视为神明的种族人口的1/10，白种人的神明在那里受到蔑视。在北领地，作为一个欧洲人是没有价值的：这片肥沃土地把持在长辫子的种族手中。他们蜂拥而来，整个宝石矿场都被黄色的外来人种所掌握。

2周后，该报的语气仍未改变：

> 对于澳大利亚来说，时间是紧迫的，它必须在保持独立或接受联系之间选择，在澳大利亚共和派与中国的麻风病人之间选择。华人鸿发认为，澳大利亚不是一个国家，只是一个政治团体，它被英国管辖，适应英国的需要。他说，英国应为华人在太平洋清扫道路。
>
> 鸿发以怪诞的语气指出，许多世纪以来，中国一直远离世界，对外界蛮夷没有任何索取，但最终英格兰突然杀进来，用刺刀、鸦片、圣经以及其他证明她的圣洁和伟大的标志，强迫中国签署商业条约，允许英国人在中国境内进行贸易及居住。

《飞镖》这本杂志是由威廉·莱纳在布里斯班编辑和出版的，此人专制而野蛮，曾试图在巴拉圭建立一个共产主义社会。加文·苏特在其著作《一个怪异的人》中谈到了此事。莱纳出生在英国，16岁离开家园，后来在加拿大和美国的报社工作。1885年，他来到澳大利亚。在1888年3月10日的期刊中，他像一个澳大利亚的老居民一样咆哮着抵制华人、英国人和罗伯特·布库特。罗伯特是昆士兰以诺哥拉地区的议员，他将房子租给华人。罗伯特是《欢乐钟声》的编辑，那是一本严谨的宗教杂志，它曾建议澳大利亚应允许华人进入，其进入的人口比例应是城镇的1%、乡村的5%。

然而《飞镖》说：

> 问题是，我们这些白人不想去异教区，我们不希望在那儿进行交易。与那些人保持紧密联系的代价是被玷污。我们想在自己的领土上生活，而他们应在他们的领土上生活。我们既不需要华人租户，也不需要华人，更不想要他们的任何东西。一切都是英国闯的祸，她有着令人憎恶的伪善和极可怕的交易热情，她轰开了中国的大门，让鸦片商人得以进入，也让中国人倾巢而出……然而我们不是英格兰……我们是澳大利亚人，我们将作为澳大利亚人来维护澳大利亚。要做到这一点，我们须大力推行刺刀主义，通过各种条约来保护我们的权利，并在每个细节问题上步步为营。

澳大利亚华人史（1800—1888）

1887年，2位中国特使访问了澳洲，这令多疑的白澳大利亚人颇为不快。中国政府展示了正确的、虽然是迟到的决策，他们开始关注本国公民在海外的状况，但许多澳大利亚人认为他们是来打探劳工市场的。1888年5月6日，这2位特使通过伦敦海底电缆发出电报说："应该向殖民地派遣战舰，派遣战舰的相关费用可由海外华人来承担。"这使澳大利亚白人吓了一跳。在达尔文—松溪铁路，有2000～3000名华人为米勒兄弟公司工作，他们也表示了对日益增加的工会主义分子的愤怒。

1888年5月19日，威廉·莱纳仍然在谈论红宝石矿，但当时更明确的事件是煽动东部殖民地的情绪。1888年4月27日，乔治·罗伊队长率领的"阿富汗"号轮船载着268名华人抵达了菲利普港，其中，67名华人去墨尔本，59名华人去悉尼，其余的去新西兰。事情似乎还没到用"可怕的涌入"这种字眼来形容的程度，但首相邓肯·吉利斯（他以前是一名矿工，并具有排华倾向）决定阻止华人登陆。他已经准备好了借口。

维多利亚拒绝入籍证明

维多利亚发行的入籍证明比任何一个殖民地都多，而那些华人回国后，便将它们卖给族人。许多文件有规律地来往于中国和澳洲之间。虽然海关当局知道这些情况，但直到1887年掀起反华风潮时，他们才开始认真起来。在此之前，政府也忽视了按吨位限制乘客人数的规定。然而，在1887年的最后几个月，政策收紧了。1887年11月30日，贸易和海关负责人W. F. 沃克向首相邓肯·吉利斯发送了以下备忘录：

> 看来有大量华人凭借入籍证明得以登陆本地。法案773款第2条的内容防止了许多人轻易地进入（特别是有乘客人数和货物吨位的限制）。海关总署的官员认为，许多华人重复利用了入籍文件，以欺诈形式进入。即使文件是真实的，海关也无法证明出示入籍证明的人就是当初接受文件的人。一小部分入籍证明是由澳大利亚其他殖民地签署的，另一小部分是由香港签署的，但绝大部分入籍证明是由我们维多利亚签署的。停止签发入籍证明将缓和一些冲突与不幸，但由于使用这些文件偷渡是非法的，我已指示海关稽查员，除非持证人就是本人，否则根据法案第5条，必须拒绝登陆。稽查员回复说，精确地辨识持证者是否就是证件本人是不可能的，但严格执行第2条款的要求，将在限制入境的人员数量上起到作用。我建议广为宣传此法，如果各殖民地决定联合行动，就要打电报通知香港。维多利亚报界将在12月发表这个文件。

第九章 1888年：旅居者和公民的分界线

当海关稽查员要求旅客证实入籍证明的持有人身份时，"阿富汗"号的乘客和船长都措手不及。用什么才能证明呢？但海关不听解释，也不相信他们的解释。《世纪报》说："仅凭口袋里的证件还不能让人信服。"

船长罗伊被告知，他有1400吨的轮船货物，这使他有权带14名华人上岸。但由于他携带的人员过多，所以他将被处以5300英镑的罚款。当船长和代理人获知这令人不安的消息时，"阿富汗"号船已经被提请进行检疫了。

1888年4月30日，"布户比特"号轮船将从"凯特森"号上转来的14名华人带进悉尼港。该船的承载量为2200吨，所以刚好达到载人指标。卫生官员上船检验，认为该船符合标准。乘客中的6人均未上缴每人10英镑的人头税，有8人持有入籍证明并有以前的历史记录支持。乘客中，王贵曾住在维多利亚13年，其中有10年时间是在马尔文当菜农，后来他又在伊丽莎白街开了一家小店。他回中国的家中看望老父。他操着一口流利的英语，在桑赫斯特做了6年矿工的阿熙也一样。王火在巴拉瑞特挖了8年矿，王凯也是那儿的一名矿工。李红曾是马尔文街和马里伯勒街等地的店主，徐钉则是里士满的菜农。李顺在墨尔本做工。而在澳大利亚待了8年的齐星，在几个殖民地都打过工。这些维多利亚的公民怎么能被拒之门外呢？

政府利用天花等事件在法律上翻云覆雨。1888年5月1日，维多利亚立法会举行会议，通过了一份公告：无论船舶是否洁净，卫生检疫官员都有权扣留华人乘客。立法会想必希望，如果乘客被阻上岸的时间太长，就会发生一些不愉快的事件。在吉利斯的多次催促下，总督亨利·布鲁厄姆爵士勉强签署了文件。布鲁厄姆爵士认为，中国政府将会把这个文件视为直接的侮辱。

不久，"蒂阿瑙"号与"阿富汗"号向新西兰转运了100名华人乘客。

"阿富汗"号又一次开动了。船员们都想知道，当那些惊恐万分的乘客们看着陆地逐渐消失时，会发生什么。年轻的二副读了太多充满道德说教的男孩故事了。他这样告诉《世纪报》记者："我们已准备履行一个英国人的责任。我们将不得不武装起来，但8个欧洲人面对这数量惊人的一大群人，又能做什么呢？一旦被煽动起来，他们是会穷凶极恶的。我们的任务实在难以令人羡慕。"

然而，开动的前一天晚上其实一直很安静。2名水警在月光下的甲板上踱步，1名消防员在他的铺位上拉着手风琴。大多数华人睡着了，只有几人在晃动的灯笼下围坐在一个箱子边，玩着复杂的象牙牌。

船长从代理人处得到了命令，下午4点将再次启航。一个领头的华裔商人雷阿毛登船向乘客们解释相关事宜，和他一起的还有一位航运公司的代表。海关的哈蒙德和几名助手也在船上，另外还有2名警员。水警船在周围环行以确保没有人逃脱。

海上刮起了北风，海面波浪起伏。但是，在这整整一天中，一群群华人乘着摇摇晃晃的小船来向大船上的人道别,并送上礼物——其中不少是钱——他们丝毫不怕身上的衣服会被弄湿。劳塞斯通商人詹姆斯·阿杰送给与他同属一个社团的21位族人每人1个金镑。作为回报,乘客们纷纷从船上吊下一些物件,比如毛笔、漫画和一只猴子——一个短尾物种,一位记者以为它不幸地失去了尾巴。

下午2点,哈蒙德召集人员进行点名,数量为168,数字是正确的。集合时,华人都低着头,神情沮丧。一位发言人让雷阿毛正式向哈蒙德提出问题:"我们会被允许登陆吗?"答案是"不行"。不久,高级警员诺格特上了船,华人们派出口译问他是否是来释放他们的。事实并非如此,他接收到的命令是要驱逐他们。于是华人三三两两地聚在一起,徘徊走动,小声交谈着。

罗伊船长再次将华人们集结到甲板上。他让翻译告诉他们:就他个人而言,他们有充分的自由可以到岸上去。"但是,"他指着那些警员说,"是这些先生们不让你们上岸。"

海风越来越大,船长罗伊派他的2个水兵帮助哈蒙德来确保华人们都上了船,而不是上了岸。

不久,"阿富汗"号降下了黄色的旗帜,并在一艘警船和一艘海警汽艇的监督下,往前驶出。然而,在防波堤附近,船似乎放缓了速度,一艘海关船追了过去,唯恐华人从一侧跳下船去。面对这种情形,乘客都保持了安静。他们希望能在悉尼上岸,并经由陆路回去。

华人乘客转往新西兰

如果不返乡,那么剩下的人要上哪里去呢?如果他们被悄悄地小批释放,新西兰会接受他们吗?新西兰的工会主义者正在闹事,所以,他们也有自己的难处。政府当局还认为,如果船客是从香港订票到墨尔本或悉尼的,那么送他们回到出发点可能会使双方关系紧张。

"德奥"号带着来自"阿富汗"号船上的100名乘客,首次停泊在位于新西兰南岛南部的因弗卡吉尔。此前有流言说,所有的华人都要在距此城30公里的巴尔佛港口登陆。市长召开了一次公共会议,为租赁一辆特殊的火车捐款,将游行示威者运送到码头。但铁道部门拒绝了这个请求,所以示威者只好自行前往,在码头一边看着船进港,一边大喊大叫。

"德奥"号的麦金托什船长靠在船舷上叫道:他没有乘客要在因弗卡吉尔下船,16名华人要去达尼丁,7~8人要去惠灵顿,剩下的都要送到西海岸的格雷默斯。于是,一大群人又聚集在达尼丁,试图阻挠乘客登陆。但一场大雾使船延误了近8个小时,长时间在湿气中的等待使得岸上人群的愤怒有所平静,很多人已经回家了,但仍有一些人在呼喊,还有一些恶棍准备投掷石块和煤块,不过华人始终没有出现。第二天凌晨，16 名华人安静且安全地在达尼丁下船了。

新西兰政府决定宣布一个消息，即所有接受华人的港口都蒙受了污染，但这个决定遭到总督的反对。"德奥"号的主人——联合轮船公司的承诺是：如果允许他们的乘客在格雷默斯港登陆，那么他们将不会再从澳大利亚运送船客到此。

"布户比特"号受到刁难

"布户比特"号船在墨尔本煤气公司的煤运码头卸下了煤炭，其乘客在监视下挤进了船舱，和"阿富汗"号船一起接受检疫。

"穿着丝绸套、佩戴绿色眼镜的中国绅士和学者"罗孔蒙和阿崔为他们的同胞向海关官员求情，但却无济于事。海关官员告诉罗孔蒙，他们需要部长的许可才能允许他登船。然而这位部长说，在没有首相许可的情况下他也无能为力，而首相的许可无法获取。最后，罗孔蒙和阿崔只能对华人乘客说，英国的法律可以为"阿富汗"号被拒提供合理依据，但没有法律支持政府对"布户比特"号船的行动。

华人乘客又急又气。他们也确实等得饥饿难耐，一向正常的配给量突然暂停了，船主还发给他们难以下咽的咸牛肉。

最终，"布户比特"号的 14 名乘客决定要留在维多利亚。罗孔蒙聘请了律师阿尔伯特·瑞德起草了一份人身保护令文件。这些要采取法律行动的威胁让政府感到了忧虑，于是便想要释放这些华人。但在同时，政府也提到了 1865 年的华人移民法令，该法令那时还是法律，即使它从未被使用过。该法令规定，华人在到达后，可以注册停留 10 年，听凭总督管制。但如果总督认为某地的华人过多，或威胁到了公众健康和公众秩序，他可以决定将一些华人搬迁到另外一地。

然而，当瑞德律师试图去看望他的客户时，他在门口遇到了检疫站的中级官员布朗宁医生、中心卫生委员会主席阿斯特以及责任警官约瑟夫·梅斯。瑞德准备向梅斯交付客户的 140 英镑的人头税，但遭到后者拒绝。瑞德要求获得一份扣留这些华人羁押令的副本，梅斯也拒绝了。瑞德说，他可以起诉梅斯，梅斯回答道："我会对一切后果负责。"瑞德没有能够与那些华人见面。

瑞德当天又尝试了一次，却发现大门紧锁，因此瑞德以一张不当拘禁、违反人身保护令的传票来威胁政府。

墨尔本的反华会议

墨尔本市市长、市议员 R. J. 本杰明召开了会议，市政厅里挤满了贸易委员会委员、国会议员和市民。1888 年 5 月 2 日，《世纪报》对此发表了长篇报道。

立法院的 W. H. 罗伯茨提出了第一个决议，他要求华人缴纳 100 英镑的人头税（欢呼声）和 20 英镑的居住税。他呼吁："殖民地花费了大量英镑来灭绝野兔，但如果不小心，就会花更多的钱来驱除华人。"（人群大笑）

魏本·路易·所罗门出席会议并讲话，他谈到了北领地的反华运动。他发现自己的政府"像中国的神像一样又聋又哑（同意！同意！）……华人给我们的社区带来了麻风病、鸦片和其他罪恶，他们无法像欧洲人一样生活"，但他不同意向已在殖民地居住的华人征收居民税。他说："既然允许他们来到这里，就不应再追溯立法。"听众很慷慨地喊道："同意，同意！"

W. 特维斯在观众的请求之下发言。他告诉听众，他难以相信，"由英国签订的条约能对澳大利亚这一自我管治的殖民地同样生效……它们与中国的条约只是根据几个商人的利益订下的而已"。

会议进入尾声时，费尔德·巴雷特发言，但由于他指责欧洲人在墨尔本像华人一样赌博，听众向他怒吼起来。

悉尼的反华集会

悉尼人民一直在关注墨尔本的种种滑稽行径。"黔南"号抵达以及"阿富汗"号从墨尔本离开的消息以惊人的速度传播开来。1888 年 5 月 3 日晚上，悉尼的反华人同盟在市政厅召开了会议，市长"诚实的约翰·哈里斯"主持了这次人头攒动的会议。几百甚至可能是上千人只能在市政厅外面参会。

包括哈里斯在内的几位发言者抨击华人之后，那个奇怪、暴力、好色、醉醺醺的报社记者，也是编辑及社长的约翰·诺顿，咆哮了一个多小时。"华人已站污了我们生活的每一层面，无论是社会、道德，还是身体。这样的邪恶必须要被彻底铲除。"实际上，诺顿曾勾引过年轻女孩。

这次会议得出了这样的结论："现在已不能再拖延，澳大利亚政府要抛开英国的条约义务，而采取坚决的联合行动，以彻底禁绝华人移民。而且，如果有必要的话，可以不经宗主国政府的批准。"他们任命了一个代表团将此决议呈报给政府。

随后，整个形势彻底失控了。悉尼市政厅外面的人获知了里面发生的情况以后，便马上前往议会大厦。市长和议会的其他成员也走出了市政厅，随后也赶往议会大厦。此时已将近夜间 10 点钟了，有人点燃了火把，他们一窝蜂地涌到了麦格里大街上,栏杆也无法阻挡他们。这些人欢呼雀跃,因为他们为代表团开辟了道路,让他们能够进入议会大厦的前厅。

帕克斯爵士保证不让华人在悉尼登陆

亨利·帕克斯爵士躲在自己的办公室里,拒绝会见他们。人群叫嚣着依旧向前冲去。门卫和警察封锁了入口,然后强行关闭了所有的门。2名议员竟在台阶上打起架来。一些人在街头横冲直撞,砸坏了很多扇窗户。一支水警分队冲上去,尝试恢复秩序,有人走了出来,将水警领班狠狠地打了一顿。蜂拥在议会大厦的人群开始乱扔东西。哈里斯将一张便条从帕克斯的大门下塞了进去,要求他做出某些回应,以安抚人群。帕克斯的态度有所软化,他送出了一张便条作为回复,上面写道:"阿富汗"号抵达时,政府将采取必要的措施,以防止华人登陆。哈里斯走到阳台上,挥舞着帕克斯的便签。诺顿在走廊中再次发表讲话,狠狠地羞辱了首相一番。然后,人群终于散去。

第二天早上,帕克斯会见了代表们,诺顿也在其中。帕克斯告诉他们,他必须遵守大英帝国的条约。他转头对诺顿说:"你的观点过于极端,等于鼓吹分裂。""就是这样的!"诺顿表示同意,并指出,没有了大英帝国,这些殖民地对待中国问题就像对待孩子一样。只要华人愿意,他们可以成百万地涌到这些殖民地上。"我完全赞同代表团要将所有劣等民族拒于殖民地大门之外的观点,我会竭尽全力将华人拒之门外。"为了强化他的论点,诺顿还引用了一些数据,但这些数据似乎恰恰证明没有必要对在澳大利亚的华人做出任何行动。

当时,新南威尔士州的华人有16800人,其中327人从事家具制造,1128人是菜农。他们占全体人口的比例从1861年的3.71%下降至当时(1888年)的2.61%。在其他殖民地,维多利亚州有华人14000人,昆士兰州有10500人,南澳大利亚州有7500人,新西兰有4600人,西澳大利亚州250人,而塔斯马尼亚岛有900人。当时,在澳华人一共有54550人,只占澳大利亚总人口比重的1.54%。

这似乎是一个微不足道的数字,但帕克斯仍保证没有华人会从"黔南"号或"阿富汗"号登陆。斐济的蔗糖生产者已提议要雇佣这些华人。如果华人不接受此提议,他们就会被遣送回家。

帕克斯时年73岁,但肯定不是一个老头,他讲话的力度与他之前大部分职业生涯中表现出来的一样有力。他是一个充满活力、具有矛盾性格的人,A. W. 马丁为他撰写了出色的传记《亨利·帕克斯》。

同时,帕克斯也是下流、虚伪而吝啬的。他总是一文不名或处于破产状态。他总是很引人注目。他没有受过什么教育,但能写一手优美的英文;他的声音像汽车碾压一样并不动听,但却总能上台演说,无论是有讲稿还是即兴演说。

他的妻子克拉琳达在 1888 年 2 月死于癌症，但他这些年一直与一个叫埃莉诺·迪克森的女孩有某种瓜葛，并已经与她有了 2 个孩子——这 2 个是活下来的，很可能还有另外 2 个夭折了的。虽然她不能被社会接受，甚至也没有正式的名分，但她似乎一直是这个精力旺盛的男人的异常重要的伴侣。1889 年，在埃莉诺 30 岁时，两人结婚了。在"澳大利亚酒店"的晚宴上，帕克斯让前卫理公会牧师也是《悉尼晨锋报》编辑的威廉·科瑙十分羞愧。科瑙递给他盘子时说"这些牡蛎很好"，帕克斯回答说："科瑙先生，我并不需要这些辅助物。最近，帕克斯夫人和我每晚交合七八次，目前我们达到十多次。"

通过 1895 年 4 月 6 日《公报》上刊登的、在当时颇有名气的漫画"悉尼主义"，利文斯通·霍普金斯注意到了帕克斯的声望。编辑提供了一个很大的版面给了亨利·帕克斯爵士。在图画的下方写着："帕克斯在另一方面的成就应得到恰当的认可。"它的含义显而易见："笔锋比剑更尖锐——宝贵的见解对于某些人来说更安全！"

更多的反华集会

这种由政府施行的荒唐行动却得到了热烈赞同。1888 年 5 月 4 日晚上，澳大利亚原住民协会的分会在墨尔本西北部的阿沃卡举行会议，通过了一项决议，即向首相表示祝贺。在巴拉瑞特的一个贸易委员会还计划在周一举行支持政府的盛大游行，以给予维多利亚州政府道义上的支持，并促请政府效仿。该委员会在奥克兰的另一分支也进行了类似的活动。

那天早上的《阿格斯报》还提到了 1880 年的中美协议，该协议指出：华人劳工不准在未来的 20 年进入美国，除非他有妻子、孩子或父母在美国，或有价值 1000 美元的财产。第二天，即 5 月 5 日早上，《墨尔本每日电讯报》宣布"布户比特"号的乘客是"同意被当作囚犯对待的。如果他们选择清偿人头税，并走出隔离区，他们可能会遭到武力阻止。但同样毋庸置疑的是，法律是站在他们那一边的……我们只能申辩因情况危急，我们得粗鲁而迅速地对付它……过去 10 天的经历……可能让我们都渴望仿效美国与中国订下类似的条约"。

1880 年 5 月 6 日（周日）的凌晨，在布里斯班，有几百个混混儿招摇过市，他们向华人商店的窗户投掷石块。他们破坏了邝南太的商店，并烧毁了阿尔伯特街的其他几个店。大队的骑兵和步兵目睹了这一切，但他们只是象征性地拘捕了一名肇事男子。

牧师们大多不同意工人们的意见。1880 年 5 月 5 日的《阿格斯报》推出了长老委员会的审议结果。据 W. 葛雷·狄克逊牧师称："通过同情华人的决议乃是本委员会的义务。"狄克逊想看到一些有领导力的政治家能站在理性的一边，然而这些先生们却宣称，由于现在多数人情绪狂热，如果目前在这个问题上采取相反的态度,在下次选举中,他们将会失去席位。狄克逊同情那些政治家,虽然他不会说他们是勇敢的。但是,作为天国的使节,他们能够在这件事上保持沉默吗?他坚决地说:"不能。"

"阿富汗"号抵达悉尼

1888年5月6日,"阿富汗"号进入了悉尼湾,但被禁止驶近任何一个码头。一名海关官员和警察守卫引导船向中立湾深水区航行,并在那里停靠。船长和代理人被告知,如果他们坚持让华人登陆,只要有一个超额,就要面临12000英镑的罚款。

陈洪照(Cheok Hong Cheong)牧师表示,很明显,政府旨在不择手段地排除华人。墨尔本华人已约了律师登上"阿富汗"号,以审阅那些有争议的入籍文件。但律师被告知,"阿富汗"号已被隔离封锁,如果他登了船,就再也下不来了。在船上有几个男孩子因为未成年,本可以免征人头税,也不需要入籍证明,虽然有朋友正等待着接应他们,但当局依旧不允许他们下船。一名欧洲乘客试图把他年轻的华人仆人带下船,但没有成功。他已支付了该仆人的旅费,并愿意支付其返程路费,如果这个小伙子希望在几年后回家的话。但部长裁定说,他不会区别对待。

维多利亚州政府决定将"布户比特"号上的14名乘客隔离在波特西岛。当船停靠在澳大利亚码头进行卸货时,华人不准踏上码头,他们需在此转乘拖船"信天翁"号。绳索绑在"布户比特"号船的一侧,华人要顺着绳索爬下来。阿崔和6名警员陪着他们。政府不厌其烦地说,他们已被隔离在安全地带,在合适的时候可以让他们登船——可能是"黔南"号——返回中国。大部分华人觉得,针对他们的敌意如此强大,在维多利亚生活已绝无可能。于是,他们签署了一项协议,如果能得到全面赔偿,他们愿意回国。上岸后,警察押着他们,让他们排成一列回到自己的房间。

"黔南"号抵达悉尼

1888年5月3日,"黔南"号带着乘客抵达悉尼,乘客中有45名华人前往悉尼、89名华人前往墨尔本、2名华人前往阿德莱德、3名华人前往劳塞斯通、9名华人前往新西兰。卫生官员登船后,发现该船的清洁达到了卫生标准,于是授予该船无疫通行证。

"黔南"号进入码头后开始让乘客下船。随后,海关发现有3名华人偷渡客躲在了巧妙堆成的货箱下。6名欧洲人已经登陆了,另有9人已走近跳板,华人们紧随其后。离船的步伐随即被叫停,船上的黄旗也再度升起。14名警察登船增援海关官员。已经登岸的6名乘客也被警察抓住,并被重新带回船上。船重新启动,并缓缓驶向检疫站。

新南威尔士政府决定将"黔南"号和"阿富汗"号上的乘客转移到"英雄"号轮船上,以便前两船能停靠码头卸货。华人看了一眼那破旧的"英雄"号老轮船,断然拒绝上船。

梅光达受政府委托,前来帮助海关人员重审华人持有文件。当他试图登上"黔南"号时,警长麦当劳将他一把推回到艇上,说:"不要华人!"艾利森船长过来插手,他向警长解释说,作为船长,他可以让任何人上船。但是,警长仍然表示"不要华人!"

第二天,也即1888年5月8日,梅光达率领一个华商代表团到了亨利·帕克斯先生处进行抗议。帕克斯承认政府所采取的行动过于严厉,但同时认为,华人本身也有部分责任。

多年来,海关人员发现了429份虚假的豁免证明(向那些短暂回家的人发放的重新入境许可证)和193份虚假入籍证明。这很可能是一直以来都存在的情况。华人工匠都精通模仿,他们的作品也不会被查出问题。这些证件中的大部分被卖给了那些只能做苦工的穷苦人。在"黔南"号上,梅光达也对21张豁免证明和2张入籍证明有所怀疑。

"黔南"号的代理商洛里默罗马有限公司威胁说无论是否有华人在船上,都要将船开到码头卸货。政府的态度终于缓和了。1888年5月8日,该船取得了免疫许可,并在重重警卫把守下靠了岸。

"阿富汗"号同样也已靠岸并开始卸货。一个穿着欧洲人衣服的华人,顺着绳子滑下来,他希望警方正看向别处而不是他这里。但不幸的是,他还是被抓住了,并被带了回去。在绝望中,一些计划前往墨尔本的乘客捶胸顿足。斐济蔗糖种植园主提供的工作是极其剥削人的——1天工资只有1先令,而当时在澳大利亚,工人预期的工资是1天有7~8先令。前来的华人乘客对于澳大利亚充满了希望。然而,对于一些人来说,希望就像手中的假护照一样也是假的。为了来到澳大利亚,他们已负债累累。迎接他们的未来,或许就只有饥饿、监狱和谋杀了。

通过梅光达的不懈努力,华人中的少数幸运儿得以登陆,其中有5人来自"阿富汗"号,3人来自"黔南"号。还有另外5人离开了"阿富汗"号,并随"鱼刺"号轮船起航前往昆士兰;3人去了布里斯班;前往汤斯维尔和库克敦的各有1人。但是,他们都需要付30英镑的巨额人头税。离开那2艘船的另外14人是乘"浩博"号前往新西兰的。

第九章 1888 年：旅居者和公民的分界线

"门木尔"号抵达阿德莱德

1888 年 5 月 6 日，"门木尔"号由香港经新加坡和路文角（Cape Leeuwin）到达阿德莱德港，它满载着东方的产品、1 名华人偷渡客和 56 名乘客，其中，27 人去悉尼，16 人去维多利亚，4 人去布里斯班，6 人去罗克汉普顿，2 人去汤斯维尔，还有 1 名因年幼而无须登记的男孩。他们中的 24 人需要付人头税，其余的则持有入籍证明。

阿德莱德方面担心船长会把华人带上岸，让他们再经历一番 19 世纪 50 年代发生过的从洛珀跋涉到维多利亚金矿的路程。比之面对东部殖民地日益高涨的愤怒情绪，这里有一个无疑更易于执行的计划。于是，人们在市政厅中举行了拥挤的公众会议，市长在会上发了言，并通过了实施方案，即："在任何情况下，任何华人都不得在这片土地登陆，而且本政府应与其他殖民地政府一起行动，将华人完全从我们的海岸上驱除出去。"

毫无疑问，民众对各个殖民政府的情绪和看法都很糟糕，市长要争取市民的青睐，其努力程度不亚于任何政客。劳工和工匠也为工会给予他们的权力感到兴奋。在悉尼，新近组织起来的煤矿搬运工协会决定抵制华人搬运工，并拒绝为载有华人的运矿船工作。如果其任何成员以任何方式与华人打交道的话，初犯将被罚款 5 先令，再犯将会被驱逐。他们的决定得到了码头工人的支持。在维多利亚州，命名奇怪的木材场工人协会捐了 1 英镑 10 先令给反华联盟，而这样的捐款已是第二次了。该协会还在开会前给它的几个成员打电话，责备他们捐款太迟，并告诫他们立即捐献。压碾工联盟向反华联盟捐赠了 6 先令 10 便士，但他们还将 38 英镑 12 先令 6 便士捐给本工会中正处于危难中的成员。

1895 年 5 月 7 日晚上，在巴拉瑞特举行的游行规模与组织者所希望的一样壮观。人群由一个持有火炬的游行队伍和一支乐队带领，当地消防大队和六七千名男女儿童组成的队伍紧随其后，穿街过巷。最终，人群塞满了宽敞的斯特街。发言者们在芬恩酒店的阳台上向人群发表演说，老调重弹那些经年未变的排华言论。陆军上校 W. 甘兰·史密斯市长谈及"华人的习惯和那些文明人之间的差异"。澳大利亚原住民协会巴拉瑞特分会会长 J. 柯顿警告说："在家具行业，华人已在工作和工资上取得压倒性的优势……来到这些殖民地的华人并没有履行公民职责。"

没有人询问究竟这些华人获得了什么样的机会。威本·路易·所罗门说，他"从达尔文港而来，代表当地居民的利益，反对从中国来的成群结队的野蛮人……从中国到北方领地只需不到八天半的航程，而问题已极其严峻。3000 名华人在达尔文港—松溪铁路线上工作，从工作中获取的金钱将被他们带走……"

华人次日在巴拉瑞特也举行了集会。一名男子身上带着那份刊有关于反华会议报道的晨报。他举起报纸，然后把它扔在地板上，踩着它，并厌恶地喊道："哎呀，哎呀！"他们决定让商人们与墨尔本的华人领袖接洽，向中国政府发起一次请愿。

在悉尼乔治街的一个仓库里，华人秘密举行了数次会议。会上，人们都感到对未来澳大利亚政府定下的法案无能为力。但是，"那些运用了现阶段法律的华人们所提出的要求还是应当获得尊重，这样才公平"。

"格思里"号抵达悉尼

1888年5月15日，"格思里"号带着163名华人沿着东侧航线抵达悉尼。"门木尔"号在第二天到达。2艘船都很快就获得了检疫证明，并被带到码头，在警卫看护下卸货。"格思里"号的代理商吉布斯·布莱特公司收到了一封从墨尔本发来的电报，电报警告说，如果船上有华人乘客，船就将被封锁隔离。

"门木尔"号的梁坤、"黔南"号的张星和"格思里"号的阿三向最高法院提出入境申请。虽然他们都交纳了人头税，但却遭到海关官员的拒绝。法院则认为他们有权利入境。鲍威尔接到了法令，但在政府下令前，他拒绝执行，因而法令的执行又延迟了2天。人们都认为，那些交纳了人头税的人现在可以入境了。然而，鲍威尔仅仅接受了向法院起诉的那3个人的申请。

最高法院判决释放50名华人乘客

华人在悉尼海岸上船了，但他们并没有打算默默驶回中国。他们使用了所有英国法律的资源。1888年5月17日，由F. M. 达利法官、福斯特法官和温德耶法官主持的最高法院，收到了一份由旷家南提交的有关"阿富汗"号船乘客罗八的人身保护权的法律申请。罗八持有真实的豁免证明。海关官员鲍威尔在法庭上陈述，海关并没有在罗八的名下签署豁免证明。

试图让上议院通过帕克斯议案的王室法律顾问N. B. 所罗门代表新南威尔士政府出庭。他坚决主张，"法庭无权解决违反国际法律的事件"，"任何国家的最高统治者都有权排除其他国家的公民"。另一位皇家法律顾问波特沃斯支持了所罗门，他说："人身保护令的申请者必须身处这个国家里，而罗八只不过是试图进入这个国家。"

法官们没有被这2位皇家律师的言辞所打动，他们甚至没有传唤罗八的皇家律师皮尔彻来反驳。他们的判决称："殖民地的法律通过了'预防大批华人流入的措施法案'，允许特定的华人在特定的条件下作为英国友好国家的友好外国人来到这里。"据此，他们要求释放罗八和其他49名申请者。

当晚，人身保护令送到了罗伊船长、艾利森船长和负责码头安全的警官汉姆手中。亨利·帕克斯宣称最高法院的那个决定无疑是错误的。鲍威尔声称，华人不应在没有他签字的情况下就登陆。于是，乘客们待在甲板上，码头上聚集着喧闹的人群。

海军上将费尔法克斯在舰队司令官邸会见了2名船长，后者呼吁派遣武装水兵上船。费尔法克斯说，他无法进行干预，也不能控制殖民地政府。只有在那些乘客的举动产生了危险的情况下，他们才能提供保护。费尔法克斯说，他现在没有兵力可抽调，所以无能为力。

政府最终妥协了，50名乘客最后被最高法院释放。1888年5月20日凌晨2点，8名华人走下了停泊于米勒角码头旁"黔南"号的跳板。凌晨3点，一艘水警船开进环形码头，船上载了22名"阿富汗"号船的乘客，然后，它又回去接另外20名乘客。警察静静地护送着这些人抵达乔治街，乘客的朋友们在那里欢迎他们。第二天，"阿富汗"号船、"黔南"号船、"格思里"号船和"门木尔"号船共释放了40名乘客。后2艘船释放了16人，他们被转送到"依拉蒙"号，然后开往昆士兰州港口。梅光达、立法委员鲍威尔以及海关官员被任命为政府代表，他们访问了仍然留在"阿富汗"号船上的86名华人乘客，向他们了解需要何种补偿才能使他们回到中国。然后，这艘船满载着恐慌的乘客前往纽卡索去装填煤料了。

被拒乘客返航

在"门木尔"号、"黔南"号、"格思里"号、"阿富汗"号船上订票去墨尔本的旅客们要求返回墨尔本，以便检验维多利亚法院的判决是否有效。但这些轮船的老板们对墨尔本的态度已经失望，并不想返回。于是，旅客们威胁说要在香港起诉他们。

新南威尔士政府的态度变得更加糟糕，他们决定通过枢密院来对抗最高法院的决定，同时，对超出每100吨货物1名华人比例的违规者按每个人头实施100英镑的罚款。鲍威尔登上了"门木尔"号、"黔南"号、"格思里"号（"阿富汗"号仍然在装煤），告诉那些船长，他已接到指示，要起诉他们。然后，鲍威尔挥了挥手中的清关证明说，如果他们快点离开，兴许能逃避法院的传票。

"门木尔"号立刻准备出海，但发现2名乘客失踪了。他们似乎避开了警察。海关因此决定对该船船长处以100英镑的罚款。1888年5月27日清晨，船长与34名乘客起航。这些乘客已决定接受由船舶公司提供的13～20英镑不等的赔偿。

1888年5月27日，乔治·罗伊最终和86名被拒乘客乘"阿富汗"号离开了悉尼，经墨尔本返回香港。这些乘客都希望罗孔蒙能让他们上岸，但罗失败了。

像"阿富汗"号的罗伊船长一样,"黔南"号的艾利森船长向华人乘客证明他并没有阻止他们登陆。他告诉那些自认持有有效豁免证明的乘客跟随他走下跳板。但海关督察哈蒙德挡住了他们的路,并责令他们返回。

1888年5月28日上午,艾利森船长为他不得不带回"黔南"号的乘客们清了账。款项的一部分来自新南威尔士政府,其中每人10英镑的费用来自乘客提供的轮船公司基金。

"黔南"号继续驶向东海岸,1888年6月1日抵丹默尔顿湾。有14名华人乘客本来将在此处登船,但船长艾利森拒绝了他们。他说,船上的甲板上已有太多华人,超过了限额,无法应付。正当艾利森在争吵时,一名华人在朋友的帮助下用绳子荡到了船上,所以他可以回家了。其他13名乘客则不得不返回等待另一艘船。海关要求艾利森船长召集所有的华人以便统计人数,船长拒绝了。他说,如果他走下甲板,他就回不来了。他付的赔偿金一定低得让众人不满意。下午,艾利森船长率船起航了。

"格思里"号事件还未结束。在"格思里"号乘客中,有14人持有无可挑剔的入籍证件。其中,13人的证件为墨尔本签发的,1人的证件是由阿德莱德签发的,这些城市也同意接受他们。这14名乘客凭借最高法院的法令离船而去,因此香农船长下令继续前进,前去纽卡索港口装煤。9名华人乘客从舷梯上疯狂跑下,他们不相信该船将返回悉尼,以为他们得不到补偿就被遣送回家了。这时,2名警察追了下来,另有18名警察从码头赶来协助。这20人花了很长时间去制服这9名华人。最后,其中的2名华人被带到随船医生处看病。

"长沙"号的到来

令人吃惊的是,另一艘从香港来的"长沙"号也来到了新南威尔士,它携带了144名华人乘客,其中,15名去悉尼,18名去墨尔本,43名去劳塞斯通,60名去新西兰,8名去阿德莱德。这艘船径直驶向检疫区。新的敌意卷土重来。

除了要接受检疫,"长沙"号面临的第一个困难就是如何处理该船订票前往新西兰的60名乘客。最后决定,由"瓦克蒂普"号运送他们。但后来政府改变了主意,决定无条件允许1888年6月10日前离开中国的华人上岸,"瓦克蒂普"号船让那些高兴的华人乘客下了船,还接收了2名从"格思里"号船下来的乘客。

15名预计前往悉尼的人不得不向最高法院申请下船。在释放他们的问题上,主审法官做了一个惊人的总结:

我们没有意识到,这种针对华人的行为在我们的历史上从未发生过。

第九章 1888年：旅居者和公民的分界线

没有任何君主有这样专横的倾向，没有任何一个政府会这样公然违法办事，轻视法律。不幸的是，总有一些腐败的法官会搬弄权利、曲解宪法来谋求一己私利……如果政府同意非法拘留某一特殊群体，那么其他属于这一群体的人就有被非法拘禁的高度风险。

报纸上的故事

少数华人乘客在报纸上得到了特别的关注。随"阿富汗"号来的孙三隆本想在墨尔本下船，他操一口流利的英语，穿着打扮像个欧洲人。他说，他在卡斯尔梅恩有一个农场，妻子和孩子都生活在那里。他和一个儿子刚刚去过中国的老家，又一起回来。他的妻子在墨尔本港口的铁路码头等了一整天了，希望能看到甲板上的丈夫和儿子。牧师陈洪照为长老委员会调查他的案件。孙三隆没有入籍证明，因为他觉得别人都认识他，不需要那个文件，结果把入籍证明卖给了别人。

"阿富汗"号驶往悉尼的时候，一名律师建议他的妻子以遗弃罪名义获得一个逮捕令。律师相信，新南威尔士当局以后肯定会将丈夫归还的。但是，这个女人是他的妻子吗？那个孩子又是他的儿子吗？

孙三隆提供了很多生活细节。他已经45岁了。他第一次来维多利亚是在25年前，曾在桑赫斯特和卡斯尔梅恩的奥文斯采矿。在卡斯尔梅恩，他购买了10英亩的土地，但8年前将其卖出，从那以后，他就在墨尔本和卡斯尔梅恩当小贩。在卡斯尔梅恩，他和一个叫莉丝的欧洲女子结婚了，她为他生下了一个男孩，现年11岁。莉丝一年前死了，于是他与另外一个欧洲女子艾米莉·班在墨尔本南部的苏格兰教堂结了婚。他说，他在悉尼和墨尔本的华商中非常知名，尤其是在小伯克街一带。

维多利亚警方调查了他的说法，但没有切实的证据。那个与他一起的男孩并不是他的儿子，而是他的族人；在墨尔本南部的长老会教堂登记处和注册登记处进行的调查表明，他没有与艾米莉·班结婚；2个在小伯克街与他一起居住的华人告诉警察，他们不知道他结婚了。

这个调查结果有多可信，又有多少偏失呢？1888年5月14日，格伦卢斯邮局局长亨利·纳普曼给邓肯·吉利斯写了一封信，其中很多地方都提到了对孙三隆所供情况的否认。也许信中含有纳普曼的不明动机——土地。为什么华人的名字是这样的不同呢？纳普曼提到的人对吗？

我向你禀告有关于阿三（或者威廉姆斯）的事情，他是"阿富汗"号船的一名华人船客，他在格伦卢斯住过多年，而并非住在福瑞儿小溪。他租了一个菜地，靠贩卖蔬菜为生。他合法拥有土地（目前那块土地在我名下）。他离开格伦卢斯7年多了，后来迁到了墨尔本的小伯克街。他在那里卖茶或搞其他的。他未婚，也没有不动产。他之所以使用威廉姆斯这个名字，是因为他附近住着威廉姆斯一家，他对这个名字很熟。

"格思里"号上有个华人乘客叫罗亚发，他试图在悉尼下船。他持有维多利亚1886年签署的入籍证明，并在那里住过27年，他有一个英国妻子、一个孩子。他经营了一块菜地。他声称自己拥有英国公民的权利，可在任何英属土地登陆。

最高法院并不同意他的说法。法院认为："签署的证明只在当地有效。法案的第8部分说明得很清楚，即使他在其他殖民地当局获得了入籍文书，如果他要享有同样身份的话，也要在本殖民地获得同样的证明。"最后，他住在墨尔本的妻子呈上一张申请表，才让他回家了。

所有的英文报纸都喜欢上述故事，但立场不一。《圣詹姆斯公报》和《早邮报》对殖民政府的作为是肯定的；《星期六评论》也是如此，但又说政府的行动过于仓促。《每日新闻》说这是"不必要的暴躁"，《泰晤士报》则认为这是"轻率的"，而《经济学家》则认为殖民政府夸大了危险。《观察家》认为，华人移民到澳大利亚是"地球上最严重的奴隶贸易罪"；《标准晚报》则认为，中国有理由将英国人从中国驱逐出去。

在接下来的一周，怒火和诉讼逐渐充斥了整个国家。欧洲矿工试图将华人菜农和矿工赶出昆士兰州的克罗登金矿。这些华人在得到法律建议后，决定留下来。反华同盟电告首相，表示如果华人不走，就会举行大规模的游行。但是，当地的一名警察法官却比大多数人都更强悍。他向政府建议说，反华联盟并不能代表社群中那些体面的成员。他还组织了20名特别警察来保护华人。

基督教长老会批评维多利亚政府

罗马天主教会也与长老会一起支持华人。英国教会和卫理公会向长老会和罗马教会发出了柔和的声音。通过悉尼的教会，英国教会对拒绝上岸的华人表示同情。此前，在卫理公会墨尔本会议上，新西兰的路易斯教士说："本会认为，殖民政府对华人的态度——拒绝华人进入维多利亚——与教会的训条不符，同时也与澳大利亚人的利益相悖，这是文明民族的耻辱。"参会者以53对15票的比例否决了政府的态度，对驱逐华人的极端政策表示遗憾。

卫理公会给维多利亚首相写了一封理由充分的信，其中说："虽然委员会承认，华人移民大量涌入有损殖民地利益，但需要指出的是，有证据表明，维多利亚的华人人口已显著减少，并且没有任何迹象表明其有所增加。因此，现在的煽动看起来是不合理的……在波特西检疫站滞留华人乘客似乎是高压和专制

第九章　1888年：旅居者和公民的分界线

行动。委员会认为，现有的法律允许他们付费后入境，直到该法被替换前，都应允许华人遵循一个有利于他们的法律。他们应享受同一条船上其他乘客入境的待遇，不能只让华人接受检疫。"委员会呼吁，政府要确保目前的法律继续有效，而目前的法律并没有在某方面刻意反对华人。

红衣主教莫兰乘坐"东方皇家"号邮轮新近抵达了澳大利亚。他对《世纪报》的记者说："世界上有很多地方，如果不是华人涉足的话，还仍会是一片荒芜。在此过程中，华人们遇到了千难万险、重重阻碍，而这些险阻是白人根本不会尝试也不会去克服的。如果就这样阻止华人进入的话，这些殖民地就是将一群勤勤恳恳、从事极其有用行业的人排除在外。"他很想知道，如果华人接受了基督教的熏陶，"他们会变成什么样"。也许，"他们会跻身于世界强国和最伟大的人民之列"。

牧师的观点在墨尔本的一个行业委员会的会议上引起了注意。有人说："当工人阶级在争取确立8小时工作制时，这些神父们都漠不关心。而现在，他们只想将那些可怜的中国佬捏在手中，把他们当成生产廉价和相当劣等的基督徒的原材料。""在英格兰，他们凭借投票权和他们的影响力来反对废除奴隶制，反对让工人也获得选举权。现在，在维多利亚，他们还要反对工人，因为后者要铲除一种可能在任何国家中都会肆虐成灾的瘟疫。"

在这个会议上，一位叫本特的立法委员主张应当依法对待华人。他说："我们现在这样对待华人，不符合英国式的做法，也很不适当。"在一阵"本特总有歪理！"的呼喊声与笑声中，他坐了下来。他没法盖过这些声音继续发言。

在一些会议上，在反华联盟、8小时工作制委员会和同业理事会之间开始出现了争执。反华联盟想申请资金，但理事会指责它没有恰当地对开支做记录，也未支持8小时工作制运动。而且，在那群最强烈排斥华人者中，有一半人的妻子都会和华人打交道。这实在是极其荒谬的。他们认为，如果可省钱的话，就愿意这样做。

1888年5月12日（周六）晚上，"门木尔"号驶进了菲利普港补充煤炭，以便继续前往悉尼。船进入封锁区等待指令。不久，从悉尼出发的"伊斯比"号装载着煤炭到达。港口的主管派出了"信天翁"号船和一群搬运工。"伊斯比"号逐渐靠近"门木尔"号，工人搬了65吨煤到"门木尔"号船上。在午夜前，"门木尔"号便驶离了，所以华人没有玷污墨尔本的港口。

"奥尔巴尼"号的隔离闹剧

第二天（1888年5月13日），途经阿德莱德、从西澳大利亚而来的"奥尔巴尼"号船受到了荒唐的接待。该船载着12名欧洲厅舱乘客、32名欧洲统舱乘客和1名华人——威廉·金，以及他的2个年幼的儿子。他在澳大利亚待了

35 年（其中，在维多利亚度过 19 年），是一个入籍了的南澳大利亚人。他毫不知情地想到墨尔本来度个短假。他的欧洲妻子则留在阿德莱德的家中。

一连串的电报指示"奥尔巴尼"号进入检查区。船长安森抛锚了 2 个小时。而后，该船的所有者阿德莱德轮船公司指示船长到码头卸货。这艘船带有可盈利的邮递合同，需要抓紧时间。

一封送达罗素街站的电报带来了一队执勤的警察。但在他们到达之前，所有欧洲乘客已经下船了。在船长的建议下，金待在了船上。邓恩警员驻守在船上看着他。一大群人聚集到了码头上。

第二天，当局态度缓和，于是金和他的儿子终于开始了他们的假期。但船长安森因未缴清关税就放下了他的乘客而面临威廉斯法院的处罚。他被罚款 50 英镑——最高罚额的一半。

试图建立统一防线

当时，各殖民地正在计划举行一次会议，以构建一个统一防线。1888 年 5 月 9 日，托马斯·普雷福特首先致电澳大利亚各殖民政府，他提出建议说："就目前华人问题的形势来说，只有澳大利亚各个殖民地统一行动，才可能满意地达到我们的共同目的，即禁绝华人移民。"

各殖民政府的答复显示，比起 1876 年昆士兰摆脱南澳大利亚、争取独立殖民管治权的情况，大家对眼下形势的认知并不一致。塔斯马尼亚的首相菲利普·费斯认为谈此事"过早"，他的内阁无暇顾及那个会议；新西兰认为没有必要举行会议，因为每一个殖民地，不管联手还是独立，都应敦促英国与中国制订类似美国条约的条款；维多利亚的吉利斯首相表态，只要时间合适，他没有异议；只有昆士兰的塞缪尔·格里菲斯爵士表露出了真正的热情，他发电报表示"强烈赞成"，但他没有提出时间和地点的建议；西澳大利亚殖民大臣则承诺会"尽早"答复。

帕克斯：你的豁免许可证可以抛到风里

亨利·帕克斯先生此次回复的速度远远超过他在 1876 年时的速度。他说："在华人难题上，本政府很乐意与澳大利亚其他政府共同采取行动……但是，本国会面临的政府事务极其繁重，没有哪两个部长是可以离开悉尼的。"

那么西澳大利亚呢？帕克斯在 1888 年 5 月 15 日的一份电报中指出，"会议……只应在有全权政府管治的殖民地上举行"。当然，西澳大利亚有两个议员——A. C. 亨斯曼和 H. W. 维恩，他们正在伦敦争取西澳大利亚完全的自治权，但是，在那一时刻到来之前（于 1890 年实现了），任何其他有完整自治权的殖民地考虑西澳大利亚的观点都属于屈尊降贵。

但是，在1888年5月15日，让帕克斯头疼的还不止华人。爱德华·O. 苏利文是昆扁地区的优秀议员，也是后来的国土部长，他在5月10日晚辩论皇家土地法（第2号）条例草案时，质疑了新南威尔士管理层，他说：

> 现在，政府的管治在新南威尔士给我们带来了什么？看看那些破碎的家庭；看看那千千万万被迫抛弃他们土地上的财产的男人；看看这一群绝望的人们，他们从1861年就来到这片土地，为自己和家人建设家园！看看新南威尔士聚敛的庞大地产；看看那些在新南威尔士土地法下令人畏惧的不公……有没有人说这个议会的每个土地部部长都是廉洁不受腐蚀的？……为什么？因为这个国家的社会生活已经被贿赂和腐败摧毁了。

在1888年5月15日的议会上，帕克斯试图使用特权进行演讲，他想要苏利文道歉，他想要苏利文的演讲从记录中抹去。他声称："这不仅是对本议会的诽谤，更是对政府及议会的每一机构的诽谤。如果任由这种诽谤发展下去，将会导致其他相似的攻击出现，这一系列的攻击一定会毁灭这个国家的基础。"他委托书记员继续宣读他的演讲稿，但遭到拒绝。

有人对几天前反华联盟通过的提案大为不满，便指责说："首相是不专心、不可靠的，他甘心遵从帝国的原则而非居住地居民的愿望，与澳大利亚的利益相悖。"帕克斯站起身来，想再次谈论华人问题，但他没有谈论那个计划中的会议，却将注意力转移到了制定新的法律上。"为了保护殖民地不受打扰，不受华人移民的威胁，对现居住在殖民地的华人进行规范化管理，同时为了保障实施1888年5月1日由行政机构颁布的涉及华人移民或船上的华人移民的规定，明天我将做出提议：暂停现有的规定，即废除《1881年限制华人流入规定议案》，因为这个议案会阻碍目前议案的通过。"

当被问到如果最高法院颁布了人身保护法令他会怎样看、在入籍证明上他有哪些建议时，帕克斯回答道："我们相信，最高法院无权为保护个人人身安全而颁布人身保护法，这并不是它的权力……关于豁免令……华人本身就是具有欺骗性的。我们相信，我们即将采取的行动是相当公平的——也就是说，拒绝所有华人。"

议员们大喊："这是丢我们自己的脸！""拒绝！""我们不能因为一个人的错误去惩罚另一个人！"

第二天，帕克斯平静地发表了一段演说，重新点燃了激情，他说：

> 第二次阅读这份议案，我否认我对华人定居持有任何厌恶的态度，我否认政府采取的任何可能的行动都是因为顺从境外公众的鼓动。我坚持认

为，在新南威尔士这样的国家，保护英国民族的纯净性是我们的义务。我坚持认为，没有哪些人是应该被允许进入到这里来的，现在我们可以合情合理地驱逐他们，因为他们不能融入我们，不能享有我们的权利，不能平等地履行我们的义务，也不能分享我们建设一个自由民族的工作……你们告诉我应该遵循法律，你们说我在政府中占有一个重要位置（我是经过允许的），因此我是遵守法律的榜样。我想说的是，有个法律在其他法律之上，即保护公民社会的和平稳定之法。你是否想过，如果只是机械地遵循法律，那么灾害将依然在我们中间出现，而且饥荒将会减少我们的社会成员。这就像是一个母亲，被她的丈夫使唤着，甚至被她的儿子使唤着，谁注意到了她应该享有的权利正被她的丈夫和儿子占用着？

帕克斯告诉议会，早在1888年3月31日，也就是在那些船靠岸之前，他就已经向英国政府发送了电报，电报中催促他们"马上与中国皇帝展开协商，达成一个保护澳大利亚殖民地不被华人移民以任何形式打扰的永久性的保护协议"。但是，直到4月26日，他仍然没有收到任何回复（延迟看来是有原因的）。总督以个人名义发信要求回复。到了5月12日，一封在帕克斯看来不合理的延迟的信到来了，且并不是他认为合理的答复，信上称："协商一事已经被仔细地考虑过了，女王陛下政府充分意识到其中蕴含的情绪。"然而，帕克斯只对协议的达成感兴趣。他在议会上的语调加快了，他说：

> 一个身份不一、数量庞大的人群——我相信，大约有5000~6000人——在市长的带领下，到达了议会……他们并没有入侵这里，把你们从座位上拉下……当悉尼市长坚持让我接待由这样一群人组成的代表团时，我拒绝了……作为这座城市的市长，他以个人的名义谦恭地写下了他的疑惑——"阿富汗"号船的这群华人乘客涌入时，政府将会采取哪些行动？我书面回答他说：不允许他们踏上我们的国土……我想我已给出了答案。我向新南威尔士人民许诺，华人乘客将不会登陆……我不在乎从技术上来考虑法律，我遵从高于一切法律的法律，即保护新南威尔士社会的法律……我将对本国自由人民履行我在那天晚上写下的誓言——不允许那些人进入我们的国家。

议会的会议进行了整整一夜，随着议案的通过，终于在1888年5月17日早上7点15分休会了。新的议案决定：向每位华人征收100英镑的人头税；船上每300吨货物可带进1名华人；不再签署华人入籍证明；华人必须在指定的居住地居住；华人在旅行时必须持有护照。

这个议案是十分残忍的，但它还需要经过上议院的批准。即使是在上议院，也引起了普遍抱怨。当 N. B. 所罗门欲解除议案暂停的规定,以便法案能在一夜之间通过所有程序时,遭到了委员们的强力反对,最后该议案因 24 比 8 的投票数失败,上议院要求将其进一步修正。

除了那些鼓动者,无人对这项议案产生兴趣,其他殖民地对帕克斯的独自行动愤愤不平。《阿格斯报》称"这仅仅是一种冲动","这对殖民地来说是粗鲁的,这也许会产生难以解决的纠纷,这将会激化本身就存在的矛盾"。《世纪报》称帕克斯的演说是"鲁莽的吹牛","一个有激情的人易于愚弄自己,从悉尼议会关于华人问题的进程报告来看,亨利·帕克斯的自我意识已经到了白热化的程度是毋庸置疑的"。

即使是沃邦·所罗门,也在阿德莱德召开的贸易和劳工协商会议上说,帕克斯的行为像反常的疯子,可能会导致负面效应。

帕克斯对此的回应是发表其演说去证明自己。在演说中,他反复说明了他那极端的观点:

> 我在政治高层的首要任务就是服务于新南威尔士,我相信我忠诚地执行着这一任务,它要求我在"危险中"保护这个国家的土地不被华人侵蚀……让我用 16 日发言中的一句话来说明:现在,如果任何人认为我们是草率或匆忙的,认为我们未考虑任何结果,他就完全错了。对于华人危机的问题——这的确是一场危机,我们一直在试图冷静地将其解决,并清晰地看到了面前的解决方法。但同时,我们必须做出决定,我们并不打算回头。不论面对女王陛下的战舰,还是面对她的代表,或是殖民部部长,我们都不会改变我们的思想:除非能够实行议案的限制规定,也就是说逐步实施的可行性禁令,否则将永远停止华人进入我们的国家。

悉尼召开有关华人移民议题的会议

托马斯·普雷福特又给首相发了几份电报,亨利·帕克斯爵士的回复既不情愿也颇为愤怒。1888 年 6 月 12 日,悉尼召开了有关华人移民议题的会议。在普雷福特和格雷思的推动下,作为对主人亨利爵士的赞美,代表们平抑了个人情绪并且推选他当主席。会议的有关细节丢失了,再说这个会议的具体内容也不允许新闻界进行报道。格雷思认为会议时间有限,主张议会即刻开始,其他代表也有不少急事。如果在开幕式上,每位代表都必须代表其选民进行演讲,那就会浪费不少时间。格雷思认为,他们需要直入主题而无须公众监督。西伯克地区代表阿夫瑞德·迪金试图争夺维多利亚的席位,他强烈反对这次会议的与会领导,令各方人士震惊。其他代表认为,他们应排除新闻界,要表现出他们是个联合阵线。

所有的殖民地都派出了代表。西澳大利亚的殖民秘书马尔科姆·弗雷泽爵士出席了会议，他不知道亨利·帕克斯爵士限定的会议内容仅为建立殖民地有效管理政府，所以没有投票。新西兰立法委员理查德·奥利弗直到会议结束后一周才出现。他之所以到得很晚，是因为他的议会还有些事情要处理，后来，又因为糟糕的旅行安排而延误。

会议还要讨论殖民地秘书纳茨福德勋爵发过来的一个电报，其中说："女王政府极想获悉澳大利亚殖民地限制华人入境的情况，但是新南威尔士的政策却给现在（大英帝国）同中国的谈判带来了障碍……中国政府强烈反对任何歧视中国移民的立法。"

在墨尔本，华人居住者委员会向会议提交了一份发言稿，它得到了该会主席 Cheok、L. Ah Mouy、Shi Geen、Sun Suey Shing、James Moy Ling 的签名支持。因为英国人掌控着会议，这篇演说并没有引起较大的反响。

> 尊敬的先生们……这里的华人或那些最近被赶出海岸的华人受到了澳大利亚当局的不公正待遇……给国民心理上扎上刺要比拔出那根刺愈合伤口容易多了。
>
> 我们确信华人是热爱和平、勤劳和遵纪守法的；他们意识到并对受到公正法律的保护心存感激。他们抱怨的是——
>
> 1. 严苛的法律压迫了他们。
> 2. 由于违反法律招致酷刑和不公。
> 3. 殖民政府当局本该推行正义，却因草率和暴力，使更多无知的人被煽动，蔑视和仇恨我们华人。
>
> 我们相信，这次会议的重要性不言而喻，这不是家庭争吵，更涉及国际间的权利和义务。想要解决这一问题，就要学会同进到自己家门的陌生人处理好关系，这不是简单的用手打打招呼就能解决的，也不是激烈的公众演说能解决的。

这个会议还起草了一个法案，内容是取消人头税，并限制每艘船运载华人的数量，规定每载 500 吨可以带 1 名华人。除了亨利·帕克斯爵士和费施以外，其他的代表都同意。帕克斯不顾立法委员会的决议，坚持自己的法案。另外，塔斯马尼亚岛的首相费施也强烈反对，他说："塔斯马尼亚对草案持有异议，不能因为华人把妻子接过来、改变他们的生存状况就给予例外；同时，法案也忽视了那些已归化了的英国公民的权利，他们可能眼下不在本殖民地，但他们的妻子在殖民地生有子女，而且在殖民地法律批准下累积了财产；法案不允许在英国制下的香港或其他殖民地的华人有例外，也漠视了昆士兰、北领地、南澳大利亚、西澳大利亚地区气候的特点；法案关注了特定热带地区的副业和雇佣不合适的欧洲劳动力问题，但在其他方面没有任何益处。"

1888年6月15日，会议结束。当天，载着59名乘客的"京都"号进入菲利普港，其中16人是华人——一个12岁的男孩可免除审查，但其他15人拿着入籍证明入境时，海关却仍然找他们的麻烦。为了登上海岸，他们每人支付了10英镑的人头税。

1888年5月的最后一周，被奇怪地关押起来的"布户比特"号的乘客在海港被释放。5月26日，陈洪照在致格雷思的信件中提到了此事。

费兹瑞
芒特格瑞，高瑞街　1888年5月26日

亲爱的先生：

我代表墨尔本华人居民委员会向您陈述……乘坐"布户比特"号的14名华人经过5天船舱的非法监禁和19天隔离区的生活，被政府出资带到墨尔本。他们的人头税被政府提高了3倍，还被拒绝进入。此外，"阿富汗"号的12名华人的人头税也增加了，并也被拒绝入境。

我们认为，这些人是被非法限制在殖民地外的，他们的目的地就像"布户比特"号上的那些人一样，但后者现在已被接纳了，所以，我们呼吁政府接回被困在悉尼港"阿富汗"号上的12名华人。他们的人头税将在到达后付清。

至于"阿富汗"号上那些持有入籍证明的人，我们将会提交他们的文件，希望得到善待。其中可能会有一些瑕疵，但我们坚信大部分人的证件是毋庸置疑的、符合要求的。作为合法的英国子民，他们有权登陆，其入籍证明也是维多利亚政府颁发的。

至于那些文件有问题的或是未经官方批准的，政府的解决办法历来是征收人头税。我们要求，任何对以前做法的修改都需要做到公正和公开。

我们代表那些人头税被提高、持有入境证明的人，我们要求依法办事，把他们接回来并批准他们入境。

政府并没有对这些提案做出回应。格雷思只不过是通过他的秘书做了一个居高临下的、模糊的反驳："格雷思先生要我提醒阁下，您的信件陈述中有不确之处，有些主张是见识短浅的。他必须清楚地知道您建议的可行性。"

陈洪照质问得很具体："我请求您说明，在什么时候、什么情况下我的主张是'见识短浅'的，或者什么地方是'陈述中有不确之处'，尤其是在目前的危机时刻——当然是很大的危机时刻——更要依赖准确而合理的知识。""如果您能告诉我和我的委员会我们哪里错了，或哪个地方显得见识短浅，我会立即改正。"

澳大利亚华人史（1800—1888）

《阿格斯报》把格雷思先生的答复称为"草率失礼"的，文章说："格雷思先生没有打算参与您或您代表的委员会关于'阿富汗'号和'布户比特'号的任何讨论。他也一定会拒绝参与任何其他涉及此种形式的讨论的。"

1888年6月1日，陈洪照发出了一系列信中的最后一封，他说：

> 我很高兴收到阁下30日的回信。在那封信里，您暗示拒绝同我或我的委员会参与任何有关"阿富汗"号和"布户比特"号上华人乘客的讨论。
>
> 我并未想要进行任何形式的讨论。如果我现在代表我的委员会说，您的那封信让我们感觉受到了政府的不公正待遇，您可能并不感到奇怪。
>
> 在我5月26日的信里，我认为，爵士，您一定会以一种温和而谦逊的语气告诉我，我的那些坐轮船到达的同胞应受到这个国家法律的公平对待；然而，在您28日的回复中，您说"我的陈述中有不确之处，有些主张是见识短浅的"。
>
> 我希望您指出我的问题，但您拒绝了我的要求。法律有正义或非正义之分，尽管如此，我们并未要求废除法律或者按照我们的意愿改造法律。我们认为，自4月28日贵政府制定新政策以来，那些"阿富汗"号船上的华人旅客就注定无法登陆，您的政府本应有充足的时间去找出解决问题的办法。至少我们认为，在"布户比特"号事件中，我们的乘客最终被政府安全释放，这是显示了正义的。同样，在经历了长达3周又3天的强制非法居留之后，"阿富汗"号船上的乘客也应被释放，这个要求不应当被拒绝。
>
> 如果您不同意，我们对此也不会感到太惊奇，因为政府会歪曲或践踏法律以完成自己不可告人的目的，严格地说，就是拒绝我们的合法要求。虽然从我们的角度来看这是不公正的，但是政府却不会遭到质询。
>
> 然而，我们需要指出的是，我们国家无论是现在还是过去，都能与贵殖民地所代表的伟大国家保持友好的关系。更重要的是，我们之间存在友好平等协约，赋予双方等同的权利；如果协约被一方政府撕毁，那该方政府就会被认为是邪恶的。
>
> 因此，我们将中国政府是如何对待外国人的情况展示在您面前。两三年前，中法在海上发生矛盾，但很快双方敌意就消失了。正当公众群情激奋之时，一道圣旨直接发给了各省总督，要求"纠正民众误解并且平息民愤"。
>
> 请允许我引用一篇公文中的语句："任何一方都不能伤害另一方；双方都应和平并渐进地推行自己的政策。此外，国家在显示大度仁慈之时，不能以本国人民遭受的不公正待遇为代价。"
>
> 更重要的是，我们的帝国政府对澳大利亚政府的态度和行为绝不是一

无所知,像曾侯(Marquis Tseng)①在英国发表的演说一样。在他离开英国之前,为了给市政府和商家不断的发问做一个概括性回应,这位阁下说道:"我们要提醒您以及目前在伦敦的英属殖民地代表们,那些返回的中国人没有带回任何东西,没有带回两国的友好关系,也没有带回遭受非正义或不公的记忆,他们不会带走我和我的家人在英国度过的美好7年的记忆。"

这篇演说发表在国会的报纸上后,立即出现了下面这封冷静的信。这是有意为之的行为还是只是时间上的巧合呢?

致:首相吉利斯,墨尔本　　　　　　来自:澳大利亚联合矿工协会
亲爱的先生:
　　我接到来自上述协会的指示,向您传达本会成员对于您反对华人大量涌入殖民地的作为感到满意。
　　我们相信,您的努力会在禁止任何像华人那样不受欢迎的人群方面显现出威力。

格瑞斯维克,1888年6月13日
澳大利亚联合矿工协会格瑞斯维克分部秘书

北领地采取行动反对华人

在北领地凯瑟琳工作的一名警察说,在过去的3周里,有16名华人经过那里。他们去了哪里?政府驻地代表帕森斯立即怀疑他们去了红宝石矿地,但实际上,那些华人正跋涉在凯瑟琳东面20公里外往莫迪的途中。莫迪是一片新金矿地,它被错误地传为"莫迪小溪"。

莫迪小溪矿地有35名欧洲人,他们决定自己来解决问题。他们赶跑了1名华人厨师和2名菜农。当地的土著居民也觉得欺负华人是件乐事,经常攻击华人,有时在矿地,有时在路途中。欧洲人给土著人面粉和烟草,让他们去阻止华人进入。

有7名华人在去麦克阿瑟河的路上遭到土著居民的袭击,1名华人被长矛刺中,其余华人将垂死者搬移到一个店铺。土著人追着华人并刺死了这家店铺

---

① 曾纪泽(1839—1890),字劼刚,中国清末著名外交家,湖南湘乡人,曾国藩之子。光绪三年(1877),以承袭爵位入京,与在华西方教士和外交官艾约瑟、丁韪良、梅辉立、璧利南、德微理亚等交游,了解国外情况。光绪四年(1878)派充出使英国、法国大臣。光绪六年(1880),兼充出使俄国大臣,于次年在彼得堡同沙俄签订《中俄伊犁条约》,收回了伊犁和特克斯河地区。光绪十二年(1886)离英返国,任海军衙门帮办,协助李鸿章创办北洋水师,不久迁兵部左侍郎,命在总理各国事项衙门行走。——译者

的5匹马。几天之后，剩下的6名华人继续前进。帕森斯发去电报询问是否应派警察追赶他们以便征税。一个铅笔印记出现在我们查阅到的文件的最底部——可能是北领地教育部部长约翰逊写的，他说："让他们去吧，看来当地人已经和他们打过交道了。"

阿蔡检验维多利亚政府的权力

著名的劳赛斯通商人詹姆斯·阿蔡已在澳大利亚住了31年，他持有维多利亚和塔斯马尼亚的入籍证明，但他未能获得到墨尔本的海上船票。船长说如果他上了船，就会被叫去检疫。1888年5月10日，他写了一封很有礼貌的信件给邓肯·吉利斯，他解释了自己的情况。他说："我的生意要求我在维多利亚和本地间穿行。我要说明，我于1870年就和本地一位澳大利亚女性结婚了，结婚典礼是在亚肯丹达的艾伦滩举行的，我有一个小家庭。我拥有卡尔顿车站街的2套房产。拒绝让我搭乘海轮直达墨尔本将带给我很大麻烦，在经济上也造成了损失……我相信您能确保我自如地在上述两个殖民地间通行，而不会要求必须查看我的入籍证明。请让塔斯马尼亚航运公司、任何其他船舶公司或私人船主载上我，以防有任何损失和滞留的情况出现。"

吉利斯不可能给任何有关华人利益的信件以友善的答复。他通过秘书回信道："本政府并不想要干涉一个年长且有名望的、已获得英国公民资格的华人之出行自由，至于阁下信中提到要让政府向轮船公司或个人保证你的人品事宜，我们政府是无法干涉商业经营的。"

阿蔡回复说："虽然您未给我乘坐直通船的保证，但非常感谢您对我10日信件的及时回复。我现在想知道，您是否允许我在到达墨尔本后能登陆维多利亚。"

如果吉利斯给予直接的回答，那就降低了他的尊贵身份。"吉利斯先生只能重复着他在16日中给我的回信中的文字，政府不想干涉一个年长且有名望的已获得英国公民身份的华人之出行自由。"

阿蔡在1888年5月24日乘"帕提纳"号航行。在郝布森湾，一名海关官员登上了船，他让船长在防浪堤码头上抛锚。一名检疫官上了船，进行了冗长复杂的检查并消毒。这样，在延误了2个小时之后，船才被允许停泊。阿蔡返回时，对他的欧洲朋友说，他此行不过是检验一下法律。如果维多利亚政府对他进行了隔离，他将会以"重大损失"的罪名对他们提出控告。但是，他不想招惹更多的麻烦。

约瑟夫·唐是一个卫斯理公会教士，他与一名维多利亚女孩结了婚，并在新南威尔士和维多利亚入了籍，且在维多利亚传教多年。1888年，他在新英格兰工作时要去墨尔本参加一个会议。在霍华德·史密斯公司的办公室里，他为自己及妻子、孩子订了"高波"号的船票。上船后，船长检查了他们的入籍文件，告诉他们没有问题。但随后又说，他不能运载他的家人，因为他们可能会被隔离。他的家人只好带着行李下了船，改乘火车旅行，没有再遇到麻烦。

杭公是帕玛斯通的31位著名华商之一，他在香港经历了漫长而焦虑的等待过程。他和他的同伴在当年年初就已返回中国，可能是为了回去过年，但当他们在五六月准备坐船回家时，船长却不肯接纳他们，因为船运公司害怕因为载了华人而被隔离。所有这些华人都有入籍证明，并在北领地生活了多年。1887年6月12日，帕森斯发出了有关这些华人的第一封电报，电报说："我充满敬意地请求大会能找出一种方法，让叶松、杭公、王重星和其他在香港的无法返回澳大利亚工作的合法公民返回经商，使他们的妻子、家人能够上岸。请给首相和首席检察官施压，告诉他们北领地与南部殖民地的情况不同。在南部殖民地，华人所占的比例很低，但这里的华人比欧洲人还要多。"

掌控北领地的教育部部长约瑟夫·约翰逊未对那份电报做出回应，也没有任何批示。1887年7月31日，帕森斯又发出了另一封电报："对陈兴和其他想回澳大利亚的华人一事能做些什么吗？此事非常棘手。"该份电报也没有得到回复。

1887年10月5日，47名华人，其中包括店主、裁缝、餐馆老板和药剂师，向南澳大利亚政府请愿，要求让那些去中国度假的同胞返回澳大利亚。他们通报了申请者的名字及其在北领土居住的时间：Sam Sing, 10年；杭公，11年；Lee Cheong, 10年；Teung Ming, 10年；Chung Kep以及他的妻子，10年；Mu Hung, 10年；Wah Chin, 12年；Yee How, 11年。剩下的其他人至少也在北领地待了4年。

就像所有的华人请愿书一样，这也是一份施压文件。在文件的左上角有一个绿绸带，这使那份淡蓝色的厚文件变得更加厚重。绸带的末端用蜡封住。25位欧洲商人和专业人士在这份文件上签了名，他们积极支持请愿。

新南威尔士立法院的吵闹

1887年10月12日，约翰逊默许了华人的请愿。这些华人入境"需要像欧洲人入境一样获得再入境许可……要经过身份确认和身体检查"。香港在过去就曾对澳大利亚殖民地的做法感到惊讶。1888年5月10日，香港的《大陆中国邮报》报道了5月9日在北领地召开的立法院会议。总督威廉姆·德辅爵士在回答问题时说："事实上，我只是从那堆文件里了解到这起事件。阅过那些文件后，我就发了一封电报给维多利亚殖民地总督，但我并未得到任何回复。电报的内容大致如下：'请告诉我澳大利亚政府是否通过了禁止华人入境的法律，并注明维多利亚执行的日期。'翻阅各种报纸时，我怀疑是否有这样成文的法律存在。如果没有，我感到此事前所未有……我不能判定这是否正确。我不能想象，我们多年来与中国进行贸易往来，很多船只和运载的大量货物会突然叫停。"

受到侵犯的华人越多，声称他们也受到侵犯的澳大利亚组织也就越多。超大规模的集会接连不断。1888年6月3日，一个反华联盟组织在悉尼举行集会，约有30000人参加。联邦海员联盟派出了很多代表。游行示威者在环形码头集结，经行乔治街和国王街，立法会议员梅尔维尔骑着一匹鲜亮的栗色马在前面带领。乐队在特定的地点演奏并鼓舞人们前进。游行者举着标语，上写"华人必须离开""澳大利亚是澳大利亚人的"。一幅名为《把他们赶出去》的画报描画了一只大靴子把华人踢出澳大利亚的情景。在游行队伍中，出现了这样的标语："赶走华人是为了所有人的正义。"成千上万的旁观者看着示威者从身边走过。一些华人店主接到警察事先的警告，打烊关门，在楼上透过窗户看着这场示威大游行。也有其他的华人店主满不在乎，继续营业。当游行队伍接近时，一个人将一张登有便宜食糖的广告贴在商店的窗户上。人群发出嘘声和嘲弄声，但这并没有引起大的麻烦。一名记者粗鲁地将华人店主描述成"白菜"。

那些发言者大多是国会议员，与40年来所持续的一样，他们也为抗议华人的行动而欢呼。抵制华人已成了一种准则。一种观念加速了驱逐华人法案的形成。梅尔维尔预言说："一个国家的民众的声音应该强于法律……在不久的将来，有个人会站出来——不管他是不是首相，他将不顾最高法院的命令，而执意带领澳大利亚人民把华人驱赶出新南威尔士的海岸线。"

一个新的组织——新南威尔士抵制华人联盟很快诞生了。维多利亚人试图压制在墨尔本的华人菜农。舍珀顿的公民集会讨论了阻止华人在小市镇建立新菜场事宜。汞合金矿工联合会在纽卡索集会，并形成了一个决定——如会员从华人那里购买能在澳州种植或生产的东西，就要被处以5先令罚金。

如果没有华人菜园，那么澳大利亚人的健康状况和蔬菜成本将如何呢？那些煽动者不想知道，而那些明智者的话语也不被倾听。1888年6月9日，《阿格斯报》刊登了一封来自新西兰人爱德华·肖的信件。在1884年，他被任命为西海岸采金区区长、驻地行政长官和邮政局局长。信中写道：

> 我每年都会签署大约900份关于华人矿工权利的文件……在我任职的4年中，我从未听说过华人犯罪（甚至没有酗酒），也未发生过债务纠纷案。他们都是最勤勉的矿工……那些店主对他们印象很好，因为他们所有的交易都使用现金。我的总部曾经在山区，距离海滨大概有50英里。在一次圣诞节，我一下买了4个土豆，否则的话我会买不到。后来，3个中国佬出现了，他们在3个月里种出了蔬菜，售价和海滨的一样……我从你的文章中发现，你认为中国佬应该被驱逐出澳大利亚……为什么澳大利亚会对多

第九章 1888年：旅居者和公民的分界线

年来对他们敞开大门的华人采取如此极端的态度……这对局外人来说，就像那个不断重复的老笑话："你好。他是谁？哦，一个陌生人，那就把这块砖头砸到他头上吧。"

英格林斯·克里克是塔斯马尼亚司法部部长，他在首相和州秘书之间奔忙，要求驱逐华人。这引起了赞成方的高度注意。他说：

> 美国和澳大利亚的经验证明，不管华人移民在欧洲后裔居住地待多长时间，都不能使他们放弃自己的生活方式和习惯。结果是，这些不易归化的华人越来越多，甚至不计其数。在其他欧洲人发源的殖民地，结果要么是这些华人在现有的法律和行政权威之外建立一个独立的公共体系；要么就像非裔黑奴那样，默许自己处于相对低等的社会地位或政治地位。还有一种可能，即华人移民会申请和获取入籍，获得和其他澳大利亚人一样的政治平等。这看似是一种文明开化，也是在现有的殖民地建立一种新的社会结构的新形式。但实际上，这是行不通的，因为华人移民有他们固有的习惯和观念，在逐渐融入欧洲传统时（虽然他们想同化并成为欧洲文明的一部分），他们仍然不可能完全抛弃固有的东西。

对水稻征收高额税款的政策是一种驱赶华人的方法。"以5倍或10倍的价格征税，这就使华人没法再种植水稻。"一位维多利亚立法委员倡议道，"我们白人可以用燕麦或者西米作为水稻的替代品，但是中国佬就不行。如果不能得到他们最喜欢的食物，他们就不会认为澳大利亚是理想的居住地……（限制华人的政策诸如）以1000倍价格征税；规定他们必须在到达澳大利亚时把辫子减掉；吸食鸦片要接受惩罚。"

彼得·弗雷泽是一个卖保险的，他认为，是他最先提出让华人剪辫子的。在1888年4月23日的大麻烦来临之前，他首先在新南威尔士君士的德沃林塞丁致信吉利斯。这封荒谬的信在一大堆国会文件中引起重视，并被发表。弗雷泽说："我有一个可以阻止华人来维多利亚的计谋，这不会违背现有的英国与中国签署的任何法律条文。我相信，国会可立即通过这个法案。我想知道，我是否可以因此获得酬金。实际上，这是一个绝密信息。如果您不给我回复，我就把这个方法告诉其他殖民地。"

1888年5月26日，在亚勒旺加，弗雷泽透露了这个计划，他说："中国佬的辫子必须被剪掉……我昨天跟一个居住在殖民地35年的中国佬谈话，他说，他不会因钱而剪掉辫子。只要如此，便可以让维多利亚州当局放心了。"

澳大利亚华人史（1800—1888）

"阿尔蒙达"号拒绝解雇华工

在墨尔本有一个盛大的游行，人们把怒火发泄在新南威尔士雇佣亚裔水手的一封合同信上。会员迅速增长的各个协会的代表参加了游行及会议。参会代表有一个长长的名单：反华联盟、海员协会、煤矿工人协会、码头劳工协会、厨师和服务员协会、渔夫协会、印刷协会、联合劳工协会、建筑工人协会、司炉工人协会、制靴者协会、兽医协会、泥瓦匠协会、锅炉房工协会、烘焙师协会、造船者协会……

海事工人联盟获得了纽卡索煤矿工人的支持（所有的船只都要到那里充填燃料）。他们制裁了由摩斯船长率领的加利福尼亚邮船"阿尔蒙达"号。这艘船是10年来唯一可以和澳大利亚轮船公司抗衡的邮船。

1887年6月28日，当"阿尔蒙达"号驶入悉尼港时，他们接到了来自海事劳动委员会的最后通牒——换掉所有的华人雇工，否则将不再提供煤和卸货、装货的码头工人。摩斯说他要给船舶的老板发电报。同时，乘客提着他们的行李下了船，运送的信件也被卸下，"阿尔蒙达"号就停泊在岸边等候。

邮政部部长告诉"阿尔蒙达"号的老板——远洋轮船公司，说雇佣华人会影响续签邮政合同。

摩斯并没有从老板那里得到即时回复。他提出，如果海事委员会帮他卸货并补充燃煤，回到旧金山后就会雇佣欧洲人当水手。他解释说，他的船往返于美国和其他国家之间，雇用美国船员才是唯一合理的办法。

"不行！"海事委员会坚决反对，他们要求摩斯雇佣21位澳大利亚工会会员来代替33名华人。

摩斯以书面的形式保证不再带华人到澳大利亚，并在返回后会将澳大利亚劳工委员会的意见面呈公司老板。

海事委员会还是不同意。

摩斯只好将"阿尔蒙达"号停在码头，由他的船员守护，不让澳大利亚人接近。

一直到1887年7月6日，摩斯都没有从公司那里得到回复，最终他屈服了，并在美国领事面前与澳大利亚劳工协会签署了协议。内容是：在他到达旧金山的2天内，他将解雇33名华人雇员并且雇佣21名澳大利亚人。其中，消防员的工资为每月9英镑，杂工为每月7英镑。摩斯将免费运送这些澳大利亚人去美国，在他们正式工作前，由澳大利亚劳工协会向这些人支付工资。

船长们普遍认为华人消防员是很优秀的。远洋轮船公司拒绝雇佣澳大利亚人，并让他们搭乘下班船返回澳大利亚。公司在所有开往澳大利亚的船上都装载了额外的煤，并在新西兰加油以确保返航。船长们不雇用澳大利亚装卸工，

第九章 1888年：旅居者和公民的分界线

由自己携带。澳大利亚海事劳工委员会失去了手下工人被雇佣的机会。

清政府对海外子民的关注

在伦敦，中国公使馆的刘大杰使索尔兹伯里侯爵为其捉摸不透的逻辑而苦苦思考。当"阿富汗"号船事件首次被报道时，刘大杰写道："我希望阁下对报道提出反对意见。如果报道用的是另一种方式，女王政府或会对移民取消入境的限制，也会对现行荒谬的法案进行整改，因为它仅仅是为了限制华裔子民的，这与国际上的做法相悖，也违背了能带来很多利益的殖民者的条约精神。"1888年5月16日，刘大杰又写了一封信，使人更难于应对，他在信中说：

> 在研究了法律条文之后，我发现，其中无一条是专门用来惩罚华裔子民的，也未赋予行政执法者任何权利来阻止那些愿付人头税的华人移民入境。澳大利亚当局拒绝华人移民入境的行为有违原则，也脱离了国际的或者法律的立场，这是极为不公平的。另外，中国移民是在英国殖民地香港上船的，当局不仅同意了运载他们，而且还负责了具体实施。
>
> 在3月25日"阿富汗"号船的案例上，殖民地总督威廉姆·德辅爵士正式批准了载有移民者的船只进入；但在4月27日，其他2个殖民地总督朝令夕改地拒绝移民者登陆，甚至拒绝给华人公正和他们应尽的地主之谊。
>
> 我恳请阁下考虑如下观点并重申本政府的要求：禁止华人移民入境的政策应被取消。我冒昧地表达我的希望：无论是"阿富汗"号还是那些在其他船只上已被送回中国的华人移民，请女王政府考虑他们的特殊困难，给予某种补偿，不仅补偿他们已经支出的花费、他们不得不支出的花费（来往澳洲的花费），还要赔偿他们可证实的其他损失，如此一来，中华帝国政府就会为他们将澳洲殖民当局描述为"专制和行为不轨"而抱歉。

保证要修改新的法律以与会议决议一致的帕克斯并未履行承诺。当他从委员会那里拿到新法律时，他仍坚持征收100英镑的人头税以及300吨货物可载1名华人的比例，并且不再批准任何入籍证明，并阻止华人进入矿区。然而，他未继续坚持监视华人在哪住或去哪里旅行的政策。塔斯马尼亚欣然接受了1887年的法案——10英镑人头税，以及300吨货物可载客1名华人的比例。新西兰坚持同样的吨位数规定，且不收取任何人头税。维多利亚、南澳大利亚、昆士兰和新建立的西澳大利亚政府废除了人头税，但推行每500吨货物可载1名华人的比例。但是，他们拒绝签发任何入籍证明，并仍保留将华人赶出矿业的权力。南澳大利亚提供了允许华人在其殖民地流动的豁免证书。

在悉尼的华商将帕克斯法案副本送给大清帝国、广东总督和中国驻英大使。

澳大利亚华人史（1800—1888）

自从大清特使访问殖民地后，华商们就在寻求帮助。在大清特使的报告里，表达了对海外同胞的关切，但并不都是没有私心的。报告说："在外从商或务工的中国公民不少于几百万人（多过 500 万人）。日渐增多的人们已经引起很多外国政府的关注，嫉妒心也随之而来。荷兰当局一直想把自己殖民地的华人驱逐出去（该报告的写作时间是在'澳大利亚麻烦'之前）……如果中国政府不采取措施来保证海外公民的安全与和平，所有人就要群居在家里，那么，人口过剩的沿海一带又会变成什么样呢？"

1889 年年初，梅光达访问了中国，他说，澳大利亚人想象不到遣返 300 名华人后中国人会如何愤怒。他确信，这些人的大多数会食不果腹。中国政府发布了一道圣旨，传遍了全球的华人领袖。这道圣旨解释道，中国政府当前并非心甘情愿地与世界各国进行贸易，但是列强的军事打击使他们不得不参与其中。他们和大英帝国（其中的澳大利亚殖民地已经从中分裂出来）签署了一项条约。大清帝国有军队 1300 万人，但在军事训练以及武器装备上都不如西方国家。清政府打算重新训练军队，并建造军械库和小型军备工厂。现在，清朝海军已比前些年强大了，但还没有强大到能对付大英帝国的程度。而在 4 个沿海通商口岸，建造现代化战舰的工作正迅速开展起来。这项工作预计持续 3 年，一旦完成，那些战舰都会被用来打造一个全新且强大的中国。

然而，实际上这项工作根本没开始。慈禧太后把聚敛的海军军费（大多数是由海外特使收集的）用在重建颐和园上。慈禧太后把这个地方叫作"仲泰园"，意即和睦平静的园林。她为了保全自己的地位和权力，把当时的皇帝光绪帝软禁在瀛台，自己住在颐和园的乐寿堂。而这个气势恢宏的园林在接近最辉煌之时，却在 1860 年被英法联军破坏殆尽。为了展现她对于海军的荣威，慈禧太后在人工湖边修建了一条华丽大船。在一个有百年历史的船外壳上，她用极好的大理石做出了石舫。在船的甲板上方安装了又高又长的镜子。这样一来，她就可以站在镜前，看着镜子里的自己，并欣赏昆明湖的一池碧水。昆明湖的寓意是"手足情谊和光明"。

从旅居者向公民转变

曾为华人争取权益的罗孔蒙于 1888 年 10 月 22 日去世。而《墨尔本重击》杂志也出版了一些令人震惊的抵制华人的打油诗，正好与该报发布于 1888 年 10 月 25 日的讣告相呼应。该报称："当罗孔蒙周一早上从他的房子里出来并升天时，他作为名人的灵魂也就消失了。孔蒙这个中国商人，属于受过良好教育的上等阶级的人。他是中国上层社会的一个典型代表。他因做生意而发达，但他并未享受与其财富相对等的安逸奢侈的生活。他的影响力也从未用来改善国人的生活。清朝皇帝任命他为头戴蓝翎的大官。让我们祈祷，可怜的孔蒙在天堂里会有一个更好的皇帝。"

当时，反华联盟已逐渐式微。他们苟延残喘，虽然他们仍试图抵制所有华人杂货店，抵制聘用华人厨师的欧洲酒店，抵制华人小贩、洗衣工、渔夫、菜农、裁缝。多数澳大利亚人并不想继续迫害在澳大利亚的华人。巴拉瑞特人甚至不愿让那40名失败的矿工从"黄金点"的堆满煤油罐和糖袋的房中搬出。

南澳大利亚政府想知道能否用收入税来弥补人头税。约翰逊给帕森斯发了一封电报，后者答道："我们无法找到华人可以取得年收入200英镑的方法。"

在以后的几年中，帕克斯的封锁法案让2000多名华人找到了进入新南威尔士的方法——巧妙而合法。但同时，非法移民也增多了。

然而，在澳大利亚的华人增长速度却逐渐变得缓慢了。苦力赚够了钱之后就回家了，商人只为巩固自己的地位。华人在澳大利亚作为旅居者的时代就要结束了，从1888年始，在澳华人的目标就是努力获得一个公民社会所提倡的公民权利。

中英文译名对照简表[①]

A

阿卡普尔科	Acapulco
阿昌格尔	Archangel
阿纳姆	Arnhem
阿纳姆地	Arnhem land
阿瑟·菲利普	Arthur Philip
阿瑟·杭公	Arthur Hang Gong
澳大西柯	Otahite
埃斯皮里图桑托	Espiritu Santo
爱德华·皮勒群岛	Sir Edward Pellew Group of islands
爱星顿港	Port Essington
爱德华·哈格里夫斯	Edward Hargraves
爱丽丝泉	Alice Springs

B

巴达维亚	Batavia
巴尼人	Baiini
"百夫长"号	Centurion
布罗塞	Charles de Brosses
波利尼西亚	Polynesian
巴萨斯特	Bathurst
巴拉瑞特	Ballarat
比奇沃斯	Beechworth
本迪戈	Bendigo

C

查尔斯·图德	Charles Todd
查尔斯·约瑟夫·拉筹巴	Charlles Joseph La Trobe
陈洪照	Cheok Hong Cheong

D

| 迪耶普 | Dieppe |
| 大卫·路易斯 | David Lewis |

F

费南迪	Pedro Fernandesde Quitos
芬林达	Mathew Flinders
弗朗西斯·德瑞克	Francis Drake
范迪门地	Van Diemen's Land

[①] 因篇幅关系，本表仅收录了部分中英文名称，如需进一步考证，请对照原书。

费兹杰尔德	C. P. Fitzgerald	罗伯特·坎贝尔	Robert Campbell
		洛珀	Robe
G		罗孔蒙	Lowe Kong Meng
高纳维尔	Gonnevill	罗忠	Laon Chong
桂珍湾	Guichen Bay	罗伯特·汤斯	Robert Towns
郭兴	Kung Hing	里奇菲尔德	Litchifield
		蓝泥湾	Blue Mud Bay
H		劳赛斯通	Launceston
合恩角	Cape Horn	路易斯·贝兹·托雷斯	Luis Baez deTorres
海伦·卫理斯	Helen Wallis		
汉宁石	Hanging Rock		
亨利·帕克斯	Sir Henry Parks		
赫尔河峡谷	Hale River	玛瑞治	Marege
		摩鹿加	Moluccas
J		迈克尼特	Mcknight
基萨岛	Island of Kisar	密克罗尼西亚	Micronesian
金伯利	Kimberleys	麦考瑞岛	Macquarie Island
杰弗里·布莱尼	Geoffrey Blainey	麦格理	Governor Macquarie
		麦克唐纳山脉	McDonnell Ranges
		马克·欧·鹏	Mark O Pong
K		麦特卡夫	Sir Theophilus T. Metcafe
卡玛	Gumatj		
卡奔塔利亚湾	Gulf of Carpentaria	莫瑞通湾	Moreton Bay
科瓦东加	Covadonga	摩顿湾	Moreton Bay
科博尼半岛	Gobourg Penisula	梅光达	Quong Tart
克里斯提·帕玛斯通	Christie Palmerston		
可伯格半岛	Cobourg Peninsula	**N**	
克斯特缅因	Castlemaine	纽英顿	Newington
邝南太	Kwong Nam Ta	纽卡索	Newcastle
L		**P**	
罗渊庭	Lau Yuan Ting	彭琳夫人	Lady Penrhyn
罗亚发	Low Ya Fat	帕玛河	Palmer River

帕玛斯通	Palmerston	**W**	
庞奎	Ping Que	卫聚贤	Wei Chu-Hsien
保罗·福斯彻	Paul Foesche	维托利奥·李科罗	Vittorio Riccio
		威廉·卡庭	Sir William Courteen
Q		威廉·威尔伯福斯	William Wilberforce
乔治·安森	George Anson	魏基	Wee Kin
乔治·扬	Sir George Young	W. C. 温特沃斯	William Charles Wentworth
S		温迪·贝肯	Wendy Bacon
萨拉·简·汤普森	Sarah Jane Thompson		
		X	
三得郝斯特	Sandhurst	新荷伯瑞德斯	New Hebrides
孙国泰	Sun Kum Tiy	新喀利多尼亚	New Caledonia
松溪	Pine Creek	小伯克街	Little Bourke Street
桑赫斯特	Sandhurst	"休伊特将军"号	General Hewitt
斯坦利·叶斯卡伯勒	Yee Stanley Scarborough	西里伯斯岛	Celebes
		夏洛特	Charlotte
塞缪尔·泰勒·柯尔律治	Samuel Taylor Coleridge	**Y**	
斯丹利·吴	Stanley Ng	约翰·德·曼德维尔	John de Mandevill
色西	Alfred Searcy		
孙墨龙	Sun Mow Loong	约翰·麦克道尔·斯图尔特	John Stewart
V. L. 所罗门	Vaiben Louis Solomon	约瑟夫·班克斯	Sir Joseph Banks
		约翰·世英	John Sheying
T		约翰·李斯特	John Lister
托马斯·叶兴	Tomas Yee Hing	渔郡帕郎	Ujung Parang
托马斯·德·昆西	Thomas de Quincey	优年矿脉	Union Reef
托马斯·瑞德	Thomas Reid		
谭松	Tam Soon	**Z**	
屠龙	Toollon	詹姆斯·玛丽马特	James Maria Matra
"探索"号	Endeavour	詹姆斯·库克	James Cook